Sandra Lippert

Einführung in die altägyptische Rechtsgeschichte

Einführungen und Quellentexte zur Ägyptologie

herausgegeben von

Louise Gestermann und Christian Leitz

Band 5

LIT

Sandra Lippert

EINFÜHRUNG IN DIE ALTÄGYPTISCHE RECHTSGESCHICHTE

LIT

∞
Gedruckt auf alterungsbeständigem Werkdruckpapier entsprechend
ANSI Z3948 DIN ISO 9706

Bibliografische Information der Deutschen Nationalbibliothek
Die Deutsche Nationalbibliothek verzeichnet diese Publikation in der Deutschen Nationalbibliografie; detaillierte bibliografische Daten sind im Internet über http://dnb.d-nb.de abrufbar.

ISBN 978-3-8258-0747-4

Auslieferung/Verlagskontakt:
Fresnostr. 2 48159 Münster
Tel. +49 (0)251–62 03 20 Fax +49 (0)251–23 19 72
e-Mail: lit@lit-verlag.de http://www.lit-verlag.de

Inhaltsverzeichnis

0 Einleitung[1]

0.1 Aufbau, Hinweise und Abkürzungen

Um sowohl eine synchrone als auch eine diachrone Übersicht über äg. Rechtsphänomene zu ermöglichen, ist die Einführung zunächst nach Epochen grob gegliedert. Da sich Veränderungen selten auf mehreren Rechtsgebieten gleichzeitig oder gar schlagartig vollziehen, ist der Versuch, eine neue rechtsgeschichtliche Epocheneinteilung zu schaffen, von vorneherein zum Scheitern verurteilt, weshalb auf die konventionelle chronologische Gliederung zurückgegriffen wurde. Der historische Überblick endet mit Diokletian, d.h. ungefähr dem Ende des 3. Jh. n.Chr., da sich danach nur noch vereinzelte Überbleibsel des alten ägyptischen Rechts nachweisen lassen.

Um auch die historische Entwicklung einzelner Phänomene zu verfolgen, sind die Epochenabschnitte in gleichartig aufgebaute Unterabschnitte unterteilt und behandeln jeweils

1. geltendes Recht, das sowohl aus den erhaltenen Dokumenten erschlossen als auch den Rechtsregeln entnommen wird, wobei auch die Frage einer schriftlichen Niederlegung von Gesetzen erörtert wird,
2. Rechtsurkunden, geordnet nach Typen und/oder Arten und analysiert in Bezug auf den Inhalt und das verwendete Formular,
3. Gerichtsbarkeit, d.h. Zusammensetzung und Kompetenz der Gerichte, Prozeßablauf und Urteilsfindung.

Die Einführung verweist so oft wie möglich auf Primärquellen, die im Text ***kursiv und fett*** angegeben sind; diese dienen jedoch i.d.R. lediglich als Beispiele. Für gr. Texte wird dabei der papyrologischen Checklist (http://odyssey.lib.duke.edu/papyrus/texts/clist.html) gefolgt. In der Quellenübersicht findet sich jeweils eine knappe Bibliographie. Ältere Sekundärliteratur sollte über die angeführte jüngere zu finden sein; nach Möglichkeit wird auf eine Abbildung verwiesen. Die Seitenzahlen der Erwähnungen im Buch sind ***kursiv und fett*** angegeben. Griechische und lateinische literarische Texte sind, da in zahlreichen Ausgaben zu finden, nicht in der Bibliographie aufgeführt und werden nach dem Verzeichnis des Neuen Pauly[2] abgekürzt.

Die Bibliographie löst die Abkürzungen auf, unter denen Literatur in den Fußnoten sowie im Quellenverzeichnis zitiert wird. Die Abkürzungen von Zeitschriften und Reihen folgen, soweit dort aufgenommen, dem Lexikon der Ägyptologie (LÄ). Aufgenommen sind nur die in der Einführung tatsächlich genannten Werke, es handelt sich daher **nicht** um eine komplette Bibliographie zur äg. Rechtsgeschichte.

Im Text werden neben den im Deutschen geläufigen folgende Abkürzungen verwendet:

äg.	ägyptisch	Dyn.	Dynastie	NR	Neues Reich
Äg.	Ägypten	gr.	griechisch	pers.	persisch
alex.	alexandrinisch	hier.	hieratisch	ptol.	ptolemäisch
AR	Altes Reich	kgl.	königlich	röm.	römisch
aram.	aramäisch	kursivh.	kursivhieratisch	Spzt	Spätzeit
dem.	demotisch	MR	Mittleres Reich	Zwzt	Zwischenzeit

[1] Ich danke Dr. iur. Anna Sanders, PD Dr. phil. Martin Stadler, apl. Prof. Dr. phil. Günter Vittmann und Prof. Dr. iur. Hans-Albert Rupprecht für wertvolle Diskussionen, Korrekturen und Hinweise.

[2] DNP 1, XXXIX–XLVII.

0.2 Ma'at – Recht und Gerechtigkeit im ägyptischen Weltbild

Um zu verstehen, welchen Stellenwert Recht und Gerechtigkeit in der altäg. Vorstellung von Kosmos, Religion und Staat, aber auch im alltäglichen Leben hatten[3], muß zunächst das vielschichtige äg. Wort Ma'at (*mꜣꜥ.t*) erklärt werden:

> „Das ägyptische Wort Ma'at bezieht sich auf semantische Felder, die wir im Deutschen mit Recht, Gerechtigkeit, Richtigkeit, Wahrheit, Ordnung umschreiben können. Ma'at ist eine regulative Idee, an der sich sowohl die Rechtsprechung der Richter als auch die Unterweisung der sogenannten Weisheitslehrer orientieren soll. Ma'at ist also der Oberbegriff aller Gesetze und Vorschriften, nach denen sich die Richter bei der Rechtsprechung, die Priester bei der Kultausübung, die Beamten bei der Verwaltung und – dieser Punkt ist entscheidend – jeder Ägypter in einer verantwortlichen Lebensführung zu richten haben."[4]

Ma'at ist aber auch die gottgegebene und gottgewollte Weltordnung: Sie ist „das Rechte" schlechthin, das Ideal, nach dem alles Handeln ablaufen soll. Das Konzept der Ma'at ist für die Ägypter allumfassend: Es schließt Natur und Gesellschaft, Politik und Religion mit ein. Menschen, König, Götter und Naturkräfte haben darin ihren festen Platz. Loyalität gegenüber dem Vorgesetzten und Sorge für Schwächere sind ebenso Teil der Ma'at wie die Einhaltung von Götterfesten und das Darbringen von regelmäßigen Opfern, die Bestrafung eines Diebes oder die Durchsetzung der korrekten Erbfolge. Die Ordnung der Ma'at ist somit kein stabiler Zustand, sondern ein äußerst labiles Gleichgewicht. Wenn die Menschen nicht nach der Ma'at handeln, besteht die Gefahr, daß auch die Natur aus der Balance gerät: Die Folgen wären Ausbleiben der fruchtbarkeitsspendenden Nilflut, Unterbrechung des Sonnenlaufes, Seuchen und Hungersnöte.[5] Zur Wahrung der Ma'at und damit der Harmonie des Kosmos trägt demnach jeder Einzelne in seinem eigenen Umfeld bei. Eine besondere Rolle spielt jedoch der König, denn er ist der alleinige Mittler zwischen Göttern und Menschen. Er trägt als oberster Priester die Verantwortung für die Durchführung der Riten für die Götter, als Gesetzgeber und oberster Richter ist er für Gerechtigkeit in der Gesellschaft und inneren Frieden zuständig, und er verteidigt das Land gegen äußere Feinde.[6] Diese Vorstellung von der Ma'at findet sich voll ausgeprägt im MR, der klassischen Epoche der Ma'at-Lehre.[7]

Für die Zeit nach dem MR lassen sich Veränderungen in der Ma'at-Vorstellung, v.a. in ihrer Bedeutung für das Leben des Einzelnen, erkennen: Im Verlaufe des NR entwickelt sich die „persönliche Frömmigkeit". Den Begriff „personal piety" prägte Breasted; ihre Anfänge liegen, wie Posener gezeigt hat, schon in der Vor-Amarnazeit.[8] Vorher war die höchste Instanz, an die der Normalbürger sich richten konnte, der König, und das Wohlgefallen der Götter war nur durch Loyalität im Dienst der Krone und ma'atgemäßes Handeln am Mitmenschen zu erreichen. Umgekehrt gelangte auch die göttliche Gerechtigkeit nur durch die Vermittlung des vom König gegebenen Rechts zu den Menschen. Die „persönliche Frömmigkeit" dagegen fand einen direkteren Weg: die vertrauensvolle Hingabe an den Gott. In vorher nicht dagewesener Weise wandten sich nun Menschen aller Schichten mit Bitt- und Dankgebeten selbst an die Gottheiten. Dies schloß das

---

3 Grundsätzlich dazu: ASSMANN, Ma'at.
4 ASSMANN, Herrschaft und Heil, 185.
5 Vgl. ASSMANN, Herrschaft und Heil, 186.
6 ASSMANN, Ma'at, 211. Zur gesetzgebenden Funktion des Königs auch LORTON, in: VA 2.1, 56.
7 ASSMANN, Ma'at, 57.
8 BREASTED, Religion and Thought, 349. POSENER, in: RdE 27, 195–210.

Gerichtswesen ein: Über Recht oder Unrecht eines Beklagten entschied nun häufig nicht ein menschliches Richterkollegium, sondern das Orakel eines Gottes[9].
Mit dem Beginn der „persönlichen Frömmigkeit" sei, so Assmann, das Ende der Ma'at gekommen: An die Stelle der sich selbst regulierenden Kausalität der Ma'at träte die Willkür des Gottes.[10] Tatsächlich endete die Ma'at-Idee aber nicht, sondern erfuhr nur eine Veränderung, vielleicht aus der Erfahrung heraus, daß die in der älteren Ma'at-Vorstellung postulierte automatische Belohnung der guten und Bestrafung der bösen Taten nicht der Realität entspricht[11]. Ma'at wurde deshalb nicht länger als eine autonome Kraft gesehen, sondern in stärkerem Maße als früher als der Wille der Götter, und dieser ist für Menschen eben nicht völlig zu begreifen. Die Erfüllung der Normen der Ma'at blieb aber weiterhin eine Notwendigkeit: Auch in den Texten zur „persönlichen Frömmigkeit" wird der Fromme gerne als *mꜣꜥ.ty* „Gerechter" bezeichnet.[12] Aber der Gott stand nun in gewissem Sinne über der Ma'at: Er konnte auf vom Menschen nicht vorhersagbare oder gar verstehbare Weise in ihren Ablauf eingreifen. Ein deutliches Beispiel für diese Geisteshaltung, die bis in die gr.-röm. Zeit hinein weiterlebte[13], sind die Lehren des ***Großen dem. Weisheitsbuches***. Die Lehrsprüche unterscheiden sich nicht wesentlich von den Ma'at-Lehren früherer Epochen.[14] Aber jedes Kapitel endet mit einer Warnung davor, voreilige Schlüsse aus dem Wohlergehen oder Mißgeschick der Mitmenschen zu ziehen, denn daraus könne man nicht notwendigerweise ablesen, ob sie sich gut oder schlecht verhalten hätten: „Das Schicksal und das Glück, welche kommen, der Gott ist es, der sie schickt"[15].
Auch das Verhältnis von König und Ma'at wurde im Verlauf der Geschichte differenzierter gesehen. Allerdings ist es etwas irreführend, wenn Assmann über das NR schreibt:

> „Pharao verkörpert die Gerechtigkeit (Ma'at), in seinen Entscheidungen und Handlungen verwirklicht sich das Ideal der gerechten Ordnung. Er ist, was bei Platon und der darauf aufbauenden antiken Staatslehre als „lebendes Gesetz" (*nomos empsychos*) bezeichnet wird."[16]

Wie die beiden von Assmann zitierten Texte (***pLeiden I 344 vso*** 9.9–10.1; ***Kuban-Stele*** Z. 18) zeigen, wurde der König eben nicht als „Verkörperung" der Ma'at verstanden, sondern als deren Gefäß. Der eigentliche Urheber der Ma'at ist nicht der König, sondern der Gott – dem König wohnt sie nur ein.
Daß der König ebenso wie seine Untertanen der Ma'at unterworfen ist und nicht etwa ihr gleich- oder übergeordnet, macht Lorton bereits für das MR deutlich: Beim Totengericht wird auch der König nach seinem Handeln im Diesseits beurteilt.[17] Während jedoch im NR, wie die von Assmann zitierten Texte zeigen, mit einer gewissen Selbstver-

---

[9] Vgl. ALLAM, in: LÄ V (s.v. Recht) Sp. 183.
[10] ASSMANN, Ma'at, 252–253; 256.
[11] Zu möglichen Ursachen für das Entstehen der „persönlichen Frömmigkeit" siehe BRUNNER, in: LÄ IV (s.v. Persönliche Frömmigkeit), Sp. 951 sowie ASSMANN, in: LÄ II (s.v. Furcht), Sp. 363–364.
[12] Vgl. BRUNNER, in: LÄ IV (s.v. Persönliche Frömmigkeit), Sp. 955.
[13] BRUNNER, in: LÄ IV (s.v. Persönliche Frömmigkeit), Sp. 951.
[14] LICHTHEIM, Maat, 100–101.
[15] Vgl. LICHTHEIM, Wisdom Literature, 138–141.
[16] ASSMANN, Herrschaft und Heil, 182.
[17] LORTON, in: VA 2.1, 57–58.

ständlichkeit davon ausgegangen wurde, der König handele entsprechend der Ma'at, die ihm durch Einwirkung des Gottes innewohne, ist vom Anfang der ptol. Zeit ein Dokument erhalten, das frühere Könige einer scharfen Kritik unterzieht. Die sog. Demotische Chronik (***pBibl. nat. 215*** rto), in der in der Art eines Orakels die Herrscher der 28. bis 30. Dynastie vorgestellt werden und ein zukünftiger König aus Herakleopolis angekündigt wird, mißt die Könige mit den gleichen Maßstäben wie die übrigen Menschen. Diejenigen, die „das Gesetz verlassen“ (2.16; 4.6; 4.10; 4.12. Vgl. auch 4.1) haben und nicht „auf dem Weg Gottes“ (4.7) wandelten, wurden abgesetzt und/oder ihre Söhne folgten ihnen nicht auf den Thron.[18] Abkehr von der Ma'at zog also auch für Könige die Strafe des Gottes nach sich.
Trotz allem Wandel blieb die Vorstellung von der kosmischen Bedeutung der Ma'at also bis in die gr.-röm. Zeit hinein bestehen. Recht und Gerechtigkeit sind damit grundsätzlich – ab dem NR sogar noch deutlicher sichtbar als zuvor – im Bereich des Göttlichen begründet. Umgekehrt ist aber auch der Bereich der Götter und Toten juristischen Regeln unterworfen: Der Verstorbene mußte vor einem Gericht, dem ab dem NR meist Osiris vorstand, Rechenschaft über seine Taten ablegen, um in die Gemeinschaft der seligen Verstorbenen (*ꜣḫ.w*) aufgenommen zu werden. Im negativen Sündenbekenntnis von ***Tb*** 125 werden auch ganz spezifische strafrechtliche Punkte angesprochen, so z.B. das Verfälschen von Maßen, Verschieben von Feldgrenzen, Diebstahl, Mord, Ehebruch und Majestätsbeleidigung, die der Verstorbene versichert, nicht begangen zu haben. Gegen Übeltaten von seiten eines Verstorbenen versuchte man sich zu schützen, indem man einen anderen Toten brieflich bat, gegen ihn einen Prozeß im Jenseits anzustrengen.[19] Sogar die Götter konnten vor Gericht stehen, so beim Streit zwischen Horus und Seth, der zu einem Prozeß vor Re und einem ganzen Kollegium von Göttern führt.[20]
Der zweite wichtige Begriff in diesem Zusammenhang ist *hp* „Gesetz“.[21] Die Ägypter verstanden darunter Regeln, die zur Erfüllung der Ma'at beachtet werden mußten. Dazu gehörten nicht nur Gesetze im modernen Sinne, d.h. obrigkeitliche Regelungen von allgemeiner Tragweite, sondern auch religiöse Vorschriften, die sich z.B. auf die kultische Reinheit von Priestern beziehen, sowie interne Verhaltensregeln von Vereinigungen (z.B. Zünfte, s. S. 118f. u.). Die *hp.w* sind damit das, wodurch *mꜣꜥ.t* für den Menschen sichtbar und erfüllbar wird, eine Konkretisierung des abstrakten Prinzips. Wenn man jedoch Ma'at nur als Gesamtheit aller *hp.w* bezeichnete, träfe man noch nicht den Kern, denn Ma'at umfaßt auch ethische Prinzipien des Umgangs miteinander sowie Forderungen an die kgl. Politik, die wohl nie als *hp.w* bezeichnet wurden. Als *hp.w* sind daher genauer diejenigen Regeln der Ma'at zu betrachten, die bei Zuwiderhandlung eine sofortige, d.h. diesseitige und persönliche Bestrafung nach sich ziehen.[22]

---

18 JOHNSON, in: JSSEA 13, 66–70, 72.
19 GRIESHAMMER, Jenseitsgericht, 13–18.
20 Vgl. GRIFFITHS, Conflict, 8–10, 54–81, sowie GRIESHAMMER, Jenseitsgericht, 43–45.
21 NIMS, in: JNES 7, 243–260. VAN DEN BOORN, Duties of the Vizier, 167–168.
22 Vgl. auch TANNER, in: FuF 41, 247–250.

0.3 Stand der Forschung

0.3.1 Literatur zur Rechtsgeschichte Ägyptens

Am Beginn der Beschäftigung mit äg. Rechtsgeschichte stehen Pionierwerke von Spiegelberg, Revillout und Pirenne.[23] Als Standardwerke werden von vielen heute noch die Einführungswerke von Seidl benutzt, die die gesamte Entwicklung der Rechtsgeschichte Äg. abdecken.[24] Sie sind jedoch für nicht papyrologisch oder rechtshistorisch geschulte Leser nur schwer zu gebrauchen, da juristische, gr. und lat. Fachtermini nicht übersetzt werden und eine Auflösung der in den Fußnoten abgekürzt angegebenen Literatur fehlt.[25] Vor allem von Papyrologen wird auch Taubenschlag noch zitiert[26], doch bezieht dieser das äg. Recht nur am Rande und dann meist lücken- und fehlerhaft mit ein. Alle diese Werke sind aufgrund der zahlreichen neuen Quelleneditionen und Untersuchungen zu Einzelaspekten, die seither erschienen sind, inzwischen veraltet. Da eine Aufzählung an dieser Stelle den Rahmen völlig sprengen würde, verweise ich auf die Bibliographie am Ende bzw. die Literaturangaben im Quellenverzeichnis.

In jüngster Zeit sind wieder einige allgemeinere Publikationen zum äg. Recht erschienen:

Meist nur kursorisch und mit starkem Schwerpunkt auf französischer Literatur wird der Forschungsstand von Husson und Valbelle zusammengefaßt.[27] Die Monographie von Boochs zum Zivilrecht ist leider aufgrund der knappen Behandlung und des fast vollständigen Verzichts auf eine zeitliche Differenzierung nur von eingeschränktem Nutzen.[28] Den Versuch, die Beziehung zwischen Recht als abstraktem Konzept und der gesellschaftlichen Realität herauszuarbeiten, unternimmt Bontty.[29] Einen guten Überblick mit Hinweisen auf die neuere Literatur bieten die entsprechenden Kapitel in HdO 72.1 und 72.2[30], allerdings ist dort die Identifikation der zugrundeliegenden Primärquellen aufgrund der auf Sekundärliteratur beschränkten Zitierpraxis sehr schwierig.

Den Anspruch, die Entwicklung des äg. Rechts bis zum Beginn des NR darzustellen und aus der äg. Kultur heraus zu erklären, erhebt schließlich Mrsich[31], doch basieren seine Deutungen z.T. auf sprachlichen Fehlinterpretationen.

---

23 SPIEGELBERG, Studien und Materialien zum Rechtswesen [1892]. REVILLOUT, Précis du droit [1903]. PIRENNE, Histoire [1932–1935].

24 SEIDL, Altägyptisches Recht [1964]. Ders., Einführung [1939]. Ders., Saiten- und Perserzeit. [^{2}1968]. Ders., Ptol. Rechtsgeschichte [1962]. Ders., Röm. Provinz [1973].

25 Zur grundsätzlichen Problematik fehlender philologischer und kulturhistorischer Kompetenz s. außerdem S. 7f.

26 TAUBENSCHLAG, Law [^{2}1955].

27 HUSSON/VALBELLE, L'État [1992].

28 BOOCHS, Zivilrecht [1999].

29 BONTTY, Conflict Managment [1997].

30 JASNOW, in: History ANE Law I [2003], „Old Kingdom and First Intermediate Period" 93–140; „Middle Kingdom and Second Intermediate Period" 255–288; „New Kingdom" 289–359; II, „Third Intermediate Period" 777–818. MANNING, in: History ANE Law II [2003], „The Demotic Law" 819–862.

31 MRSICH, Fragen [2005].

0.3.2 Quellenlage

Einen starken Einfluß auf den Erhaltungszustand und die Überlieferungswahrscheinlichkeit von Texten haben das Schreibmaterial und der Aufbewahrungsort. Stein und Ton erhalten sich naturgemäß besser als Papyrus oder Leder; die trockenen, selten überbauten Nekropolen und Tempel am Wüstenrand sind dafür förderlicher als die feuchten Siedlungsgebiete im Niltal oder gar im Delta. Doch sind die für das Studium der äg. Rechtsgeschichte relevanten Texte ihrer Natur nach gerade solche, die bevorzugt auf Papyrus oder Leder geschrieben und in den Siedlungen aufbewahrt wurden. V.a. aus den frühen Epochen ist unser Quellenmaterial daher nur spärlich. Man läuft so Gefahr, das Vorhandene für typisch und das Fehlende für nichtexistent zu erklären oder stillschweigend die Lücken durch Übertragung aus anderen Epochen oder gar Kulturen zu füllen.

Vom Schreibmaterial läßt sich, mit einer gewissen Vorsicht, auf die Verwendung und Relevanz des Textes schließen. Seidl stellte dabei die Regel auf, nur Urkunden auf Papyrus seien vollgültig, bei ähnlichen Texten auf Ostraka oder Holztafeln handele es sich grundsätzlich um Entwürfe, bei solchen auf Stein (Stelen oder Grabwänden) um nicht unbedingt vollständige Abschriften.[32] Von dieser Regel gibt es jedoch auch Ausnahmen: So wurden vor einigen Jahren in der Oase Charga umfangreiche Archive aus dem 5. Jh. v.Chr. mit sorgfältig gestapelten Ostraka gefunden, die Urkundentexte enthielten (vgl. ***oManawir IFAO 5446***), bei denen es sich sicher nicht um Entwürfe, sondern um gültige Dokumente handelt – die Ursache dafür war der Mangel an Papyrus in dieser abgelegenen Gegend.[33] Auch die Ostraka mit Tempeleiden der ptol. Zeit sind nicht bloß Entwürfe, sondern tragen den exakten vom Gericht vorgegebenen Wortlaut (s. S. 174f. u.). Wie genau Stelen und Grabinschriften den Wortlaut der zitierten Urkunden wiedergeben, läßt sich normalerweise nicht entscheiden, wenn das Original fehlt. Gegen Seidls Argument, eine exakte Abschrift sei dort nicht notwendig oder sinnvoll, da die Gräber nicht zugänglich gewesen seien, spricht, daß solche Inschriften in dem Teil der Gräber untergebracht waren, der schon aufgrund des Opferkultes betretbar bleiben mußte (vgl. die juristischen ***Inschriften des Djefai-Hapi*** in Assiut, die direkt gegenüber einer Anrufung an die Besucher des Grabes stehen).

Aber auch, wenn Quellen zahlreich vorhanden sind, müssen sie nicht unbedingt repräsentativ sein. So sind aus Deir el-Medineh riesige Mengen von Ostraka und Papyri mit juristischem Inhalt aus dem NR überliefert, doch können die daraus gewonnenen Erkenntnisse aufgrund der administrativen und soziostrukturellen Sonderstellung dieses Ortes nur mit großer Vorsicht auf andere Siedlungen des NR übertragen werden.

Von Bedeutung sind auch nicht primär juristische Textquellen, z.B. Briefe, Autobiographien oder Weisheitslehren. Sogar religiöse Texte wie das Kapitel 125 des ***Tb*** geben Hinweise auf das Rechtsempfinden, wenngleich hier die Grenzen zwischen strafbarem und nur moralisch verwerflichem Verhalten manchmal schwer zu ziehen sind.[34]

Daneben gibt es auch antike Sekundärquellen aus der Feder gr. und röm. Autoren zur Geschichte des äg. Rechts[35], v.a. in den Geschichtswerken Herodots (***Hdt.*** II) und Diodors (***Diod.*** I), wobei letzterer seine historischen Informationen und damit auch die zum

---

[32] SEIDL, Einführung, 21–22.

[33] Vgl. CHAUVEAU, in: BSFE 137, 34–38.

[34] Vgl. dazu MÜLLER-WOLLERMANN, Vergehen und Strafen, 31–194.

[35] Vgl. dazu MUSZYNSKI, in: Droit, 163–179, der auf Quellenkritik verzichtet.

äg. Recht (z.B. I, 75–79; I, 94) aus den nur in Zitaten erhaltenen *Αἰγυπτίακα* des Hekataios von Abdera bezog.[36] Einzelne Aussagen zum äg. Rechtswesen finden sich ferner bei ***Ail.var.*** XIV 34, und ***Plut.mor.*** 174 C.
Für die späteste Zeit sind uns auch Zitate bzw. Paraphrasen von äg. Gesetzen in gr. Prozeßprotokollen erhalten (s. S. 88 u.).

0.3.3 Probleme der transdisziplinären und interdisziplinären Forschung

Bei der Beschäftigung mit dem äg. Recht stößt man bald auf das Problem, daß dieses Feld von Wissenschaftlern zweier ganz unterschiedlicher Fachrichtungen bearbeitet wird: zum einen von Ägyptologen, zum anderen von Rechtshistorikern, deren Ansätze grundsätzlich verschieden sind. Rechtshistoriker gehen häufig von anderen Rechtssystemen als Basis ihres Verständnisses aus: Meist ist es das moderne oder das röm., manchmal auch das gr. Recht. Dazu schreibt Seidl:

> „Der erste Schritt bei der Erschließung von rechtsgeschichtlichem Neuland wird immer so vor sich gehen, daß man in Anlehnung an ein bekanntes System und mit modernen juristischen Ausdrücken die Quellen zu erklären versucht. Ist dies einmal geschehen, so ist das nächste Ziel, zu den Gedanken vorzudringen, welche die mit dem Rechtsleben befaßten damaligen Menschen selber hatten."[37]

Die Gefahr dieser Vorgehensweise ist, daß durch die fremde Terminologie, die dem äg. Text aufgezwungen wird, Besonderheiten der äg. Denkweise mißverstanden werden bzw. verloren gehen. Die Sicht aus dem Blickwinkel eines anderen Rechtssystems erschwert es zudem, das Selbstverständnis und die innere Gliederung des äg. Rechts zu erkennen.
Ein anderes Risiko besteht darin, an zu wenigen Beispielen Prinzipien zu entwickeln, die dann der Beurteilung aller weiteren Fälle zugrundegelegt werden. Im Extremfall haben einzelne Rechtshistoriker dabei sogar in den äg. Text eingegriffen, um durch Emendationen den Inhalt ihrem Verständnis anzupassen.[38] Nicht minder schädlich ist die Praxis, Behauptungen gr. und röm. Autoren zum äg. Recht unkritisch zu übernehmen[39] oder für alle Epochen zu verallgemeinern. Auch beruht die negative Bewertung äg. Rechtseinrichtungen durch einige Rechtshistoriker häufig auf mangelndem Hintergrundwissen und fehlender wissenschaftlicher Objektivität.[40]
Die Übersetzung juristischer Texte stellt somit ein großes Problem dar[41], denn es ist unmöglich, Fachausdrücke aus einer Sprache in eine andere zu übertragen, wenn die entsprechenden Vorstellungen und Institutionen in diesem Kulturkreis fehlen. Mrsich wünscht sich eine Übersetzung, die „aus Wörtlichkeit und Gebrauch" ermittelt ist und bei der „möglichst alle belastenden Termini vermieden werden, dennoch aber Verständlichkeit erreicht wird"[42]. Problematisch dabei ist, daß viele Begriffe im juristischen Sprachgebrauch der Zielsprache eine ganz spezifische Bedeutung haben, während sie sowohl im juristischen Gebrauch des Äg. als auch im allgemeinen Sprachgebrauch der

---

[36] Zur Beurteilung dieser Quellen vgl. BURSTEIN, in: ICD 4, 45–49.
[37] SEIDL, in: ZDMG 107 NF 32, 270.
[38] So SEIDL, in: ZSS 96, 20; 25; 29. Ders., in: La preuve, 43–59.
[39] So SEIDL, in: ICP 11, 149–155.
[40] Vgl. z.B. Seidls Aussage zum Gottesgerichtsverfahren (SEIDL, Einführung, 38).
[41] Vgl. dazu auch MRSICH, Ackerverpachtung, 14–19.
[42] MRSICH, Ackerverpachtung, 18.

Zielsprache (und damit auch von den nicht juristisch ausgebildeten Ägyptologen) eher diffus verwendet werden. Diese Schwierigkeit scheint bei manchen Rechtshistorikern das Bedürfnis geweckt zu haben, sich selbst an der Übersetzung äg. Texte zu versuchen – leider meist mit unbefriedigenden Ergebnissen, da ihnen i.d.R. einerseits die philologische Grundlage zum Verständnis der Quellen fehlt und andererseits die Übersetzungen ein präzises „Juristenägyptisch" suggerieren, das nie existierte. Wenn man nicht jeden äg. juristischen Ausdruck unübersetzt lassen will, die modernen oder auch klassisch-antiken juristischen Fachbegriffe dagegen andere Konnotationen haben, bleibt letztendlich nur, die Begriffe für den äg. Bereich neu zu definieren.

Für das Verständnis äg. juristischer Quellentexte sind in erster Linie solide Kenntnisse der äg. Sprache und Kultur vonnöten; gerade letzteres wird aber von Rechtshistorikern gerne übersehen. Eine Ausbildung in einem modernen oder auch klassisch-antiken Rechtssystem hilft zwar dabei, rechtshistorische Sekundärliteratur zu diesem Thema zu verstehen und in der Übersetzung Begriffe zu vermeiden, die für den Juristen zu sehr vorbelastet sind, für die Auswertung von Primärquellen ist sie jedoch mit der Gefahr verbunden, die Interpretation vor die Übersetzung zu stellen. Ziel meiner Einführung ist es in erster Linie, die äg. Rechtsgeschichte Ägyptologen und Studenten der Ägyptologie nahezubringen, daneben aber auch, historisch interessierten Juristen einen Einblick in dieses Gebiet zu geben, wobei versucht wird – soweit das einem modernen Menschen überhaupt möglich ist –, sich der Innensicht der altäg. Kultur anzunähern.

1 Altes Reich und Erste Zwischenzeit (3.–11. Dynastie)

1.1 Geltendes Recht

Bislang gibt es weder primäre noch sekundäre Quellen für geschriebene Gesetze aus dem AR und der 1. Zwzt, wenn man einmal von Diodors Bericht (***Diod.*** I, 94) absieht, wonach bereits Mnevis, der erste König, Gesetze erlassen habe, die er von Hermes (Thot) erhalten haben soll. Der Begriff *hp* „Gesetz" begegnet frühestens am Ende der 1. Zwzt.[43] Die von Kruchten vorgeschlagene Ableitung von einem nicht belegten Wort *hp* „Rolle (aus Papyrus oder Leder)" und die damit verbundene Deutung als Anordnungen, die auf Leder oder Papyrus aufgeschrieben werden (im Gegensatz zu solchen, die auf einer Stele (*wḏ*) verzeichnet werden)[44], ist nicht nachzuvollziehen.

Unsere Kenntnisse über die Rechtsgrundlagen des AR stammen aus den erhaltenen juristischen Texten, die jedoch auch nicht besonders zahlreich sind; viele Äußerungen von Rechtshistorikern zum AR sind reine Spekulation, abgeleitet aus späteren Epochen oder aus dem gleichzeitigen mesopotamischen Recht. Über die Situation der prädynastischen Zeit sowie der ersten beiden Dynastie kann so gut wie gar nichts ausgesagt werden, erst aus der späten 3. Dyn. sind uns überhaupt juristisch relevante Textquellen erhalten.

1.1.1 Eigentum

Während das moderne deutsche Recht zwischen Eigentum, d.h. dem umfassenden und gegen jedermann gültigen Recht, mit einer Sache nach Belieben zu verfahren, und Besitz, d.h. der tatsächliche Gewalt über eine Sache, unterscheidet, gibt es in der äg. Sprache weder für das eine noch das andere einen Begriff. Vielmehr werden meist Umschreibungen verwendet, die sowohl ein Besitz- als auch ein Eigentumsrecht betreffen können, und nur selten wird bei direkter Gegenüberstellung versucht zu differenzieren, ob jemandem etwas gehört oder es nur gerade hat. Ob Eigentum oder Besitz vorliegen, kann daher i.d.R. nur aus dem Kontext vermutet werden.

Zumindest ideologisch gesehen war im AR alles Land Eigentum des Königs. Manche Rechtshistoriker verwenden dafür den Begriff „Obereigentum"[45], und in der Tat ähnelte das äg. System des AR dem alten europäischen Lehenswesen. Nur ein Teil des Ackerlandes unterstand direkter Verwaltung des Staates, oft als Staats- oder kgl. Domänen bezeichnet. Die äg. Begriffe *ꜣḥ.t ẖr.t mdw* und *ḥw.t ꜥꜣ.t* könnten solche Domänen bezeichnen. Der König konnte Land jedoch auch weitergeben, z.B. an Götter- oder kgl. Totentempel; dieses Land wurde als *ꜣḥ.t-nṯr* bezeichnet.

Daneben kommt, wenngleich in viel geringerem Maße, echtes Privateigentum an Land vor, das frei verfügbar war und vererbt werden konnte. So erhielt Metjen (***Inschrift des Metjen A***) von seiner Mutter Land durch *ỉmy.t-pr*-Urkunde (s. S. 25f. u.). Die Übergabe von Privateigentum mußte jedoch ebenfalls durch den Staat registriert werden, und dieser konnte es gegebenenfalls wieder einziehen.[46] Ob und in welchem Umfang daneben noch unabhängig arbeitende Landwirte in dörflichen Gemeinschaften existier-

---

43 LORTON, in: VA 2.1, 58.

44 KRUCHTEN, Décret d'Horemheb, 217–219; 231.

45 SEIDL, Einführung, 46.

46 ANDRASSY, in: Grund und Boden, 348.

ten, ist unklar. Während Helck annimmt, daß die als *nsw.ty.w* bezeichnete Personengruppe solche „Freibauern" darstellte, da er die Passagen in den ***Inschriften des Metjen A*** und ***C*** als Verkauf von Land durch die *nsw.ty.w* deutet, meint Gödecken, das Geschäft Metjens mit den *nsw.ty.w* sei kein Verkauf unter Privatleuten, sondern ein Tauschgeschäft mit der kgl. Verwaltung, weshalb es auch in einem Dokument aus der kgl. Kanzlei erwähnt werde; die *nsw.ty.w* seien als „Leute auf Königsland" zu betrachten, als beaufsichtigte Kolonisatoren von neuerschlossenem Land.[47]
Während Privateigentum an Immobilien im AR wohl nur in begrenztem Umfang existierte, waren bewegliche Gegenstände offenbar frei zu erwerben und zu verkaufen, ohne daß dies von der kgl. Verwaltung sanktioniert werden mußte. Allerdings war dieses Eigentum nicht uneingeschränkt, da der Staat in solches Privateigentum eingreifen und z.B. Steuerzahlungen oder Frondienste fordern konnte. Marktszenen, die den Kauf und Verkauf von Lebensmitteln und Gebrauchsgütern zeigen, sind in mehreren Gräbern des AR erhalten.[48]

1.1.1.1 Erwerb

1.1.1.1.1 Verleihung durch den König

Zur Entlohnung und Versorgung von Beamten verlieh der König Land, wobei dies zunächst an ein Amt gebundene Güter waren, die nach dem Tod des Beamten zurück an die Krone fielen; sie wurden als *ḏ.t* bzw. *pr-ḏ.t* bezeichnet.[49] Als besonderes Privileg konnte der König dem Beamten gestatten, einen Teil dieses Amtslehens nach seinem Tod als Opfergut dauerhaft zur Versorgung seines Totenkultes zu verwenden oder ihm zusätzlich ein Totenopfergut verleihen. In privaten Bestimmungen zu solchen Stiftungen war festgelegt, wie die Einkünfte verwendet werden sollten; i.d.R. floß ein Teil davon in den Unterhalt von Totenpriestern, die Grab und Statue versorgen sollten und deren Amt sowie die damit verbundenen Einkünfte vom Vater an den Sohn vererbt wurden. Inwieweit bei Stiftungen Treuhänder das Vermögen verwalteten[50], läßt sich aufgrund der dürftigen Quellenlage nicht entscheiden. Der Begriff *ḏ.t* wird von Seidl mit dem Kunstwort „Ewiggut" übersetzt[51]; ein etymologischer Zusammenhang mit dem Wort *ḏ.t* „Ewigkeit" ist jedoch nicht gesichert, statt dessen scheint eine Ableitung von *wḏ* „zuweisen, anordnen" vorzuliegen.[52] Von der Mehrzahl der Ägyptologen wird *ḏ.t* bzw. *pr-ḏ.t* mit „Stiftung" oder „Stiftungsgut" wiedergegeben, gelegentlich sogar mit dem aus dem Arabischen entlehnten Wort *waqf* „religiöse Stiftung". Das ist irreführend, denn die Ausdrücke bezeichnen eben nicht nur die Güter, die für Totenopfer gestiftet wurden, sondern auch das vom König zur Versorgung der lebenden Beamten verliehene Lehensgut.[53] Vorzuziehen ist daher die Bezeichnung „zugewiesenes Gut".[54] Die Tatsache, daß im Verlaufe des AR immer mehr Ämter *de facto* oder sogar *de iure* erblich wurden – dies konnte der König als Privileg gewähren –, führte dazu, daß die zugehöri-

---

47 HELCK, in: Grund und Boden, 11. GÖDECKEN, Meten, 208; 294–295 Anm. 200. Vgl. auch MORENO GARCIA, in: ZÄS 124, 124–125.

48 KLEBS, Reliefs des alten Reiches, 116.

49 HELCK, in: Grund und Boden, 10. Vgl. auch GÖDECKEN, Meten, 305–313.

50 So vermutet von SEIDL, Einführung, 45.

51 SEIDL, Einführung 44.

52 GÖDECKEN, Meten, 306.

53 GÖDECKEN, Meten, 309–310.

54 GÖDECKEN, Meten, 308.

gen Güter ebenfalls erblich wurden, selbst wenn theoretisch der König immer das Recht behielt, sie wieder einzuziehen.[55] So wandelt sich auch *(pr)-ḏ.t* allmählich zu einer Bezeichnung für jeden Landbesitz, sowohl das Amtslehen als auch das Privateigentum.[56] Dazu konnten Beamten auch Einkünfte aus kgl. Totenopferstiftungen zugewiesen werden, wobei auch der Fall bekannt ist, daß diese Vergünstigung sogar dem Sohn noch zukommen soll (***Inschrift des Metjen A***).
Die Landzuweisung durch den König erfolgte zumindest bis zur 4. Dyn. mittels Dokumenten, die das Land nach Größe und Lage beschrieben sowie die Zahl der zugeordneten Arbeitskräfte enthielten und als *ꜥ* oder *ꜥ-nsw* bezeichnet wurden.[57] Die an Beamte, Tempel oder Totenopferstiftungen verliehenen Ländereien waren zu Abgaben und der Bereitstellung von Arbeitsleistungen verpflichtet, durch kgl. Dekrete wurden jedoch Tempel- und Opfergüter häufiger davon befreit.[58]

1.1.1.1.2 Kauf

Eigentumsübertragung konnte z.B. durch Kauf und Verkauf, äg. *ỉn.t r ỉsw* „Wegbringen für Entgelt" bzw. *rdỉ.t r ỉsw* „Geben für Entgelt"[59], erfolgen. Die erhaltenen Quellen stellen es so dar, als seien Kaufpreis und Kaufobjekt dabei gleichzeitig übergeben worden. Zwar war Geld in Form von gemünztem Metall noch nicht bekannt, der Wert eines Kaufobjektes wurde, ebenso wie der der Gegenleistung, jedoch in die Metallgewichtseinheit *šꜥ.t* als Wertmesser umgerechnet, so daß kein Tausch, sondern ein Kauf vorliegt. Während Nahrungsmittel und Gebrauchsgüter auf dem Markt wohl allein durch die Zahlung eines entsprechenden Gegenwertes erworben werden konnten[60], war bei Immobilien und anderen wertvolleren Objekten wahrscheinlich das Aufsetzen einer Urkunde vor Zeugen notwendig (s. S. 22f. u.). Belege für den Verkauf von Ackerland fehlen allerdings noch völlig.[61] Der Begriff *ẖtm* „siegeln" im Sinne von „durch eine gesiegelte Urkunde erwerben" ist in der 1. Zwzt belegt (***Stele Berlin 24032***).[62]
Als übertragbares Eigentum wurden in Äg. auch Ämter und die damit verbundenen Einnahmen betrachtet. Allerdings galt dies im AR noch nicht für Ämter in der kgl. Verwaltung, die vom König vergeben wurden, sondern nur für solche im privaten Totenkult. Ihre Vererbung an den ältesten Sohn wurde für die *ḥm-kꜣ*-Priester in der ***Inschrift des Kaemnofret*** ausdrücklich gestattet, während der Verkauf an Fremde oder die Vererbung an andere Verwandte verboten war.

1.1.1.1.3 Unentgeltlicher Erwerb

Die Schenkung unter Lebenden oder im Todesfall, äg. wohl als *rdỉ.t m ỉmy.t-pr* „Geben durch Hausurkunde" bezeichnet (s. S. 23 und 25 u.), läßt sich bislang nur unter Verwandten nachweisen und steht offenbar meist im Zusammenhang mit Erbschaft (s. S. 16f. u.).

---

55 ANDRASSY, in: Grund und Boden, 343. GRUNERT, in: Grund und Boden, 390.
56 GÖDECKEN, Meten, 312–313.
57 ANDRASSY, in: Grund und Boden, 344. S. a. S. 26 u.
58 ANDRASSY, in: Grund und Boden, 348. S. a. S. 20f. u.
59 Gegen die etablierte Übersetzung spricht sich GOEDICKE, in: DE 6, 67–78 aus.
60 Vgl. MOUSSA/ALTENMÜLLER, AV 21, 83–85; Taf. 24.
61 MENU, in: Fs Vercoutter, 262.
62 S. dazu BOOCHS, in: GM 49, 19–24, und MORENO GARCIA, in: RdE 51, 125–126, sowie S. 24 u.

1.1.2 Verpflichtungen

1.1.2.1 Arten

1.1.2.1.1 Darlehen

Menu geht von einem System kollektiver Getreidedarlehen (*ṯ3b.t*) aus, bei dem der Einzelne von der Gemeinschaft das Saatgut erhielt, das er dann nach der Ernte wieder zurückzahlte; in der 1. Zwzt habe der Begriff sich jedoch bereits zu einem allgemeinen Ausdruck für Darlehen entwickelt.[63] Überzeugender ist die Deutung von Meeks, der in *ṯ3b.t* einen Überschuß sieht, der für knappe Zeiten zurückgelegt wurde und dann als Getreidedarlehen vergeben werden konnte, aber nicht mußte.[64] Darlehen über andere Objekte sind für diese Zeit nicht belegt.

1.1.2.1.2 Arbeitsverpflichtung

Einige Grabinschriften erwähnen, daß zum Bau der Gräber Handwerker und Arbeiter verpflichtet wurden, mit denen im Voraus ein Lohn (*isw*) vereinbart wurde. Die Bezahlung erfolgte während der laufenden Arbeit bzw. nach Beendigung, meist in Nahrungsmitteln (Brot und Bier), seltener anderen Naturalien (Kleidung, Kupfer).[65] Aus Bestimmungen geht implizit hervor, daß für Totenopfer Priester verpflichtet wurden. Wie auf S. 23 u. gezeigt, handelt es sich bei den entsprechenden Dokumenten jedoch nicht um die Urkunden zur Verpflichtung der Totenpriester, sondern um zusätzliche Bestimmungen zu diesen Ämtern; die Urkunden über die Einstellung der Totenpriester bzw. ihre Annahme der Tätigkeit sind uns nicht überliefert.

1.1.2.2 Sicherung

1.1.2.2.1 Promissorischer Eid

Verpflichtungen wurden durch versprechende (promissorische) Eide bekräftigt. Daneben kennt man versichernde (assertorische) Eide, in denen die Wahrheit einer Aussage oder einer Tatsache beschworen wird. Beide Arten sind aus Äg. bekannt, jedoch ohne eine terminologische Unterscheidung. Beispiele finden sich in der ***Inschrift des Serefka(?)***: Der Verkäufer leistet dort einen doppelten Eid, zunächst assertorisch über den Erhalt des Preises und dann promissorisch zur Garantieübernahme bei Mängeln (s. a. S. 22f. u.). Seidl nimmt an, der Ort der Eidesleistung könnte ein Tempel gewesen sein, weil die Zeugen Priester seien[66]; es handelt sich jedoch um Totenpriester, die nicht im Tempel, sondern in der Nekropole arbeiteten. Überzeugender ist die Annahme, der Eid sei dort geleistet worden, wo auch die Urkunden ausgestellt wurden, also in einem Büro der Verwaltung.

1.1.3 Verschiedene Personengruppen und ihre Rechte

1.1.3.1 Sklaven, Hörige, Abhängige

Verschiedene äg. Wörter werden in der Literatur mit „Sklave", „Leibeigener" und „Höriger" wiedergegeben. Im allgemeinen deutschen Sprachgebrauch, der stark vom röm. Recht beeinflußt ist, handelt es sich bei Sklaven um Personen, die einem anderen wie

---

63 MENU, in: CRIPEL 1, 62, 71–72.

64 MEEKS, in: Fs Altenmüller, 275–280.

65 GOEDICKE, in: DE 5, 73–75.

66 SEIDL, Einführung, 51.

eine Sache gehören, so daß dieser frei über sie verfügen und sie sogar töten kann, wenn er will; letzteres ist für Äg. jedoch nicht nachzuweisen, weshalb im Folgenden, wenn von „Sklaverei" die Rede ist, grundsätzlich nur eine starke Abhängigkeit gemeint ist, die zwar Verkauf, Vermietung u.ä. einschließt, nicht aber Gewalt über Leben und Tod. Eine abgeschwächte Form der Sklaverei ist die Leibeigenschaft oder Hörigkeit, bei der der Leibeigene oder Hörige zwar an ein bestimmtes Stück Land gebunden ist, darauf für seinen Herrn arbeiten muß und mit dem Land an einen anderen Herrn weitergegeben werden kann. Seine Arbeitskraft gehört demnach nicht ihm selbst, sondern dem jeweiligen Lehensmann, es ist aber nicht möglich, ihn für sich allein zu verkaufen oder zu vermieten.[67]

Die Existenz von Sklaverei im AR wird kontrovers diskutiert. Seidl erwartet Sklaven in Privateigentum schon im AR, weil sie in sumerischen Texten belegt seien, doch fehlen bislang Belege.[68] Pirenne dagegen nimmt Sklaven im AR nur in öffentlichem, aber nicht in privatem Eigentum an.[69] Für Äg. entsteht ein definitorisches Problem dadurch, daß der König im AR jedermann beliebig einsetzen konnte, vom kleinsten Landarbeiter, der mit dem Land, auf dem er lebte und arbeitete, an einen Beamten übergeben wurde, bis zum obersten Hofbeamten, den er auf Feldzüge oder Expeditionen schicken sowie zur Bauleitung von Tempeln, Kanälen etc. heranzog. Insofern war kein Ägypter frei, weil er über seine Arbeitskraft nicht selbst verfügte; dem entspricht die von Hofmann festgestellte schichtunabhängige Verwendung der Bezeichnung *b3k* „Diener", die im AR sogar hohe Beamte in ihrem Verhältnis zum König für sich beanspruchen.[70]

Ein Beleg dafür, daß Menschen einzeln verkauft wurden, und damit für Sklaven im engeren Sinne fehlt aus dem AR. Zwar versteht Bakir die Inschrift auf der ***Scheintür des Tefchai*** *ỉsw.w n.w ḏ.t(=ỉ) ỉnỉ.n(=ỉ)-sn r ỉsw* als „die *ỉsw.w* meines Besitzes, (ich) habe sie gegen Entgelt gekauft" und deutet entsprechend *ỉsw* als einen Ausdruck für Sklaven[71]. Anderen Forschern zufolge sind die *ỉsw.w* Lohnarbeiter, die gegen Zahlungen verpflichtet wurden und somit selbst ihre Arbeitskraft verkauften.[72] Aus der 1. Zwzt sind einige Inschriften erhalten, die von der Anschaffung von *b3k.w* durch Privatleute berichten[73], aber auch hier könnte es sich um bezahlte Arbeitsverhältnisse gehandelt haben. Als *ḥm* bezeichnete Personen finden sich erst zum Ende des AR auch in privaten Diensten; ob sie als Sklaven im eigentlichen Sinne zu betrachten sind, ist ebenfalls unklar.[74]

Als Abhängige oder Hörige sind die Personen zu betrachten, die als Arbeiter vom König einem Beamten zugewiesen wurden. Zumeist sind dies Bauern, daneben kommen aber auch Handwerker und Bauleute (z.B. für den Bau und die Ausgestaltung von Gräbern) vor. Die Arbeiter auf einem *ḏ.t*-Gut tragen die kollektive Bezeichnung *ḏ.t*, es handelt sich also um „zugewiesene Personen" (s. S. 10f. o.). Seit der 5. Dyn. erscheint für Arbeiter speziell auf Tempeldomänenland, aber auch auf dem Land von Beamten

---

67 BAKIR, Slavery, 7.
68 SEIDL, Einführung, 42.
69 PIRENNE, Histoire II, 316; 456.
70 HOFMANN, Diener, 99–101.
71 BAKIR, Slavery, 14.
72 Z.B. GOEDICKE, Priv. Rechtsinschr., 209.
73 MORENO GARCÍA, in: RdE 51, 129.
74 BAKIR, Slavery, 15–22; 29–34. HOFMANN, Diener, 102–103.

der Kollektiv-Begriff *mr.t*, der oft als „Leibeigene", „Hörige" o.ä. übersetzt wird[75]. Bakir hält zudem die *mr.t*-Arbeiter für Sklaven, weil in einem Dokument aus dem NR gesagt wird, Land, *mr.t* und Vieh seien durch *ỉmy.t-pr*-Urkunde vermacht worden; gerade dies weist jedoch eher auf ihren Status als hörige Feldarbeiter. Ebenso umstritten ist der bereits erwähnte Begriff *nsw.ty.w*, der teils als „Freibauern", teils als „Bauern der kgl. Ländereien" übersetzt wurde (s. S. 10 o.).

Das Personal von kgl. Totenopferstiftungen (Totenpriester, Verwalter) wurde als *ḫnty.w-š* bezeichnet. Da ihnen jedoch statt eines lebendigen Beamten ein toter König übergeordnet war, waren sie nicht Hörige, sondern konnten fast wie Eigentümer über das von ihnen bearbeitete Land verfügen[76], das sie vererben, aber wohl nicht verkaufen durften. Auch die *ḥm-kꜣ*-Priester einer privaten Totenopferstiftung waren zwar einerseits an ihren Dienst für den Verstorbenen gebunden, andererseits vererbten sie ihre Position an ihre Kinder weiter, weshalb diese von ihnen selbst wohl nicht als Sklavendienst, sondern als Beruf und Einnahmequelle betrachtet wurde.

Für die Existenz einer Schuldsklaverei, die Goedicke bei der Interpretation des Abschnittes IX. des ***Dekretes aus Dahschur*** annimmt[77], fehlen aus dem AR Belege.

1.1.2.2 Kranke

Krankheit scheint die Geschäftsfähigkeit einer Person eingeschränkt oder zumindest die von ihm ausgestellten Urkunden angreifbar gemacht zu haben.[78] Das läßt sich aus den Formulierungen am Beginn von Urkunden entnehmen, die bestätigen, der Aussteller sei nicht bettlägerig(?) (*ḥr rd.wy=fy* „auf seinen Beinen": ***Inschriften des Nikaura***, ***Wepemnofret*** und ***Kaemnofret***) bzw. nicht krank gewesen (*n mn=f ỉḫ.t* „er litt nicht an etwas": ***Inschriften des Nikaura***). Auch die Lebendigkeit des Ausstellers wird manchmal betont (***Inschriften des Nikaura***, ***Wepemnofret***, ***Kaemnofret*** und ***Nikaanch***).

1.1.2.3 Frauen

Über die rechtliche Stellung der Frau im AR kann nur wenig ausgesagt werden, da Quellen rar sind. Pirennes Konstruktion einer relativ selbständigen Geschäftsausübung in der 3.–5. Dyn. und einer drastischen Verschlechterung ihrer Position in der 6. Dyn.[79] beruht auf nur zwei Dokumenten (***Inschrift des Metjen A***, 3./4. Dyn., und ***pBerlin 9010***, 6. Dyn.)[80]. Daß auch in der 1. Zwzt die Übertragung von Eigentum von der Mutter auf den Sohn möglich war, zeigt die ***Stele Berlin 24032***, in der es um den Erwerb von Eigentum mittels mütterlichen Vermögens geht. Frauen sind in den Marktszenen der Gräber des AR als Handelnde dargestellt;[81] dabei wird jedoch nicht deutlich, ob sie selbständig agierten.

---

75 GOEDICKE, Kgl. Dok., 211–212.

76 HELCK, in: Grund und Boden, 13.

77 GOEDICKE, Kgl. Dok., 69.

78 SEIDL, Einführung, 44.

79 PIRENNE, Histoire III, 345, 351ff., 360–361.

80 Vgl. dazu auch JASNOW, in: History ANE Law I, 117.

81 KLEBS, Reliefs des alten Reiches, 116.

1.1.2.4 *sn-ḏ.t* und *msw-ḏ.t*

Häufig wurde angenommen, daß die Begriffe *sn-ḏ.t* und *msw-ḏ.t* sich auf Personen bezögen, die für die Aufgabe, später den Totenkult zu versehen, mit einem Einkommen aus der Opferstiftung (*ḏ.t*) ausgestattet wurden. Da sie als eine Art privilegierte Bedienstete in die Hausgemeinschaft aufgenommen wurden und somit, zumindest was die Opferstiftung anging, den echten Familienmitgliedern gleichgestellt wurden, seien sie als „Stiftungsbrüder" und „Stiftungskinder"[82] bezeichnet worden. Perepelkin hingegen argumentiert dafür, *ḏ.t* als „Leib" zu verstehen und unter *sn.w-ḏ.t* und *msw.w-ḏ.t* entsprechend die „leiblichen, eigenen Brüder" bzw. die „eigenen Kinder"[83].

1.1.2.5 „Übernatürliche" Rechtspersonen

Ob es im AR die Idee der „juristischen Person" gegeben hat, ist umstritten.[84] Als Belege dafür werden Stiftungsgüter und Tempel herangezogen, die im Rechtsverkehr wie Personen auftreten. Obwohl dies *de facto* richtig ist, war die entsprechende begriffliche Konstruktion, eine Einrichtung als Person zu betrachten, jedoch für die Ägypter gar nicht notwendig: Im Falle der Tempel wurde der Gott selbst als Inhaber der Rechte gesehen, bei den Totenopfergütern war es der Verstorbene. Man könnte daher in Äg. anstelle von juristischen von „übernatürlichen" Rechtspersonen sprechen.

1.1.4 Familie und Erbschaft

1.1.4.1 Ehe

Aus dem AR fehlen Informationen über die Art der Eheschließung, sie fand wohl, wie in späterer Zeit, ohne formellen juristischen oder religiösen Akt statt. Ob, wie in späterer Zeit, anläßlich der Eheschließung vermögensrechtliche Urkunden ausgestellt wurden bzw. werden konnten, läßt sich nicht sicher feststellen; der Begriff *ᶜ m sᶜnḫ=s* „Dokument für ihren Unterhalt" in ***pKairo CG 58043*** könnte sich darauf beziehen. Aus der ***Inschrift des Metjen A*** ist bekannt, daß Ehefrauen an ihre Kinder etwas vererben konnten, so daß davon auszugehen ist, daß sie auch in der Ehe über eigenes Vermögen verfügten.

Zwar zeigen einige Denkmäler, daß ein Mann mehrere Ehefrauen hatte[85], doch fehlt der Beleg dafür, daß diese Ehen gleichzeitig stattfanden. Da diese Denkmäler ausnahmslos funerär sind, ist die gleichartige Darstellung von zwei Frauen oder ihre symmetrische Anordnung nicht als Momentaufnahme eines Zustands, sondern rückblickend auf das gesamte Leben des Grabinhabers zu deuten[86]. Bei der hohen Sterblichkeit von Frauen im Kindbett ist davon auszugehen, daß ein Mann durchaus mehrfach zum Witwer werden konnte. Bei Frauen, die als Mütter von Kindern eines Mannes belegt sind, ohne die Bezeichnung „seine Ehefrau" (*ḥm.t=f*) oder für Ehefrauen der Elite typische Titel wie „Priesterin der Hathor" (*ḥm.t-nṯr Ḥw.t-Ḥr*) oder „einziger Königsschmuck" (*ẖkr.t-nsw wᶜ.t*) zu tragen[87], handelt es sich wohl um Dienerinnen, die zugleich Konkubinen waren.

---

82 So GÖDECKEN, Meten, 197; 256–257. Vgl. auch BOOCHS, in: VA 1.1, 3–9.

83 PEREPELKIN, Privatrecht, 29–73.

84 Pro: PIRENNE, Histoire II, 325. Contra: SEIDL, Einführung, 45. MENU, in: BSEG 9–10, 193–196.

85 Vgl. KANAWATI, in: SAK 4, 149–160.

86 So gegen KANAWATI, in: SAK 4, 158.

87 Vgl. KANAWATI, in: SAK 4, 150 (Grab des *ꜣIsi*) sowie MORENZ, in: BN 91, 10.

Wenn, wie Perepelkin annimmt, *sn.t-ḏ.t* als „leibliche Schwester" zu verstehen ist (s. S. 15 u.)[88], läßt sich die Geschwisterehe schon im AR nachweisen[89].
Goedicke nahm für Äg. das Levirat an.[90] Darunter ist eigentlich die biblische Praxis zu verstehen, daß bei einem kinderlos gestorbenen Mann dessen Bruder der Witwe beiwohnt, um einen Sohn zu zeugen, der dann als Kind des Verstorbenen gilt. Der Begriff wird allerdings häufig – so auch von Goedicke – als „automatische Heirat der Witwe mit dem Bruder des Mannes" verstanden. Keines von beidem ist für das pharaonische Äg. zu belegen.

1.1.4.2 Scheidung

Ein Hinweis auf Scheidung könnte in einer Statuengruppe eines Ehepaares vorliegen, bei der nachträglich die Figur der Frau abgearbeitet wurde[91]; auch die Tilgung von Namen und Darstellung der Ehefrau in der ***Mastaba des Kaiemanch***[92] wird so gedeutet.[93] Textliche Zeugnisse fehlen, wenn man von der vielleicht nicht im AR, sondern erst im MR entstandenen ***Lehre des Ptahhotep*** absieht, in der geraten wird, eine dicke, fröhliche (oder leichtfertige?) Frau nicht zu verstoßen (*nš*, V. 499–503).

1.1.4.3 Erbschaft

Die zwei noch heute bekannten Möglichkeiten der Vererbung existierten bereits im AR: die gesetzliche Erbfolge sowie die Verteilung des Erbes nach Belieben durch Ausstellung von Urkunden, die erst im Todesfalle gültig wurden. Einige Rechtshistoriker vermeiden in diesem Zusammenhang den Begriff „Testament", da die äg. Urkunden zur Erbschaftsregelung vom Aufbau nicht genau dem *testamentum* des röm. Rechtes entsprächen[94], doch ist die Intention der äg. Dokumente zur Nachlaßregelung die von Testamenten: Sie sind einseitige Vermögensübertragungen im Todesfalle, durch die die gesetzliche Erbfolge aufgehoben werden kann.
Die gesetzliche Erbfolge, gelegentlich auch als Intestat-Erbfolge bezeichnet, begünstigte an erster Stelle die Kinder, wobei der älteste Sohn (*sꜣ smsw*) eine Sonderstellung innehatte und eventuell sogar Alleinerbe war, wenngleich wohl mit (zumindest moralischen) Unterhaltsverpflichtungen gegenüber seinen Geschwistern. Er wurde daher oft als *ỉwꜥ* „Erbe, Erbsohn" bezeichnet, folgte im Idealfall dem Vater im Amt nach und übernahm damit auch das Amtslehen, weshalb er als *ḥry s.t* „der auf dem Sitz" bezeichnet werden konnte[95]. Eng verbunden mit dem Antritt des Erbes war die Verpflichtung zur Bestattung des Verstorbenen (***Inschrift des Tjenti***).
In ***pBerlin 9010*** (s. a. S. 29f. u.) stehen sich sehr wahrscheinlich der älteste Sohn und ein anderer Verwandter vor Gericht gegenüber: Letzterer beruft sich auf eine Urkunde des Erblassers, durch die er zum Treuhänder zugunsten der Kinder und der Witwe des Verstorbenen eingesetzt wurde, der Sohn zweifelt die Echtheit dieses Dokuments an. Aus dem Spruch der Richter geht hervor, daß eine solche Urkunde einen höheren Stel-

---

88 PEREPELKIN, Privateigentum, 60.
89 Vgl. die Inschrift im Grab des *Nṯr-wsr*, MURRAY, Saqqara Mastabas I, Taf. 24.
90 GOEDICKE, Priv. Rechtsinschr., 129.
91 PESTMAN, Marriage, 59: Hildesheim, Pelizäus-Mus. 2973 (EGGEBRECHT, Altes Reich, 102–103).
92 JUNKER, Gîza IV, 6–7.
93 HELCK, in: LÄ V (s.v. Scheidung), Sp. 559–560.
94 SEIDL, Einführung, 58. Vgl. auch THÉODORIDÈS, in: RIDA^3 17, 119–124.
95 MRSICH, Hausurkunde, 83, § 108.

lenwert hatte als die testamentlose Erbfolge, da im Falle ihrer Echtheit der Treuhänder gewann. Wenn diese jedoch nicht zu beweisen ist, wurde der älteste Sohn Alleinerbe, obwohl er über keinerlei Dokument verfügte. Der Ausgang des Prozesses ist nicht erhalten.

Die übliche Urkundenart zur Nachlaßregelung waren wohl Schenkungs- bzw. *ỉmy.t-pr*-Urkunden, gegebenenfalls mit zugehörigen Bestimmungen (s. a. S. 23ff. u.). Im Text selbst war kein Hinweis darauf enthalten, daß sie erst im Todesfall in Kraft treten sollten – eine Tatsache, die sich durch die gesamte äg. Geschichte hindurch beobachten läßt und mit dem äg. Glauben an die realitätsschaffende Wirkung des geschriebenen Wortes zusammenhängt. So könnte man glauben, der Aussteller sei von diesem Augenblick an besitzlos gewesen. Wahrscheinlich galt aber schon im AR (wie für die spätere Zeit), daß nicht die Ausstellung einer Urkunde den Rechtsübergang bewirkte, sondern die Übergabe an den Begünstigten, so daß ein Zurückbehalten beim Erblasser oder einem Urkundenhüter automatisch zu einer Wirkung erst im Todesfalle führte.[96] Durch Vererbung mittels Urkunde konnte die Teilung des Vermögens unter den Kindern, entweder zu gleichen Teilen oder individuell, aber auch die Einsetzung eines anderen Alleinerben als des ältesten Sohnes bestimmt werden, wobei unklar ist, ob auch Familienfremde als Erben eingesetzt werden konnten, da Belege dafür fehlen. Johnson gibt an, die in der ***Inschrift des Metjen C*** erwähnte, von Metjens Mutter aufgesetzte *ỉmy.t-pr*-Urkunde begünstige deren Enkel und nicht ihre Kinder[97]; da Metjen zumindest über einen Teil der so vermachten Felder verfügen kann, ist diese Deutung allerdings nicht nachzuvollziehen. Nach Seidl seien in den Schenkungen im Todesfall einzelne Objekte übertragen worden, keine Anteile am Vermögen[98]; für eine solche pauschale Aussage fehlen uns jedoch die entsprechenden Quellen. Pirenne rekonstruiert, ebenfalls ohne ausreichende Belege, eine Entwicklung von einem ursprünglichen Erbrecht, in dem alle Kinder gleich behandelt worden seien, hin zu einem, das den ältesten Sohn bevorzugte und die freie Vererbbarkeit durch Gesetze einschränkte.[99] Die Behauptung Hararis, im AR habe es keine natürlichen Erben gegeben, sondern nur designierte[100], ist nicht zu belegen. Die von Gödecken[101] als Beleg für die gleichberechtigte Stellung von Kindern und Geschwistern bei nicht urkundlich geregelter Erbfolge herangezogenen Texte sind ungeeignet, da die ***Inschrift des Penmeru***, eine Bestimmung (s. S. 23f. u.) zu einer Opferstiftung, und ***pBerlin P 9010*** (s.o.) gerade Fälle geregelter Erbfolge betreffen, während die ***Inschrift des Kaemnofret***, ebenfalls eine Bestimmung, Kinder und Geschwister als potentielle Erben eben nicht undifferenziert, sondern konsequent in dieser Reihenfolge nennt, woraus eher ein nachrangiger Erbanspruch von Geschwistern gegenüber Kindern hervorgeht.

Die Einsetzung eines treuhänderischen Vermögensverwalters für das Erbe, der nicht mit dem ältesten Sohn identisch war, kommt in ***pBerlin P 9010*** vor, was darauf hinweisen könnte, daß ein Teil der Kinder noch minderjährig war und nicht alle von der gleichen Mutter stammten. Er wird als *wnm n sbỉn.n=f* „Esser, ohne daß er verschlechtern kann"

---

96 So vermutet auch SEIDL, Einführung, 58.

97 JOHNSON, in: Mistress of the House, 177–178.

98 SEIDL, Einführung, 57–58.

99 PIRENNE, Histoire I, 2–3.

100 HARARI, in: ASAE 56, 165.

101 GÖDECKEN, Meten, 188–190.

bezeichnet, was Seidl korrekt als Recht auf Nutznießung deutet[102]: Das Vermögen darf von ihm nicht angegriffen werden, nur der Gewinn.

1.1.5 Unerlaubte Handlungen und ihre Rechtsfolgen

Die alten Ägypter kannten die moderne Unterteilung in Straf- und Zivilrecht nicht. Bei der Einteilung unerlaubter Handlungen könnten folgende Kriterien herangezogen werden:
1.) Verfolgung: durch den Geschädigten bzw. seine Angehörigen oder den Staat
2.) Gerichtszuständigkeit: lokale oder zentrale Gerichte
3.) Rechtsfolgen: solche, die unmittelbar dem Geschädigten zugute kommen (Entschädigungen etc.) oder darüber hinausgehende Vermögens-, Haft- oder Körperstrafen bis zur Todesstrafe
Eine sich speziell mit dem Thema des Strafrechtes beschäftigende Monographie liegt von Boochs vor[103]; die ungeprüfte Übernahme alter, längst durch neue Untersuchungen überholter Meinungen mindern den Wert jedoch erheblich.
Verschiedene Arten von Strafen sind – teilweise auch nur literarisch – überliefert, doch läßt sich meist nicht sicher sagen, welche Taten diesen vorausgingen. Helcks Behauptung, im AR sei zunächst jegliches Verbrechen mit dem Tode bestraft worden und erst in einem späteren Schritt sei man dazu übergegangen, statt dessen durch Versklavung zu bestrafen[104], ist nicht zu belegen. Entgegen van den Boorns Angaben[105] gab es auch schon vor dem NR Stockschläge als Strafe; das Abschneiden von Gliedmaßen allerdings läßt sich tatsächlich im AR und MR nicht nachweisen.
In Gräbern des AR, z.B. dem des Mereruka[106], wird die Prügelstrafe an Personen, die an einem Pfahl festgebunden sind, dargestellt; die Szene wurde von Capart fälschlich als Köpfung eines Gefangenen gedeutete.[107] Diese Züchtigung steht im Zusammenhang mit nicht geleisteten Steuerzahlungen, doch ob sie infolge eines Prozesses durchgeführt wurde oder nicht, läßt sich nicht entscheiden.[108] Auch der Aussage in ***Inschrift B des Nebkauhor***, wonach im Gericht (*ḥw.t wr.t*) Menschen eingesperrt und geschlagen wurden, läßt sich nicht entnehmen, ob dies Strafmaßnahmen nach erfolgtem Urteil oder Bestandteile des Verhörs waren, geschweige denn, welche Straftat zugrunde lag.
In der ***Lehre für Merikare***[109] aus der 1. Zwzt oder dem frühen MR wird von der Anwendung der Todesstrafe abgeraten, statt dessen sollten Prügelstrafe und Bewachung (gemeint sind wohl Arbeitslager) zur Disziplinierung eingesetzt werden. Unklar ist die Deutung des Abschnittes *wpw-[ḥr] sbỉ gmỉ sḥ.w=f ỉw nṯr rḫ.w ẖ3k.w-ỉb ḥww nṯr sḏb.w=f ḥr snf* „(scil. bestrafe,) außer einem Rebellen, der seine Pläne ersonnen hat; Gott kennt die Aufsässigen, Gott verdammt ihn wegen des Blutes“: Lorton versteht dies so, daß die verbrecherische Absicht allein nicht strafbar sein solle, da dafür der Gott die Vergeltung

102 SEIDL, Einführung, 45–46.
103 BOOCHS, Strafrechtliche Aspekte.
104 HELCK, Wirtschaftsgeschichte, 152.
105 VAN DEN BOORN, Duties of the Vizier, 119.
106 DUELL, Mereruka I, Taf. 36–38.
107 CAPART, in: ZÄS 36, 126. Dagegen BEAUX, in: BIFAO 91, 33–53.
108 Pro: BEAUX, in: BIFAO 91, 38. Contra: LORTON, in: JESHO 20, 24.
109 § XVI–XVII (nach HELCK, Merikare) bzw. E 48 (nach QUACK, Merikare).

übernähme[110], man könnte darin aber auch die Aufforderung sehen, Rebellen und Verschwörer hinzurichten, da dies dem göttlichen Urteil entspreche[111].
In der Erzählung des ***pWestcar***, die unter Cheops spielt, weigert sich der Zauberer Djedi, das Abschneiden und Wiederansetzen des Kopfes an einem Gefangenen aus dem Gefängnis (*ẖnrỉ m ẖnr.t*) vorzuführen, den man zu diesem Zwecke exekutieren (*wdỉ nkn*) soll (8.15–16). Selbst wenn die Geschichte erst im MR oder der 2. Zwzt entstanden ist, könnte darin eine korrekte Erinnerung an Strafvollzug des AR enthalten sein; der Schluß, man habe damals durch Enthauptung hingerichtet, ist nur aus dieser Stelle jedoch nicht zu folgern, da diese Handlung von der Erzählung vorgeschrieben wird.
Ob die aus der Hieroglyphe *šms* rekonstruierte und in ähnlicher Weise offenbar noch lange in Afrika praktizierte Hinrichtungsmethode, bei der das Opfer an einen Ast gefesselt und sein Kopf an die heruntergebogene Spitze gebunden wurde, so daß er beim Enthaupten nach oben schnellte[112], im AR noch durchgeführt wurde, ist ungewiß. Die Enthauptung gefangener Feinde, die ideologisch wohl als Rebellen galten, ist noch in frühdynastischer Zeit, z.B. auf der Narmerpalette, zu finden. Ein Hinweis auf die Verbrennung (*tkꜣ*) von Verbrechern (*ẖbn.tỉ.w*) in der 1. Zwzt könnte sich in ***Grab III von Siut*** (nördliche Laibung) finden[113], falls *ẖbn.tỉ.w* nicht die Verdammten in der Unterwelt bezeichnet.
Immer wieder wird behauptet, daß Verbrecher dem Krokodil vorgeworfen wurden.[114] Der zitierte Beleg dafür stammt jedoch ebenfalls aus dem ***pWestcar*** (3.22–4.6) – das fragliche Krokodil ist eine von einem Zauberer magisch belebte Wachsfigur, die dieser auf den Liebhaber seiner Frau hetzt – und entfällt damit für die Rechtsgeschichte.
Im Gegensatz zu den Strafen sind Belege für strafbare Handlungen im AR und der 1. Zwzt sehr selten, einige Arten sogar überhaupt nicht belegt.

1.1.5.1 Diebstahl und Raub

Ein Diebstahl oder Raub (*ꜥwꜣ*) wird in dem Brief ***pBerlin P 8869*** erwähnt, daraus geht aber weder die Art der Verfolgung, die Gerichtszuständigkeit noch die Strafe dafür hervor.

1.1.5.2 Sachbeschädigung

Ob das in mehreren privaten Grabinschriften des späten AR und der 1. Zwzt (z.B. ***Grab des Anchtifi*** 8.III,1–5) erwähnte Abtrennen eines Arms (*sẖ.t ḫpš*, eigentlich „Abtrennen eines Rinderschenkels") für Personen, die das Grab oder die Bestattung beschädigen, eine von der Obrigkeit tatsächlich vollzogene Strafe war, ist fraglich[115]: Überzeugender ist die Deutung als Fluchandrohung[116] wie die, dem Grabschänder und Opferdieb würde der Hals abgeschnitten bzw. umgedreht wie einer Gans und der Verstorbene würde ihn im Wasser als Krokodil und zu Land als Schlange angreifen (***Heqaib-Stele Nr. 9***). Das Vorbild sind Strafen, die mythischen Götterfeinden zuteil werden, die als Opfertiere dargebracht und verbrannt werden, sowie die zumindest ab dem MR belegten Todes-

---

110 LORTON, in: JESHO 20.1, 13–14.
111 Vgl. dazu QUACK, Merikare, 33; 93.
112 HELCK, in: LÄ II (s.v. Hinrichtungsgerät), Sp. 1219.
113 So WILLEMS, in: JEA 76, 37–38.
114 Z.B. HELCK, in: LÄ II (s.v. Hinrichtung), Sp. 1219.
115 So WILLEMS, in: JEA 76, v.a. 42–43.
116 So auch ASSMANN, in: JEA 78, 149–157.

strafen für die Schändung von Tempeln und Heiligtümern (s. S. 39 u.). Die Grabinhaber stellen sich somit auf die Ebene von Göttern und König.

1.1.6 Königliche Dekrete

Der Begriff „Dekret“ wird in der Ägyptologie unterschiedlich verwendet, teils für kgl. Erlasse, die besondere Einzelfälle regeln[117], teils generell zur Übersetzung des äg. *wḏ-nsw* oder *wḏ n nsw* „Königsbefehl“ (im NR auch *wḏ.t pr-ꜥꜣ*). Unter den äg. Begriff *wḏ-nsw* fällt jedes Schreiben des Königs, einschließlich offizieller und persönlicher Briefe[118]. Im Folgenden sollen nur Dekrete behandelt werden, die eine rechtliche Anordnung enthalten.
Die Textgattung ist bereits aus der 4. Dynastie erhalten; die am häufigsten überlieferten Themenbereiche sind Amtseinsetzung (z.B. ***Dekret Koptos I***), Stiftung (z.B. ***Dekret Koptos G***), Steuer- und Frondienstbefreiung (z.B. ***Dekret des Neferirkare***) sowie Schutz (z.B. ***Dekret Koptos R***) von Tempel- und Totenopfergütern.
Neben Abschriften auf steinernen Stelen oder auf Grabwänden gibt es allerdings auch sehr fragmentierte Dekrete auf Papyrus (***Abusir-Dekrete***), möglicherweise handelt es sich bei diesen sogar um die Originalschreiben, da sie nachträglich zu einer Rolle zusammengeklebt wurden. Die *wḏ.w-nsw* im AR folgten einem Grundschema[119]: Üblicherweise begannen sie mit dem Königsnamen, der rechts in einer senkrechten Kolumne stand. Dieser fehlt in Abschriften von kgl. Dekreten in Privatgräbern.[120] In einigen Fällen findet sich darunter eine Datierung, bei den ***Abusir-Dekreten*** ist sie in einer eigenen senkrechten Kolumne vorangestellt, in vielen Abschriften auf Stein fehlt sie jedoch auch ganz. Dann folgt oben eine waagrechte Zeile mit *wḏ-nsw (n) NN* „Königsbefehl (an) NN“, wobei die Abschriften auf Stein fast immer die Hieroglyphen von *wḏ-nsw* retrograd als  schreiben – die übliche Schreibung von *wḏ-nsw* wäre  mit *nsw* in „honorific transposition“[121]; die Schriftrichtung wechselt nicht, wie Gödecken[122] meint. Manchmal ist eine weitere waagrechte Zeile (gelegentlich mit *ỉr* „betreffs“ eingeleitet) darunter eingefügt, die das Thema nennt. Der eigentliche Text des Dekrets folgt dann in oft senkrechten, gelegentlich aber auch waagrechten oder wechselnden Zeilen. Den Abschluß bilden i.d.R. die Angabe „gemacht/gesiegelt in der persönlichen Gegenwart des Königs“ (*ỉrw/ḫtm r-gs nsw ḏs(=f)*)[123], die wie die Einleitung retrograd geschrieben sein kann, sowie ein Datum; gelegentlich fehlen diese Schlußformeln auf den Abschriften. Spätere Dekrete sind in ihrer Form nicht mehr hochrechteckig, sondern querformatig.[124]
Die Lesung und das Verständnis der Dekrete werden oft dadurch erschwert, daß die Schreiber mehrfach vorkommende Einleitungs- und Schlußformeln von Abschnitten nur einmal schrieben und die voneinander abweichenden Teile teils in gespaltenen Kolumnen, teils mehr oder weniger frei im noch zur Verfügung stehenden Platz verteilten. Wie in den privaten Bestimmungen (s. S. 23f. u.) ist die Konstruktion mit *ỉr* und vorgezoge-

117 Vgl. SEIDL, Einführung, 21.
118 Vgl. dazu auch VERNUS, in: ICE 4, 239–246, sowie HAYS, in: GM 176, 63–76.
119 GOEDICKE, Kgl. Dok., 8–15. S. auch GÖDECKEN, Meten, 3–6, sowie HELCK, Aktenkunde, 10–18.
120 GOEDICKE, in: JARCE 3, 33.
121 Vgl. dazu FISCHER, Orientation, 57–60.
122 GÖDECKEN, Meten, 4.
123 GOEDICKE, Kgl. Dok., 12–13. Vgl. auch GUNN, in: ASAE 27, 230.
124 GÖDECKEN, Meten, 3. GOEDICKE, in: JARCE 3, 38.

nem Satzteil häufig, und auch Klauseln vom Typ *n rdi͗.n=i͗ sẖm* ... „ich gebe keine Verfügungsgewalt ...“ kommen häufiger vor. In einigen Dekreten ist festgelegt, daß sie auf einer steinernen Stele an öffentlicher Stelle angebracht werden sollen.

1.1.6.1 Verstoß gegen königliche Dekrete und private Bestimmungen

In den kgl. Dekreten werden verschiedene Strafen für deren Mißachtung genannt. Da es im ***Dekret des Neferirkare*** dennoch heißt, der Verdächtige solle vor das Gericht geschickt werden (*m3ʿ r ḥw.t wr.t*), geht es offenbar bei dem Prozeß nur um die Feststellung der Schuld und nicht die Bestimmung des Strafmaßes. Genannt werden Entzug des Besitzes (***Dekret des Neferirkare***; ***Dekret Koptos R***), Amtsenthebung (***Dekret Koptos R***), Verweigerung einer Bestattung (***Dekret Koptos R***), vielleicht auch Zwangsarbeit in den Granitbrüchen (***Dekret des Neferirkare***) sowie die Todesstrafe (***Dekret Koptos R***), da die Mißachtung mit Rebellion gleichgesetzt wurde (***Dekret Koptos B***).

Die privaten Bestimmungen über Totenpriesterdienste (s. S. 23f. u.) nennen als Maßnahmen bei Verstoß meist den Entzug des Postens und des Einkommens, das dann an die Phyle (Priestergruppe) fällt (z.B. ***Inschrift des Kaemnofret*** und ***Inschrift des Senenuanch***); unklar ist, wie und ob solche „privaten“ Strafen ausgeführt wurden. Vielleicht beruhten sie auf gesetzlichen Vorschriften, da sie den milderen der bei Mißachtung von Dekreten verhängten Strafen entsprechen.

1.2 Rechtsurkunden

Urkunden sind aus dem AR fast nur in Gestalt von Abschriften auf Grabstelen oder Grabwänden erhalten. Diese Situation verzerrt unser Bild der im AR getätigten Rechtsgeschäfte einseitig in Richtung des Funerären.[125] Im folgenden werden zunächst die unterschiedlichen Urkundenformulare untersucht, die in Abschriften erhalten sind, im Anschluß daran die Begriffe für Urkunden, die in den Texten des AR vorkommen, um eine Zuordnung zu versuchen.

1.2.1 Urkundenarten nach dem Formular

Je nach Zweck der Urkunde wurden andere Formulierungen verwendet. Ob es jedoch für jedes Rechtsgeschäft einen eigenen Urkundentyp mit festem Formular gab, ist schwierig festzustellen, da zu wenige Quellen erhalten sind und zudem nicht sicher ist, ob die Abschriften die Papyrusurkunde immer getreu wiedergeben.[126] Grundsätzlich fehlt bei solchen privaten Kopien der Kopf mit dem Horusnamen des Königs, weil dessen Verwendung ebenso wie die Abbildung des Königs Privatleuten nicht gestattet war.[127]

Gemeinsam scheint allen Typen von Privaturkunden im AR die Einleitung – eventuell nach einer Datierung – mit der Nennung des Ausstellers in der Form *NN ḏd=f* „NN, er sagt“ bzw. *NN ḏd* „NN ist es, der sagt“[128] zu sein.

I.d.R. stehen die einleitenden Elemente in einer oder mehreren waagrechten Zeilen. Darunter folgte der eigentliche Urkundentext oder „Urkundenkörper“ meist in senkrechten Zeilen. Ganz am Schluß steht normalerweise eine Liste der Zeugennamen.[129] Das Verständnis der Formeln wird vor allem durch das regelmäßige Fehlen des Suffixes der 1. Person Singular und die Mehrdeutigkeit der Verbalformen erschwert.

1.2.1.1 Kaufurkunden

Die kurzgefaßte Wiedergabe einer Kauf- und Zahlungsbestätigung des Käufers in einem kgl. Dokument ist in der ***Inschrift des Metjen A*** aufgezeichnet.[130] Neben der Abschrift einer Kaufurkunde in der ***Inschrift des Serefka(?)***[131] sind noch zwei Entwürfe für Kaufurkunden auf ***pGebelein I vso*** erhalten, alle drei Texte betreffen Immobilienkäufe, eventuell Grabkapellen. Die Urkundentexte beginnen mit einer Datierung, die auf der ***Inschrift des Serefka(?)*** nicht erhalten ist. Der Urkundenkörper gibt zunächst die Kaufbestätigung und die Zahlungsbestätigung des Käufers wieder; hier weicht die ***Inschrift des Serefka(?)*** von den beiden auf ***pGebelein I vso*** in der Formulierung etwas ab. Als Gemeinsamkeiten lassen sich erkennen, daß Kaufobjekt und Zahlungsobjekt(e) genannt werden und das eine jeweils als Preis oder Gegenwert (*isw, šꜥ.t*) des anderen bezeichnet wird. Es folgt die beeidete Erklärung des Verkäufers, die offenbar formelhaft feststehend ist: *ꜥnḫ nsw di(=i) wn mꜣꜥ ḥtp.k(w) ḥr=s* („So wahr der König lebt, (ich) werde

[125] GOEDICKE, Priv. Rechtsinschr., 2.
[126] Argumente für und gegen ein festes Formular bei GOEDICKE, Priv. Rechtsinschr., 2.
[127] HELCK, Aktenkunde, 19.
[128] GÖDECKEN, in: LÄ III (s.v. Imet-per), Sp. 142–143. Dies., Meten, 173–175.
[129] Vgl. HELCK, Aktenkunde, 19–25.
[130] GÖDECKEN, Meten, 11, 207.
[131] S. a. GÖDECKEN, Meten, 202–211, v.a. 207.

veranlassen, daß es seine Richtigkeit hat, denn ich bin diesbezüglich zufriedengestellt")[132]. In der ***Inschrift des Serefka(?)***ist dies noch um die Formel *mḥ(=ỉ) n=k/mḥ.n=k(?) ḏbȝ.w ỉpn m wḏb* erweitert, die von Gödecken als „(ich) werde dir diese Zahlungen im Austausch erbringen" und damit als Garantie über die Rückgabe des Preises bei Mängeln verstanden wird[133]. Menu dagegen deutet sie als „denn du hast (bereits) diese Zahlungen im Austausch erbracht" und damit als Bestätigung der zukünftigen Erfüllung bei bereits gezahltem Preis[134]. Die Entwürfe für Kaufurkunden zeigen, daß die Erklärung des Verkäufers nicht, wie Gödecken annahm[135], eine separate Urkunde war, sondern Teil des gleichen Dokuments, so daß hier von einem echten zweiseitigen Vertrag gesprochen werden kann.
Der Kauf und Verkauf von Lebensmitteln und Gebrauchsgegenständen wurde ohne schriftliche Urkunde durchgeführt.

1.2.1.2 Schenkungsurkunden

Von den Kaufurkunden zu trennen sind Schenkungsurkunden, in denen etwas ohne Entgelt übergeben wird. Ein gutes Beispiel dafür ist die ***Inschrift des Wepemnofret***. Sie liefert wahrscheinlich eine vollständige Abschrift der Urkunde, wenngleich die Anordnung der einzelnen Textelemente den Zwecken der Grabdekoration untergeordnet wurde und die Abschrift in eine mit erklärenden Beischriften versehene Szene eingefügt ist, die die Ausfertigung der Urkunde vor den Zeugen wiedergibt.[136] Die Abfolge der einzelnen Elemente ist wohl so zu rekonstruieren: Auf die Datierung folgen Name und Titel des Ausstellers, mit *ḏd=f* „er sagt" wird dann der als wörtliche Rede gestaltete Urkundenkörper eingeleitet, in dem der Begünstigte (B) in der 3. Person genannt wird. Nach der Übergabe der Sache (*dỉ.n=ỉ n B X* „ich habe dem B X gegeben") werden Ansprüche anderer Familienmitglieder ausgeschlossen, dann wird die Übergabe noch einmal erwähnt (*dỉ.n=ỉ n=f* „ich habe ihm gegeben"). Die Urkunde schließt mit Formeln zur Bestätigung ihrer Gültigkeit (*ỉr r-gs=f ḏs=f ꜥnḫ ḥr rd.wy=fy* „gemacht zu seiner eigenen Seite (= in seiner eigenen Gegenwart), als er lebendig auf seinen Füßen war" und *rdỉ r-gs mtr.w ꜥšȝ.w ỉr m sḫ r-gs=f ḏs=f* „veranlaßt in Gegenwart zahlreicher Zeugen und in seiner eigenen Gegenwart in Schrift gesetzt") sowie einer Liste der Zeugen.
Eine weitere Schenkungsurkunde ist durch die ***Inschriften des Nikaura*** überliefert. Ob die Schenkungen unter Lebenden oder erst im Todesfall gültig wurden, ist i.d.R. nicht festzustellen. Schenkungsurkunden sind möglicherweise mit den *ỉmy.t-pr*-Urkunden zu identifizieren (s. S. 25f. u.).

1.2.1.3 Bestimmungen

Als Bestimmungen sollen hier Urkunden bezeichnet werden, in denen es nicht um die Übertragung von Eigentum geht, sondern um Verhaltensregeln zum Umgang damit.[137] Bekannt bzw. erhalten sind bislang nur Bestimmungsurkunden über Totenopferstiftungen, so die ***Inschrift der Pepi***, die ***Inschrift des Penmeru***, die ***Inschrift des Kaemnofret***

132 Abweichende Übersetzung bei GÖDECKEN, Meten, 174.
133 GÖDECKEN, Meten, 204, 292 Anm. 185.
134 MENU, in: Fs Vercoutter, 254.
135 GÖDECKEN, Meten, 206–207.
136 Vgl. auch HELCK, Aktenkunde, 142.
137 Vgl. auch GOEDICKE, in: DE 5, 88–90.

und die ***Inschrift des Senenuanch***, in denen Regeln für das Verhalten der Totenpriester sowie zur Weitergabe ihres Amtes und der zu ihrer Versorgung übertragenen Ländereien etc. festgelegt wurden. Charakteristisch für Bestimmungen ist, daß im Urkundenkörper häufig das Satzschema *ỉr X* + Hauptsatz „Was X angeht, so ..." verwendet wird, so daß der Gegenstand der Bestimmung durch Voranstellung betont wird. Der Satzteil *ỉr X* wird von Gödecken als „‚Betreffs'-Zeile" bezeichnet[138], was gut zu seiner betonenden Funktion paßt, aber schlecht zur grammatikalischen Konstruktion, weil es eine syntaktische Selbständigkeit suggeriert. Häufig ist der folgende Hauptsatz ein Verbot der Form *n rdỉ=ỉ sḫm NN ỉm=f/=s/=sn* „ich habe nicht veranlaßt, daß NN Verfügungsgewalt darüber hat" oder *n rdỉ=ỉ sḫm NN m rdỉ.t r ỉsw m ỉmy.t-pr* ... „ich habe nicht veranlaßt, daß NN Verfügungsgewalt hat, (es) gegen Entgelt oder durch Hausurkunde zu geben ..." (z.B. ***Inschrift des Kaemnofret***, ***Inschrift des Senenuanch***). Diese Formel wird von Mrsich als „Machtreservationsklausel" bezeichnet.[139] Der Aussteller regelt damit die Herrschaftsverhältnisse bzw. die Möglichkeiten der künftigen Übertragung von Besitz. Daneben kommen aber auch Feststellungen wie „Was NN und seine Nachkommen angeht, so sind sie meine Totenpriester ..." vor, d.h. die Einsetzung in bestimmte Funktionen. Die Bestimmungen sind damit das Äquivalent zu den kgl. Dekreten auf privater Ebene.[140] Bestimmungen, gleich ob positiv oder negativ formuliert, können somit zwar Bezug auf (bereits erfolgte) Besitzübertragungen nehmen, der entsprechende Rechtsvorgang wurde aber nicht durch diese Urkunden begründet; sie sind daher nicht die Stiftungsurkunden für Totenopfergüter[141].

1.2.2 Urkundenarten nach den ägyptischen Begriffen

Aus den Texten des AR sind verschiedene Bezeichnungen für Urkunden bekannt, die sich nicht alle sicher deuten lassen.

1.2.2.1 *ḫtm.t*-Urkunden

Der Begriff ist bislang nur im Zusammenhang mit dem Kauf belegt, und zwar in der Formel *ḫtm r ḫtm.t (n.t ḫt)* „gesiegelt entsprechend einer *ḫtm.t*-Urkunde (des Registers)". In der ***Inschrift des Serefka(?)***schließt sie sich an die Kauf- und Zahlungsbestätigung des Käufers an, in einer inhaltlich einer Kaufurkunde nahestehenden Inschrift auf der ***Scheintür des Tefchai*** folgt sie ebenfalls der Aussage über einen Kauf. Auch in der ***Bestimmung aus Lischt*** erscheint die Formel, und zwar im Verbot der Weitergabe des Besitzes, an der Stelle, an der sonst *rdỉ.t r ỉsw* „geben gegen Entgelt = verkaufen" steht. Daher ist es denkbar, daß *ḫtm.t* der Fachbegriff für Kaufurkunden war.[142] Goedickes Deutung von *ḫtm.t (n.t ḫt)* als Dienstvertrag auf Zeit bzw. Pachturkunde[143] ist nicht überzeugend. Der Begriff *ḫt*, der mehrfach im Zusammenhang mit *ḫtm.t* vorkommt, bezeichnet nach Andrassy offizielle Verzeichnisse, in denen der Bestand an Immobilien und Personal festgehalten wurde.[144]

---

138 Z.B. GÖDECKEN, Meten, 175.

139 MRSICH, Hausurkunde, 39 § 35; 40 § 37; 168 § 254. S. dazu auch GÖDECKEN, Meten, 181–183.

140 So auch HELCK, in: LÄ I (s.v. Akten I.) Sp. 120.

141 Pace LANGE, SPAW 1914, 1004.

142 So auch GÖDECKEN, Meten, 209.

143 GOEDICKE, Priv. Rechtsinschr., 117–118; 159 Anm. 8; 226.

144 ANDRASSY, in: Grund und Boden, 345.

1.2.2.2 *ỉmy.t-pr*-Urkunden (Hausurkunden)

ỉmy.t-pr, wörtlich übersetzt „das, was im Haus ist" oder „das, worin das Haus ist"[145], wird oft mit „Hausurkunde" wiedergegeben; über die genaue Bedeutung werden heftige Kontroversen geführt. Das hängt auch damit zusammen, daß dieser Urkundentyp noch im NR verwendet wurde und bis in die späteste Zeit Erwähnung fand.[146]
Zu den Hausurkunden im AR stehen derzeit zwei größere Untersuchungen von Mrsich und Gödecken zur Verfügung: Während Mrsich den Sinn der *ỉmy.t-pr*-Urkunden darin sieht, komplizierte Sachverhalte zu regeln, wobei sowohl Schenkungen als auch entgeltliche Geschäfte vorkämen[147], sieht Gödecken in ihnen Urkunden zur unvollständigen Übertragung von Rechten, deren eigentlicher Eigentümer der Aussteller bleibt; diese erfolge nur unter Familienmitgliedern oder an Leute, die durch oder für diesen Akt in die Familiengemeinschaft aufgenommen würden.[148] Goedicke dagegen nimmt an, *ỉmy.t-pr* entspräche dem lateinischen *testamentum*, will darüber hinaus aber auch einen erweiterten Gebrauch für Verkäufe nicht ausschließen.[149] Johnson vermutet, *ỉmy.t-pr*-Urkunden hätten dazu gedient, Eigentum auf solche Personen zu übertragen, die ohne eine entsprechende Urkunde nicht erben würden[150], was von Logan bestätigt wird[151]. Seidls Interpretation, der Zwang, für unentgeltliche Geschäfte eine „formstrenge Hausurkunde" aufzusetzen, stelle eine absichtliche Erschwernis von Schenkungen dar[152], ist nicht überzeugend, da nicht zu erkennen ist, weshalb eine *ỉmy.t-pr*-Urkunde aufwendiger sein soll als eine Kaufurkunde.
Aufgrund der Widersprüchlichkeit der eben genannten Forschungsmeinungen sollen die Eigenschaften und Anwendungsbereiche von *ỉmy.t-pr*-Urkunden hier noch einmal grundsätzlich aus den Belegen erschlossen werden. Aus dem AR ist kein Dokument erhalten, das sich selbst als *ỉmy.t-pr* bezeichnet. In der ***Inschrift A des Nebkauhor*** kommt zwar mehrfach *ỉmy.t-pr tn* „diese Hausurkunde" vor, weshalb Goedicke sie als Abschrift einer Hausurkunde deutete[153]. Sie entspricht aber inhaltlich nicht dem, was aus den anderen Belegen über die Hausurkunden bekannt ist (s.u.), sondern zeigt alle Merkmale einer Bestimmung, weshalb „diese Hausurkunde" wohl die nicht überlieferte Urkunde meint, auf die sich die Bestimmung bezieht. Der früheste Beleg für den Begriff *ỉmy.t-pr* findet sich in der ***Inschrift des Metjen A*** aus der Übergangszeit von der 3. zur 4. Dynastie.[154] Mehrfach kommt der Ausdruck auch in Bestimmungen vor: Durch *ỉmy.t-pr* wird etwas übergeben, wobei eine Abgrenzung gegenüber *rdỉ.t r ỉsw* „geben gegen Entgelt = verkaufen" in formelhafter Weise sowohl in der ***Inschrift des Kaemnofret*** Z. 8–9 als auch in der ***Inschrift des Senenuanch*** Z. 2 auftaucht. Die Empfänger sind Familienangehörige, i.d.R. aber die Kinder des Gebers (***Inschrift des Metjen A***; ***Inschrift des Harchuf*** A Z. 4), die ja auch nach der gesetzlichen Erbfolge (s. S. 16f. o.) begünstigt wären. Die Zusammenhänge weisen außerdem darauf hin, daß die Übergabe häufig

145 ALLEN, Middle Egyptian, 90–91.
146 Zur Forschungsgeschichte vgl. MRSICH, Hausurkunde, 4–7, sowie LOGAN, in: JARCE 37, 49–50.
147 MRSICH, Hausurkunde, 69.
148 GÖDECKEN, in: LÄ III (s.v. Imet-per), Sp. 143. Dies., Meten, 213–215.
149 GOEDICKE, Priv. Rechtsinschr., 204.
150 JOHNSON, in: Mistress of the House, 177.
151 LOGAN, in: JARCE 37, 66–67.
152 SEIDL, Einführung, 47.
153 GOEDICKE, Priv. Rechtsinschr., 204.
154 GOEDICKE, in: MDAIK 21, 1–2. GÖDECKEN, Meten, 11, 208, 211ff.

im Todesfall erfolgt. Die übergebenen Sachen sind unterschiedlich, es können Felder (***Inschrift des Meten A***) mit Arbeitern, aber auch Totenpriesterstellen (***Inschrift der Pepi***?)[155] sein, keineswegs immer ein „Dauereinkommen", wie Gödecken[156] meint. Diese Tatsachen legen nahe, daß die oben behandelten Schenkungsurkunden mit den *ỉmy.t-pr*-Urkunden gleichzusetzen sind und diese, zumindest im AR, in den meisten Fällen den Zweck von Testamenten hatten.[157]

1.2.2.3 ᶜ- Urkunden und ᶜ*-nsw*-Urkunden

Wie aus den feststehenden Formulierungen *ᶜ r X* „einen urkundlich fixierten Rechtsanspruch haben auf X" und *nb X n ẖr ᶜ* „Eigentümer von X aufgrund einer Urkunde" hervorgeht, ist *ᶜ* die Bezeichnung von Urkunden, aus denen ein vor Gericht durchsetzbarer Anspruch auf eine Sache hervorgeht.[158] Sie wurden im Aktenbüro (*s.t*) aufgezeichnet und registriert. *ᶜ* könnte ein Oberbegriff für Urkunden verschiedener Art gewesen sein und sowohl Schenkungen als auch Kaufurkunden umfassen. Es wäre jedoch auch denkbar, daß es nur eine verkürzte Wiedergabe von *ᶜ-nsw* ist. Dabei handelte es sich um Dokumente der kgl. Verwaltung, durch die einem Beamten Güter zur Versorgung und Belohnung zugewiesen wurden bzw. durch die eine Eigentumsübertragung unter Privatleuten für rechtsgültig erklärt wurde.[159] Sie sind daher im Grunde genommen Dekrete (*wḏ-nsw*, s. a. S. 20f. u.). Die unterschiedlichen Bezeichnungen *ᶜ-nsw* und *wḏ-nsw* sind wohl auf verschiedene Aspekte der gleichen Urkunde zurückzuführen: *wḏ-nsw* nimmt Bezug auf die Funktion als Sendschreiben und kgl. Anordnung, *ᶜ-nsw* auf die als Belegurkunde für den Rechtsanspruch. Abschriften von *ᶜ-nsw*-Urkunden finden sich z.B. als ***Inschriften des Metjen A***, ***B*** und ***C***.[160] Nach der 4. Dyn. sind sie nicht mehr nachzuweisen.[161]

1.2.2.4 *wḏ.t-mdw* als weitere Urkundenart?

Neben den Urkunden mit der Einleitung *NN ḏd* bzw. *NN ḏd=f* wird von Mrsich[162] und Gödecken[163] die Existenz eines zweiten Urkundenformulars postuliert, das von ihnen als *wḏ.t-mdw*-Formular bezeichnet wird. Der Begriff *wḏ.t-mdw* „Wort-Befehl" (***Inschrift A des Nebkauhor***; ***Inschrift des Nikaanch I*** und ***II***; ***Inschrift des Wepemnofret***) ist manchmal auch so geschrieben, als wäre *wḏ-mdw.t* „Anordnen von Worten/Sachen" zu lesen. Das *wḏ.t-mdw*-Formular sei ein Kennzeichen von Urkunden mit spezifischen rechtlichen Inhalten, die die Vertreter dieser These einerseits von den Urkunden mit der Einleitung *NN ḏd=f*, andererseits von den Hausurkunden mit der (allerdings erst für das MR belegten) Einleitung *ỉmy.t-pr ỉr.t.n NN* „Hausurkunde, die NN gemacht hat" absetzen.[164] Die angebliche typische Einleitung *wḏ.t-mdw ỉr.t.n NN* „*wd.t-mdw*-Geschäft, das

155 So GÖDECKEN, Meten, 229–230 Anm. 28, und GOEDICKE, Priv. Rechtsinschr., 108ff. u. Taf. XIb.
156 GÖDECKEN, Meten, 215.
157 Vgl. dazu auch LOGAN, in: JARCE 37, 67.
158 GÖDECKEN, Meten, 195.
159 GÖDECKEN, Meten, 236–240, Anm. 68. GOEDICKE, Priv. Rechtsinschr., 8. ANDRASSY, in: Grund und Boden, 344–345.
160 GÖDECKEN, Meten, 2 (dort als C, D und E bezeichnet).
161 SEIDL, Einführung, 47.
162 MRSICH, Hausurkunde, 119–122 § 174–175.
163 GÖDECKEN, Meten, 194.
164 MRSICH, Hausurkunde, 172–175.

NN gemacht hat" ist jedoch im AR nicht belegt; die ***Inschrift des Nikaanch*** wird nur so ergänzt. Da die angeblichen *wḏ.t-mdw*-Urkunden in Aufbau und Inhalt sehr enge Parallelen unter den Urkunden (Schenkungen und Bestimmungen) mit der Einleitung *NN ḏd=f* haben, erscheint die Differenzierung, die Mrsich versucht, künstlich. Es ist m.E. überzeugender, mit Goedicke[165] in *wḏ.t-mdw* den verbalen Akt zu sehen, der der Ausfertigung der Urkunde vorausgeht, das Sprechen des Urkundentextes durch den Aussteller. Es bleibt bis in die röm. Zeit hinein ein Charakteristikum der äg. Urkunden, daß der Text als direkte Rede des Ausstellers formuliert wird. Die Grabinschriften, die *wḏ.t-mdw* enthalten, nehmen demnach Bezug auf den Sprechakt und sind keine Abschriften des Urkundentextes; für ihre Funktion bedeutet das jedoch keinen Unterschied.

Zusammenfassend läßt sich die Ausführung eines Rechtsgeschäftes durch Urkunden im AR folgendermaßen rekonstruieren: Wer eine Urkunde ausstellen wollte, erschien vor dem zuständigen Beamtenkollegium, gegebenenfalls war auch der Begünstigte anwesend bzw. bei einem Verkauf Käufer und Verkäufer. Dazu kamen Zeugen. Der Aussteller sprach seine Verfügung (*wḏ.t-mdw*), woraufhin sie schriftlich als Urkunde niedergelegt wurde. Die Namen der Zeugen verzeichnete man ebenfalls auf der Urkunde, die dann versiegelt wurde. Bei größeren Eigentumsübertragungen mußte wohl die kgl. Verwaltung zustimmen und dem Begünstigten eine Urkunde (*ᶜ-nsw*) ausstellen, die ihn als Besitzer nennt.[166] Urkunden konnten als Beweismittel vor Gericht vorgelegt werden.

165 GOEDICKE, Priv. Rechtsinschr., 22. Vgl. auch GOEDICKE, in: DE 5, 82–84.
166 Zur administrativen Einbindung vgl. ANDRASSY, in: Grund und Boden.

1.3 Gerichtsbarkeit

Die meisten Informationen über das Gerichtswesen des AR können nur indirekt aus Titeln sowie einzelnen Begriffen aus den verschiedensten Kontexten erschlossen werden. Nur zwei Texte sind erhalten, die etwas umfangreicher von diesem Thema handeln: ***pBerlin P 9010*** mit dem Bericht über einen Prozeß[167] sowie die Passage aus der ***Autobiographie des Weni*** über die von ihm geführten geheimen Untersuchungen, beide aus der 6. Dyn. Von der Benutzung der monographischen Bearbeitung des Themas durch Harari[168] ist abzuraten, da weder die von ihm aufgestellten Thesen noch seine Übersetzungen der kritischen Überprüfung standhalten.

1.3.1 Art und Zusammensetzung der Gerichte

Das Gerichtswesen war (wie andere Ressorts der kgl. Verwaltung) dem Wesir unterstellt.[169] In dieser Position trug er den Titel *ỉmy-r3 ḥw.t wr.t 6* „Vorsteher der sechs großen Häuser"[170]. Der eigentliche Vorsteher dieser Abteilung trug den Titel „Vorsteher des großen Hauses" *ỉmy-r3 ḥw.t wr.t.*[171] Der Begriff *ḥw.t wr.t* wird üblicherweise mit „Gerichtshof" übersetzt. Dorthin wurden Leute zur Verurteilung geschickt, die gegen kgl. Anordnungen verstoßen haben (***Dekret des Neferirkare***), und Angeklagte konnten dort eingesperrt und geschlagen werden (***Inschrift des Achet-hetep***). Die Lage dieser Gerichtshöfe ist unklar, es ist noch nicht einmal sicher, daß es tatsächlich immer sechs waren. Zumindest ein Teil davon hat sich wohl in der Residenz befunden; eine Lokalisierung der *ḥw.t-wr.t*-Gerichtshöfe in den Gauen, wie sie Pirenne[172] vorschlug, ist wenig wahrscheinlich.[173]
Eine weitere Örtlichkeit, die in Verbindung mit der Rechtsprechung steht, ist die *wsḫ.t* (Vorhof, breite Halle),[174] wahrscheinlich eine bestimmte Räumlichkeit des Palastes, wohl identisch mit der *wsḫ.t Ḥr*, der „Halle des Horus". Auch dieser Ausdruck ist v.a. aus Beamtentiteln wie *ḫrp wsḫ.t* „Leiter der Halle" und *ỉmy-r3 wsḫ.t* „Vorsteher der Halle" bekannt.[175] Auf eine Lokalisierung des Gerichts im Torbereich öffentlicher Gebäude, wie dies für spätere Epochen belegt ist, weist die Bezeichung *sr.w n.w rw.t ḥw.t wr.t* „Beamte des Tores des großen Hauses".[176]
Zahlreiche Titel des AR haben juristischen Bezug: Auf die Funktion als Richter deuten einerseits diejenigen hin, die mit dem Element *s3b* gebildet wurden[177], andererseits Ver-

167 S. dazu auch GREEN, in: GM 39, 33–39.
168 HARARI, Procédure judiciaire.
169 ANDRASSY, in: ZÄS 118, 3–4. STRUDWICK, Administration, 198.
170 STRUDWICK, Administration, 178; 188. JONES, Index I, 165, Nr. 630. PHILIP-STÉPHAN, in: Droit et Cultures 47, 148, übersetzt mit „Großer Gerichtshof der Sechs", was jedoch grammatikalisch nicht möglich ist, da es dann *ḥw.t wr.t n.t 6* lauten müßte und ein Ausfall des Genitiv-*n* in dieser Zeit noch nicht vorkommt.
171 HELCK, Beamtentitel, 34; 73. JONES, Index I, 164–165, Nr. 628. STRUDWICK, Administration, 189.
172 PIRENNE, Histoire II, 119.
173 STRUDWICK, Administration, 190–191.
174 STRUDWICK, Administration, 178.
175 HELCK, Beamtentitel, 34. JONES, Index I, 106, Nr. 428; II, 712, Nr. 2594.
176 Vgl. dazu VAN DEN BOORN, in: JNES 44, v.a. 8.
177 HELCK, Beamtentitel, 73–74; 82–83. JONES, Index II, 909, Nr. 3533.

bindungen mit *wḏʿ-mdw*[178]. Als besondere Vertrauenstitel im Zusammenhang mit dem Gericht treten Kombinationen mit *ḥry sštꜣ* „Geheimrat" auf.[179]
Das Gericht war i.d.R. mit einem Richterkollegium besetzt, das pauschal als *sr.w* „Beamte" oder *ḏꜣḏꜣ.t* „Kollegium" bezeichnet wurde; weder die genaue Zusammensetzung der Mitglieder noch ihre Zahl ist jedoch bekannt. Allerdings gibt es Hinweise auf eine Gruppe von zehn Männern, die vielleicht als Richterkollegium wirkten.[180] Die *ḏꜣḏꜣ.t* fungierte auch als Gremium, vor dem Urkunden aufgesetzt wurden, und hatte damit notarielle Aufgaben (vgl. ***Inschrift des Serefka[?]***). Ab der 1. Zwzt kommt dazu noch der Begriff *qnb.t*, womit wohl lokale Kollegien mit administrativer und judikativer Funktion gemeint sind.[181] Erste Belege finden sich in Gaufürstengräbern der 9./10. Dyn., so z.B. dem ***Grab des Anchtifi*** 5.IIδ,1 in Moʿalla und dem ***Grab des Itibi*** (Z. 13) in Siut. Wie Martin-Pardey feststellt, ist eine klare Trennung zwischen der judikativen und der administrativen Tätigkeit der *sr*-Beamten im AR kaum möglich.[182] Als oberster Richter fungierte wohl schon seit Einführung dieses Amtes unter Djoser der Wesir, der regelmäßig die Titelgruppe *tꜣỉ.ty sꜣb ṯꜣty* führt[183]; ab spätestens der 5. Dyn. akkumuliert er auch weitere juristische Titel wie *ỉmy-rꜣ ḥw.t wr.t 6* und *ỉmy-rꜣ wsḫ.t*.[184]

1.3.2 Prozeßablauf

Zur Rekonstruktion des Prozeßablaufs sind die erhaltenen Quellen kaum geeignet: Bei dem in der ***Autobiographie des Weni*** erwähnten Verfahren, möglicherweise einer Untersuchung einer Verschwörung der namentlich nicht genannten Königin[185], handelte es sich sicher nicht um einen üblichen Prozeß. Bekannt ist aus Wenis Bericht nur, daß es ein geheimes Verhör gab, bei dem außer Weni nur ein weiterer Beamter als sein Assistent anwesend war; alle übrigen Details des Prozesses sowie sein Ausgang sind nicht überliefert. Da Weni betont, es sei kein Wesir und außer ihm und seinem Assistenten kein anderer *sr*-Beamte bei dem Verhör zugegen gewesen, scheinen diese normalerweise für solche Fälle zuständig gewesen zu sein.
Wie und von wem ein Prozeß initiiert werden konnte, ist aufgrund der wenigen Quellen unbekannt. Angehörigen von Totenstiftungen konnte das Klagen gegen Kollegen durch Bestimmungen des Stiftungsgründers verboten sein (***Inschrift des Senenuanch***, ***Inschrift des Kaemnofret***). ***pBerlin P 9010*** berichtet von einem Zivilprozeß, doch da der Anfang verloren ist, bleibt unklar, vor welchem Gremium er entschieden wurde. Außerdem ist der Bericht offenbar nur eine Zusammenfassung, kein exaktes Protokoll. Zunächst scheint der Kläger gesprochen und ein Dokument vorgelegt zu haben, auf das er

178 Vgl. STRUDWICK, Administration, 195.

179 *ḥry sštꜣ n ḥw.t wr.t* „Geheimrat des Gerichtshofes" (JONES, Index II, 635, Nr. 2326); *ḥry sštꜣ n sḏm.t wʿ* „Geheimrat des Alleinverhörens" (JONES, Index II, 643, Nr. 2357); *ḥry sštꜣ n wḏʿ mdw* u.ä. „Geheimrat des Entscheidens" (JONES, Index II, 613–616, Nr. 2252–2259). S. a. HELCK, Beamtentitel, 74 und STRUDWICK, Administration, 195.

180 Vgl. die Titel *wr mḏ ḥw.t wr.t* „Großer der Zehn des Gerichtshofes" (JONES, Index I, 388, Nr. 1436) und *wr mḏ šmʿw* „Großer der Zehn von Oberägypten" u.ä. (JONES, Index I, 388–389, Nr. 1436–1439). S. a. STRUDWICK, Administration, 197.

181 HARARI, in: ASAE 56, 186.

182 MARTIN-PARDEY, in: Fs Goedicke, 164–165.

183 HELCK, Beamtentitel, 134. JONES, Index II, 1000–1001, Nr. 3705–3708.

184 HELCK, Beamtentitel, 34; 73.

185 GOEDICKE, in: JAOS 74, 88–89.

seine Ansprüche gründete. Daraufhin folgte die Entgegnung des Beklagten, der das Dokument für falsch erklärte. Das Gericht machte seine Entscheidung vom Echtheitsbeweis des Dokumentes abhängig: Könne der Kläger drei Zeugen bringen, die seine Echtheit beschwören, gewänne er, falls nicht, verlöre er den Prozeß. Der Eid der Zeugen beinhaltet eine formelhafte Beschwörung der Manifestation der göttlichen Macht (*bꜣw*) gegen Meineidige.[186] Wie der Fall ausgeht, ist nicht erhalten. Die abweichende Deutung durch Goedicke, wonach nicht die Richter, sondern der Sohn den Echtheitsbeweis durch Zeugen vorschlug[187], ist aufgrund der späteren Parallelen bedingter Urteile (s. S. 185 u.) nicht überzeugend.

Seidl nimmt an, daß am Ende von ***pBerlin P 9010*** noch die Urteilsbegründung fehle, weil das Urteil nicht auf der Autorität des Gerichts basiere, sondern das zugrundeliegende Recht zur Überprüfung angeführt sein müsse.[188] Dies ist nicht zwingend, da das Dokument keineswegs, wie Seidl meint, den modernen Kriterien für ein Prozeßurteil entsprechen muß.

Der Prozeß, von dem in ***pBerlin P 9010*** berichtet wird, zeigt einige wesentliche Punkte, die auch in späteren Epochen noch für den Prozeßablauf von Bedeutung sind:

- Vor Gericht sind beide Parteien anwesend und werden angehört.
- Zum Beweis einer Behauptung, die sich auf eine Urkunde stützt, wird diese Urkunde dem Gericht vorgelegt.
- Die Echtheit einer Urkunde wird durch die beeidete Aussage der Urkundszeugen festgestellt.
- Das Urteil wird schon vor der endgültigen Feststellung des Tatbestandes gesprochen („bedingtes Urteil"), und zwar in doppelter Form, abhängig vom Ausgang eines Beweises.

Ganley schließt, m.E. irrig, aus der Erfordernis, die Echtheit einer Urkunde durch Zeugen zu stützen, die gehört haben, was der Aussteller gesagt hat, daß ein schriftliches Dokument eigentlich vor Gericht gar keinen Wert gehabt habe, sondern nur die mündliche Erklärung.[189] Dabei übersieht er, daß eine Urkunde die schriftliche Fixierung dieser Aussage ist und die Urkundszeugen eben durch die Bezeugung des Sprechaktes die Echtheit der Urkunde bezeugen. Pirenne nimmt ein schriftliches Verfahren an[190], wofür es jedoch keine Belege gibt; ein Teil der Verhandlung wurde, selbst wenn die Prozeßeinleitung schriftlich erfolgt sein sollte, sicherlich mündlich durchgeführt.

Seidls Interpretation von ***pBerlin P 9010***[191] ist von seiner persönlichen, modernen Einschätzung der Untauglichkeit des Eides zur Beweisfindung beeinträchtigt: Er bemängelt, die Ägypter hätten den Zeugen ein größeres Gewicht beigemessen als den Richtern, weil nicht diese entscheiden könnten, ob sie die Urkunde für echt halten wollten, sondern die Zeugen dies nach eigenem Gutdünken und ohne Begründung täten. Doch sind die aufzurufenden Personen nicht etwa Leumundszeugen, wie Seidl annimmt, sondern die Zeugen der Urkundenausstellung, denn nur diese können beschwören, ob der angebliche Aussteller das Dokument tatsächlich aufgesetzt hat. Darüber hinaus war die Leistung eines Eides für die Ägypter keine leichtzunehmende Angelegenheit: Die

---

186 GREEN, in: GM 39, 33–35.
187 GOEDICKE, in: ZÄS 101, 92–95.
188 SEIDL, Einführung, 35.
189 GANLEY, in: GM 53, 33.
190 PIRENNE, Histoire I, 2.
191 SEIDL, Einführung, 34.

Angst vor der Bestrafung eines Meineides durch die Götter oder den König bewirkte, daß die meisten Ägypter wohl tatsächlich nur das beschworen, dessen sie sich absolut sicher waren (s. a. S. 67 u.). Für die altäg. Gesellschaft war der Eid deshalb ein durchaus wirksames Mittel der Rechtsfindung. Seidls Feststellung, daß in Äg. die Beweistheorie galt, d.h. es durch Recht bzw. Gesetz festgelegt war, wie das Gericht zur Feststellung der Wahrheit kommen mußte, ist im übrigen völlig korrekt, selbst wenn seine negative Bewertung unangebracht erscheint. Dieses Prinzip läßt sich auch in der späteren äg. Rechtsgeschichte noch feststellen.

Einige Ausdrücke des juristischen Fachvokabulars im Zusammenhang mit der Prozeßführung lassen sich aus Texten gewinnen, die nicht im eigentlichen Sinne juristisch zu nennen sind, z.B. der ***Autobiographie des Pepianch-heriib*** oder dem Brief ***pBerlin P 8869***:[192]

šnỉ bedeutet im ursprünglichen Sinne „streiten“, wird aber auch für „prozessieren“ verwendet[193], v.a. in den Wendungen *šnỉ ẖ.t r* „prozessieren gegen“ (***Inschrift des Senenuanch***) und *šnỉ m-bꜣḥ sr.w* „prozessieren vor den Beamten“.

spr „gelangen (zu)“ hat den Nebensinn „sich beschweren, gerichtlich klagen“; dazu gehören *spr.t* „Bitte, Eingabe“ und *spr.ty* „Bittsteller, Beschwerdeführer“. Eventuell kann auch *ỉrỉ ꜥ* „eine Urkunde aufsetzen“ den Sinn „eine Klageschrift verfassen“ haben.[194]

Die Handlung der Richter („richten, Gericht halten“) wird als *wḏꜥ* bzw. *wḏꜥ-mdw* bezeichnet, letzteres kann als Substantiv auch den Richter sowie das Urteil bedeuten. Der Ursprung beider Begriffe liegt im Trennen von Streitenden. Ähnliche Bedeutung hat *wpỉ* „trennen, schlichten“.

ꜥỉ r „einen Rechtsanspruch haben auf“ ist abgeleitet von *ꜥ* „Urkunde (die einen Rechtsanspruch begründet)“ (***Dekret des Neferirkare***; ***Dekret Koptos R***). Wer vor Gericht Recht bekommt oder freigesprochen wird, ist *mꜣꜥ* bzw. *mꜣꜥ-ḫrw* „gerechtfertigt“[195] oder *bꜣq* „unschuldig, (von Vorwürfen) gereinigt“.

---

192 Für Belege vgl. HANNIG, AÄWb.

193 MRSICH, Hausurkunde, 57 § 64.

194 Vgl. GOEDICKE, Priv. Rechtsinschr., 45.

195 Vgl. auch ANTHES, in: JNES 13.

2 Mittleres Reich und Zweite Zwischenzeit (12.–17. Dynastie)

2.1 Geltendes Recht

Auch aus dem MR sind keine schriftlich fixierten Gesetze erhalten, weshalb wiederum die Rechtsgrundlagen aus den juristischen Dokumenten gewonnen werden müssen. Ihre Existenz ist jedoch durch die Erwähnung in den (allerdings nicht exakt zu datierenden) ***Mahnungen des Ipuwer*** 6.9–10 belegt: Die *hp.w n.w ẖnr.t* „Gesetze des Gerichtshofes/Gefängnisses" seien hinausgeworfen worden und würden zertrampelt und zerrissen. Ein juristisch-administrativer Text der 13. Dyn. (***pBrooklyn 35.1446 rto*** Eintrag d) nennt mehrere Gesetze, nach denen Deserteure aus dem Arbeitslager bestraft werden sollen, allerdings ohne eines davon vollständig zu zitieren. Die „Gesetze der *ẖnty.w-š*" werden in ***pBerlin P 10001*** erwähnt, dabei könnte es sich jedoch auch um Verhaltensregeln für eine bestimmte Personengruppe handeln, die nach modernem Verständnis keine Gesetze sind. Ob schon zu dieser Zeit umfassende Gesetzescodices existierten, ist unklar.[196]

2.1.1 Eigentum

Privateigentum an Immobilien, Ländereien und Sklaven konnte vererbt und wahrscheinlich auch unter Lebenden übertragen werden. Der Rechtsanspruch an einer Sache wurde als *ḏꜣt.t* bezeichnet (***Lederhandschrift Berlin P 10470***)[197]. Eine deutliche Veränderung gegenüber dem AR ist, daß im MR auch staatliche Ämter und die damit verbundenen Einkünfte als Privateigentum gehandhabt und entsprechend vererbt werden konnten (***pUC 32037***; ***Stèle Juridique***). Falls noch eine Genehmigung durch den König bzw. die kgl. Verwaltung notwendig war, geht dies aus den Dokumenten nicht hervor. Auch der bemerkenswert freie Umgang mit dem Amtsvermögen seiner Nachfolger, das in den ***Inschriften des Djefai-Hapi*** zumindest teilweise für die Versorgung seiner Statue verplant wird, weist darauf hin, daß von einer Neuzuweisung der Amtslehen durch den König beim Ableben des Amtsinhabers wohl keine Rede mehr sein kann. Die Zuweisung von Land als Entlohnung für Soldaten könnte schon in der 11. Dyn. begonnen haben, worauf eine Passage in der ***Lehre für Merikare***[198] hinweist (vgl. auch ***Stele Kairo JE 52456***).
Die Grenzen von Grundstücken wurden in einem *ḥd.t* genannten Register verzeichnet und durch Grenzsteine markiert (***Inschrift Chnumhoteps II.*** 2cV). Die staatliche Registratur diente wohl in erster Linie Steuerzwecken.[199]

2.1.1.1 Erwerb

2.1.1.1.1 Kauf

Belegt ist der Kauf von Tieren, Land und Schiffen (***Stele Berlin 24032***), Häusern (***pKairo CG 91061***) und Sklaven (***pUC 32167***). Ämter konnten formal nur vererbt werden, weswegen, falls doch eine Übereignung gegen Entgelt vorgenommen werden sollte, die

---

196 Vgl. dazu LORTON, in: JESHO 20, 5, 59. HAYES, Late MK Papyrus, 51, 135, 142. KEMP, in: Ancient Egypt, 84.

197 S. a. HELCK, in: ZÄS 115, 38.

198 § XXII (nach HELCK, Merikare) bzw. E 61 (nach QUACK, Merikare).

199 JASNOW, in: History ANE Law I, 277. Vgl. auch SEIDL, Einführung, 46–47.

Gegenleistung zur Preiszahlung in der Ausstellung eines *ỉmy.t-pr*-Dokumentes (s. S. 41f. u.) über das Amt bestand (***Stèle Juridique***). Beim Kauf zumindest von wertvolleren Dingen wurde vom Verkäufer für den Käufer eine Urkunde ausgestellt, in der er die Höhe des Preises nannte und dessen Erhalt bestätigte. Im Gegensatz zum AR ist eine Bestätigung des Käufers auf dem Dokument nicht mehr notwendig.
swn.t als Bezeichnung des Gegenwertes ist, außer in den *swn.t*-Urkunden (s. S. 41 u.), auch im ***pHeqanachte V*** Z. 28 belegt. Die Werteinheit *šʿ.t* (Variante *šʿ.ty*, Vollform wohl *šnʿ.t*[200]) wird weiterhin verwendet (***pRhind math.***), auch ohne Mengenangabe im Sinne von „Wert“ und somit synonym zu *swn.t* (***pHeqanachte I*** Z. 5–6; ***pHeqanachte II*** vso Z. 3)[201].

2.1.1.1.2 Unentgeltlicher Erwerb

Die erhaltenen Belege zeigen, daß es sowohl Schenkungen unter Lebenden als auch im Todesfall (vgl. S. 36 u.) gab, in ***pUC 32037*** sogar in derselben Urkunde. Seidls Vermutung, daß bei den vermeintlichen Schenkungen manchmal doch Gegenleistungen gegeben wurden, z.B. Totenopfer,[202] ist durchaus berechtigt; es ist jedoch fraglich, inwiefern dies nicht nur moralische Verpflichtungen des Begünstigten waren, die weder gesetzlich noch urkundlich festgelegt waren.

2.1.1.2 Nutzung

2.1.1.2.1 Pacht

Aus dem MR sind keine Pachturkunden erhalten, ***pHeqanachte I*** Z. 4, 6, 10–11 und ***pHeqanachte II*** vso Z. 1–2 enthalten jedoch Belege für Verpachtung (*qdb*).[203]

2.1.3. Verpflichtungen

2.1.3.1 Arten

2.1.3.1.1 Darlehen

Zwei mögliche Fälle von Darlehen sind aus der 13. bzw. 17. Dyn. bekannt (***pUC 32055*** und ***Stèle Juridique***). Wenn die Deutung korrekt ist, wurde jeweils ein Amt mit dessen Einkünften dafür verpfändet bzw. später zur Einlösung der Schuld übertragen. In ***pUC 32055*** könnte der Ausdruck *dp*[204] bzw. *dpy-rꜣ* das Kapital und *wꜣwꜣ* Zinsen oder Schulden bedeuten[205]: Ein Sohn klagte, sei es auf Rückgabe oder Erfüllung, weil seinem Vater das versprochene Darlehenskapital nicht gegeben wurde. In der ***Stèle Juridique*** mußte der Darlehensnehmer, weil er nicht zurückzahlen konnte, das Amt abtreten – ob es von vorne herein als Sicherheit gegeben wurde oder erst später vom Schuldner als Ersatz vorgeschlagen wurde, bleibt unklar. Beide Male erfolgte die Übertragung des Amtes durch *ỉmy.t-pr*-Urkunde. Manche Forscher deuten die entsprechenden Geschäfte jedoch auch anders: Bei ***pUC 32055*** denkt Seidl an einen Kreditkauf[206], für die ***Stèle***

---

200 DRIOTON, in: BSFE 12, 15–16.
201 Vgl. JAMES, Ḥeḳanakhte Papers, 113.
202 SEIDL, Einführung, 53.
203 JAMES, Ḥeḳanakhte Papers, 19 Anm. 10; 114. ALLEN, Heqanakht, 154–159.
204 Zur neuen Lesung *dp* statt *tp* für 𓁶 vgl. WERNING, in: LingAeg 12, 183–204.
205 RAY, in: JEA 59, 223.
206 SEIDL, Einführung, 53.

Juridique nimmt Lacau eine mißglückte Verwahrung an[207], andere einen verschleierten Verkauf[208]. Das Eintreiben von Schulden aus Darlehen könnte in ***pHeqanachte I*** erwähnt sein.[209]

2.1.3.1.2 Arbeitsverpflichtung

Über die Verpflichtung von Totenpriestern durch *ẖtm.t*-Urkunden (s. S. 40f. u.) berichten die ***Inschriften des Djefai-Hapi*** sowie die ***Stele BM 1164***.

2.1.3.2 Sicherung von Ansprüchen

Um zukünftige Verpflichtungen einklagbar zu machen, wurden sie sowie das Einverständnis der Parteien darüber in einer Urkunde festgehalten (z.B. ***Inschriften des Djefai-Hapi***; ***Stele BM 1164***). Eine andere Möglichkeit war, darüber vor einem Richterkollegium einen (sog. promissorischen) Eid ablegen zu lassen (***pUC 32055***), worüber gegebenenfalls auch eine Urkunde ausgestellt werden konnte. Der Eid wurde i.d.R. beim König geleistet und daher als *ꜥnḫ n nb* „Eid des Herrn" bezeichnet.

2.1.3 Verschiedene Personengruppen und ihre Rechte

2.1.3.1 Sklaven, Hörige, Abhängige

Im MR kommen Sklaven (s. S. 12ff. o.) in privater Hand vor, wie die Übertragung von Eigentumsrechten an asiatischen Sklaven durch *ỉmy.t-pr*-Urkunde (***pUC 32058***) sowie durch *swn.t*-Urkunde (***pUC 32167***) zeigen. Neben der in diesem Text verwendeten Bezeichnung *ꜥꜣm* „Asiat", die auf eine Herkunft dieser Personen als Kriegsgefangene aus dem Vorderen Orient hinweist, erscheinen noch die Termini *bꜣk* und *ḥm*, die jedoch beide wohl auch gegen Entgelt arbeitende Diener bezeichnen können. Der Begriff *ḏ.t* wird als „Dörfler"[210] oder „personnel"[211] übersetzt und steht wohl wie schon im AR für hörige Landarbeiter eines einem Beamten zugewiesenen Gutes. Auch *mr.t* „Hörige" sind noch in der 13. Dyn. belegt und können zusammen mit dem Land, das sie bearbeiten, gekauft und vererbt werden.[212]

Ein entlaufener Sklave wurde der *ẖnr.t n.t sḏm* übergeben (***pUC 32209*** Z. 21), worunter vielleicht ein Untersuchungsgefängnis zu verstehen ist; was dort mit ihm geschah, ist unklar. Nach Helck betrifft die ***Lederhandschrift Berlin P 10470*** eine Sklavin, die von einem Freien geheiratet wurde und nun freigelassen werden soll[213]; diese Deutung fand jedoch keine breitere Zustimmung[214].

Für größere staatliche Unternehmen wie Steinbrucharbeiten oder den Transport von Statuen wurden Arbeiter teilweise für mehrere Monate zwangsverpflichtet. Diese Fronarbeiter wurden als *ḥsb.w* „Gezählte" oder *mny.w* bezeichnet (***pReisner I*** und ***III***).[215] Aus welchem Personenkreis die Fronarbeiter stammten, wird nicht klar; möglicherweise

207 LACAU, Stèle Juridique, 32.
208 PIRENNE/STRACMANS, in: AHDO/RIDA 2, 36–38.
209 GOEDICKE, Hekanakhte, 75, 77.
210 SEIDL, Einführung, 42.
211 HARARI, in: ASAE 56, 176.
212 BAKIR, Slavery, 22.
213 HELCK, in: ZÄS 115, 36–38.
214 Vgl. VITTMANN, in: Elephantine Papyri, 37.
215 Vgl. HELCK, in: LÄ II (s.v. Frondienst), Sp. 333–334. HAFEMANN, in: AoF 12.2, 208–209.

waren es staatliche Arbeiter, die sonst anderen Tätigkeiten z.B. in der Landwirtschaft zugeteilt waren. Die Flucht aus dem Frondienst wurde bestraft, möglicherweise mit lebenslanger Zwangsarbeit (***pBrooklyn 35.1446 rto*** Eintrag d).

2.1.3.2 Freie

Manche Forscher nehmen an, unter dem Begriff *wꜥb* sei eine neue Klasse von freien Bürgern zu verstehen, die nicht zu Frondienst herangezogen werden konnten.[216] Da *wꜥb* aber auch Priester bedeutet und diese Übersetzung an den als Beleg herangezogenen Stellen nicht ausgeschlossen werden kann, ist die Entscheidung schwierig.

2.1.3.3 Frauen

Es gibt keinen Hinweis darauf, daß sich die rechtliche Stellung der Frau gegenüber dem AR verändert hat: Daß Frauen Eigentum besitzen konnten, zeigt sich im MR an der Übertragung von Gütern durch *ỉmy.t-pr*-Urkunde von einem Mann an seine Ehefrau (***pUC 32058***). Die testamentarische Einsetzung eines Erziehers für den Sohn kann nicht als Zurücksetzung der Ehefrau gesehen werden, da diese im gleichen Dokument das gesamte Vermögen erbt, sondern hängt wohl eher mit dem Wunsch zusammen, dem Sohn eine väterliche Bezugsperson zu geben. Eine Frau konnte auch vor Gericht Anklage erheben, offenbar ohne Vertretung durch ihren Mann (***pBrooklyn 35.1446 vso Text B***).

2.1.3.4 Minderjährige

Die Anordnung des Vaters in ***pUC 32058***, im Falle seines Todes eine bestimmte Person zum „Kindererzieher" (*šd-ẖnw*) seines Sohnes zu machen, könnte auf die Einrichtung von Vormundschaft für Minderjährige schließen lassen; die Deutung ist jedoch nicht zwingend, da die Aufgaben eines „Kindererziehers" vielleicht rein pädagogisch waren.

2.1.4 Familie und Erbschaft

2.1.4.1 Ehe

Neben dem bereits aus dem AR bekannten Wort *ḥm.t* „Frau, Ehefrau" kommt seit dem MR auch *ḥbsw.t* vor, was lange als „Konkubine" verstanden wurde, aber wohl ebenso die Ehefrau bezeichnet.[217] Der Ausdruck *nb.t-pr* „Hausherrin" ist ebenfalls ein Titel für Ehefrauen, impliziert darüber hinaus aber auch einen gehobenen Sozialstatus. Ob *ḥm.t-ṯꜣy* ebenfalls eine verheiratete Frau bezeichnet, ist umstritten.[218]

Hararis Behauptung, im AR und MR habe es keine eheliche Gütergemeinschaft gegeben[219], ist nicht verifizierbar; es kann nur umgekehrt gesagt werden, daß auch während der Ehe die Partner weiter über eigenes Vermögen verfügen konnten. Eventuell kam die im NR mehrfach belegte Teilung der ehelichen Güter unter den Gatten im Verhältnis ⅓ für die Frau zu ⅔ für den Mann bereits in der 17. Dyn. vor (***Stele Kairo JE 52456***).[220]

---

216 WARD, East Mediterranian World, 28 Fn. 109, gefolgt von QUACK, Merikare, 51, und LOPRIENO, in: Fs Simpson II, 545.

217 JOHNSON, in: Mistress of the House, 217 Anm. 80.

218 FISCHER-ELFERT, in: GM 112, 24.

219 HARARI, in: ASAE 56, 173.

220 VERNUS, in: DE 6, 84–85.

Wie bereits im AR und der 1. Zwzt gibt es auch im MR Belege für mehrfache Heiraten, wobei jedoch ebensowenig wie dort sicher festzustellen ist, ob diese gleichzeitig oder nacheinander (aufgrund von Scheidung oder Tod der Frauen) stattfanden.[221]
Aus dem MR sind Geschwisterehen auf den ***Stelen Louvre C 16–18*** sowie möglicherweise auf der ***Stele Berlin 13675*** überliefert. [222]

2.1.4.2 Scheidung

Einen Hinweis auf eine Scheidung findet man eventuell in ***pUC 32037***, wo eine *ỉmy.t-pr*-Urkunde zugunsten der Mutter des ältesten Sohnes widerrufen und dafür eine neue Regelung für die Kinder einer zweiten Ehefrau getroffen wird; die erste Frau könnte zwar auch verstorben sein, dann wäre der Widerruf jedoch wohl überflüssig. Auch die Tilgung der Darstellung der Ehefrau auf der ***Stele Leiden II 7*** kann als Indiz für eine Scheidung verstanden werden.[223] Aus dem ***Beredten Bauern*** B 1 94 ist *wḏᶜ.t* als Bezeichnung für eine geschiedene Frau bekannt.

2.1.4.3 Adoption

Aus dem MR und der 2. Zwzt sind keine Belege für Adoption erhalten. Allams Vorschlag, in *sꜣ.t wr.t* einen Ausdruck für Adoptivtochter zu sehen[224], ist nicht schlüssig; vielmehr ist der Ausdruck wohl das weibliche Gegenstück zu *sꜣ smsw* „ältester Sohn" und bezeichnet somit die potentielle Erbin, wenn keine Söhne vorhanden sind.

2.1.4.4 Erbschaft

Das Erbrecht scheint sich gegenüber dem des AR nicht geändert zu haben: Im Normalfall erbte der älteste Sohn. Die ungeteilte Weitervererbung, v.a. von Ämtern, wurde mit *m sꜣ n sꜣ ỉwᶜ n ỉwᶜ* „als (scil. Vererbung) Sohn an Sohn, Erbe an Erbe" ausgedrückt (wohl erstmals im ***Dekret des Antef*** *Nbw-ḫpr-Rᶜ* erwähnt). In der *ỉmy.t-pr*-Urkunde zur Eigentumsübertragung im Todesfall konnten aber auch andere Personen als Erben eingesetzt oder noch weitere Bedingungen festgelegt werden, z.B., daß ein Amt, sollte der Erbe kinderlos sterben, an dessen Bruder fällt (***Stèle Juridique***). In ***pUC 32058*** überträgt ein Ehemann seiner Frau durch *ỉmy.t-pr*-Urkunde alles Eigentum, das er zuvor durch *ỉmy.t-pr*-Urkunde von seinem Bruder erhalten hat. Die Deutung dieser Urkunde als Schenkung im Todesfall, d.h. Testament, ist überzeugender als die als ehegüterrechtliche Regelung, wie sie Seidl daneben erwägt[225]. Hararis Behauptung, im MR sei das Familienvermögen ungeteilt an die Kinder, das Amt jedoch, aus dem es stammte, an den ältesten Sohn gefallen[226], basiert nur auf Vermutungen. Ein Hinweis auf die im NR als Gesetz erhaltene Regel „Wer begräbt, der erbt" findet sich auf einer ***Schale*** im ***Pitt-Rivers Museum*** als Aufforderung „Begrabe ihn, beerbe ihn!".

---

221 SIMPSON, in: JEA 60, 100–105.
222 ČERNÝ, in: JEA 40, 26.
223 HELCK, in: LÄ V (s.v. Scheidung), Sp. 559–560.
224 ALLAM, in: DE 4, 15–16.
225 SEIDL, Einführung, 56.
226 HARARI, in: ASAE 56, 172.

2.1.5 Unerlaubte Handlungen und ihre Rechtsfolgen

Die Standardformulierung für eine Bestrafung ist seit dem MR *ỉrỉ hp r* „das Gesetz anwenden gegen", wobei das Strafmaß selbst nicht explizit genannt wird. Daneben finden sich, v.a. in literarischen Texten, auch die Begriffe *ẖsf* (***Lehre des Ptahhotep*** V. 90) und *sbꜣ* „bestrafen" (***Stele BM 572*** Z. 9). Wie im AR (s. S. 18f. o.) lassen sich auch hier kaum Zusammenhänge zwischen Straftat und Strafe festmachen, konkrete Hinweise auf die Art der verhängten Strafen sind selten, und solche auf die Verfolgung und Gerichtsbarkeit fehlen ganz.

Mehrfach belegt ist die Einrichtung des *ẖnr.t*, oft als „Gefängnis" übersetzt, worunter allerdings eher ein abgeschlossenes Arbeitslager zu verstehen ist.[227] Ähnlich ist auch der Begriff *ỉtḥ* zu sehen.[228] Wer und weshalb zum Aufenthalt im *ẖnr.t* verurteilt wurde, läßt sich den erhaltenen Dokumenten nicht entnehmen. Nach van den Boorn gab es bis zum Ende der 2. Zwzt keine Strafen durch Prügel oder Verstümmelung[229], doch ist zumindest ersteres in Szenen, die die Prügelstrafe an auf dem Boden festgehaltenen Personen zeigen, in Gräbern des MR belegt.[230] Auf die Existenz der Todesstrafe durch Köpfen weisen die Erwähnungen des Richtblockes (*nm.t*, auch *nm.t nsw* „Richtblock des Königs") bzw. Scharfrichters (*nm.ty*) (***unternub. Graffito 57***; ***Stele Hannover 2927*** Z. 6).[231]

2.1.5.1 Diebstahl und Raub

In ***pHeqanachte I*** droht der Hausherr seinem Sohn damit, ihm zuviel ausgegebene Rationen als Diebstahl anzurechnen, d.h. wohl, von ihm eine entsprechende Entschädigung zu verlangen.[232] Wie hoch diese im MR war, ist nicht bekannt, vielleicht das 2–3fache des Wertes der gestohlenen Ware wie später im NR (s. S. 64 u.). Diebstahl aus dem Tempel wird auch im ***Dekret des Antef Nbw-ḫpr-Rᶜ*** erwähnt; der beschuldigte Priester wurde seines Amtes enthoben und sein Vermögen eingezogen. Weder die Art der Verfolgung noch die zuständige Gerichtsbarkeit sind bekannt. Belege für Raub fehlen ganz.

2.1.5.2 Sachbeschädigung

Daß die offizielle Strafe für die Beschädigung von privaten Felsinschriften die Todesstrafe gewesen sein soll[233], ist unwahrscheinlich; es handelt sich ebenso wie bei den von Privatleuten angedrohten Strafen für die Beschädigung von Gräbern oder Stelen, die bereits aus dem AR belegt sind (s. a. S. 19 o.), wohl nur um eine Drohung, die sich an den Strafen orientiert, die auf die Beschädigung von Heiligtümern oder Verletzung von Tabuzonen standen, z.B. Verbrennen für das Betreten eines heiligen Bezirkes in Abydos

---

227 Vgl. auch QUIRKE, in: RdE 39, 83–106.
228 HAYES, Late MK Papyrus, 41–42.
229 VAN DEN BOORN, in: Or 51, 372–373. Ders., Duties of the Vizier, 119. Vorsichtiger formuliert LORTON, in: JESHO 20, 50–53.
230 BEAUX, in: BIFAO 91, 39.
231 Vgl. aber MÜLLER-WOLLERMANN, Vergehen und Strafen, 276.
232 GOEDICKE, Hekanakhte Papers, 61.
233 So ŽÁBA, Rock Inscriptions of Lower Nubia, 84, und WILLEMS, in: JEA 76, 38.

(***Dekret des Neferhotep***)[234] oder die Zerstörung von Tempelgebäuden in et-Tod (***Inschrift Sesostris' I. aus et-Tod***). Ähnliche Drohformeln finden sich auch später noch.[235]

2.1.5.3 Totschlag und Mord

Beides ist aus dem MR nur aus literarischen Texten bekannt. Als Topoi zur Kennzeichnung von Zeiten fehlender Ordnung erscheinen Straßenraub und Mord (***Mahnungen des Ipuwer*** 5.11; 12.13–14; 13.5) sowie das Töten und Essen von Menschen bei Hungersnöten (z.B. ***Grab des Anchtifi***, Inschrift 10, IV,15–17).

2.1.5.4 Desertation

pBrooklyn 35.1446 rto Eintrag d nennt lange Listen von Personen, die durch Flucht versucht haben, der Zwangsarbeit im *ẖnr.t wr(.t)* zu entgehen. Dabei ist nicht ganz klar, ob sie ursprünglich als Gefangene zur Bestrafung dorthin gekommen waren oder als Fronarbeiter. Wenn die Arbeiter aus dem Lager entflohen (*wꜥr*) bzw. von ihrer Verpflichtung desertierten (*tšỉ*), wurden möglicherweise ihre Familien an ihrer Stelle in Haft genommen und erst nach ihrer Wiederergreifung freigelassen (*wḥꜥ*).[236] Die Anordnung besagt, gegen die entflohenen Arbeiter „das Gesetz anzuwenden" gemäß ihres Deliktes, d.h. abhängig von der Länge und den Umständen ihrer Flucht.[237]

2.1.5.5 Aufruhr und Hochverrat

Literarisch belegt ist die Verweigerung der Bestattung für hingerichtete Rebellen, deren Leichname in den Fluß geworfen wurden, in der ***Loyalistischen Lehre*** (§ 6.4–5).

2.1.6 Königliche Dekrete

Die Zahl der aus dem MR und der 2. Zwzt erhaltenen Dekrete ist äußerst gering. Die Abschrift eines Dekrets, in dem Sesostris I. seinem Wesir Mentuhotep die Erlaubnis für das Aufstellen einer Kultkapelle in Abydos erteilt und die Einrichtung eines Opferkultes für ihn anordnet, enthält die ***Stele Kairo CG 20539*** Seite IIb Z. 2ff.; aufgrund einiger Beschädigungen ist das Formular des Textes jedoch nicht mehr deutlich. Das ***Dekret Sesostris' III.*** für den Tempel Mentuhoteps II. in Deir el-Bahri zeigt jedoch, daß die textliche Form der Dekrete des AR weitergeführt wurde, während man die Wiedergabe des Layouts der Originalurkunde zugunsten der repräsentativeren Form der Stele mit Bildfeld in der Lünette aufgab; allerdings ist die Inschrift in senkrechten Kolumnen angeordnet, was eine Reminiszenz an Papyrusdokumente sein könnte, die bis in die frühe oder mittlere 12. Dyn. noch in senkrechten Zeilen geschrieben waren. In der ersten Kolumne befindet sich die Titulatur, allerdings ohne Jahreszahl. Die nächsten drei Kolumnen enthalten die Einleitung *wḏ nsw n NN* „Königsbefehl an NN", Adressaten sind der Prophet des Amun sowie die Priesterschaft des Amun von Karnak und das Personal des Totentempels Mentuhoteps in Deir el-Bahri. Der eigentliche Text des Dekrets wird eingeleitet durch *ỉw wḏ.n ḥm=ỉ* „Meine Majestät hat befohlen", gefolgt von Infinitiven. Festgelegt wurden konkrete Mengen von Opfergaben, die täglich im

---

234 LEAHY, in: JESHO 27, 199–203. BREASTED, ARE I, § 766–772, und LORTON, in: JESHO 20, 18, verstehen *wbd* als „brandmarken" und folgern daraus eine Versklavung des Übeltäters.

235 Vgl. MÜLLER-WOLLERMANN, Vergehen und Strafen, 104–107.

236 HAYES, Late MK Papyrus, 44; 46–47.

237 Vgl. HAYES, Late MK Papyrus, 47–48. Anders MENU, in: BIFAO 81 Suppl., 72–76.

Totentempel des Mentuhotep dargebracht werden sollten. Die Siegelungsformel fehlt, könnte jedoch durchaus nur für die Abschrift weggelassen worden sein. Das ***Dekret des Neferhotep*** (wohl usurpiert und einem früheren König der 13. Dyn. zuzuschreiben) ist ebenfalls auf einer oben abgerundeten Stele verzeichnet, die Zeilen sind jedoch, wie später üblich, waagrecht angeordnet. Die Einleitungsformel, nach der Datierung, lautet *wḏ ḥm=ỉ* + Infinitiv „Meine Majestät befiehlt ...“. Das Dekret legt einen bestimmten Bezirk in Abydos fest – die Stele ist eine von zweien, die die Begrenzung markierten – und verbietet jegliche künftige Bebauung sowie das Betreten durch Unbefugte bei Todesstrafe[238]. Weitere Dekrete der 13. Dyn. sind auf ***pBrooklyn 35.1446 vso Einschübe A–C*** abgeschrieben.

Aus der 17. Dyn. ist das ***Dekret des Antef Nbw-ḫpr-Rꜥ*** in Koptos erhalten. Der Stil erinnert eher an nichtjuristische Königsbriefe als an die Dekrete des AR: Nach der Datierung mit der typischen Einleitung *wḏ nsw n NN* „Königsbefehl an NN“, wobei neben namentlich genannten Beamten auch „das ganze Volk“ angesprochen wird, beginnt der eigentliche Text mit der Formel *m=tn ỉnỉ.tw n=tn wḏ pn{n} r rdỉ.t rḫ=tn r-nt.t* ... „Seht, dieser Befehl wird euch gebracht, um euch wissen zu lassen, daß ...“.[239] Es folgt die Schilderung einer Tempelinspektion und der Klage der Stundenpriesterschaft des Min-Tempels von Koptos nach der Entdeckung des Diebstahls eines Opfertieres[240]. Die Anordnung zur Absetzung und zum Einzug des Vermögens des schuldigen Priesters, die auch seine Nachkommen und sämtliche Verwandte dauerhaft von dem Amt ausschloß, ist in einer Reihe von Imperativen angeschlossen. Bei späterem Widerruf wird nachfolgenden Königen mit Absetzung gedroht; dabei begegnet wieder die für Bestimmungen typische Konstruktion *ỉr X* + Hauptsatz (s. S. 23f. o.). Abschließend wird noch festgelegt, daß Amt und Einkünfte daraus einem neuen Inhaber und dessen Nachkommenschaft zu übergeben seien.

Um die Stiftung von Feldern für Month von Medamud geht es in dem schlecht erhaltenen ***Dekret Sobekemsafs I.***, das ungewöhnlicherweise auf einer Statuenbasis aufgezeichnet wurde.

---

238 Vgl. aber BREASTED, ARE I, § 766–772 und LORTON, in: JESHO 20, 18.

239 Vgl. dazu auch die Kopien von Königsbriefen in ***pBrooklyn 35.1446 rto***.

240 *ḫft.y*; s. dazu GOEBS, in: JEA 89, 33. LORTON, in: JESHO 20, 19, meint, es handle sich um die Beherbergung eines Feindes im Tempel.

2.2 Rechtsurkunden

Wie schon für die Urkunden des AR gilt auch hier, daß Rechtsgeschäfte zunächst durch einen Sprechakt vor Zeugen abgeschlossen wurden, zur Beweisbarkeit und Vollstreckung jedoch eine schriftliche Abfassung als Urkunde notwendig war, wobei die Rede des Ausstellers i.d.R. wörtlich wiedergegeben wurde. Ob die Urkunden des MR grundsätzlich gesiegelt waren, läßt sich nicht mehr feststellen.

2.2.1 *ḫtm.t*-Urkunden

Diese bereits im AR belegte Urkundenart kommt auch im MR noch vor. Die bekanntesten Beispiele sind die zehn Abschriften von Urkunden in den ***Inschriften des Djefai-Hapi*** aus der frühen 12. Dyn. auf den Wänden seines Grabes in Siut über die Versorgung seiner Statue durch die Priesterschaft bzw. einzelne Priester der örtlichen Tempel. Vergleichbar sind die *ḫtm.t*-Urkunden des Intef (11. Dyn.), deren Inhalt auf der ***Stele BM 1164*** in verkürzter Form wiedergegeben wird. Wie die *ḫtm.t*-Urkunden des AR beziehen sich auch die des MR auf Geschäfte, bei denen Leistung und Gegenleistung gegeben werden und die daher im weiteren Sinne als Kauf/Verkauf betrachtet werden können. Allerdings ist bislang *ḫtm.t* im MR nur im Zusammenhang mit der Verpflichtung von Priestern für den Totenkult belegt (z.B. auch ***Stele Louvre C 34***) und nie beim Kauf von Objekten. In ***pBrooklyn 35.1446 vso Text B*** aus der 13. Dyn. kommt jedoch der Begriff *ḫtm.t* in Zusammenhang mit einer Transaktion vor, die als Schenkung gedeutet wird.

Alle Urkunden in den ***Inschriften des Djefai-Hapi*** sind sehr ähnlich aufgebaut: Die Abschriften werden jeweils mit *ḫtm.t ỉr.t.n NN ḥnᶜ NN* „Siegelurkunde, die NN mit NN geschlossen hat" eingeleitet. Da sich eine ähnliche Überschrift auch am Anfang von originalen *ỉmy.t-pr*-Urkunden findet, handelt es sich wohl nicht um den Titel zur Abschrift, sondern um einen Bestandteil des Formulars. Zunächst wird das „Kaufobjekt" genannt, die Leistung der Priester (*m rdỉ.t n=f X* „darüber, ihm X zu geben" bzw. *m X* „über X"), dann die Gegenleistung (*rdỉ.t.n=f n=sn/=f ḥr=s Y* „Was er ihnen/ihm dafür gegeben hat: Y). Diese beiden Teile sind objektiv stilisiert und geben die Transaktion als in der Vergangenheit liegend wieder; gelegentlich werden Listen zur Spezifizierung von Leistung oder Gegenleistung eingefügt. Dann folgt i.d.R.[241] ein Abschnitt mit wörtlicher Rede des „Käufers", eingeleitet mit *ᶜḥᶜ.n ḏd.n=f n=sn/=f r ḏd* „Dann sagte er zu ihnen/ihm:", *ᶜḥᶜ.n ḏd.n=f* „Dann sagte er" oder *ᶜḥᶜ.n ḏd.n NN r ḏd* „Dann sagte NN:", in dem entweder die Transaktion noch einmal in subjektiver Stilisierung wiedergegeben wird (Urk. I und VII) oder nähere Angaben zu den Umständen oder Zusatzbedingungen des Geschäfts gemacht werden (Urk. II–V, VIII–X). Die wörtliche Rede beginnt in den meisten Fällen mit *m=ṯn* „Seht", folgt dann jedoch verschiedenen Mustern. Manche Urkunden enthalten eine weitere Passage in objektiver Stilisierung, die eigenartigerweise eine zusätzliche Transaktion zum Inhalt hat (Urk. I und IX). Der Text schließt immer mit der Formel *ᶜḥᶜ.n=sn/=f hrw ḥr=s* „Dann waren sie/war er zufrieden damit".

Zwei Punkte fallen auf: Einerseits fehlen bei allen zehn Urkunden Datierung sowie Zeugenliste, andererseits wirken die narrativen Formulierungen (*ᶜḥᶜ.n* ...) für ein Urkundenformular merkwürdig. Gelegentlich wurde daher schon daran gezweifelt, daß es sich

---

[241] Außer in Urk. VII, deren plötzlicher Wechsel in die 1. Person darauf hinweist, daß hier der Beginn der wörtlichen Rede fehlerhaft ausgefallen sein könnte.

überhaupt um exakte Abschriften handelt und nicht nur um Umschreibungen. Zum ersten Punkt ist jedoch einzuwenden, daß bei der Abschrift auf der Grabwand für den dort erwünschten Zweck unwesentliche Punkte weggelassen wurden, zum zweiten, daß die auffällige Konsistenz im Formular doch für eine genaue Abschrift zumindest des Urkundenkörpers spricht.

2.2.2 *swn.t*-Urkunden

In diesen Dokumenten wird die Bezahlung eines Preises (*swn.t*) für ein Objekt festgehalten. Es könnte sich also um Zahlungsbelege bzw. Quittungen oder Verkaufsurkunden handeln. Aus dem MR und der 2. Zwzt sind bislang nur zwei Belege bekannt (***pUC 32167*** sowie als Abschrift auf der ***Stèle Juridique***). Logan nimmt an, eine *swn.t*-Urkunde allein ermächtige den Käufer noch nicht zum Weitervererben[242]. Die Ausstellung einer zusätzlichen *ỉmy.t-pr*-Urkunde auf der ***Stèle Juridique*** hat vielleicht damit zu tun, daß die Übertragung des Amtes, die für ein nicht zurückgezahltes Darlehen erfolgte, erst nach dem Tod des Ausstellers wirksam werden sollte.

2.2.3 *ỉmy.t-pr*-Urkunden (Hausurkunden)

Auch im MR ist die *ỉmy.t-pr*-Urkunde belegt[243], hier erstmals in originalen Exemplaren unter den sog. Kahun-Papyri aus der 12. Dyn. Das Formular beginnt mit der Datierung, dann folgt, in einer neuen Zeile, die Überschrift *ỉmy.t-pr ỉr.t.n NN n NN* „Hausurkunde, die NN für NN gemacht hat" (vgl. ***pUC 32037***; ***pUC 32058***). Daran schließt sich der eigentliche Urkundentext als wörtliche Rede des Ausstellers an. Dabei wurde kein einheitliches Formular befolgt: Es finden sich die Formeln „Ich gebe X an NN" (*ỉw=ỉ ḥr rd.t X n NN*: ***pUC 32037***), „Ich mache eine Hausurkunde für NN über X" (*ỉw=ỉ ḥr ỉr.t ỉmy.t-pr n NN m X*: ***pUC 32058*** b) und „X ist für NN" (*X n NN*: ***pUC 32058*** a). Daran können sich noch nähere Regelungen zu der übergebenen Sache oder auch zu ganz anderen Gegenständen anschließen. Diese sind meist in dem schon aus dem AR bekannten *ỉr X* + Hauptsatz-Schema formuliert. An den Urkundenkörper schließt sich eine Zeugenliste an, die in den erhaltenen Beispielen immer drei Personen umfaßt[244]. Auf dem Verso findet sich mehrfach eine kurze Inhaltsangabe, meist gleichlautend mit der Überschrift. Die Urkunden wurden versiegelt (vgl. ***pUC 32058***).

Übergeben werden in den *ỉmy.t-pr*-Urkunden Land, Sklaven, aber auch ein Amt (einschließlich des zugehörigen Einkommens). Wie man sieht, entsprechen die *ỉmy.t-pr*-Urkunden des MR inhaltlich einerseits den Schenkungen des AR, die ja bereits als wahrscheinlichste Kandidaten für die Identifikation der *ỉmy.t-pr*-Urkunden genannt wurden, andererseits aber auch den Bestimmungen, die im AR, soweit zu erkennen, immer als eigene Urkunden auftreten. Die Verwendung der *ỉmy.t-pr*-Urkunden für Schenkungen im Todesfall, die für das AR vermutet wurde, wird durch Angaben innerhalb der Beispiele des MR noch wahrscheinlicher: So kommen in ***pUC 32058*** Bestimmungen zur Bestattung und zur Erziehung des Sohnes durch einen „Kindererzieher" (*šd-ẖnw*) vor. Andererseits spricht ***pUC 32037*** explizit davon, ein Amt sofort an den Sohn zu übergeben, der als *mdw ỉꜣw* „Stab des Alters"[245] noch zu Lebzeiten des Ausstel-

[242] LOGAN, in: JARCE 37, 71.

[243] Zur Diskussion s. S. 25 o.

[244] GANLEY, in: DE 55, 22 mit Fn. 18.

[245] Zu diesem Begriff vgl. BEINLICH, in: LÄ V (s.v. Stab des Alters), Sp. 1224.

lers tätig werden sollte; in demselben Text wird aber auch gesagt, daß das Haus den (noch ungeborenen?) Kindern aus der zweiten Ehe gehören solle, was sicher erst nach dem Tod des Ausstellers Gültigkeit erlangte. Auch die Widerrufung einer bereits existierenden älteren *ỉmy.t-pr*-Urkunde zugunsten der ersten Ehefrau in ***pUC 32037*** spricht dafür, daß diese noch nicht in Kraft getreten war und demnach wohl als Verfügung im Todesfall betrachtet werden muß.[246] Wie bereits für das AR festgestellt, sind alle bekannten *ỉmy.t-pr*-Urkunden des MR zwischen Verwandten abgeschlossen, seien es Vater und Sohn, Mann und Frau oder Bruder und Bruder.
Etwas aus dem Rahmen des bisher Beobachteten fällt die auf der sog. ***Stèle Juridique*** aus der 17. Dynastie verzeichnete *ỉmy.t-pr*-Urkunde. Sie beginnt, wie die *ỉmy.t-pr*-Urkunden der Kahun-Papyri, mit der Datierung, gefolgt von der bekannten Einleitung *ỉmy.t-pr ỉr.t.n NN n NN* „Hausurkunde, die NN für NN gemacht hat". Der folgende Text ist, wie üblich, als wörtliche Rede des Ausstellers formuliert. Bevor jedoch die Übergabe (hier des Amtes des Bürgermeisters von El-Kab) durch die Formel *wnn=s n NN* „Möge es dem NN gehören!" festgelegt wird, wird zunächst geschildert, auf welchem Wege das Amt dem Aussteller durch Erbschaft zugefallen war. In der Fortsetzung werden noch weitere Anweisungen gegeben, so die Anordnung über die Übergabe der zu dem Amt gehörigen Nahrungsmittelversorgung, der Bediensteten und des Hauses. Daran schließen sich verschiedene Klauseln zur Sicherung der Transaktion gegen Einwände und Ansprüche Dritter an: *nn rdỉ.t(w) ḏꜣ.tw tꜣ (r)=s ỉn rmṯ.w nb{.t}‹.w›* „Es soll nicht zugelassen werden, daß etwas dagegen unternommen wird durch irgendeinen Menschen." *ỉr nty nb r ỉy.t r spr n sr sḏm wḏ.t r-pw r ḏd ỉw n=ỉ tꜣ ỉꜣw.t m rdỉ sḏm.tw n=f* „Was einen jeden angeht, der kommen wird, um vor einem *sr*-Beamten oder einem, der die Befehle hört, zu klagen, sagend: ‚Dieses Amt kommt mir zu!', möge man nicht zulassen, daß er gehört wird." Es folgen weitere Phrasen, die eventuelle Klagen von Familienmitgliedern gegen die Amtsübergabe für nichtig erklären. Diese Klauseln zur Absicherung gegen unberechtigte Ansprüche treten hier erstmals auf, kommen jedoch in anderer Formulierung bis in die gr.-röm. Zeit vor (s. S. 148f. u.). Wie schon bei den Kahun-Papyri besteht auch hier die Zeugenliste aus drei Personen, wobei der erste Zeuge der Wesir ist. Auch der Beamte, der die Urkunde geschrieben hat, ist genannt. Bemerkenswert ist, daß zwischen die Klauseln eine Begründung eingeschoben ist: *ḥr-nt.t rdỉ.n=f n=ỉ swn.t=s ḥḏ dbn 60 m ḫ.t nb.t* „weil er mir seinen (des Amtes) Preis gegeben hat: 60 Silberdeben in allerlei Dingen". Im weiteren Verlauf der Steleninschrift wird deutlich, daß die Übergabe des Amtes zur Abtragung einer Schuld diente, da der bisherige Amtsinhaber seinem Bruder ein Darlehen über 60 Silberdeben nicht zurückzahlen konnte. Hier wird die Schenkung durch *ỉmy.t-pr*-Urkunde also zur Verschleierung einer Darlehensrückzahlung bzw. einer Übereignung im Zuge einer Verpfändung verwendet. Ein ähnlicher Fall könnte auch in ***pUC 32055*** geschildert sein: Dort klagt ein Sohn gegen einen Mann, der gegen die Sicherheitsübereignung(?) eines Amtes dem Vater ein Darlehen(?) versprochen, dieses jedoch bis zum Tod des Vaters noch nicht geliefert hatte. Eventuell hatte der Vater sein Amt jedoch auch gegen die versprochene Zahlung eines bestimmten Betrages verkauft, diese jedoch nicht erhalten. Jedenfalls diente auch hier zur Übertragung des Amtes eine *ỉmy.t-pr*-Urkunde, obwohl eine Gegenleistung erfolgte. Die Ursache ist wohl, daß solche Ämter nur durch *ỉmy.t-pr*-Urkunde übertra-

246 So auch LOGAN, in: JARCE 37, 67.

gen werden durften und die Ausstellung einer solchen daher beim Verkauf bzw. der Sicherungsübereignung notwendig waren.

2.2.4 *ꜣw.t* als weitere Urkundenart?

Der Begriff *ꜣw.t* ist bislang nur in einer Abschrift eines juristischen Dokumentes unklaren Charakters auf ***pBrooklyn 35.1446 vso Text B*** aus der 13. Dynastie belegt. Die genaue Deutung des Dokumentes wird dadurch erschwert, daß es mit der Schilderung einer Anklage der Tochter des Ausstellers beginnt, die gegen die Schenkung an die Ehefrau (wohl ihre Stiefmutter) Einspruch erhebt, da die geschenkten Güter nicht ihrem Vater, sondern ihr gehörten. Nach einer längeren stark beschädigten Passage folgt die Anordnung des Ausstellers, bestimmte Besitztümer seiner Frau und deren Kindern zu geben, sowie der Verweis darauf, daß er ihr ein *ꜣw.t* gemacht habe, das als *ḫtm.t*-Urkunde unter der Weisung des Büros des Heroldes (*wḥmw*)[247] von Theben ausgefertigt wurde. Hayes vermutet, daß der Begriff *ꜣw.t* mit *ꜣw.t-ḏr.t* „Handausstreckung; Geschenk" gleichzusetzen sei und damit ein Schenkungsdokument zur Eigentumsübertragung zu Lebzeiten gemeint sei, in Abgrenzung zu Schenkungen im Todesfall.[248] Gegen die Identifikation von *ꜣw.t* als Urkundentyp spricht, daß die Form der Urkunde im gleichen Text als *ḫtm.t* bezeichnet wird.

2.2.5 Andere Ausdrücke für Urkunden

Der Begriff *snn*, der auf der ***Stèle Juridique*** erscheint, wurde früher als „Kopie" übersetzt, wohingegen Lacau die Bedeutung „Originalurkunde" vertritt, da auch die Verbindung *mỉ.t n(.t) snn* „Abschrift des *snn*" vorkommt.[249]

---

247 Zur Funktion des *wḥmw* in der 12. Dyn. vgl. GASSE, in: BIFAO 88, 83–93.
248 HAYES, Late MK Papyrus, 112; 122–123.
249 LACAU, Stèle Juridique, 28.

2.3 Gerichtsbarkeit

2.3.1 Art und Zusammensetzung der Tribunale

Als Bezeichnung für richterliche Tribunale kommt im MR außer *ḏ3ḏ3.t* der Begriff *qnb.t* vor (auch nebeneinander, z.B. in ***pBrooklyn 35.1446 rto***). Allerdings ist auch hier noch, wie schon in der 1. Zwzt, die Unterscheidung zwischen *qnb.t*-Kollegien mit administrativer und solchen mit judikativer Funktion nur schwer zu treffen[250]. Eine Differenzierung in ein Gericht für kgl. Angelegenheiten (*ḏ3ḏ3.t*) und eines für allgemeine (*qnb.t*), wie sie Harari postuliert[251], ist nicht nachzuvollziehen. Allerdings geben die Quellen auch kaum Hinweise auf die Funktion der *ḏ3ḏ3.t* im MR. Denkbar wäre eine chronologische Entwicklung, bei der die *qnb.t* allmählich die judikative Aufgabe der *ḏ3ḏ3.t* übernimmt.[252] Beide Organe waren wohl nicht permanent, sondern wurden für bestimmte Angelegenheiten ins Leben gerufen.[253] Die Existenz von Berufsrichtern ist eher unwahrscheinlich.

Unklar ist die Bedeutung des Ausdruckes *tm3* „Matte", übertragen vielleicht „Kataster", der in Kombination mit verschiedenen Titeln auftaucht (*ḥry tm3*, *sẖ n tm3*, *ḏ3ḏ3.t n.t tm3*)[254] und wohl auf eine juristische Funktion hinweist. Auch das Kollektivum *mꜥb3y.t* „Dreißigschaft" bezeichnet eventuell ein Richterkollegium, doch ist dieser Ausdruck fast völlig auf Epitheta beschränkt.[255] Möglicherweise besteht ein Bezug zu dem von ***Diod.*** I, 75.3–4 für die spätere Zeit genannten Gerichtshof mit dreimal zehn Richtern.

Als richterlicher Titel begegnet in der 13. Dyn. *sḏmy* (wörtlich „Verhörer"), auch in Kombination mit weiteren Begriffen (*sḏmy šnꜥ* „Richter des Arbeitshauses(?)"; *sḏmy rmṯ* „Richter der Leute"). Auch die Herolde (*wḥmw.w*, s. S. 43 o.) hatten offenbar richterliche Funktion in ihren Bezirken. Ein Gerichtsschreiber (*sẖ n sḏm*) protokollierte wohl die Aussagen der Parteien sowie die der Zeugen.[256]

Informationen über die Zusammensetzung der Tribunale sind rar. In ***pUC 32055*** ist nicht erhalten, vor welchem Gericht oder Beamten geklagt wurde. In der ***Stèle Juridique*** scheint die Klage zwar zunächst bei dem Büro des Herolds des nördlichen Bezirks (*wḥmw n wꜥr.t mḥt.t*) eingereicht, von diesem aber an das Wesirbüro (*ẖ3 n ṯ3ty*) weitergeleitet worden zu sein, das sie, vielleicht mit Anweisungen versehen, wieder an das Heroldsbüro zurückschickte. In ähnlicher Weise arbeiteten in der ***Lederhandschrift Berlin P 10470*** das Büro des Herolds von Elephantine und das Wesirbüro zusammen. Die Herolde waren wohl die lokalen Repräsentanten der Verwaltung, die zwar richterliche Kompetenz hatten, dabei allerdings an Weisungen des Wesirbüros gebunden waren.

Der schon im AR belegte Begriff *ḥw.t wr.t* „großes Haus, Gerichtshof" kommt auch im MR und der 2. Zwzt noch vor, allerdings nur noch in dem alten Wesirstitel *ỉmy-r3 ḥw.t wr.t 6* „Vorsteher der sechs Gerichtshöfe". Auch der Begriff *ẖnr.t* bzw. *ẖnr.t wr(.t)* kann im MR möglicherweise „Gericht" bedeuten, zumal in der Verbindung *ẖnr.t n.t sḏm*. An anderen Stellen dagegen hat *ẖnr.t* sicher die schon früher belegte Bedeutung „Gefäng-

250 Vgl. a. ALLAM, in: RIDA³ 42, 17–22, 67–69.
251 HARARI, in: ASAE 56, 187.
252 Vgl. HAYES, Late MK Papyrus, 140.
253 QUIRKE, Administration, 54–55.
254 JASNOW, in: History ANE Law I, 264.
255 QUIRKE, Administration, 53–54.
256 JASNOW, in: History ANE Law I, 261–267.

nis“ oder „Arbeitslager“. Eventuell sind die beiden Institutionen nicht klar zu trennen. Häufig belegt ist der Titel *sẖ n ẖnr.t* „Gefängnisschreiber“ (mit den Varianten *sẖ n ẖnr.t ꜥꜣ(.t)/wr(.t)* und *sẖ n ẖnr.t n(.t) sḏm*), daneben finden sich auch *ỉry-ꜥꜣ ẖnr.t* „Türhüter des Gefängnisses“ und *sꜣw ẖnr.t* „Wächter des Gefängnisses“.[257]
Als Ort der Gerichtsverhandlungen wird die *ꜥrry.t* genannt, wohl ein Torgebäude oder Platz vor einem öffentlichen Gebäude (***Beredter Bauer*** B_1 185–186)[258]. Shupak nimmt darüber hinaus mobile Gerichte auf Booten an.[259]

2.3.2 Prozeßablauf

Über den Ablauf von Gerichtsverhandlungen lassen sich Rückschlüsse aus Berichten über Prozesse ziehen: ***pUC 32055*** enthält die Aussage des Klägers, wobei er zunächst ein früheres Geschäft seines Vaters mit einem anderen Mann nachzeichnet. Trotz Beeidung habe dieser seine Verpflichtungen gegenüber dem (inzwischen verstorbenen) Vater nicht erfüllt, weshalb der Sohn nun klagt (*spr*). Wahrscheinlich handelt es sich bei ***pUC 32055*** um eine Klageschrift oder den Entwurf dazu, doch läßt sich bei dem unvollständigen Erhaltungszustand auch nicht ausschließen, daß eine Art Protokoll vorliegt.
Auf der ***Stèle Juridique*** sind vor dem Bericht über den Prozeßhergang zunächst die beiden Dokumente, die zum Abschluß des Prozesses ausgefertigt wurden, aufgezeichnet (eine *ỉmy.t-pr-* und eine *swn.t*-Urkunde[260]). Der Prozeß wurde von einem Sebeknacht gegen seinen Bruder Kebsi begonnen, indem er durch einen Vertreter (*rwḏw*) eine Klageschrift (*spr*) aufsetzen und überbringen ließ, in der geschildert wird, wie Sebeknacht seinem Bruder Kebsi Güter – Gold, Kupfer oder Bronze, Stoffe und Getreide – als Darlehen oder zur Verwahrung (*m swḏ.t*) gegeben hatte, die dieser nicht wieder zurückgab, weswegen er ihn nun verklage. Die Klageschrift wurde dann im Büro des Heroldes des nördlichen Bezirkes besprochen und Kebsi vorgelegt (*rdỉ m ḥr*). Lacau deutet die folgenden Sätze so, daß dieser die Tatsachen anerkannt hätte.[261] Nach Ganley dagegen trat Kebsi nun ebenfalls (in die Angelegenheit?) ein (*ꜥq r=s m mỉ.t.t*)[262] und gab an, die ihm anvertrauten Güter seien „zugrunde gegangen“ (*ỉꜣꜣq*), worunter wohl ein vollständiger Verlust zu verstehen ist[263]. Danach befragt (*wšd*), erklärte Kebsi, dem Bruder als Ersatz sein Bürgermeisteramt von El-Kab zu übertragen, womit sich der Vertreter zufrieden (*hrw*) zeigte. Die Vereinbarung wurde dann von beiden Parteien beschworen (*ꜥrq*). Um nachzuweisen, daß Kebsi überhaupt der rechtmäßige Inhaber des Amtes war, wird noch ein Dokument seines Großvaters angeführt, in dem dieser das Amt an Kebsis Onkel vererbte, mit der Auflage, daß es, falls dieser kinderlos bleibe, an seinen Bruder fallen solle. Daß die Übertragung von Kebsi an seinen Bruder tatsächlich stattfand, zeigt die Abschrift der entsprechenden *ỉmy.t-pr*-Urkunde, mit der die Stele begonnen hatte. Ob Sebeknacht das Amt sofort oder erst nach Kebsis Tod erhielt, geht aus dem Stelentext selbst nicht hervor, letzteres ist aber angesichts der Verwendung einer *ỉmy.t-pr*-Urkunde (s. S. 41ff. o.) wahrscheinlich. Ein Urteilsspruch fehlt, da der Beklagte seine Schuld

---

257 WARD, Index, Nr. 1410–1413, Nr. 504 und Nr. 1259.
258 VAN DEN BOORN, in: JNES 44, 6–10, 12–13. QUAEGEBEUR, in: Fs Théodoridès, 201.
259 SHUPAK, in: JNES 51, 17–18.
260 GANLEY, in: GM 58, 58 interpretiert die Passage nicht als (wenngleich verkürzte) Urkundenabschrift, sondern als Charakterisierung des gesamten Geschäftes.
261 LACAU, Stèle Juridique, 34.
262 GANLEY, in: GM 58, 59.
263 Vgl. das demotische *ꜣq*, z.B. ***Codex Hermupolis*** 7.20.

anerkannte und selbst eine Entschädigung vorschlug, mit der die Gegenpartei einverstanden war. Somit ähnelt die Beendigung des Prozesses einem modernen Vergleich.
Die ***Lederhandschrift Berlin P 10470*** aus der 2. Zwzt ist wohl ein Brief mit Anweisungen bezüglich einer gerichtlichen(?) Entscheidung. In der Petition geht es um das Eigentum an einer Sklavin, das von ihren früheren Eigentümern auf die Bewohner von Elephantine übertragen werden sollte. Die Anweisung vom Wesirbüro lautet, dem Rat des Antragstellers zu folgen und die Eigentümer der Übergabe zustimmen zu lassen. Nachdem die Vertreter der Parteien befragt (*wšd*) wurden und die geschilderten Umstände bestätigten (*shnn*), erklärten sie sich damit zufrieden (*hrw*), die Sklavin den Stadtbewohnern zu geben. Diese Einverständniserklärung mußten sie beschwören (*ᶜrq*). Abschließend wurde das Objekt des Streits, die Sklavin, über die erzielte Einigung in Kenntnis gesetzt. Da zwischen den einzelnen Schritten immer wieder das Wesirbüro informiert wurde[264], dauerte der gesamte Vorgang sicherlich recht lange. Es ist nicht völlig klar, ob es sich dabei überhaupt um einen Prozeß handelte oder nur um einen besonders komplizierten notariellen Akt. Die Erwähnung eines Prozesses in ***pBrooklyn 35.1446 vso Text B*** ist sehr lückenhaft, es klagte eine Frau gegen ihren Vater.
Als wichtige Punkte des Prozeßablaufes im MR lassen sich damit zusammenfassen:

- Die Klage umfaßte die Schilderung der Sachlage aus der Sicht des Klägers und seine Forderungen. Sie konnte schriftlich erfolgen.
- Die Klagepunkte wurden dem Beklagten bekannt gemacht, der eine Stellungnahme dazu abgab.
- Es fanden Befragungen der Parteien bzw. ihrer Vertreter durch die Richter statt.
- Das Gericht überprüfte Ansprüche, indem es die relevanten Urkunden einsah.
- Das Prozeßende mußte nicht durch Urteil erfolgen, sondern konnte auch eine gütliche Einigung der beiden Parteien sein, die von ihnen beeidet wurde.

Die Terminologie der erhaltenen relevanten Texte ist einheitlich und deckt sich zudem mit der in literarischen Texten belegten (z.B. ***Beredter Bauer***).[265]
Es läßt sich nicht entscheiden, ob die beiden Beispiele für Schlichtung, die in der ***Lederhandschrift Berlin P 10470*** und der ***Stèle Juridique*** vorliegen, repräsentativ für das Gerichtswesen des MR sind und die Richter, wie einige Forscher meinen, bei Besitzstreitigkeiten grundsätzlich gütliche Einigungen anstrebten[266].
Beispiele für Prozesse mit strafrechtlichem Hintergrund fehlen aus dem MR bislang ganz. Der Diebstahl von Tempeleigentum, der Anlaß des ***Dekrets des Antef Nbw-ḫpr-Rᶜ*** ist, scheint ohne Prozeß vom König bestraft worden zu sein, zumindest wird nichts von einer Gerichtsverhandlung erwähnt.

---

264 VITTMANN, in: Elephantine Papyri, 35.
265 Zu diesen und weiteren juristischen Fachausdrücken vgl. SHUPAK, in: JNES 51, 10–13.
266 So BOOCHS, Strafrechtl. Aspekte, 8–9; 40.

3 Neues Reich und Dritte Zwischenzeit (18.–25. Dynastie)

3.1 Geltendes Recht

Für die meisten Bereiche des äg. Rechts muß auch im NR die Gesetzgebung aus den Urkunden erschlossen werden. Die Existenz von schriftlich fixierten Gesetzen (*hp.w*) ist für diese Epoche jedoch gesichert. Die Quellen dafür sind zum einen Steleninschriften mit kgl. Erlassen allgemeingültiger Rechtsregeln (= Gesetze); diese wurden bislang meist zusammen mit den Edikten für spezielle Fälle unter der Überschrift „Dekrete" subsumiert. Da für die Ägypter beides *wḏ.wt* „Befehle" waren, wirkt die hier vorgenommene Trennung vielleicht künstlich, doch kann angenommen werden, daß der Umgang mit den einzelnen Typen von *wḏ.t* durchaus verschieden war, je nach Umfang ihres Wirkungskreises. Zu den kgl. *wḏ.wt*, die Gesetze überliefern, zählen das ***Dekret des Haremhab***, das ***Dekret Sethos' II. aus Karnak*** sowie das ***Dekret des NR aus Hermupolis***.

Bei dem sog. ***Dekret des Haremhab*** handelt es sich möglicherweise um eine von ihm nur usurpierte Inschrift des Tutanchamun[267]. Der Text ähnelt mit seiner narrativen Einleitung den Königsnovellen[268], gibt dann jedoch allgemeingültige Vorschriften zur Bestrafung von widerrechtlichen Handlungen an. Diese Vorschriften richten sich in erster Linie gegen Amtsmißbrauch (v.a. widerrechtliche Requisitionen) von Beamten und Militärangehörigen. Nach Kruchten geht es dabei weniger um den Schutz der ungerecht behandelten Bevölkerung als vielmehr um die klare Aufteilung von Kompetenzen unter den verschiedenen Verwaltungsabteilungen. Die Formulierung der Vorschriften (Schilderung des Falles, dann Anordnung der Strafe) weist bereits auf die später übliche Form von Gesetzen hin. Im Gegensatz zu diesen, in denen hypothetische Beispielfälle verwendet werden, waren hier aber wohl reale, wiederholt aufgetretene Fälle der Auslöser für den Erlaß des Dekretes. Bemerkenswert ist, daß bei den Missetätern offenbar erst ein Unrechtsbewußtsein geschaffen werden mußte, da immer wieder betont wird, man solle solche Handlungsweisen unterlassen, weil sie „nicht gut" (*bn sw nfr*, Z. 19), eine „üble Sache" (*ẖn n ḥwȝ*, Z. 22) oder „ein Fall von Unrecht" (*sp n ḏȝ.t*, Z. 27; *sp ẖsy*, Z. 26, 31) seien. Dies spricht, zusammen mit der Wirkung „vom heutigen Tag an" (*šȝᶜ m pȝ hrw*, Z. 27, 31), dafür, daß die Vorschriften neu erlassen und nicht bereits bestehende Gesetze bekräftigt wurden. Ein weiterer Abschnitt beschäftigt sich mit der Neueinsetzung von Mitgliedern der Gerichtshöfe in den Hauptstädten von Ober- und Unterägypten sowie mit Maßnahmen zur Unterbindung von Bestechungen der Richter, der letzte schließlich mit der Neuorganisation der Palastwachen und der Hofbeamten.[269]

Außerdem sind Zitate einzelner Gesetze in Prozeßprotokollen, Schriftsätzen etc. erhalten (***pTurin 2021+pGenf D 409***, 2.11 und 3.4–5; ***Statue Kairo CG 42208*** c, Z. 14; ***pKairo CG 58092***, rto 1.10–11). Bemerkenswert ist, daß drei der Zitate als wörtliche Rede des Pharao bezeichnet werden, das vierte als „Gesetz des Pharao". Daraus schlossen manche Forscher, die Gesetze seien kgl. Urteile in Präzedenzfällen.[270] Der König als Urheber der Gesetze (zumindest im Idealfall) erscheint auch im ***Dekret des***

---

[267] HELCK, in: ZÄS 80, 115. Dagegen KRUCHTEN, Décret d'Horemheb, 212–213.

[268] KRUCHTEN, Décret d'Horemheb, 26. Vgl. auch HOFMANN, Königsnovelle, 312–318.

[269] KRUCHTEN, Décret d'Horemheb, 206–220.

[270] Z.B. OTTO, in: MDAIK 14, 155.

Haremhab D Z. 4. Über die Einzelheiten des Gesetzgebungsverfahrens gibt es keine Quellen; möglicherweise konnten auch hohe Beamte wie der Wesir Vorschläge unterbreiten.

In der ***Dienstanweisung für den Wesir*** R 18-19 begegnet die Formulierung *m nt.t r hp* „entsprechend dem Gesetz“ [271], durch die ein Gesetz als Grundlage für die angeordnete Handlungsweise angegeben wird[272]. In einem Gerichtsprotokoll wird ebenfalls durch *mỉ pꜣ hp* „wie das Gesetz“ auf ein nicht genanntes Gesetz verwiesen (***pMünchen 809*** 2.4). Es muß jedoch irgendeine Möglichkeit gegeben haben, einen Überblick darüber zu behalten, welche Gesetze existierten, so daß eine schriftliche Sammlung anzunehmen ist. Da bei den Zitaten nie konkretisiert wird, welcher Pharao das jeweilige Gesetz erlassen hatte, scheint das System nicht auf einer chronologischen Ordnung nach den Gesetzgebern basiert zu haben. Möglicherweise erließ ein König bei Regierungsantritt auch alle Gesetze neu, wobei er dann die Gesetze seiner Vorgänger bestätigte (oder auch widerrief?) und vielleicht neue eigene hinzufügte. Vielleicht wurde eine Liste der Gesetze im Wesirbüro (*ẖꜣ n ṯꜣty*) geführt und jeweils bei der Inthronisation eines neuen Pharao aktualisiert. Ob dabei eine thematische oder chronologische Ordnung befolgt wurde, ist nicht festzustellen. Wenn diese Vorgehensweise schon im MR praktiziert wurde, würde dadurch auch erklärt, warum lokale Gerichte ihre Fälle an das Wesirbüro schickten, nämlich um sich dort die Gesetzesgrundlage heraussuchen zu lassen, die sie dann für ihr Urteil verwendeten.

Einige der für die Existenz von Gesetzessammlungen angeführten Belege sind jedoch zu verwerfen: Die Formulierung *hp pn nty m-ᶜ=f* (***Dienstanweisung für den Wesir*** R 19) muß nicht unbedingt heißen „dieses Gesetz, das in seiner (d.h. des Wesirs) Hand ist“[273], sondern *m-ᶜ* kann auch „unter der Aufsicht/Verantwortlichkeit“ bedeuten[274]. Einen weiteren Hinweis auf die Existenz einer unfangreichen schriftlichen Gesetzessammlung im NR sah man in der Angabe der ***Dienstanweisung für den Wesir*** R 2, wonach bei der Verhandlung vierzig *šsm.w* vor dem Wesir ausgebreitet sein sollten; diese sind auch im Grab des Rechmire dargestellt, und zwar als lange, dünne, dunkelbraune Striche, die jeweils in Zehnergruppen auf vier Matten vor dem thronenden Wesir liegen[275]. Dies brachte man mit dem Bericht Diodors (***Diod.*** I, 75.6) in Zusammenhang, wonach vor den Richtern die Gesetze Äg. in acht Rollen lägen. Eine Deutung des mit dem Fell-Zeichen determinierten Wortes *šsm* als „Lederrolle“ ist angesichts der Form und Farbe der dargestellten Objekt höchst unwahrscheinlich; aus anderen Textstellen ergibt sich eine Bedeutung „Peitsche, Rute“, wobei wohl ein Zusammenhang besteht mit den vierzig regionalen Verwaltungsbeamten, die dem Wesir unterstehen. Ein *šsm* wäre demnach ein Autoritätssymbol des Wesirs, das seine Strafgewalt über die Bezirksverwalter verdeutlicht.[276]

Der Begriff *sḫn.t pr-ᶜꜣ* (***oBM 5625***), der von Allam als gesetzliche Bestimmung gedeutet wird[277], bezeichnet wohl eher eine speziell für Deir el-Medineh geltende Anordnung

---

271 VAN DEN BOORN, Duties of the Vizier, 166–169.
272 OTTO, in: MDAIK 14, 152.
273 Vgl. OTTO, in: MDAIK 14, 152 und Fn. 7.
274 VAN DEN BOORN, Duties of the Vizier, 169.
275 DAVIES, Rekh-mi-Rē', Taf. 24–25.
276 Zur Diskussion mit weiteren Literaturangaben siehe VAN DEN BOORN, Duties of the Vizier, 29.
277 ALLAM, HOP, 47.

des Königs, wonach man durch den Wiederaufbau eines leerstehenden verfallenen Hauses zum Eigentümer wurde.
Die Quellenlage für die Gesetzgebung der 3. Zwzt ist sehr dünn. Die ***Chronik des Osorkon*** Z. 31–32 enthält eine Bemerkung über die Zerstörung von Gesetzessammlungen oder aber die Mißachtung von früheren Gesetzen durch Rebellen, wobei der topische Kontext einer Zeit des Chaos die Historizität fraglich macht. Klassische Schriftsteller berichten von der gesetzgeberischen Tätigkeit des Bokchoris (24. Dyn.) und des Schabako (25. Dyn.).[278] Vorschriften zu Gelddarlehen, die den Bokchoris zugeschriebenen ähneln, sind in einer fragmentierten Abschrift einer Gesetzessammlung aus der späten ptol. Zeit (***pBerlin P 23890 rto***) erhalten.
Pestman nahm an, die Nennung eines bestimmten Datums als Stichtag für Zahlungen im ***Codex Hermupolis*** sei ein Beleg für die Entstehung der entsprechenden Passagen im 9. Jh. v.Chr. (22./23. Dyn.), dem wurde jedoch von andere Seite zugunsten des 6. Jh. v.Chr. (26. Dyn.) widersprochen.[279]

3.1.1 Eigentum

Landeigentum wurde in Katastern (*dnỉ.wt*) festgehalten. Zwei Register zum Landbesitz von Tempeln und König sind in ***pReinhardt*** und ***pWilbour*** erhalten; neben diesen besaßen aber auch Privatleute Landeigentum. Die Verwendung von staatlichen Archiven zur Feststellung von Eigentumsverhältnissen ist auch aus der ***Inschrift des Mes*** bekannt. Ein Prozeß über Wasserrechte in Dachla wurde in der 22. Dyn. durch ein Orakelurteil (s. S. 82ff. u.) nach Konsultation der Archive entschieden; dabei wurde offenbar eine neu aufgetretene Quelle, die sich nur aus einer bereits bekannten, inzwischen versiegten Quelle speisen konnte, dem Erben der Eigentümerin der alten Quelle zugesprochen (***Große Dachlastele***).
Der nicht durch Ansprüche Dritter belastete Besitz wird in kursivh. Texten als *n*ᶜ „glatt“ bezeichnet[280], was dem späteren dem. Terminus *w*ᶜ*b* „rein“ entspricht.
Gemeinsames Eigentum an einer Sache begegnet z.B. bei der Zuweisung von Immobilien an die Arbeiter von Deir el-Medineh durch die staatliche Verwaltung (***oFlorenz 2620***). Der gemeinsame Erwerb von Rindern durch die Arbeiterschaft von Deir el-Medineh ist in ***pTurin Giornale*** Kol. 9, B vso 2–22 belegt. Gemeinsames Eigentum konnte auch durch Erbschaft entstehen, da das Erbe oft nur ideell geteilt wurde. Bei Immobilien können Bauteile wie Türrahmen oder Säulen (***oPetrie 21***), aber auch einzelne Räume innerhalb eines Hauses einem anderen als dem Hauseigentümer gehören (z.B. bei Erbteilungen).

3.1.1.1 Erwerb

3.1.1.1.1 Kauf

Die bereits aus dem AR bekannten Ausdrücke *ỉn.t (r ỉsw)* „kaufen“ und *rdỉ.t r ỉsw* „verkaufen“ sind im NR zunächst noch in Gebrauch, werden aber ab der 20. Dyn. durch *ỉn.t r swn.t* bzw. *ỉn.t r ḏbꜣ* „kaufen“ und *rdỉ.t r ḏbꜣ* bzw. *rdỉ.t r bnr* „verkaufen“ ersetzt. Der Wert von Gegenständen wird in die Metallgewichtseinheiten *š*ᶜ*.ty/snỉw*[281], später all-

---

278 ***Hdt.*** II, 137. ***Diod.*** I, 65; 79.
279 Zu den unterschiedlichen Meinungen und Kalkulationen vgl. LIPPERT, Lehrbuch, 155–157.
280 QUACK, Ani, 93 Fn. 31.
281 Vgl. JANSSEN, Commodity Prices, 102–108.

mählich abgelöst durch *dbn* (1 *dbn* = 91 Gramm), oder das Getreidemaß *ẖꜣr* (1 *ẖꜣr* = 4 *ỉpt* = 160 *hn* ≅ 76,8 Liter) umgerechnet[282]. Bereits in der Ramessidenzeit kommt die Verwendung von *ḥḏ* „Silber" im Sinne von „Geld, Zahlungsmittel" vor (***oDeM 223***; ***oDeM 399***; ***oDeM 433***; ***oGardiner 105***).[283] Spätestens ab der 22. Dyn., vielleicht aber auch schon etwas früher (***Stele Kairo JE 70218***), wird tatsächlich Silber als Zahlungsmittel verwendet, das zur Kennzeichnung eines bestimmten Reinheitsgehaltes als *ḥḏ wḏḥ* „geläutertes Silber" (***pBM 10800***) oder *ḥḏ (n) pr-ḥḏ (n) Ḥry-š=f* „Silber vom Schatzhaus des Herischef" (***pBerlin P 3048 vso B***; ***pLeiden F 1942/5.15***) bezeichnet wird[284]. Preise wurden gelegentlich durch Orakelentscheid (s. S. 82ff. u.) festgelegt (***oKairo CG 25242***; ***oGardiner 3***).

Gekauft und verkauft werden v.a. Gegenstände (Gefäße: ***oKairo CG 25590***, Möbel: ***oGardiner 105***, Särge: ***oMichaelides 14***, Uschebtis: ***pBM 10800***, Nahrungsmittel: ***pKairo CG 58070***; ***pKairo CG 58081***), Tiere (Rind: ***oDeM 113***) und Sklaven (***pAshmol. Mus. 1945.96***; ***pBerlin P 9785***; ***pKairo CG 65739***). Ab der Amarnazeit sind professionelle Händler (*šwty.w*) belegt, die teils im Auftrag von Tempeln, teils selbständig agierten[285]. Der Verkauf von Land ist erst ab der 21. Dyn. belegt (***Stele Kairo JE 70218***; ***Stele Kairo JE 31882***; ***pBrooklyn 16.205***, Memorandum 2).

Über Verkäufe kleinerer Objekte wurden bis zum Ende des NR eher formlose Dokumente aufgesetzt, die gelegentliche Angabe von Zeugen jedoch weist darauf hin, daß sie auch zum Nachweis des Geschäftes im Falle eines Rechtsstreites dienen konnten. Manchmal läßt sich der Käufer vom Verkäufer vor Gericht auch gleich beim Kauf beeiden, daß er nicht deswegen prozessieren (Streitverzichtseid) und auch kein Dritter dies tun werde (z.B. ***oTurin CG 57173***; ***oGardiner 196***). Den Erhalt des Preises konnte der Käufer von den Verkäufern beschwören lassen, was spätere Streitigkeiten vermeiden sollte (***Dekret des Mencheperre***).

Es sind auch Geschäfte belegt, bei denen jemand die Herstellung eines Gegenstandes (meist Möbel) in Auftrag gibt (s. S. 53 u.). Die Abrechnung erfolgte wie bei einem Kauf, wobei die Angabe wichtig ist, ob das verwendete Material dem Hersteller oder dem Auftraggeber gehörte (vgl. ***oIFAO 389***; ***oDeM 321***). Aus Deir el-Medineh, dessen Bewohner in ihrer Bewegungsfreiheit eingeschränkt waren, sind mehrere Kaufaufträge (s. S. 53 u.) erhalten.

3.1.1.1.2 Unentgeltlicher Erwerb

Die Ausdrücke für „schenken" sind *rdỉ.t* und *ḥnk* bzw. die Kombination *rdỉ.t (m) ḥnk*. Der von Seidl angeführte Ausdruck *dỉ.t m hꜣw* „als Verwandten geben"[286] ist zu streichen, da *m hrw* „heute" zu lesen ist (***pKairo CG 58092*** vso 2). Unentgeltliche Übereignungen finden sich v.a. unter Familienmitgliedern (z.B. ***pTurin 2021+pGenf D 409***), dabei sind wie üblich Schenkungen im Todesfall kaum von solchen unter Lebenden zu trennen. Wie schon in früherer Zeit war die Hausurkunde (*ỉmy.t-pr*, s. S. 25ff. und 41f. o. sowie 72ff. u.) das geeignete Mittel dafür (vgl. ***oDeM 108***).

---

282 Zu den Maßeinheiten siehe HELCK, in: LÄ III (s.v. Maße und Gewichte), Sp. 1201–1202.

283 Vgl. auch PEET, in: Fs Griffith, 124–125.

284 Vgl. auch MÜLLER-WOLLERMANN, in: ICE 9, 1353–1354.

285 RÖMER, in: SAK 19, 270; 275–278.

286 SEIDL, Einführung, 48.

Im Unterschied zu den früheren Amtslehen wurden im NR Ländereien, aber auch Sklaven und Land an Beamte und v.a. Militärangehörige zur freien Verfügung übereignet[287]; solche Schenkungen wurden mit *m ḥsw(.t) n.t ẖr nsw* „als kgl. Gunsterweis" bezeichnet (vgl. ***Statue Kairo CG 42208*** c Z. 15).
Stiftungen von kgl. Statuen durch Privatpersonen mit dem Ziel, durch die vom König diesen Statuen zugewiesenen Opfergaben einen Unterhalt zu Lebzeiten bzw. eine kultische Versorgung nach dem Tode zu erhalten, sind im NR mehrfach belegt.[288]
Eine besondere Gattung von Denkmälern sind die über 100 bekannten sog. Schenkungsstelen der 3. Zwzt.[289] Die auf den Stelen verzeichneten Texte dokumentieren die Stiftung von Land durch einen König, Lokalfürsten, hohen Beamten o.ä. an einen Tempel oder Tempelpersonal oder von Privatpersonen zur Einrichtung von Totenopferstiftungen. Obwohl frühe Beispiele bereits in der 17. Dyn. und dem NR belegt sind, stammen die meisten aus der 22. bis späten 26. Dyn., überwiegend aus dem Delta (s. a. S. 74 u.).

3.1.1.1.3 Erwerb durch Investition

Neben den bereits aus dem AR und MR bekannten Arten des Eigentumserwerbes durch Kauf, Schenkung und Erbe sowie durch kgl. Zuweisung (***Inschrift des Mes***, N 4; ***Inschrift des Ahmose, Sohn der Ibana***) gibt es im NR erstmals Belege für den Eigentumserwerb durch Investition von Arbeit in herrenlose Güter. Einem Mann, der ein verfallenes leerstehendes Haus wieder aufgebaut hat, wurde dieses als Eigentum zugesprochen, wohl aufgrund einer speziellen kgl. Verordnung für Deir el-Medineh (***oBM 5625***).

3.1.1.2 Nutzung

3.1.1.2.1 Miete/Pacht

Erstmals ist im NR die Vermietung zu belegen. Sehr häufig ist in Deir el-Medineh die Vermietung von Eseln (z.B. ***oDeM 67***; ***oDeM 69***; ***oDeM 557***; ***oDeM 619***; ***oDeM 624***), oft an Wasserträger. Dabei wird der Tag der Übergabe sowie der der Rückgabe protokolliert. Offenbar wurde i.d.R. nicht vorher eine Mietdauer ausgemacht, sondern der Mietzins im Nachhinein pro Tag berechnet. Auch Sklaven wurden vermietet. Auffällig ist jedoch, daß die betreffenden Dokumente so formuliert sind, als ob die Arbeitskraft der Sklaven tageweise verkauft würde (***Bryce-Tablet***; ***pBerlin P 9784 pGurob II.1***; ***pGurob II.2***; ***oGardiner 123***). Der Vermieter muß Ersatz leisten, wenn der Mieter die vermieteten Esel bzw. Sklaven aus irgendeinem Grund nicht zur Arbeit nutzen konnte. Für die Pacht von Arbeitskräften, d.h. ein zeitlich begrenztes Dienstverhältnis zu vereinbartem Lohn, wurde wohl das semitische Lehnwort *brt* „Vertrag, Abmachung" verwendet.[290]
Die Verpachtung von Land ist erstmals in ***pBerlin P 3047*** aus der 19. Dyn. belegt, einem Prozeßprotokoll, wonach ein Mitglied einer Erbengemeinschaft durch Verpachtung seines Erbanteils an einen Tempel endlich in den Genuß von Einkünften kommen wollte, die ihm der Bruder als Verwalter des Gesamterbes bislang vorenthalten hatte (s. S.

[287] HELCK, Wirtschaftsgeschichte, 235.
[288] HOVESTREYDT, in: LingAeg 5, 116–117.
[289] S. allgemein dazu MEEKS, in: State and Temple II, 605–687, sowie MENU, in: RdE 46, 213–214.
[290] KITCHEN, in: Fs Schaeffer. Ugarit-Forschung 11, 453–458.

62 u.). Der Pachtzins beträgt dabei ⅓ der Ernte. Auch im Brief ***pBerlin P 8523*** aus der 21. Dyn. ist eine Ackerverpachtung erwähnt, die aufgrund der Intervention der Ehefrau des Verpächters nicht gekündigt wird. Da Pachturkunden aus dem NR nicht erhalten sind, ist unklar, ob die Bedingungen der Pacht vor Zeugen ausgehandelt und/oder schriftlich niedergelegt wurden. Erst aus der 25. Dyn. sind Pachturkunden über Land belegt (***pLouvre E 7851 rto*** und ***vso***, ***pLouvre E 7856 vso***, evt. auch ***pLouvre E 7852*** und ***pLouvre E 7856 rto***). Personengruppen konnten auch gemeinsam Land pachten (***pLouvre E 7856 vso***).

3.1.1.2.2 Anderweitige Nutzung fremden Eigentums

Als Beleg für die Existenz eines dinglichen Rechts an einer fremden Sache (hier: Wegerecht) wird von Seidl ***oKairo CG 25555*** angeführt[291]: Dort wird jemandem durch Orakelentscheid ein Weg zugesprochen. Allerdings ist nicht klar, ob es sich überhaupt um ein Nutzungsrecht oder vielmehr um das Eigentum an dem Weg handelt.

3.1.2 Verpflichtungen

3.1.2.1 Arten

Zwar sind aus dem NR zahlreiche Fälle bekannt, in denen jemand dazu verurteilt wird, bis zu einem bestimmten Zeitpunkt etwas Geschuldetes zu zahlen und bei Überschreiten dieses Termins das Doppelte zu schulden, doch läßt sich i.d.R. nicht feststellen, durch welches Geschäft – Darlehen, Verwahrung, Kreditkauf o.ä. – diese Verpflichtungen entstanden sind (z.B. ***oBerlin P 10655***; ***oDeM 61***; ***oGardiner 137***), weshalb Menus Behauptung, Strafzinsen bei Darlehen hätten im NR grundsätzlich 100% betragen[292], mit Vorsicht zu betrachten ist. Ihr Versuch, *dỉ.t* „geben" auf die Rückzahlung eines Darlehens zu beziehen, während *ḏbꜣ* „bezahlen" die Abzahlung eines Kreditkaufes bezeichne[293], läßt sich anhand des Kontextes der Quellen nicht nachvollziehen.

3.1.2.1.1 Darlehen

Ein urkundlich dokumentiertes Getreidedarlehen ist erstmals in ***pTurin 1881 rto Kol. IX*** nachzuweisen (19./20. Dyn.), mit einem Zinssatz von 50% und einer Laufzeit von mindestens sieben Monaten[294]; bei nicht fristgerechter Rückzahlung wird ein Strafzins von 100% (gerechnet auf Kapital und Zinsen) fällig. Der erste sichere Beleg für ein Gelddarlehen stammt aus der 22. Dyn. (***pBerlin P 3048 vso B*** Kol. 10–11.), der Zinssatz beträgt 100% für ein Jahr, Strafzinsen werden nicht genannt. Menus Behauptung, Gelddarlehen seien in der 25. Dyn. zunächst zinslos gewesen[295], basiert allein auf ***pLouvre E 3228b***, der jedoch ein Schuldschein ist, der nur die Rückzahlungssumme und nicht das ursprüngliche Kapital nennt.

Nach Diodor erließ Bokchoris (24. Dyn.) ein Gesetz, wonach ein Darlehensnehmer, wenn keine Urkunde existiert, sich durch den Eid, er schulde nichts mehr, reinigen könne (***Diod.*** I, 79.1). Da die Wahrheitsfindung durch Eid bei fehlender Urkunde jedoch völlig im Einklang mit der älteren Praxis steht, ist der von Diodor angenommene inno-

---

291 SEIDL, Einführung, 49.
292 MENU, in: CRIPEL 1, 76.
293 MENU, in: CRIPEL 1, 92.
294 Pace ALLAM, HOP, 316, der 50% für ein halbes Jahr annimmt.
295 MENU, in: CRIPEL 1, 76.

vative Charakter des Gesetzes unwahrscheinlich. Denkbar ist höchstens eine Übertragung des alten Prinzips auf die relativ neue Geschäftsform des Darlehens. Ein weiteres von Diodor dem Bokchoris zugeschriebenes Gesetz ist das Verbot, insgesamt mehr Zinsen zu nehmen als die Kapitalsumme ausmacht (I, 79.2) – dies ist auch in den Fragmenten einer Gesetzessammlung ***pBerlin P 23890 rto*** überliefert, allerdings ohne Bezug zu Bokchoris. Auch die Abschaffung der Schuldsklaverei und die Beschränkung des Vollzugs auf das Eigentum des Schuldners sei, so ***Diod.*** I, 79.3, von diesem König gesetzlich festgelegt worden.

3.1.2.1.2 Kreditkauf

Kauf auf Kredit ist immer dann anzunehmen, wenn bei Übergabe des Kaufobjektes noch Teile des Preises ausstehen (z.B. ***oKairo CG 25590***; ***oBerlin P 12630***). Diese Art des Kaufes scheint in Deir el-Medineh recht beliebt gewesen zu sein, obwohl mehrere Fälle vor Gericht kamen, weil der Käufer den restlichen Preis nicht bezahlte. Die Entscheidung lautete i.d.R. so, daß dem Schuldner ein Zahlungstermin gesetzt wurde und er beschwören mußte, bei Überschreitung den doppelten Preis zu zahlen und zusätzlich noch 100 Stockhiebe zu erhalten (***oOIC 12073***; ***oGardiner 106***). ***oBerlin P 12630*** ist eine Mahnung (*sḫꜣ*) wegen einer ausstehenden Bezahlung: Der Verkäufer schilderte noch einmal das Geschäft und bat um die Entrichtung des Preises; falls diese nicht erfolgen sollte, forderte er die Rückgabe der Verkaufsobjekte.

3.1.2.1.3 Kauf mit Vorauszahlung und Verwandtes

Mehrfach kamen Geschäfte vor, bei denen zunächst der Preis gezahlt wurde und die Leistung erst später erfolgen sollte (sog. Pränumerations- oder Lieferungskauf). Oft stand zu diesem Zeitpunkt sogar die Herstellung des gewünschten Kaufobjektes noch aus, d.h. es handelte sich um Fertigungs- oder Arbeitsaufträge (z.B. ***oDeM 49***).

3.1.2.1.4 Auftrag

Aus dem NR sind mehrfach Kaufaufträge bekannt, die bislang alle aus Deir el-Medineh stammen, vielleicht weil die Bewohner dieses Ortes in ihrer Bewegungsfreiheit eingeschränkt waren.[296] Üblicherweise schickte ein Einwohner dieses Ortes Gegenstände an eine Person außerhalb mit der Bitte, diese möge dafür etwas Bestimmtes kaufen (*ỉnỉ X m Y* „X verkaufen für Y“, wörtlich „X als Y herbeibringen“; ***oKairo CG 25725+oLouvre E 3259***; ***oDeM 118 oDeM 125***; ***oDeM 587***). Daß es sich dabei, zumindest wenn der Gebetene darauf einging, nicht nur um eine Gefälligkeit sondern um einen verbindlichen Auftrag handelte, geht daraus hervor, daß es, falls die Qualität des gekauften Gegenstandes nicht den Vorstellungen des Auftragebers entsprach, zum Streit vor Gericht kommen konnte, wobei der Auftraggeber entweder ein qualitativ angemessener Kaufobjekt forderte oder den Preis zurückhaben wollte. Das Gericht verurteilte den Beauftragten zur Erfüllung der Forderung (z.B. ***oPetrie 14***).

3.1.2.2 Sicherung und Durchsetzung von Ansprüchen

3.1.2.2.1 Promissorischer Eid

Als Mittel, um künftige Leistungen einklagbar zu machen, griff man im NR häufig zum Eid, der bei einem Gott und/oder dem König in Anwesenheit von Zeugen oder des

[296] Vgl. dazu auch MANNING et al., in: JNES 48, 120–124, sowie BURKARD, in: MDAIK 59, 11–39.

Richterkollegiums geleistet wurde. Solche Eide kamen in verschiedenen Zusammenhängen vor: Bei einigen Geschäften ließ sich eine der Parteien vor Zeugen die Verpflichtung der anderen Partei beschwören (***oDeM 61***, vielleicht auch ***oDeM 58***, falls dieser Eid nicht im Anschluß an einen Prozeß geleistet wurde), teilweise mit Vertragsstrafen beim Bruch des Eides. Zumindest in einem Falle scheint der Brautvater einen Eid vom Schwiegersohn verlangt zu haben, die Ehefrau nicht zu verstoßen (***oBodl.Lib. 253***). Auch die Vereidigung von Zeugen in Gerichtsverfahren erfolgte als promissorischer Eid (***pKairo CG 65739***; ***Inschrift des Mes***, N 21 und N 27; ***pBM 10052*** passim). Häufig jedoch stehen die promissorischen Eide am Ende eines Prozesses, da sich die unterlegene Partei so verpflichten mußte, den Forderungen des Gerichts nachzukommen (z.B. ***oBerlin P 10655***); hier sind Strafen für den Eidbruch die Regel. Eide bei einem Gott wurden zumindest manchmal im Vorhof des entsprechenden Tempels geschworen (***pStraßburg 39***).

Ein besonderer Eid war der *ꜥnḫ n sḏfꜣ try.t*, den Beamte, aber auch Arbeiter an den Königsgräbern vielleicht bei ihrer Einstellung oder in regelmäßigen Abständen schwören mußten.[297] Er beinhaltete die Unterwerfung unter bestimmte Dienstregeln wie die Verpflichtung zur Anzeige von Diebstählen (***pTurin 1880*** rto 4.3–4) oder das Verbot des Mißbrauchs von Amtsgewalt (***pLee*** 1.1). Auch Vasallen wurden mit dem *ꜥnḫ n sḏfꜣ try.t* vereidigt, keine Rebellion gegen den König anzufangen, weshalb man den Ausdruck manchmal als „Loyalitätseid“ übersetzt.

In der 19. Dyn. kamen bei außergerichtlichen Angelegenheiten jedoch auch unbeeidigte Versprechen der Form „Ich werde tun, sieh, ich werde tun, ich werde tun!“ (*ỉry=ỉ mk-wỉ ỉry=ỉ sp-2*) vor, so bei einer Pacht (***pBerlin P 3047***) und, in der 1. Person Plural, in einer Abmachung über Abgabenleistungen (***pBologna 1086***, Z. 23), die wohl ebenso bindend waren und vielleicht immer vor Zeugen geleistet wurden.

Seidl nimmt eine Entwicklung an, wonach in der 18. Dyn. noch jede künftige Verpflichtung beschworen werden oder zumindest eine Vorausleistung gegeben werden mußte, während ab der 19. Dyn. auch eine Urkunde ausreichen konnte und in der 22. Dyn. der Eid nicht mehr üblich war.[298]

3.1.2.2.2 Bürgschaft

Das von Seidl[299] als Beleg für Bürgschaft angeführte ***oBerlin P 1121*** betrifft wohl eher die Weitergabe eines fremden Esels an einen Dritten[300]. Dafür könnte der Bruder des Schuldners, der in ***oOIC 12073*** die Rückzahlung übernehmen sollte, durchaus als Bürge verstanden werden.

3.1.2.2.3 Vollstreckung

Wenn das Gericht einen Anspruch für bestehend erklärte, wurde dem Schuldner auferlegt zu schwören, bis zu einem bestimmten Tag die Leistung zu erbringen, ansonsten mußte er das Doppelte zahlen und erhielt in einigen Fällen noch 100 Stockschläge (z.B. ***oDeM 564***; ***oGardiner 106***; ***oGardiner 137***). Nicht fristgerechte Rückzahlung von Schulden wurde damit ähnlich geahndet wie Diebstahl (s. S. 64f. u.), wofür auch die

---

297 Vgl. dazu BAER, in: JEA 50, 179–180, und MCDOWELL, Jurisdiction, 202–208.

298 SEIDL, Einführung, 50–51.

299 SEIDL, Einführung, 50.

300 MALININE, in: BIFAO 46, 119–122.

Bezeichnung eines wohl besonders hartnäckigen Schuldners als *gm-nḥm* „überführter Dieb“ (***oTurin CG 57458***) spricht. Möglicherweise lag nicht immer ein Prozeß zugrunde: Eine Vereidigung des Schuldners vor Gericht könnte vom Gläubiger auch prophylaktisch gefordert worden sein. Die Zahlungsverpflichtung wird in ***oOIC 12073*** und ***pBerlin P 9785*** als *snḥ*, wörtlich „Fessel“, bezeichnet, die durch Erfüllung „gelöst“ (*ntf*) wird.[301] In ***oOIC 12073*** kommt auch bereits die im Demotischen übliche Verwendung von *wn m-sꜣ* „hinter jemandem sein“ in der Bedeutung „einen Anspruch an jemanden haben“ vor.
Der einzige mir bekannte Beleg für den Vollzug einer Pfändung ist nicht repräsentativ, da dort die staatliche Verwaltung ohne Gerichtsurteil für verschwundenes Arbeitsgerät Sklaven pfändet (***oBM 5631***).

3.1.3 Verschiedene Personengruppen und ihre Rechte

3.1.3.1 Sklaven, Hörige, Abhängige

Sklaven (s. S. 12ff. o.) existierten im NR nicht nur im Besitz des Staates bzw. von Tempeln: Privatleute, die an Feldzügen teilgenommen hatten, konnten Gefangene vom König zur Belohnung als Sklaven zugeteilt bekommen (***Inschrift des Ahmose, Sohn der Ibana*** Z. 14; Z. 18; Z. 28–29; Z. 47–66; ***Statuette Louvre E 11673***), aber man konnte Sklaven auch kaufen (***pAshmol. Mus. 1945.96***; ***pBerlin P 9785***; ***pKairo CG 65739***).[302]
Sklaven in Privatbesitz wurden besteuert (***pBologna 1086*** Z. 20–27).
Die beiden geläufigsten Bezeichnungen sind *ḥm*/*ḥm.t* (nie im Plural![303]) und *bꜣk*/*bꜣk.t*; eine Differenzierung wie die von Menu vorgeschlagene, wonach *ḥm* Kriegsgefangene als Sklaven von Tempeln und Privatleuten und *bꜣk* Haushaltssklaven bezeichnet[304], ist kaum möglich.[305] Die Grenzen zwischen Sklave und Diener sind auch im NR fließend.[306] Sie waren zumindest beschränkt rechtsfähig, wie die Klage eines *bꜣk* vor dem Orakelgericht zeigt (***pBM 10335***), und konnten auch als Zeugen aufgerufen werden (***pBM 10052***, 10.16). Als *ḥm* bezeichnete Personen waren auch Besitzer von Feldern innerhalb von Tempeldomänen (***pWilbour*** A 8.52; 26.35; 78.18) und konnten zu Strafzahlungen verurteilt werden (***pLeiden I 352***), was auf persönliches Eigentum hinweist. Unterschiede in der Behandlung von Sklaven und Freien in Strafrechtsfällen scheint es nicht gegeben zu haben[307]; eine Haftungspflicht des Eigentümers ist ebenfalls nicht nachzuweisen.
Das Eigentum an Sklaven betraf nur die Arbeitskraft, nicht die Person an sich, deshalb war die Vererbung von Anteilen an Sklavenarbeit möglich (***oGardiner 90***), und die Vermietung von Sklaven wurde als Verkauf von Arbeitstagen formuliert (***oGardiner 123***; ***pBerlin P 9784***; ***pGurob II.1***), manchmal wohl monatlich wiederkehrend, ohne daß dies immer ausdrücklich gesagt wird.[308] Der Vermieter verpflichtete sich, den Mietzins zurückzahlen oder zu einem späteren Zeitpunkt noch einmal einen Sklaven bereit-

---

301 THÉODORIDÈS, in: RIDA[3] 15, 44–55.
302 S. dazu BAKIR, Slavery.
303 ALLAM, HOP, 323–324, Anm. 22.
304 MENU, in: RHD[4] 55, 392.
305 Vgl. auch HOFMANN, Diener, 243–244.
306 Vgl. ALLAM, in: Mélanges Mokhtar I, 25 Anm. 35.
307 LORTON, in: JESHO 20, 47–48.
308 NAVAILLES/NEVEU, in: RdE 40,119–120.

zustellen, wenn die verkauften Tage *šmm* sind; nach der konventionellen Übersetzung bedeutet *šmm* „zu heiß zum Arbeiten", nach neueren Überlegungen dagegen „umstritten, angefochten".[309] Urkunden über den Verkauf von Sklaven aus der 25. Dyn. unter den Choachyten von Theben werden von Menu ebenfalls als Verkäufe von Arbeitskraft für eine bestimmte Zeit oder auf immer gesehen.[310]

Direkte Belege für Schuldsklaverei fehlen aus dem NR und der 3. Zwzt, allerdings schreibt Diodor (***Diod.*** I, 79.3) König Bokchoris (24. Dyn.) die Abschaffung dieser Einrichtung zu. Der sog. „Selbstverkauf in die Sklaverei", eigentlich wohl eine zeitlich begrenzte Verdingung zur Abarbeitung von Schulden, ist erst später belegt (s. S. 164 u.).[311]

Ausländische Sklaven wurden i.d.R. durch eine Herkunftsangabe („Syrer", „Mann des Nordens" etc.) gekennzeichnet. Sie bekamen häufig von ihren Herren neue äg. Namen (***pKairo CG 65739***), die ursprünglichen fremden Namen dienten teils aber noch als Identifikationsmerkmal (***pBologna 1086*** Z. 11–12). Kriegsgefangene, die zu Sklaven gemacht wurden, erhielten Brandzeichen (*ꜣbw*)[312].

Die Freilassung von Sklaven erfolgte durch einen öffentlichen Akt vor Zeugen, eventuell auch vor dem örtlichen Richterkollegium, mittels Urkunde und/oder Eid, wobei in einem Fall jeder, der die Freigelassenen weiterhin als Sklaven (*bꜣk*) bezeichnete, mit dem Eselsfluch belegt wurde (***pAshmol. Mus. 1945.96***, vgl. auch S. 74 u.), was, wie Lurje treffend feststellt, zwar keine vollstreckbare Strafe ist[313], wodurch die juristische Relevanz des Eides jedoch keineswegs geschmälert wird[314].

Kinder von Sklavinnen galten ebenfalls als Sklaven, selbst wenn ihr Vater ein Freier war; wenn man dies vermeiden wollte, mußte die Sklavin vorher freigelassen werden (***pAshmol. Mus. 1945.96***). Auch für eine Adoption mußte vorher die Freilassung erfolgen (***pAshmol. Mus. 1945.96***). Der Verheiratung eines Sklaven mit der Nichte seines Herrn geht seine Freilassung voraus (***Statuette Louvre E 11673***); möglicherweise war hier ebenfalls eine Adoption involviert, da der Herr kinderlos gewesen zu sein scheint.

Der Herr eines flüchtigen Sklaven hatte offenbar das Recht, diesen zu verfolgen bzw. zu dessen Verfolgung auch die offiziellen Behörden in Anspruch zu nehmen. Leute, die verdächtigt wurden, dem entflohenen Sklaven Unterschlupf zu gewähren, wurde ein Eid auferlegt (***pStraßburg 39***). Wenn jemand einen Sklaven unterschlug, konnte der Eigentümer auf Herausgabe klagen (***pBologna 1086*** Z. 9–18).

3.1.3.2 Freie

Freie und Freigelassene werden als *nmḥ* bezeichnet (***pAshmol. Mus. 1945.96***). Ein rechtlicher Unterschied zwischen Freien und Freigelassenen wie im röm. Recht wird zwar von Allam angenommen[315], läßt sich jedoch aus den Quellen nicht erkennen. Das Wort *nmḥ* bezeichnete ursprünglich einen sozial Niedrigstehenden oder eine Waise, dann auch einen Menschen, der Landeigentum hat (z.B. durch kgl. Landschenkungen)

---

309 NAVAILLES/NEVEU, in: RdE 40, 115–118.

310 MENU, in: RHD[4] 55, 391–401.

311 So JASNOW, in: History ANE Law II, 798, Fn. 184 gegen BAKIR, Slavery, 32, der von Selbstverkäufen bereits in der 25. Dyn. spricht.

312 CAMINOS, LEM, 230.

313 LURJE, Studien, 148.

314 So gegen THÉODORIDÈS, in: RIDA[3] 12, 87 n. 40; 112; 130.

315 ALLAM, in: LÄ I (s.v. Bevölkerungsklassen), Sp. 774.

und nicht von einem anderen (außer dem König) abhängig ist.[316] Der Begriff wird auch im Sinne von „Privatmann“ verwendet, *n nmḥ* bedeutet „in Privatbesitz“ (vgl. die ***Große Dachlastele*** Z. 12–13).[317]

3.1.3.3 Frauen

Hinweise auf eine eingeschränkte Rechts- und Geschäftsfähigkeit von Frauen im NR und der 3. Zwzt gibt es nicht; Frauen kauften (***pKairo CG 65739***) und verkauften (***pLouvre E 3168***), vererbten (***Große Dachlastele***), errichteten Testamente (***pAshmol. Mus. 1945.97***), erbten (***oGardiner 55***), waren bei notariellen Akten (***pAshmol. Mus. 1945.96***) sowie in Prozessen (***pKairo CG 65739***) als Zeugen zugegen, strengten sogar selbst Prozesse an (***Inschrift des Mes*** N 6) und fungierten möglicherweise sogar als Mitglieder im Richterkollegium (***oGardiner 150***). Obwohl von Seidl immer wieder behauptet[318], ist eine Verfügungsmacht des Mannes über das Vermögen der Ehefrau nicht zu belegen. Andererseits gibt es Hinweise darauf, daß sich in der Realität Frauen oft von männlichen Verwandten vertreten ließen, wenn es um rechtliche und geschäftliche Dinge ging (z.B. ***pBrooklyn 16.205***, Memorandum 2).[319]

3.1.3.4 Minderjährige

Wann Volljährigkeit erreicht wurde, ist unbekannt, möglicherweise gab es kein bestimmtes Alter, sondern die Ehe beendete das Stadium der Jugendlichkeit[320]. Auch in welcher Form die Geschäftsfähigkeit von Minderjährigen eingeschränkt war, ist nicht festzustellen. Für eine Kontrolle des Vaters über das Eigentum der Kinder bis zu dessen Tod fehlen Belege. Spätestens mit der Gründung einer eigenen Familie konnte ein Ägypter mit Sicherheit über Eigentum verfügen, falls dies nicht sowieso schon für Minderjährige galt, wofür die aus dem ***Dekret für Maatkare*** hervorgehende Möglichkeit des Erwerbs von Eigentum durch Kinder spricht.

Die Tatsache, daß Personen treuhänderisch das Erbe für ihre Geschwister verwalten, kann, wie Seidl richtig bemerkt[321], nicht als Beweis für Vormundschaft gesehen werden, da die Einsetzung von Treuhändern mit der Unteilbarkeit von gewissen Erbschaften (s. S. 61ff. u.) und nicht mit der eventuellen Minderjährigkeit der Erben zusammenhing (***pBerlin P 3047***; ***pTurin 2021+pGenf D 409***; ***Inschrift des Mes***).

3.1.4 Familie und Erbschaft

3.1.4.1 Ehe

Wie in den vorherigen Epochen fehlen aus dem NR Hinweise auf eine juristisch verbindliche Form der Eheschließung. Seidls Annahme, daß nach dem Vorbild des Codex Hammurapi eine Eheurkunde notwendig gewesen sei[322], läßt sich nicht bestätigen; die frühesten Belege für Eheurkunden finden sich überhaupt erst in der 22./23. Dyn. (***pBer-***

---

316 EYRE, in: Labor. AOS 68, 209.

317 Die Argumentation von RÖMER, Gottes- und Priesterherrschaft, 412–451, in *nmḥ* stattdessen die Bezeichnung einer sozialen Schicht zu sehen, überzeugen nicht.

318 Z.B. SEIDL, Einführung, 56.

319 Vgl. auch MENU, in: Women's Earliest Records, 199.

320 JANSSEN, Growing up, 99.

321 SEIDL, Einführung, 57.

322 SEIDL, Einführung, 55.

lin P 3048 vso A). Wahrscheinlich galt allein das Zusammenziehen von Mann und Frau sowie die Erklärung, als Ehepaar zusammenleben zu wollen, als Kennzeichen der Ehe, wie die Formulierung *ḥms ỉrm* „zusammen wohnen“ für „verheiratet sein“ sowie *ỉrỉ m ḥm.t* „zur Ehefrau machen“ (z.B. ***oDeM 663***) zeigen; aber auch der Vollzug der Ehe hatte wohl eine gewisse Bedeutung. Gleichwohl war die Ehe eine Institution, die juristische Relevanz hatte, v.a. in Bezug auf die Erbberechtigung der Kinder. Ob es zu dieser Zeit ein gesetzliches oder traditionelles Mindestalter für die Eheschließung gab, ist mangels Quellen nicht festzustellen.
Ehen unter nahen Verwandten kamen vor: Sie sind belegt zwischen Onkel und Nichte[323] sowie zwischen (Halb?-)Geschwistern, letzteres außerhalb des Königshauses allerdings erst in der 22. Dyn. in der Familie eines hohen libyschen Würdenträgers (***Stele Louvre IM 3749***). Die weitverbreitete Annahme von häufigen Geschwisterehen im pharaonischen Äg. beruht einerseits auf der Tatsache, daß Könige tatsächlich oft ihre Schwestern oder Halbschwestern heirateten und daß *sn.t* „Schwester“ ab der mittleren 18. Dyn. eine häufige Bezeichnung für die Ehefrau ist.[324] Für Töchter von Amenophis III., Amenophis IV./Echnaton und Ramses II. ist der Titel *sȝ.t nsw (n.t ẖ.t=f) ḥm.t nsw.t* belegt. Während dieser früher als „(leibliche) Königstochter und kgl. Gemahlin“ gedeutet und als Hinweis auf eine tatsächliche oder nur kultische Ehe zwischen Vater und Tochter gewertet wurde, zeigt Meyer, daß statt dessen „(leibliche) Tochter des Königs und der kgl. Gemahlin“ verstanden werden muß.[325]
Polygamie ist ebenfalls fast völlig auf das Königshaus beschränkt: Selbst wenn mehrere Frauen zugleich den Titel *ḥm.t nsw* „Königsgemahlin“ trugen, ist i.d.R. nur eine *ḥm.t nsw wr.t* „große Königsgemahlin“.[326] Bei Privatleuten ist Polygamie deutlich seltener nachzuweisen (***pBM 10052***, 15.7; ***pMayer A*** 13c.6–7).
Eine Unterscheidung zwischen Ehe und Konkubinat ist in Äg. schwer möglich. Wahrscheinlich galt die Lebensgemeinschaft eines Freien mit einer Sklavin nicht als Ehe – zumindest wird in ***pTurin 2021+pGenf D 409*** „Ehefrau“ mit „eine Syrerin (oder) Nubierin, die er liebt“ kontrastiert, wobei letzteres wohl nicht bedeutet, daß eine Ehe mit Ausländern nicht gültig gewesen sei[327], sondern darauf abzielt, daß solche Ausländerinnen eben i.d.R. Sklavinnen waren. Auch in der Formulierung „die Frau X, als sie mit Y war“ (***pBM 10055***) wollen manche eine Bezeichnung eines Konkubinats im Gegensatz zur Ehe sehen; sie könnte jedoch auch auf eine seither erfolgte Scheidung hinweisen. Ebensowenig ist im NR ein Unterschied zwischen den Begriffen *ḥm.t* und *ḥbs.t* zu erkennen (***pTurin 2021+pGenf D 409***, 3.9, 11), beide bedeuten einfach nur „Ehefrau“.[328] Sicher kann man von einem Konkubinat nur sprechen, wenn der Mann bereits eine Ehefrau hat und die zweite Frau eine Sklavin ist. In einem Fall kaufte ein kinderloser Mann mit seiner Frau zusammen eine Sklavin, die dann drei Kinder gebar; dabei ist anzunehmen, daß ihr Herr deren Vater war und der Sklavenkauf gezielt zum Zwecke der Kindererzeugung erfolgte, zumal die Kinder der Sklavin nach dem Tode des Mannes von der Ehefrau freigelassen und adoptiert wurden (***pAshmol. Mus. 1945.96***).[329]

---

323 GARDINER, in: ZÄS 48, 50–51.
324 ČERNÝ, in: JEA 40, 23–25; 28; 40.
325 MEYER, in: SAK 11, 259.
326 MEYER, in: SAK 11, 255–256.
327 So nimmt SEIDL, Einführung, 55, an.
328 Vgl. jedoch EYRE, in: JEA 78, 212.
329 Zu einer weniger überzeugenden Deutung vgl. CRUZ-URIBE, in: JEA 74, 220–223.

Diese Vorgehensweise, die der in Gen. 16.1–4 entspricht (Abram schwängert auf Betreiben seiner vermeintlich unfruchtbaren Frau Sarai die Sklavin Hagar, um einen Erben zu bekommen), wird von einigen Forschern als semitischer Einfluß erklärt; ebenso könnte es sich jedoch auch um äg. Einfluß auf semitisches Recht handeln oder gar unabhängig voneinander in beiden Kulturen existiert haben.[330]
Mehrfach ist im NR nachzuweisen, daß das während der Ehe gemeinsam erworbene Vermögen im Verhältnis 2:1 zwischen Mann und Frau geteilt wird (***pTurin 2021+pGenf D 409***; ***pAshmol. Mus. 1945.97***; ***oGardiner 55***).[331] Die selbstverständliche Darstellung in den Dokumenten weist darauf hin, daß es sich nicht um eine individuelle, durch Urkunde festgelegte Regelung handelt, sondern um eine gesetzliche. Eheurkunden sind darüber hinaus erst aus der 3. Zwzt bekannt. Unsicher ist, ob sich diese Teilung bereits während der Ehe bemerkbar machte oder nur im Scheidungs- oder Todesfall umgesetzt wurde. Für während der Ehe erworbene Güter kommt der Fachbegriff *mꜥḏꜣ* „Zugewinn" vor (***pAshmol. Mus. 1945.96***). Die von Seidl postulierte Übertragung des gesamten Vermögens des Mannes auf die Frau bereits anläßlich der Eheschließung[332] läßt sich nicht nachweisen: Die von ihm angeführte Quelle ***oGardiner 55*** betrifft sehr wahrscheinlich eine Güterverteilung im Todesfall, während in ***oDeM 235*** der Prozeßgegner, von dem die Frau die „Plätze" ihres Mannes erstreitet, keineswegs ihr eigener Gatte ist, sondern drei andere Personen, die diese ebenfalls beanspruchen, vielleicht Geschwister des Mannes. Individuelle erbrechtliche Regelungen, durch die die Ehefrau (v.a. bei Kinderlosigkeit) zur Erbin gemacht wurde, kommen jedoch vor (***pAshmol. Mus. 1945.96***, ***pTurin 2021+pGenf D 409***).
Heiratet der Mann nach dem Tod oder der Scheidung der ersten Frau noch einmal, wird offenbar zwischen dem Ehevermögen der ersten Ehe und dem der zweiten unterschieden, wenn es um die Verteilung des Erbes an die Kinder aus diesen Ehen geht (***pTurin 2021+pGenf D 409***). Daß die Kinder aus erster Ehe tatsächlich noch Rechte an dem vom Vater in zweiter Ehe erworbenen Vermögen haben, wie Allam annimmt, weil diese vor Gericht zu der Vermögensverfügung zugunsten der zweiten Frau Stellung nehmen, ist unwahrscheinlich, da sie selbst bestätigen, sie hätten nichts damit zu tun; wie häufig im äg. Recht wollte der Ehemann wohl nur sichergehen, daß die Kinder offiziell informiert waren und es nicht nach seinem Tod zu einem Rechtsstreit kam. Was mit dem Anteil des Mannes nach gesetzlicher Erbfolge (s. S. 61ff. u.) geschah, wenn die zweite Ehe kinderlos blieb, ist nicht bekannt; Allam geht davon aus, daß er dann an die Kinder aus erster Ehe fiel[333].
Unklar ist der Begriff *sfr*, verschiedentlich mit „Mitgift", „Frauengeschenk" oder „Lebensunterhalt" übersetzt[334], der in einem Gesetz zu ehegüterrechtlichen Regelungen vorkommt: *ỉm sfr n s.t nb(.t) n=s* „Gib das *sfr* einer jeden Frau ihr (selbst)" (***pTurin 2021+pGenf D 409***, 3.4–5). Es handelt sich wohl um die Bezeichnung des Anteils der Frau am während der Ehe erworbenen Vermögen[335], da der Ehemann dieses Gesetz als Begründung dafür heranzieht, weshalb er den Kindern aus erster Ehe nichts vom Ehevermögen mit seiner zweiten Frau zukommen läßt.

---

330 S. a. EYRE, in: JEA 78, 213–215. Vgl. auch RABINOWITZ, in: JNES 17, 145–146.
331 SEIDL, Einführung, 56, hält fälschlich ⅓ für den Anteil des Mannes.
332 SEIDL, Einführung, 56.
333 ALLAM, HOP, 326.
334 ALLAM, HOP, 324 Anm. 28.
335 So auch PESTMAN, Marriage, 153 Fn. 8.

Die frühesten erhaltenen ehegüterrechtlichen Urkunden aus der 22. Dyn. (***pBerlin P 3048 vso A***) erwähnen als wesentliche Bestandteile das Eintreten des Bräutigams ins Haus des Brautvaters, die Übergabe eines Geschenkes (*šp n s.t-ḥm.t* „Frauengeschenk") sowie den Schwur, im Scheidungsfalle Unterhalt zu zahlen. Wahrscheinlich war auch in dieser Zeit die Errichtung einer Urkunde keine notwendige Voraussetzung für die Ehe, sondern geschah nur, wenn finanzielle Absprachen getroffen werden sollten. Die Übergabe des „Frauengeschenkes" war vielleicht in manchen Fällen fiktiv und trat erst bei einer Trennung in Kraft.

3.1.4.2 Scheidung

Die Auflösung der Ehe erforderte keinen juristischen Akt. Sie ging wohl i.d.R. vom Mann aus, der seine Frau verstieß (*ẖꜣᶜ (r bnr)* „hinauswerfen, entlassen", z.B. ***oPetrie 61***; ***pBibl. nat. 198,II***). Der Ausdruck *nṯᶜ* „sich scheiden lassen von, verstoßen" (***oBodl.Lib. 253***) ist ein *hapax legomenon* eventuell semitischen Ursprungs[336]. Mögliche Gründe für eine Scheidung waren z.B. Unfruchtbarkeit (vgl. die dem. ***Lehre des Anchscheschonqy*** 14.16) oder körperliche Fehler (***pBibl. nat. 198,II***); allerdings war eine Begründung des Mannes für die Scheidung wohl nicht nötig. Um eine Frau vor den finanziellen Verlusten zu schützen, die eine Scheidung mit sich brachte, konnte bereits bei der Eheschließung der Brautvater einen Eid fordern, daß der Mann 100 Stockschläge erhalten und alle ehelichen Güter verlieren sollte, wenn er sie verstieße (***oBodl.Lib. 253***) – wobei unklar bleibt, ob und von wem dies durchgesetzt worden wäre –, oder selbst garantieren, der verstoßenen Tochter Unterkunft zu gewähren (***oPetrie 61***).
In den Eheurkunden der 3. Zwzt verpflichtete sich der Ehemann im Scheidungsfalle zur Zahlung einer bestimmten Summe, außer wenn Untreue der Frau die Ursache war (***pBerlin P 3048 vso A***).

3.1.4.3 Adoption

Adoption läßt sich erstmals für die 19. Dyn. nachweisen (***oBerlin P 10627***). Sie diente in allen bekannten Fällen dazu, einer kinderlosen Person Erben zu verschaffen[337]. Die Annahme an Kindes Statt war nicht auf Minderjährige beschränkt. Sogar die eigene Ehefrau konnte adoptiert werden (***pAshmol. Mus. 1945.96***, evt. auch ***pTurin 2021+pGenf D 409***). Die Adoption von freigelassenen Sklaven kommt ebenfalls vor (***pAshmol. Mus. 1945.96***). Allam geht dabei von Adoptionen im Todesfall aus, doch ist das aus dem Text selbst nicht zu entnehmen.[338]
In der 3. Zwzt war Adoption vor allem im Zusammenhang mit der Nachfolge der Gottesgemahlinnen des Amun sowie der Sängerinnen vom Inneren des Amun, die zölibatär lebten, von Bedeutung (***Adoptionsstele der Nitokris***). Die jüngst von Ritner[339] angefochtene These vom Zölibat dieser Priesterinnen verteidigt Vittmann überzeugend.[340]

---

[336] HOCH, Semitic Words, 196–197.
[337] Vgl. dazu auch BIERBRIER, Tomb-Builders, 32–33.
[338] ALLAM, in: Das Altertum 19, 8.
[339] RITNER, in: GM 164, 85–90. Ebenso auch TEETER, in: Fs Wente, 405–414.
[340] VITTMANN, in: Enchoria 25, 113–117.

3.1.4.4 Erbschaft

Aus diesem Bereich sind zwei Gesetze als Zitate erhalten: „[Möge] jeder[mann] mit seinem Eigentum tun, was er wünscht." (***pTurin 2021+pGenf D 409***, 2.11: *[ỉm ỉr s] nb ꜣb.t=f m ꜣḫ.t=f*) mit der Formulierungsvariante „Möge jedermann über sein Eigentum (frei) verfügen." (***Statue Kairo CG 42208*** c, 14: *ỉm ỉr s nb sḫr n ỉš.t=f*) sowie „Man gebe das Eigentum demjenigen, der bestattet." (***pKairo CG 58092***, rto 1.10–11: *ỉ.dỉ.tw ꜣḫ.t n qrs*).

Gesetzliche Erben waren die Kinder, falls solche nicht vorhanden waren, die Geschwister[341]. Die bereits aus früheren Epochen bekannte Vorrangstellung des ältesten Sohnes bestand weiterhin. Daß auch Töchter weiterhin erben konnten, zeigt z.B. ***oBM 5624***. In einem Streit um die Rechtmäßigkeit von Erbansprüchen wurde versucht, die Verwandtschaft der Prätendenten mit dem (mehrere Generationen zurückliegenden) ursprünglichen Eigentümer durch offizielle Register (*dnỉ.t*) sowie durch Zeugenaussagen zu belegen (***Inschrift des Mes***, N 14–15).

Auch wenn die Aufteilung des Ehevermögens im Verhältnis von einem Drittel für die Frau und zwei Dritteln für den Mann oft erst beim Tod eines der Ehepartner relevant wird, handelt es sich dabei nicht um eine erbrechtliche Regelung[342], was auch daran zu erkennen ist, daß ihr Drittel der Frau auch im Scheidungsfall ausgezahlt werden mußte (so wird es jedenfalls durch spätere Eheurkunden nahegelegt, s. S. 123f. u.) oder, falls sie vor ihrem Mann verstarb, nicht etwa an ihn fiel, sondern an ihre Kinder.

Durch das Zitat in ***pKairo CG 58092*** rto ist die (für die frühere Zeit bereits vermutete) Erbregelung, wonach derjenige, der die Bestattung durchführt, auch der Erbe ist, für das NR als Gesetz nachgewiesen.[343] Mit Verweis auf dieses Gesetz sowie einen Präzedenzfall klagte jemand auf Herausgabe des Erbes seiner Großeltern, weil sein Vater sich um deren Bestattung gekümmert hätte, im Gegensatz zu den Geschwistern seines Vaters, die nun aber das Erbe ebenfalls beanspruchten. Dieses Gesetz betraf sehr wahrscheinlich nur die gesetzliche Erbregelung. Der Fall, daß jemand, der eine fremde Person oder einen Verwandten bestattet, als dessen Erbe eintreten will, ist auch auf ***oPetrie 16*** belegt; dort wird der gleiche Präzedenzfall wie in ***pKairo CG 58092*** rto angeführt.

Das Erbe konnte vom Erblasser aber auch verteilt werden, indem er eine Urkunde errichtete, in der er die Anteile der Erben spezifizierte. Der übliche Urkundentyp dafür war die *ỉmy.t-pr*-Urkunde, durch die das Erbe als Schenkung im Todesfall vergeben wurde, was allerdings selten explizit gesagt wird (vgl. S. 17 o.). Aber auch als „Ausspruch" (*rꜣ*) stilisierte Erklärungen (***Amarah-Stele***) sowie solche in Briefform (z.B. ***oGardiner 90***) kommen vor. Entwürfe für oder Exzerpte aus Erbteilungsurkunden sind ebenfalls belegt (***oLouvre E 13156***; ***pKairo CG 58092*** vso; ***oGardiner 55***). Das Erhalten eines Erbteils wurde als *ʿq r pš.t* „eintreten in den Teil" bezeichnet (***pAshmol. Mus. 1945.97***). Göttlichen Schutz für eine *ỉmy.t-pr*-Urkunde zugunsten einer Tochter unter Ausschluß der Ansprüche ihrer Geschwister erflehte ein Vater auf der ***Statue Kairo CG 42208***. Aus der 22. Dyn. stammt ein als Götterdekret formuliertes Testament; es wurde offenbar dem Gott anläßlich einer Orakelprozession (s. S. 82ff. u.) zur Billigung vorgelegt (***Stele Kairo JE 31882***).

---

341 JANSSEN/PESTMAN, in: JESHO 11, 165–166.

342 Vgl. EYRE, in: JEA 93, 230.

343 Vgl. auch JANSSEN/PESTMAN, in: JESHO 11, 167–169.

Spätestens ab den NR kam es häufiger vor, daß Geschwister gemeinsam ein nur ideell geteiltes Erbe erhielten, d.h., obwohl jedem Erbe ein bestimmter Anteil des Erbes zustand, hatte er nicht die Möglichkeit, direkt darauf zuzugreifen und seinen Anteil beispielsweise zu verkaufen. Statt dessen fungierte eine Person – i.d.R. einer der Erben – als *rwḏw* (***pBerlin P 3047*** Z. 8), was am besten mit „Stellvertreter" oder „treuhänderischer Verwalter" wiedergegeben wird; diese Rolle konnte auch einer Frau zufallen (***Inschrift des Mes***, N 3). Entstand die Situation auf dem Wege der gesetzlichen Erbfolge, war der *rwḏw* wohl der älteste Sohn bzw. die älteste Tochter. Der *rwḏw* führte die Geschäfte, bearbeitete oder verpachtete gemeinsamen Landbesitz und war für die Verteilung des Gewinns zuständig. In einem Fall (***pBerlin P 3047***) klagte ein Teilhaber gegen seinen als Vertreter der Erbengemeinschaft fungierenden Bruder[344], weil dieser ihn keinen Nutzen aus dem ihm zufallenden Anteil von Feldern ziehen ließ bzw. weil der Verwalter den Gewinnanteil unterschlug. Der Kläger wollte daher nun direkt profitieren, indem er ein seinem Anteil entsprechendes Stück dem Mut-Tempel verpachtete. Der Beklagte bestätigte das Anrecht des Klägers, das Gericht stimmte der Verpachtung zu und hob damit *de facto* die Unteilbarkeit des Erbes auf. Auch in einem anderen Streitfall zwischen den Mitgliedern einer Erbengemeinschaft beschloß das Gericht, sich über die ursprüngliche Unteilbarkeit hinwegzusetzen und das Land zu parzellieren; dies führte aber später zu neuen Streitigkeiten, weil die Erben der ursprünglichen Verwalterin ihre Privilegien zurückhaben wollten (***Inschrift des Mes***).

Die Enterbung einzelner Kindern – mit der Begründung, sie hätten sich nicht um ihre Mutter gekümmert – zugunsten der übrigen findet sich im sog. Testament der Naunachte ***pAshmol. Mus. 1945.97***; diese Urkunde allerdings bezeichnet sich selbst nicht als *ỉmy.t-pr*, sondern als *ḥry n ꜣḫ.t* „Dokument über Eigentum". Die Enterbung der Geschwister eines kinderlosen Mannes zugunsten der Ehefrau ist in ***pAshmol. Mus. 1945.96*** belegt. Da die Ehefrau zu diesem Zwecke jedoch als Tochter adoptiert wurde, war die Einsetzung von nicht blutsverwandten Personen mit Ausnahme von Adoptivkindern als Alleinerben wohl nicht möglich. Eine Enterbung der Ehefrau zugunsten eines Sohnes(?) kommt möglicherweise in ***oPetrie 18*** vor; die Begründung ist, daß die Frau bei der Krankheit des Mannes ihn nicht versorgt habe, im Gegensatz zu dem Sohn. Auch in ***pTurin 2021+pGenf D 409*** betont der Ehemann, der seiner zweiten Frau nicht nur ein Drittel, sondern den gesamten während der Ehe erworbenen Besitz als Erbteil zuwenden will, daß sie sich besonders um ihn gekümmert habe, weshalb er sie wie ein Kind behandeln wolle. Offenbar wurde bei individuellen Erbregelungen, v.a. wenn einzelne Personen, die gesetzliche Erben wären, vom Erbe ausgeschlossen wurden, eine Begründung für notwendig erachtet – sei sie nun, wie Allam meint, juristisch nötig gewesen[345] oder nur als moralische Rechtfertigung.

Auf der ***Amarah-Stele*** sind gleich zwei Testamente von Sohn und Mutter zugunsten der gleichen Person, der Schwester bzw. Tochter, niedergelegt. Sie betreffen das immobile Eigentum des verstorbenen Vaters bzw. das vom Ehemann der Mutter übertragene Vermögen. Als Begründung wird explizit genannt, daß die Tochter für die Mutter im Alter gesorgt hat. Der Sohn scheint kinderlos zu sein oder seine eigenen Nachkommen zugunsten der Schwester zu enterben.

---

344 So HELCK, in: JARCE 2, 70–71.

345 ALLAM, HOP, 272.

Daß eine Zustimmung des Ehemannes zu den erbrechtlichen Verfügungen der Frau notwendig war, wie Allam annimmt[346], ist nicht zu belegen. Möglicherweise waren nur Freie (*nmḥ.w*) zur Vererbung berechtigt (vgl. ***pAshmol. Mus. 1945.97***).
Neben Teilungen im Todesfall kamen aber auch solche zu Lebzeiten vor (***pKairo CG 58092*** vso), ohne daß ersichtlich wird, warum dies so gehandhabt wurde.

3.1.5 Unerlaubte Handlungen und ihre Rechtsfolgen

Die Beleglage ist für das NR deutlich besser als für die vorangegangenen Epochen. Eine staatliche Verfolgung von Straftaten läßt sich, außer in Fällen, die die Plünderung von Königsgräbern oder Verschwörungen gegen den König betreffen, nicht nachweisen. Beamte waren jedoch verpflichtet, ihnen zur Kenntnis kommende Rechtsverstöße zu melden (s. S. 79 u.), und ungeklärte Todesfälle mußten wohl von lokalen Behörden untersucht werden (s. S. 67 u.). Im Gegensatz zum modernen deutschen Strafrecht, das nur Freiheits- und Geldstrafen sowie die Einschränkung von Rechten (z.B. Fahrverbot) verwendet, kannte das äg. Strafrecht des NR auch Leibesstrafen[347], z.B. durch in den Block legen (*pẖꜣ.t n mn.t 2* „Block für zwei Schenkel“: ***pDeM 26*** B rto Z. 6), Stockschläge (*ḥwỉ* „prügeln, schlagen“, *rdỉ x n sẖ n nḥb* „x Stockhiebe geben“: ***oKairo CG 25556*** Z. 9, *sẖ.t šꜣ.t* „Stockhiebe“: ***oBerlin P 12654*** Z. 10), offene Wunden (*wbn sḏ*: ***Dekret des Haremhab*** Z. 26), Brandmale (*ꜣbw*: ***oBerlin P 12654*** Z. 10), Verstümmelung (*swꜣ ᶜ.t* „ein Körperteil [kann auch spezifiziert werden] abschneiden“: z.B. ***pBM 10052*** 14.24; *ẖšb* „verstümmeln“: ***pBM 10052*** passim, ***pMayer A*** 1.17), Verbannung, Zwangsarbeit (*hꜣy.t*: ***pTurin 1977*** Z. 2; vgl. auch *qḥqḥ* bzw. *qḥꜣ* „Steine brechen“: ***oBerlin P 12654*** Z. 10) sowie die Todesstrafe durch Pfählung (*rdỉ.t ḥr dp-ẖt*[348]) oder Verbrennen (***oBM 65956***)[349]. Eine reine Freiheitsstrafe (ohne Zwangsarbeit) ist nicht belegt.[350] Die Beschränkung von Frauen auf den hinteren Teil des Hauses (***Inschrift des Mes***) war wohl eher eine Degradierung zum Dienerinnenstatus als ein Hausarrest; Verhaftungen (*ḏdḥ*) dienten nur dazu, der Angeklagten für die Verhandlung habhaft zu werden (***oBM 5631***) bzw. sie bis zur Vollstreckung der Todesstrafe festzuhalten[351]. Ein solches „Gefängnis“ (*šᶜr*) im Amun-Tempel ist in ***pLeopold*** 4.11 belegt. In einem *ỉtḥ* „Gefängnis“ wurden z.B. auch entflohene(?) Diener (***pLeiden I 368***, Z. 7–9) und die Angehörigen eines desertierten Soldaten eingesperrt (***pLansing*** 10.7).[352] Die Todesstrafe ist bislang nur für Verbrechen gegen den Staat nachzuweisen[353] sowie bei Meineid (s.u.). Van den Boorn vertritt die Auffassung, das äg. Strafsystem habe sich am Übergang von der 17. zur 18. Dyn. grundsätzlich geändert, da nun schwere körperliche Strafen, v.a. die Prügelstrafe sowie das Abschneiden von Gliedmaßen, vorkommen[354]; doch ist zumindest die Prügelstrafe sicherlich älter, und auch die Todesstrafe gab es bereits vorher. Das z.B. von de Buck als Beleg für eine allgemeine Amnestie anläßlich der

346 ALLAM, HOP, 273.
347 Vgl. auch MÜLLER-WOLLERMANN, Vergehen und Strafen, 195–216.
348 PEET, Tomb Robberies, 27. Vgl. auch BEDELL, Criminal Law, 153
349 Vgl. LEAHY, in: JESHO 27, 199–203.
350 Vgl. auch MÜLLER-WOLLERMANN, Vergehen und Strafen, 216–224.
351 PEET, Tomb Robberies, 26. Vgl. MÜLLER-WOLLERMANN, Vergehen und Strafen, 96.
352 Vgl. auch HAYES, Late MK Papyrus, 41–42.
353 BEDELL, Criminal Law, 143.
354 VAN DEN BOORN, in: Or 51, 372–373. Ähnlich auch LORTON, in: JESHO 20, 51–52.

Krönung Ramses' IV. angeführte ***oTurin CG 57001***[355] enthält einen literarischen Text voller allgemeiner Topoi eines „goldenen Zeitalters" und entfällt daher als historische Quelle.

Der gewöhnliche Ausdruck für „bestrafen" ist weiterhin *ỉrỉ hp r* „das Gesetz ausführen gegen". Ob aus der etymologischen Verwandtschaft von *sbꜣy.t* „Strafe" (z.B. ***oGardiner 53***) mit *sbꜣy.t* „Lehre" auf eine didaktische Strafauffassung der alten Ägypter geschlossen werden kann[356], ist unklar. Weitere Begriffe aus dem Wortfeld sind *ỉdry.t* „Strafe, Druckmittel" und *ẖsf* „bestrafen" (***Dienstanweisung für den Wesir*** R 13).[357]

Die meisten Strafen sind bekannt aus den Eiden, die die im Prozeß unterlegenen Parteien leisten mußten und in denen sie ihre Befolgung des Urteiles beschworen. Wie Fälle aus Deir el-Medineh zeigen, wurden diese Strafen allerdings häufig nicht ausgeführt, selbst wenn der Schwörende seinen Eid brach (z.B. ***pDeM 27***). In einigen Fällen sind die in Aussicht gestellten Strafen auch so unverhältnismäßig, daß sie vielleicht nur als Drohungen anzusehen sind, z.B. Verfütterung an ein Krokodil für den Widerruf eines Geständnisses (***pBM 10335***) oder Herausschneiden der Zunge für wiederholtes Prozessieren (***Lederhandschrift Louvre AF 1577***). Die Todesstrafe für Meineid (vgl. ***oBM 65956***, durch Verbrennen) ist jedoch auch anderweitig belegt (***oBM 65930***).

Da körperliche Strafen auch bei widerrechtlichen Handlungen angedroht bzw. verhängt wurden, die nach modernem Recht nicht als Verbrechen zu bezeichnen sind, sowie als Vertragsstrafen, sollen diese hier ebenfalls kurz erwähnt werden. 100 Stockhiebe beispielsweise wurden häufig in Streitverzichtseiden nach Güterverteilungen (z.B. ***pTurin 2070***; ***oGardiner 104***) sowie zusammen mit der Zahlung des doppelten Betrages bei nicht fristgerechter Rückzahlung von Schulden angedroht (***oDeM 433***; ***oDeM 564***). Lorton dagegen versucht, in allen Fällen, in denen eine Prügelstrafe vorkommt, strafrechtliche Delikte zu sehen.[358]

Hdt. II, 137 berichtet von einer Strafrechtsreform des Schabako (25. Dyn.), in der dieser die Todesstrafe abgeschafft und durch Zwangsarbeit (Aufhäufung von Schutt) ersetzt habe. Die historische Realität ist jedoch fraglich, da die Geschichte von ihm zur Ätiologie der äg. Siedlungshügel herangezogen wird.

3.1.5.1 Diebstahl und Raub

Diebstähle von Kleidern, Haushaltsgegenständen, Nahrungsmitteln und Werkzeugen sind im NR häufig belegt. In Deir el-Medineh befragte man, wenn der Dieb unbekannt war, oft das Orakel (vgl. ***oBM 5637***; ***oDeM 573***; ***oGardiner 4***), wobei man dem Gott eine Liste aller Dorfbewohner vorlas (s. S. 82ff. u.). In einem anderen Fall ließ ein Bestohlener alle seine Mitbürger einen Eid schwören, um festzustellen, wer etwas von dem Diebstahl wußte (***oBM 65930***).

Der Dieb mußte zusätzlich zum Wert der gestohlenen Sache dem Geschädigten noch eine Buße (*ṯꜣw.t*; ***oLeiden 352***; ***oOIC 110***; ***pBM 10335*** vso Z. 21) vom doppelten oder manchmal dreifachen Wert zahlen.[359] In einem Fall, in dem das Diebesgut nicht gefunden wurde und der Verdächtige nur aufgrund von (allerdings vier) Orakelprozessen

---

355 DE BUCK, in: JEA 23, 163.

356 So BOOCHS, in: GM 129, 40–41.

357 Vgl. MÜLLER-WOLLERMANN, Vergehen und Strafen, 285–287.

358 LORTON, in: JESHO 20, 41–46.

359 ČERNÝ, in: JEA 23, 187–188.

verurteilt wurde, wurde dem Bestohlenen vom Gericht auferlegt, auf die Bußzahlung zu verzichten (***pBM 10335***) – offenbar war man sich der Sache doch nicht ganz sicher.
Für den Diebstahl von Staats- und Tempeleigentum (***pTurin 1887*** rto 2.1; vso 1.2; 1.4–6; ***pRochester***; ***Nauri-Dekret***) sowie von Grabbeigaben (***Grabräuberprozesse***) galten schwerere Strafen[360], so Bußzahlungen des 80- bzw. 100-fachen Wertes (***Nauri-Dekret*** Z. 55, 93)[361]. Neben einer Strafe für den Täter wurde im ***Nauri-Dekret*** für den Diebstahl von Tempelvieh auch die Versklavung von Ehefrau und Kindern angedroht (Z. 74).
Für einige Grabplünderer ist die Todesstrafe belegt[362], und Räuber von Tempelinventar und -personal(sic!) sollten nach einem ***Dekret des NR aus Hermupolis*** vor dem jeweiligen Tempel gepfählt werden.[363] Lorton dagegen glaubt, die Todesstrafe sei nur dann fällig geworden, wenn der Dieb seine Beute an Dritte verkaufte.[364]
Die widerrechtliche Aneignung von Immobilien kommt in ***pKairo CG 65739*** vor; dort soll jemand mit einem fremden Grab einen Sklaven gekauft haben. In ***pBerlin P 3047*** klagte jemand gegen seinen Bruder, der den aus Feldern bestehenden Erbteil unterschlagen haben soll[365]. Der Prozeß bezüglich einer unterirdischen Verbindung von einem Grab zu einem benachbarten Grab (***pBerlin P 10496***, ***oBM 5624*** und ***oFlorenz 2621***) könnte ebenfalls mit dem Versuch der Aneignung des Grabes zusammenhängen; vielleicht ist der Klagegrund jedoch auch die Beschädigung.
Unrechtmäßige Requisitionen und Beschlagnahmungen werden in kgl. Dekreten erwähnt, die übliche Strafe dafür ist das Abschneiden der Nase und Verbannung nach Sile (***Dekret des Haremhab*** Z. 16–23), gelegentlich auch 100 Schläge und fünf Wunden (***Dekret des Haremhab*** Z. 23–27).
Unterschlagung von Arbeitsmaterial und Werkzeugen aus Staatseigentum ist aus Deir el-Medineh überliefert (z.B. ***pBM 10055***). In einem Fall wurde die Anklage jedoch wohl aus Mangel an Beweisen abgewiesen (***oBM 65956***). Anklagepunkte des sog. Elephantine-Skandals (***pTurin 1887***) sind die Unterschlagung und der anschließende Verkauf von heiligen Kälbern (rto 1.1–3) sowie die Unterschlagung von konfisziertem Diebesgut (rto 1.7) und Getreidelieferungen (vso 1.7–12; 2.1–14) durch einen Priester.
Aus der 3. Zwzt fehlen Belege für begangene Diebstähle, es wird jedoch göttlicher Zorn als Strafe für die Entwendung von Opfergaben eines Statuenkultes genannt (***Stele des Scheschonq***).

3.1.5.2 Betrug

Beschwerden gegen die Benutzung falscher Getreidemaße wurden in ***pGenf D 191*** und ***oLeipzig 2*** eingelegt, jedoch kam es offenbar nicht zu einem Prozeß, möglicherweise weil die fraglichen Getreidemaße von Angehörigen der Verwaltung verwendet wurden.
In der ***Inschrift des Mes***, N 10 behaupteten die Kläger, die Eintragungen in das offizielle Register seien zu ihren Ungunsten gefälscht worden, weshalb die Klage zunächst abgewiesen wurde; der Ausgang ist nicht erhalten. Allam meint, es habe kein Betrug

---

360 So auch EYRE, in: JEA 70, 93.
361 LORTON, in: JESHO 20, 26.
362 PEET, Tomb Robberies, 26.
363 Vgl. aber MÜLLER-WOLLERMANN, Vergehen und Strafen, 94.
364 LORTON, in: JESHO 20, 32.
365 So die Deutung von HELCK, in: JARCE 2, 66.

vorgelegen und Mes habe auch den letzten Prozeß verloren[366], was jedoch aufgrund der Niederschrift im Grab des Mes sehr unwahrscheinlich ist.

3.1.5.3 Sachbeschädigung

Zwei Fälle von Brandstiftung wurden in ***pTurin 1887*** rto 2.10 und vso 2.15 gemeldet. Das Zerbrechen eines Meißels aus Staatseigentum wurde im Verbund mit anderen Vergehen dem Vorarbeiter Paneb angelastet (***pBM 10055***). Strafen dazu sind nicht bekannt.

3.1.5.4 Steuerschulden

Inwieweit die Strafen, die nach literarischen Texten für nicht gezahlte Steuern verhängt wurden, überhaupt eine juristische Grundlage hatten bzw. der Realität entsprachen, läßt sich kaum entscheiden: Genannt werden Prügel, Werfen in den Brunnen und Fesseln der ganzen Familie (***pLansing*** 7.1–4.). Von einer gerichtlichen Verhandlung ist in diesem Zusammenhang nicht die Rede.

3.1.5.5 Körperverletzung

Körperverletzungen (*qnqn* „schlagen, verletzen") sind häufiger belegt, meist durch Schläge oder Steinwürfe (z.B. ***pBM 10055***). Die Blendung von zwei Frauen (***pTurin 1887*** rto 2.11) sowie die Fehlgeburt einer anderen (***pTurin 1887*** vso 3.1), die Inhalt von Anklagen sind, wurden vielleicht ebenfalls durch Schläge verursacht. In einem Fall ist Zwangsarbeit als Strafe belegt, dabei handelte es sich, was möglicherweise strafverstärkend wirkte, um einen Polizisten, der mit dem Stock schlug (***pTurin 1977***).
Die Mißhandlung durch den Ehemann galt ebenfalls als Straftat: Die Frau konnte auf Unterlassung klagen (***oBM 65938***).

3.1.5.6 Ehebruch und Vergewaltigung

Mehrfach sind aus dem NR Klagen wegen sexuellen Verkehrs mit verheirateten Frauen belegt (***pDeM 26*** vso 1; ***pDeM 27***; ***pBM 10055***; ***pTurin 1887*** rto 1.5–6). Angeklagt wurde dabei immer der Mann, nie die Frau. Entweder handelt es sich in den überlieferten Fällen nicht um bloßen Ehebruch, sondern um Vergewaltigung oder Notzucht, oder die Bestrafung der Frau lag in den Händen des Ehemannes. Die Klagen stehen bemerkenswerterweise nie für sich, sondern sind immer kombiniert mit anderen, wie Unterschlagung oder Diebstahl, weshalb auch schon bezweifelt wurde, ob sie allein für eine Klage vor Gericht überhaupt ausgereicht hätten.[367] Belegt ist auch ein Eid eines Mannes, der beschwört, keine Beziehung zu einer bestimmten verheirateten Frau gehabt zu haben (***oKairo CG 25227***). Aus literarischen Texten (z.B. Zweibrüdermärchen des ***pD'Orbiney***) ist geschlossen worden, daß die Tötung des *in flagranti* ertappten Ehebrechers durch den Ehemann als gerechtfertigt galt.[368]
Die kursivh. Eheurkunden nennen Ehebruch der Frau (*pꜣ btꜣ ꜥꜣ nty gm=w n s.t-ḥm.t* „das große Verbrechen, das man an einer Frau findet") als Grund für eine Scheidung ohne finanzielle Entschädigung der Frau (***pBerlin P 3048 vso A***; ***pKairo CG 30907+30909***).

---

366 ALLAM, in: JEA 75, 111–112.
367 EYRE, in: JEA 70, 104–105.
368 EYRE, in: JEA 70, 92. HOCH/OREL, in: Death and Taxes, 93–94.

3.1.5.7 Totschlag und Mord

Eine terminologische Unterscheidung wurde im äg. Recht offenbar nicht vorgenommen, belegt sind die Verben *smꜣ* (eher mitteläg.) und *ẖdb* (neuäg.).[369] Im negativen Sündenbekenntnis des Totenbuchs (***Tb*** 125) versicherte der Verstorbene, keinen Menschen getötet zu haben. Daraus läßt sich ein grundsätzliches Verbot ableiten, allerdings galt dies nicht für den Kriegsfall und eventuell bei Ehebruch (s.o.).
Gewaltsame Todesfälle mußten wohl von den Behörden untersucht werden: In dem Brief ***oDeM 126*** wurden ein Vorarbeiter sowie ein weiterer Arbeiter von Deir el-Medineh von ihren Vorgesetzten gerügt, weil sie die Untersuchung eines Tötungsdeliktes behindert hätten. Ein Anklageschreiben gegen einen Mannschaftsvorsteher von Deir el-Medineh (***pBM 10055***) beschuldigte diesen unter anderem, eine Morddrohung gegen seinen Ziehvater ausgestoßen und Leute getötet zu haben, um sie an der Meldung seiner Verbrechen zu hindern. Unklar sind die Umstände der Tötung eines Mannes durch Söldnerführer, da dieser offenbar in Grabräubereien verwickelt war (***pBM 10052*** 2.20–21). In den drei parallelen Briefen ***pBerlin P 10487–10489*** wurde die Tötung von zwei Polizisten (*mḏꜣy.w*) angeordnet. Der Befehl, sie heimlich in Körben in den Fluß zu werfen, weist auf ein Verbrechen hin, allerdings ist der Anordnende ein hoher Beamter, der General Pianch, und der Grund für die Tötung könnten staatsfeindliche Reden der beiden Medjai gewesen sein, weshalb die Angelegenheit als „ein Fall abgekürzter Justiz" bekannt wurde.
Auf Mord stand spätestens in der 3. Zwzt die Todesstrafe (***Stele der Verbannten*** Z. 23), eventuell gefolgt durch Verbrennen (***Bannstele des Aspelta*** 7–8)[370]; dies wurde als Wille der Götter erklärt. Orakeldekrete (s. S. 69 u.) versprachen den Schutz der Götter vor Mord und Totschlag (***pTurin 1985***).

3.1.5.8 Meineid, falsche Anklage und Mißachtung des Gerichts

Eine Frau, die des Meineides überführt wurde, wurde als „große todeswürdige Verbrecherin" (*ꜥḏꜣ.t ꜥꜣ.t šꜣy.t mwt*) bezeichnet (***oBM 65930***). ihre Bestrafung konnte die *qnb.t* (s. S. 78f. u.) von Deir el-Medineh nicht selbst durchführen, weshalb der Fall dem Wesir übergeben wurde, was auf eine schwere körperliche Strafe oder sogar Hinrichtung deutet (s. S. 77f. u.). Ein Eid nennt als Strafe für Meineid Verbrennen (***oBM 65956***)[371]. Bei vereidigter Falschaussage von Zeugen drohte das Abschneiden von Nase und Ohren sowie die Verbannung nach Kusch (***Inschrift des Mes***, N 21–22; 28; 30–31).[372] Plötzliche Krankheit oder Blindheit wurden von den Ägyptern als göttliche Strafe (*bꜣw nṯr*, „Machterweis des Gottes") wegen eines Meineides oder Sakrilegs betrachtet (z.B. ***oBM 65930***).[373]
Ob Anklagen, die sich im Laufe der Verhandlungen als unbeweisbar oder gar falsch herausstellten, in verleumderischer Absicht erfolgten, ist aus heutiger Sicht noch schwerer zu entscheiden als für die damaligen Richter. Daß absichtliche falsche Anklagen als Verbrechen angesehen wurden, zeigt die Verurteilung von Arbeitern, die ihren Kollegen wegen Majestätsbeleidigung angeklagt hatten. Da sie sich vor Gericht jedoch so sehr

---

369 MÜLLER-WOLLERMANN, Vergehen und Strafen, 69.
370 Vgl. MÜLLER-WOLLERMANN, Vergehen und Strafen, 73–74.
371 Vgl. LEAHY, in: JESHO 27, 199–203.
372 Vgl. LORTON, in: JESHO 20, 32–38; MÜLLER-WOLLERMANN, Vergehen und Strafen, 45–50.
373 Vgl. auch MÜLLER-WOLLERMANN, Vergehen und Strafen, 43–44; 237–242.

widersprachen, daß sie schließlich selbst von der Klage Abstand nahmen, verurteilte das Gericht sie zu 100 Stockhieben und einem Eid, künftig solche Behauptungen zu unterlassen, bei Zuwiderhandlung drohte ihnen Verstümmelung von Nase und Ohren (***oKairo 25556***). 100 Stockhiebe waren auch die Strafe für den wiederholt im Prozeß in gleicher Sache unterlegenen Kläger in ***pMünchen 809***. Lorton nimmt an, daß die Weigerung, einem gefällten Urteil nachzukommen, als Straftat betrachtet wurde, weswegen dafür 100 Stockhiebe als Standardstrafe angesetzt wurden.[374] Allerdings sind nicht alle von ihm angeführten Fälle tatsächlich als Folge eines Prozesses zu verstehen.

3.1.5.9 Bestechung und Amtsmißbrauch

Das Geben und Annehmen von Bestechungen scheint nur dann als Straftat gegolten zu haben, wenn der Bestochene dabei zur Ausübung oder Billigung einer ungesetzlichen Handlung aufgefordert wurde (***pTurin 1887*** rto 1.13–14; 2.5–7, 16; vso 1.2–3). Die Verschaffung von persönlichen Vorteilen durch Bestechung galt wohl nur als unmoralisch.

Mit Amtsmißbrauch, z.B. unrechtmäßigen Requisitionen, befassen sich u.a. das ***Dekret des Haremhab*** und das ***Nauri-Dekret*** (s. a. S. 69 u.) Die Schuldigen wurden durch Verstümmelung, Verbannung und Zwangsarbeit bestraft. Die geschädigten Personen und Institutionen hatten ein Anrecht auf eine Ersatzleistung, die sich nach der Länge der Requisition richtete[375] und möglicherweise dem üblichen Mietzins entsprach.

3.1.5.10 Aufruhr und Hochverrat

Am Ende der Regierung Ramses' III. versuchte eine Verschwörergruppe u.a. mit magischen Mitteln[376], den König zu töten und einen Prinzen Pentaweret auf den Thron zu setzen; während viel dafür spricht, daß der Mordanschlag gelang, wurde der Putschversuch jedoch vereitelt[377]. Weil die Drahtzieherin eine Königsgemahlin war und die Verschwörer v.a. aus dem Bereich des kgl. Harems kamen, ist die Affäre als „Haremsverschwörung" bekannt geworden. Wie der Prozeß im Anschluß an die Untersuchung des Falles zeigt (***pTurin 1875***; ***pLee***; ***pRollin***), wurden Verbrechen gegen die Person des Königs und den inneren Frieden des Landes mit den schwersten Strafen belegt: Die Hauptschuldigen wurden zum Tode verurteilt (*ỉw=w (ḥr) dỉ.t dmỉ n=f tꜣy=f sbꜣy.t* „man veranlaßte, daß seine Strafe ihn ereilte", ***pTurin 1875***, 4.1–5.3 passim), zumindest ein Teil davon durch Selbstmord (z.B. ***pRollin*** Z. 5), vielleicht um öffentliches Aufsehen zu vermeiden. Für schuldig befunden wurden alle, die den Anschlag geplant und bei der Verbreitung von subversiven Nachrichten geholfen hatten oder auch nur Mitwisser waren, ohne dies zu melden. Zusätzlich zu dieser Strafe wurde auch versucht, die Verurteilten im Andenken der Nachwelt und im Jenseits zu diskreditieren, indem man ihre Namen durch Negativversionen ersetzte (z.B. *Bỉn-m-Wꜣs.t* „Schlecht in Theben" statt *Nfr-m-Wꜣs.t* „Gut in Theben" oder *Msḏỉ-sw-Rᶜ* „Re haßt ihn" statt *Mrỉ-sw-Rᶜ* „Re liebt ihn").[378] Von den Untersuchungsbeamten wurden einige zur Verstümmelung von Nase und Ohren verurteilt, weil sie mit den angeklagten Frauen gezecht hatten.

---

[374] LORTON, in: JESHO 20, 43.

[375] KRUCHTEN, Décret d'Horemheb, 73–75.

[376] Pace GOEDICKE, in: JEA 49.

[377] DE BUCK, in: JEA 23, 152–153.

[378] Vgl. auch VERNUS, Affaires, 153–156.

Aufrührer wurden in der 3. Zwzt in die Oasen verbannt, diese Praxis beendete der auf der ***Stele der Verbannten*** dokumentierte Orakelentscheid. Nach der ***Chronik des Osorkon*** Z. 35–36 wurden die Beteiligten an einem Aufstand in Theben vom Hohenpriester Osorkon getötet und wie ein Tieropfer verbrannt.
Abfällige Äußerungen über den König galten ebenfalls als Verbrechen, doch ist eine Strafe dafür nicht bekannt. Der Versuch, einem Kollegen durch eine unbegründete Anklage wegen Majestätsbeleidigung zu schaden, ist in ***oKairo CG 25556*** überliefert.[379]

3.1.5.11 Verstöße gegen priesterliche Vorschriften

Auch die Nichteinhaltung von priesterlichen Reinheitsvorschriften wurde offenbar als Straftat betrachtet: Ein Priester wurde angeklagt, vor Vollendung der Reinigungszeremonien den Tempel betreten zu haben (***pTurin 1887*** rto 1.9–11) sowie wegen versuchter Orakelmanipulation (***pTurin 1887*** rto 1.12–13; s. a. ***Lehre des Amenemope*** Kap. 20).

3.1.6 Königliche Dekrete und Götterdekrete

Wie schon im AR wurden auch noch im NR Dekrete z.B. zur Einsetzung von Stiftungen (***Dekret für Amenophis, Sohn des Hapu***) sowie zum Schutz von Domänen vor unbefugter Steuer- und Frondienstforderung (***Nauri-Dekret***; ***Elephantine-Dekret***) erlassen. Die typische Einleitung von NR-Dekreten ist: *ỉw wḏ.n ḥm=f* + Infinitiv „Seine Majestät hat befohlen, daß ..." Die ***Inschrift von Kanais C*** stellt trotz ihrer Ähnlichkeit mit Dekreten keine genaue Abschrift dar, sondern eher eine Nacherzählung. Üblicherweise werden in den Dekreten konkrete Strafen für die Mißachtung der Vorschriften genannt (z.B. 100 oder 200 Schläge, Wunden, Verstümmelung, Degradierung zum Feldarbeiter[380]), gelegentlich wird jedoch auch der Zorn der Götter und die Verurteilung im Jenseits angedroht. Zahlreiche kgl. Befehle betreffen Bauaufträge, Tempelinspektionen, Expeditionsaussendungen etc. und sind daher für die Rechtsgeschichte nur am Rande von Interesse.[381] Daneben finden sich aber auch Texte der Gattung *wḏ-nsw*, die allgemeine rechtliche Vorschriften zum Inhalt haben und daher hier unter den Gesetzeserlassen besprochen werden (z.B. ***Dekret des Haremhab***, S. 47 o.). Ausnahmsweise konnte auch eine Königsmutter ein Dekret zugunsten eines Höflings erlassen (***Dekret der Ahhotep***).
Aus der 21. und 22. Dyn., als in Oberäg. nominell der Gott Amun als Pharao herrschte, stammen Götterdekrete, die durch Vorlage der Urkunden beim Orakel ratifiziert wurden. Sie haben teils magischen Charakter (Schutz vor Krankheiten, Dämonen und Angriffen, z.B. ***pTurin 1985***, jenseitiges Wohlergehen, z.B. ***Dekrete für Neschons***), teils sind sie jedoch auch von juristischer Relevanz und bestätigen Landschenkungen (***Stele Kairo JE 31882***), Verkäufe (***Dekret des Mencheperre***) oder den Erwerb durch Kauf und/oder Erbschaft (***Dekret für Henuttawy***; ***Dekret für Maatkare***). Auch die Amnestie von in die Oasen verbannten Aufrührern sowie das Verbot künftiger Verbannungen wurde durch ein Orakel des Amun gutgeheißen (***Stele der Verbannten*** Z. 11–19).

---

379 Vgl. auch MÜLLER-WOLLERMANN, Vergehen und Strafen, 52–54, und MCDOWELL, in: Phoenix 33.2, 17–22.

380 Gegen eine allzu wörtliche Auffassung spricht sich GARDINER, in: JEA 38, 28 aus.

381 Siehe dazu GRALLERT, Bauen – Stiften – Weihen, 123–127.

3.2 Rechtsurkunden

Während zu Beginn des NR noch das aus dem MR bekannte Urkundenformular mit der Einleitung *X ỉr(.t).n A n B* „Urkunde/Geschäft X, welche(s) A für B gemacht hat" verwendet wird, kommt seit der 18. Dyn. und bis in die 25. Dyn. ein neues Formular vor, das als typisches Kennzeichen die Einleitung *hrw(-pn) X ỉr(.t).n A* „An d(ies)em Tag: Urkunde/Geschäft X, welche(s) A gemacht/ausgestellt hat" aufweist. Bereits in der 22. Dyn., verstärkt dann aber in der 25. Dyn., findet sich schließlich das Formular, das auch für die Spzt und gr.-röm. Zeit charakteristisch ist, mit der Einleitung *ḏd A n B* „Es sagte A zu B/Was A zu B sagte".[382] Eine hybride Einleitungsformel *hrw-pn ḏd A n B* „An diesem Tag: Es sagte A zu B/Was A zu B sagte" findet sich in einigen kursivh. Urkunden der 25. Dyn. (z.B. ***pLouvre E 3228b***; ***pLouvre E 3228e***).
Die übliche Bezeichnung für Urkunden im allgemeinen ist im NR *sẖ*; daneben kommt auch *hry* bzw. *h3y* vor (***pAshmol. Mus. 1945.97***; ***pBerlin P 10496*** vso Z. 15). Das Übergeben der Urkunde an den darin Begünstigten wurde wohl als *swḏ* bezeichnet.[383]
Oft finden sich am Ende von Urkunden des NR Klauseln, die den Widerspruch durch Familienangehörige oder andere Personen ausschließen. Typisch für das spätere NR und die 3. Zwzt ist die Verwendung von Fluchformeln anstelle von oder zusätzlich zu juristischen Klauseln gegen eventuelle Einsprüche.[384] Ab der 22. Dyn. wurde immer häufiger eine Formel verwendet, die einen Prozeß seitens des Ausstellers verhindern sollte: *ỉw mn m-dỉ=ỉ md.t nb.t r ḏd(=s) ỉrm=k* „wobei ich nichts (scil. vorzubringen) habe, um mit dir darüber zu streiten" (z.B. ***pBerlin P 3048 vso B***, ***pLouvre E 7851 rto***).
Zeugenabschriften, d.h. vollständige oder teilweise Abschriften des Urkundentextes durch die Zeugen, kommen seit der 25. Dyn. vor (***pLouvre E 3228b***). Die Zahl der Zeugen bei kursivh. Urkunden schwankt zwischen zwei und zehn, wobei eine deutliche Häufung bei vier liegt, was auch später die Standardanzahl ist.[385]
Seidl postulierte für das NR, daß Urkunden zur Dokumentation eines Geschäftes meist als Protokolle eines Scheinprozesses entstanden seien („Scheinprozeßurkunden").[386] Doch beziehen sich die von ihm angeführten Dokumente teils auf echte Prozesse, teils sind es auch Urkunden, die vor dem Richterkollegium als notarieller Instanz aufgesetzt wurden und keineswegs einen Prozeß (sei er real oder vorgetäuscht) implizieren.
In der 3. Zwzt entwickelt sich eine besondere Klasse von Urkundenschreibern mit dem Titel *mtr sẖ* „Zeugenschreiber" [387]. Eventuell haben auch die als *sẖ ḫtm* „Schreiber des Siegels/der Siegelurkunde"[388] bezeichneten Personen notarielle Funktionen.

3.2.1 Verkaufsurkunden

Aus der 18. Dyn. sind mehrere Belege für Urkunden erhalten, in denen es um eine als *swn.t* „Preiszahlung" bezeichnete Transaktion geht (***pGurob II.1***; ***pGurob II.2***; ***Bryce-Tablet***). Wie schon in dem Exemplar der 2. Zwzt (***Stèle Juridique***) quittieren sie den

382 Vgl. auch MENU, in: Grund und Boden, 140–141. Zur Diskussion darüber, ob *ḏd* als *sḏm=f* oder unmarkierte Relativform *(r.)ḏd* zu verstehen ist, vgl. VLEEMING, in: OMRO 61, 14, Anm. 47.
383 EYRE, in: JEA 78, 213.
384 S. dazu auch ASSMANN, in: JEA 78, 155–157.
385 SEIDL, Saiten- und Perserzeit, 15.
386 SEIDL, Einführung, 25; 27–30.
387 MALININE, Choix, 41, Anm. 19.
388 JANSSEN, in: JEA 54, 169.

Erhalt einer Zahlung für einen Verkauf, wobei nach der Datierung zunächst die Parteien genannt und dann das Verkaufsobjekt sowie die als Gegenwert geleisteten Gegenstände aufgezählt werden. Die verwendeten Formeln sind nicht einheitlich, gemeinsam ist ihnen jedoch die nominale Ausdrucksweise (*rdy.t n A ... r swn.t* „Was A gegeben wurde ... als Bezahlung"). Da im NR darüber hinaus jedoch auch Erklärungen des Verkäufers in wörtlicher Rede, manchmal als Eid, Teil des Dokumentes waren, scheinen sie nun eindeutig die Rolle von Verkaufsurkunden und nicht bloß von Quittungen gespielt zu haben. Anders als im AR war es nun der Verkäufer, der die Urkunde ausstellte. Menu nimmt an, daß ab der 18. Dyn. Verkäufe nur mit Urkunden durchgeführt wurden, selbst wenn es sich nicht um Immobilien handelte[389]; es ist jedoch höchst unwahrscheinlich, daß für kleinere Gegenstände und Nahrungsmittel, die man auf dem Markt kaufte, eine schriftliche Dokumentation nötig war. Wohl zufällig beziehen sich die drei im Original erhaltenen *swn.t*-Urkunden des NR auf den Verkauf von Sklaven-Arbeitstagen.

Die oft mißverstandene ***Stele der Ahmes-Nefertari***[390] berichtet über die Ausstellung einer Verkaufsurkunde über ein Priesteramt, aus der auch Auszüge wiedergegeben werden, so die Liste der als Preis gezahlten Gegenstände mit Wertangaben, die Zufriedenheitserklärung der Verkäuferin über den Empfang des Preises (*ỉw=ỉ grḥ.kwỉ ḥr tꜣ swn.t ỉrw ẖft=s* „ich bin befriedigt über die Preiszahlung, die dafür gemacht wurde") sowie die Abweisung fremder Einsprüche (*nn rdỉ.t ẖnn.tw=s ỉn rmṯ nb r nḥḥ ḥnᶜ ḏ.t*, „Es ist auf ewig unzulässig, daß es durch irgendeinen Menschen gestört wird"); beides sei von ihr beeidet worden. Der Stelentext ist keine Urkundenabschrift, sondern steht in seiner narrativen Form eher den Königsnovellen nahe.

In den Umkreis der Verkaufsurkunden des NR gehören Texte, die ebenfalls die Zahlung eines Preises für ein verkauftes Objekt dokumentieren, in denen jedoch wesentliche Elemente des Formulars fehlen (z.B. ***pChester Beatty I vso D***; ***oDeM 195***; ***oDeM 410***; ***oMichaelides 14***). Sie beginnen meist mit einer Datierung, die manchmal jedoch auch ausgelassen oder verkürzt ist, dann folgt eine Formel, die die beiden Parteien sowie das Verkaufsobjekt nennt, und anschließend eine Liste der als Preis gezahlten Gegenstände mit ihrem jeweiligen Wert. Es fehlen jedoch der Begriff *swn.t*, eine Empfangsbestätigung und/oder Zufriedenheitserklärung des Verkäufers in wörtlicher Rede und/oder Erklärungen zum Ausschluß fremder Einsprüche oder Ansprüche. Zeugenlisten sind ebenfalls nicht immer vorhanden. Aus diesen Gründen und weil diese Texte häufig auf Ostraka verzeichnet sind, könnte es sich um private Vermerke über Geschäfte, Entwürfe für Urkunden oder unvollständige Abschriften handeln, wenngleich sie durchaus vor Gericht als Beweis verwendbar gewesen sein könnten, falls sie Zeugen nannten.

Auch ***pBerlin P 9784*** ist nicht als Verkaufsurkunde zu betrachten, sondern als schriftliche Zusammenstellung von Transaktionen vielleicht für einen Prozeß auf der Grundlage von Verkaufsurkunden, aus denen die Daten, die Listen der gezahlten Gegenstände sowie das Zitat der Empfangs- und Zufriedenheitserklärung des Verkäufers exzerpiert wurden. Die Formulierung ähnelt der der Verkäufererklärung auf der ***Stele der Ahmes-Nefertari***: *tw=ỉ mḥ.k(wỉ) grḥ.k(wỉ) m tꜣ swn.t tꜣy=ỉ X* „Ich bin voll bezahlt und befriedigt mit dem Preis für mein X". Dazu kommt noch eine beeidete Erklärung über Ersatzleistungen, die für den Verkauf von Sklavenarbeitstagen typisch ist.

---

[389] MENU, in: JEA 74, 166.

[390] Nur mit äußerster Vorsicht zu benutzen ist z.B. die Übersetzung von HARARI, in: ASAE 56.

Die Abschrift einer Verkaufsurkunde über Land aus der 21. Dyn. ist auf der ***Stele Kairo JE 70218*** unterhalb einer Opferszene verzeichnet. Das Formular ist sehr knapp gehalten und beschränkt sich auf die Angabe der Verkaufsobjekte sowie des jeweiligen Preises; eine Zeugenliste fehlt.
Ungewöhnlich ist die Verkaufsurkunde über Uschebtis ***pBM 10800*** aus der 3. Zwzt, da sie Urkundenformular mit magisch-religiösen Sprüchen verbindet, in denen die Uschebtis aufgefordert werden, für ihren Käufer zu arbeiten. Möglicherweise hatte auch die mehrfache Nennung der Anzahl der Uschebtis sowie des Kaufpreises magische Funktion. Hier erscheint erstmals eine neue Formel für den Gelderhalt und die Zufriedenheitserklärung des Verkäufers (*šsp(=ỉ) n=k pꜣ ḥḏ n tꜣy X m ỉb-hr(=ỉ)(?)* „(Ich) habe von dir das Geld für dieses X bekommen zu (meiner) Zufriedenheit"), die in ähnlicher Form noch in den kursivh. Verkaufsurkunden verwendet wurde.
Die Abschrift einer Verkaufsurkunde über Land aus der 25. Dyn. ist auf der ***Stele Kairo JE 37888*** belegt; sie folgt noch dem Formular des NR. Weitere Verkaufsurkunden dieser Zeit sind die kursivh. ***pLouvre E 3228d***, ***pLouvre E 3228e***, ***pLeiden F 1942/5.15*** und ***pVatikan 2038 C*** (über Sklaven), zu denen auch vergleichbare Urkunden aus der 26. Dyn. zu stellen sind (***pTurin 2118 rto = A***; ***pTurin 2120*** über Land; ***pWien D 12002*** über Vieh). Sie zeigen zwar kein völlig einheitliches Formular, doch sind die Gemeinsamkeiten deutlich: Nach einer Datierung, die Jahr, Monat und Tag nennt, folgt die Einleitungsformel, die entweder die für die kursivh. Urkunden typische hybride Form *hrw-pn ḏd A n B* oder schon die später in dem. Urkunden übliche Form *ḏd A n B* haben kann. Dann folgt die Erklärung des Verkäufers über die Übergabe des Verkaufsobjektes (z.B. *dỉ(=ỉ) n=k X* „Ich habe dir X gegeben") und den Erhalt des Preises (z.B. *šsp(=ỉ) n=k Y r ḏbꜣ.t=f pꜣ hꜣ m ỉb-hr(=ỉ)* „Ich habe von dir Y erhalten zu seiner Bezahlung, heute, zu (meiner) Zufriedenheit"), wobei die Reihenfolge unterschiedlich ist. Beim Verkauf von Immobilien wird das Objekt durch die Angabe der Nachbarn in allen vier Himmelsrichtungen näher bezeichnet. Gelegentlich finden sich auch Aussagen darüber, wie der Verkäufer in den Besitz des Objektes gekommen ist (z.B. durch Kauf, mit Angabe des Verkäufers, oder durch Erbschaft). Den Abschluß bilden beeidete Erklärungen des Verkäufers, z.B. die Versicherung, von dieser Vereinbarung nicht zurücktreten zu können (*bn ỉw=y rḫ stꜣ nꜣ sẖ.w nty ḥry* „Ich werde die obigen Urkunden nicht zurückziehen können"), über das Fehlen von Verwandten oder anderen Personen, die Ansprüche auf das Verkaufsobjekt haben (z.B. *bn st m-dỉ(=ỉ) šr šr.t sn sn.t rmṯ nb n pꜣ tꜣ ḏr=f ỉw=w rḫ mdw n-ỉm=f dwꜣ ḥr-sꜣ dwꜣ* „Ich habe keinen Sohn, Tochter, Bruder oder Schwester oder irgendeinen Menschen auf Erden, die deswegen morgen oder später sprechen [d.h. prozessieren] könnten."), sowie darüber, daß solche Ansprüche vor Gericht nicht angenommen werden (z.B. *ỉr pꜣ nty ỉw=f (r) mdw bn sḏm.tw rꜣ=f m ẖꜣ nb n sẖ.w* „Was den angeht, der sprechen [d.h. prozessieren] wird, so wird man seine Aussage in keinem Urkundenbüro anhören."). Üblich ist die vollständige oder teilweise Abschrift des Urkundentextes durch vier oder mehr Zeugen, die sog. Zeugenkopien.

3.2.2 *ỉmy.t-pr*-Urkunden (Hausurkunden)

Die bereits aus dem AR und MR bekannten *ỉmy.t-pr*-Urkunden kamen auch zu Beginn des NR noch vor; sie dienten weiterhin in fast allen Fällen zur unentgeltlichen Übertragung von Rechten und werden daher häufig für Schenkungen im Todesfall, d.h. funktional als Testamente verwendet, auch wenn dies oft nicht explizit gesagt wird (***oDeM***

108; ***Stele Kairo CG 34016***). Entgegen Menu[391] läßt sich nicht erkennen, daß diese Urkundenart speziell dazu dient, Besitz und Ämter ungeteilt weiterzugeben, da es auch Beispiele für *ỉmy.t-pr*-Urkunden gibt, in denen das Erbe verteilt wird (***oDem 108***). Die Unteilbarkeit mancher Erbschaften hat mit der Urkundenart wohl nichts zu tun, sondern mußte, wenn gewunscht, separat festgelegt werden. Von der Verwendung einer *ỉmy.t-pr*-Urkunde zur Einrichtung einer Stiftung wird in der ***Inschrift von Kanais C*** Z. 18 berichtet, dies bedeutet jedoch nicht, daß Stiftung und *ỉmy.t-pr* gleichzusetzen sind[392].
Das Formular der *ỉmy.t-pr*-Urkunden beginnt regelmäßig mit der Datierung (Jahr, Monat, Tag, König). Darauf folgt die Einleitungsformel, die in einigen Fällen noch wie im MR *ỉmy.t-pr ỉr.t.n A n B* „Hausurkunde, die A für B gemacht hat" lautet, wobei die begünstigte Partei B gelegentlich nicht gleich namentlich genannt wird, sondern z.B. als *ḥm.t=f ẖrd.w=f* „seine Frau und seine Kinder" auftreten kann (***Stele Kairo CG 34016***). Andere Hausurkunden zeigen schon die neuere Einleitungsformel *hrw pn* + Infinitiv, so ***oDeM 108***: *hrw-pn n rdỉ.t ḫ.t=f ỉn A [ỉw=w(?) ḥr(?)] ỉr.t n=f ỉmy.t-pr (n) nꜣy=f ẖrd.w* „Dieser Tag des Gebens seines Eigentums durch A, [wobei(?) man(?)] für ihn eine Hausurkunde (für) seine Kinder machte". Der Urkundenkörper kann ganz unterschiedlich formuliert sein: als schlichte Aneinanderreihung von Klauseln der Form *ỉr X ỉw=f/w n B* „Was X angeht, es ist/sie sind für B" (***oDeM 108***) oder als ausführlicher Text mit narrativen Elementen (***Stele Kairo CG 34016***). Dazu können noch Formeln zur Abweisung aller Einsprüche von Familienmitgliedern kommen, in ***Stele Kairo CG 34016*** als Eid vor König und Gott Amun formuliert. Den Abschluß bildet der Siegelungsvermerk (***Stele Kairo CG 34016***: *ḫtm ỉn ḫꜣ n ṯꜣty m hrw-pn m-bꜣḥ ỉmy-rꜣ nw.t ṯꜣty NN* „Gesiegelt durch das Wesirbüro an diesem Tag, vor dem Stadtvorsteher und Wesir NN"). Daß Hausurkunden vom Wesir gesiegelt werden mußten, ist auch aus der ***Dienstanweisung für den Wesir*** (R 19) bekannt; van den Boorns Annahme, dies hätte nur für *ỉmy.t-pr*-Urkunden gegolten, in denen Ämter und ihre Einkünfte übergeben werden[393], weil dies sonst zu aufwendig geworden wäre, ist nicht überzeugend, da die Zahl der Menschen, die überhaupt in der Lage waren, eine *ỉmy.t-pr*-Urkunde auszustellen, sicherlich nicht sehr groß war. Wahrscheinlich schrieb man die Urkunden vor Zeugen oder vor dem örtlichen Richterkollegium und legte sie dann dem Wesirbüro nur zur Siegelung vor; ***oDeM 108***, das zwar den Beginn des Formulars sowie eine Angabe des Inhalts, aber keinen Hinweis auf die Siegelung enthält, ist wohl ein Entwurf oder eine Abschrift.
Eine besondere, weil kgl. *ỉmy.t-pr*-Urkunde ist auf der ***Stele der Ahmes-Nefertari*** erwähnt: Die Königin Ahmes-Nefertari hatte dadurch das Amt des zweiten Propheten des Amun erhalten, d.h. wohl geerbt, mit dem Recht, es an ihre Nachkommen weiterzuvererben. Entgegen der v.a. von Harari vertretenen und z.B. von Menu übernommenen Behauptung[394] handelt es sich bei dem Stelentext selbst aber nicht um eine *ỉmy.t-pr*-Urkunde, und die Königin bekommt das Amt nicht, sondern verkauft es an Ahmose.[395]
In der Tradition der *ỉmy.t-pr*-Urkunden steht die ***Stele Kairo JE 31882***: In der Inschrift bestätigt der Gott Amun die Gültigkeit einer Eigentumsübertragung des Iuweloth an seinen Sohn Chaemwaset sowie den Ausschluß der Ansprüche anderer Kinder oder

---

[391] MENU, in: RdE 23, 156; 158.
[392] So gegen HARARI, in: DE 7, 88.
[393] VAN DEN BOORN, Duties of the Vizier, 180–181.
[394] HARARI, in: ASAE 56. MENU, in: RdE 23, 156; dies., in: BIFAO 77, 89–100.
[395] So auch GITTON, in: BIFAO 76, 66–70, sowie TRAPANI, in: ZÄS 129, 152–165.

Geschwister. Welche Form das der Steleninschrift zugrundeliegende Dokument hatte, d.h., ob es eine normale *ỉmy.t-pr*-Urkunde oder bereits ein Götterdekret war, ist unklar.

3.2.3 Stiftungsukunden

Stiftungen von Land durch den könig oder hohe Beamte an Tempel oder von Privatpersonen für Totenopfer sind auf den sog. Schenkungsstelen dokumentiert, die überwiegend, aber nicht ausschließlich aus dem Delta stammen (s. S. 51 o.). In der Stilisierung lassen sich die typischen Unterschiede zwischen ober- und unteräg. Urkunden der 3. Zwzt erkennen (s. S. 70 o.). Das Formular entspricht meist dem der typischen NR-Urkunden und zeigt die Einleitung *hrw(-pn) dỉ.t ḥnk ꜣḥ.t ... n A ỉ.ỉr B* „An d(ies)em Tag Geben einer Schenkung eines Ackers ... an A, welches B gemacht hat" nach der Datierung, allerdings fehlt häufiger die Nennung des Schenkenden. Den Abschluß bilden oft Fluchformeln gegen die Zerstörung des Denkmals und den Widerruf der Schenkung, darunter mehrfach der Eselsfluch, der die Vergewaltigung durch einen Esel androht (z.B. ***Stele des Tefnachte Kleine Dachlastele***).[396] Einige der Stelentexte, bei denen der König als Stifter auftritt, sind als Dekrete (*wḏ-nsw*) gestaltet, teils mit königsnovellenhaften Rahmenhandlungen. Die Schenkungen erfolgen i.d.R. über administrative Mittelsmänner. Da von einigen Texten Kopien auf mehreren Stelen vorliegen, wurden diese wohl als Grenzsteine an den Ecken der jeweiligen Felder aufgestellt.

3.2.4 Pachturkunden

Landpachturkunden sind erstmals in der 25. Dyn. belegt. Das Formular entspricht bereits weitgehend dem der saitischen und perserzeitlichen Pachturkunden (s. S. 157f. u.), allerdings wird nicht das Verb *sḥn* „verpachten" verwendet, sondern *rdỉ.t r skꜣ* „geben zum Pflügen" bzw. *šsp r skꜣ* „erhalten zum Pflügen". Wie in späterer Zeit kann entweder der Verpächter (***pLouvre E 7852***?; ***pLouvre E 7860***) oder der Pächter (***pLouvre E 7851 rto*** und ***vso***) der Aussteller der Urkunde sein. Der Pachtzins besteht aus einem Anteil (i.d.R. einem Viertel) an der Ernte.

3.2.5 Schuldscheine und Darlehensurkunden

Aus der 22. Dyn. ist die erste Urkunde über ein Gelddarlehen erhalten (***pBerlin P 3048 vso B***, Entwurf oder Kopie); ihre Einleitungsformel entspricht bereits der der Spzt. (s. S. 160f. u.). Der Schuldner erklärt den Erhalt des Darlehens (*šsp(=ỉ) n=k X* „(Ich) habe X von dir erhalten.") und verpflichtet sich, ein Jahr später das Doppelte zurückzuzahlen (*ỉnk dỉ-sw n=k ỉw=w 2X* „Ich bin es, der es dir geben wird, indem es 2X sind"), ohne einen Prozeß anzustrengen (s. S. 70 o.).

Aus der 25. Dyn. liegen Urkunden über Darlehen in Geld und Getreide vor; die Einleitung kann noch dem typischen NR-Formular entsprechen oder bereits dem der Spzt. Darunter sind sowohl echte Darlehensurkunden (z.B. ***Tafel MMA 35.3.318 rto*** und ***vso***) als auch Schuldscheine, in denen nur die Verpflichtung zur Rückzahlung einer bestimmten Summe erklärt wird (z.B. ***pLouvre E 3228b***). In den Darlehensurkunden kann ein Zinssatz explizit genannt sein (***Tafel MMA 35.3.318 vso*** Z. 6–7) oder implizit aus dem Verhältnis zwischen Kapital und geschuldeter Summe hervorgehen (***Tafel MMA 35.3.318 rto*** Z. 4–6: 50% Zinsen, was später der Standard bei Getreidedarlehen ist).

---

[396] ASSMANN, in: JEA 78, 156–157; JANSSEN, in: JEA 54, 172; MORSCHAUSER, Threat-Formulae.

In manchen Urkunden fehlt der Fälligkeitstermin und war dann vielleicht vom Gläubiger beliebig festsetzbar, üblicherweise wird er jedoch genannt (***Tafel MMA 35.3.318 rto***: letzter Tag des 4. Monats der Achet-Jahreszeit). Wenn dies in Getreidedarlehen nicht der Fall ist, ist das Ende der Erntezeit (ca. 3./4. Monat der Achet-Jahreszeit) als gewohnheitsmäßiger oder vielleicht sogar gesetzlich festgelegter Fälligkeitstermin anzunehmen (vgl. ***Codex Hermupolis*** 4.23, ***pBerlin P 23757 rto*** B Z. x+12).
Getreidedarlehen liefen normalerweise nur von Aussaat bis Ernte, deshalb wurden auch die Zinsen dafür nicht jahresweise berechnet, sondern pro Ernte. Eine Hochrechnung des Zinssatzes auf ca. 75 % jährlich für ***Tafel MMA 35.3.318 rto***[397] ist daher auch nicht sinnvoll. Manche Dokumente geben Strafzinsen bei Überschreiten der Fälligkeit an (***pLouvre E 3228b***: *ỉr ỉw=w r hwš r pꜣy=y ssw ỉw ẖpr=s (r) msỉ n ṯꜣy ... r-ḥry ỉw bn ỉw=w ꜥḥꜥ (n) ms* „Wenn man mein Datum mißachten wird, werden sie Zinsen tragen von ... an in Zukunft, indem sie nicht (als) Zinsen stehenbleiben werden“). Deren Höhe ist allerdings nicht immer explizit genannt, so daß vielleicht von einer allgemein bekannten (gesetzlichen) Regelung auszugehen ist. Die Formulierung *ỉw bn ỉw=w ꜥḥꜥ (n) ms* „indem sie nicht (als) Zinsen stehenbleiben“ bedeutet entweder, daß die Zinsen immer weiter anwachsen können oder daß die Zinsen zum Kapital geschlagen werden und somit Zinseszinsen anfallen. Der Schuldner konnte sich auch zu weiteren Dienstleistungen wie der Lieferung des Getreides zum Haus des Gläubigers verpflichten. Üblich sind Klauseln über den Verzicht auf einen Prozeß (s. S. 70 o.) sowie auf Widerruf der Urkunde (*bn ỉw(=ỉ) rḫ sṯꜣ pꜣ mḏ* „Ich werde die Urkunde nicht zurückziehen können“).

3.2.6 Eheurkunden

Die ältesten erhaltenen Eheurkunden stammen aus der 22. Dyn. (***pBerlin P 3048 vso A***), ein weiteres Beispiel datiert in die 25. Dyn. (***pKairo CG 30907+30909***). Sie sind noch nach dem typischen Schema des NR aufgebaut und zeigen nach der Datierung die Einleitung *hrw-pn ꜥq r pr n A r.ỉr B r ỉr sꜣ.t=f n ḥm.t n s.ḥm.t C tꜣy=f šr.t n ḥm.t* „An diesem Tag: Eintreten in das Haus des A, welches B gemacht hat, um seine (des A) Tochter zur Ehefrau zu machen, nämlich die Frau C, seine (des A) eheliche Tochter“. Es folgt eine Liste der „Frauengabe“ (*šp n s.ḥm.t*), die sich der Bräutigam der Frau zu geben durch einen Eid verpflichtet, falls er sie wegen einer anderen Frau verstößt, und es wird festgehalten, daß auch im Scheidungsfalle die Kinder aus dieser Ehe Anrecht auf das während der Ehe erworbene sowie das von den Eltern ererbte Gut des Mannes haben. Diese Regelungen gelten jedoch ausdrücklich nicht, wenn die Scheidung wegen Ehebruch der Frau erfolgt. Die Formulartradition setzt sich in den kursivhier. Eheurkunden der 26. Dyn. (***pLouvre E 7849***; ***pLouvre E 7846***) fort.

3.2.7 Abstandsurkunden

Bei dem von Allam[398] als „Abstandsurkunde“ bezeichneten ***oGardiner 104*** handelt es sich in Wirklichkeit um einen Eid auf Streitverzicht, der entweder im Anschluß an einen Prozeß oder unabhängig davon nach einem Geschäft geleistet wurde. Diese Streitverzichtseide sind zwar die Vorläufer der späteren Abstandsurkunden, stellen im NR aber noch keine selbständige Urkundenart dar.

---

397 JASNOW, in: History ANE Law II, 808.
398 ALLAM, in: JEA 53, 47.

Die früheste echte prozessuale Abstandsurkunde ist ***pLouvre E 3228c*** aus der 22. Dyn. Im Anschluß an einen Prozeß bezüglich eines Sklaven mußten die Verlierer dem Gewinner eine Urkunde ausstellen, in der sie darauf verzichteten, weiterhin Ansprüche an dem Sklaven anzumelden; der Sinn dieser Urkunden war es, einen weiteren Prozeß in der gleichen Sache zu verhindern. Das Formular umfaßt die Schilderung der Prozeßsituation, die Entscheidung der Richter, die zur Ausstellung der Abstandsurkunde führt, sowie einen Eid darüber, daß keine anspruchsberechtigten Verwandten existieren und eine Klage diesbezüglich nicht angenommen wird.

3.2.8 Friedensvertrag

Aus der 19. Dynastie ist, als einziges Beispiel eines Vertrages zwischen Ägypten und einer ausländischen Macht, der ***Friedensvertrag*** (*nt-ᶜ nfr n ḥtp n snsn* „gute Friedens- und Verbrüderungsbestimmung") zwischen Hattusili III. und Ramses II. in akkadischer und äg. Fassung erhalten, der jedoch frühere Friedensverträge zwischen den beiden Ländern erwähnt. Die Parteien versprachen sich dauerhaften Frieden, Unterstützung gegen innere und äußere Bedrohung, Auslieferung und Amnestierung von Flüchtlingen. Ramses garantierte Hattusili die Anerkennung des Thronfolgers, der entsprechende Abschnitt für Hattusili fehlt. Der Text schließt mit einer Liste von Schwurgöttern sowie Fluch- und Segensformeln bei Mißachtung bzw. Einhaltung des Vertrages.

3.3 Gerichtsbarkeit

3.3.1 Art und Zusammensetzung der Tribunale

Die übliche Bezeichnung für „Gericht“ bzw. „Richterkollegium“ ist *qnb.t* „Kollegium“ bzw. *qnb.t sḏmy.w* „Kollegium der Verhörenden“ (z.B. ***oBM 65930***; ***pBerlin P 3047*** Z. 16; ***pMünchen 809*** 2.2, 5). Der Begriff *ḏꜣḏꜣ.t* kommt im frühen NR zwar noch vor, bezeichnet dann aber nur noch eine Institution der Verwaltung. Das zweimalige Auftreten von *ḏꜣḏꜣ.t wr.t* in der ***Dienstanweisung für den Wesir*** könnte ein Archaismus für *qnb.t wr.t* sein.[399] Auch *sr.w* kommt noch als Bezeichnung für die Mitglieder des Richterkollegiums vor (***pKairo CG 58092*** rto; ***Inschrift des Mes***; N 8), sogar über das Ende des NR hinaus[400]. Der Ausdruck *mꜥbꜣy.t* „Dreißigschaft“ ist nur noch in religiösen Texten für ein hohes Richterkollegium belegt (z.B. ***Tb*** 125).

Deutlich lassen sich zwei unterschiedliche Ebenen des Gerichtswesens unterscheiden:

1.) Als zentrale Einrichtungen, im NR mit dem Wesir als Vorsitzendem, erscheinen die „großen Gerichte“ (*qnb.wt ꜥꜣ.wt* bzw. *qnb.wt wr.wt*). Im ***Dekret des Haremhab*** D Z. 4 werden die beiden großen Städte von Ober- und Unterägypten (Theben und Memphis oder Heliopolis[401]) als Standorte genannt. Nach der etwas späteren ***Inschrift des Mes*** gab es eine *qnb.t ꜥꜣ.t* in Heliopolis[402], und die von Theben wird noch in der 20. Dyn. erwähnt (z.B. ***pTurin 2021+pGenf D 409***). Vielleicht ersetzte die heliopolitanische *qnb.t* die in Memphis, vielleicht wurde die Zahl auch von zwei auf drei erhöht.[403] Ihre Mitglieder umfaßten hohe Hofbeamte und Priester (vgl. ***pBM 10221***, 7.2–6), die eigens für die Verhandlungen zusammentraten; die Zusammensetzung wurde vielleicht üblicherweise vom Wesir und in Einzelfällen vom König festgelegt[404]. Gelegentlich sind sogar beide Wesire anwesend (***pMünchen 809*** 2.6). Unter anderem um die juristischen Aufgaben des Wesirs geht es in der ***Dienstanweisung für den Wesir***: Nach van den Boorn wird darin jedoch nur die Verantwortlichkeit für die Entscheidung über Vergehen von Beamten beschrieben[405]. Die verhältnismäßig häufige Involvierung des Wesirs in Rechtsfälle in Deir el-Medineh ist nicht repräsentativ für das gesamte Land, da die Arbeitersiedlung in besonderer Weise der Verwaltung des Wesirs unterstand.[406] Auch der König war, zumindest in einigen Fällen, bei den Gerichtsverhandlungen der *qnb.t ꜥꜣ.t* anwesend und sprach auch selbst Urteile (***pGenf D 191***). Eine direkte Anklage vor dem König anläßlich öffentlicher Zeremonien scheint möglich gewesen zu sein (***oAshmol. Mus. 1945.37+1945.33+oMichaelides 90***). Der König konnte den Wesir absetzen, wenn ihm dessen Urteil nicht gefiel (***pBM 10055*** rto 2.18).

Unter die Zuständigkeit des Wesirs bzw. der *qnb.t ꜥꜣ.t* fielen Streitigkeiten über Landbesitz (z.B. ***Inschrift des Mes***), Streitfälle, die Beamte betrafen[407] sowie alle Vergehen, die eine schwere körperliche Strafe wie Verstümmelung oder Todesstrafe nach sich zogen (***oBM 65930***; ***oIFAO 1277***). Bei letzteren konnte das lokale Gericht (s.u.) zwar

---

399 VAN DEN BOORN, Duties of the Vizier, 157.
400 ALLAM, in: JEA 77, 115.
401 Für Heliopolis: BEDELL, Criminal Law, 2–3.
402 GARDINER, Inscription of Mes, 33–35 [119–121].
403 Vgl. Diodor I, 75.3.
404 PEET, Tomb Robberies, 19–20.
405 VAN DEN BOORN, Duties of the Vizier, 315–317.
406 MCDOWELL, Jurisdiction, 10.
407 VAN DEN BOORN, Duties of the Vizier, 315–317.

entscheiden, wer bestraft werden sollte, aber das genaue Strafmaß legte der Wesir fest.[408] Nach ***pTurin 1887*** rto 2.3 allerdings war der König selbst derjenige, der darüber informiert werden mußte. Die *qnb.t ꜥꜣ.t* konnte Aufgaben wie die Nachforschungen vor Ort und die Durchsetzung des Urteils an das zuständige lokale Gericht delegieren.[409]
In der 25. Dyn. scheint die *qnb.t ꜥꜣ.t* nicht länger vom Wesir, sondern von einem *ḥry sẖ n tmꜣ* „Obersten Matten(?)schreiber" geleitet worden zu sein (***pLouvre E 3228c***). Allam vermutet für die 3. Zwzt eine Umstrukturierung der Gerichte mit einem Wandel hin zu Berufsrichtern ohne administrative Aufgaben.[410]
2.) Neben den zwei oder drei zentralen gab es auch lokale Gerichtshöfe, die sich ebenfalls nicht aus Berufsrichtern zusammensetzten, sondern, nach den Angaben des ***Dekretes des Haremhab*** D Z.6–7, aus den Propheten (*ḥm.w-nṯr*), Bürgermeistern (*ḥꜣ.ty.w-ꜥ*) und Priestern (*wꜥb.w*) der jeweiligen Orte; die erhaltenen Listen von Gerichtsmitgliedern weisen in der Tat überwiegend Priester und Verwaltungsbeamte auf (z.B. ***pBerlin P 3047***; ***pEremitage 5597***), in Deir el-Medineh oft die Vorarbeiter und Schreiber der Mannschaften, d.h. die lokalen Eliten, aber manchmal auch einfache Arbeiter, evtl. sogar Frauen (***oGardiner 150***). Sie traten sicherlich immer nur anläßlich von Prozessen zusammen und stellten keinen permanenten Gerichtshof dar. Das Verfahren zur Rekrutierung der Mitglieder ist unklar: Eine Ernennung durch den Wesir oder gar den König für jede einzelne Gerichtssitzung ist unwahrscheinlich, vielmehr scheinen sich die Gremien selbst konstituiert zu haben (***Dekret des Haremhab*** D Z. 7), eventuell durch Auslosen aus den in Frage kommenden Personen. Die Zahlen variieren, jedoch waren es nie weniger als drei. Die von Allam aufgeführten Beispiele von Einzelrichtern in Deir el-Medineh sind vergleichsweise selten[411]; diese Personen werden auch nicht als *qnb.t* bezeichnet. Nicht nur Ortschaften, sondern auch Tempel hatten ihre eigenen Gerichte.[412]
Möglicherweise mußten auch noch zu Beginn des NR die lokalen Gerichte die ihnen vorgelegten Fälle dem Wesirbüro mitteilen, um von dort die relevanten Gesetze mitgeteilt zu bekommen, wie das vielleicht im MR Vorschrift war; darauf könnte die Passage in der ***Dienstanweisung für den Wesir*** (R 25–26) hindeuten, in der es heißt, die lokalen Beamten müßten dem Wesir von allen Angelegenheiten berichten. Van den Boorns Einwand, das könne sich nur auf solche Angelegenheiten beziehen, die unter die Rechtsprechung des Wesirs fielen[413], ist nicht überzeugend, da es nicht um die Beurteilung durch ihn, sondern nur um seine Information geht.
Das Gericht von Deir el-Medineh verfügte über einen „Diener des Gerichtskollegiums" (*šmsw n qnb.t*), der die Aufträge des Gerichts ausführte (vgl. ***oIFAO 1277***). Zur Protokollierung und möglicherweise auch zur juristisch einwandfreien Formulierung des Urteils war ein Schreiber beigeordnet, vielleicht als Repräsentant des Wesirbüros.[414] Bedell nimmt an, für kleinere Ortschaften könnten auch mobile Richterkollegien zuständig gewesen sein.[415] Die lokalen Richterkollegien hatten im NR nicht nur judikative Aufgaben, sondern fungierten zugleich als Notariat, d.h. vor den Richtern als offiziellen

---

408 THÉODORIDÈS, in: Fs Naster II, 235.
409 GARDINER, Inscription of Mes, 35–36 [121–122].
410 ALLAM, in: JEA 77, 119.
411 ALLAM, Verfahrensrecht, 33.
412 Vgl. den „Schreiber ... von der *qnb.t* des Tempels" in ***pTurin 2021+pGenf D 409***.
413 VAN DEN BOORN, Duties of the Vizier, 254.
414 ALLAM, in: JEA 77, 112.
415 BEDELL, Criminal Law, 8.

Zeugen wurden Urkunden aufgesetzt (***pAshmol. Mus. 1945.97***) und Eide geleistet, so z.B. zum Streitverzicht nach Güterverteilungen (***oFlorenz 2620***). Allam spricht daher von „freiwilliger Gerichtsbarkeit".[416]
Als Ort von Gerichtssitzungen wird seit dem NR oft der Torbereich (*ᶜry.t* bzw. *ᶜrᶜy.t*; *sbꜣ*) eines öffentlichen Gebäudes, meist eines Tempels, genannt (vgl. ***pBerlin P 3047*** Z. 3–4).[417]
Bei der Untersuchung der Haremsverschwörung (vgl. ***pTurin 1875***; ***pLee***; ***pRollin***) wurde ein spezielles Komitee aus hohen Hofbeamten eingesetzt, an dem der Wesir nicht beteiligt war. Bemerkenswert ist, daß in der Einleitung zu ***pTurin 1875*** der König die Untersuchung zwar anordnete, selbst aber weder Kenntnis von den Schuldigen haben noch die Verantwortung für ihre Bestrafung auf sich nehmen wollte (***pTurin 1875***, 2.1–3.4). Auch die Grabplünderungen wurden wohl von speziell einberufenen Gerichten aus höchsten Staatsbeamten untersucht (***pAmhearst 6*** 3.7–9).
In der 3. Zwzt war das *ẖꜣ n sẖ.w* „Büro der Schriften", wohl eine Registraturbehörde für Urkunden (***Stele des Scheschonq***), offenbar gleichzeitig ein Gericht, da dort Einwände gegen eine beurkundete Transaktion nicht angehört werden sollen (***pLouvre E 3228d***). Das archaisierende Aufleben von Titeln des AR und MR in dieser Zeit (s. o.) betrifft auch solche, die möglicherweise juristische Funktionen hatten, wie *smsw hꜣy.t* „Ältester des Portals"[418] und *wr md šmᶜw* „Größter der 10 von Oberäg."[419], wobei jedoch unklar ist, ob ihr Aufgabenbereich unverändert blieb.

3.3.2 Prozeßablauf

Die meisten Informationen über Prozesse in der 19. und 20. Dyn. stammen aus Deir el-Medineh. Die soziokulturelle und administrative Sonderstellung dieses Ortes bedingt jedoch, daß sich die Erkenntnisse aus diesen Quellen nicht unbedingt auf den Rest Äg. übertragen lassen können. Einige Gesetze zur Durchführung von juristischen Untersuchungen und Prozessen sind in der ***Dienstanweisung für den Wesir*** erhalten. So galt z.B. die Regel, daß Entscheidungen über Felder in unmittelbarer Nachbarschaft von Theben innerhalb von drei Tagen getroffen werden mußten, während für solche an anderen Orten in Ober- oder Unteräg. eine Frist von zwei Monaten gestattet wurde (R 18–19).
Die Gerichte wurden fast immer nur auf eine Klage hin aktiv, denn eine staatliche Strafverfolgung gab es praktisch nicht, außer bei Verbrechen gegen den König (inklusive verstorbener Herrscher). Allerdings waren staatliche Beamten durch einen Eid (*ᶜnḫ n sḏfꜣ try.t*) verpflichtet, Rechtsverstöße zu melden.[420] Seidl nimmt an, man habe immer zunächst einem Beamten seine Angelegenheit vorlegen müssen und dieser hätte zunächst eine Schlichtung versucht, da man Prozesse habe vermeiden wollen[421]; Belege dafür fehlen m.E. jedoch. Auch in den von Jasnow angeführten Fällen von „arbitration" (***oStaring***; ***oBerlin P 12630***)[422] versuchen sich die Parteien wohl ohne Einschaltung

---

416 ALLAM, Verfahrensrecht, 43–44.
417 QUAEGEBEUR, in: Fs Théodoridès, 201–220. Vgl. auch VAN DEN BOORN, in: JNES 44.
418 Vgl. MEEKS, in: State and Temple II, 648 Fn. 195.
419 VERNUS, in: Cahiers de Karnak 6, 216–218; 222.
420 Vgl. dazu BAER, in: JEA 50, 179–180, und MCDOWELL, Jurisdiction, 202–208.
421 SEIDL, Einführung, 35.
422 JASNOW, in: History ANE Law I, 308, Fn. 199.

eines Schlichters untereinander zu einigen. Seidls „Gütegedanke" widerspricht m.E. auch dem Prinzip der Ma'at, da ein Vergleich bedeuten würde, daß eine der Parteien mehr Recht bekommt, als ihr eigentlich zusteht, und die andere weniger.
Die Existenz von Klageschriften bzw. Entwürfen dazu spricht dafür, daß die Klageerhebung schriftlich geschah (vgl. ***pTurin 1887***; ***pBM 10055***); es ist jedoch nicht auszuschließen, daß vor dem lokalen Gericht auch eine mündliche Klage eingebracht werden konnte (vgl. ***pDeM 27***). Dafür spricht auch die Terminologie, vgl. *mdw ḥr/m* „reden / streiten / prozessieren über" (***oFlorenz 2620***) und *šm r mdw.t ḥnᶜ*: „gehen, um mit jemandem zu sprechen" = „mit jemandem einen Prozeß anfangen" (***Dienstanweisung für den Wesir*** R 27). Ab der 25. Dyn. treten dazu *ỉrỉ qnb.t ỉrm* (***pLouvre E 3228c***) und *ḏd qnb.t ỉrm* „prozessieren", wobei letzteres in dem. Texten gebräuchlich bleibt.
Klagen konnten auch direkt an den Wesir oder sogar den König gerichtet werden, der dann wiederum den Wesir mit der Untersuchung beauftragte (***pBM 10383*** 1.5)[423]. Für einen völlig stummen, rein schriftlichen Prozeß, wie ihn Seidl basierend auf der Annahme, das Orakelverfahren mit zwei alternativen Schriftstücken käme erst in der 21. Dyn. vor, sowie der mißverstandenen Schilderung des Prozeßablaufes bei ***Diod.*** I 75.6–7für die 21. Dyn. vermutet[424], gibt es weder in der 3. Zwzt noch später Belege.
Viele der Ostraka enthalten möglicherweise nur Skizzen zu oder Auszüge aus Prozeßprotokollen: Oft beschränkte man sich auf die Angabe des Datums, der Parteien, der Besetzung des Richterkollegiums und des Urteils, manchmal kommt dazu der Eid, den der Unterlegene leisten mußte (z.B. ***oKairo CG 25553***), während die Darstellung des Tatbestandes durch den Kläger oft und die Stellungnahme des Beklagten meist fehlt. Das vollständige Verfahren läßt sich nur aus der Zusammenschau der erhaltenen Dokumente (z.B. ***pKairo CG 65739***; ***pMünchen 809***; ***pBerlin P 3047***; ***Inschrift des Mes***; ***pBerlin P 9785***; ***pEremitage 5597***; ***oKairo CG 25556***) rekonstruieren: Kläger und Beklagter mußten anwesend sein; der Kläger begann mit seiner Darstellung des Falles (*smỉ* „klagen": z.B. ***oDeM 672***; ***pBerlin P 3047*** Z. 7). Dabei konnte er bereits Urkunden (*mtrw.w* „Zeugendokumente"[425]) vorlegen, die seine Klage stützten (z.B. ***pBerlin P 3047*** Z. 13). Die Richter stellten dann, falls nötig, Fragen an den Kläger (*šnỉ* „befragen"; *smtr* „untersuchen"; *ššp rꜣ* „eine Aussage aufnehmen") und ließen den Beklagten seine Stellungnahme abgeben – der Grundsatz des beiderseitigen Gehörs ist auch in der ***Dienstanweisung für den Wesir*** R 2–3 festgeschrieben. Gegebenenfalls wurden auch Zeugen befragt, Personen zur Untersuchung bestimmter Umstände losgeschickt (***oBM 65930***) oder ein Ortstermin angesetzt (***pBerlin P 10496***; ***pBM 10221*** 7.11). Aussagen mußten i.d.R. danach beschworen werden; manchmal wurden die Zeugen jedoch auch schon im voraus darauf vereidigt, die Wahrheit zu sagen (***pKairo CG 65739***; ***Inschrift des Mes***, N 21 und N 27; ***pBM 10052*** passim). In den ***Grabräuberprozessen*** wurden Beklagte und Zeugen auch geschlagen, um sie zu einer Aussage zu bewegen (vgl. *smtr m qnqn / m bḏn* „untersuchen durch Schlagen / mit dem Stock").[426] Für das Herbeibringen von Zeugen oder Urkunden, die die eigene Aussage stützten, waren die Parteien selbst verantwortlich, das Gericht konnte jedoch auch von sich aus weiteres Beweismaterial anfordern. Nach der Beweisaufnahme bzw. der Feststellung des Tatbestandes

---

423 S. a. PEET, Tomb Robberies, 17–18.

424 SEIDL, Einführung, 39–40.

425 Vgl. WARD, in: SAK 9, 366.

426 S. dazu PEET, Tomb Robberies, 20–21, BEDELL, Criminal Law, 82–142, BOOCHS, in: GM 109, 22–23, sowie MÜLLER-WOLLERMANN, Vergehen und Strafen, 209–216; 267.

entschied (*wpỉ* „entscheiden, urteilen") das Richterkollegium, das Urteil bestand aus der Erklärung *mꜣꜥ.ty A ꜥḏꜣ B* „A ist im Recht, B ist im Unrecht" sowie der Verkündung, wie das Urteil zu vollstrecken sei. Letztere wurde häufig nicht mitprotokolliert: Manchmal fand eine Bestrafung auf der Stelle statt (z.B. ***pMünchen 809*** 2.4), in anderen Fällen spiegelt sie sich nur in dem Eid bei einem Gott oder dem König (*ꜥnḫ n nb* „Eid des Herrn") wider, den der Unterlegene schwören mußte. Je nach Lage des Falls hatte er zu versichern, ausstehende Zahlungen zu leisten, Strafhandlungen nicht zu wiederholen, dem Urteil in Zukunft nicht zuwiderzuhandeln (***oDeM 133***; ***oBM 5625***), ein Schuldanerkenntnis nicht zu widerrufen (***pBM 10335***) etc. Dabei wurde häufig die Strafe für die Nichtbefolgung in den Eid eingeschlossen. Diese Praxis hat zu verschiedenen Erklärungsversuchen geführt, wobei die lückenhafte Protokollierung von Prozessen noch weiter zur Verwirrung beigetragen hat: Einige Rechtshistoriker meinen, daß damit den Richtern die Verantwortung abgenommen würde, da der Verurteilte so sich selbst eine Strafe setzte bzw. in sie einwilligte[427]. Das ist jedoch irreführend, da die Eide vom Gericht vorformuliert und die Strafen darin wohl gesetzlich vorgegeben waren und nicht etwa vom Schwörenden selbst ausgesucht werden konnten.[428] Auch die Annahme, daß das Urteil ohne diese Unterwerfungserklärung nicht vollstreckbar gewesen sei[429], ist nicht überzeugend. Vielmehr diente die Nennung der Strafe im Eid wohl eher dazu, den Schwörenden vor Zeugen über die Konsequenzen in Kenntnis zu setzen, und war weniger eine Einwilligung in die Strafe. Von Allam wird, in Anlehnung an Seidls „Gütegedanken", der Eid am Prozeßende, wenn vorher nicht ausdrücklich ein Urteil erwähnt wird, als Folge einer Schlichtung gedeutet: Das Gericht habe eine Urteilsfindung vermieden und lieber einen gütlichen Vergleich angestrebt.[430] Dies beruht jedoch wiederum auf der falschen Annahme, diese Eide seien von einer der Prozeßparteien freiwillig und selbständig gemachte Äußerungen und nicht infolge des Urteils vom Gericht vorgegeben. In strafrechtlichen Prozessen wird das Freilassen der für unschuldig (*wꜥb* „rein") befundenen Angeklagten als *rdỉ.t ṯꜣw* „Atemluft geben" bezeichnet (***pBM 10052*** 16.17).

Eine Urteilsbegründung fehlt in den Protokollen meist – sie wurde dann offenbar nicht für aufzeichnungsbedürftig erachtet. Das Gericht hatte in erster Linie zu entscheiden, welche der Parteien im Recht bzw. Unrecht war, für die Konsequenzen aus dieser Entscheidung, d.h. die Zusprechung von Besitz oder die Zumessung der Strafe gab es Gesetze. Daß noch nicht einmal der Wesir sich nach eigenem Gutdünken über Gesetze hinwegsetzen konnte, geht aus der ***Dienstanweisung für den Wesir*** R 19–20 hervor: *m ỉr ꜣ[b.t]=k m ḫ.t nt.t rḫ.tỉ hp ỉrw* „Führe nicht deinen eigenen W[unsch] aus in Dingen, für die ein Gesetz bekannt ist."

Eine offizielle Dokumentation von Gerichtsurteilen ist zu erwarten, läßt sich jedoch erst für die 20. Dyn. indirekt belegen, da in ***pTurin 2021+pGenf D 409*** eine Registrierung eines vor dem Wesir durchgeführten Urkundenabschlusses belegt ist und ein ähnliches Verfahren für Urteile vermutet werden kann.

Auffällig bei den Verhandlungen vor der *qnb.t* von in Deir el-Medineh ist, daß oft mehrere Male in der gleichen Angelegenheit geklagt wurde, bis das Urteil endlich voll-

427 So SEIDL, Einführung, 36; 54. Vgl. auch BOOCHS, in: GM 129, 39.
428 So auch BOOCHS, in: LÄ VI (s.v. Strafen), Sp. 70 Anm. 5.
429 SEIDL, Einführung, 38.
430 ALLAM, Verfahrensrecht, 49–50.

streckt wurde. So bekam der Arbeiter Chaemnun viermal Recht mit seiner Klage, der Wasserholer Penniut solle seine bei ihm verstorbene Eselin mit Füllen ersetzen, bevor dieser in einer fünften Verhandlung bestraft wurde und noch einmal schwor, die Ersatzzahlung zu leisten (***oGardiner 53***). Insgesamt 18 Jahre dauerte ein ähnlicher Fall, in dem viermal wegen eines Ausstandes geklagt wurde (***oOIC 12073***), ein anderes Mal sind es elf Jahre (***oTurin CG 57381***. Aber auch Strafprozesse mußten unter Umständen mehrmals wiederholt werden: Obwohl der Ehebrecher Merisachmet schon nach seiner ersten Verurteilung schwor, sich nie wieder der fraglichen Frau zu näher, da ihm sonst Nase und Ohren abgeschnitten und er nach Nubien verbannt werden würde, schwängerte er sie sogar, ohne daß ihm Schlimmeres passiert, als noch einmal einen Eid deswegen schwören zu müssen (***pDeM 27***). Allam nimmt an, das Gericht in Deir el-Medineh habe nur eine begrenzte Autorität besessen.[431] Das bezieht sich jedoch nur auf die angedrohten schweren Körperstrafen, die es, als lokale *qnb.t*, tatsächlich nicht ohne Zustimmung des Wesirs bzw. Königs vollziehen konnte (s.o.). Am Ende nutzte jedoch meist die Drohung, so daß heftigere Zwangsmittel nur eingesetzt werden mußten, wenn der Verurteilte sich wiederholt nicht fügte. In ***pMünchen 809*** könnte die Bestrafung mit Schlägen wegen mehrfach abgewiesener Klage in der gleichen Sache belegt sein.

3.3.3 Orakelprozeß

Der Orakelprozeß stellt eine Neuerung des NR dar. Dabei wurde die Klage nicht einem Kollegium von menschlichen Richtern vorgetragen, sondern ein Gott um eine Entscheidung durch Orakel (*pḥ-nṯr* „Nahen des Gottes") angerufen (*ʿš*). Die Annahme, wonach dies vor allem von sozial Niedrigstehenden genutzt worden sei, die der Unparteilichkeit menschlicher Gerichte mißtrauten, läßt sich nicht länger halten.[432] Die Anrufung begann im NR üblicherweise mit *mỉ n=ỉ NN pȝy=ỉ nb nfr* „Komm zu mir, Gott NN, mein guter Herr" o.ä.[433] Ausführliche Texte zeigen, daß die Darstellung des Falles durch den Kläger genauso detailliert sein konnte wie vor dem herkömmlichen Gericht (z.B. ***oPetrie 16***; ***oBerlin P 10629***; ***oBM 5637***). Äg. Orakel basierten auf den Bewegungen, die die Statue bzw. der Schrein des Gottes machten, wenn sie bei einer Prozession (*pr.t* „Herausgehen", *ḫʿ* „Erscheinen" bzw. *sḫʿ* „Erscheinen lassen") herumgetragen wurden.[434] Darstellungen von Orakelprozessionen finden sich z.B. auf der ***Stele Kairo JE 91927***, der ***Stele Kairo JE 43649*** sowie im ***Grab des Amenmose (TT 19)***, Wand D', 2. Register. Ein Neigen nach vorne (*hnn* „nicken, zustimmen") galt als positive Antwort, ein Zurückweichen (*nʿỉ n ḥȝ=f* „hinter sich gehen") als Ablehnung (***oPetrie 21*** rto Z. 6–7; ***oKairo CG 25555*** rto Z. 7; ***Stele des Herihor*** Z. 4; auch als *ḥdn* „unwillig sein" bezeichnet, vgl. ***pBM 10335*** Z. 5). Anhalten (*smn* „stehenbleiben") und Absenken (*ḫr* „fallen", ***Inschrift des Djehutimose***) an bestimmten Stellen oder vor bestimmten Personen diente der Auswahl. Wenn auf eine Frage oder auch eine Situationsschilderung zunächst eine negative Antwort erfolgte, wiederholte man den Vorgang mit der entgegengesetzten Frage noch einmal. Die letzte Entscheidung war immer eine positive.[435]

---

431 So ALLAM, in: Fs Griffiths, 142.

432 MCDOWELL, Jurisdiction, 117.

433 VERNUS, in: BIFAO 75, 109.

434 ČERNÝ, in: BIFAO 30, 491–496. Zu Terminologie, Ablauf, Protokollierung und Gegenstand der Orakelentscheidungen ausführlich RÖMER, Gottes- und Priesterherrschaft, 135–301.

435 S. a. MCDOWELL, Jurisdiction, 140.

Dementsprechend mußten die Fragen an den Gott als Ja/Nein-Fragen formuliert (z.B. ***oDeM 573***; ***oDeM 574***; ***oDeM 672***) oder eine Liste von Möglichkeiten (***oGardiner 4***), z.B. Tatverdächtigen oder Preisen, vorgelesen werden. Ob es zufällige Bewegungen während der Prozession oder beim Absetzen der schweren Tragkonstruktionen waren oder ob die Personen, die die Statue des Gottes trugen, sie bewußt bewegten, ist umstritten[436] – eine Klage wegen Orakelbeeinflussung (***pTurin 1887*** rto 1.12–13) spricht jedoch dafür, daß keine gezielten Eingriffe vorgesehen waren. Eine andere Methode war, die fragliche Tatsache einmal positiv, das andere Mal negativ formuliert aufzuschreiben und den Gott einen Text als Antwort auswählen zu lassen, bzw. die Klageschrift und die Gegendarstellung des Beklagten zur Beurteilung dem Gott vorzulegen (***oGardiner 103***; ***pDeM 26***; ***pBrooklyn 16.205*** 2.4–6; 3.8–10). Bemerkenswert ist das auf der ***Stele Kairo JE 36159*** dargestellte Verfahren, bei dem offenbar die Person, über die entschieden werden soll, in einer Kiste dem Gott präsentiert wird.

Im Orakelprozeß war der Gegner nicht unbedingt anwesend, ja manchmal noch nicht einmal bekannt; entsprechend scheint seine Stellungnahme auch nicht immer für notwendig erachtet worden zu sein. Der Ablauf wurde protokolliert und die anwesenden Personen, d.h. die Prozessionsteilnehmer, als Zeugen aufgenommen. Die Entscheidung des Gottes wurde manchmal in wörtliche Rede umgesetzt und entsprechend aufgezeichnet[437]; dabei bediente man sich oft der aus den herkömmlichen Gerichtsverfahren bekannten Urteilsformel „Im Recht ist A, im Unrecht ist B“. Der Verurteilte hatte die Möglichkeit, das Verfahren vor einem anderen Orakelgott zu wiederholen (***pBM 10335***).

Kein einziges der datierten Orakelverfahren aus Deir el-Medineh läßt sich mit einem bekannten Fest in Übereinstimmung bringen, jedoch fand ein überproportional hoher Anteil am 10., 20. und 30. Monatstag statt. Möglicherweise wurden diese Prozessionen speziell zum Zwecke der gerichtlichen Entscheidung anberaumt[438], weil die Arbeiter dann frei hatten; vielleicht fanden an den „Wochenenden“ aber auch regelmäßig Prozessionen statt. Ein Tagewählkalender gab als besonders ungünstige Tage für Gerichtsverhandlungen den 21. und 26. Monatstag an (***oGardiner 109***).

Soweit sich überhaupt eine Trennung in Kompetenzbereiche erkennen läßt, werden Orakelprozesse v.a. bei Diebstählen mit unbekanntem Täter (z.B. ***oBM 5637***) sowie bei unklaren Eigentumsverhältnissen (z.B. ***oBM 5624***; ***oBM 5625***; ***oKairo 25555***)[439] durchgeführt, seltener bei Preisschätzungen (z.B. ***oKairo CG 25242***; ***oBerlin P 10629***; ***oGardiner 3***). Kruchten dagegen meint, in der ***Dienstanweisung für den Wesir*** fände sich eine Vorschrift, die bei Streitigkeiten um Land die Anrufung von Orakelgerichten verböte.[440]

Die am häufigsten genannten Orakelgötter sind, da die meisten Fälle aus dem thebanischen Raum belegt sind, verschiedene Erscheinungsformen des Amun, Chons (***pBrooklyn 16.205***) sowie die vergöttlichten Könige Ahmose und Amenophis I. (***Stele Kairo JE 43649***). I.d.R. gab der lokale Hauptgott das Orakel, so in der Oase Dachla

---

436 Für Manipulation spricht sich KUHLMANN, in: Fs Kákosy, 371–372 aus, dagegen MCDOWELL, Jurisdiction, 110.

437 Vgl. MCDOWELL, Jurisdiction, 109–110.

438 MCDOWELL, Jurisdiction, 113–114.

439 S. a. MCDOWELL, Jurisdiction. EU 5, 122–127.

440 KRUCHTEN, in: Fs Théodoridès, 139–146.

Seth (***Große Dachlastele***, ***Kleine Dachlastele***) und in Elephantine Chnum (***Stele Osorkons II.***).
In der 21. und 22. Dyn., zur Zeit des Gottesstaates des Amun, wurden dem Orakel in Theben auch Angelegenheiten vorgelegt, die früher der Wesir oder der König hätten entscheiden müssen, so die Einrichtung eines Statuenkultes für den Großen der Meschwesch Scheschonq in Abydos und der Erlaß eines Dekretes zum Schutz der zugehörigen Stiftung (***Stele des Scheschonq***) oder eine Amnestie für in die Oasen verbannte Rebellen (***Stele der Verbannten***). Auch Urkunden wurden offenbar, anstatt sie vor Zeugen oder einem Richterkollegium auszufertigen, zur „Absegnung" dem Gott Amun vorgelegt (vgl. ***Stele Kairo JE 31882***; ***Stele Kairo JE 36159***). Ein früher Vorläufer dieser Praxis ist die Genehmigung der Urkunde über den Verkauf des Amtes des 2. Propheten des Amun auf der ***Stele der Ahmes-Nefertari***; dabei allerdings könnte der Grund für die Zustimmung des Gottes in seinem persönlichen Interesse an dem verkauften Amt liegen.
Die Durchführung von Ordalen (Feststellung der Schuld bzw. Unschuld durch Feuer- oder Wasserprobe etc.), wie in Mesopotamien üblich, ist aus Ägypten nicht bekannt.[441]

---

[441] ALLAM, in: JESHO 34, 363.

4 Spätzeit (26.–31. Dynastie) und ptolemäisch-römische Zeit

4.1 Geltendes Recht

4.1.1 Verschiedene Rechtssysteme in Ägypten

4.1.1.1 Ägyptisches Recht

In der Regierungszeit Psametichs I. (664–610 v.Chr.) fand der Umbruch zu einer neuen Phase des äg. Rechtes statt[442], die sich über die Spzt und ptol. Zeit erstreckte. Sie machte sich v.a. im Formular der dem. Urkunden bemerkbar, das sich von dem der hier. und kursivh. abhebt. Eine Sammlung äg. Gesetze „bis zum 44. Regierungsjahr des Amasis" fand unter Darius I. statt; sie wurde auf Dem. und in aram. Übersetzung niedergeschrieben (***pBibl. nat. 215*** vso, c 6–16). Die Behauptung von Rüterswörden, diese Episode sei fiktiv und eine Rückprojektion aus ptolemäischer Zeit[443], beruht auf seiner Verwechslung von Datum der Niederschrift und Datum der Abfassung sowie der Deutung typisch altäg. Züge der Schilderung als hellenistisch. Wäre die Episode erfunden worden, um das unter den Ptol. gültige äg. Recht zu legitimieren, wie er meint, hätte man die Sammlung der Gesetze kaum unter einem pers., sondern unter einem äg. König stattfinden lassen.

Das Ziel der Sammlung war offenbar, den pers. Beamten der 27. Dyn. einen Gesetzescodex an die Hand zu geben, der es ihnen erlaubte, das Land nach einheimischem Recht zu verwalten.[444] Zu Abschriften dieses Gesetzescodex gehören sehr wahrscheinlich die Fragmente von Gesetzessammlungen aus ptol. Zeit (z.B. ***Codex Hermupolis***, ***Zivilprozeßordnung***, ***pBerlin P 23890 rto***, ***pCarlsberg 236***). Die darin gesammelten Gesetze stammen wohl größtenteils aus der 26. Dyn.[445], einige könnten aber auch schon älter sein. Nur ein kleiner Teil des ursprünglich sicher sehr umfangreichen Werkes ist erhalten; zumindest zu den Bereichen Sachenrecht, Miet-/Pachtrecht, Eherecht, Erbrecht, Prozeßrecht, Militärrecht und religiöses Recht existierten Gesetze. Das derzeitige weitgehende Fehlen von strafrechtlichen Vorschriften ist vielleicht auf einen Zufall der Überlieferung zurückzuführen (zu den von ***Diod.*** I, 77–78 überlieferten Strafgesetzen s. a. S. 127ff. u.).

Zu der Gesetzessammlung existierte ein didaktischer Kommentar, der durch Fragen und Antworten gegliedert war und auch Gesetze inhaltlich oder wörtlich zitierte. Erhalten sind Fragmente davon aus ptol. Zeit (***pBerlin P 23757 rto***; ***Rechtsbuch von Tebtynis***). Wahrscheinlich fand er in der Ausbildung der Priester zu Richtern Verwendung; er könnte bereits kurz nach der Zusammenstellung der Gesetzessammlung, vielleicht aber auch erst in frühptol. Zeit geschrieben worden sein.

Im Gegensatz zum NR wurden in der ptol. Zeit Gesetze mit Quellenangaben zitiert, wobei die genannten Regierungsjahre (allerdings ohne Königsnamen) auf eine chronologische Ordnung zumindest eines Teils der Sammlung nach dem Jahr des Gesetzeserlasses schließen lassen[446]. Eine durchgehende thematische Systematisierung war offenbar anläßlich der Sammlung nicht durchgeführt worden. Für die Richter war daher eine

---

442 MENU, in: Women's earliest records, 195; 200.
443 RÜTERSWÖRDEN, in: ZABR 1, 52–53.
444 Vgl. dazu auch FREI, in: ZABR 1, 4–5.
445 LIPPERT, Lehrbuch, 172.
446 LIPPERT, Lehrbuch, 172–173.

genaue Kenntnis des gesamten Codex notwendig. In frühptol. Zeit entstand eine gr. Übersetzung zumindest eines Teils, vielleicht auch der ganzen Gesetzessammlung[447].
Die Formulierung der in der Sammlung überlieferten äg. Gesetze als hypothetische Beispielfälle mit Handlungsanweisung an die Richter hat dazu geführt, daß zahlreiche Forscher sie nicht als Gesetze, sondern als Fallbeispiele und die Sammlung nicht als offizielles Werk und damit als Kodifikation, sondern als privates Handbuch betrachteten.[448] Die Zitate von Gesetzen in Prozeßprotokollen (***pBM 10591 rto***; ***pKöln 7676***) zeigen jedoch die gleiche Formulierungsweise, die im übrigen auch in anderen altorientalischen Rechtssystemen üblich war.[449] Ebenso falsch ist die häufige Behauptung, die Ägypter hätten nur ein Gewohnheitsrecht besessen und auch die überlieferten Rechtsregeln seien nur zur Verwendung der Laokritenrichter (s. S. 180f. u.) verschriftlichte Rechtsbräuche[450], denn durch die oben genannte Zitierweise nach Regierungsjahren ist der Erlaß durch einen König gesichert. Höchstens könnte man noch mit Modrzejewski[451] einwenden, durch die ptol. Übernahme Ägyptens seien die alten äg. Gesetze zu bloßem Gewohnheitsrecht reduziert worden, doch widerspricht dem, daß das äg. Recht ja von den Ptolemäern als Grundlage der Rechtsprechung der Laokriten legitimiert wurde (***P.Tebt. I 5***, 216–217).
Weitere äg. Gesetze lassen sich aus Urkunden erschließen. Dabei ist jedoch Vorsicht geboten: Eine Urkundenklausel kann sowohl auf gesetzliche Vorschriften zurückgehen (vgl. die Musterurkunden im ***Codex Hermupolis*** 2.19–20; 2.22–25; 2.28–3.1; 3.3–6; 3.23–28; 3.32–4.2; 4.6–9; 4.30–31) als auch gerade eine individuelle Ausnahme davon sein (vgl. die variablen Regelungen in Pachturkunden, S. 157ff. u.).

4.1.1.2 Griechisches Recht

Gr. Recht auf äg. Boden dürfte bereits in der gr. Kolonie Naukratis, die in der 26. Dyn. gegründet wurde, gegolten haben. Ebenso gab es in der ptol. Zt. in jeder gr. Polis ein eigenes Stadtrecht (*πολιτικοὶ νόμοι*), wobei allerdings nur das von Alexandria, das sich an Athen orientiert (***P.Hal. 1***; ***SB VI 9225***), teilweise überliefert ist. Seit der Eroberung durch Alexander den Großen existierte jedoch ein gr. Recht, worunter im folgenden nach Rupprecht[452] das gemeinsame, den verschiedenen gr. Stadtrechten zugrundeliegende Recht verstanden werden soll, auch außerhalb der Poleis in Äg. Die ptol. Könige setzten auch neues Recht; dieses stand grundsätzlich über dem äg. und dem gr. (s. a. S. 134f. u.).

4.1.1.3 Geltungsbereiche des ägyptischen bzw. griechischen Rechts

Unter Rechtshistorikern war lange Zeit die Ansicht verbreitet, in der ptol. Zeit hätte sich ein gr.-äg. Mischrecht entwickelt[453], was inzwischen jedoch bezweifelt wird. Während sich Ägypter zunächst wohl überwiegend an Laokritengerichte wandten und somit nach äg. Recht (*νόμοι τῆς χώρας* „Gesetze des Landes“ = *pꜣ hp n Kmy* „das Gesetz Ägyp-

---

[447] P.Oxy XLVI, 30, 34. PESTMAN, in: Textes et études, 116.
[448] So SEIDL, in: ZSS 96, 22, 24–25, 27; PESTMAN, in: JESHO 26, 15–16; MENU, in: Enchoria 13, 81 Fn. 8; MODRZEJEWSKI, in: Fs Kunderewicz, 21–22; JOHNSON, in: Mistress of the House, 177.
[449] LIPPERT, Lehrbuch, 167–170.
[450] So MODRZEJEWSKI, in: ICP 12, 320.
[451] MODRZEJEWSKI, in: ICP 12, 321.
[452] RUPPRECHT, Einführung, 94–95.
[453] Z.B. TAUBENSCHLAG, Law^2, 27.

tens") gerichtet wurden, während Griechen Gerichte auf der Basis des gr. Rechtes frequentierten, wobei Streitfälle zwischen Ägyptern und Griechen vor ein gemischtes Tribunal (*κοινοδίκιον*) gebracht wurden[454], kam es mit zunehmender Vermischung der Bevölkerungsteile zu Unklarheiten, für wen welches Gericht zuständig bzw. welches Recht jeweils anzuwenden sei, so daß 118 v.Chr. beschlossen wurde, daß die Sprache des Dokumentes, das dem Streit zugrunde lag, über die Zuständigkeit des äg. (Laokriten) bzw. gr. Gerichtes (Chrematisten) und damit die Anwendung von äg. oder gr. Recht entscheiden solle (***P.Tebt. I 5***, 207–220) (s. S. 179f. u.).

4.1.1.4 Aramäisches bzw. jüdisches Recht

Aus der Perserzeit sind Rechtsurkunden der aram. Kolonie von Assuan bzw. Elephantine erhalten.[455] Diese zeigen im Formular keine wesentlichen Unterschiede, sondern vielmehr große Ähnlichkeit zu den dem. Urkunden. Während Porten annahm, die Ägypter hätten die Urkundenfloskeln von den Aramäern übernommen[456], zeigte Ritner, daß die äg. Wurzeln älter sind[457]. Es ist wahrscheinlich, daß die Formulare der aram. Urkunden von der aram. Übersetzung der unter Darius I. angefertigten Gesetzessammlung (s. S. 85f. o.) beeinflußt wurden, da diese ja auch zahlreiche Modellurkunden enthielt.
Ein eigenes, auf der Thora basierendes Recht der Juden in Äg., das zumindest die eng mit der Religion verknüpften Lebensbereiche betraf, ist in ptol. Zeit anzunehmen, selbst wenn die im ***Aristeas-Brief*** überlieferte Geschichte zur Übersetzung der Thora ins Griechische auf Anweisung Ptolemaios' II. zumindest teilweise eine Legende ist[458]. In einer Eingabe von 218 v.Chr. (***P.Ent. 23***) könnte ein *πολιτικὸς νόμος* der Juden bezüglich Ehe- oder Ehegüterrecht erwähnt sein[459], und einzelne Elemente jüdischen Rechts sind auch in den Urkunden der Juden von Herakleopolis erhalten (z.B. ***P.Polit. Iud. 4***).[460]

4.1.1.5 Recht unter römischer Herrschaft

Unter der röm. Herrschaft verloren das äg. und auch das gr. Recht in Äg. allmählich ihre Bedeutung. Dies geschah weniger durch aktive Eingriffe der röm. Verwaltung als durch das Fehlen einer expliziten Anerkennung wie einst unter den Ptolemäern[461], so daß röm. Beamte als Richter nicht mehr daran gebunden waren. Während de Visscher glaubt, die Überlegenheit des röm. Rechts habe in den Provinzen schon sehr früh zu einer spontanen und weitgehenden Akzeptanz unter der Bevölkerung geführt[462], zeigt Mitteis, daß im 1. und 2. Jh. n.Chr. das röm. Recht nur eine schwache Durchsetzungskraft hatte und betrachtet entsprechend die ***Constitutio Antoniniana*** (s. S. 112 u.) als tiefgreifende juristische Umwälzung[463]. Auch die Tatsache, daß noch ein Jahrhundert nach der röm. Eroberung dem. Urkunden ausgestellt wurden, spricht gegen de Visschers Auffassung.

---

454 RUPPRECHT, Einführung, 143.
455 Ausführlich dazu YARON, Introduction.
456 PORTEN, in: ICD 4, 259–264.
457 RITNER, in: ICD 7, 343–359.
458 RÜTERSWÖRDEN, in: ZABR 1, 47–51.
459 So von WOLFF, in: ZSS 70, 40, gedeutet.
460 P.Polit. Iud., 24–29.
461 MODRZEJEWSKI, in: ICP 12, 327–329.
462 DE VISSCHER, in: AC 14, 58–59.
463 MITTEIS, Reichsrecht, 109–110; 159–205. S. auch Wolff, Recht I, 113–114.

Noch im 2. Jh. n.Chr. wurde die gr. Übersetzung des äg. Gesetzescodexes bzw. eines Teils davon abgeschrieben (***P.Oxy. XLVI 3285***). Das „Gesetz der Ägypter“, *νόμος τῶν Αἰγυπτίων*, gelegentlich noch in Prozessen vor röm. Beamten erwähnt (***P.Oxy. IV 706*** Z. 7; ***P.Tebt. II 488***; ***P.Oxy. II 237***), könnte sich zumindest teilweise auf die gr. Übersetzung der Sammlung äg. Gesetze beziehen. Modrzejewski versucht zwar zu argumentieren, alle in diesem Zusammenhang genannten Rechtsregeln entsprängen rein gr. und nicht äg. Recht[464], doch beruht diese Einschätzung teils auf *argumenta e silentio*, teils auf von ihm übernommenen veralteten Deutungen, so daß man zumindest damit rechnen sollte, die Römer hätten unter diesem Begriff sowohl gr. als auch äg. Recht Ägyptens zusammengefaßt; ebenso unklar ist, ob mit den in ähnlichem Zusammenhang zitierten *ἀστικοὶ νόμοι* (***P.Oxy. IV 706***, 9) Gesetze des gr. Stadtrechts z.B. von Alexandria oder des röm. Stadtrechts gemeint sind. *Προστάγματα* und *διαγράμματα* der ptol. Könige (vgl. S. 134 u.) wurden jedenfalls sicher noch in röm. Zeit herangezogen.[465] Doch scheinen alle diese keine verbindliche Rechtskraft mehr gehabt zu haben und ihre Verwendung oder Nichtbeachtung dem Belieben des jeweiligen Richters unterworfen gewesen zu sein, so daß der Stellenwert der äg. Gesetze nur noch der von lokalen Rechtsbräuchen war.[466] Ein Beispiel dafür ist ein Prozeß in den Jahren 11–17 n.Chr., bei dem letztlich der Idios-Logos-Beamte den Beklagten verurteilte, obwohl die Klage sich nach äg. Recht gegen einen anderen hätte richten müssen (s. S. 189 u.). Überbleibsel von äg. Gesetzen finden sich auch im sog. ***Gnomon*** des Idios Logos, einer antoninischen Abschrift eines augusteischen Instruktionsbuches für die Verwaltung Äg. mit späteren Zusätzen, doch geht es dabei speziell um die fiskalischen Interessen des röm. Staates. Dem röm. Recht widersprechende äg. Rechtsformen wurden oft beibehalten, indem sie durch juristische Kunstgriffe wie Umbenennung oder Hinzufügung besonderer Formeln legalisiert wurden. Andere wie die Geschwisterheirat oder die Verpfändung von Kindern waren jedoch so unvereinbar, daß sie verboten wurden, was jedoch ihre Ausübung nicht ganz verhinderte.[467]

Seit der ***Constitutio Antoniniana*** (212/3 n.Chr.), durch die praktisch alle freien Bewohner des röm. Reiches zu röm. Bürgern wurden, ist eigentlich ein allgemeines Herrschen röm. Rechtes zu erwarten, in der Realität wurde jedoch weiterhin auch äg. und gr. Privatrecht in Urkunden verwendet und in Prozessen vor röm. Beamten herangezogen.[468]

4.1.2 Eigentum

Über das Bodeneigentum in der 26.–30. Dyn. ist nur wenig bekannt. Es ist anzunehmen, daß, wie im NR und später in der ptol. Zeit, neben tempeleigenem und privatem auch staatliches Landeigentum existierte. Die Terminologie ist ebenfalls unklar: *ꜣḥ nmḥ*, der Verwendung des Wortes *nmḥ* im NR und der 3. Zwzt nach als „Land in Privathand“ zu deuten (s. S. 56f. o.), wird zwar von den Besitzern verkauft, andererseits aber als zur Domäne des Amun gehörig bezeichnet, an die auch die 10%ige Erntesteuer abzuführen ist. Nach Seidl ist dies durch eine Art Erbpacht zu erklären. Der ebenfalls in kursivh. Texten vorkommende Begriff *ꜣḥ ḥnk*, oft als „Stiftungsland“ übersetzt, bezieht sich nach

464 MODRZEJEWSKI, in: ICP 12, 332–333. Ders., in: ICP 18, 383–399.
465 LENGER, Ordonnances², 269–272.
466 MODRZEJEWSKI, in: ICP 12, 318; 329; 333–334.
467 MODRZEJEWSKI, in: ICP 12, 361–363.
468 TAUBENSCHLAG, in: JJP 5, 133–141.

Seidl auf „Land, das zweckgebunden übergeben ist“, z.B. zur Versorgung von Totenpriestern; es könnte dem dem. Begriff *3ḥ ḥtp* (***pLouvre E 7836*** entsprechen.[469]
Wie schon für die früheren Epochen wurde für die ptol. Zeit ein „Obereigentum“ des Königs über das gesamte Land postuliert; diese Bezeichnung wird heute meist vermieden.[470] Nur über einen Teil, *βασιλικὴ γῆ* „kgl. Land“ genannt, verfügte der Staat selbst, indem er es an Königsbauern (*βασιλικοὶ γεωργοί*) verpachtete.[471] Das äg. System der Belehnung von Staatsangestellten lebte in den *δωρεαί* der ptol. Zeit weiter, großen Domänen, die hohen Beamten zur Nutznießung überlassen wurden und nach deren Tod wieder eingezogen werden konnten. Das verliehene Land war überwiegend neugewonnen (v.a. im Fayum) und mußte erst urbar gemacht werden. Aus der Verwaltung der Domäne des Finanzministers (*διοικητής*) Apollonios stammt das ***Zenon-Archiv***, das zahlreiche Texte juristischen Inhalts umfaßt. Durch die Zuweisung von Landlosen (*κλῆροι*) wurden in der frühptol. Zeit neugewonnene Äcker zur Bewirtschaftung an Soldaten (*κληροῦχοι*) zu deren Entlohnung vergeben (*κληρουχικὴ γῆ* bzw. *κατοικικὴ γῆ*).[472] Die Größe der zugewiesenen Landstücke differierte je nach Rang. Wie die *δωρεαί* fielen die *κλῆροι* nach deren Tod an die Krone zurück. Verkauf, Verpachtung und Hypothezierung waren unzulässig, dies wurde jedoch zunehmend umgangen, z.B. durch unentgeltliche Veräußerung (*παραχώρησις*)[473], oder mißachtet. Allmählich ging dieses Land so *de facto* in das Privateigentum der Familien über und wurde zunächst auf den Sohn, später auch auf die Ehefrau vererbt. Häufig lebten die Kleruchen vom Pachterlös ihrer Kleroi und bewirtschafteten sie nicht selbst. Nach der Aufnahme von Ägyptern ins ptol. Heer (217 v.Chr.) konnten auch sie (allerdings deutlich kleinere) Kleroi erhalten; die gr. Kleruchen wurden dann zur Unterscheidung als *κάτοικοι* bezeichnet.[474] Ein anderer Teil des Landes war im Besitz der Tempel (*ἱερὰ γῆ* „heiliges Land“), ein weiterer gehörte Privatleuten (*ἰδιόκτητος γῆ* „Privatland“). Umstritten ist der Begriff *γῆ ἐν ἀφέσει*; zunächst verstand man darunter das vom König anderen als den Königsbauern übergebene Land, d.h. die letzten vier Kategorien[475], Seidl hält es für verlassenes Land, das vom Staat zwangsweise zur Bewirtschaftung zugeteilt wurde[476], Manning für pachtfreies Land[477].
Die unterschiedlichen Klassen von Land existierten auch in röm. Zeit teilweise weiter, das Lehensland (*γῆ ἐν δωρεᾷ*) verschwand jedoch, und neu trat Großgrundbesitz von Noblen (*οὐσιακὴ γῆ*) hinzu. Die Praxis, Veteranen durch Landvergabe zu entlohnen, setzte sich fort, doch galt dieses Katökenland nun als Privatland (*ἰδιωτικὴ γῆ*) und konnte entsprechend auch verkauft, vererbt und hypotheziert werden.[478] Um eine möglichst vollständige Bewirtschaftung des Landes zu gewährleisten, wurde an das Eigentum von Privatland die Verpflichtung geknüpft, bestimmte staatliche Äcker oder herrenlos gewordenes Land zu bestellen; diese Verpflichtung ging beim Verkauf an den neuen Ei-

---

469 SEIDL, Saiten- und Perserzeit, 56–57.
470 RUPPRECHT, Einführung, 171.
471 Vgl. dazu auch MANNING, Land and Power, 55–56.
472 Allgemein dazu UEBEL, Kleruchen. Vgl. auch MANNING, Land and Power, 56, 178–180.
473 RUPPRECHT, Einführung, 82–83; 117.
474 RUPPRECHT, Einführung, 82–83.
475 RUPPRECHT, Einführung, 171.
476 SEIDL, Ptol. Rechtsgeschichte, 111.
477 MANNING, Land and Power, 56.
478 RUPPRECHT, Einführung, 172.

gentümer über[479]. Für Tempelland läßt sich einerseits eine Art Privatisierung feststellen, da Teile davon nun von den Priestern verkauft und vererbt werden konnten, andererseits konnte unproduktives Tempelland auch eingezogen und so zu öffentlichem Land (*δημοσία γῆ*) werden; eine generelle Annexion von Tempelland zu Beginn der röm. Epoche ist nicht nachweisbar.[480] Herrenloses Land konnte durch Zahlung an den Idios Logos, die kgl. Sonderkasse, vom Staat erworben werden (***P.Amh. II 31***).
Privateigentum an beweglichen Sachen, Sklaven und Vieh gab es sowohl in der Spzt als auch der ptol. Zeit weiter. Bei Streitigkeiten um Eigentum ist der Besitz einer Urkunde über die Rechte an der Sache maßgeblich (***Zivilprozeßordnung*** 98, II–III), allerdings war bei weniger wertvollen Objekten der Verkauf ohne Urkunde weiterhin üblich.
Sowohl in der dem. Geldbezahlungsschrift als auch der gr. Agoranomenurkunde trat der Verkäufer als Garant dafür auf, Eigentümer der Sache und damit verkaufsberechtigt zu sein. Dazu war es nach äg. und gr. Recht üblich, alle älteren Urkunden zum Eigentumsübergang dem Käufer zu übergeben, so daß die Eigentümerschaft nachvollziehbar war.[481]
Gemeinsames Eigentum konnte z.B. durch Erbschaft (s. S. 125ff. u.) oder durch gemeinsamen Kauf (z.B. ***pLoeb 41***: Kuh; vgl. auch ***pBerlin P 23757 rto*** A 2.16–18) entstehen. Häufig ist die Teilung von Häusern nur eine ideelle, was in dem. Urkunden durch die Formel *ỉw=f n wš pš.t* „indem es ohne Teilung ist" und in gr. Urkunden der röm. Zeit durch *κοινὸν καὶ ἀδιαίρετον* „gemeinsam und ungeteilt" ausgedrückt wird. In ptol. Zeit ist auch Gemeinschaftseigentum an Sklaven nachzuweisen (***P.Lond. II 401***); die Eigentümer teilen sich dann die Nutzung der Arbeitszeit.
Die unentgeltliche Nutzung von fremdem Besitz, d.h. außerhalb von Miete oder Pacht, ist v.a. in Nachbarschaftsverhältnissen häufig, so z.B. als Durchgangsrecht (***P.Ryl. II 157***) oder Mitnutzungsrecht einer baulichen Struktur[482]. Solche Rechte wurden gelegentlich in gr. und dem. Urkunden zur Eigentumsübertragung der ptol. und röm. Zeit erwähnt, wenn der Aussteller sie sich vorbehielt oder das zu nutzende Objekt weiterverkauft wurde[483].
Teilweise schon in ptol. Zeit, verstärkt dann in röm. Zeit erfolgten Eingriffe des Staates in das Privateigentum durch liturgische Ämter, die vermögenden Personen auferlegt wurden.[484] Sie bestanden in der Verpflichtung zur Ausübung von un- oder schlechtbezahlten Ämtern für den Staat, die u.U. mit Haftung für Ausstände verbunden waren, z.B. Steuereintreiber, Ortsschreiber oder Wachmann. Zur Liturgie bestimmte Personen konnten sich durch Bezahlung von Ersatzkandidaten auslösen oder sie sich durch Tausch gegen eine andere Liturgie erleichtern. Je nach Amt schwankte die Vermögensgrenze, unterhalb derer man als *ἄπορος* (vermögenslos) galt und von der Liturgie befreit war; auch schwere Krankheit oder hohes Alter waren zulässige Befreiungsgründe. Frauen und Minderjährige wurden zu Liturgien, die persönlichen Arbeitseinsatz erforderten, grundsätzlich nicht herangezogen, wohl aber für solche, die nur das Vermögen betrafen.

---

479 SEIDL, Röm. Provinz, 150.
480 MONSON, in: Tebtynis und Soknopaiu Nesos, 86–87; 91.
481 SEIDL, Ptol. Rechtsgeschichte, 126.
482 Weitere Beispiele bei SEIDL, Röm. Provinz, 159–160.
483 SEIDL, Röm. Provinz, 160–161.
484 Allg. dazu OERTEL, Liturgie, v.a. 143–410; LEWIS, Public Service; Rupprecht, in: Fs Wolf, 581–594. Zu Quellen vgl. SEIDL, Röm. Provinz, 44; 57–58; LLEWELYN, New Documents 7, 93–105.

4.1.2.1 Erwerb

4.1.2.1.1 Kauf

Beim Kauf von wertvolleren Objekten (z.B. Vieh, Sklaven, Immobilien) war nach äg. Recht wohl die Ausstellung einer Geldbezahlungsschrift (*sẖ ḏbꜣ-ḥḏ*) durch den Verkäufer notwendig, ab der ptol. Zeit bei Immobilien in Kombination mit einer Abstandsschrift (*sẖ n wꜣy*). Schlechter belegt ist der Verkauf von kleineren Objekten, der sicherlich weiterhin überwiegend ohne Urkunde durchgeführt wurde. Eine Ausnahme bildet ein Verkauf von Garn (***pLouvre E 3168***). Auch nach gr. Recht wurden für wertvollere Objekte Urkunden ausgestellt. Über den praktischen Ablauf des Kaufs von Grundstücken nach alex. Stadtrecht finden sich gesetzliche Regelungen in ***P.Hal. 1*** Z. 242–259.[485]
In ptol. und röm. Zeit bemühte sich der Staat, die Entrichtung der Umsatzssteuern dadurch zu erzwingen, daß für die Vorlage als Beweismittel vor Gericht nur notariell registrierte Verkaufsurkunden verwendet werden durften. In röm. Zeit waren im zentralen Urkundenarchiv verwahrte Eigentumsvermerke über Immobilien und (seltener) Sklaven zwar nicht notwendig, erleichterten aber den Nachweis des Eigentumsrechtes sowie den Weiterverkauf (s. S. 145ff. u.).[486]
Der Verkauf von bereits belegten Gräbern war nach äg. Recht verboten (***Codex Hermupolis*** 9.30–32; ***pBerlin P 23757 rto*** A 2.1–6; vgl. auch ***Gnomon*** § 2), während jedoch der von Bauland, auf dem dann ein Grab errichtet werden sollte, erlaubt war (***pBM 10388***). Verkaufsurkunden, die scheinbar belegte Gräber betreffen (***pBM 10830***; ***pMarseille 298+299***), beziehen sich nicht auf die Gebäude[487], sondern nur auf die aus Choachytendienst resultierenden Einnahmen. Auch bei einem vordergründigen Verkauf eines Teils einer Götterkapelle (***pWien D 6846***) ging es in Wirklichkeit um die Einkünfte aus dem Opferdienst, denn den Verkauf von Heiligtümern verbot ein Erlaß wohl Ptolemaios' I. (***SB XVI 12519***). Verkäuflich waren nach äg. Recht dagegen zahlreiche Priesterämter bzw. die täglichen Einkünfte daraus, die als „Tempeltage" (*hrw.w ḥw.t-nṯr*) oder „Versorgungstage" (*hrw.w sꜥnḫ*) bezeichnet wurden (***pRylands 1***). Höhere Priesterämter durften in der ptol. Zeit nicht mehr von der Priesterschaft verkauft werden, sondern der Erlös fiel an den Staat.[488]
Seit frühester Zeit war es im äg. Recht möglich, bei einer Opferstiftung die Unverkäuflichkeit der Güter bzw. Einkommen daraus für die Zukunft festzulegen. Ähnlich konnte auch im alex. Recht ein Garten, aus dessen Ertrag die Aufwendungen für ein Grab bestritten werden sollten, zur unveräußerlichen Sache erklärt werden (***SB VIII 10044***). Hadrian verbot die Unverkäuflichkeit von Sachen für Römer (***Gnomon*** § 2), doch kaiserliche Domänen waren grundsätzlich unveräußerlich (*res extra commercium*). Beamte und Richter der röm. Verwaltung durften in ihrem Amtsbereich keine Käufe von größerem Wert (z.B. Immobilien, Wertgegenstände oder Steuerpachten) tätigen (***Gnomon*** § 70).
Im Normalfall fielen die Übergabe des Kaufobjektes und die Zahlung des Preises zusammen; zumindest gehen die dem. Geldbezahlungsschriften wie die gr. Verkaufsurkunden davon aus, daß beides bereits erfolgt ist. Nach äg. und gr. Recht ist der Kauf ein Barkauf, d.h. es kommt nicht zu einer gegenseitigen Verpflichtung von Käufer und

---

485 SEIDL, Ptol. Rechtsgeschichte, 117.
486 WOLFF, Recht, 224–230. SEIDL, Röm. Provinz, 154.
487 So SEIDL, Saiten- und Perserzeit, 60.
488 PRINGSHEIM, in: Ges. Abhandlungen II, 265–266.

Verkäufer, weil Objekt und Preis sofort gegeneinander ausgetauscht werden. Falls dies nicht geschah (so beim Kauf auf Kredit oder mit Vorauszahlung), war deshalb eine Hilfskonstruktion notwendig (s. S. 102 u.).

Kauf und Verkauf galten nach röm. Recht als Konsensualvertrag, d.h. durch die Einigung über Kaufsache und Preis entstanden bereits klagbare Verpflichtungen. Die Hingabe von Sache und Preis (*traditio*) ist dann das Erfüllungsgeschäft.[489] Die z.B. von Mitteis und Menu vertretene Meinung, wonach auch im äg. Recht eine Aufteilung des Geschäftes in Kauf und Eigentumsübertragung vorliege, die sich durch die beiden Urkundenarten Geldbezahlungsschrift und Abstandsschrift manifestierten[490], wird bereits von Seidl zu Recht abgelehnt[491]; tatsächlich diente bereits die Geldbezahlungsschrift zur Eigentumsübertragung, die Abstandsschrift dagegen nur der Absicherung gegen Prozesse (s. S. 153 u.).

Nach äg. Recht fiel eine Immobilie erst nach dreijährigem unangefochtenen Besitz dem Käufer endgültig als Eigentum zu; die Berechtigung zum Verkauf wurde über die Eintragung des Eigentümers im Archiv (*s.t-sẖ*) nachgewiesen (***Codex Hermupolis*** 9.26–29).[492]

Wenn sich im Nachhinein herausstellt, daß der Veräußerer nicht der Eigentümer war, mußte der Kaufpreis zurückgegeben werden. In diesem Fall konnte nach äg. Recht der Käufer gegen den Verkäufer klagen (***Codex Hermupolis*** 6.1–3), da dieser auf der Urkunde die Freiheit von Ansprüchen Dritter versichert hatte (*wᶜb* „rein sein; unbelastet sein", cf. gr. *ἀνέπαφος*). Nach äg. Recht war, wenn ein nicht sichtbarer Mangel vorlag, der Verkäufer nur haftbar, wenn er diesen bewußt verschwiegen hatte (***oBodl.Lib. 784***)[493]. Ausdrückliche Gewähr gegen Mängel taucht erst spät in gr. Urkunden auf und scheint dann an die Terminologie des röm. Rechtes angelehnt.[494] Beim Verkauf von Sklaven wurden in gr. Urkunden spezielle Klauseln verwendet, die die Haftung des Verkäufers bei *ἱερὰ νόσος* („heilige Krankheit", Epilepsie) und *ἐπαφή* (Aussatz oder Ansprüche Dritter?)[495] sicherten, für andere unsichtbare Mängel jedoch ausschlossen (***PSI III 182***).[496]

Nach dem alex. Recht war ein Geschäft auch dann ungültig, wenn der Wert des Kaufobjektes und der Kaufpreis zu weit auseinanderklafften. Ab 285 n.Chr. galt beim Grundstückskauf, daß mindestens die Hälfte des gerechten Preises gezahlt werden mußte (***Codex Iustinianus*** 4, 44, 2).[497]

Seidls „Prinzip der notwendigen Entgeltlichkeit"[498], schon für frühere Epochen zweifelhaft, da ihm die Existenz von Schenkungen widerspricht, ist für die dem. Geldbezahlungsurkunden, in denen die Höhe des Preises grundsätzlich nicht genannt ist, noch unwahrscheinlicher. Vielmehr ist die Erklärung des Verkäufers, der Käufer habe ihn zufriedengestellt, ausschlaggebend, selbst wenn die Preiszahlung fiktiv sein sollte.

---

489 SEIDL, Röm. Provinz, 181.
490 MITTEIS, Grundzüge, 169–170. MENU, in: JEA 74, 167.
491 SEIDL, Saiten- und Perserzeit, 50, Fn. 1.
492 Pace SEIDL, in: SDHI 39, 47–52, der nur vom Erlangen einer *auctoritas* ausgeht, weil er die normkonstituierende Funktion des Aorists verkennt.
493 S. a. SEIDL, in: SDHI 33, 558.
494 SEIDL, Röm. Provinz, 182–183.
495 HERRMANN, in: ICP 13, 161.
496 Vgl. auch PRINGSHEIM, Law of Sale, 480–482.
497 SEIDL, Röm. Provinz, 185.
498 Vgl. SEIDL, Einführung, 47; ders., Saiten- und Perserzeit, 56.

Beim Verkauf eines Objektes gab der Verkäufer dem Käufer alle Urkunden, die sich auf das Verkaufsobjekt bezogen, z.B. frühere Verkaufsurkunden, damit das Eigentumsrecht des Verkäufers nachvollziehbar war (vgl. ***pRylands 9***, 18.6); dies galt auch im gr. Recht[499]. In dem. Geldbezahlungsschriften wurde dies oft in einer Klausel, die dem Käufer das Eigentum an allen bezüglich des Objektes ausgestellten Urkunden zuspricht, festgehalten (vgl. ***pLouvre E 10935*** Z. 3; ***pWien D 10151*** Z. 4–6).

4.1.2.1.2 Kauf mit Anzahlung (Arrha)

Bei der Arrha (lat. *arra*, *arrha*; gr. *ἄρρα*, *ἀρραβών*) handelte es sich um eine (An-)Zahlung des Kaufwilligen, die das Zustandekommen des Verkaufs zu einem späteren Zeitpunkt sichern sollte. Wenn der Verkäufer die Ware vor Ablauf einer gewissen – eventuell gesetzlichen – Frist (***P.Zen. Pestm. 58***: drei Tage) dann doch einem anderen verkaufte, mußte er die Arrha sowie eventuell eine Strafe (zurück)zahlen, wenn der Käufer vom Geschäft zurücktrat, verlor er die Arrha.[500] Die Zahlung der Arrha erzeugte demnach keinen Rechtsanspruch auf die Durchführung des Geschäfts, sondern führte nur dazu, daß derjenige, der das Scheitern verursachte, finanzielle Einbußen erlitt. Die Gleichsetzung mit dem dem. Ausdruck *ꜣlb* ist fraglich, da dieser bislang nur in unklarem Zusammenhang in einem Traumomen-Buch (***pCarlsberg 13*** b 2.3) belegt und in Urkunden nicht nachzuweisen ist. Der Arrhalkauf ist erst aus ptol. Zeit belegt und kommt im rein äg. Recht nicht vor: Kurze Zeit vor dem Kauf, der in der dem. Urkunde ***pBM 262*** dokumentiert wurde, fand ein Arrhalgeschäft statt, das jedoch in einer gr. Urkunde (***P.Vindob. Sal. 4***) festgehalten wurde.
Ähnlich wie die ptol. belegte Arrha auf eine Dienstleistung[501] funktionierte in röm. Zeit die Vorschußzahlung (*πρόδομα*) auf den Arbeitslohn, die eine Verpflichtung zur Dienstbereitschaft (*παραμονή*) nach sich zog[502]. Verwandt ist die antichretische Pacht (s. S. 96, 101 und 108). Die *arra sponsalicia*, die vom Bräutigam gegeben wurde und verhindern sollte, daß der Brautvater die Braut anderweitig verheiratete, ist in gr. Texten aus Äg. erst im 6. Jh. n.Chr. belegt.[503]

4.1.2.1.3 Versteigerung

Diese besondere Form des Verkaufs (gr. *προκήρυξις*, dem. *ꜥyš n pr-ꜥꜣ*[504]) ist erst ab der ptol. Zeit in Äg. belegt und fand bei Eigentumserwerb aus der öffentlichen Hand statt.[505] So wurden z.B. herrenlose (*ἀδέσποτα*) oder vom Fiskus eingezogene Grundstücke vom Staat versteigert, aber auch Steuerpachten, Priesterämter und die Pacht von Krongütern. Versteigerungen wurden öffentlich angekündigt, die Gebote (*ὑποστάσεις*) gingen bis zu einem gesetzten Termin schriftlich ein und wurden geprüft; der Zuschlag (*προσβολή*) erfolgte für das höchste Gebot, wenn dieses nicht den Wert der versteigerten Sache unterschritt. Für den Ersteigerer wurde eine *διαγραφή* ausgestellt, mit der er die Summe bei der Staatsbank einzahlen konnte, diese galt auch als Beweisurkunde für das Eigen-

---

499 SEIDL, Ptol. Rechtsgeschichte, 126.
500 SEIDL, Ptol. Rechtsgeschichte, 123–124.
501 PRINGSHEIM, Law of Sale, 374–375.
502 SEIDL, Röm. Provinz, 172.
503 PRINGSHEIM, Law of Sale, 336, Fn. 8.
504 ZAUZICH, in: Enchoria 1, 79–82.
505 Allgemein dazu PRINGSHEIM, in: Ges. Abhandlungen II, 262–329.

tum. Der Bieter war an sein Gebot gebunden[506], doch konnte ein anderer, solange noch keine Anzahlung geleistet und mindestens 10% mehr geboten wurden, auch nach dem Zuschlag noch weiter überbieten.

4.1.2.1.4 Tausch

Bei einem Tausch (dem. *šb.t*) wechseln zwei Objekte den Eigentümer. Das Geschäft hat Ähnlichkeiten mit einem Verkauf, das Formular von Tauschurkunden entspricht daher teilweise dem von Geldbezahlungsurkunden. Belegt ist in dem. Urkunden der Tausch von Vieh (***pTurin 2124***; ***pTurin 2128***)[507], Land (***pKairo CG 30630***) und Priesterämtern (***pWien D 10151***).
Das gr. Recht kannte ebenfalls den Tausch (*ἀντικαταλλαγή*) beweglicher Güter, allerdings ohne Urkunde. Erst im 3. Jh. n.Chr. sind wieder einige wenige Tauschgeschäfte in gr. Urkunden belegt (s. S. 156 u.).[508]

4.1.2.1.5 Unentgeltlicher Erwerb

Auch für diese Epoche gilt, daß Schenkungen oft erst im Todesfall wirksam wurden, selbst wenn dies die Urkunden nicht explizit erwähnten. In anderen Fällen konnte sie der Verteilung von bislang gemeinsam besessenen Gütern z.B. unter Erben dienen (***pTurin 2125***; ***pKairo CG 50058***). Schenkungen bzw. Stiftungen von Land *n ḥtp* „als Opfergut" sind zwar ohne Entgelt, dafür aber mit der moralischen Verpflichtung für den Begünstigten verbunden, den Totenopferdienst für eine bestimmte Person auszuführen (***pLouvre E 3231a***; vgl. auch ***pTurin 2121***). Diese Opferstiftungen kommen noch in gr.-röm. Zeit vor; nach dem ***Gnomon*** § 17 fielen sie an den Staat, sobald niemand mehr die Opfer ausführte. Landschenkungen durch den König oder hohe Beamte an Tempel sind noch bis in die 26. Dyn. auf Stelen belegt.[509]
Nach gr. Recht war die Gültigkeit einer Schenkung (*δῶρον* / *δόσις* / *χάρις*) unter Lebenden an die Öffentlichmachung gebunden[510]; wie im äg. Recht diente sie nicht selten als Schenkung im Todesfall der Nachlaßregelung (s. S. 157 und 173 u.). Das röm. Recht kannte zwar die Schenkung (*donatio*), hat sie jedoch immer wieder durch Gesetze eingeschränkt[511]; so war z.B die Schenkung unter Ehegatten verboten[512], um die Verschiebung von Vermögensmassen zwischen den Ehegatten zu verhindern.

4.1.2.1.6 Teilung

Unter Teilung (äg. *pš*, gr. *διαίρεσις*) fallen nach äg. sowie nach gr. Recht zwei unterschiedliche Vorgänge (vgl. a. S. 154f. u.): Entweder verteilt eine Person ihr Eigentum an mehrere andere Personen, oder gemeinsames Eigentum wird unter den Miteigentümern aufgeteilt. Die erste Möglichkeit wurde meist zur Einsetzung von Erben verwendet und die entsprechenden Urkunden wurden erst im Todesfall wirksam; die Teilung konnte dabei real oder ideell erfolgen. Die Weitervererbung oder der Verkauf von ideellen Anteilen war möglich (vgl. ***pRylands 44***; ***pWien D 6933***). Die zweite Möglichkeit

---

506 SEIDL, Ptol. Rechtsgeschichte, 127.
507 Dazu ausführlich MENU, in: ICE 6 I, 459–463.
508 TAUBENSCHLAG, Law², 398.
509 MEEKS, in: State and Temple II, 673–680. VON FALCK, in: Fs Graefe, 119–121.
510 RUPPRECHT, Einführung, 129.
511 SEIDL, Röm. Provinz, 201.
512 SOHM, Institutionen¹⁷, 228; 514.

wurde häufig von Erben genutzt, die sich gegenseitig ihre ideellen Erbanteile bestätigten oder real aufteilten, aber auch von gemeinsamen Inhabern von Rechten aus Kauf oder Pacht.

4.1.2.1.7 Andere Arten des Erwerbs

In einigen als *φιλάνθρωπα* bezeichneten Erlassen ptol. Könige werden bestehende Besitzverhältnisse, gleich ob rechtmäßig oder nicht, als Eigentum legalisiert.[513] Die häufig so gedeutete und daher auch als Datierungskriterium herangezogene Passage in der ***Zivilprozeßordnung*** 99 ist jedoch als Verjährung eines Diebstahls nach zwanzig Jahren aufzufassen[514]. Durch ein Reskript von Severus und Caracalla wurden Ansprüche aus längerandauernder Gewohnheit mit festen Fristen geregelt (*praescriptio longi temporis*, ***P.Strasb. I 22***).[515] Unklar ist, wie die Regelung in ***Codex Hermupolis*** 7.6–11 zu verstehen ist, wonach jemandem, der beweisen kann, daß er ein Haus „aus dem Fluß heraufgeholt hat", dieses zugesprochen wird. Eventuell ist darunter ein Gesetz zum Erwerb durch Investition von Arbeit (vgl. S. 51 o.) zu verstehen.

4.1.2.2 Nutzung

4.1.2.2.1 Miete/Pacht

Miete bzw. Pacht konnte mit und ohne Urkunde, d.h. allein durch mündliche Übereinkunft erfolgen. Der äg. Begriff für Miete bzw. Pacht ist *sḥn*, so wurde auch die Pachturkunde bezeichnet. Der gr. Ausdruck *μίσθωσις* umfaßt außer Miete und Pacht auch Arbeitsverpflichtungen (s. S. 103 u.).
Am prominentesten in der Spzt und gr.-röm. Zt war die Landpacht, daneben ist jedoch auch die Pacht von Tieren und Sklaven sowie die Miete von Gebäuden und die Pacht von Gewerbebetrieben und -lizenzen sowie Choachyten- und Priesterämtern belegt (s. S. 157ff. u.).[516] In der gr. Terminologie wird zwischen Mietzahlung (*μισθός*, bei Raummiete auch *ἐνοίκιον*) und Pachtzins (*φόρος*) unterschieden.[517]
Zur Landpacht sind Regelungen im ***Codex Hermupolis*** 2.1–11 erhalten[518], sie betreffen die Stellung von Saatgut, vorzeitige Beendung der Pacht durch den Verpächter sowie das Ausbleiben der Ernte durch Verschulden des Pächters oder fehlende Überschwemmung. Beim Vergleich mit erhaltenen Pachturkunden ist jedoch eine breite Varianz bezüglich der Verpflichtungen von Pächter und Verpächter festzustellen, die teils auf lokalen Traditionen, teils auch auf individuellen Abmachungen beruht. So war die Höhe des Pachtzinses, in Oberäg. *ḥw-ʿḥwṯ*, im Fayum auch *šmw* genannt, offenbar nicht gesetzlich festgelegt: Während in der Spzt meist ein Anteil an der Ernte gezahlt wurde (= Teilpacht), der im Bereich von ⅓ bis ½ lag[519], war in ptol. Zeit ein fester Betrag an Getreide oder Geld üblicher[520]. Während in ptol. Zeit auf Getreideland in Oberäg. eine Erntesteuer (*šmw*) lag, die meist durch den Pächter gezahlt wurde, besteuerte der Staat in Unteräg. und im Fayum das Land unabhängig vom Ernteertrag; die *tꜣ md.t pr-ʿꜣ* ge-

513 WILCKEN, in: AfP 6, 405–406. KOENEN, in: AfP 17, 12.
514 LIPPERT, in: JJP 33, 108.
515 Vgl. auch SOHM, Institutionen[17], 296–299; 710.
516 Zur Grundbedeutung von *sḥn* und seiner Verwendung vgl. PESTMAN et al., Recueil II, 102.
517 VON BOLLA-KOTEK, Tiermiete[2], 112.
518 Vgl. AZZONI/LIPPERT, in: Enchoria 26, 26–27.
519 HUGHES, Land Leases, 16–17.
520 FELBER, Ackerpachtverträge 151–158.

nannte Steuer zahlte entsprechend meist der Verpächter.[521] Zahlbar waren Pachtzins und Steuer üblicherweise in einem Zeitraum von bis zu zwei Monaten nach der Ernte[522], im Fayum kam jedoch auch eine Anzahlung (***pTebt.Frag. 14185+14442***) oder sogar vollständige Vorauszahlung vor (***pKairo CG 31079***). Letzteres wird als prodomatische Pacht bezeichnet. Dabei konnte es sich bei dem vorbezahlten Pachtzins auch um ein Darlehen handeln, bei dem die Abzahlung von Kapital und/oder Zinsen an den Gläubiger/Pächter in dem durch ihn erwirtschafteten Nutzen bestand (sog. antichretische Pacht, z.B. ***pRylands 41***).[523]
Vor Abzug der Steuern durften weder Pächter noch Verpächter ihren Anteil an der Ernte an sich nehmen, verkaufen (***Gnomon*** § 104) oder gar das Getreide vor der Reife verfüttern. Falls der Pächter Arbeitstiere vom Verpächter ausleihen mußte, konnte dieser zusätzliche Ernteanteile verlangen. Im ***Codex Hermupolis*** ist die Stellung des Saatgutes durch den Verpächter als Normalfall behandelt, wenngleich auch der andere Fall berücksichtigt wurde. In den erhaltenen saitischen Pachturkunden dagegen ist davon nur einmal ausdrücklich die Rede, und in diesem Fall bekam der Verpächter einen zusätzlichen Anteil an der Ernte, woraus Hughes schließt, üblicherweise sei das Saatgut vom Pächter gestellt worden.[524] Während die meisten Felder nur für ein Jahr bzw. eine Vegetationsperiode von abnehmender Überschwemmung bis Ernte verpachtet wurden (z.B. ***pLouvre E 7845A***)[525], kommen v.a. bei Gärten und Obsthainen auch mehrjährige Verpachtungen vor (z.B. ***pTebt.Frag. 14082***). Noch längerfristigere Pachten (bis zu 99 Jahre, z.B. ***pTebt.Suppl. 568***) wirken *de facto* als Verkäufe (daher der gr. Begriff *μισθοπρασία* „Pachtverkauf"), umgingen jedoch die Verkaufssteuer. In anderen Fällen diente die *μισθοπρασία* vielleicht dazu, dem eigentlichen Eigentümer Rechte zu erhalten.[526] Im röm. Recht gab es die Erbpacht (als *ἐμφύτευσις* „Einpflanzung" bezeichnet) als dingliches Recht an fremdem Eigentum.[527]
Das aus gr. Urkunden erkennbare Landpachtrecht scheint sich vom äg. kaum unterschieden zu haben. Der Pachtzins wurde in Naturalien (*ἐκφόριον*) oder Geld (*φόρος*) geleistet, Ein fester Pachtzins ist häufig, vor allem bei Obstgärten und Weideland, Teilpacht dagegen seltener und dann oft bei Weingärten. Eine Kombination beider Systeme ist mehrfach bei gemischten Zahlungen aus unterschiedlichen Pflanzenprodukten anzutreffen.[528] Steuerzahlungen wurden zumeist vom Verpächter übernommen. Regelungen zu Fruchtwahl, Pächterarbeiten und für fehlende (*ἀβροχία*) oder zu lange Überschwemmung (*καταβροχία*) waren häufiger als in dem. Urkunden.[529]
Zur Pacht von Königsland mußten in ptol. Zeit vom Pächter Anträge gestellt werden, bei denen i.d.R. die Stellung eines Bürgen notwendig war (***pKairo CG 30647***; ***pKairo CG 30781***, vgl. auch S. 160 u.). Falls sich für kgl. Land kein freiwilliger Pächter fand,

---

521 Vgl. VANDORPE, in: AfP 46, 169–232.
522 HUGHES, Land Leases, 74. Von Zahlung nach der Ernte geht auch ***Codex Hermupolis*** 2.1–2.11 aus.
523 HUGHES, Land Leases, 33. FELBER, Ackerpachtverträge, 209. S. auch RUPPRECHT, in: ICP 19, 271–289.
524 HUGHES, Land Leases, 58.
525 HUGHES, Land Leases, 74.
526 Langzeitverpachtung von Booten: PRINGSHEIM, Law of Sale, 262–263.
527 SEIDL, Röm. Provinz, 192.
528 HERRMANN, Bodenpacht, 204–207.
529 Vgl. HERRMANN, Bodenpacht, 98–103; 122; 125–164.

konnten in ptol. und röm. Zeit auch Pächter zwangsverpflichtet werden (***P.Paris 63*** Kol. 1–7)[530], um den Landesertrag zu steigern.
Miete von Sklaven und Miete bzw. Pacht von Tieren ist v.a. aus der saitischen Zeit durch dem. Urkunden belegt und findet sich danach nur noch selten (z.B. ***pReinach dem. I 4***). Gr. Quellen aus der ptol. und röm. Zeit sind etwas häufiger.[531] Die Überlassung von Arbeitstieren gegen entsprechende Erhöhung des Verpächteranteils an der Ernte kam in manchen Pachturkunden über Ackerland vor (s.o.). In röm. Zeit war es üblich, bei der Viehpacht auszumachen, daß der Pächter eine Herde gleicher Größe mit Tieren gleichen Alters wie bei Antritt der Pacht zurückgeben sollte; die Tiere wurden dann als „unsterblich" (*ἀθάνατος*) bezeichnet (z.B. ***P.Amst. I 41***).[532] Der Pächter mußte also Verluste ersetzen, durfte dafür aber jeden Zuwachs behalten.
Der ***Codex Hermupolis*** 3.2–22 enthält die Anleitung zur Ausfertigung von Pachturkunden für verschiedene Gewerbebetriebe sowie einige Gesetze zu Streitfällen über die Pacht. Der Pachtzins besteht dabei stets aus Produkten des Betriebes, der Verpächter kann nicht auf der Bezahlung in Geld insistieren. Nur wenige Pachturkunden über Gewerbe bzw. Lizenzen sind aus ptol. Zeit erhalten, diese sind oft als Gesuche formuliert (z.B. ***pOxf. Griffith I 52*** über Fährbetrieb). Die in ptol. Zeit übliche Verpachtung von Steuereintreibungsrechten wurde als Verkauf des bei der Einnahme der Steuern für ein bestimmtes Jahr erzielten Gewinns angesehen und nicht als Pacht[533] und erfolgte über eine Versteigerung (s. a. S. 93f. o.). V.a. bei der Steuerpacht ist die Unterverpachtung belegt (***BGU VI 1242***).
Die Vermietung von Gebäuden und Gebäudeteilen ist in der vorröm. Zeit nur selten belegt (***pPhiladelphia 12***; ***P.Petr. III 73***), in röm. dagegen durchaus häufig[534]. Die Vermietung eines Wagens ist singulär (***P.Grenf. I 16*** C).
Die Verpachtung von Choachytendiensten und -einkommen wurde teils als Verpachtung der entsprechenden Gräber formuliert (***pPhiladelphia 24***), teils als Verpachtung des Amtes (***pBM 10240***); charakteristisch sind die langen Fristen (auf unbestimmte Zeit bzw. 99 Jahre). Noch in röm. Zeit findet sich die Verpachtung von „Tempeltagen", d.h. Priestereinkünften (***oStraßburg 1352***).

4.1.2.2.2 Verwahrung

Im Gegensatz zum Darlehen bzw. einer Verpachtung sind bei einer Verwahrung (dem.: *glw* „deponieren"; gr.: *παρα(κατα)θήκη*; lat.: *depositum [irregulare]*) i.d.R. keine (Pacht-) Zinsen zu zahlen, sondern nur das deponierte Gut, gleichwertiger Ersatz oder der Gegenwert zu einem festgelegten oder vom Deponierenden frei bestimmbaren Zeitpunkt wieder zurückzugeben. Die Objekte und der Zweck der Verwahrung können ganz unterschiedlich sein.[535] In ***pBerlin P 3110*** wird z.B. eine Kuh zur Sterilisation übergeben. Nach gr. Recht durfte der Verwahrende das Depositum gebrauchen, was das Geschäft in die Nähe des Darlehens rückt, nach röm. Recht nicht.[536]

---

530 Vgl. auch SEIDL, Ptol. Rechtsgeschichte, 129.
531 Vgl. die Zusammenstellung bei VON BOLLA-KOTEK, Tiermiete², 45–48.
532 SEIDL, Röm. Provinz, 192.
533 SEIDL, Ptol. Rechtsgeschichte, 129.
534 Vgl. die Liste der Quellen bei MÜLLER, Μίσθωσις, 345–361.
535 KÜHNERT, Kreditgeschäft, 113–117; 125–127.
536 RUPPRECHT, Einführung, 121.

Gr. Urkunden über Verwahrungen mit Vollstreckungsklausel fehlen aus ptol. Zeit zunächst, nur einige einfache Cheirographa als Beweisurkunden sind belegt. Gegen Ende des 1. Jh. v.Chr. nimmt jedoch die schriftliche Form zu, und die Verwahrung kann sich dem Kredit annähern. Wenn über das Depositum gar keine Urkunde ausgestellt wurde, mußte im Streitfalle derjenige einen Eid leisten, der das Gut angeblich verwahren sollte (***oLouvre E 7939 bis***); das gleicht dem Vorgehen bei unbeurkundeten Darlehen. Zumindest in röm. Zeit gab es gesetzliche Regelungen für den Fall der Nichtrückgabe (***P.Oxy. XXXIII 2677***); vielleicht war, wie in ***P.Athen. 28***, grundsätzlich das Doppelte des Wertes der verwahrten Gutes zu zahlen.[537]
Ein besonderer Fall ist die Verwahrung von Urkunden durch einen Urkundenhüter (gr. *συγγραφοφύλαξ*, dem. *ᶜrbṯ*, vgl. S. 145 u.). Offiziell zur Verwahrung von Geld berechtigt waren aufgrund eines Monopols in ptol. und röm. Zeit die staatlichen Banken, bei denen auch Privatpersonen ein Konto eröffnen konnten.

4.1.2.2.3 Unberechtigte Nutzung von fremdem Eigentum

Im ***Codex Hermupolis*** sind einige äg. Gesetze zum Nachbarschaftsrecht erhalten, in denen es v.a. um die unberechtigte Nutzung fremden Eigentums geht: Die Mauer eines Nachbarhauses durfte nicht ohne weiteres in das eigene Haus integriert werden, der Abstand zwischen zwei Häusern mußte mindestens eine Ziegelbreite betragen (8.3–4). Eine Haustür durfte nicht auf ein fremdes Grundstück führen (8.19–20). Entsprechende Vorschriften aus Alexandria sind aus ***P.Hal. 1*** Z. 81–114 bekannt.
Einen Einspruch (*sẖt* „Hinderung, Verbot") gegen einen Hausbau auf fremdem Grund konnte laut dem ***Codex Hermupolis*** 7.18–32 einlegen, wer Ansprüche an den Grund hatte und dadurch eine Wertminderung befürchtete. Der Bauherr durfte dann nicht weiterbauen, bis die Sache vor Gericht zu seinen Gunsten entschieden wurde, tat der Baumeister dies dennoch, drohten ihm Prügel. Auch Urkunden über das Einlegen eines *sẖt* sowie zum Verzicht darauf sind erhalten.[538]
Wenn jemand auf fremdem Grund unerlaubt (böswillig oder gutgläubig) ein Gebäude errichtete, gehörte es nach äg. und gr. Recht dem Grundeigentümer (***Codex Hermupolis*** 6.3–10; so auch ein in ***P.Tebt. III.1 780***, 12–14 zitiertes Diagramma); alle beweglichen Einbauteile durfte der Bauende jedoch vor Verlassen des Grundes entfernen (6.10). Daß Einbauten und Zubehörteile nicht wie im röm. Recht dem Grundstückseigentümer gehörten, geht auch aus ***P.Mich. Zen. 79*** hervor.
Nach äg. Recht ist bei der unberechtigten Nutzung von fremden Immobilien der öffentliche Protest (*šᶜr*) die korrekte Vorgehensweise (s. S. 177 u.). Es finden sich ab der ptol. Zeit aber auch Klagen, die auf dem Grundsatz aufbauen, daß für eine Nutzung eine Gegenleistung zu erbringen ist, d.h. der Fall wird nicht strafrechtlich als Nutzung oder Aneignung fremden Eigentums gesehen, sondern bekommt den Charakter von unfreiwilliger Verpachtung (***pBM 10598***) bzw. Verkauf (***PSI IX 1057***)[539]. Bei unberechtigter Nutzung von staatlichem Land wurde der Nutzende zum Kauf verurteilt (***P.Amh. II 31***).

---

[537] KÜHNERT, Kreditgeschäft, 118–120; 135–136.
[538] Vgl. dazu auch SEIDL, in: Fs Lüddeckens, 189–192.
[539] SEIDL, Röm. Provinz, 173.

4.1.3 Verpflichtungen

4.1.3.1 Arten

Während das moderne deutsche Recht eine breite Palette von Geschäften einschließlich Kauf, Schenkung und Pacht/Miete zu den Schuldverhältnissen zählt, faßte das äg. Recht, wie sich an der Formulierung der zugehörigen Urkunden erkennen läßt (s. S. 160 und 162 u.), nur Darlehen, Arbeitsverpflichtungen und andere Verpflichtungen zu bestimmtem Verhalten als Schuldverhältnisse im engeren Sinne auf. Bei Barkauf (s. S. 91f. o.) und Schenkung (s. S. 94 o.) ging es allein um die Übertragung von Eigentum von einer Person auf eine andere und es trat überhaupt keine juristische Verpflichtung ein. Bei Pacht und Miete stand die Inbesitznahme und Nutzung fremden Eigentums im Vordergrund, wenngleich natürlich die Rückgabe an den Eigentümer auch festgelegt wurde, ebenso bei der Verwahrung (s. S. 97f. o.), die manchmal aber auch in die Nähe des Darlehens rücken kann. Das gr. Recht hingegen faßte Arbeits- und Werkverpflichtungen mit Miete/Pacht unter dem Oberbegriff *μίσθωσις* zusammen, das röm. Recht unter *locatio conductio*. Hier soll der äg. Gliederung gefolgt werden.

4.1.3.1.1 Darlehen

Das äg. Wort *r-ᶜ-wḫꜣ* bzw. *r-ᶜ-wḫꜣ=f* bedeutet wörtlich „Rückforderung“[540] und bezieht sich daher, anders als das deutsche „Darlehen“ oder das gr. *δάνειον*, nicht auf das Geben, sondern auf die Rückforderbarkeit des Hingegebenen. Sowohl nach äg. als auch gr. Verständnis fallen unter die Begriffe *r-ᶜ-wḫꜣ* und *δάνειον* nicht nur Darlehen im modernen Sinne, bei denen tatsächlich ein Kapital (dem. *ḏꜣḏꜣ*, gr. *κεφάλαιον* oder *δάνειον*) ausgehändigt wird, sondern auch Geschäfte, bei denen es um die Begleichung von auf anderem Wege entstandenen Schulden geht.[541] Darlehen konnten nach äg. und gr. Recht mit oder ohne Urkunde (Darlehensurkunde oder Schuldschein, s. S. 160f. u.) abgeschlossen werden, letztere sind natürlich in den Dokumenten seltener belegt.

Daneben gab es im gr. Recht noch weitere ähnliche Geschäfte: Mit *ἔρανος* „Freundschaftsdarlehen“ wurde ein unverzinsliches Darlehen bezeichnet, daß von einer Personengruppe (Eranos-Verein) aus einem gemeinsamen Fonds an Bedürftige gewährt wurde; darüber wurde eine *ἐρανικὴ συγγραφή* ausgestellt. Die Rückzahlung erfolgte in Raten.[542] Die *χρῆσις*, das Verleihen von Geld, Tieren oder Gegenständen, war in ptol. Zeit nicht beurkundet und wohl unentgeltlich, entsprechend ergaben sich Schwierigkeiten beim Versuch, eine Rückzahlung zu erzwingen. In röm. Zeit entwickelte sie sich zu einem z.T. vom Schuldner aus beurkundeten und verzinsten Darlehens- bzw. Kreditgeschäft. Das im 3. Jh. v.Chr. häufig belegte Wort *πρόχρησις* konnte ein Darlehen oder Vorschuß z.B. im Rahmen von Pachtverhältnissen bezeichnen.[543]

Die Konditionen für Geld- und Naturaldarlehen im äg. Recht waren seit der Spzt unterschiedlich. Bei Getreidedarlehen waren schon in der 3. Zwzt Zinsen (dem. *ḥw* „Zuwachs“ oder *ms/ms.t* „Zinsen“) in Höhe der Hälfte des Kapitals pro Ernteperiode üblich (***pLouvre E 9293***; ***pStraßburg 4***)[544]; die Behauptung Menus[545], der Zinssatz sei von der

[540] Vgl. LIPPERT/SCHENTULEIT, DDD II, 200.
[541] Vgl. auch KÜHNERT, Kreditgeschäft, 21–27.
[542] KÜHNERT, Kreditgeschäft, 81–85.
[543] RUPPRECHT, Darlehen, 9–11. KÜHNERT, Kreditgeschäft, 86–101.
[544] Vgl. LIPPERT, Lehrbuch, 53–55.
[545] MENU, in: CRIPEL 1, 88.

Laufzeit des Darlehens unabhängig, ist nicht korrekt. In ***pLoeb 3***, der ungewöhnlicherweise nur über drei Monate läuft, beträgt der Zinssatz 33 ⅓ %. Die Strafzinsen, die beim Überschreiten der Fälligkeit gezahlt werden mußten, betragen in ***pLouvre E 9293*** 10% pro Monat mit Zinseszinsen, aber nur bis zur Höhe des Kapitals, in anderen Fällen sind sie nicht genannt, möglicherweise weil es dazu eine gesetzliche Regelung gab.
Gr. Getreidedarlehen aus dem 3. Jh. v.Chr. nennen keinen Zins (*τόκος*), später sind sie machmal explizit zinslos (*ἄτοκος*, vgl. aber S. 161f. u.) oder nennen wie die dem. Urkunden Zinsen in Höhe der Hälfte des Kapitals; diese könnten auch für die unbezeichneten Darlehen gelten.[546] Getreidedarlehen wurden häufig im Zusammenhang mit der Landpacht von den Verpächtern an die Pächter vergeben; in ptol. Zeit gab es für die Königsbauern und Kleros-Inhaber Saatgutdarlehen von staatlicher Stelle (Sitologe, Nomarch).[547] Gr. Urkunden über andere Naturaldarlehen sind oft zinslos (z.B. ***P.Grenf. II 24*** über Wein). Darlehen von Flüssigkeiten (Wein, Öl) waren in röm. Zeit verboten (***Gnomon*** § 103). Die Strafzahlungen bei gr. Naturaldarlehen waren sehr unterschiedlich geregelt und bezogen meist den Marktwert mit ein.[548]
Bei dem. Gelddarlehen kamen zunächst unterschiedliche Zinssätze (***pLoeb 48***: 50% pro Jahr; ***pMoskau 113***: 2,5% im Monat = 30% pro Jahr; ***pBM 10113***: zinslos) vor. Allerdings war die Obergrenze der akkumulierten Zinsen gesetzlich auf 100% des Darlehenskapitals beschränkt (***Diod.*** I, 79.2; wohl auch ***pBerlin P 23890 rto*** d); der gleiche Grundsatz (*ne ultra alterum tantum*) bestand auch im röm. Recht[549]. Dies galt jedoch nur für die normalen Zinsen, Strafzinsen konnten davon ausdrücklich ausgenommen werden, z.B. durch die Klauseln *ỉw bn ỉw=w / bw ỉr=w ᶜḥᶜ n ms* „indem sie nicht stehenbleiben werden/können als Zinsen" (***pBM 10113***) oder *(r) wꜣḥ ms n ms ... šᶜ pꜣ nty ỉw=w pḥ=f nb nb* „(um) Zinseszinsen hinzuzufügen ... bis zu dem, was sie (= die Zinsen) auch immer erreichen würden" (***pLouvre E 9293***).[550] Durch ein Diagramma (s. S. 134f. u.) wohl Ptolemaios' II. wurde schließlich der Zinssatz bei Gelddarlehen auf maximal 2 % pro Monat bzw. 24 % pro Jahr festgelegt (vgl. auch ***P.Col. IV 83***).[551] Zinslose Darlehen sind seltener, aber ebenfalls nachzuweisen.[552] Unzulässig hohe Zinsen versuchten Gläubiger manchmal dadurch zu verbergen, daß sie Kapital und Zinsen nicht getrennt aufführten (***P.Col. IV 83***). Im 1. Jh. n.Chr. lag der Zinssatz für Gelddarlehen meist bei 1% pro Monat (vgl. z.B. ***pRylands 45***), was eventuell auf die seit 51 v.Chr. im röm. Recht geltenden 12% Zinsen jährlich zurückzuführen ist.[553] Nach ***Gnomon*** § 105 wurde die Überschreitung dieses Höchstzinssatzes mit dem Einzug der Hälfte des Vermögens des Gläubigers und eines Viertels dessen des Schuldners bestraft. Im 2. Jh. sank der Zinssatz weiter, stieg dann jedoch sogar wieder auf 24% pro Jahr an.[554] Die üblichen Strafzahlungen lagen in ptol. und röm. Zeit bei 50% der geschuldeten Summe (dem. *1 r 1½*,

546 KÜHNERT, Kreditgeschäft, 51–54.
547 SEIDL, Ptol. Rechtsgeschichte, 134.
548 RUPPRECHT, Darlehen, 99–102. KÜHNERT, Kreditgeschäft, 77–79.
549 KÜHNERT, Kreditgeschäft, 41. SOHM, Institutionen[17], 404.
550 VLEEMING, Gooseherds, 169–171. DONKER VAN HEEL, Choachytes, 233.
551 PESTMAN, in: JJP 16–17, 9. KÜHNERT, Kreditgeschäft, 39–40.
552 Vgl. dazu auch PESTMAN, in: JJP 16–17, 7–29, sowie KÜHNERT, Kreditgeschäft, 42–44.
553 SOHM, Institutionen[17], 404.
554 KÜHNERT, Kreditgeschäft, 40–41.

gr. *ἡμιόλιον*) und/oder die Zinsen liefen, nach der Fälligkeit, als Strafzinsen weiter, letzteres wurde durch ein Diagramma geregelt.[555]
Es gab gesicherte (s. a. S. 106ff. u.) und ungesicherte Darlehen. Als Sicherheit konnte, durch eine Urkundenklausel festgelegt, das gesamte Vermögen des Schuldners dienen, aber auch ein vorweg bestimmtes Sicherungsobjekt (meist ein Haus oder Hausteil), über das eine Sicherungsurkunde (s. S. 150f. u.) ausgestellt wurde; kleinere Objekte konnten als Faustpfand dem Gläubiger ausgehändigt werden. Auch durch Bürgen konnte eine Sicherung erzielt werden (s. S. 105f. u.). Wenn mehrere Personen (z.B. Ehepaare) ein Darlehen nahmen, hafteten sie auch gemeinsam; in den gr. Urkunden wurde dies als *ἀλληλεγγύη* „gegenseitige Bürgschaft" bezeichnet.
Bei ungesicherten Darlehen ohne Urkunde mußte im Streitfall der Schuldner beschwören, zurückgezahlt zu haben (sog. Reinigungseid). ***Diod.*** I, 79.1 schreibt Bokchoris ein entsprechendes Gesetz zu, ptol. Tempeleide darüber sind auch erhalten (***oBodl.Lib. 865***; ***oBM 12574***). Gleiches galt – als Parallelentwicklung[556] – auch im gr. Recht (vgl. ***P.Ent. 46***). Gestand der Darlehensnehmer die Schuld ein, mußte er ihre Höhe beschwören (***oStraßburg 1832***).
Die Rückgabe des Darlehens in einem anderen Gut, z.B. Wein für Korn oder Korn für Geld, war wohl nur dann gestattet, wenn dies ausdrücklich vom Gläubiger genehmigt oder gar gewünscht (***pAmiens 2***) war[557]; das Geschäft entsprach dann einem Pränumerationskauf (s. S. 102 o.). Auch nach röm. Recht war *datio in solutum* („Leistung an Erfüllungsstatt" = Ersatzleistung) bei Gelddarlehen möglich; erst aufgrund der Inflation um 200 n.Chr. wurde der umgekehrte Fall, die Rückzahlung eines Getreidedarlehens in Geld, durch ***Apokrimata*** Z. 40–44 verboten.[558]
Die Rückzahlung von Darlehen konnte als Pacht arrangiert werden, d.h. der Gläubiger erhielt vom Schuldner ein Objekt für eine gewisse Zeit zur Nutzung, und der damit erwirtschaftete Gewinn wurde als Rückzahlung des Darlehens (Kapital und/oder Zinsen) gewertet (antichretische Pacht). Meist diente dazu Land (z.B. ***pKairo CG 31079***; ***P.Corn. 7*** Z. 1–11), aber auch Immobilien oder ein Webstuhl ist in dieser Funktion belegt (***P.Oxy. XXXVI 2773***). Sogar Arbeitsverpflichtungen oder die Vermietung eines Sklaven konnten dazu dienen.[559] In Einzelfällen ist unklar, ob die Nutzung des Objektes nicht sogar im Vordergrund des Geschäftes stand.
In mehreren Tempeleiden geht es um die Schulden Verstorbener (***oStraßburg 662***; ***oKairo MH 4249***); daraus ergibt sich auch, daß Schulden aus dem Erbe einklagbar waren. Dafür spricht auch die im ***Codex Hermupolis*** 5.30–31 belegte Regelung, daß ein Sohn die von seinem Vater in einer *sᶜnḫ*-Urkunde eingegangenen Verpflichtungen nach dessen Tod erfüllen muß.
Die dem. Darlehensurkunde bzw. der Schuldschein mußte vom Gläubiger bei Begleichung der Schuld wieder zurückgegeben werden; der ehemalige Schuldner konnte diese dann vor Gericht als Beweismittel vorlegen. Auch eine Quittung konnte diesen Zweck erfüllen; diese war vor allem bei vorzeitiger Zinszahlung und Teilrückzahlung wichtig, bei denen die Darlehensurkunde ja noch beim Darlehensgeber blieb.[560] Die zahlreichen

555 RUPPRECHT, Darlehen, 94–99. KÜHNERT, Kreditgeschäft, 70–77.
556 So gegen PRINGSHEIM, Law of Sale, 60–61.
557 SEIDL, Ptol. Rechtsgeschichte, 132, ohne Belege.
558 SEIDL, Röm. Provinz, 179–180.
559 RUPPRECHT, in: ICP 19, 271–289.
560 SEIDL, Ptol. Rechtsgeschichte, 133. Vgl. auch KÜHNERT, Kreditgeschäft, 46.

gr. Rückgabequittungen über das gesamte Darlehen zeigen, daß es in diesem Rechtsbereich offenbar nicht üblich war, die Schuldurkunde nach Rückzahlung ungültig zu machen oder dem Schuldner zurückzugeben.[561]
Schuldscheine konnten durchaus die Funktion von Wertpapieren haben (s. S. 105 o.), da sie oft die Klausel enthielten, sie seien überall und von jedem Überbringer durchsetzbar und daher offenbar abtretbar waren, selbst wenn der Name des Gläubigers eingetragen war.[562] Zumindest im alex. Recht scheint jedoch eine Zustimmung des Schuldners notwendig gewesen zu sein (***BGU IV 1171***?).

4.1.3.1.2 Kreditkauf

Der Kauf auf Kredit ist in äg. Urkunden dieser Zeit kaum nachzuweisen, da er, falls er vorkam, offenbar in der Verkaufsurkunde wie ein normaler Barkauf dokumentiert wurde. Wahrscheinlich wurde jedoch, wie auch im gr. Recht (vgl. ***P.Paris 8***; ***BGU I 189***), zusätzlich noch ein Schuldschein oder eine Darlehensurkunde (s. S. 160ff. u) aufgesetzt. Ein Kreditkauf wurden somit als Kombination von Barkauf mit fiktivem Preisempfang und Darlehen mit fiktiver Aushändigung des Darlehenskapitals konstruiert.

4.1.3.1.3 Kauf mit Vorauszahlung

Der Kauf mit Vorauszahlung bzw. verzögerter Lieferung (Pränumerations- oder Lieferungskauf), ist in ptol. Zeit mehrfach belegt. Da sowohl dem. als auch gr. Verkaufsurkunden auf einen Barkauf zugeschnitten waren (s.o.), mußten für den Kauf mit Vorauszahlung andere Formen gefunden werden: An dem. Geldbezahlungsurkunden wurden Klauseln über den Gelderhalt *n r-ᶜ-wḫꜣ* „als Darlehen" angehängt, um zu verdeutlichen, daß eine Gegenleistung noch nicht erfolgt ist, sowie weitere über die Verpflichtung zur Lieferung des gekauften Objektes mit Lieferbedingungen und Garantien (z.B. ***pBrooklyn 37.1796E***)[563]. Ganz ähnlich lösten das Problem auch die frühen gr. Urkunden: Ihr Formular folgte zunächst dem einer Verkaufsurkunde, wechselte dann jedoch zu dem einer Darlehensurkunde, aus der die Verpflichtung des Verkäufers, die Ware noch zu liefern, hervorging und die Straf- und Vollstreckungsklauseln enthielt[564] (***P.Hib. I 84a***). Eine andere Möglichkeit ist die Auffassung eines Kaufes mit Vorauszahlung als Darlehen, das in Naturalien zurückgezahlt werden soll; entsprechende Urkunden sind sowohl auf dem. (***pAmiens 2***) als auch auf gr. (***P.Corn. 2***) erhalten.
Erst in spätptol. Zeit entwickelt sich für den Pränumerationskauf ein eigenes gr. Formular, das den Erhalt des Geldes bestätigte und die zukünftige Lieferung versprach[565] (***P.Oxy. XIV 1639*** und ***pReinach gr. I 30***); diese Urkunden kamen in röm. Zeit häufig vor und betrafen oft Wein.
Wenn ein Kunde einem Handwerker Geld gibt, damit dieser sich Material beschafft, aus dem dann das vom Kunden bestellte Objekt gefertigt werden soll, handelt es sich um einen Werklieferungskauf. Belege für diese Praxis fehlen allerdings bislang für die Spzt und gr.-röm. Zeit, da das von Seidl[566] angeführte Beispiel ***pLouvre E 3168*** den Kauf von Material durch den Kunden vom Handwerker(?) quittiert.

---

561 RUPPRECHT, Quittung, 84–86.
562 SEIDL, Ptol. Rechtsgeschichte, 143–144.
563 Vgl. zu weiteren Beispielen DEVAUCHELLE, in: Enchoria 14, 61–65.
564 PRINGSHEIM, Law of Sale, 269–270. SEIDL, Ptol. Rechtsgeschichte, 123.
565 PRINGSHEIM, Law of Sale, 275–276.
566 SEIDL, Saiten- und Perserzeit, 63.

4.1.3.1.4 Arbeitsverpflichtungen

Im Vergleich zu den sicher sehr zahlreichen unselbständigen Arbeitsverhältnissen, die in Äg. existierten, ist die Zahl der Dokumente darüber sehr gering. Schriftlich wurden sie offenbar nur festgelegt, wenn es sich um längerfristige Verhältnisse handelte, bei denen Vorausleistungen erfolgten und/oder bestimmte Bedingungen dokumentiert werden sollten. Belegt sind z.B. Verpflichtungen von Ammen (gr.: ***BGU IV 1106***; ***P.Amst. I 41***, Kol. 2–3; dem.: ***pKairo CG 30604***) sowie von Balsamierern (***pBM 10077***). Dabei kommen verschiedene Urkundenformen vor (vgl. S. 162f. u.). Ein Sonderfall ist ***pLouvre E 3168***, eine Quittung über Geld und Getreide, die als Preis für Webgarn und Weberlohn bezeichnet werden, ohne daß daraus hervorgeht, ob die Arbeit bereits geleistet wurde oder noch nicht[567]; für ersteres spricht das völlige Fehlen von Fristen oder Vertragsstrafen für die Nichterfüllung. Die korrekte Ableistung von Arbeitsverpflichtungen mußte im Streitfall beschworen werden (***oStraßburg 923***).

Die Entlohnung für Choachytendienste bestand meist in der dauerhaften Übereignung eines Grundstückes (oft als Stiftung bezeichnet), dessen Nutzung an den Opferdienst gebunden war und das nur mit dieser Verpflichtung gemeinsam verkauft werden konnte. Manchmal war es jedoch nur ein Einkommen an Opferbrot, das dem Choachyten zufloß (vgl. ***pLouvre E 2432***).

Im gr. Recht wurden verschiedene Arbeitsverpflichtungen mit Pacht und Miete (s. S. 95ff. o.) unter dem Begriff *μίσθωσις* zusammengefaßt. Für denjenigen, der zur Arbeit verpflichtet wurde, galt die *παραμονή* („Ausharren"), d.h. die Bereitschaft durch stete Anwesenheit.[568] Häufig kamen in diesem Zusammenhang daher auch Gestellungsbürgschaften vor, dem. mit *dỉ.t ꜥḥꜥ=f* „veranlassen, daß er anwesend ist" formuliert (***pZen.dem. 6***). Der sich Verpflichtende bzw. sein Gestellungsbürge garantierten oft ausdrücklich, daß ersterer nicht in einen Tempel oder an eine Asylstätte (*ꜥ.wy-nḫt*) fliehen werde. War der Lohn für den Dienst bereits gezahlt, war dieser mit Hilfe der darüber gestellten Quittung (vgl. ***BGU VII 1663***) einklagbar.

Auch Verpflichtungen zur Ausbildung von Kindern und Jugendlichen, manchmal auch Sklaven, die i.d.R. vom Vater oder Herrn einem Handwerksmeister übergeben wurden, sind belegt; im Gegenzug zur Wissensvermittlung garantierte der Vater die Anwesenheit und Arbeitswilligkeit des Auszubildenden (s. a. S. 163 u.).

Arbeitsverpflichtungen kamen auch im Zusammenhang mit der Sicherung und Tilgung von Darlehen vor. In ***P.Mich. X 587*** wurde eine Tochter verpflichtet, die Zinsen für ein ihren Eltern gegebenes Darlehen abzuarbeiten, ähnlich deutet Seidl ***PSI IV 424***[569].

4.1.3.1.5 Verpflichtungen zu bestimmten Verhaltensweisen

Neben Arbeitsverpflichtungen gab es im äg. Recht auch noch weitere Verpflichtungen zu bestimmten Verhaltensweisen, die offenbar vor allem im Zusammenhang mit Hausbauten schriftlich festgelegt wurden (s. S. 162f. u.): Darin ging es um eine bestimmte Art der Bauausführung (***pBM 10524***; ***pBM 10500***) oder den Verzicht auf Einsprüche gegen Baumaßnahmen (***pBM 10589***.) Vergleichbares fehlt m.W. aus dem gr. Bereich.

---

567 So SEIDL, Saiten- und Perserzeit, 48; 67.

568 SEIDL, Röm. Provinz, 191.

569 SEIDL, Ptol. Rechtsgeschichte, 146. Vgl. aber die Erklärung der Herausgeber in PSI IV, 149.

4.1.3.1.6 Stellvertretung

In dem. Urkunden wurde der Stellvertreter als *rd* (vgl. das ältere *rwḏw*, S. 45 und 62 o.) bezeichnet, was oft auch als „Sachwalter" oder „Bevollmächtigter" übersetzt wird. Stellvertretendes Handeln wurde durch *n rn NN* „im Namen des NN" bzw. *r ḫrw NN* „auf Geheiß des NN" ausgedrückt, wobei Seidls Annahme[570], hier bestünde eine Differenzierung zwischen indirekter Stellvertretung, d.h. dem Handeln im eigenen Namen auf fremde Rechnung, und direkter Stellvertretung, d.h. dem Handeln in fremdem Namen, nicht plausibel ist; vielmehr erscheinen die Formulierungen einerseits austauschbar und sind andererseits nicht als *termini technici* auf Stellvertretung beschränkt. Gr. Urkunden sprechen bei der Stellvertretung vom Handeln *δία NN* bzw. *ὑπὲρ NN* „für NN", der Stellvertreter (auch der berufsmäßige) wurde als *ὁ παρὰ τοῦ NN* bezeichnet, der Auftrag als *ἐντολή*.

Stellvertretung konnte auf einem Dienstverhältnis beruhen, so z.B. bei Gutsverwaltern, oder auf einem Auftrag, dann war sie unentgeltlich. Häufig ist bei Briefen im Familien- und Freundeskreis schwer zu entscheiden, was eine bloße Bitte und was ein einklagbarer Auftrag war.[571] Die Quellen zeigen nur Belege für direkte Stellvertretung, wobei in einigen Fällen das allgemeine Wissen um die Beziehung zwischen Stellvertreter und Vertretenem die explizite Nennung des Vertretenen überflüssig machte: So ist auch nicht verwunderlich, daß Zenon Urkunden grundsätzlich im eigenen Namen ausstellte (***Zenon-Archiv***)[572] – seine Funktion als Verwalter des Dioiketen Apollonios war wohlbekannt. Das gleiche gilt für Ehegatten oder nahe Verwandte, die häufig für den eigentlichen Gläubiger Schuldrückzahlungen entgegennehmen konnten, ohne eine schriftliche Vollmacht vorweisen zu müssen.[573] Nach röm. Recht war die direkte Stellvertretung nicht erlaubt[574].

Kaufte jemand für einen anderen etwas mit dessen Geld, wurde, entsprechend dem äg. und gr. Recht, der Eigentümer des gezahlten Geldes auch der Eigentümer des Kaufobjektes.[575] Die Bevollmächtigung zu privaten Geschäften konnte durch eine Homologie (s. S. 141 u.) übertragen werden (z.B. ***P.Fam.Tebt. 27***); der Bevollmächtigte bekam dabei genaue Anweisungen über die Art des unter Berufung auf den Bevollmächtigenden zu tätigenden Geschäfts, während andere Aspekte (z.B. Käufer, Kaufpreis) von ihm selbständig entschieden werden konnten, wenn der Bevollmächtigende ihm dazu sein Vertrauen (*πίστις*) ausgesprochen hatte[576]; für Schäden, die der Bevollmächtigte verursacht hatte, konnte er vom Auftraggeber haftbar gemacht werden (***P.Ent. 89***)[577]. Der Beauftragte versicherte, nach bestem Vermögen zu handeln (***P.Oxy. I 94***).

Minderjährige mußten bei Geschäften und vor Gericht vertreten werden (s. S. 117 u.). Nach neuerer Forschungsmeinung ist der Geschlechtsvormund (*κύριος*), der nach gr. und röm. Recht Frauen bei der Ausübung von Geschäften und vor Gericht begleitete, kein Vertreter, da die Frauen selbst als Handelnde erscheinen (s. S. 116 u). Eine Beauftragung zur Stellvertretung (*σύστασις*) vor Gericht liegt in ***P.Oxy. II 261*** vor; zumindest

---

570 SEIDL, Ptol. Rechtsgeschichte, 159.
571 SEIDL, Ptol. Rechtsgeschichte, 149–150.
572 SEIDL, Ptol. Rechtsgeschichte, 148; 157–159. Ders., Röm. Provinz, 211.
573 SEIDL, Ptol. Rechtsgeschichte, 158.
574 SEIDL, Röm. Provinz, 143. KASER, Röm. Privatrecht I^2, 260.
575 SEIDL, Ptol. Rechtsgeschichte, 156–157. PRINGSHEIM, Law of Sale, 205–206.
576 HERMANN, in: ICP 13, 162–163.
577 SEIDL, Ptol. Rechtsgeschichte, 148.

in röm. Zeit war eine Stellvertretung von den Behörden zu prüfen und zu genehmigen (***P.Oxy. XXII 2349***).
Seidl deutet ***pBerlin P 13568*** als Kreditmandat, d.h. als Auftrag, an einen Dritten ein Darlehen zu geben, wobei der Auftraggeber für die Rückzahlung haftete.[578] Tatsächlich ist aber in dem Brief keine Rede von einem Darlehen, und der Schreiber will auch nicht dafür haften, sondern dem Adressaten den an einen Dritten ausgegebenen Wein ersetzen.

4.1.3.2 Sicherung und Durchsetzung von Ansprüchen

4.1.3.2.1 Promissorischer Eid

Während in den kursivh. Urkunden häufig promissorische Eide vorkommen, ist dies in den dem. nur noch selten der Fall[579]; die früher beeideten Versprechen waren nun durch entsprechende Klauseln in der von Zeugen unterschriebenen bzw. registrierten Urkunde bereits ausreichend gesichert. Das Recht der ptol. Zeit kannte die Verpflichtung durch den schriftlich (dem. oder gr.) niedergelegten Königseid (s. S. 176 u.). Die Strafen für Eidbruch sind in den Urkunden sehr vage angegeben und waren wohl gesetzlich geregelt.

4.1.3.2.2 Bürgschaft

Die Begriffe *šsp ḏr.t* und *ἐγγύη* (auch *πίστις*) werden in der Ägyptologie traditionell mit „Bürgschaft" übersetzt.[580] Die äg. Bezeichnung bedeutet wörtlich „die Hand ergreifen" und bezieht sich wohl auf die begleitende Geste, wobei der Bürge und der Gläubiger sich die Hand geben.[581] Der Ausdruck läßt sich erst ab der 26. Dyn. in Äg. nachweisen (***pRylands 9***, 20.17). Seidls Erklärung, der Ausdruck sei im übertragenen Sinne als „Macht/Einfluß nehmen" zu verstehen, wofür der Bürge nach dem „Prinzip der notwendigen Entgeltlichkeit" eine Gegenleistung erbringen müßte[582], wirkt sehr künstlich und überzeugt nicht.
Die Bürgschaft des äg. und gr. Rechtes deckt sich nicht mit der des modernen deutschen Rechts: Ein Bürge haftete dafür, daß der eigentliche Schuldner (Hauptschuldner) Forderungen des Gläubiger erfüllte, oder, falls dieser das nicht konnte, manchmal an seiner Stelle. Bürgschaften können sich auf Geldschulden gegenüber Privaten oder dem Fiskus beziehen, aber auch auf andere Verpflichtungen, z.B. die Anwesenheitspflicht eines Handwerkers, das Erscheinen eines Beklagten vor einem Amt oder Gericht (sog. Gestellungsbürgschaften, z.B. ***pKairo CG 30659+31191***; ***pLille 2***) oder die Ausführung einer Liturgie.[583] Die „gegenseitige Bürgschaft" (*ἀλληλεγγύη*) erscheint in gr. Darlehensurkunden, wenn mehrere Personen gemeinsam ein Darlehen aufnehmen und dafür solidarisch haften (***pBerlin P 13528***; ***pWien D 6933***; ***pBerlin P 8929***).[584] Nachbürgschaften (d.h., der Bürge stellt wiederum einen Bürgen) kommen gewöhnlich nur bei fiskali-

578 SEIDL, Ptol. Rechtsgeschichte, 148–149; 181.
579 SEIDL, Saiten- und Perserzeit, 34.
580 Allgemein dazu SETHE/PARTSCH, Bürgschaftsrecht, sowie VAN SOEST, ΕΓΓΥΗ. S. a. RUPPRECHT, Einführung 131–132.
581 SETHE/PARTSCH, Bürgschaftsrecht, 522. Vgl. aber DE CENIVAL, Cautionnements, 139–140, die von einem Handschlag zwischen Bürge und Schuldner auszugehen scheint.
582 SEIDL, Ptol. Rechtsgeschichte, 160.
583 DE CENIVAL, Cautionnements, 141–145. LEWIS, Public Service, 69–70.
584 Vgl. a. RUPPRECHT, Einführung, 131.

schem Interesse vor.[585] Bürgschaften sind sowohl in separaten Urkunden dokumentiert (z.B. ***pKairo CG 30753***) als auch in Zusätzen zu einer anderen Urkunde, so bei Pachtgesuchen für Königsland (***pKairo CG 30647***; ***pKairo CG 30697+30780***), Pachturkunden (***pHeidelberg 723***), Darlehensurkunden (***pLeiden I 376***) oder Kaufpfandurkunden (***pHauswaldt 18 a+b***). Die Bürgschaftserklärungen waren als wörtliche Rede des Bürgen formuliert und enthielten die Annahme der Bürgschaft, die Leistung, für die gebürgt wird, sowie die Ersatzleistung, falls diese nicht erbracht wird. Die Leistung durch den Bürgen anstelle des Hauptschuldners ist nicht immer ausdrücklich vereinbart, was Partsch als Hinweis darauf versteht, daß der Bürge normalerweise nicht selbst zu einer Ersatzleistung verpflichtet war, sondern nur dafür zu sorgen hatte, daß der Hauptschuldner leistete.[586] Anstelle einer auf der Darlehensurkunde vermerkten Bürgschaft konnte die Bürgschaft auch dadurch übernommen werden, daß der Bürge ebenfalls eine Darlehensurkunde ausstellte, in der er auf die ursprüngliche Bezug nahm (***pReinach dem. I 3*** zu ***pReinach gr. I 20***).[587] Inwieweit der Gläubiger auch auf die Person des Bürgen zugreifen durfte, ist unsicher (s. S. 110 u.). Von der Behauptung des Gläubigers, jemand habe sich bei ihm verbürgt, mußte man sich nach äg. Recht durch Eid reinigen (***oBodl.Lib. 538+679***; ***oAshmol. Mus. 13***). Wurde tatsächlich das Vermögen des Bürgen anstelle des Schuldners herangezogen, konnte er von diesem die Rückgabe verlangen; Seidl nimmt ein entsprechendes Gesetz an[588], vielleicht mußte dies aber auch urkundlich festgelegt sein (vgl. ***P.Mich. Zen. 35***). Auch im röm. Recht war eine solche Klage (*actio mandati contraria*) möglich. In röm. Zeit blieben die meisten Bürgschaften in Äg. formlos, das ritualisierte Frage- und Antwortverfahren der *fideiussio* des röm. Rechts setzte sich nicht durch.[589]

4.1.3.2.3 Pfänder, Sicherheiten, *ὑποθήκη* und *ὑπάλλαγμα*

Zur Sicherung einer ausstehenden Leistung, z.B. bei Darlehen oder Unterhaltszahlungen, konnte ein Teil oder das gesamte Vermögen des Schuldners und/oder eines Bürgen als Pfand oder Sicherheit eingesetzt werden. Dem äg. Begriff *ỉwꜣ.t* stehen dabei verschiedene gr. Ausdrücke – *ἐνέχυρον*, *ὑποθήκη* und *ὑπάλλαγμα*[590] – gegenüber.

Sowohl im äg. als auch im gr. Recht wurden bei kleineren Schuldsummen Gegenstände dem Gläubiger als Faustpfand (gr. *ἐνέχυρον*, lat. *pignus*) ausgehändigt (***pRylands 36***), die der Gläubiger bei Nichtbegleichung der Schuld einfach behielt, d.h. das Pfand verfiel. Bei größeren dienten Immobilien (Häuser oder Grundstücke) oder Teile davon als Sicherheit, in gr. Urkunden der röm. Zeit kommen jedoch auch Sklaven vor (z.B. ***BGU IV 1147***). Die Verpfändung der eigenen Person könnte in den sog. „Selbstverkäufen in die Sklaverei" (z.B. ***pRylands 3***; ***pRylands 5***; ***pRylands 6***) der 26. und 27. Dyn. belegt sein[591]. Auch Choachytenrechte[592] und Einkünfte aus Priesterdiensten (***CPR XV 8–10a***) sind als Sicherungsobjekte belegt. Obgleich nach ***Gnomon*** § 73 verboten, kam dies in

---

585 SEIDL, Röm. Provinz, 211. DE CENIVAL, Cautionnements, 149–150.
586 SETHE/PARTSCH, Bürgschaftsrecht, 535–536.
587 Vgl. auch SEIDL, Ptol. Rechtsgeschichte, 160.
588 SEIDL, Ptol. Rechtsgeschichte, 161. So auch VAN SOEST, ΕΓΓΥΗ, 61; 94.
589 SEIDL, Röm. Provinz, 209–210. Dazu auch SOHM, Institutionen[17], 405–407.
590 RUPPRECHT, Einführung, 134.
591 So gedeutet von SEIDL, Saiten-und Perserzeit, 65.
592 SEIDL, Ptol. Rechtsgeschichte, 138.

frühröm. Zeit jedoch noch vor[593]. Der Fiskus pfändete in ptol. und röm. Zeit bewegliches Eigentum des Schuldners.
Die Sicherung nach äg. Recht erfolgte in der ptol. Zeit auf verschiedene Weisen: Zum einen enthielten bereits die Darlehens- und *sꜥnḫ*-Urkunden (s. S. 167f. u.) eine Sicherungsklausel, i.d.R. *nty nb nkt nb nty mtw=y ḥnꜥ nꜣ nty ỉw=y r dỉ.t ḫpr=w tꜣ ỉwꜣ.t n* ... „alles und jedes Ding, das ich besitze, und das, was ich erwerben werde, sind die Sicherheit für ...“. Manchmal kommt in den Urkunden auch das Versprechen vor, über ein bestimmtes Objekt eine Geldbezahlungsurkunde auszustellen, falls das Darlehen nicht zurückgezahlt wird (***pBM 10425***). Die dritte Möglichkeit ist, zusätzlich zur Sicherungsklausel bereits bei der Übergabe von Darlehen bzw. *sꜥnḫ* eine Urkunde als Sicherheit auszustellen, in der der Schuldner für den Fall, daß er den Verpflichtungen nicht nachkam, das Eigentum an einem Objekt dem Gläubiger übertrug. Sie hatte entweder die Form einer sog. Kaufpfandurkunde (s. S. 150f. u.) oder einer Geldbezahlungsurkunde ohne Abstandsurkunde (s. S. 151 u.). Sie konnte entweder dem Gläubiger direkt übergeben werden, dann war es jedoch sinnvoll, eine Abmachung vor einem Unparteiischen (*ꜥrbṯ*) zu schließen, daß die Urkunde bei Rückzahlung der Schulden dem Aussteller zurückgegeben werden mußte (***pMichigan 4526 B1***). Statt dessen konnte man aber auch die Sicherungsurkunde einem *ꜥrbṯ* als Urkundenhüter (s. S. 145 u.) übergeben, der sie je nachdem an den Schuldner oder an den Gläubiger aushändigte. Im letzteren Fall mußte in ptol. Zeit der Schuldner dem Gläubiger noch eine Abstandsurkunde (s. S. 152ff. u.) aufsetzen, im Fall von ***pMichigan 4526 B1*** war diese bereits mit der Geldbezahlungsurkunde ausgestellt worden. Bei den Sicherungsurkunden der röm. Zeit[594] war letzteres die Regel. Das äg. Verfahren der Sicherung durch Kaufpfand- oder Geldbezahlungsurkunde ist so angelegt, daß der Gläubiger offenbar, falls ihm schließlich das Sicherungsobjekt zufiel, weder die Differenz zur eigentlich geschuldeten Summe nachfordern konnte noch diese gegebenenfalls auszahlen mußte[595], und entspricht darin der gr. Hypothek. Ein als Sicherheit gegebenes Objekt durfte vom Sicherungsgeber nicht mehr im Wert vermindert oder verkauft werden, es war nicht mehr „rein“ (*wꜥb*). Aus dem ***Codex Hermupolis*** 6.12–17 geht hervor, daß ein Gläubiger, dem ein Objekt verpfändet worden war, den Verkauf seitens des Schuldners durch Klage verhindern konnte.
Im gr. Recht erfolgte die Sicherung durch *ὑποθήκη*, oder, v.a. in röm. Zeit, durch *ὑπάλλαγμα*.[596] Bei beiden Sicherungsarten blieb das Objekt zunächst im Besitz des Schuldners. Bei letzterem handelt es sich nicht um ein Pfand, sondern um eine Verfügungsbeschränkung des Schuldners, um so das Sicherungsobjekt zur Vollstreckung bereitzuhalten, was zumindest nach den älteren Urkunden mit der Übergabe aller darauf bezüglichen Urkunden an den Gläubiger einherging. Damit die Verwaltung den Überblick über Eigentumsverhältnisse behielt, sollten in röm. Zeit alle Hypotheken und Hypallagmata wie Verkäufe gemeldet werden; dadurch ersparte man sich auch den treuhänderischen Urkundenhüter. Während die Hypothek auf dem Namensblatt (*διάστρωμα*) von Schuldner und Gläubiger in der *βιβλιοθήκη ἐγκτήσεων* (s. S. 145ff. u.) eingetragen wurde (***P.Oxy. II 274***, 8–10), vermerkte man das Hypallagma nur beim

[593] Vgl. JÖRDENS, in: Tebtynis und Soknopaiu Nesos, 46 und Fn. 20. Schentuleit, in: CdE 82, 107.
[594] Alle bislang bekannten Beispiele stammen aus Soknopaiu Nesos, vgl. LIPPERT/SCHENTULEIT, DDD III (in Vorbereitung).
[595] Pace SEIDL, Ptol. Rechtsgeschichte, 139.
[596] Dazu grundlegend SCHWARZ, Hypothek und Hypallagma. Vgl. auch ders., in: Aegyptus 17, 241–282.

Schuldner. Auch die Aufhebung bei Begleichung der Schuld war zu melden. Die Unterschiede zwischen den beiden Sicherungsarten betreffen zum einen die Reichweite: Bei der gr. Hypothek in Äg. ging bei der Vollstreckung das Sicherungsobjekt als solches vollständig und ohne Aufrechnung gegenüber der Schuldsumme an den Gläubiger über; die gleichzeitige Hypothezierung an verschiedene Gläubiger war daher nicht gestattet. In einigen Urkunden war jedoch festgelegt, daß der Gläubiger bei Wertminderung oder völliger Vernichtung des Sicherungsobjektes seit der Hypothezierung auch auf das übrige Vermögen zugreifen konnte.
Bei der Sicherung durch *ὑπάλλαγμα* hingegen war der Gläubiger zur Befriedigung seines Anspruches nicht auf die dadurch gebundenen Objekte beschränkt, sondern durfte, falls diese zur Tilgung nicht ausreichten, auch auf das übrige Vermögen zugreifen (***P.Flor. I 1***).[597] Zum anderen war das Vollstreckungsverfahren unterschiedlich: Während es bei der Hypothek recht unkompliziert ablief, galt für das Hypallagma das komplizierte Vorgehen der allgemeinen Vollstreckung (s. S. 108ff. u.).
Die Sicherungsübereignung durch *ὠνὴ ἐν πίστει* könnte der äg. Methode einer noch nicht wirksamen Verkaufsurkunde entsprochen haben (s. a. S. 152 u.).[598] Gelegentlich findet sich jedoch auch die Übereignung an den Gläubiger, gekoppelt mit einer Abmachung darüber, das Sicherungsobjekt bei Rückzahlung des Darlehens an den ehemaligen Schuldner zurückzugeben (***BGU IV 1158***).
Falls Pfänder trotz Zahlung der Schulden nicht wieder zurückgegeben wurden, konnte der Verpfänder klagen (***P.Ent. 32***). Bei ordnungsgemäßer Rückgabe der Pfänder stellen die Pfandgläubiger nach gr. Recht eine sog. *ἐπίλυσις*-Urkunde (i.d.R. als Agoranomenurkunde) aus, in der sie auf Rechte an den Pfändern verzichten.[599]
Die Pfändung von landwirtschaftlichem Gerät und Herden von Königsbauern sowie Werkzeugen von Webern war in ptol. Zeit nicht gestattet (***P.Tebt. I 5,*** 221–247). Bei unverkäuflichen Objekten (z.B. Kleroi) war auch die Hypothezierung verboten; man umging dies, indem man sie an den Gläubiger verpachtete; der als Vorschuß gezahlte Pachtzins war dann das Darlehen (antichretische Pacht, s. S. 96 u. 101). In röm. Zeit bestand diese Einschränkung nicht mehr.[600]
In röm. Zeit werden *νόμοι τῶν ὑποθηκῶν* zitiert, bei denen es sich entweder um ptol. (oder äg.?) Gesetze oder röm. Provinzialrecht handeln könnte. Nach röm. Recht (und wohl schon vor ***Codex Iustinianus*** 8, 34, 3) durfte der Gläubiger aus dem Pfand nur seine Ansprüche befriedigen und sich nicht darüber hinaus bereichern.[601] Bei Verpfändung nach röm. Recht (*fiducia cum creditore*) wurde die Form der *mancipatio* (Güterkauf) gewählt mit dem Vermerk, es sei nur *(fidei) fiduciae causa* „zu treuen Händen" übertragen, wodurch ein späterer Käufer gewarnt wurde, daß der Besitzer nicht der unbedingte Eigentümer ist.[602]

4.1.3.2.4 Vollstreckung

Um die Vollstreckbarkeit zu erleichtern und zu beschleunigen, enthielten dem. und aram. Urkunden schon seit der Spzt die Klauseln „zwangsweise und ohne Zögern" (*n*

597 Zur Differenzierung s. SCHWARZ, Hypothek und Hypallagma.
598 RUPPRECHT, in: Fs Ankum, 428–432. Vgl. auch LLEWELYN, New Documents 7, 200–202.
599 SEIDL, Ptol. Rechtsgeschichte, 140.
600 SEIDL, Ptol. Rechtsgeschichte, 142. RUPPRECHT, in: Fs Ankum, 435.
601 S. a. SEIDL, Röm. Provinz, 206.
602 SEIDL, Röm. Provinz, 202. S. a. SOHM, Institutionen[17], 58–59; 341.

ḥtr ỉwty mn), „ohne zu prozessieren oder in irgendeiner Sache mit dir zu streiten" (*ỉwty ḏd qnb.t nb md.t nb n pꜢ tꜢ ỉrm=k*) bzw. aram. „ohne Urteil und ohne Prozeß" (*WLʾ DYN WLʾ DBB*, z.B. ***pKairo JE 37112*** Z. 10). In gr. Urkunden der ptol. und röm. Zeit wurde häufig festgelegt, dem Gläubiger stünde die Vollstreckung zu „wie nach einem Urteilsspruch" (*καθάπερ ἐκ δίκης*, ***P.Eleph. 1***), „ohne Urteil oder Gerichtsentscheidung oder jegliche Widerrede" (*ἄνευ δίκης καὶ κρίσεως καὶ πάσης ἀντιλογίας*) oder „wie in einer Staatsangelegenheit (= Steuersache)" (*ὡς πρὸς βασιλικά*), doch ist unklar, ob sich dadurch ein Verfahren umgehen ließ.[603] Eine Verordnung von Ptolemaios II. legte Regeln zur Vollstreckung fest, worauf Urkunden dann nur noch verweisen mußten.[604]

Wenn Pfänder oder Sicherheiten nicht ausgelöst wurden, konnte sie der Gläubiger meist nicht automatisch als Eigentum beanspruchen; eine Ausnahme bilden wohl Faustpfänder (s. S. 106f. o.)[605]. Das alex. Stadtrecht gestattete private Pfändung außer bei Nacht und im Todesfall, diese mußte jedoch sofort den zuständigen Beamten (*θεσμοφύλακες*) angezeigt werden (***P.Hal. 1*** Z. 235–241).[606] Auch in Vereinssatzungen (s. S. 118f. u.) konnte die private Pfändung für nichtgezahlte Beiträge festgelegt sein (***pKairo CG 30606***).

Ansonsten war jedoch ein je nach Sicherung spezifisches behördliches Verfahren notwendig, damit der Gläubiger seinen Anspruch aus Sicherungsobjekten befriedigen konnte. Über das Vollstreckungsverfahren nach äg. Recht ist wenig bekannt. Hatte der Schuldner eine Kaufpfandurkunde oder eine Geldbezahlungsurkunde über ein Sicherungsobjekt ausgestellt, mußte er nun eine Abstandsschrift aufsetzen, entweder freiwillig oder nachdem der Gläubiger erfolgreich gegen ihn geklagt hatte.

Bestand eine Forderung aufgrund eines Cheirographons, ohne Gabe von Sicherheiten, mußte dieses zunächst einmal durch *δημοσίωσις* durchsetzbar gemacht werden (s. S. 144 u.). Dann erfolgte das allgemeine Vollstreckungsverfahren, das einen sehr langwierigen Schriftverkehr beinhaltete, wobei der Gläubiger vor jedem Schritt (Mahnung, Pfändung, Einweisung in das Eigentum) jeweils erst die Behörden in Alexandria um Erlaubnis bitten mußte, bevor er sich an die lokalen Behörden um Zustellung an den Schuldner wenden konnte. Außerdem konnte der Schuldner in jeder Phase Widerspruch (*ἀντίρρησις*) einlegen oder durch Begleichung der Schuld das Verfahren beenden. War die Schuld durch ein Hypallagma gesichert gewesen, konnte der Gläubiger zumindest sicher sein, daß die darin genannten Objekte zur Pfändung zur Verfügung standen; reichten sie nicht aus, konnte er aber weitere aus dem Vermögen des Schuldners benennen. Letztendlich erfolgte die Vollstreckung durch den Verkauf und Aushändigung des Erlöses an den Gläubiger, seltener durch die Übereignung der gepfändeten Objekte direkt an ihn.[607] Welchen Zweck der häufig in der Vollstreckungsklausel gr. Darlehensurkunden zu findende Zusatz hatte, der Gläubiger habe das Zugriffsrecht *καθάπερ ἐκ δίκης* „wie nach einem Urteilsspruch" (z.B. ***pRylands 45***), ist unklar, da sich nach

---

603 Zum Vorkommen: RUPPRECHT, in: Fs Werkmüller, 285–286. Zum Meinungsstand: LLEWELYN, New Documents 7, 202–222.

604 VAN SOEST, ΕΓΓΥΗ, 6–7.

605 Vgl. aber SEIDL, Ptol. Rechtsgeschichte, 141, wonach trotzdem noch ein Prozeß nötig war.

606 SEIDL, Ptol. Rechtsgeschichte, 103.

607 SCHWARZ, Hypothek und Hypallagma, 76–113. Vgl. auch SEIDL, Röm. Provinz, 82.

Schwarz[608] keinerlei Beschleunigung des Vollstreckungsverfahrens in diesen Fällen nachweisen läßt.[609]

Bei Hypotheken verkürzte sich das Verfahren. Zwar begann es, falls urkundlich nicht anders vereinbart, ebenfalls mit der Petition an den Archidikasten und der daraus hervorgehenden Mahnungsbewilligung. Zahlte der Schuldner nach der Mahnung aber nicht und legte auch keinen Widerspruch ein, konnte der Gläubiger sofort die Überschreibung des Sicherungsobjektes durch den Schuldner an ihn bewirken und somit ein Verfahren zum Eintritt in das Eigentum am Sicherungsobjekt (*ἐμβαδεία*) einleiten.[610]

Trajan gestattete die Vollstreckung von privaten und Fiskalschulden auch an Gräbern, wobei jedoch die Denkmäler (*μνήματα*) selbst nicht angegriffen werden durften (***Gnomon*** § 1).[611]

4.1.3.2.5 Schuldhaft und Schuldsklaverei

Nach ***Diod.*** I, 79.3 hatte Bokchoris die Schuldsklaverei abgeschafft, eine wohl zeitlich begrenzte Form hat in der Spätzeit aber offenbar doch noch existiert (s. S. 164f. u.).

Personalvollstreckung im Sinne von Schuldknechtschaft oder gar Verkauf in die Sklaverei kam für Privatschulden in ptol. Zeit nicht vor, gelegentlich jedoch wurde Haft bis zur Erbringung der Leistung als Druckmittel eingesetzt.[612] Bei Schulden gegenüber dem Staat war Schuldhaft, aber auch Versklavung möglich. Haftbefehle dieser Art sind mehrfach erhalten (z.B. ***P.Hib. I 60***). Durch eine kgl. Verordnung von 118 v.Chr. waren von der Verhaftung aufgrund von privaten Schulden Königsbauern (*βασιλικοὶ γεωργοί*) und vielleicht auch andere für die Staatswirtschaft wichtige Personengruppen ausgenommen (***P.Tebt. I 5***, 221–230). Diesen konnte vom Strategen auch ein Schutzbrief (*πίστις*) ausgestellt werden, der die Vollstreckung hinausschob (z.B. ***BGU VIII 1811***). Auch in röm. Zeit wurden Geldforderungen in Äg. durch die Androhung von Zwangsmitteln, im stärksten Falle Personalhaft, durchgesetzt. Augustus gestattete statt dessen zwar auch eine Abtretung des Eigentums (*cessio bonorum*), und 68 n. Chr. wurde die Erzwingungshaft für Privatschulden abgeschafft (***SB V 8444***). Für Fiskalschuldner hielt man noch bis Ende des 2. Jh. n.Chr. daran fest (***BGU II 473***)[613], und noch bis in die Zeit des Justinian kommt sie auch bei Privatschuldnern vor.[614] Vor Schuldhaft konnte man sich durch Flucht an eine Asylstätte (meist Heiligtümer) schützen (***P.Tebt. I 5***, 83–84), weshalb sich Gestellungsbürgen verpflichten mußten, dies zu verhindern (***pLille 2***).[615]

4.1.3.2.6 Vertragsstrafen

Sowohl in dem. als auch in gr. und aram. Urkunden gibt es Strafen für die Nichterfüllung der Verpflichtungen. Der pers. Fachbegriff dafür, *abigarāna*, kommt als Lehnwort im Aram. (*ʾBYGRN*) und singulär auch im Dem. (*ꜣbykrm*, ***Codex Hermupolis*** 2.2) vor.[616]

---

608 SCHWARZ, Hypothek und Hypallagma, 71–76; 89–92.

609 Zur Praxisrelevanz von Urkundsformeln vgl. auch RUPPRECHT, in. Fs Werkmüller, 283–296.

610 SCHWARZ, Hypothek und Hypallagma, 113–133.

611 SEIDL, Röm. Provinz, 149.

612 RUPPRECHT, in: Fs Werkmüller, 283–296, v.a. 292.

613 SEIDL, Röm. Provinz, 125–126.

614 VAN SOEST, ΕΓΓΥΗ, 4–5.

615 BIEŻUŃSKA-MAŁOWIST, L'esclavage I, 36–39; 47. MODRZEJEWSKI, in: RechPap 2, 80–82; 85. Vgl. a. PRÉAUX, L'économie, 537–547.

616 AZZONI/LIPPERT, in: Enchoria 26, 20–30.

Der äg. Ausdruck, *qns*, ist vor allem in priesterlichen Abmachungen[617] und Kultgenossenschaftsordnungen (z.B. ***pLille 29***) belegt. Der gr. Begriff ist *ἐπίτιμον* „Strafzahlung“. Frühdem. Urkunden enthielten oft eine Klausel über Strafzahlungen nach Belieben des Urkundenempfängers, später wurde dann (wie in den aram. Urkunden) eine feste Summe genannt. Fraglich ist jedoch, ob diese Strafzahlungen tatsächlich ohne vorherigen Prozeß vollstreckbar waren, selbst wenn die Formel *ἰwty ḏd qnb.t* „ohne Prozeß“ dabeistand.

Zu den häufigsten Urkundsstrafen zählt das *ἡμιόλιον*, die Zahlung des anderthalbfachen Wertes, falls die geschuldete Zahlung nicht termingerecht erfolgte. Es ist auch dem. als *pꜣ 1 r 1½* „das ‚1 macht 1½‘ “ belegt (z.B. ***pKairo CG 30604***). Die Ableistung eines nicht fristgerecht zurückgezahlten Getreidedarlehens in Geld zu einem für den Schuldner schlechten Kurs kommt in gr. und dem. Urkunden vor (***P.Tebt. I 110***; ***pLeiden I 376***).

Als zusätzliche Strafe, die, statt der anderen Partei zuzukommen, nur der einen Partei schadete, wurden Zahlungen für den Königskult verhängt (gr. *ἱερὰς (τοῖς) βασιλεῦσι(ν),* z.B. ***P.Tor.Choach. 9*** Z. 26, ***BGU III 998*** 2.11; dem. *r nꜣ gll.w pr-ꜥꜣ* „für die Brandopfer des Königs“, z.B. ***pStraßburg WG 18***).

Sowohl dem. als auch aram. und gr. Urkunden enthalten öfter die Klausel, auch nach Zahlung der Buße sei der in der Urkunde dokumentierte Anspruch noch gültig (vgl. ***pRylands 1***; ***pBerlin P 13489***; ***P.Adler gr. 14*** Z. 26–27; ***P.Tor.Choach. 9*** Z. 27–28).[618] Es handelt sich wohl um eine Parallelentwicklung, da die Klausel auch schon im klassischen Griechenland belegt ist[619].

4.1.3.2.7 Schadenersatz

In einigen gr. Urkunden verpflichtete sich der Aussteller, dem Urkundenempfänger den Schaden (*βλάβος*) zu ersetzen, der durch Nichterfüllen der Verpflichtungen entstünde (***P.Tebt. I 110***). Eine vielleicht vergleichbare Klausel über von einem Pächter durch schlechte Arbeit verursachten Schaden (*lwḥ n wyꜥ*) findet sich in dem. Landpachturkunden (***pHeidelberg 723***).

4.1.4 Verschiedene Personengruppen und ihre Rechte

Für die Spzt läßt sich eine Relevanz der Herkunft einer Person für das äg. Recht nicht feststellen. In der ptol. Zeit fand eine Unterscheidung hauptsächlich anhand der Ethnien statt.[620] Freie (*nmḥ* bzw. *rmṯ-nmḥ*)[621] werden ferner von Sklaven (s.u.) geschieden. Seit der Eroberung Äg. durch Alexander den Großen lebten neben den Ägyptern sowie Angehörigen schon früher in Äg. anwesender Völker wie z.B. Aramäer, Karer, Libyer und Nubier[622] nun auch zahlreiche Griechen unterschiedlicher Herkunftsstädte sowie die Nachfahren der ausländischen Soldaten des Alexanderheeres (sog. „Persernachkommen“ *Πέρσαι τῆς ἐπιγονῆς*, äg. *wynn.w ms n kmy* „in Äg. geborene Griechen“). Das lange Zeit für das gr.-röm. Äg. angenommene Personalitätsprinzip, wonach für jeden

---

617 LIPPERT, in: Proceedings Lecce, 145–155.

618 SEIDL, Ptol. Rechtsgeschichte, 94.

619 HÄSSLER, Kyriaklausel, 14–17.

620 Eine umfassende Übersicht der Bezeichnungen bietet LÁDA, Foreign ethnics.

621 FELBER, in: GM 123, 27–36. S. a. S. 56 o.

622 Vgl. VITTMANN, Ägypten und die Fremden.

das Recht des eigenen Volkes gegolten habe, wird heute meist abgelehnt, wenngleich für den Beginn der ptol. Zeit zumindest noch eine faktische Trennung anhand der ethnischen Grenzen für möglich gehalten wird.[623]
Ab dem 2. Jh. v.Chr. wurde der Begriff „Persernachkomme“ in gr. Urkunden auch für Einheimische verwendet, später sogar regelmäßig für die Schuldnerpartei in Darlehens- und Eheurkunden: Der Sinn bestand offenbar darin, die Vollstreckung zu erleichtern, da für die Persernachkommen besondere Regelungen galten.[624] Daher kam der Ausdruck auch noch bis zur Mitte des 2. Jh. n.Chr. vor, obwohl es sich nicht um eine vom röm. Recht anerkannte Gruppe handelte.
Das röm. Personenrecht unterschied zwischen *romani* (röm. Bürger), *peregrini* (Ausländer, Nichtbürger = *ξένοι*) und *libertini* (Freigelassenen). Sklaven galten nicht als Personen. Die Peregrinen wurden noch unterteilt in *latini* (italische Nichtrömer), *ἀστοί*, d.h. Bürger gr. Städte (in Äg. Alexandria, Naukratis und Ptolemais, seit Hadrian auch Antinoupolis, sowie Kyrene in Libyen), gewöhnliche Peregrine (wobei die gr. Elite auf dem Land, die sich über die Zugehörigkeit zum Gymnasion definierte, besser gestellt war als einheimische Ägypter) und *dediticii* (Unterworfene)[625]. Die Freigelassenen schieden sich in *romani*, *latini Iuniani*, Freigelassene von Nichtrömern und Unterworfenen. Die Personenklasse entschied über bestimmte Rechte, so durften z.B. Stadtbürgerinnen und Freigelassene von Stadtbürgern keine Testamente aufsetzen (***Gnomon*** § 15), Römerinnen und Freigelassene von Römern jedoch schon. Die Ehe zwischen röm. Bürgern und Ägyptern sowie alex. Bürgern und Ägyptern war erschwert (***Gnomon*** §§ 13, 38–39 und 46). Falsche Angaben über die Nationalität wurden mit dem Einzug eines Viertels des Vermögens bestraft (***Gnomon*** § 42), ebenso der Versuch von Ägyptern, einen verstorbenen Vater als Römer zu deklarieren (***Gnomon*** § 43).
Die Zahl der in Äg. ansässigen röm. Bürger war zunächst klein, da die wenigen höheren Beamten immer nur für eine bestimmte Zeit dorthin geschickt wurden; Senatoren, hohen Rittern und Angehörigen der kaiserlichen Familie war das Betreten des Landes nur nach besonderer kaiserlicher Erlaubnis gestattet (***Tac.ann.*** II.59). Später siedelten sich auch röm. Familien an, und Familien der hellenistischen Oberschicht wurde das Bürgerrecht verliehen. Kaiserliche Freigelassene und Peregrine, die nach Ableistung des Heeresdienstes und ehrenhafter Entlassung (*honesta missio*) das Bürgerrecht erhielten, kamen hinzu. Die ***Constitutio Antoniniana*** (212/3 n.Chr.) verlieh schließlich allen freien Bewohnern der Provinzen mit Ausnahme unterworfener Rebellen (*dediticii*) das röm. Bürgerrecht; die so zu Neubürgern gewordenen Personen erhielten alle den Gentilnamen Aurelius/Aurelia und waren nun (theoretisch) dem röm. Recht unterworfen.

4.1.4.1 Sklaven

Wie auch für die vorangegangenen Epochen ist es schwierig zu entscheiden, ob die als *bꜣk* bezeichneten Personen jeweils Sklaven oder Diener waren. Die Titelkombination „Beruf + *bꜣk* des Gottes NN“ bezeichnete sicher keine Sklaven, sondern freie Handwerker und Arbeiter im Dienste eines Tempels. Obgleich gr. wahrscheinlich auch als *ἱερόδουλοι* bezeichnet[626], sind sie jedoch nicht mit den Personen, die eine Selbstdedika-

[623] WOLFF, Recht I, 27–28; 78–84.
[624] Vgl. PRINGSHEIM, Law of Sale, 160 mit Fn. 2. RUPPRECHT, Einführung, 148.
[625] SEIDL, Röm. Provinz, 131–132.
[626] Vgl. SCHOLL, in: Historia 34, 469–483.

tion an einen Gott durchgeführt haben (s.u.), zu verwechseln.[627] In der gr. Terminologie der ptol. Zeit bezeichnen *δοῦλος* und *ἀνδράποδον* sicher Sklaven, *σῶμα*, *οἰκέτης* und *παῖς* dagegen sind mehrdeutig.[628] Nach äg. und gr. Recht besaß ein Sklave, obgleich er verkauft, verpfändet oder vererbt werden konnte, doch noch gewisse Rechte. Die Ehefähigkeit läßt sich zwar nicht aus ***C.Ptol.Sklav. 15*** belegen[629], doch weist ***oBM 26206*** darauf hin: Beschworen wird, daß ein Sklave einer gewissen Person vererbt worden sei und zudem, daß er das Kind aus der Ehe eines Unfreien mit einer Frau sei, für die dieser eine Eheurkunde ausgestellt hat.[630] ***C.Ptol.Sklav. I 91*** dokumentiert einen Verein, der, den Namen der Mitglieder nach, überwiegend aus Sklaven bestand.
Aus der saitischen und pers. Zeit sind Urkunden erhalten, in denen Personen gegen Zahlung einer bestimmten Summe sich und ihre Kinder als *bꜣk* dem Zahlenden „auf ewig" – *de facto* aber wohl nur für eine gewisse Zeit – zur Verfügung stellen; möglicherweise dienten diese Urkunden auch als Sicherheiten bei Darlehensschulden (s. S. 164 u.). Ein Fragment eines äg. Gesetzes, das sich auf Streitigkeiten um einen *bꜣk* und ein zugehöriges Dokument bezieht, ist in ***pCarlsberg 236*** Z. x+4–x+8 erhalten. Dem. Urkunden über den Verkauf von *bꜣk.w* sind nur noch aus der 26. und 27. Dyn. bekannt (z.B. ***pTurin 2122***), aus ptol. und röm. Zeit dagegen sind bislang überwiegend gr. Urkunden über Sklavenverkauf erhalten[631] sowie eine einzige lat. und eine gr. Übersetzung einer dem. Geldbezahlungs- und Abstandsurkunde[632]. Die Besteuerung von Sklavenverkäufen ist in einem Diagramma vom Beginn des 2. Jh. v.Chr. festgelegt (***P.Columbia inv. 480***). Beim ersten Eigentumswechsel wurde der Sklave ab etwa 180 n.Chr. einer Befragung (*ἀνάκρισις*) über Name, Stand, Herrn und Stand von Verwandten durch die Behörden unterzogen.[633] Der Verkauf sowie die Verpfändung waren in röm. Zeit ebenso wie die von Immobilien der *βιβλιοθήκη ἐγκτήσεων* (s. S. 145ff. u.) zu melden.[634]
Die Vererbung von Sklaven in ptol. Zeit ist mehrfach belegt, so in dem dem. Tempeleid ***oBM 25669*** sowie dem gr. Testament ***C.Ptol.Sklav. I 53***. Durch Erbteilung kann auch Gemeinschaftseigentum an Sklaven entstehen (***P.Lond. II 401***). Im ***Gnomon*** finden sich mehrere Regelungen zu Sklaven: Wer die Deklaration beim Zensus versäumte, dem wurden sie konfisziert (§ 60). Der Export von hausgeborenen Sklaven (s.u.) aus Äg. war verboten (§ 67), geschah dies doch, wurden sie zugunsten des Fiskus verkauft (§ 65).
Eindeutige Belege für den Verkauf von Kindern in die Sklaverei fehlen; der von Seidl[635] als Beispiel für eine Verpfändung eines Sohnes herangezogene Text (***PSI IV 424***) wurde von den Herausgebern als Übergabe zur Ausbildung gedeutet. Die Praxis, ausgesetzte Kinder („vom Müllhaufen") als Sklaven aufzuziehen, wird bereits für die ptol. Zeit angenommen, allerdings stammen sichere Belege dafür erst aus der röm. Zeit.[636] Seidl hält die Praxis für eine Verschleierung des Verkaufs von Kindern in die Sklaverei, da

---

627 MANNING, in: Grund und Boden, 157–162.
628 RUPPRECHT, Einführung, 103. BIEŻUŃSKA-MAŁOWIST, L'esclavage I, 11.
629 Pace SEIDL, Ptol. Rechtsgeschichte, 106.
630 KAPLONY-HECKEL, Tempeleide, 92–96.
631 Gesammelt bei STRAUS, Achat et vente, 1–9.
632 STRAUS, Achat et vente, 106.
633 WOLFF, in: ZSS 83, 341–342.
634 SEIDL, Röm. Provinz, 207.
635 SEIDL, Ptol. Rechtsgeschichte, 146.
636 BIEŻUŃSKA-MAŁOWIST, L'esclavage I, 52.

s.E. eine Absprache zwischen Aussetzendem und Finder existiert haben müsse.[637] Mehrere Ammenverträge für solche Findelkinder sind erhalten (z.B. ***BGU IV 1106***; ***P.Amst. I 41***, Kol. 2–3), was zeigt, daß es sich tatsächlich um Säuglinge handeln konnte. ***Gnomon*** § 41 setzt für die Adoption anstelle der Versklavung von ausgesetzten Kindern die Einziehung eines Viertels des Vermögens beim Tod des Adoptierenden an.
Die Existenz der Schuldsklaverei in ptol. Zeit ist umstritten, wahrscheinlich war sie nur bei Staatsschuldnern anwendbar (***P.Columbia inv. 480***; ***P.Hal. 1*** Z. 219–221); allerdings versuchte man, auch in privaten Darlehensurkunden eine Vollstreckung wie für Staatsschulden festzulegen (s. a. S. 110 u.).[638]
Die Kinder von Sklavinnen, als „Hausgeborene" (*οἰκογενεῖς*) bezeichnet, galten wiederum als Sklaven; dies war die Hauptquelle für Sklaven in der ptol. und röm. Zeit. Häufig war der Herr der Vater. Gelegentlich wurden Mutter und Kind testamentarisch freigelassen (***C.Ptol.Sklav. I 28***). Auch hausgeborene Sklaven waren wohl zu versteuern[639].
Diod. I, 77.6 behauptet, die Ägypter hätten den Mord an einem Sklaven nicht anders bestraft als den an einem Freien. Nach gr. Recht galt für Sklaven ein strengeres Strafrecht als für Freie[640], und für Schäden, die ein Sklave angerichtet hat, konnte auch der Herr verklagt werden (***P.Hal. 1*** Z. 188–192, 196–202). Für das äg. Recht fehlen uns Quellen. Im röm. Recht gab es genaue Regeln über die Haftung des Herrn für vom Sklaven angerichtete Schäden, es ist jedoch unbekannt, inwieweit diese auch in Äg. galten.[641] Zeugenaussagen von Sklaven vor gr. Gerichten waren möglich und wurden zumindest in einigen Fällen durch Folter erzwungen.[642]
Die freiwillige Hingabe einer Person durch Urkunde als *bꜣk* eines Gottes (s. a. S. 165 u.) wird oft als Hierodulie bezeichnet, wobei die Gegenleistung des Gottes in ständigem Schutz vor Krankheiten etc. bestehen sollte. Der genaue Status dieser Personen ist nicht bekannt.[643]

4.1.4.2 Freigelassene

Da die Freilassung von Sklaven schon im NR möglich war, ist sie auch für das äg. Recht der Spzt und ptol.-röm. Zeit anzunehmen. Über die Form läßt sich, da entsprechende Dokumente fehlen, jedoch keine Aussage treffen. Auch gr. Freilassungsurkunden sind erst aus der röm. Zeit erhalten, was jedoch wohl Zufall ist.
Nach gr. Recht geschah die Freilassung durch einen notariellen Akt. Vom Freizulassenden wurde ein Lösegeld (*λύτρα*) gezahlt, und von ihm und/oder seinem Herrn verschiedene Steuern. Über die Freilassung stellte man eine Urkunde aus (s. S. 165f. u.), und manchenorts wurde sie zusätzlich öffentlich ausgerufen.[644] Die Freilassenden verpflichteten sich, den Freigelassenen künftig nicht mehr als Sklaven zu beanspruchen (***P.Freib. II 10***). Auch die testamentarische Freilassung war möglich (***P.Oxy. III 494***, 5–6.), hier entfiel das Lösegeld, aber nicht die Steuerzahlung. Da in röm. Zeit die Eigentumsver-

---

637 SEIDL, Röm. Provinz, 136.
638 BIEŻUŃSKA-MAŁOWIST, L'esclavage I, 29–49. Vgl. auch WESTERMANN, Slavery, 51–52 sowie HEINEN, in: Das ptolemäische Ägypten, 229–232, und RUPPRECHT, in. Fs. Werkmüller, 283–296.
639 BIEŻUŃSKA-MAŁOWIST, L'esclavage I, 51.
640 SEIDL, Ptol. Rechtsgeschichte, 105.
641 SEIDL, Röm. Provinz, 136.
642 HELLEBRAND, Prozeßzeugnis, 96–99.
643 SCHOLL, in: Historia 34, 489–492.
644 Ausführlich dazu P.Freib. II, 39–45 sowie MESSERI SAVORELLI, in: SIFC 50, 270–284.

hältnisse an Sklaven in der *βιβλιοθήκη ἐγκτήσεων* (s. S. 145ff. u.) eingetragen waren, mußte diese wohl auch über die Freilassung informiert werden und ihr *ἐπίσταλμα* geben.[645] Nach röm. Recht der Kaiserzeit konnte eine Freilassung als *manumissio vindicta* (verbunden mit gewissen Ritualen), oder *manumissio testamento* (testamentarische Freilassung) erfolgen[646], der Freizulassende mußte mindestens 30 Jahre alt sein (***Gnomon*** § 19), sonst war die *manumissio vindicta* durch den Präfekten zu wählen (***Gnomon*** § 21). Das Verfahren des gr. Rechtes findet sich in Äg. aber auch nach der ***Constitutio Antoniniana*** (212/3 n.Chr.) noch (***BGU I 96***.
Nach der Freilassung hatte der ehemalige Herr nach äg. Recht wohl keine Ansprüche mehr auf Dienstleistungen seines ehemaligen Sklaven, nach gr. Stadtrecht war der Freigelassene (*ἀπελεύθερος*) offenbar zur Dienstbereitschaft (*παραμονή*) verpflichtet, von der man sich jedoch loskaufen konnte, was von röm. Beamtenrichtern, die sich am röm. Recht orientierten, offenbar nicht immer akzeptiert wurde (vgl. ***P.Oxy. IV 706***)[647]. Andererseits konnten bei der Freilassung auch Bedingungen ausgemacht (***C.Ptol.Sklav. I 28***) bzw. eine Adoption durchgeführt werden, so daß der Freigelassene die Verpflichtung eines Kindes gegenüber den Eltern hatte.
Nach gr. Recht (und nach Seidl auch nach dem äg.) war eine Teilfreilassung möglich (***P.Oxy. IV 722***): Wenn der Sklave einen Teil des Lösegelds an den Herrn gezahlt hatte, konnte er über einen entsprechenden Teil seiner Arbeitskraft selbst verfügen. Dies kam auch nach der ***Constitutio Antoniniana*** noch vor, obwohl es nicht dem röm. Recht entsprach.
Nach dem ***Gnomon*** § 9 beerbten der Patron bzw. seine Söhne einen Freigelassenen, der ohne Kinder oder Testament starb. Freigelassene selbst durften nicht mehr als 500 Drachmen erben (§ 14).

4.1.4.3 Frauen

Wie in den früheren Epochen galt auch in der Spzt und ptol. Zeit die rechtliche Selbständigkeit der äg. Frauen: Sie kauften und verkauften (***pLouvre E 3168***), erbten und vererbten, wirkten als Bürgen (***pLeiden I 376***) und führten Prozesse (***pBM 10591 rto***).[648] Allerdings läßt sich eine gewisse Tendenz zu Geschäften feststellen, die wenig mit physischem Einsatz zu tun hatten (Verpachtung anstelle von Pacht, Geschäfte mit Land im Gegensatz zu solchen mit Vieh).[649] Daß in den Eheurkunden der Spzt der Vater der Braut der Ansprechpartner des Bräutigams war (letzter Beleg: ***pBibl. nat. 219***, 316 v.Chr.), während ab der 27. Dyn. vermehrt die Braut selbst in den Urkunden als Partei erschien, hat wohl nichts mit einem Wandel in der rechtlichen Stellung der Frau zu tun, sondern ist wahrscheinlich eine Auswirkung des steigenden Heiratsalters, das zunächst unter, dann über der Volljährigkeit lag.[650] Vereinzelt kamen auch Eheurkunden vor, die von einer Frau für den Mann ausgestellt wurden (***pLibbey***; ***pBerlin P 3078***).
Als Zeugen für Urkunden sind Frauen in der Spzt und ptol. Zeit bislang nicht belegt[651], was wohl mit der geringen Alphabetisierungsrate zusammenhängt. Aus dem juristischen

---

645 SEIDL, Röm. Provinz, 134.
646 Vgl. SOHM, Institutionen^{17}, 171–173.
647 HARADA, in: ZSS 58, 139–140. SEIDL, Röm. Provinz, 133; 135.
648 Vgl. auch JOHNSON, in: Gs Quaegebeur II, 1417–1420.
649 MENU, in: Women's Earliest Records, 201–202.
650 LIPPERT, Lehrbuch, 75, 146.
651 MENU, in: Women's Earliest Records, 201.

Lehrbuch ***pBerlin P 23757 rto*** A 2.7–15 geht jedoch hervor, daß unter bestimmten Umständen auch eine Tochter herangezogen werden konnte, um die Echtheit der Zeugenunterschrift ihres verstorbenen Vaters vor Gericht zu beeiden: Voraussetzung war, daß keine Söhne vorhanden waren und die Tochter schreiben konnte.
In ptol. und röm. Zeit wurden Frauen bei Geschäften nach gr. Recht von ihrem Geschlechtsvormund (gr. *κύριος*, dem. *ṯsy*)[652], i.d.R. Ehemann, Vater, ältester Sohn oder anderer männlicher Verwandten, begleitet (***P.Mich. V 253***); diese Vormundschaft war jedoch im Vergleich zur *κυριεία* des Rechts des gr. Mutterlandes wesentlich schwächer, da die Frau selbst handelte.[653] Die gleiche Frau konnte so in dem. Urkunden ohne und in gr. Urkunden mit Kyrios auftreten. In der Praxis wurden wohl Frauen häufig auch in Geschäften nach äg. Recht durch Männer vertreten, ohne daß sich dies in den Urkunden niederschlug.[654] Die äg. Klägerin im Siutprozeß hatte vor dem Laokritengericht männliche Unterstützung (***pBM 10591 rto*** 6.11–12), ob dies auch für die äg. Beklagte vor den Chrematisten in ***P.Tor.Choach. 12***, 2.4–12 galt, geht aus dem Text nicht hervor. Frauen traten vor den gr. Gerichten als Zeugen auf, doch ist unklar, inwieweit sie dabei selbständig handelten oder ihre Aussage selbst beeiden konnten.[655]
Auch im röm. Recht gab es eine Vormundschaft für Frauen (*tutelia mulierum*), allerdings führte Augustus für Frauen mit drei (bei Freigelassenen vier) Kindern eine Befreiung davon ein (*ius [trium] liberorum*); entsprechend agierten die betreffenden Frauen in Äg. *χωρὶς κυρίου κατὰ τὰ τῶν Ῥωμαίων ἔθη* „ohne Vormund nach der Sitte der Römer“ (***BGU III 717***; ***P.Lips. I 29***).[656] In bilinguen Urkunden der Römerzeit handelten Frauen nach dem dem. Teil regelmäßig selbständig, während im gr. Teil manchmal, aber nicht immer ein Kyrios genannt wurde (z.B. ***pWien D 6933***). Wie schon zuvor traten auch in röm. Zeit nichtröm. Frauen fast immer selbständig als Parteien vor Gericht auf[657]; daß sie von Rhetoren unterstützt wurden, ist nicht maßgeblich, da dies auch für die meisten männlichen Prozeßparteien galt.
Das röm. Verbot, Frauen als Vormund zuzulassen, was nach gr. (und sicher auch äg.) Recht gestattet war, wurde 224 n.Chr. durch Alexander Severus (***Codex Iustinianus*** 5, 35, 1) noch einmal bestätigt; in Äg. wurde es jedoch umgangen durch die Definition eines weiblichen Vormundes als *ἐπακολουθήτρια* (Helferin) eines nur nominellen *ἐπίτροπος* (Vormund).[658]

4.1.4.4 Minderjährige

Eine Altersgrenze der Geschäftsfähigkeit und Strafmündigkeit nach äg. Recht existierte, auch wenn bislang noch nicht genau bekannt ist, wo sie lag. Kinder unter zehn Jahren waren mit Sicherheit noch nicht strafmündig, da sie nach äg. Vorstellung noch nicht zwischen Gut und Böse unterscheiden konnten und damit prinzipiell als schuldlos galten.[659] Daß minderjährige Mädchen auch nach der Hochzeit noch nicht als volljährig

652 ALLAM, in: JESHO 32, 27 und Fn. 99.
653 WOLFF, Recht I, 37.
654 PESTMAN, in: Legal Documents, 81–85.
655 HELLEBRAND, Prozeßzeugnis, 94–95.
656 SEIDL, Röm. Provinz, 139. STRAUS, Achat et vente, 36.
657 SEIDL, Röm. Provinz, 114.
658 MODRZEJEWSKI, in: ICP 12, 361.
659 ***Großes dem. Weisheitsbuch*** 17.22; Nachschrift zu ***CT*** 228 = ***Tb*** 70 (vgl. ASSMANN, Tod und Jenseits, 378).

galten, geht aus ***pBerlin P 23757 rto*** E 2.1–6 hervor: Eine minderjährige Ehefrau (*ỉw=s sbk [n ms]*) durfte oder mußte keinen Eid leisten. Wahrscheinlich waren auch die Söhne, deren Unschuld an einem Diebstahl jeweils ein Elternteil in ***oBM 30254*** bzw. ***oLouvre E 9048*** beschwören sollte, noch minderjährig und konnten bzw. durften daher nicht selbst schwören. Nach gr. Recht wurde die Volljährigkeit spätestens mit 18 Jahren erreicht, dann hatte der Vater keine Gewalt mehr über die Kinder und sie wurden voll geschäftsfähig.[660] Minderjährige wurden nach äg. und gr. Recht z.B. vor Gericht oder bei der Ausfertigung von Urkunden von Vormündern oder ihren Müttern vertreten (***pBM 10591*** rto 1.21; ***P.Ent. 32***). Vormünder wurden in ptol. Zeit vom Gericht eingesetzt und durften nur mit gerichtlicher Genehmigung Geschäfte im Namen des Mündels tätigen; Kinder waren nach beiden Rechten vermögensfähig, konnten nach gr. Recht jedoch keine Geschäfte zu ihrem eigenen Nachteil abschließen.[661] Septimius Severus bestimmte, daß Jugendlichen ihr Vermögen zurückerstattet werden mußte, wenn sie in einem Geschäft übervorteilt worden waren (*restitutio in integrum*) (***P.Oxy. LXIV 4435***). Aus dem *νόμος τῶν Αἰγυπτίων* (s. S. 88 o.) wurden anläßlich von Prozessen Gesetze zitiert, wonach einem Sohn aus einer Ehe ohne Urkunde (s. S. 119ff. u.) das Aufsetzen eines Testaments zu Lebzeiten seines Vaters verboten (***CPR I 18***) und einem Vater die Auflösung der Ehe seiner Tochter aus einer solchen Ehe auch gegen ihren Willen gestattet war (***P.Oxy. II 237***, 7.19–38), was auf eine starke väterliche Machtstellung schließen läßt. Im letzteren Fall entschieden die röm. Richter jedoch trotz des Gesetzes, die Bestimmungsgewalt des Vaters über seine Tochter ende bei deren eigener Heirat mit einer Eheurkunde.

Da für Peregrine in röm. Zeit ab dem 14. Lebensjahr die Kopfsteuerpflicht galt, wird dies auch als Grenze zur Volljährigkeit für Knaben angenommen; nach der ***Constitutio Antoniniana*** war, wie schon zuvor für Römer, das 25. Lebensjahr die Grenze.[662] Darunter wurde nach röm. Recht zwischen Jugendlichem (*pubes minor*) und Kind (*impubes*) unterschieden[663], die Altersgrenzen sind jedoch nicht klar. Kinder und Jugendliche bekamen einen Vormund (*tutor* bzw. *curator*, gr. *κηδεμών*, *ἐπίτροπος*), der nach röm. Recht männlich sein mußte; es kamen in Äg. aber auch nach der ***Constitutio Antoniniana*** noch Frauen als Vormund vor (s.o.). Die Einsetzung erfolgte bei röm. Bürgern durch den Präfekten oder Juridicus, bei gr. und äg. durch den Exegetes, vertreten teilweise durch den Strategen bzw. dieser vertreten durch den kgl. Schreiber (*βασιλικὸς γραμματεύς*). In den Urkunden galt das Mündel als handelnde Person (vgl. ***P.Lond. inv. 1976***), der Vormund gab seine *auctoritas* (Autorität, Macht) dazu. Seidl nimmt an, daß das athenische Vormundschaftsrecht, wonach das Mündelvermögen verpachtet werden mußte, außer in Alexandria auch bei Griechen in der Chora gegolten habe.[664]

Nach röm. Recht galt die Herrschaft des Vaters über die Kinder (*patria potestas*) unabhängig vom Alter der Kinder bis zum Tod des Vaters; Kinder konnten demnach nicht über eigenes Vermögen verfügen. Die Entlassung aus der väterlichen Gewalt erfolgte durch *emancipatio*; das aus dem Zwölftafelgesetz bekannte Verfahren mit dreimaligem Scheinverkauf ist auch in einem lat. Papyrus aus Oxyrhynchos aus dem 3. Jh. n.Chr. erhalten (***Ch.L.A. XII 521***). Peregrine Veteranen, die nach dem Dienstende das röm.

---

660 SEIDL, Ptol. Rechtsgeschichte, 108. RUPPRECHT, Einführung, 104.

661 SEIDL, Ptol. Rechtsgeschichte, 108–109.

662 RUPPRECHT, Einführung, 104.

663 SEIDL, Röm. Provinz, 142.

664 SEIDL, Röm. Provinz, 223–224.

Bürgerrecht erhalten hatten, bekamen dieses zwar auch für ihre Kinder, jedoch keine *patria potestas*.[665] Auch nach der ***Constitutio Antoniniana*** konnte in Äg. ein Kind nach gr. Recht (allerdings durch Vertretung des Vaters) einen Kauf tätigen (***P.Oxy. IX 1208***). Die Aussetzung von Kindern ist aus dem äg. Recht nicht bekannt, wird jedoch für das gr. Recht in Äg. angenommen, selbst wenn Quellen der ptol. Zeit fehlen, da sie bereits im ältesten Teil des ***Gnomon*** (z.B. § 41) erwähnt wird. Aus röm. Zeit gibt es zahlreiche Belege über Kinder, die auf dem Müllplatz ausgesetzt wurden – sie durften vom Finder als Sklaven behalten werden, wurden manchmal aber auch adoptiert (***Gnomon*** § 92).
Seidl will für das äg. Recht aus den Klauseln der „Hingabe an Sohnes Statt“ (***pLouvre E 7832***) ein Verfügungsrecht des Vaters auch über bereits erwachsene Kinder konstruieren, da der Zahlung des Adoptivvaters eine Leistung des Sohnes, nämlich dessen Verzicht auf Rechte und eigenes Vermögen, entgegenstehen müßte[666]; wahrscheinlich ist die Gegenleistung des Adoptivsohnes jedoch vielmehr das Aufkommen für die Bestattung und den Totenkult des Adoptivvaters, wie dies auch bei Adoptionen in früherer Zeit deutlich wird. Auch die Haftungsklauseln in frühen Darlehensurkunden, in denen sogar die Kinder selbst als Sicherheit gegeben werden (vgl. ***pBM 10113***), spricht nicht dafür, da eine Haftung der Kinder für Schulden der Eltern wohl sowieso bestand.
Im gr. Recht gab es eine gegenseitige Unterhalts- und Begräbnispflicht von Eltern und Kindern.[667] Kinder, die ihren Verpflichtungen gegenüber den Eltern nicht nachkamen, konnten von diesen verstoßen und enterbt werden (*ἀποκήρυξις*). Da sich dies bereits im NR nachweisen läßt, ist anzunehmen, daß es im äg. Recht eine ähnliche Regelung gab. Über die Haftung von Kindern für Schulden der Eltern in röm. Zeit liegen widersprüchliche Aussagen vor (dafür: ***P.Oxy. XIV 1642***, dagegen: ***PSI VII 807***).[668]

4.1.4.5 Vaterlose

In röm. Zeit erscheinen in Texten aus Äg. Personen, deren Filiation nur über die Mutter angegeben wird und die als „vaterlos“ (*ἀπάτωρ*) bezeichnet werden. Unehelich bzw. illegitim sind diese Kinder jedoch nur aus der Sicht des röm. Rechtes und moderner Rechtshistoriker. Das röm. Eheverbot für Soldaten[669] (auch Nichtbürger!) während ihrer Dienstzeit hinderte die meisten nicht daran, mit einer Frau zusammenzuleben, was nach äg. Recht als Ehe galt. Daher läßt sich auch keine gesellschaftliche Benachteiligung der Kinder feststellen, wenngleich eine juristische durch die Verwaltung stattfand, die die Legitimität und damit die Erblichkeit des Bürgerrechtes trotz Anerkennung durch den Vater verweigerte.[670]

4.1.4.6 Vereinigungen und „juristische Personen“

In der Spzt und ptol. Zeit ist mehrfach Pacht (von Land, Gewerbebetrieben, Monopolen, Steuern) durch Gruppen von mehreren Personen belegt (***pBM 10432***); bei diesen Geschäften wurden die Gewinne verteilt und gemeinsam gehaftet (vgl. ***pBerlin P 13535+***

665 SEIDL, Röm. Provinz, 137–138.
666 SEIDL, Saiten- und Perserzeit, 54–55. Vgl. auch SEIDL, Ptol. Rechtsgeschichte, 108 und ALLAM, in: Das Altertum 19, 10–12.
667 SEIDL, Ptol. Rechtsgeschichte, 183.
668 SEIDL, Röm. Provinz, 138.
669 Allgemein dazu JUNG, in: ANRW II 14, 302–346.
670 YOUTIE, in: Fs Préaux, 728–730; 735–737.

23677). Eine Gesellschaft (*societas*) galt im röm. Recht als Konsensualvertrag[671], unklar ist jedoch, inwieweit dies auch in Äg. so gehandhabt wurde; möglicherweise war nur bei gemeinsam entrichteten Beiträgen die Zugehörigkeit zur Gesellschaft einklagbar.[672] Die äg. Personenvereinigungen existierten über den Wechsel der Mitglieder hinaus, sie entsprechen damit in gewisser Hinsicht den Körperschaften bzw. Korporationen moderner Terminologie und weisen Eigenschaften von juristischen Personen auf. In der Ägyptologie finden sich für Berufskorporationen häufig die Bezeichnungen „Zunft" oder „Gilde", für religiöse „Kultverein" oder „Kultgenossenschaft".
Kultgenossenschaften (*swn.t*) sind bereits aus der 26. Dyn. (***pLouvre E 7840 „bis"***) belegt.[673] Kultvereinssatzungen sind auf dem. und gr. erhalten. Sie bestanden zum einen aus Abmachungen, die in der 1. Person Plural verfaßt sind, und zum anderen aus Vorschriften (dem. *hp.w*), die in ihrer Formulierung Gesetzen ähneln.[674] Sie regelten zum einen das Verhalten der Mitglieder untereinander, zum anderen die gesellschaftlichen Aktivitäten, die bei praktisch allen in Äg. existierenden Körperschaften in erster Linie aus regelmäßig stattfindenden Trinkgelagen bestanden, denen die Mitglieder beizuwohnen hatten. Die Satzungen waren jeweils für ein Jahr gültig, der Verstoß dagegen zog detailliert aufgeführte Geldstrafen nach sich. Auch die Mitgliedschaft galt manchmal nur für ein Jahr[675], in manchen Vereinen war sie jedoch sogar erblich; der Vorsitzende wurde nach den gr. Satzungen einstimmig oder auch nach Mehrheitsrecht gewählt.[676]
Streitigkeiten unter den Mitgliedern durften nicht vor dem öffentlichen Gericht verhandelt werden, sondern vor dem des Vereins (***pLille 29*** Z. 23; ***pKairo CG 30606*** Z. 18).[677] Einem der Mitglieder wurde i.d.R. als Kassenwart die Berechtigung zur Eintreibung von Ausständen zugestanden.[678]
Die Mitglieder von Vereinigungen wurden vom ptol. und röm. Staat gemeinsam in Haftung genommen. In röm. Zeit war für die Mitgliedschaft bzw. ein Amt in (nicht genehmigten?) Vereinen eine Geldstrafe zu zahlen (***Gnomon*** § 108).

4.1.5 Familie und Erbschaft

4.1.5.1 Ehe

Konstituierend für die Ehe war nach äg. Recht wie in früheren Epochen das Zusammenleben von Mann und Frau als Paar. Das spiegelt sich auch in der Terminologie: Für „heiraten" kommt *ỉr n ḥm.t* „zur Ehefrau machen" bzw. *ỉr n hy* „zum Ehemann machen" vor, für „verheiratet sein" *ḥms ỉrm NN* „wohnen mit jemandem" sowie *wn mtw NN n ḥm.t* „bei jemandem sein als Ehefrau". Während Herodot (***Hdt.*** II, 92) die Ägypter für monogam hielt, behauptete Diodor (***Diod.*** I, 80.3), nur Priester hätten in Einehe gelebt, die übrigen aber auch polygam. In der Spzt und gr.-röm. Zeit läßt sich Polygamie nicht eindeutig nachweisen.

---

671 SOHM, Institutionen[17], 435–437.
672 SEIDL, Röm. Provinz 194.
673 S. dazu SAN NICOLÒ, Vereinswesen, DE CENIVAL, Associations sowie Muhs, in: JESHO 44, 1–21.
674 DE CENIVAL, Associations, 143–145.
675 SEIDL, Ptol. Rechtsgeschichte, 153–154.
676 DE CENIVAL, Associations, 148–149.
677 Vgl. auch MONSON, in: Ancient Society 36, 235–237.
678 SEIDL, Röm. Provinz, 194.

Die Errichtung einer Ehe- oder *sꜥnḫ*-Urkunde war für die Gültigkeit der Ehe im äg. Recht ohne Belang.[679] Die Ehe ohne Urkunde, in röm. Zeit als *γάμος ἄγραφος* bezeichnet, war daher keine „lose Ehe" oder ein Konkubinat, wie manche behaupten[680], aber *γάμος ἄγραφος* war auch nicht die gr. Bezeichnung für eine Ehe mit einer *sꜥnḫ*-Urkunde.[681] Die Ehe- und *sꜥnḫ*-Urkunden dienten allein der Regelung der güterrechtlichen Verhältnisse, die je nach Art der gewählten Urkunde unterschiedlich ausfiel (s. a. S. 166ff. u.). Da oft das Vermögen des Mannes als Sicherheit für diese finanziellen Verpflichtungen gestellt wurde, war für eine Veräußerung oder eine Vergabe seines Eigentums als Hypothek (im Sinne des gr. Rechtes, s. S. 106ff. o.) die Zustimmung der Frau und der Kinder bzw. des ältesten Sohnes notwendig (***pBM 10591 rto*** 10.7–9), was noch in röm. Zeit Gültigkeit hatte (***P.Oxy. II 237***, 4.24–25).[682] Seidl mißverstand diese Sicherung als tatsächliche Übereignung und konstruierte daher ein starkes Nutzungsrecht des Mannes am Vermögen der Frau, damit dieser weiter wirtschaftlich aktiv sein konnte.[683] Abzulehnen ist auch Seidls Theorie einer „Kaufehe", da der Unterhalt nicht dem Brautvater zugute kommt, sondern nur der Frau selbst.[684]

Ein Modell für eine *sꜥnḫ*-Urkunde sowie Gesetze zu Streitigkeiten im Zusammenhang mit *sꜥnḫ*-Urkunden, z.B. für den Fall, daß die Urkunde nicht echt ist, daß das *sꜥnḫ*-Geld nicht gezahlt wurde oder daß der Aussteller den Unterhalt verweigert, finden sich im ***Codex Hermupolis*** 4.6–5.31.

In zwei der drei dem. Urkundenarten zur Ehe zahlt die Frau dem Mann eine Summe (*ḥḏ n ỉr ḥm.t* bzw. *sꜥnḫ*). Etwas irreführend ist, daß in gr. Texten diese Geldsummen als *δάνειον-φερνή* „Darlehen-Mitgift", *φερνή* „Mitgift" oder *τροφίτιδος προΐξ (sic!)*[685] „Unterhalts-Mitgift" übersetzt werden.[686] Die Zahlung von Seiten der Frau erfolgte jedoch nicht immer tatsächlich bei der Ausstellung der Urkunde, so daß die „Rückgabe" durch den Mann im Falle der Scheidung erst die eigentliche Zahlung darstellte. Dies war offenbar auch den röm. Behörden bekannt, weshalb bei Scheidung oder Tod eines verschuldeten Mannes nur bei real gezahlter „Mitgift" die Frau diese noch vor dem Gläubiger für sich einfordern durfte (d.h. sie hatte die *πρωτοπραξία*) (***BGU III 970***; ***BGU XI 2070***). Nach äg. Recht hatte die Frau in jedem Fall Anspruch auf den Gegenwert von *ḥḏ n ỉr ḥm.t* bzw. *sꜥnḫ*, egal, ob die Leistung real oder fiktiv war. Seidl nimmt fingierte Darlehen oder Deposita zur Versorgung der Witwe an[687]; das einzige von ihm angeführte Beispiel (Kaufpfandurkunde ***pLouvre E 2443*** zu Eheurkunde ***pLouvre E 2433***) muß jedoch gestrichen werden, da der Darlehensgeber nicht mit dem Ehemann der Frau identisch ist. Ob das in ***BGU III 729*** beurkundete, aus Geld und Frauenkleidern bestehende Depositum einer Frau an einen Soldaten fiktiv war oder nicht, ist unklar; der Gedanke, es handele sich dabei um einen Versuch, ihre Versorgung im Falle seines Todes zu sichern, liegt aber nahe, denn da nach röm. Recht Soldaten nicht heiraten

---

679 PESTMAN, Marriage, 52, im Gegensatz zu SEIDL, Ptol. Rechtsgeschichte, 171, der sogar die Existenz eines entsprechenden Gesetzes postuliert.

680 Z.B. REVILLOUT, in: Rev.Eg. 2, 92, oder SEIDL, Ptol. Rechtsgeschichte, 170.

681 Vgl. PESTMAN, Marriage, 42–43 und Fn. 8.

682 Vgl. dazu SETHE/PARTSCH, Bürgschaftsrecht, 683–763, und DEPAUW, in: CdE 78, 86–88.

683 SEIDL, Einführung, 56. SEIDL, Ptol. Rechtsgeschichte, 171, 176–177.

684 LIPPERT, Lehrbuch, 8, zu SEIDL, in: ICP 11, 149–155.

685 Korrekt wäre *τροφῖτις προΐξ*.

686 HÄGE, Ehegüterrechtliche Verhältnisse, 104–105, 117, 123–124.

687 SEIDL, Ptol. Rechtsgeschichte, 172, mit Fn. 4.

durften (s. S. 123 u.), konnte die Witwenversorgung ihrer *de facto*-Ehefrauen nicht auf dem üblichen Wege über die Rückzahlung einer realen oder fiktiv gezahlten Mitgift erfolgen. Wie ***P.Cattaoui rto*** zeigt, akzeptierten die röm. Beamten den Anspruch der Frauen aber nur, wenn das Depositum oder Darlehen real gegeben worden war[688].
Das Verhältnis von Eltern zu Kindern aus einer Ehe ohne Urkunde scheint besonders geregelt gewesen zu sein; danach hatte ein Vater über solche Kinder wohl eine stärkere Verfügungsgewalt als über solche aus einer Ehe mit Urkunde (s. S. 117 o.).[689]
Möglicherweise gab es Probeehen, d.h. Ehen, bei denen die Möglichkeit einer Scheidung nach einer bestimmten Zeit ohne größere finanzielle Einbußen für den Mann vorgesehen war. Die Quellen dazu werden jedoch nicht einheitlich beurteilt: So sieht Nims in ***pLoeb 62+pBerlin P 15558*** eine Urkunde, die die Auflösung einer Ehe nach einem Jahr gegen Zahlung von nur 70 Deben Kupfer möglich machte[690], doch könnte es sich bei dieser *sꜥnḫ*-Urkunde auch um eine Sicherung für ein Darlehen handeln, die keinen Zusammenhang mit einer Ehe hat (vgl. S. 167 u.). Der genaue Hintergrund von ***oStraßburg 1845***, welches offenbar eine auf neun Monate beschränkte Ehe betrifft, bleibt unklar.
Das gr. Eherecht in Äg. zeigt gegenüber dem des Mutterlandes einige Unterschiede, da die Frau volle Vermögensfähigkeit behielt[691] und, zumindest später, sich selbst in die Ehe geben konnte[692]; dies ist wohl auf den Einfluß des äg. Rechtes zurückzuführen. Die Verlobung (*ἐγγύησις*) fehlt in der Dokumentation in Ägypten ganz.[693] Die Rolle der traditionellen feierlichen Übergabe der Braut an den Ehemann (*ἔκδοσις*) wird verschieden interpretiert: Nach Wolff verlor sie allmählich ihre Bedeutung und wurde von einer notwendigen juristischen Voraussetzung zu einer bloßen sozialen Konvention[694], nach Yiftach-Firanko blieb sie der entscheidende Hochzeitsakt, auch wenn sie nicht immer dokumentiert wurde[695]. Als Ehe galt, wie in der übrigen hellenistischen Welt, zumindest ab der röm. Zeit, auch ein unbeurkundetes Zusammenleben (*ἀγράφως συνεῖναι*), damit war auch die Ausstellung einer *συγγραφὴ συνοικεσίου* nicht mehr zwingend notwendig.[696] Zu den im Zusammenhang mit der Ehe verwendeten Urkundenarten *συγγραφὴ συνοικεσίου* und *συγγραφὴ ὁμολογίας* sowie der typisch alex. *συγχώρησις* s. S. 169f. u.
Die Mitgift (*φερνή*) wurde von der Familie der Frau oder der Frau selbst gestellt und ging in das Vermögen des Mannes über, dessen freie Verfügungsgewalt darüber allerdings in der Eheurkunde eingeschränkt werden konnte.[697] Bestandteile waren meist Geld, Kleider, Schmuck und Hausrat, seltener Tiere (***BGU VI 1283***), aber nicht Grundstücke oder Sklaven, d.h. sie diente der Ausstattung des Haushaltes und dem Unterhalt der Frau und war bei der Scheidung (bei Verschulden des Mannes oft in anderthalbfacher Höhe) der Frau oder, seltener, ihrer Familie zurückzuerstatten. Es gab aber auch Vereinbarungen, nach denen die Frau bei Scheidung von ihrer Seite aus die

---

688 Vgl. auch MONTEVECCHI, in: Aegyptus 16, 19 sowie KÜHNERT, Kreditgeschäft, 139.
689 P.Oxy. II, 149.
690 NIMS, in: Fs Erichsen, 274–276.
691 RUPPRECHT, Einführung, 109. HÄGE, Ehegüterrechtliche Verhältnisse, 64.
692 WOLFF, Marriages, 26.
693 WOLFF, Marriages, 73; 79.
694 WOLFF, Marriages, 27–29.
695 YIFTACH-FIRANKO, Marriage, 261.
696 WOLFF, Marriages, 43–44; 49; 66–67; 72. Vgl. auch MONTEVECCHI, in: Aegyptus 16, 15; 17–18.
697 Allgemein dazu YIFTACH-FIRANKO, Marriage, 105–182; 262–264.

φερνή verlor.[698] Auch beim Tod des Ehemannes fiel die Mitgift an die Frau oder ihre Kinder zurück.[699]

In röm. Zeit (1.–3. Jh. n.Chr.) erscheinen daneben als neue Begriffe *παράφερνα*, d.h. Gegenstände, die von der Frau zum persönlichen Gebrauch in die Ehe mitgebracht wurden, aber nicht in das männliche Vermögen übergingen, entsprechend den „Frauensachen" im äg. Recht, sowie *προσφορά*, d.h. Grundstücke und Sklaven, die zwar gelegentlich dem Ehemann übergeben wurden, deren Nutzung aber der Ehegemeinschaft zugute kommen sollten und deren Eigentum i.d.R. bei der Frau verblieb.[700] Während Seidl in der *προσφορά* eine Entsprechung zu den *bona recepticia* (s.u.) nach röm. Recht sehen will[701], betont Häge, daß sowohl *προσφορά* als auch *παράφερνα* aus dem äg. Recht kommen[702]. Häge spekuliert über die Gründe für das offensichtliche Fehlen einer äg. Entsprechung für die *προσφορά* in den dem. Eheurkunden[703]; m.E. hängt dies wohl damit zusammen, daß diese Güter ja bei der Frau verblieben, die nach äg. Recht ohne Einfluß ihres Mannes darüber verfügen konnte, und daher für die Eheurkunde irrelevant waren. Der Begriff *φερνή* wird ab dem 2. Jh. n.Chr. zunehmend durch *προΐξ* ersetzt, manchmal übersetzte man mit diesem Ausdruck aber auch das lat. Wort *dos* (v.a. nach der ***Constitutio Antoniniana***).[704] Nach gr. Recht hatte der Mann, sobald er die Mitgift erhalten hatte, der Frau Unterhalt gemäß seinem Vermögen zu erbringen, es wurden in den Eheurkunden jedoch keine exakten Raten festgelegt.[705] Bei einem Verlöbnis mit vorausgezahlter Mitgift wurde diese zurückgegeben, wenn die Ehe nicht zustande kam (***P.Mert. III 130***).

Nach röm. Recht fand, ähnlich wie im äg. Recht, die Eheschließung durch die Aufnahme der häuslichen Gemeinschaft statt, die durch Übereinkunft (*consensus*) geschah.[706] Eine Urkunde wurde nur über die Mitgift (*dos*) errichtet, die von der Familie der Frau geleistet wurde und in den Besitz des Mannes überging; wie das *sꜥnḫ* konnte auch die *dos* fiktiv sein und dann als Witwenversorgung fungieren[707]. Die Frau verfügte aber über *bona recepticia*, d.h. eigene Güter, auf die der Mann keinen Einfluß hatte (s.o.).

Ein Eheverbot zwischen Ägyptern und Nichtägyptern ist im äg. Recht nicht nachzuweisen. In bestimmten gr. Stadtrechten, so z.B. in Alexandria, gab es jedoch Verbote bzw. Erschwernisse von Mischehen, die auch in den ***Gnomon*** einflossen: Kinder einer Alexandrinerin mit einem Ägypter wurden Ägypter und beerbten beide Eltern (§ 38); Kinder einer Alexandrinerin mit einem anderen Fremden konnten nicht erben (§ 13). Heiratete ein Alexandriner eine Ägypterin und blieb kinderlos, zog der Staat bei seinem Tod den Zugewinn seit der Eheschließung ein, falls Kinder da waren, erhielten sie einen Teil davon (§ 45). Nach röm. Recht war die Ehe zwischen Römern, Stadtbürgern und Ägyptern verboten (vgl. jedoch ***Gnomon*** § 52); fand sie aus Unwissenheit doch statt, gibt der ***Gnomon*** widersprüchliche Folgen an: Nach § 39 konnten die Kinder nicht das röm.

---

698 Zur Umsetzung solcher Klauseln vgl. RUPPRECHT, in: Fs Dimakis, 543–564.

699 HÄGE, Ehegüterrechtliche Verhältnisse, 23–24, 29, 33, 40–62, 65, 68–79.

700 HÄGE, Ehegüterrechtliche Verhältnisse, 14, 211–289.

701 SEIDL, Röm. Provinz, 222.

702 HÄGE, Ehegüterrechtliche Verhältnisse, 214–215, 257.

703 HÄGE, Ehegüterrechtliche Verhältnisse, 286–288.

704 HÄGE, Ehegüterrechtliche Verhältnisse, 16–17.

705 HÄGE, Ehegüterrechtliche Verhältnisse, 108–109.

706 SEIDL, Röm. Provinz, 217. Vgl. auch SOHM, Institutionen[17], 508; ausführlich TREGGIARI, Marriage.

707 SEIDL, Röm. Provinz, 220. S. a. SOHM, Institutionen[17], 515–522.

Bürgerrecht erhalten, nach § 46 erhielten sie den Status des Vaters, nach § 47 konnten Kinder einer Stadtbürgerin und eines Ägypters auch Stadtbürger werden. Soldaten des röm. Heeres durften, egal ob sie röm. Bürgerrecht hatten oder nicht, nicht heiraten; wenn sie trotzdem mit einer Frau zusammenlebten, war dies nach röm. Recht ein Konkubinat und ihre Kinder galten als vaterlos (s. S. 118 o.). Hadrian gestand diesen unehelichen Soldatenkindern das Erbrecht als *cognati* (Blutsverwandte) zu (***BGU I 140***).[708] Vor dem Militärdienst geschlossene Ehen blieben jedoch gültig, so daß Frau und vor Dienstantritt gezeugte Kinder auch ohne Testament erben konnten (***Gnomon*** § 35).
Heiraten unter Halbgeschwistern lassen sich in der 30. Dyn. nachweisen (***pOIC 17481***). In der ptol. Zeit kamen vermehrt Geschwisterehen vor; auch ***Diod.*** I, 27.1 berichtet davon. Cruz-Uribe nahm an, der Grund dafür sei das Problem der Aufteilung von Immobilien nach Erbschaft gewesen, weil man Häuser nicht real teilen könne.[709] Dieses Argument ist jedoch nicht stichhaltig, da die ideelle Teilung von Häusern unter Geschwistern gut belegt ist (z.B. ***pWien D 6937***). Die Zunahme könnte vielmehr auf das Aufeinandertreffen verschiedener gr. Stadtrechte zurückzuführen sein, in denen teils väterliche, teils mütterliche Halbgeschwister heiraten durften. In röm. Zeit lassen sich sogar Ehen zwischen Vollgeschwistern nachweisen (z.B. ***P.Kron. 52***), was jedoch römischen Bürgern verboten war (vgl. auch ***Gnomon*** § 23), während die Heirat zwischen Cousins ersten Grades erlaubt war.[710]
Im ***Codex Iustinianus*** 5, 5, 8 wird darauf Bezug genommen, daß ein äg. Gesetz es gestatte, daß ein Mann die Frau seines verstorbenen Bruders heirate, wenn diese die geschlechtliche Vereinigung noch nicht vollzogen hätten; eine Konstitution des Zeno (474–491) verbot dies jedoch ausdrücklich. Vielleicht ist dieses „äg. Gesetz", für das sich sonst keine Quellen finden, vielmehr aus der Bibel übernommen, da in Lev. 18,16 und 20,21 und Deut. 25,5–10 die Levirats- oder Schwagerehe[711] vorgeschrieben ist.

4.1.5.2 Scheidung

Sowohl der Mann als auch die Frau konnten nach äg. Recht eine Scheidung initiieren; die Terminologie dafür ist jedoch verschieden: Der Mann vollzieht die Scheidung, indem er die Frau „als Ehefrau entläßt" (*ḫꜣꜥ n ḥm.t*), die Frau dagegen meist, indem sie „selbst weggeht" (*šm n=s ḥꜥ=s*), d.h. es wird davon ausgegangen, daß das Paar im Haus des Mannes gewohnt hat und die Frau im Scheidungsfalle ein anderes Zuhause finden muß.
Durch die Ausstellung einer Ehe- oder *sꜥnḫ*-Urkunde wurde eine Scheidung deutlich erschwert, weil sich der Ehemann darin zu einer einmaligen „Strafzahlung" und/oder einem dauerhaften Unterhalt im Scheidungsfall verpflichtet hatte. Die Regelungen unterschieden sich je nach Urkundenart (s. S. 166ff. u.): Der Ehemann mußte der Frau das Frauengeschenk aushändigen (Typ A) oder auf die Aufforderung der Frau hin *ḥḏ n ỉr ḥm.t* (Typ B) bzw. *sꜥnḫ* (Typ C) wieder zurückgeben. Zusätzliche Klauseln sprachen der Ehefrau im Scheidungsfall einen Anteil (i.d.R. ⅓) am gemeinsamen Vermögen (Typ A) und/oder einen Unterhalt (Typ B und C) zu, und zwar unabhängig davon, wer sich hatte

---

708 JurPap, 52–53.
709 LESKO, Women's Records, 206–207 (Diskussionsbeitrag).
710 Ausführlich dazu MODRZEJEWSKI, in: ZSS 81, 52–82, und HOPKINS, in: CSSH 22, 303–354.
711 Zur bibelwissenschaftlichen Definition vgl. STASZAK, in: Neues Bibel-Lexikon, s.v. Leviratsehe, 626–627.

scheiden lassen; bei Scheidung durch den Mann war der zu zahlende Betrag manchmal höher. Die Ausnahmeregelung, daß diese Zahlungen bei einer Scheidung wegen Ehebruchs der Frau nicht zu leisten seien, ist ab der ptol. Zeit in den Urkunden nicht mehr belegt, könnte aber trotzdem noch weiter gegolten haben, da sie eventuell durch ein Gesetz festgelegt war (s. a. S. 167 u.). Aus Prozessen infolge einer Scheidung stammen wohl Tempeleide, in denen es um die eheliche Treue geht. Sie mußten meist von der Frau (z.B. ***oLouvre E 8112***), seltener vom Mann (***oBodl.Lib. 601***) oder von einem Dritten als Zeugen (***oBodl.Lib. 278***) beschworen werden. Wenn die Frau schwor, mußte ihr der Ehemann bei der Scheidung die Summe geben, die zuvor urkundlich ausgemacht war, während er bei erwiesener Untreue nicht dazu verpflichtet war. In den meisten dieser Eide sollte zusätzlich noch die korrekte Haushaltsführung beschworen werden (z.B. ***oBM 31940***). Hatte der Ehemann alle diese Verpflichtungen erfüllt, wurde die Eheurkunde ungültig gemacht und ihm zurückgegeben.[712]

Auch nach gr. Recht konnte die Frau die Scheidung initiieren, allerdings gab es gelegentlich Klauseln in den Eheurkunden, wonach sie dann auf den Rückerhalt der Mitgift verzichten mußte.[713] Ebenso konnte eine Strafzahlung für den Mann festgelegt sein, falls er sich scheiden ließ.[714]

Um ohne Behinderung durch den ehemaligen Gatten eine neue Ehe eingehen zu können, ließ sich eine geschiedene Frau manchmal eine Urkunde ausstellen, in der dieser auf alle Rechte an ihr ausdrücklich verzichtete, d.h. ihre Wiederverheiratung gestattete und die Mitgift zurückzugeben versprach. Scheidungsurkunden sind sowohl auf dem. als auch auf gr. belegt (s. S. 171f. u.).

Nach dem „Gesetz der Ägypter“ (s. S. 88 o.) konnte der Vater einer Frau, wenn sie aus einer Ehe ohne Urkunde stammte, die Ehe seiner Tochter wieder auflösen, worauf sich Anwälte in röm. Zeit (***P.Oxy. II 237***, 7.19–38) beriefen.[715]

4.1.5.3 Adoption

Die Adoption diente wohl wie in früheren Epochen meist dazu, für einen Kinderlosen einen Erben einzusetzen. Sie war daher die übliche Methode, durch die die zölibatär lebenden Gottesgemahlinnen und Sängerinnen vom Inneren des Amun in der Spzt ihre Nachfolgerinnen erhielten (***Adoptionsstele der Nitokris***, ***pLouvre E 10935*** Z. 6)[716]. Entgegen Seidl fand die Adoption der Nitokris aber nicht durch eine *ỉmy.t-pr*-Urkunde statt[717], deren Ausstellung (und damit die Übertragung des Vermögens im Todesfall) ist vielmehr die Folge der Adoption. Die Adoptierte wurde als *šr.t n ẖn* „Wunschtochter“ bezeichnet.[718] Allams Deutung von *sꜣ.t wr.t* als Begriff für die Adoptivtochter[719] läßt sich hingegen aus den angegebenen Textzusammenhängen nicht überzeugend belegen; die traditionelle Übersetzung „älteste (= Erb-)Tochter“ paßt grundsätzlich besser. Zur singulären Adoptionsurkunde ***pLouvre E 7832*** vgl. S. 172 u.

---

712 PESTMAN, Marriage, 64–79.

713 RUPPRECHT, Einführung, 109. WOLFF, Marriages, 33.

714 SEIDL, Ptol. Rechtsgeschichte, 183. Allgemein zum gr. Recht ERDMANN, in: ZSS 61 (1941), 44–57. S. a. RUPPRECHT, in: Fs Dimakis, 543–564.

715 Zur Scheidung im röm. Recht vgl. TREGGIARI, Marriage, 435–482.

716 Vgl. YOYOTTE, in: CRAIBL 1961, 44; 46–49, sowie S. 60 o.

717 SEIDL, Saiten- und Perserzeit, 81.

718 VITTMANN, in: Enchoria 25, 113, Fn. 14.

719 ALLAM, in: Das Altertum 19, 15. Ders., in: DE 4, 15–16.

Auch im gr. Recht war Adoption bekannt (***P.Paris 24*** rto Z. 5, vso Z. 5), die Form jedoch ist unklar.[720] Urkunden zur Adoption (*υἱοθεσία*) sind, wohl zufällig, erst wieder aus dem 4.–6. Jh. n.Chr. überliefert.[721]
Nach ***Gnomon*** § 41 wurde die Adoption eines ausgesetzten Knaben (statt dessen Versklavung) mit dem Einzug von 25% des Vermögens des Adoptivvaters bei dessen Tod bestraft. Das Ziel war wohl, dem Staat wenigstens einen Teil des Erbes, das ihm beim Tod eines Menschen ohne Erben voll zugefallen wäre (***Gnomon*** § 4), zu erhalten.
Die im ***Gnomon*** § 92 überlieferte Vorschrift, wonach Findelkinder, selbst wenn sie von einem Priester adoptiert wurden, nicht Priester werden konnten, ist sicherlich älter; hier wird die Regel, daß Adoptivkinder alle Rechte und Pflichten von leiblichen erhalten, aufgrund der strengen Reinheitsvorschriften für den Priesterstand außer Kraft gesetzt.

4.1.5.4 Erbschaft

Die gesetzlichen Regelungen zum Erbrecht aus dem ***Codex Hermupolis*** betreffen in erster Linie das intestate Erbrecht, zeigen jedoch, daß es weiterhin auch die Möglichkeit einer individuellen, urkundlichen Nachlaßregelung gab (s. S. 172f. u.).
Im Normalfall wurde der älteste Sohn (***Codex Hermupolis*** 8.30–31) oder, wenn nur Töchter vorhanden waren, die älteste Tochter (9.14–16) Haupterbe, d.h. er oder sie erhielt die Verwaltung des gesamten Erbes, solange es nicht real geteilt war, und bei einer Aufteilung den Anteil seiner Wahl (8.31–9.3) bzw. einen doppelten Anteil (9.9–11). Die Anteile vor dem Vater verstorbener und nach dem Vater kinderlos verstorbener Geschwister wurden ebenfalls dem ältesten Sohn zugeschlagen (9.3–4). Die Erben mußten auch für Schulden des Verstorbenen aufkommen, wie aus dem ***Codex Hermupolis*** 5.30–31 hervorgeht, wonach ein Sohn die Verpflichtungen seines Vaters aus einer *sᶜnẖ*-Urkunde erfüllen mußte. Berief sich jemand, z.B. bei einem Verkauf, auf das gesetzliche Erbrecht, so hieß es, die Sachen gehörten ihm *wš sẖ* „ohne Urkunde" (***pMarseille 298+299***, Geldbezahlungsschrift Z. 13) oder seien ihm von Person X zugefallen (*pḥ n rn n X*, vgl. ***pBerlin P 7054***). Ein gesetzliches Erbrecht der Ehegatten gab es nicht. Vererbung an einen Nicht-Verwandten ist ebenfalls nicht nachzuweisen. Falls es tatsächlich ein gesetzliches Verbot dagegen gegeben haben sollte, wie Seidl anzunehmen scheint[722], konnte man es sicher wie schon im NR dadurch umgehen, daß man den Familienfremden adoptierte, um ihn dann als Erben einzusetzen, d.h. eine Testierfreiheit war über den Umweg des Familienrechtes gegeben. Unklar ist die Angabe in einem Prozeßprotokoll der röm. Zeit, nach dem „Gesetz der Ägypter" (s. a. S. 88 o.) dürfe ein Sohn aus einer Ehe ohne Urkunde (*γάμος ἄγραφος*) zu Lebzeiten seines Vaters kein Testament (*διαθήκη*) errichten (***CPR I 18***), da sich Hinweise darauf in den äg. Quellen nicht finden lassen.
Im gr. Recht stand ebenfalls neben der gesetzlichen Erbregelung die vom Erblasser durch Urkunde festgelegte, die von Juristen als „gewillkürte Erbregelung" bezeichnet wird. Nach ersterer waren auch hier primär die Kinder erbberechtigt. Während Seidl die Ehegatten in zweiter Linie (neben Eltern und Geschwistern) als Erben anführt[723], geht

---

720 SEIDL, Ptol. Rechtsgeschichte, 183.
721 Vgl. SEIDL, Röm. Provinz, 139. WOLFF, Recht I, 141–142.
722 SEIDL, Saiten- und Perserzeit, 67.
723 SEIDL, Ptol. Rechtsgeschichte, 183.

Häge davon aus, daß sie höchstens ein Nutzungsrecht am Nachlaß erhielten[724]. In Eheurkunden konnte das Erbrecht des überlebenden Gatten aber ausdrücklich festgehalten werden (***P.Gen.*** ^{2}***I 21***). Das Erbrecht von verheirateten Frauen in der Familie ihrer Eltern hing davon ab, ob sie eine Mitgift bekommen hatten.
Urkunden mit testamentarischer Funktion (*διαθήκη*) wurden als Sechszeugen-Urkunden oder Agoranomenurkunden aufgesetzt, deren Wirkung erst mit dem Tod eintrat. Der Erblasser konnte darin einen beliebigen Erben einsetzen, Sklaven freilassen, Verwandte enterben, einen Testamentsvollstrecker auswählen, Bedingungen und Auflagen machen. Mehrere Testamente einer Person konnten nebeneinander bestehen, solange sie sich nicht widersprachen. In ptol. Zeit war die Zahlung der Erbschaftssteuer Voraussetzung für den Antritt des Erbes.[725] Neben dem eigentlichen Testament kannte das gr. Recht wie das äg. die Schenkung im Todesfall sowie die Teilung (*διαίρεσις*), durch die Güter vom Erblasser auf verschiedenen Erben aufgeteilt oder aufgrund von Erbschaft entstandenes gemeinsames Eigentum zwischen den einzelnen Erben aufgeteilt werden konnte (s. a. S. 156 u.).
Im ***Gnomon*** sind zahlreiche Einschränkungen der Erbfähigkeit verzeichnet, die teils wohl schon aus gr. Stadtrechten stammen, teils aus dem röm. Recht.[726] Unverheiratete und kinderlose Römer (auch Frauen) wurden für ihre gesellschaftsschädigende Lebensweise dadurch bestraft, daß ihnen zufallende Erbteile als *bona caduca* „verfallene Güter" vom Staat ganz oder teilweise eingezogen wurden (§ 30 und § 32). Auch Kinder aus Mischehen zwischen Stadtbürgern und Peregrinen waren benachteiligt, da sie nach röm. Recht den Personenstatus des niedrigerstehenden Elternteils erhielten und nur diesen beerben durften (§ 13). Das Vermögen des anderen Elternteils fiel an den Staat; der Präfekt bzw. der Kaiser konnten davon jedoch Ausnahmen machen. Eine Ausnahme galt nur für äg. Peregrine, bei denen beide Elternteile vererben konnten (§ 38). Römer konnten nicht von Ägypter erben (§ 54) und umgekehrt. Weitere Erbregeln finden sich z.B. in § 6 (kinderlose Alexandrinerin darf nicht mehr als ein Viertel des Vermögens ihres Mannes erben, Frau mit Kindern nicht mehr als einen Sohnesanteil), § 16 (Freigelassene dürfen Ererbtes nur weitervererben, wenn ihre Kinder nachweislich schon geboren waren), § 19 und 20 (Sklaven dürfen erst nach ihrer Freilassung erben), § 31 (Römerin darf nicht mehr als ein Zehntel ihres Vermögens ihrem Mann vererben) und § 34 (Einschränkung für die Vererbung bei Soldaten oder Nichtkombattanten?), dem gr. Recht entsprechende in § 14 (Höchstsumme für Vererbung von Stadtbürgern an Freigelassene). Beim Tod eines Menschen ohne Testament und legitime Erben fiel das Vermögen an den Staat (§ 4). Auch Frauen konnten im röm. Recht Testamente aufsetzen. Freigelassene durften nur an Personen aus derselben *τάξις* (Nationalität oder Personenklasse?) etwas vererben (§ 10).[727]
In röm. Zeit kamen noch gr. Testamente vor, die vor dem Agoranomen errichtet wurden (***Gnomon*** § 7: *δημόσιος χρηματισμός*). Von der ***Constitutio Antoniniana*** (212 n. Chr.) bis zur Konstitution des Alexander Severus (235 n. Chr.) setzten sich lat. Testamente nach röm. Recht durch, die auch danach, als die gr. Sprache und gelockerte Formen wieder zugelassen waren, nicht ganz verschwanden.[728] Sie sind v.a. aus Protokollen von

---

[724] HÄGE, Ehegüterrechtliche Verhältnisse, 94–95.
[725] SEIDL, Ptol. Rechtsgeschichte, 183–184.
[726] Vgl. SEIDL, Röm. Provinz, 224–230.
[727] Vgl. RICCOBONO, Gnomon, 124–126.
[728] Vgl. Wolff, Recht I, 133–134

Testamentseröffnungen bekannt, darin aber meist nicht komplett zitiert. Die lat. Testamente sind in zwei Gruppen zu teilen: zum einen solche in Fortentwicklung des alten, streng formalen *testamentum per aes et libram* („Testament durch Geld und Waage" in Form eines Kaufes) und Soldatentestamente[729]. Römer durften darüber hinaus ihre Testamente nicht auf gr. verfassen (***Gnomon*** § 8). Soldatentestamente waren in der Formulierung frei, durften auch in der gr. Form aufgesetzt werden (***Gnomon*** § 34) und konnten dazu dienen, Güter an Personen zu vererben, die ansonsten nach dem röm. Recht davon ausgeschlossen wären (***Gnomon*** § 34). Soldaten konnten aber ebenfalls normale Testamente errichten. Wie im äg. und gr. Recht war zur Erbschaftsverteilung nach röm. Recht eine Schenkung im Todesfall (*donatio mortis causa*) oder eine elterliche Teilung (*divisio paterna*) möglich.[730]
Die Testamentseröffnung fand in röm. Zeit vor dem Büro für Erbschaftssteuer statt, wodurch in erster Linie die fiskalischen Interessen und indirekt auch die des Erblassers geschützt wurden. Für die Eröffnung von Testamenten von Peregrinen war der Stratege zuständig, nach der ***Constitutio Antoniniana*** auch für Römer; die Eröffnung wurde protokolliert. Der Erbe mußte u.U. eine Willenserklärung (*cretio*) zum Antritt des Erbes erbringen.[731] Bei Minderjährigen geschah das durch einen Elternteil oder den Tutor. Die *vicesima hereditatum* (5%ige Erbschaftssteuer) galt nur für Römer.[732] Die Erben waren auch nach röm. Recht für Schulden des Erblassers haftbar, konnten aber nach einer kaiserlichen Konstitution zugunsten der Gläubiger auf das Erbe verzichten, um so zu verhindern, daß ihr eigenes Vermögen zur Tilgung angegriffen wurde (***P.Fam.Tebt. 17***). Bei Erbschaftsstreitigkeiten wurden oft zunächst Interdikte (vorläufige Entscheidungen des Kaisers) ausgesprochen, bei Nichtbefolgung kam es zum Prozeß.[733]

4.1.6 Unerlaubte Handlungen und ihre Rechtsfolgen

Gesetze zu Körperverletzung, Beleidigung, Ehebruch, Tötung, Meineid und Aufruhr fehlen in den erhaltenen Passagen der äg. Gesetzessammlung bislang. Einerseits könnte dies auf Zufall beruhen, andererseits ist es durchaus denkbar, daß die Abschnitte zu Tötung, Meineid und Aufruhr in ptol. Zeit nicht weiter tradiert wurden, da zumindest schwerere Straftaten nicht mehr von den auf der Grundlage äg. Rechts urteilenden Laokritengerichten, sondern von der königlichen Gerichtsbarkeit bearbeitet wurden (s. S. 179ff. u.).[734] In den dem. Tempeleiden (s. S. 174f. u.), die sicher auf Verhandlungen vor Laokriten und nicht vor den Chrematisten (s. S. 181f. u.) zurückgehen und sogar noch bis in frühröm. Zeit belegt sind, finden sich an strafrechtlichen Tatbeständen (im modernen Sinn) nur Diebstahl, Betrug, Sachbeschädigung und Körperverletzung. Bei welchen Taten die ptol. Behörden eine staatliche Strafverfolgung betrieben, wird kontrovers diskutiert, siehe dazu die jeweiligen Unterabschnitte.
Diod. I, 77–78, überliefert eine ganze Reihe von äg. Gesetzen auch für schwere Straftaten, die jedoch zu seiner Zeit kaum mehr wirksam gewesen sein dürften. Ob Hekataios von Abdera für die Passagen seiner *Αἰγυπτίακα*, auf die Diodor dabei zurückgreift (s. S.

---

729 Vgl. dazu SOHM, Institutionen[17], 586–590; 593 mit Fn. 16. WOLFF, Recht I, 157–158.
730 SEIDL, Röm. Provinz, 227–228. Vgl. auch SOHM, Institutionen[17], 594, Fn. 17; 638.
731 Vgl. SOHM, Institutionen[17], 560; 567–568, Fn. 7.
732 SEIDL, Röm. Provinz, 229–230.
733 SEIDL, Röm. Provinz, 230.
734 Vgl. auch TAUBENSCHLAG, Strafrecht, 1.

6f. o.), reale altäg. Gesetze als Vorlage zur Verfügung standen, ist bei der derzeitigen Quellensituation nicht zu entscheiden.
Aus vorptol. Zeit sind die Belege für Straftaten recht rar, vgl. jedoch die umfangreiche Anzeige von Diebstahl, Körperverletzungen, Mordversuchen und Mord in ***pRylands 9***.
In ptol. und frühröm. Zeit ergingen Strafanzeigen (*προσαγγέλματα*) entweder an die Phylakiten, ihren Epistates (***P.Ryl. II 125***) bzw. den Archiphylakiten (***PSI IV 393***), die polizeiliche Funktionen wahrnahmen, oder andere zivile Amtspersonen wie den Dorfschreiber (vgl. ***P.Gurob 8***), Bezirksschreiber, *βασιλικὸς γραμματεύς* (***M.Chr. 68***), oder den Strategen (***P.Mich. V 228***), später auch an die die Phylakiten ersetzenden dörflichen oder städtischen Phylakes.[735] Nach ***Diod.*** I, 77.3, hätten die Ägypter körperliche Strafen gegen den verhängt, der die Anzeige eines Verbrechens unterließ. Die ptol. Könige erließen gelegentlich Amnestien für weniger schwere Verbrechen, die vor einem bestimmten Termin begangen wurden (z.B. ***P.Tebt. I 5***, 1–9).

4.1.6.1 Diebstahl und Raub

Terminologisch wurde im äg. Sprachgebrauch kaum zwischen „stehlen", „unterschlagen" und „aneignen" differenziert: Alles wurde als *ṯ3y* „wegnehmen" bezeichnet. Dazu kommen noch zahlreiche weitere Begriffe mit ähnlicher Bedeutung.[736]
Die aus ptol. Zeit erhaltenen Diebstahlsanzeigen betreffen zumeist Gelegenheitsdiebstähle von Gegenständen des täglichen Gebrauchs (***P.Gurob 8***) oder Naturalien, doch kam auch die gezielte Entwendung von Objekten in größerem Umfang (***PSI IV 393***: 30.000 Weidenruten aus einem Weingarten) oder Einbruch (***P.Tebt. III.1 796***) vor. Auch Raub, d.h. Wegnahme unter Gewaltanwendung, ist nicht selten. Ebenso finden sich Fälle von Grabplünderung (z.B. ***P.Paris 6***). Straßenraub war gleichfalls nicht selten.[737]
Falls der Täter unbekannt war, wandte man sich auch in ptol. Zeit noch an Orakel[738], doch war dies nun nicht mehr Teil des Prozesses. Wenn der Bestohlene bereits einen Verdacht hatte und keine anderen Zeugen vorhanden waren, wurde der Angeklagte vor Gericht mit einem Eid belegt. Entsprechende Tempeleide zur Reinigung vom Verdacht des Diebstahls sind aus ptol. Zeit erhalten (z.B. ***oTurin suppl. 12682***; ***oBM 25665***; ***oBodl.Lib. 668***).
Rupprecht nimmt eine staatliche Verfolgung von Raub, aber auch von Diebstahl an, wobei jedoch die Anzeige durch den Geschädigten diese initiierte.[739] Diebstahl von privaten Gütern wurde wie in früherer Zeit mit Besitzstrafen geahndet. Seidl vermutet, im gr. und äg. Recht dieser Zeit hätte der Dieb wie im NR das Gestohlene und das Doppelte seines Wertes zurückgeben müssen.[740] Doch der gr. Papyrus ***P.Hib. I 148***, den er als Beleg heranzieht, ist eine private Vereinbarung in einem Dienstvertrag und stammt darüber hinaus erst aus dem 3. Jh. n.Chr., so daß eine Beeinflussung durch röm. Recht möglich ist. Gr. Diebstahlsklagen forderten vielmehr die Rückgabe des Gestohlenen und eine nicht näher bestimmte Strafe für den Dieb.[741] Aus den dem. Quellen der ptol.

---

735 HOMOTH-KUHS, Phylakes, 9–13; 35–36. Vgl. auch RUPPRECHT, in: Symposion 1990, 141–148.
736 Vgl. MÜLLER-WOLLERMANN, Vergehen und Strafe, 82; 87.
737 BALDWIN, in: Aegyptus 43, 256–259.
738 Vgl. ZAUZICH, in: Carlsberg Papyri 3, 20.
739 RUPPRECHT, in: Symposion 1990, 144; 146.
740 SEIDL, Ptol. Rechtsgeschichte, 169.
741 TAUBENSCHLAG, Strafrecht, 28.

Zeit (v.a. Tempeleiden) geht fast immer nur hervor, daß der Angeklagte, falls er sich nicht durch Eid vom Vorwurf reinigte, das Gestohlene herausgeben bzw. ersetzen mußte (so z.B. ***oCambridge***, ***oBodl.Lib. 271***; ***oBodl.Lib. 553***; ***oBodl.Lib. 1279***); die Festlegung einer zusätzlichen Strafe ist die Ausnahme (***oStraßburg 1544***). Die Höhe des Schadenswertes mußte der Angeklagte zugeben (*wnḥ* „enthüllen“) und wahrscheinlich auch beeiden. Klagen (z.B. ***pOIC 19422***) und Unschuldsbeteuerungen (z.B. ***pKairo CG 50015***) wegen Diebstahls sind auch ein gängiges Thema in Briefen an Götter.
Eide gegen den Vorwurf der unehrlichen Wirtschaft sind häufiger belegt, so mehrfach für geschiedene Frauen (z.B. ***oBM 18733***); aber auch ein Phylenältester muß sich vom Vorwurf der Veruntreuung reinigen (***oCambridge***).
Die Aneignung von fremden Immobilien oder Vieh bzw. Pfründen (*ỉ3w.t*) wird in der ***Zivilprozeßordnung*** 98, II thematisiert; der Nachweis des Eigentumsrechtes erfolgte dabei über eine Urkunde. Lautete die Klage auf die Entwendung einer Urkunde, mit der der Bestohlene ja seine eigenen Rechtsansprüche hätte geltend machen können, mußte der Angeklagte schwören, diese weder gestohlen noch vernichtet oder unwirksam gemacht zu haben und auch nichts darüber zu wissen (99–100, VIII). Eine Verjährung erfolgte nach 20 Jahren (99, VI).
Ob Raub (Diebstahl mit Gewaltanwendung oder -androhung) im äg. Recht anders behandelt wurde als Diebstahl, läßt sich nicht erkennen; die Gewaltanwendung wurde möglicherweise als separater Straftatbestand geahndet. Das gr. Recht unterschied zwischen Diebstahl und Raub (*λεία*), für letzteren wurden zusätzlich zur Rückgabe des Gutes an den Beraubten auch noch öffentliche Strafen beantragt; an der Verfolgung von Räubern beteiligte sich evtl. auch der Staat.[742] Durch Philanthropa-Dekrete der Ptolemäerkönige (***P.Tor.Choach. 12*** 7.13–21) wurde selbst unrechtmäßig erworbener Besitz legalisiert.

4.1.6.2 Betrug

Diod. I, 78.3, überliefert das Abschneiden der Hände als Strafe für Fälscher von Münzen, Maßen, Abrechnungen und Urkunden; äg. Quellen dazu fehlen. Die für das gr. Recht in Äg. belegten Fälle von Betrug betreffen Kreditgeschäfte mit Minderjährigen, Urkundenfälschung und Übervorteilung.[743]

4.1.6.3 Sachbeschädigung

Nach äg. Recht war der Schaden am Eigentum eines anderen zu ersetzen, aber selbst bei absichtlicher Beschädigung wurde keine zusätzliche Buße auferlegt. In einigen Fällen wurde sogar kein Schadenersatz fällig: Nach dem ***Codex Hermupolis*** mußte ein Hausbauer, dessen Aushub einer Fundamentgrube zum Einsturz des Nachbarhauses führte, nur dann Schadenersatz leisten, wenn er nicht beschwören konnte, daß dies nicht in böswilliger Absicht geschehen war (8.20–24) – offenbar galt der Einsturz dann als höhere Gewalt, oder dem Nachbarn wurde zumindest eine Mitschuld zugesprochen, denn der Hausbauer konnte wiederum auf Entfernung des in seine Fundamentgrube gefallenen Schuttes klagen (8.24–27). Ganz ähnlich klingt auch der Fall des Tempeleides ***oStraßburg 1920***: Schwor der Beklagte, die (offenbar durch ihn) eingestürzte Mauer des Nachbarhauses habe auch seine eigene Mauer beschädigt, wurde er freigesprochen,

[742] TAUBENSCHLAG, Strafrecht, 29.
[743] TAUBENSCHLAG, Strafrecht, 33.

ansonsten mußte er die Mauer wieder aufbauen. Eine andere Art von Sachbeschädigung wurde im ***Codex Hermupolis*** sehr pragmatisch ebenfalls ohne Schadenersatz gelöst: Klagte jemand, weil der Regenablauf des Nachbarhauses an sein Haus spritzte (was Häuser aus ungebrannten Lehmziegeln auf die Dauer stark beschädigen kann), nahmen die Richter einen Ortstermin vor, testeten den Ablauf und kürzten ihn, bis das Wasser nicht mehr die Hauswand erreichte (8.16–18).
In ***pRylands 9*** 4.20–5.13 wurde einer der Täter einer Brandstiftung zwar mit 50 Peitschenhieben gezüchtigt, die geforderte Wiedergutmachung an die Geschädigten blieb dagegen aus, was jedoch nicht der Norm entsprochen haben dürfte. Ein weiterer Fall von Brandstiftung wurde um 200 v.Chr. zur Anzeige gebracht (***P.Petr. III 34***), doch ist über die Bestrafung des Täters nichts bekannt. Erwähnenswert ist ein Fall von Sachbeschädigung durch Wurmfraß in einem Archiv (***P.Fam.Tebt. 15***), wofür die Erben der Bibliophylakes haftbar gemacht werden sollten.
Bei Flurschaden mußte dem Geschädigten Ersatz geleistet werden, bei von Tieren verursachten Schäden durch den Besitzer (***oTTO 104*** und ***oBodl.Lib. 1066+1067***). Ein kgl. Prostagma verbot dem Geschädigten bei Strafe von 1.000 Drachmen, sich vor dem Gerichtsbeschluß etwas gewaltsam anzueignen oder zu pfänden (***P.Petr. III 26*** Z. 10–16).
Auch die Verletzung von Tieren wurde mit Schadenersatzzahlung an den Besitzer belegt (***oUniv. Coll. London o.Nr.***). Daher ist anzunehmen, daß es sich nach äg. Verständnis um Sachbeschädigung und nicht Tierquälerei handelte.
Nach gr. Recht wurde sowohl absichtliche als auch versehentliche Sachbeschädigung bestraft.[744] In röm. Zeit wurde ein drohender Schaden an Eigentum dem Strategen gemeldet, der daraufhin den Verursacher informierte.[745]

4.1.6.4 Körperverletzung und Beleidigung

Beleidigung ist in äg. Quellen bislang nur in den Kultgenossenschaftsordnungen belegt, in denen darauf Strafzahlungen stehen (***pLille 29***), ebenso wie auf Körperverletzung. Schwere Körperverletzung an sechs Priestern wird der Priesterschaft von Hibeh in ***pRylands 9*** (2.13, 3.1–3) vorgeworfen.
Nach gr. Recht fielen die Delikte Körperverletzung und Beleidigung unter dem Oberbegriff *ὕβρις* „Anmaßung" zusammen[746]. In ***P.Ent. 79*** klagte ein Grieche gegen eine Ägypterin, die einen Nachttopf über ihn ausgeleert hatte. Verbale Beleidigungen scheinen vor allem dann klagbar gewesen zu sein, wenn sie ungerechtfertigte Beschuldigungen wegen kriminellen Verhaltens beinhalteten (***P.Polit. Iud. 1***) oder anderweitig ehrabschneidend waren; sie wurden ebenso mit Bußzahlungen geahndet. ***P.Ent. 82*** enthält eine Klage wegen fahrlässiger(?) Körperverletzung (Verbrühung im Bad); der Angeklagte wurde bereits von der Klägerin dem Polizeichef zur Haft übergeben. Körperverletzung ist oft auch im Zusammenhang mit Diebstahl belegt (***P.Gurob 8***) und wird gemeinsam mit diesem angezeigt. Aus Enteuxeis (s. S. 177 u.) geht hervor, daß zwischen absichtlicher und fahrlässiger Verletzung nicht explizit unterschieden wurde. Bei körperlichen Mißhandlungen wurde vom Geschädigten auf eine Bußzahlung geklagt

---

744 TAUBENSCHLAG, Strafrecht, 31.
745 SEIDL, Röm. Provinz, 212.
746 HENGSTL, Griechische Papyri aus Ägypten, 130. RUPPRECHT, in: Symposion 1990, 141–144. Ders., in: Fs Kaufmann, 269–275.

(***P.Ent.*** *72*), was oft aber ganz vage formuliert und dem Ermessen des Gerichts anheimgestellt wird. Bußzahlungen erscheinen auch in den entsprechenden dem. Tempeleide (***oStraßburg 1181***; ***oBM 21344***). Wie hoch diese im äg. bzw. gr. Recht waren, ist jedoch unbekannt: Nach alex. Recht hatte bei einer Bedrohung mit einer Waffe oder bei unprovoziertem Schlag der Täter 100 Drachmen zu zahlen, bei mehreren Schlägen schätzte das Gericht den Schaden, und der Täter mußte den doppelten Wert zahlen (***P.Hal.*** ***1*** Z. 186–188, 203–207). Sklaven dagegen wurden mit mindestens 100 Geißelhieben bestraft, oder der Herr zahlte die doppelte Strafe (***P.Hal.*** ***1*** Z. 188–192,196–202). Taubenschlag vermutet Ähnliches für das gr. Recht der Chora.[747]

4.1.6.5 Ehebruch und Vergewaltigung

Sowohl ***Hdt.*** II, 111 als auch ***Diod.*** I, 59.3 berichten von der Verbrennung ehebrecherischer Frauen, allerdings in erzählendem Kontext. Dies entsprach sicherlich nicht der Realität, da ansonsten die Klauseln in den Eheurkunden, wonach Ehebruch seitens der Frau den Mann nach der Scheidung von der Zahlung des Unterhalts entband, überflüssig gewesen wären. ***Diod.*** I, 78.5, berichtet, der ehebrecherische Mann habe tausend Stockhiebe erhalten, der Frau sei die Nase abgeschnitten worden. Sowohl Männer als auch Frauen konnten offenbar wegen Ehebruchs angeklagt werden, wie Tempeleide zeigen (***oBodl.Lib. 601***). Besondere Regelungen finden sich in Kultgenossenschaftsordnungen: Wer Ehebruch mit der Frau eines anderen Mitgliedes trieb, mußte eine Geldbuße zahlen und wurde aus der Gemeinschaft ausgeschlossen (***pLille 29*** Z. 25).
Die Vergewaltigung einer freien verheirateten Frau wurde nach ***Diod.*** I, 78.4, mit Kastration bestraft. Eine Anzeige wegen Vergewaltigung ist in ***P.Oxy. XXXVI 2738*** erhalten.

4.1.6.6 Totschlag und Mord

Nach ***pRylands 9***, in dem die Planung der Ermordung von zunächst zusammengeschlagenen Priestern (2.2.15–16) sowie der Totschlag von zwei Jugendlichen (11.8–9) geschildert werden, stand in der Spzt auf Mord die Todesstrafe (2.18), die durch Verbrennen vollzogen werden konnte (13.10–11), wie das bereits für die 3. Zwzt belegt ist[748].
Fälle von Totschlag und Mord sind in der gr. und röm. Zeit nicht häufig belegt.[749]
Nach ***Diod.*** I, 77.6 wurde der Mord an einem Freien ebenso wie an einem Sklaven mit dem Tod bestraft. Sogar unterlassene Hilfeleistung bei Gewalttaten sei mit dem Tode bestraft worden (I, 77.3). Für den Mord an den eigenen Kindern berichtet ***Diod.*** I, 77.7 von einer eigenartigen Strafe: Die Schuldigen hätten die Leiche drei Tage im Arm halten müssen. Die Ermordung der Eltern sei durch Folter bis zum Tod bestraft worden (I, 77.8). Äg. Quellen hierfür fehlen.
Das gr. Recht unterschied bei der Tötung (*φόνος*) absichtliche (nach moderner Terminologie Mord bzw. Totschlag) und unabsichtliche (fahrlässige Tötung), wobei der Giftmord noch vom gewaltsamen Mord geschieden wurde. Unklar ist, ob auch ohne Anklage von Seiten der Familie bzw. Bekannter des Opfers eine Verfolgung stattfand; Rupprecht geht von einer öffentlichen Strafverfolgung aus[750]. Als Strafe kam, wohl neben

[747] TAUBENSCHLAG, Strafrecht, 10–14.
[748] LEAHY, in: JESHO 27, 199–203.
[749] BALDWIN, in: Aegyptus 43, 259.
[750] RUPPRECHT, in: Symposion 1990, 148.

anderen, die Konfiszierung des Vermögens vor.[751] In röm. Zeit wurde das Vermögen wegen Mordes Verurteilter bis auf ein Zehntel als Erbteil ihrer Kinder sowie die Mitgift für die Ehefrau eingezogen (***Gnomon*** § 36).

4.1.6.7 Meineid und falsche Anklage

Nach ***Diod.*** I, 77.2, stand auf Meineid die Todesstrafe; da für das NR bereits Ähnliches vermutet wurde, könnte dies in der Spzt durchaus der Realität entsprochen haben. Aus Klagen wegen Eidbruches aus ptol. Zeit geht die darauf stehende Strafe nicht hervor (z.B. ***P.Amh. II 35***).

Ebenso berichtet ***Diod.*** I, 77.4, jemanden, der eine falsche Anklage vorbringt, habe die auf das Verbrechen stehende Strafe selbst getroffen. Das könnte auch in einem Tempeleid der Fall sein, bei dem der Kläger, wenn er den tätlichen Angriff nicht beschwören kann, die Strafzahlung trifft, die sonst der Angeklagte an ihn hätte leisten müssen (***oBM 21344***). Wessen Klage wegen Körperverletzung vor einem alex. Gericht scheiterte, mußte ein Fünftel oder ein Zehntel des behaupteten Streitwertes dem Beklagten zahlen (***P.Hal. 1*** Z. 115–120). In röm. Zeit war bei einer Anklage eine Kaution zu hinterlegen, die verfiel, wenn sich diese als falsch erwies.[752]

4.1.6.8 Aufruhr und Hochverrat

Daß noch in der Spzt, wie bereits in der 3. Zwzt, Hochverräter (bzw. ihre Leichen) verbrannt wurden, wird aufgrund literarischer Texte angenommen.[753] Im Recht der ptol. Zeit galt Auflehnung gegen den Staat als Verbrechen gegen den König und damit als *ἀσέβεια* „Frevel“.[754]

4.1.7 Sakralrecht

Verschiedentlich sind Regeln zur Auswahl von Priestern sowie zu ihrer physischen Tauglichkeit im Zusammenhang von Gesetzen mit zivilrechtlichem Inhalt überliefert (***Zivilprozeßordnung***; ***pBibl. nat. 215*** vso b–c.5). Da auch der Bericht über die Gesetzessammlung des Darius (***pBibl. nat. 215*** vso c.6–16) von der Sammlung von „Tempelgesetzen“ spricht, ist anzunehmen, daß diese gemeinsam mit den übrigen gesammelt und festgehalten wurden. Andererseits sind entsprechende Regeln auch im ***Buch vom Tempel*** überliefert. Spezielle Vorschriften zum Verhalten in einzelnen Heiligtümern sind i.d.R. auf Stelen oder Wandinschriften am Tempel angebracht (z.B. ***Abaton-Dekret***).[755]

Eingriffe der pers. und später der ptol. Verwaltung in die priesterlichen Vorschriften lassen sich nicht nachweisen: Der in ***pBerlin P 13540*** erwähnte angebliche Befehl Darius' I., wonach jede Wahl zum Lesonis (Oberpriester) vom Satrapen bestätigt werden müßte[756], ist wohl eher als Anordnung zu verstehen, bei der Lesoniswahl die gerade von diesem Herrscher kodifizierten priesterlichen Gesetze anzuwenden. Diese verboten offenbar, Verbrecher und unfreie Personen zu Lesonen zu machen.

---

751 TAUBENSCHLAG, Strafrecht, 8–10. Vgl. auch RUPPRECHT, in: Symposion 1990, 141.
752 TAUBENSCHLAG, Strafrecht, 102–103.
753 LEAHY, in: JESHO 27, 200–202.
754 TAUBENSCHLAG, Strafrecht, 49–51.
755 MÜLLER-WOLLERMANN, Vergehen und Strafen, 37–42. Vgl. a. LEITZ, Tempelinschriften, 37–43.
756 SEIDL, Saiten- und Perserzeit, 2.

Da der Idios-Logos-Beamte zumindest ab dem 2. Jh. n.Chr. die Oberaufsicht über Tempel und Priesterschaft hatte[757], kommen im ***Gnomon*** (vgl. S. 88 o.) auch Vorschriften für Priester vor, die den Eindruck erwecken, als seien sie unverändert aus einer äg. Gesetzessammlung übernommen (§§ 71–97). Seidls Auffassung, diese Vorschriften seien von den Römern erst wieder neu belebt worden[758], läßt sich nicht begründen. Sie betreffen zumeist die Einsetzung, so die Erblichkeit bestimmter Prophetenämter (§ 77), die Käuflichkeit anderer (§§ 78, 80) und das Verbot der Aufnahme von adoptierten Kandidaten (§ 92) oder solchen aus Laienfamilien (§ 96), die Amtsausübung, so z.B. das Verbot von Nebenberufen für Priester (§ 71), die hingegen Pastophoren gestattet waren (§ 83), oder das Verbot, den Dienst zu verlassen (§§ 74 und 75), die Rangfolge unter den Priesterklassen (§§ 80, 82, 95), die kultische Reinheit, z.B. das Verbot, wollene Kleider und lange Haare zu tragen (§§ 71 und 76), das Verbot, nicht vom Beschauer freigegebene („ungesiegelte") Kälber zu opfern (§ 72), oder die Suspendierung für kranke Priester (§ 90). Die Geldstrafen bei Zuwiderhandlung, die ursprünglich wohl an die Tempel gingen, wurden in röm. Zeit wohl vom Idios Logos kassiert, ebenso der Preis für käufliche Priesterämter (§ 78).
Möglicherweise wurde erst in röm. Zeit das Gesetz eingeführt, daß priesterliche Pfründen nicht als Sicherheit gegeben werden dürfen (***Gnomon*** § 73), denn dies kam noch im frühen 1. Jh. n.Chr. vor – allerdings mit Problemen bei der Vollstreckung[759]. Die Verpachtung ist in ptol. Zeit eindeutig gestattet; nach Seidl ist so auch die schon damals verbotene Vergabe als Hypothek verschleiert worden[760].
Gesetze über den Umgang mit heiligen Tieren lassen sich ebenfalls nachweisen: ***pBerlin P 23757 rto*** A 2.24–28 berichtet von den Strafen für denjenigen, der ein heiliges Tier verletzte; dabei wurde möglicherweise Gleiches mit Gleichem vergolten.[761]
Ein konkreter Fall eines Verstoßes gegen religiöse Vorschriften ist in ***pDodgson*** überliefert: Der beklagte Priester hatte sich während eines hohen Osirisfestes mit Opferwein betrunken, gelärmt und seine kultischen Pflichten vernachlässigt. Die Ahndung dieser Vergehen erfolgte unter Einbeziehung eines Orakelspruchs oder einer Traumvision eines vergöttlichten Kindes: Der Angeklagte bekam einen neuen Namen, in dem kein Gottesname mehr auftaucht (vgl. a. S. 68 o.).

4.1.8 Militärrecht

Gesetze speziell für Soldaten gehörten wohl zu der von Darius angeordneten Sammlung (***pBibl. nat. 215*** vso, c.6–16), denn der dort auftauchende Begriff *mšᶜ* bedeutet wohl „Heer" und nicht „Volk", was sich aus der Erwähnung von Kriegern (*rmṯ.w qnqn*) als für die Sammlung zuständigen Personen ergibt. Ein Gesetz zur Auswahl von Kalasiris-Soldaten ist im didaktischen Kommentar zur äg. Gesetzessammlung (***pBerlin P 23757 rto***A 2.18–24) erhalten. Diodor nennt als Strafe für Verräter das Herausschneiden der Zunge (***Diod.*** I, 78.3) und berichtet, Deserteure und Befehlsverweigerer seien mit Ehrentzug bestraft worden, hätten sich jedoch durch Tapferkeit rehabilitieren können (I, 78.1–2).

757 RICCOBONO, Gnomon, 223.
758 SEIDL, Röm. Provinz, 25.
759 Vgl. JÖRDENS, in: Tebtynis und Soknopaiu Nesos, 46 und Fn. 20.
760 SEIDL, Röm. Provinz, 18.
761 Zur Behandlung heiliger Tiere auch QUACK, in: Tierkulte, 111–123.

Verordnungen der ptol. Könige zum Militärwesen finden sich z.B. in ***P.Petr. III 20*** rto Kol. 4 und vso Kol. 1–3 sowie ***P.Hal. 1*** Z. 166–185, wo es um die den Soldaten vom Staat zugewiesenen Wohnungen (*σταθμοί*) geht. Aus röm. Zeit sind zahlreiche Konstitutionen für Soldaten erhalten, die z.B. Veteranen, Soldatenkinder und Soldatentestamente betreffen[762], im ***Gnomon*** finden sich Vorschriften über Soldatentestamente (§§ 34–35) sowie ein Kaufverbot für Soldaten in ihrem Stationierungsbereich (§ 111).

4.1.9 Dekrete

Aus der 26. Dyn. ist ein ***Dekret des Apries*** erhalten, das die Stiftung von Tempeldomänen für Ptah betrifft. Der Perserkönig Kambyses erließ Dekrete, die die staatliche Versorgung der Tempel beschnitten (***pBibl. nat. 215*** vso d). Auch die Sammlung der äg. Gesetze wurde von Darius I. wohl durch ein Dekret befohlen (***pBibl. nat. 215*** vso c.6–16).

Auf ein Dekret zugunsten des Neithtempels von Sais geht wohl auch die ***Naukratis-Stele*** Nektanebos' I. zurück, wenngleich der auf der Stele verzeichnete Text eher einer Königsnovelle entspricht. Dekrete zur Schenkung von Land an Tempel sind noch von Chababasch überliefert und wurden von Ptolemaios I. erneuert (***Satrapenstele***).

Eine Besonderheit der ptol. Zeit sind die sog. Priester- oder Synodaldekrete (***Kanopus-Dekret***; ***Memphis-Dekret***)[763], die auf hieroglyphisch, dem. und gr. die Ergebnisse landesweiter Priestersynoden wiedergeben und auf Stelen in allen wichtigen Heiligtümern des Landes aufgestellt werden sollten.[764]

Von den ptol. Königen neu gesetztes Recht stand zwar immer über dem äg. und gr. Recht, griff aber nur selten direkt in diese ein. Es betraf hauptsächlich die Besteuerung, regelte aber z.B. auch die Zuständigkeit der verschiedenen Gerichte oder bewirkte Amnestien (***P.Tebt. I 5***, 1–9; ***P.Köln VII 313***). Diese letzteren Verordnungen werden auch als Philanthropa- oder Indulgenz-Dekrete bezeichnet. Unterschiedliche Formen der Gesetzgebung waren bekannt: Gesetze (*νόμοι*), Verordnungen (*διαγράμματα*), Einzelfallregelungen (*προστάγματα*), Gesetzesänderungen (*διορθώματα*) und Bekanntmachungen (*προγράμματα*).[765] *Νόμοι* und *διαγράμματα* sind in Form und Inhalt kaum zu unterscheiden, und die Begriffe werden quasi synonym verwendet (***P.Revenue Laws***); möglicherweise bezeichnet letzteres allgemeinere Regelungen[766] (z.B. ***O.Bodl. I 277***). Das kgl. *πρόσταγμα* entsprach ziemlich genau dem äg. *wḏ-nsw*: Bei beiden handelte es sich um Briefe des Königs an Untergebene, die legislativen Charakter haben konnten (z.B. ***P.Mich. Zen. 70***; ***P.Amh. II 33***, 28–37), aber nicht mußten, die z.B. Privilegien an Institutionen vergaben oder andere Spezialfälle regelten und die zum Zwecke der Veröffentlichung angeschlagen oder auf Stelen niedergeschrieben werden konnten[767]. Die Einfügung eines *πρόσταγμα* Ptolemaios' VIII. Euergetes II. in das Stadtrecht von Kyrene ist in ***SEG IX 5*** Z. 61–71 überliefert. *Διορθώματα* sind bislang nur in der Finanzverwaltung nachzuweisen, es sind Korrekturen älterer Verordnungen. Bei den *προγράμματα* handelt

---

762 SEIDL, Röm. Provinz, 43.
763 Vgl. auch CLARYSSE, in: Décret de Memphis, 42–43.
764 Vgl. auch PEREMANS, in: Fs Naster II, 146–147.
765 LENGER, in: RIDA 1, 123. Quellen bei LENGER, Ordonnances², sowie dies., Ordonnances Bilan.
766 Vgl. LENGER, in: CdE 19, 114. S. a. LENGER, Ordonnances², xxi und Fn. 2.
767 Vgl. LENGER, in: CdE 19, 111–113. S. a. MODRZEJEWSKI, in: JJP 5, 187–206. BICKERMAN, in: AHDO/RIDA 2, 259–267, betont den Charakter des mündlichen Befehls, der durch einen autorisierten Boten überbracht wird.

es sich nicht um einen eigenen Typus legislativer Texte, sondern um Anschläge von kgl. Entscheidungen, z.B. den Befehl zur Unverletzlichkeit eines Hauses (***UPZ I 108***, Z. 29–30). Die Veröffentlichung kgl. Erlasse erfolgte zweisprachig.[768] *Ἐντολή* dagegen bezeichnete nach Bickerman einen Rundbrief an die ptol. Verwaltung.[769]
Zu Beginn der röm. Herrschaft wurden Verordnungen und Einzelfallregelungen der Ptolemäer teilweise noch befolgt; vor allem solche Vorschriften, die dem Fiskus nützten, wurden beibehalten.[770] In röm. Zeit griffen sowohl kaiserliche *constitutiones* als auch Dekrete des Präfekten in das äg. Recht bzw. das der gr. Städte in Äg. ein (***P.Lond. VI 1912***). Auch Präzedenzfälle aus den Entscheidungen des Idios-Logos-Beamten konnten einfließen (vgl. ***Gnomon*** § 23; § 54); Einzelfallentscheidungen des Kaisers sind z.B. in den ***Apokrimata*** des Septimius Severus erhalten, in denen er auf Petitionen antwortete, die anläßlich seines Besuchs in Äg. an ihn gerichtet worden waren.[771]
Vor der ***Constitutio Antoniniana*** galten Konstitutionen üblicherweise nur für die in Äg. lebenden Römer, außer es handelte sich um „Rechtswohltaten" (oder was die Römer dafür hielten), die dann auch gegen herrschendes lokales Recht auf die Peregrinen angewandt werden konnten. Finanz- oder steuerpolitische Entscheidungen waren ebenfalls für alle gültig (z.B. ***Apokrimata*** Z. 35–39). Edikte konnten vorübergehende oder dauerhafte Gültigkeit haben. Als Reskripte wurden kaiserliche Erlasse bezeichnet, die in Alexandria ausgehängt wurden und teils nur für die Provinzialbürger, teils für das ganze Reich galten.[772]

---

768 LENGER, in: CdE 19, 115–116. Dies., Ordonnances², xxi und Fn. 3–4.PEREMANS, in: Fs Naster II, 144–145.

769 BICKERMAN, in: AHDO/RIDA 2, 253–258.

770 SEIDL, Röm. Provinz, 47–48. LENGER, Ordonnances², 269–272. WOLFF, Recht I, 112–113.

771 SEIDL, Röm. Provinz, 30–32; 45.

772 SEIDL, Röm. Provinz, 36–37; 41–43.

4.2 Rechtsurkunden

Im folgenden sollen Urkunden nach formalen (s. S. 138 ff., „Urkundentypen") und inhaltlichen Kriterien (s. S. 147 ff., „Urkundenarten") differenziert werden.
Während seit Schabako (25. Dyn.) die Urkunden in Oberäg. auf Kursivh. verfaßt wurden, verwendete man ab der Regierungzeit Psametichs I. (26. Dyn.) im Delta für Urkunden die dem. Schrift, die sich allmählich auch nach Süden ausbreitete und unter Amasis (26. Dyn.) schließlich dort die kursivh. Schrift ersetzte[773]; das Dem. wurde für offiziell registrierte Urkunden bis in das 1., für private bis ins 2. Jh. n.Chr. beibehalten; die in diesem Abschnitt erwähnten äg. Urkunden sind daher, falls nicht anders bemerkt, in dem. Schrift geschrieben. Für Urkundenabschriften auf Stelen konnten auch Hieroglyphen oder Hier. verwendet werden (***Stele Florenz 1659 (2507)***, ***Stele Louvre C 101***). Verschiedene Registrierungsvorschriften der ptol. und röm. Obrigkeit (s. S. 145ff. u.) führten zur Anbringung gr. Vermerke (Anagraphe, Hypographe) auf den dem. Urkunden, die deswegen auch als bilingue, „zweisprachige" Urkunden bezeichnet werden.
Seit der ptol. Zeit existierten in Äg. auch rein gr. Urkunden. Viele Urkundenarten gibt es daher in beiden Sprachen, wobei sowohl Parallelentwicklungen als auch gegenseitige Einflüsse und deutliche Unterschiede festzustellen sind. Ab 118 v.Chr. war die Sprache der Urkunde ausschlaggebend für die Zuständigkeit der Chrematisten- bzw. Laokritengerichte (***P.Tebt. I 5***, 207–220). Neben den originären gr. Urkunden kamen auch gr. Übersetzungen von dem. Urkunden vor (z.B. ***CPR XV 2*** von ***pBM 262***), sie standen meist in Verbindung mit Eingaben an die Behörden oder mit Prozessen vor gr. Gerichten oder Beamtenrichtern. Die gr. Terminologie bezeichnete meist eine dem. Urkundenart mit den gleichen Begriffen wie die korrespondierende gr. Urkundenart, selbst wenn es inhaltliche Unterschiede gab.
Parallel zu den Schriftarten sind auch die Formulare zu unterscheiden: Während das der kursivh. Urkunden sich fast bruchlos aus dem des NR entwickelte, weist das der dem. andere Formulierungen auf, selbst wenn der Inhalt ähnlich oder gleichartig ist. Die gr. Urkunden folgen wiederum den im gr. Recht üblichen Ausdrucksweisen. Die Formeln der gr. Hypographai (s.o.) der röm. Zeit lehnen sich stellenweise an die dem. Formeln an, stellen jedoch keine Übersetzungen dar. Kursivh. und dem. Urkunden sind bis auf wenige Ausnahmen unilateral und subjektiv stilisiert. Bilateralität konnte theoretisch durch das gegenseitige Ausstellen von Urkunden erreicht werden[774], wovon jedoch kaum Gebrauch gemacht wurde; i.d.R. bedeutete die Annahme der Urkunde durch die zweite Partei ihre Akzeptanz der Bedingungen.[775] Bei ptol. Pachturkunden aus dem Fayum ist allerdings häufig eine Erklärung der Gegenpartei eingeschlossen.[776] Bei den gr. Urkundentypen gibt es sowohl solche, die subjektiv stilisiert waren, als auch solche mit objektiver und zweiseitiger Stilisierung. In den gr. Hypographai der röm. Zeit kommen beide Parteien jeweils mit einer subjektiven Erklärung zu Wort.
Die Datierungsformel der frühdem. Urkunden und bis in die ptol. Zeit (186 oder 181 v.Chr.)[777] umfaßte i.d.R. nur Jahr und Monat, ein Tagesdatum fehlte. Allgemein geht

---

[773] Vgl. DONKER VAN HEEL, in: ICD 5, 115–124.
[774] SEIDL, Ptol. Rechtsgeschichte, 54.
[775] Pace SEIDL, Ptol. Rechtsgeschichte, 115, der den Willen der zweiten Partei für belanglos hält.
[776] Vgl. P.Tebt. X (in Vorbereitung).
[777] DEPAUW, Companion, 164.

man daher von einer Geltung ab dem ersten Monatstag aus[778], wogegen jedoch die auf den 27. Monatstag datierte Notiz zur Zinsberechnung auf der Darlehensurkunde ***pMoskau 113*** spricht, die die Laufzeit vom 1. des Folgemonats aus angibt. Daß eine taggenaue Datierung im Falle konkurrierender Urkunden über das gleiche Objekt relevant ist, wurde jedoch bereits im didaktischen Kommentar ***pBerlin P 23757 rto*** D 1.9 thematisiert. Die gr. Urkunden sind taggenau datiert.[779] Während der ptol. Herrschaft wurde in der Datierung sowohl der gr. wie der dem. Urkunden zusätzlich zu den regierenden Königen auch eine immer länger werdende Liste mit eponymen Priestern des dynastischen Kultes aufgeführt, ab der 2. Hälfte des 2. Jh. v.Chr. jedoch meist in anonymisierter und oft verkürzter Form.[780]

Das Formular des Urkundenkörpers unterschied sich je nach Urkundentyp und -art. Alle Urkunden endeten üblicherweise mit der Unterschrift des Schreibers, danach folgten nur noch die Zeugen. Fehlten bei einer dem. Urkunde der Spzt oder ptol. Zeit die Zeugen, handelte es sich wahrscheinlich um einen Entwurf. Gr. Agoranomenurkunden (s. S. 141f. u.) mußten nicht von Zeugen unterschrieben werden, da ihre Authentizität durch die öffentliche Ausstellung leicht überprüfbar war, und auch bei Cheirographa (s. S. 144 u.) waren Zeugenunterschriften nicht immer vorhanden. *sẖ*-Urkunden (s. S. 138f. u.) der röm. Zeit enthielten ebenfalls keine Zeugenunterschriften und manchmal noch nicht einmal eine Unterschrift des dem. Notars, da statt dessen die gr. Hypographe mit der notariellen Registrierung die Authentizität bewies.

Eigenhändige Unterschriften des Ausstellers waren offenbar für die Gültigkeit der dem. Urkunde nicht notwendig, da der Beweis der Echtheit über die Zeugenunterschriften bzw. die Registrierung geführt wurde und nicht jeder Urkundenaussteller schreiben konnte; entsprechend selten kommen sie vor.[781] Eigenhändige Unterschriften einer oder beider Parteien finden sich gelegentlich innerhalb der gr. Hypographai von bilinguen Urkunden der röm. Zeit; sie sind dann manchmal auch auf dem.[782]

Bei der Erfüllung eines durch Urkunde belegten Geschäftes wird entweder diese ebenfalls beurkundet (z.B. Quittung für Rückzahlung eines Darlehens) und/oder die dem Geschäft zugrundeliegende dem. oder gr. Urkunde mit diagonalen oder kreuzweisen Linien durchgestrichen und dem Aussteller zurückgegeben (z.B. ***pWien D 6950***).

Für kursivh. Urkunden kommen die Begriffe *hr* (***pLouvre E 3228d***) und *mḏ* (***pLouvre E 3228b***) vor.[783] *ḏmᶜ* begegnet zwar auch in der kursivh. Urkunde ***pLouvre E 7846***, ist jedoch eigentlich ein dem. Ausdruck (z.B. ***pWien D 10151***). *dp* könnte ein weiterer Begriff für Urkunde sein (***pWien D 12004***)[784] oder schlicht „Übereinkunft" bedeuten (***pLouvre E 3228e***; ***pTurin 2118 rto = A***). In ptol. Texten begegnet neben den üblichen Bezeichnungen für Urkunde (*sẖ*, *šᶜ.t*, s. u.) auch *qnb.t*, was oft mit „Gerichtsurkunde" wiedergegeben wird, da ein etymologischer Zusammenhang mit dem alten *qnb.t* „Gerichtskollegium" besteht. Seidl meinte, eine *qnb.t*-Urkunde sei eine „gerichtsfähige" Urkunde von besonders strenger Form mit 16 Zeugen.[785] Dagegen spricht, daß nach der

---

778 Z.B. VITTMANN, in: Enchoria 10, 134.

779 Zur Doppeldatierung nach äg. und makedonischem Kalender vgl. RUPPRECHT, Einführung 26–27.

780 Vgl. CLARYSSE/VAN DER VEKEN, Eponymous Priests.

781 Vgl. DEPAUW, in: CdE 78, 70–79 sowie S. 185 u.

782 DEPAUW, in: CdE 78, 89–100.

783 MALININE, Choix I, 13; 40; 48.

784 MALININE, Choix I, 40.

785 SEIDL, in: Fs Kaser, 610 und Fn. 4.

Zivilprozeßordnung 97–100 auch *š*ᶜ.*t*-Urkunden (zumindest mit Zeugen) unter den Oberbegriff *qnb.t* fallen konnten. Wahrscheinlich bezeichnete *qnb.t* jede Urkunde, die zu Beweiszwecken dem Gericht vorgelegt wurde, gleich welchem Typ sie angehörte.

4.2.1 Ägyptische Urkundentypen

4.2.1.1 *sẖ*-Urkunde

Der wichtigste äg. Urkundentyp ist die *sẖ*-Urkunde, auch als „Schreiberurkunde“ oder „Schreiber-und-Zeugenurkunde“[786] bezeichnet; das Wort ist jedoch nicht von *sẖ* „Schreiber“ abgeleitet, sondern von *sẖ* „Schriftstück“. *sẖ*-Urkunden begannen mit einer ausführlichen Datierung und führten danach die Parteien mit *ḏd A n B* „Es sagt A zu B“ ein. Die meisten *sẖ*-Urkunden hatten ein sehr breites Format (oft über einen Meter) und großzügige freie Ränder, vor allem in röm. Zeit kamen jedoch auch kompaktere und raumsparendere Formate vor.

Bei kursivh. Urkunden standen die Zeugenunterschriften auf dem Recto, bei den früh-dem. und ptol. *sẖ*-Urkunden befand sich die Liste der Unterschriften der Zeugen auf der Vorderseite unter dem Urkundentext oder auf der Rückseite, beginnend unter einem waagrechten Strich, der meist genau an der Stelle stand, an der sich auf der Vorderseite das Wort *ḏd* von *ḏd A n B* befand.[787] Bis zum Ende des 3. Jh. v.Chr. kam daneben noch eine aufwendigere Form der Beglaubigung vor, bei der zwei bis sechs Zeugen den Urkundentext vollständig oder auszugsweise abschrieben; diese Zeugenkopien standen immer auf der Vorderseite der Urkunde (vgl. ***pBM 10026***), während sich auf der Rückseite 16 Zeugenunterschriften befanden.[788] Die Zahl der Zeugenunterschriften bei den übrigen *sẖ*-Urkunden schwankte, das Minimum waren vier; ***pLouvre E 7839*** mit einer einzigen Zeugenunterschrift bildet die Ausnahme. Es konnten aber bei wichtigen Urkunden auch bis zu 36 sein (***pOIC 17481***), vergleichsweise häufig waren es acht.[789] Entgegen der alten Meinung waren Zeugenunterschriften praktisch immer eigenhändig, außer es handelte sich um eine Urkundenabschrift (z.B. ***pWien D 10152+ 10153+o. Nr.*** von ***pWien D 10150***).[790] Nicht mit Zeugenunterschriften zu verwechseln sind unter der Urkunde stehenden Namenslisten für eine der Parteien, die in der Einleitung als anonyme Gruppe (z.B. Priester eines Tempels) genannt ist (z.B. ***pKairo CG 30631***); diese konnten eigenhändig sein oder vom Urkundenschreiber stammen.

Die in gr. Urkunden sowie gr. Hypographai (s.u.) häufigen, aber offenbar nie verpflichtenden[791] Signalements einer oder beider Urkundenparteien waren in dem. Urkunden selten (z.B. ***pBerlin P 23779+30009***).[792] In der ptol. Zeit umfaßten sie in der vollsten Form die Angaben über das Alter, die Größe, Hautfarbe, Gesichtsform und besondere Kennzeichen (Narben, Muttermale), in röm. Zeit beschränkte man sich meist auf das Alter und ein besonderes Kennzeichen.[793] Gelegentlich trat an die Stelle der Personen-

---

786 SEIDL, Saiten- und Perserzeit, 9. Ders., Ptol. Rechtsgeschichte, 50–56.

787 Vgl. auch DEPAUW, in: RdE 50, 84 und Fn. 96.

788 DEPAUW, in: CdE 50, 70–71.

789 SEIDL, Saiten- und Perserzeit, 16–17.

790 Allgemein zu Literarizität und Zeugenunterschriften: BAINES/EYRE, in: GM 61, 74–77.

791 WOLFF, Recht II, 88–89.

792 HASEBROEK, Signalement, 90–99. HÜBSCH, Personalangaben, 79–85. SPIEGELBERG, in: RecTrav 25, 10–12.

793 HASEBROEK, Signalement, 102.

beschreibung die des Siegelrings.[794] Auch die Schreibgehilfen (s.u.) wurden in dieser Art gekennzeichnet.
Zur besseren Kontrolle der Umsatzsteuerzahlungen wurde 146 v.Chr. die Registrierung (*ἀναγραφή*) dem. Urkunden eingeführt (***P.Paris 65***), wobei ein kurzer gr. Vermerk unter den dem. Urkundentexten angebracht wurde, der aber überraschend häufig fehlt.[795]
Gelegentlich enthielten *sẖ*-Urkunden auf der Rückseite oder zusätzlich auf einem separaten Blatt (***pBM 10721+10727+10679A***) eine Zusammenfassung zur Identifikation. Depauws Aussage, wonach *sẖ*-Urkunden nie versiegelt waren[796], ist durch eine ehemals versiegelte Eheurkunde (***pWien D 6950***) aus röm. Zeit widerlegt.
Seit dem Ende des 1. Jh. v.Chr. wurde der dem. *sẖ*-Urkunde grundsätzlich eine ausführliche gr. Hypographe („Unterschrift") hinzugefügt[797], die aus vier Teilen bestand: der Erklärung der ausstellenden Partei, der Erklärung der empfangenden Partei (beide subjektiv formuliert und mit Personenbeschreibungen), einer kurzen Charakterisierung des Geschäfts (objektiv formuliert) sowie dem Registrierungsvermerk. Die Erklärungen der Parteien waren meist nicht eigenhändig geschrieben, sondern von einem Schreibgehilfen (*ὑπογραφεύς*). Diese Hypographai dienten einerseits dazu, den gr.sprachigen Verwaltungsbeamten einen Überblick über den Urkundeninhalt zu geben, andererseits wurde damit auch dem röm. Bedürfnis nach einem bilateralen Geschäft Rechnung getragen. Der Aufwand für diese bilinguen (zweisprachigen) *sẖ*-Urkunden war erheblich höher als für einsprachige, so daß erstere allmählich vollständig von rein gr. Urkunden verdrängt wurden. Belegt sind bilingue Urkunden nur bis etwa 80–90 n.Chr. und fast nur noch für Immobilienverkäufe (letzter Beleg: ***pStraßburg dem. 32 + dem. gr. 1***, 55 n.Chr.) bzw. als Sicherungsurkunden für Darlehen über Immobilien (eine der letzten: ***pBerlin P 8929***, 70 n.Chr.), vereinzelt auch für Verkäufe anderer Objekte (z.B. Webstuhl: ***pBerlin P 23779+30009***) sowie einige Eheurkunden (letzter Beleg: ***pBerlin P 23883***) und Teilungsurkunden (***pWien D 6937***, 21–22 n.Chr.). Fast alle derzeit bekannten *sẖ*-Urkunden der Römerzeit stammen aus dem Fayum.[798]

4.2.1.2 *šꜥ.t*-Urkunde

Dieser Urkundentyp wird auch als „Briefurkunde" bezeichnet, da er einige Elemente des Briefformulars verwendet, so die Angabe der Parteien durch *A pꜣ nty ḏd n B* „A ist es, welcher sagt zu B" und die knappe Datierung, manchmal erst am Ende des Urkundentextes, und oft dem Briefformat mit schmalen hochrechteckigen Papyrusstreifen angeglichen ist. *šꜥ.t*-Urkunden wurden zumindest theoretisch von der ausstellenden Partei selbst geschrieben, in der Praxis jedoch oft auch von einem schreibfähigen Vertreter. Die Zeugenunterschriften bei *šꜥ.t*-Urkunden standen auf der Vorderseite, ihre Zahl ist i.d.R. geringer als bei *sẖ*-Urkunden, meist vier.[799] Die Definition von Seidl, wonach jede Urkunde, die nicht die Gestalt einer gültigen *sẖ*-Urkunde habe oder von einem Notar aufgesetzt sei, als *šꜥ.t*-Urkunde zu bezeichnen sei[800], ist untauglich. *šꜥ.t*-Urkunden sind nicht erst durch den Einfluß der gr. Cheirographa (s. S. 144 u.) aufge-

---

794 HASEBROEK, Signalement, 94.
795 PESTMAN, in: Fs Feenstra, 17–25.
796 DEPAUW, Companion, 124.
797 DEPAUW, in: CdE 78, 89–97. Vgl. auch MUHS, in: Tebtynis und Soknopaiu Nesos, 97.
798 DEPAUW, in: CdE 78, 97. S. a. LIPPERT/SCHENTULEIT, DDD III (in Vorbereitung).
799 DEPAUW, Companion, 124.
800 SEIDL, Ptol. Rechtsgeschichte, 57–58.

kommen, wenngleich vorptol. Exemplare selten sind, sondern bereits in der 27. Dyn. belegt (***pBerlin P 13572***). Die von Seidl als Briefurkunden bezeichneten vorptol. Texte[801] sind jedoch nur Briefe, die jur. Sachverhalte erwähnen, keine eigentlichen Urkunden. *šꜥ.t*-Urkunden mit inoffiziellem Charakter (z.B. Quittungen aus dem Tempelbereich[802]) kamen noch in der 2. Hälfte des 2. Jh. n.Chr. vor.

4.2.1.3 Doppelurkunde

Ein durch gr. Rechtspraxis beeinflußter Urkundentyp (s. a. S. 143 u.) waren die Doppelurkunden, die erst in ptol. Zeit auftauchten[803]. Sie bestanden aus zwei Teilen, einem versiegelten (Innenschrift, *scriptura interior*) und einem offenen (Außenschrift, *scriptura exterior*), wobei der offene Teil i.d.R. die ausführlichere Version des Urkundentextes und der versiegelte eine meist knappere Zusammenfassung enthielt.

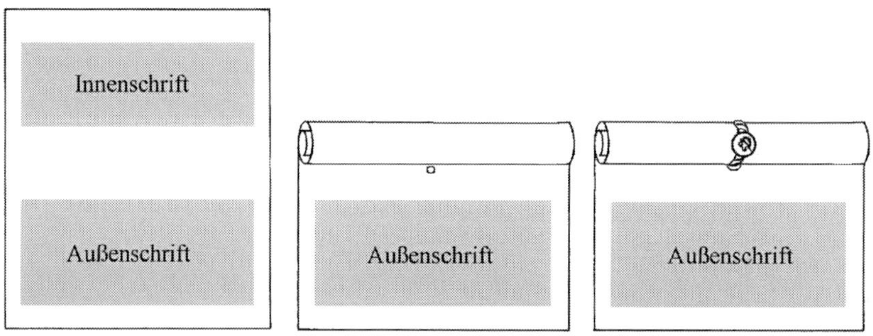

Doppelurkunden waren normalerweise *šꜥ.t*-Urkunden; ihr Sinn bestand darin, für den täglichen Gebrauch Zugang zum Text der Urkunde zu haben und für den Fall, daß die Authentizität der Außenschrift angezweifelt wurde, die versiegelte Innenschrift öffnen und konsultieren zu können.[804] Die meisten dem. Doppelurkunden waren Königseide (z.B. ***pBM 10079 B–C***, s. a. S. 176 u.) oder Bürgschaften (s. S. 163f. u.)[805], wohl weil dies Urkunden waren, die für die ptol. Verwaltung ausgestellt wurden. Es kamen jedoch auch Verkäufe (***pSorbonne 217a***) und Darlehen (***pBM 10831***; ***pBM 10425***) vor[806]. Dem. Doppelurkunden hatten manchmal gar keine (***pLille 2***), gelegentlich aber auch sechs Zeugenunterschriften wie die gr. Doppelurkunden (= Sechszeugen-Urkunden); die Versiegelung wurde vom Aussteller und den Zeugen duchgeführt. Die jüngste dem. Doppelurkunde ist ***pBM 10425*** aus dem Jahr 201 v.Chr.

4.2.2 Griechische Urkundentypen

Grundsätzlich ist zwischen privat errichteten und öffentlich, d.h. vor einem Notar oder einer anderen Institution, errichteten Urkunden zu unterscheiden, wobei erstere durchaus sekundär von einem Notar registriert werden konnten.[807] In röm. Zeit kam für die zweite Kategorie die Bezeichnung *δημόσιος χρηματισμός* auf. Zur Beglaubigung waren

801 Seidl, Saiten- und Perserzeit, 23.

802 Vgl. Lippert/Schentuleit, DDD II, 278.

803 Seidl, Saiten- und Perserzeit, 24.

804 Depauw, Companion, 124.

805 Seidl, Ptol. Rechtsgeschichte, 60. Vgl. auch de Cenival, Cautionnements, 151.

806 Vgl. die Listen bei Spiegelberg, in: ZÄS 54, 111 sowie Bilabel, in: Aegyptus 6, 95.

807 Allgemein dazu Wolff, Recht II, 136–141.

für private Urkunden Zeugen notwendig, bei öffentlichen wurde eine Abschrift im notariellen Archiv abgelegt.
Die häufigste Bezeichnung für Urkunden war *συγγραφή*, meist mit einer näheren Bezeichnung im Genitiv versehen (z.B. *συγγραφὴ δανείου* „Darlehensurkunde"). Zu den *συγγραφαί* gehörten sowohl die privaten Sechszeugen Urkunde als auch die öffentlichen Agoranomenurkunde, selbst äg. Urkundenarten werden gr. so bezeichnet.[808]
Bei den gr. Urkunden lassen sich, unabhängig vom Urkundentyp und, zumindest in späterer Zeit, auch unabhängig von der Urkundenart, zwei verschiedene Stilisierungen unterscheiden: Urkunden, deren Textkörper mit einer Form des Verbs *ὁμολογεῖν* „anerkennen" beginnt, werden als Homologie (*ὁμολογία*) bezeichnet, die übrigen, die nur die Handlungen selbst in der Vergangenheit (mit Aorist) beurkunden, als Protokoll. Homologien sind häufig, aber nicht ausschließlich einseitige Erklärungen, die objektiv (*NN ὁμολογεῖ* „NN anerkennt, ...") oder subjektiv (*NN ὁμολογῶ* „Ich, NN, anerkenne ...") stilisiert sein können.[809] Möglicherweise ist diese Ausdrucksweise auch in die dem. Urkundenfloskeln eingeflossen, denn während noch in ptol. Zeit die Wendung *ḏd (n) wᶜ rȝ* „mit einem Munde sprechen" nur dann verwendet wurde, wenn die ausstellende Partei aus mehreren Personen bestand, deren übereinstimmende Äußerung dadurch betont wurde, kam sie in röm. Zeit mehrfach auch dann vor, wenn es sich nur um eine Person handelte (z.B. ***pRylands 44***), was von Seidl als Wiedergabe von *ὁμολογεῖν* aufgefaßt wird; entgegen Seidls Ansicht bezieht sich das Verb *ὁμολογεῖν* bzw. *ḏd (n) wᶜ rȝ* aber nicht auf ein Einverständnis des Ausstellers (1. Partei) mit einer Forderung des Angesprochenen (2. Partei)[810], sondern allein darauf, daß der Aussteller bestätigt, das Rechtsgeschäft ausgeführt zu haben.
Als *αὐθεντικόν* wurde in röm. Zeit die amtliche Ausfertigung der Urkunde bezeichnet, *ἴσον* bzw. *ἰσότυπον* war das der Erstschrift gleichwertige Duplikat, *ἐκδόσιμα* die für die Ausgabe an die Parteien bestimmten Exemplare, *ἀντισύγγραφον* die Ausfertigung für die andere Partei und *ἀντίγραφον* die Abschrift, auch gekürzt oder übersetzt.[811]

4.2.2.1 Öffentliche Urkunden

4.2.2.1.1 Synchoresis

Der für das alex. Recht charakteristische Urkundentyp der *συγχώρησις*, auch als gerichtsnotarielle Urkunde bezeichnet, ist aus den dem Gericht vorgelegten und damit öffentlich gemachten Einigungen (*συγχωρεῖν* „übereinkommen") im Rahmen eines Prozesses entstanden (s. S. 153 u.). Seit dem Beginn der röm. Zeit wurde die Synchoresis auch unabhängig vom Prozeß als rechtsverbindliche Vereinbarung der Parteien, die an den Archidikastes (s. S. 183 u.) adressiert ist, verwendet.[812]

4.2.2.1.2 Agoranomenurkunde

Dieser Urkundentyp, von Wolff auch als „staatsnotarielle Syngraphe" bezeichnet[813], wurde in der älteren Literatur oft mit den von Wolff als Katagraphe-Zertifikaten identi-

808 WOLFF, Recht II, 84; 137–139.
809 SCHWARZ, in: JJP 13, 177–242. WOLFF, Recht II, 140–141.
810 SEIDL, Röm. Provinz, 84–85.
811 SEIDL, Röm. Provinz, 80. WOLFF, Recht II, 41.
812 WOLFF, Recht II, 28; 91–95.
813 WOLFF, Recht II, 81–91.

fizierten Urkunden vermischt[814] (s. S. 142 u.). Die Agoranomenurkunde entwickelte sich wohl aus der Sechszeugen-Urkunde, der sie im Formular gleicht, doch wurde sie nicht privat, sondern vor dem namengebenden Beamten errichtet, der ein Exemplar zu seinen Akten nahm. Der erste bekannte Beleg stammt aus dem Jahr 174 v.Chr. (***P.Grenf. I 10***). Zunächst existierte sie neben der Sechszeugen-Urkunde, doch da sie, zumindest wenn man leichten Zugang zu einem Agoranomen hatte, weniger umständlich war – die offizielle Ausstellung machte Zeugenunterschriften und Doppelbeurkundung überflüssig –, ersetzte sie diese bis zum Beginn der röm. Zeit völlig und blieb bis zum Ende des 3. Jh. n.Chr. der wichtigste gr. Urkundentyp des Privatrechts in der Chora. Die Agoranomenurkunde wurde prinzipiell für die gleichen Geschäfte verwendet wie die Sechszeugen-Urkunde; eine Ausnahme bilden vielleicht die nur in ersterem Typ belegten Sicherungsurkunden über Grundstücke und Sklaven.

4.2.2.1.3 Katagraphezertifikat

Diesen Begriff verwendet Wolff für vom Agoranomen ausgestellte ptol. Urkunden (oft Doppelurkunden), in denen mit den Worten *ἀπέδοτο A ... ἐπρίατο B* „A hat ... verkauft, B hat gekauft" oder *ἐπρίατο B παρὰ A* „B hat von A gekauft" Verkäufe von Immobilien oder Sklaven thematisiert werden. Diese Urkunden wurden zuvor für Verkaufsurkunden gehalten. Da sie jedoch keine Klausel zum Empfang des Kaufpreises enthalten, die nach gr. Recht unbedingt Bestandteil der Verkaufsurkunde sein müßte, und das Eigentumsrecht des Verkäufers zumeist nicht erwähnt wird,[815] dafür jedoch häufig eine Quittung über die Verkaufssteuer (*ἐγκύκλιον*), plädiert Wolff dafür, in ihnen Abschriften der Agoranomen aus ihren Registern zu sehen, also Zertifikate zur *καταγραφή* (Registrierung) von vor ihnen erklärten Verkäufen. Diese konnten seiner Meinung nach auch bei dem. Verkaufsurkunden oder sogar nur mündlich erklärten Geschäften ausgestellt werden.

Diese Art der Urkunden wurde außer für Verkäufe auch für andere Geschäfte ausgestellt, bei denen ein Eigentumswechsel stattfand, so für den Übergang einer verfallenen Sicherheit an den Gläubiger, aber auch für die Rückgabe eines als Sicherheit gegebenen Objektes bei Tilgung an den ehemaligen Schuldner (***P.Heidelberg Nr. 1278***; ***P.Grenf. II 26***) sowie für Schenkungen oder Tausche, dann allerdings mit abweichendem Formular. In röm. Zeit waren die Katagraphe-Zertifikate nur noch im Zusammenhang mit dem Verfall von Sicherheiten von wesentlicher Bedeutung, da die Registrierung von Urkunden in röm. Zeit anders erfolgte.[816] Von den ptol. Katagraphai abgeleitete Urkunden, von Wolff auch als notarielle Homologien bezeichnet, wurden ab der röm. Zeit im Fayum als Verkaufsurkunden verwendet und breiteten sich bald auch in andere Gegenden aus.[817]

4.2.2.1.4 Diagraphe

Der Begriff *διαγραφή* ist mehrdeutig: In ptol. Zeit wurden so zunächst die Empfangsanweisungen an die Bank bezeichnet, z.B. zur Bezahlung eines Preises bei einer öffent-

---

814 SEIDL, Ptol. Rechtsgeschichte, 121–122.

815 STRAUS, Achat et vente, 46–47.

816 Allgemein dazu WOLFF, in: Aegyptus 28, 17–96; Ders., Recht II, 80; 184–221, v.a. 190–193. Zu abweichenden Deutungen als Verkaufsurkunden vgl. WOLFF, Recht II, 193 Fn. 40.

817 WOLFF, in: Aegyptus 28, 82–89.

lichen Versteigerung (***UPZ I 114*** I Z. 5–9).[818] V.a. in röm. Zeit nannte man jedoch auch die Bescheinigungen von Banken über Kontobewegungen so, bei denen es sich wohl um Auszüge aus deren Kontobüchern handelte. Als unselbständige Diagraphai werden sie bezeichnet, wenn in ihnen auf das zugrundeliegende und anderweitig beurkundete Geschäft Bezug genommen wird. Aus diesen entwickelte sich am Ende des 1. Jh. n.Chr. die sog. selbständige Diagraphe oder banknotarielle Urkunde, die für sich allein genommen schon das Geschäft beurkundete und bis zum Ende des 3. Jh. in Gebrauch blieb.[819]

4.2.2.2 Private Urkunden

4.2.2.2.1 Sechszeugen-Urkunde, Syngraphophylax-Urkunde, Doppelurkunde

Die Sechszeugen-Urkunde[820] (*ἑξαμάρτυρος συγγραφή*) war objektiv stilisiert und von sechs Zeugen unterschrieben und versiegelt.[821] Oft, aber nicht immer wird sie einem Urkundenhüter (*συγγραφοφύλαξ*) übergeben, weshalb sie von manchen auch als „Syngraphophylax-Urkunde" bezeichnet wird[822]. Eine oft synonym verwendete Bezeichnung ist „Doppelurkunde", da die Sechszeugen-Urkunde als versiegelte Innen- und offene Außenschrift ausgeführt wird; aber nicht jede doppelt ausgeführte Urkunde ist auch eine Sechszeugen-Urkunde.[823] Die älteste Sechszeugen-Urkunde aus Äg. ist ***P.Eleph. 1*** (310 v.Chr.), die noch ganz gr. Formular entspricht.[824] Schon ab der 2. Hälfte des 3. Jh.s konnten Sechszeugen-Urkunden registriert werden (vgl. ***P.Tebt. III.1 815***), verbindlich wurde dies offenbar jedoch erst nach 146 v.Chr., als zunächst dem. (vgl. ***P.Paris 65***) und bald darauf offenbar auch gr. Privat-Urkunden mit einem gr. Anagraphe-Vermerk registriert werden mußten.[825] Damit wurde jedoch der eigentliche Zweck der Innenschrift, die Sicherung des Inhalts gegen Veränderung, überflüssig. Ab dem späten 3. Jh. v.Chr. degenerierte daher die Innenschrift, die schließlich auf den Namen einer der Parteien reduziert sein konnte (z.B. ***P.Würzb. 6***).[826] In röm. Zeit war die Sechszeugen-Urkunde nicht mehr lange in Gebrauch[827], das letzte Exemplar ist ***P.Tebt. II 382*** (nach 31 v.Chr.).

Der Urkundentyp, der wohl zu Beginn der ptol. Zeit der beliebteste oder sogar einzige für Privatgeschäfte nach gr. Recht war[828], wurde für unterschiedliche Transaktionen verwendet[829] (Eheurkunde: ***P.Eleph. 1***; Testament: ***P.Eleph. 2***; Pränumerationskauf: ***P.Hib. I 84a***; Verpachtung: ***P.Hib. I 90***; Darlehen[830])

Im späten 2. Jh. n.Chr. kamen im herakleopolitischen Gau noch einmal Urkunden auf, die sich selbst als *δάνειον ἑξαμάρτυρον* bezeichneten, aber keine Zeugenunterschriften

818 SEIDL, Ptol. Rechtsgeschichte, 67.
819 WOLFF, Recht II, 95–105.
820 Dazu umfassend WOLFF, Recht II, 57–71.
821 BILABEL, in: Aegyptus 5, 154.
822 Z.B. MITTEIS, Grundzüge, 53–54. Dagegen jedoch SEIDL, Ptol. Rechtsgeschichte, 59–60; ders., Röm. Provinz, 81.
823 Vgl. WOLFF, in: ICP 13, 477–479.
824 PRINGSHEIM, Law of Sale, 29.
825 WOLFF, in: ICP 13, 471.
826 WOLFF, in: ICP 13, 469–475. WOLFF, Recht II, 64–71.
827 SEIDL, Röm. Provinz, 81.
828 WOLFF, Recht II, 59–60.
829 BILABEL, in: Aegyptus 5, 159.
830 PRINGSHEIM, Law of Sale, 71–73. S. a. die Liste bei BILABEL, in: Aegyptus 5, 156–157.

enthielten. Sie bildeten einen eigenen Typ, der mit den Sechszeugen-Urkunden der ptol. Zeit nur noch den Namen teilte.[831]

4.2.2.2.2 Symbolon

Äußerlich den Sechzeugen-Urkunden ähnlich waren die ebenfalls doppelt ausgefertigten, aber sehr formlosen *σύμβολα*, die nur in frühptol. Zeit v.a. für Bürgschaften, Eide, Steuerquittungen und andere Empfangsbestätigungen verwendet wurden.[832]

4.2.2.2.3 Cheirographon

Das *χειρόγραφον*, oft als „Handschein" übersetzt, war eine unilaterale private, d.h. nicht von einem Notar, sondern der deklarierenden Partei selbst (oder ihrem Schreibgehilfen) aufgesetzte Urkunde, die sich an den Briefstil anlehnte und daher in der 1. Person Singular formuliert war; die Datierung stand am Ende, eine Unterschrift des Ausstellers war nicht immer vorhanden, Zeugen kamen gelegentlich vor. Cheirographa sind für praktisch jeden Geschäftstyp (mit Ausnahme der Sklavenfreilassung) belegt.[833] Ab dem späten 1. Jh. n.Chr. war es möglich, sie durch eine *δημοσίωσις* („Öffentlichmachung"), d.h. die Aufnahme in das Zentralarchiv in Alexandria durch den Archidikastes (s. S. 183 u.) oder, ab dem 3. Jh. n.Chr., etwas einfacher durch eine *ἐκμαρτύρησις* („Bezeugung"), d.h. Bekanntmachung beim örtlichen Agoranomen und Überführung ins Gauarchiv in ihrer juristischen Wirkung einer notariellen Urkunde anzugleichen.[834]

4.2.2.2.4 Hypomnema

Der Begriff *ὑπόμνημα* bezeichnete zum einen Gesuche bzw. Parteierklärungen, die von einem Beamten bezeugt und dann bei der entsprechenden Behörde oder vor Gericht eingereicht wurden[835] und damit etwa den *mkmk*-Eingaben bzw. den *ḫrw*-Schriftsätzen des äg. Rechts (s. a. S. 176ff. u.) entsprachen. In röm. Zeit und v.a. im Fayum dienten diese Urkunden, denen dann ein Präskript vorangestellt wurde, auch privatrechtlichen Geschäften, meist in Gestalt von Pachtgesuchen an sozial höherstehende und nicht ortsansässige Landeigentümer.[836]

4.2.2.2.5 Privates Protokoll

Dieser Urkundentyp trat in der röm. Zeit zunächst in Oxyrhynchos auf, verbreitete sich dann jedoch. Der Urkundentext war objektiv stilisiert, das Geschäft wurde manchmal als bereits erfolgt dargestellt (daher „Protokoll"), manchmal wurde seine Anerkennung mit *NN ὁμολογεῖ* „NN anerkennt, ..." festgehalten (daher auch „objektive Homologie"). Im Gegensatz zu den notariellen Urkunden und wie bei anderen privaten Typen stand das Datum i.d.R. am Schluß. Wie bei der subjektiven Homologie (Cheirographon) war die Öffentlichmachung durch Demosiosis notwendig, um eine Gleichstellung mit notariellen Urkunden zu erreichen. Der Typ wurde hauptsächlich für Pacht- und Mietgeschäfte verwendet, aber auch für Ausbildungsverträge.[837]

---

[831] WOLFF, in: ICP 13, 475–477. WOLFF, Recht II, 72–73.
[832] WOLFF, Recht II, 75–77.
[833] BOSWINKEL/PESTMAN, Dionysios, 280. WOLFF, Recht II, 106–114. MITTEIS, Grundzüge, 55–57.
[834] WOLFF, Recht II, 129–135.
[835] SEIDL, Röm. Provinz, 83–84.
[836] Allgemein dazu WOLFF, Recht II, 114–122. S. a. HERRMANN, Bodenpacht, 25–39.
[837] Allgemein dazu WOLFF, Recht II, 122–127.

4.2.3 Urkundenschreiber

Die Schreiber von frühdem. Urkunden bezeichnen sich manchmal als *sẖ mtr* „Zeugenschreiber“. In ptol. Zeit waren zum Aufsetzen von *sẖ*-Urkunden nur die vom König eingesetzten Urkundenschreiber (*sẖ qnb.t*, gr. *μονογράφος*) der örtlichen Notariate berechtigt (***BGU VI 1214***).[838] Aus ***P.Ryl. IV 572*** geht hervor, daß diese vom Epistates und den Hohenpriestern des örtlichen Tempels sowie den Laokriten bestätigt werden mußten.[839] Für Agoranomenurkunden und Katagraphe-Zertifikate war der Agoranom zuständig. Die privaten Urkundentypen wie Sechszeugen-Urkunde und Cheirographon konnten auch von Privatschreibern oder der ausstellenden Partei selbst geschrieben und erst später offiziell registriert werden (vgl. S. 145ff. u.).
In der röm. Zeit sind dem. Urkundenschreiber, die dann außer *sẖ qnb.t* auch noch *sẖ mtn* „Registrierungsschreiber“ genannt werden konnten, nur bis zum Aussterben der *sẖ*-Urkunden in der 2. Hälfte des 1. Jh. n.Chr. belegt.[840] Gr. Urkunden schrieb der Dorfschreiber (*κωμογραμματεύς*, dem. *sẖ tmy*), der zumindest manchmal mit dem *sẖ qnb.t* identisch war.[841]

4.2.4 Urkundenhüter

Da äg. Urkunden nicht sogleich durch ihre Ausstellung wirksam wurden, sondern erst, wenn der Begünstigte sie in Besitz nahm, war es, z.B. bei Sicherungsurkunden, Schenkungsurkunden im Todesfall oder Abmachungen, bei denen jede der Parteien Verpflichtungen gegenüber der anderen hatte, oft sinnvoll, sie zunächst einem Unparteiischen anzuvertrauen. Auch Eheurkunden bzw. *sᶜnẖ*-Urkunden, die bei Verwahrung durch die begünstigte Frau zu leicht in den Besitz des Ausstellers (Ehemann) hätten gelangen können, wurden von einem Dritten, meist einem männlichen Verwandten der Frau, aufbewahrt. Auch die gr. Sechszeugen-Urkunden (s. S. 143 o.) wurden üblicherweise von einem der Zeugen, der in der Zeugenliste speziell gekennzeichnet war, verwahrt.[842] Die dem. Bezeichnung für diese Urkundenhüter ist *ᶜrbṯ*, dem entspricht das gr. Wort *συγγραφοφύλαξ*.[843] Seidls Differenzierung zwischen den beiden Begriffen, wonach ersterer die Hauptturkunde und letzterer die Nebenurkunde verwahrt habe, die der Haupturkunde entgegengesetzt werden könnte[844], ist nicht zu belegen. Die frühere Meinung, wonach der Urkundenhüter ein autorisierter Notar mit Zuständigkeit für einen gewissen Bezirk gewesen sei, wird heute abgelehnt, man geht davon aus, daß es sich um Privatleute handelte.[845]

4.2.5 Offizielle Registrierung und Archivierung

Öffentliche Archive, in denen Eigentumsansprüche dokumentiert wurden, sind schon für die 26.–27. Dyn. zu vermuten, da im ***Codex Hermupolis*** 1.10 ein *s.t-sẖ* „Urkunden-

---

[838] Zu diesem Amt ausführlich ARLT, in: Perspectives (im Druck).
[839] MANNING, Land and Power, 54.
[840] MUHS, in: Tebtynis und Soknopaiu Nesos, 102–103.
[841] Vgl. LIPPERT/SCHENTULEIT, DDD III (in Vorbereitung).
[842] WOLFF, Recht II, 59.
[843] DARNELL, in: Enchoria 17, 87 Fn. 30.
[844] SEIDL, Ptol. Rechtsgeschichte, 60.
[845] WOLFF, Recht II, 59 mit Fn. 12.

büro" erwähnt wird, in dem offenbar Landbesitz registriert wurde; allerdings ist nicht klar, ob dort Abschriften von Urkunden lagerten oder nur Vermerke darüber.
Ab ca. 264 v.Chr. waren im Depositionsamt (*κιβωτός*, „Kasten") Kopien dem. Urkunden zu hinterlegen. Um 146 v.Chr. (***P.Paris 65***) wurde das System verfeinert: Zu den dem. Urkunden mußte nun eine gr. Inhaltsangabe (*εἰκονισμός*) erstellt und die Transaktion unter Angabe der Personalien und Daten in einem *χρηματισμός* genannten Register im örtlichen Grapheion festgehalten werden; ab 113 v. Chr. galt dies auch für gr. Sechszeugen-Urkunden[846]. Über diese als *ἀναγραφή* bezeichnete Registrierung wurde auf der Urkunde ein gr. Vermerk angebracht.[847] Dem. Urkunden ohne Anagraphe-Vermerk waren als Beweismittel vor Gericht nicht zulässig (***P.Tor.Choach. 12*** 4.11–15).[848] Es ist anzunehmen, daß gr. Notare schon zu dieser Zeit auch über die von ihnen selbst ausgefertigten Urkunden Buch führten. In röm. Zeit ist jedenfalls eine dreifache Dokumentation nachzuweisen: Das Notariat behielt eine der Urkunden (Urschrift, *αὐθεντικόν*) und klebte sie mit solchen anderer Urkunden zu einer *τόμος συγκολλησιμός* genannten Sammelrolle zusammen, weitere, sog. *ἐκδόσιμα* (Ausfertigungen) wurden den Parteien ausgehändigt. Der Urkundeninhalt wurde auszugsweise in ein *εἰρόμενον* genanntes Register und Personalangaben, Daten und anfallende Gebühren in die *ἀναγραφή*-Listen eingetragen.[849]
Unter Augustus wurde in Alexandria das *Ναναῖον* (nach seinem Sitz im Tempel der Isis Nanaia) als landesweite Urkundensammelstelle eingerichtet, und um 72 n.Chr. entstand in den Archiven der Gaumetropolen als Sonderabteilung für Eigentum jeweils eine *βιβλιοθήκη* (auch *βιβλιοφυλάκιον*) *ἐγκτήσεων*, in der auf notariellen Urkunden beruhende Rechtsansprüche an Immobilien und Sklaven jeweils auf einem *διάστρωμα* genannten Personalblatt registriert wurden.[850] Bevor eine Sicherungs- oder Verkaufsurkunde über Sklaven oder Immobilien überhaupt ausgefertigt werden durfte, mußte der Notar diese durch *προσαγγελία* („Ankündigung") der jeweiligen *βιβλιοθήκη ἐγκτήσεων* anmelden, die die Rechtmäßigkeit des Anspruches des Verkäufers/Sicherungsgebers in einem Dokument (*ἐπίσταλμα*) bestätigte (vgl. ***Gnomon*** § 101)[851]; der Notar stellte dann die Urkunde (*δημόσιος χρηματισμός* „öffentliche Urkunde") über die Übereignung nach Vorlage der Quittung über die Umsatzsteuer aus.[852] Der *τόμος συγκολλήσιμος*, das *εἰρόμενον* und die *ἀναγραφή*-Liste wurden in regelmäßigen Abständen nach Alexandria in das Katalogeion (Büro des Archidikastes, s. S. 183 u.) geschickt, während Kopien wohl im Notariat verblieben. Nach Prüfung der Gültigkeit der Urkunden wurde der Tomos dann in das *Ναναῖον* geschickt. Auch *χειρόγραφα* (Handscheine), die vor Gericht gültig sein sollten, mußten nun vom Katalogeion geprüft und dem Archiv eingegliedert werden (sog. *δημοσίωσις*).[853] Der Zweck bestand wohl nicht primär in einer erhöhten Rechtssicherheit der Eigentümer, sondern in der besseren Übersicht des Staates über die Eigentumsverhältnisse, z.B. zur Festlegung von Liturgien (s. S. 90 o.).

---

846 RUPPRECHT, in: Aegyptus 75, 47.
847 WOLFF, Recht II, 12; 35–38. Ausführlich dazu KRAUS, Ἀναγραφή.
848 Vgl. auch REICH, in: Mizraim 9, 19, 22. WOLFF, Recht II, 169–170.
849 WOLFF, Recht II, 40–44. RUPPRECHT, in: Aegyptus 75, 44.
850 Umfassend dazu MARESCH, in: AfP 48, 233–246.
851 RICCOBONO, Gnomon, 241–242.
852 SEIDL, Röm. Provinz, 72–73. RUPPRECHT, Einführung, 140–141. WOLFF, Recht II, 46–53.
853 WOLFF, Recht II, 129–135.

Hadrian machte das Verfahren noch komplizierter, indem er 127 n.Chr. vorschrieb, in das *Ναναῖον* nur eine Kopie zu schicken, die Originale jedoch in der neu eingerichteten *Ἁδριανὴ βιβλιοθήκη* aufzubewahren (***P.Oxy. I 34 vso***).[854] Wie schon in ptol. Zeit wurde dies oft hinausgeschoben, z.B. bis ein weiterer Verkauf ihn notwendig machte, oder ganz vermieden.[855] Dieses System der Registrierung ist 319 n.Chr. letztmalig belegt.[856]

4.2.6 Private Urkundenarten

Aus dem ***Codex Hermupolis*** ist zu erkennen, daß es für viele, wenn nicht gar für alle Urkundenarten gesetzlich festgelegte Formulare gab[857], die allerdings von der 26. Dyn. bis in die röm. Zeit nicht konsequent durchgehalten wurden. Die Veränderungen sind jedoch i.d.R. nicht inhaltlich, sondern scheinen der Verdeutlichung gedient zu haben. Außerdem entwickelten sich lokale Traditionen.[858] In der folgenden Besprechung der einzelnen Urkundenarten kann nicht auf jede Formularvariante eingegangen werden, es sollen nur die wichtigsten Charakteristika dargestellt werden.

4.2.6.1 Verkaufsurkunden

4.2.6.1.1 Ägyptische Geldbezahlungsurkunden als Verkaufsurkunden

Solche Urkunden waren beim Verkauf von wertvolleren Objekten notwendig. Belegt sind sie für Felder (***pBM 10117***; ***pTurin 2118 rto = A***), Gärten (***P.Adler dem. 13***), Bauland (***pLouvre E 7128***; ***pLille 26***; ***pBM 10388***), Häuser (***pBerlin P 6857+30039***)[859], Hausteile (***pBerlin P 8139***), Gräber (***Stele Louvre C 101***, ***Stele Florenz 1659 (2507)***), Sklaven (bis zur 27. Dyn.: ***pTurin 2122***), Vieh (häufig in vorptol. Zeit: ***pLoeb 44+49***; ***pBerlin P 13571***; ***pRylands 8***; danach selten: ***pSorbonne 217a***; ***pLille o.Nr.+pAmiens 1***)[860], Erbschaft (***pLouvre E 9294***), Handwerksgerät (***pBerlin P 23779+30009***), Wasserrechte (***oMoskau Devauchelle***) und Priester- und Choachyteneinkommen (z.B. ***pRylands 1***).

Einige Verkaufsurkunden der frühen 26. Dyn. sind noch kursivh. und folgen dem dafür typischen Formular (z.B. ***pTurin 2118 rto = A*** und ***pTurin 2120*** über Land, ***pWien D 12002*** über Vieh). Die dem. Verkaufsurkunden, auch als Geldbezahlungsurkunden (*sẖ ḏbꜣ-ḥḏ*, gr. *συγγραφὴ πράσεως* oder *πρᾶσις*) bezeichnet, verwendeten seit der 26. Dyn. ein eigenes Formular, das sich im Lauf der Zeit nur wenig veränderte. Sie waren immer *sẖ*-Urkunden. Anders als in den kursivh. Dokumenten wurde die Höhe des Preises nicht mehr genannt, sondern nur noch die Zufriedenheit des Verkäufers darüber. Damit war es möglich, mit ihnen nicht nur Verkäufe, sondern auch andere Geschäfte wie Sicherungsübereignungen (s. S. 150f. u.), Schenkungen oder Übereignungen im Todesfall zu dokumentieren. Die letztgenannte Funktion kann vermutet werden, wenn der „Käufer“ ein Kind des „Verkäufers“ war (***pRylands 44***; ***pBerlin P 6857 + 30039***); der Kaufpreis war dann möglicherweise fiktiv. Eine kleine Gruppe von Verkaufsurkunden, bis auf eine Ausnahme alle von Männern für Frauen ausgestellt, diente offenbar zur Absiche-

854 SEIDL, Röm. Provinz, 71–72.
855 SEIDL, Röm. Provinz, 74.
856 SEIDL, Röm. Provinz, 77–78.
857 LIPPERT, Lehrbuch, 155 und Fn. 786.
858 Vgl. ZAUZICH, Schreibertradition, 155–156.
859 Zu anderen Bsp. vgl. ZAUZICH, Schreibertradition, passim.
860 S. auch die Liste von MENU, in: CRIPEL 6, 238–240.

rung der Bestattung: In ihnen wurde das gesamte Eigentum einer Person gegen einen Unterhalt und die Verpflichtung zur Finanzierung ihres Begräbnisses schon zu Lebzeiten an eine andere Person übereignet (z.B. ***pPhiladelphia 2***; ***pMarseille 289+299***).[861]
In den frühdem. Urkunden waren die Klauseln noch recht variabel: So versprach der Verkäufer manchmal, es gäbe keine Verwandten, die Ansprüche erheben könnten. Die Klausel über die Sicherung gegen unberechtigte Ansprüche *pꜣ nty ỉw=f r ỉy r=k ... ỉw=ỉ r dỉ.t wꜣy=f r=k* „Denjenigen, der gegen dich vorgehen wird, ..., werde ich fern sein lassen von dir" konnte durch unterschiedliche Nebensätze (z.B. „indem er sagt: ‚Das ist nicht dein x'": ***pTurin 2128***; ***oMoskau Devauchelle***; oder „um es dir wegzunehmen": ***pBerlin P 13571***) erweitert sein oder auch ganz fehlen. Manchmal kam dazu eine Klausel, wonach der Käufer von einem unberechtigten Dritten beliebige Strafzahlungen fordern konnte (***Schale Louvre E 706***). Aus der Klausel, die dem Käufer Bußzahlungen von Seiten des Verkäufers zusicherte, falls dieser dem Versprechen, fremde Ansprüche abzuweisen, nicht nachkam (z.B. ***pBerlin P 13571***, ***pTurin 2122***), wurde oft durch das Weglassen der Strafzahlung bzw. Ersatzleistung ein sinnloser Satz: *ỉw=y tm dỉ.t wꜣy=f r-r=k ỉw=y r dỉ.t wꜣy=f r-r=k n ḥtr ỉwty mn* „Wenn ich ihn nicht fern sein lasse von dir, werde ich ihn fern sein lassen von dir, zwangsweise und ohne Zögern" (z.B. ***pLouvre E 9294***). Einige frühdem. Geldbezahlungsurkunden enthielten auch noch Eide, so z.B. darüber, daß der Aussteller die Urkunde nicht für falsch erklären und sie nicht widerrufen konnte.
Erst in ptol. Zeit entwickelte sich so etwas wie ein Standard, wobei immer noch lokale Unterschiede zu bemerken sind.[862] Das folgende Formular ist typisch (aber nicht verpflichtend): Die Urkunden begannen mit der Geldbezahlungsklausel *mḥ=k-ṯ=y dỉ=k mtr ḥꜣ.ṯ=y pꜣ ḥḏ swn pꜣy/tꜣy X* ... „Du hast mich voll bezahlt. Du hast mein Herz zufriedengestellt mit dem Preis dieses X ...", gefolgt von der Beschreibung des Verkaufsobjektes. Es folgte die Übergabeklausel *dỉ=y-s n=k* „Ich habe es dir gegeben". Die neue Eigentümerschaft des Käufers wurde durch die Besitzklausel (besser: Eigentumsklausel) *mtw=k-s n ṯꜣy n* ... „es gehört dir von ... an" oder *mtw=k-s šꜥ ḏ.t* „es gehört dir bis in Ewigkeit" o.ä. bekräftigt. Der Abschnitt endete mit der Geldempfangsklausel *šsp=y swn=f n-ḏr.ṯ=k r ḥꜣ.ṯ=y mtr n-ỉm=f* „Ich habe seinen Preis von dir empfangen, indem mein Herz zufrieden ist damit". Im Anschluß fanden sich verschiedene Klauseln, die der Sicherung gegen unberechtigte Ansprüche durch den Verkäufer oder Dritte dienten, z.B. *mn mtw=y md.t nb pꜣ tꜣ ỉ.ỉr-n=k n rn=f* „Ich habe keine Sache auf Erden gegen dich in seinem Namen", *bn ỉw rḫ rmṯ nb pꜣ tꜣ ỉnk mỉt.t ỉr sḫy n-ỉm=f/s bnr=k* „Kein Mensch auf Erden, ich ebensowenig, wird Verfügungsgewalt[863] darüber haben können außer dir", *rmṯ nb pꜣ tꜣ nty ỉw=f r ỉy r-r=k r-ḏbꜣ.ṯ=f ỉw=y (r) dỉ.t wꜣy=f r-r=k* „Jeden Menschen auf Erden, der deswegen gegen dich vorgehen wird, werde ich von dir fern sein lassen" und *mtw=y dỉ.t wꜥb=f n=k r sḫ nb qnb.t nb hp nb wp.t nb md.t nb pꜣ tꜣ* „Ich werde es für

---

861 SEIDL, Ptol. Rechtsgeschichte, 55. Vgl. auch REICH, in: Mizraim 3, 11; ALLAM, in: JESHO 32, 5–6.

862 ZAUZICH, Schreibertradition, 129–133; 155–156. Vgl. zur Bezeichnung der Klauseln seine Tabellen.

863 *ỉr sḫy* bedeutet nicht, wie von SEIDL, Saiten- und Perserzeit, 61, und Ptol. Rechtsgeschichte, 113 behauptet, „einen Anspruch stellen", sondern „Verfügungsmacht haben", vgl. *ỉrỉ sḫr.w* (Wb IV, 260) und ⲉⲣϣⲓϣⲓ „Macht haben" (CRUM, CD, 59b). Der von ihm aus einer falschen Etymologie rekonstruierte symbolische Akt des Schlagens zur Behauptung eines Rechtsanspruches ist so hinfällig.

dich unbelastet sein lassen von jeder Urkunde, jeder Gerichtsurkunde, jedem Rechtsanspruch, jedem Urteil, jeder Sache auf Erden“. Es folgten Klauseln, die dem neuen Eigentümer sämtliche Urkunden über das erworbene Objekt zusicherten, sowie die Garantieerklärung (Eidesklausel) *pꜣ ꜥnḫ pꜣ ꜥḥꜥ-rd.wy nty ỉw=w r dỉ.t-s m-sꜣ=k n rn pꜣ hp pꜣ sẖ nty ḥry r ỉr=y n=k ỉw=y r ỉr=f* „Den Eid und den Beweis, den man dir auferlegen wird im Namen des Anspruches aus der obigen Urkunde, die ich dir ausgestellt habe, werde ich leisten“ mit der Schlußformel *ỉwty ḏd qnb.t nb md.t nb pꜣ tꜣ ỉrm=k* „ohne mit dir zu prozessieren oder irgendeinen Streit zu führen“. Gelegentlich enthielten Geldbezahlungsurkunden danach noch Zustimmungserklärungen von Personen, die gewisse Ansprüche an das veräußerte Objekt hatten, wie die Ehefrau oder die Kinder (z.B. ***pLille 26***; ***pWien D 10151***). Die Zustimmung, als *ꜥš ḥr pꜣ sẖ* „der Urkunde beistimmen“ bezeichnet, war ein Verzicht auf Rechte, nicht ein „Sich Berühmen“, d.h. die Inanspruchnahme von Rechten[864], und auch keine Erklärung zur Mithaftung[865]. Den Abschluß bildete die Unterschrift des Notars. Neben den Geldbezahlungsurkunden über Immobilien fanden sich seit der ptol. Zeit i.d.R. auf demselben Papyrus auch die zugehörigen Abstandsurkunden.

Schema einer bilinguen Verkaufsurkunde der ptol. Zeit

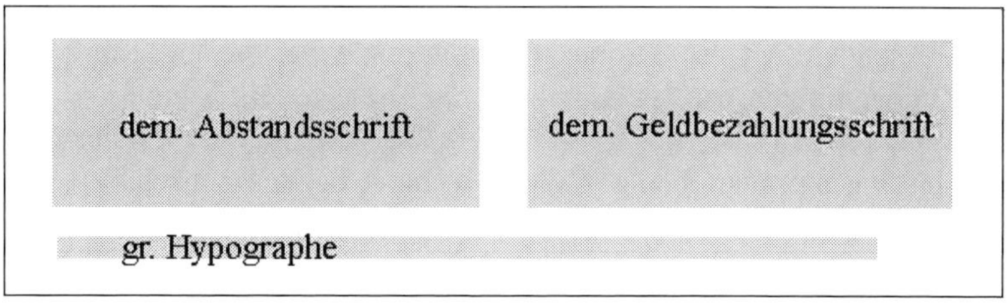

Die Geldbezahlungsurkunden der röm. Zeit entsprachen im Prinzip dem in ptol. Zeit etablierten Formular, allerdings waren sie aus Platzgründen – unterhalb des dem. Textes mußte noch die lange gr. Hypographe untergebracht werden – oft stark gekürzt und verzichteten dann auf einen Teil der Klauseln zur Sicherung gegen unberechtigte Ansprüche[866].

Schema einer bilinguen Verkaufsurkunde der röm. Zeit

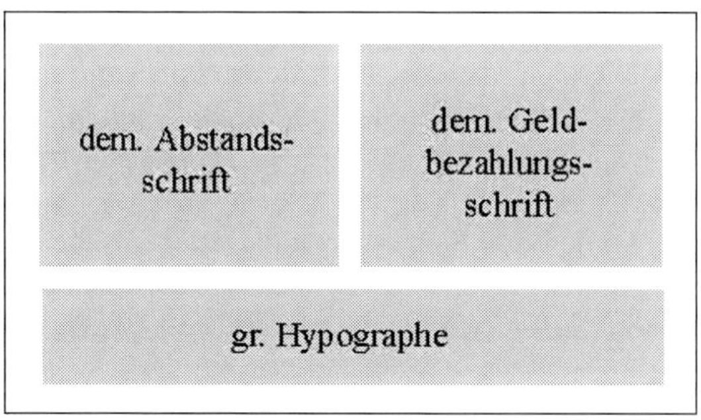

Je nach Verkaufsobjekt konnten die Urkunden noch charakteristische Besonderheiten aufweisen: Verkaufsurkunden über Tiere nannten als nähere Beschreibung die Farbe, das Geschlecht, die Nutzungsart, eine eventuelle Trächtigkeit, den Namen und das Brandzeichen. Sie enthielten meist eine Klausel, wonach der Verkäufer, wenn ein Drit-

864 So MRSICH, in: Gs Kunkel, 263–264, Anm. 122–123. Vgl. auch Lippert, in: JJP 33, 115–116.

865 So SETHE/PARTSCH, Bürgschaftsrecht, 528.

866 LIPPERT/SCHENTULEIT, DDD III (in Vorbereitung).

ter Ansprüche an das Verkaufsobjekt geltend machen konnte, dem Käufer entweder den Gegenwert in Geld geben (z.B. ***pRylands 8***) oder sogar ein Tier nicht nur von gleichem Wert, sondern auch von gleicher Spezies, Geschlecht, Alter und Nutzbarkeit als Ersatz geben mußte (z.B. ***pBerlin P 13571***).
Bei Immobilien wurden üblicherweise die Größe, die Lage, sowie die Nachbarn in allen vier Himmelsrichtungen (Reihenfolge meist SNOW, im Fayum in röm. Zeit auch SNWO) angegeben, anstelle der Grundstücksmaße in Ellen (vgl. ***pKöln 2411***) standen in den meisten Urkunden der ptol. und röm. Zeit nur Spatien, manchmal fehlten sogar diese.
Zusammen mit der Verkaufsurkunde bekam der Käufer auch alle früheren Urkunden darüber ausgehändigt, so daß die Eigentumsverhältnisse nachvollziehbar waren. Dies wurde manchmal auch in der Urkunde vermerkt. Dem gleichen Zweck diente die Nennung der Vorbesitzer (***pBM 10117***; ***P.Adler dem. 13***).
Verkaufsurkunden (meist über Immobilien) gehörten zu den letzten offiziellen und notariell registrierten Urkunden, die noch auf dem. verfaßt wurden (s. a. S. 139 o.).

4.2.6.1.2 – als Sicherung von Darlehen (sog. Kaufpfandurkunden)

Eine besondere Art der Geldbezahlungsurkunde war die sog. Kaufpfandurkunde[867], die i.d.R. über Immobilien (Häuser oder Land) ausgestellt wurde und zur Sicherung von Darlehen diente (z.B. ***pBM 10823***; ***pStraßburg 44***). Sie ist erst aus der ptol. Zeit belegt und bislang nur aus Oberäg.[868] Das Formular begann zunächst wie das eines Schuldscheines, ging dann jedoch in das der Geldbezahlungsurkunden über: *wn mtw=k ḥḏ X ỉ.ỉr-n=y n rn nꜣ ḥḏ.w r.tw=k n=y mtw=y dỉ.t-st n=k r hn ḥꜣ.t-sp x ... ỉw=y tm dỉ.t n=k pꜣ ḥḏ X nty ḥry n ḥꜣ.t-sp x ... nty ḥry dỉ=k mtr ḥꜣ.ṯ=y pꜣ ḥḏ swn pꜣy=y Y ...* „Es gehört dir gegen mich (= Ich schulde dir) X Geld wegen der Gelder, die du mir gegeben hast. Und ich werde es dir geben bis zum Regierungsjahr x ... Wenn ich dir das obige X Geld nicht gebe im Regierungsjahr x ..., hast du mein Herz zufriedengestellt mit dem X Geld, dem Preis meines Y ...“. Falls das Darlehen zurückgezahlt wurde, machte man die Sicherungsurkunde ungültig und gab sie dem Schuldner zurück, anderenfalls mußte der Schuldner dem Gläubiger eine Abstandsurkunde (s. S. 153f. u.) ausstellen, durch die der tatsächliche Eigentumsübergang angezeigt wurde (***pHauswaldt 18 a+b***). Wie aus den gr. Steuerquittungen auf solchen Urkunden hervorgeht, galten diese Sicherungen als *ὑποθῆκαι* und waren entsprechend nur mit 2 % Verkehrssteuer belegt anstatt, wie Verkäufe, mit 5 oder 10 %.[869]
In röm. Zeit dagegen wurden zur Sicherung von Darlehen eine Geldbezahlungs- und eine Abstandsurkunde auf dem gleichen Papyrus ausgestellt, auf dem sich auch eine gr. Darlehensurkunde befand (z.B. ***pRylands 45***; ***pWien D 6933***; ***pBoswinkel 1***).

Schema einer bilinguen Sicherungsurkunde der röm. Zeit

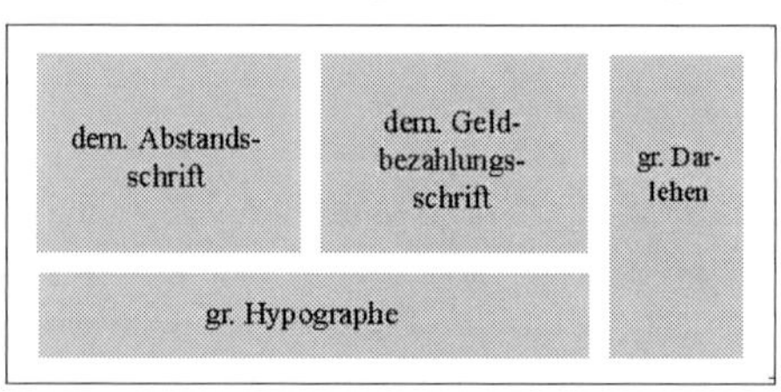

[867] Vgl. SPIEGELBERG, in: Rec.Trav. 31: „Kaufpfandverträge“.
[868] DEPAUW, Companion, 142.
[869] SCHWARZ, Hypothek und Hypallagma, 37.

Der „Verkäufer“ war dabei der Darlehensnehmer bzw. Schuldner, der „Käufer“ der Darlehensgeber bzw. Gläubiger[870]. Bemerkenswert ist, daß in der Geldbezahlungs- und Abstandsschrift das Darlehen nicht erwähnt wurde[871] und in der Darlehensurkunde jeder Hinweis auf die Sicherheitsübereignung fehlte.

Es ist anzunehmen, daß diese Urkunden einem Urkundenhüter (s. S. 145 o.) zur Aufbewahrung anvertraut wurden. Wurde das Darlehen zurückgezahlt, vermerkte der Gläubiger dies unter dem gr. Darlehen und strich die Urkunde durch (***pBoswinkel 1***).

4.2.6.1.3 – als Sicherung von *sᶜnḫ*-Urkunden

sᶜnḫ-Urkunden (s. S. 167 o.) wurden regelmäßig von Geldbezahlungsurkunden begleitet, in denen die Übereignung des gesamten Eigentums des Mannes an die durch die *sᶜnḫ*-Urkunde begünstigte Frau festgelegt war. Ähnlich wie bei den Kaufpfandurkunden dienten sie als Sicherheit, d.h. das Inkrafttreten war davon abhängig, ob der Aussteller die Bedingungen der *sᶜnḫ*-Urkunde erfüllte, weswegen sie gr. auch als *πρόπρασις* „Vorverkauf“ bezeichnet wurden[872]. Dies wurde, im Gegensatz zu den Kaufpfandurkunden, im Urkundentext selbst zwar nicht explizit erwähnt, die Sicherungsfunktion, die von Seidl nicht erkannt wurde, der von einer sofortigen Wirkung ausging[873], ergab sich jedoch aus der Sicherungsklausel in den zugehörigen *sᶜnḫ*-Urkunden (*nty nb nkt nb nty mtw=y ḥnᶜ nꜣ nty ỉw=y r dỉ.t ḫpr=w (n) tꜣ ỉwy.t (n) pꜣy=t sᶜnḫ nty ḥry* „alles und jedes Ding, das ich besitze, und das, was ich erwerben werde, sind die Sicherheit für dein obiges *sᶜnḫ*“). Pestman geht davon aus, daß allein das Fehlen einer Abstandsurkunde ausgereicht hätte, die Konditionalität dieser Geldbezahlungsurkunden klarzumachen[874]; möglicherweise wurden sie jedoch auch von einem Urkundenhüter (s. S. 145 o.) verwahrt, der sie nur, wenn der entsprechende Fall eintrat, der Frau aushändigte. Da nach der Konvention der ptol. Zeit Immobilien immer mit einer Geldbezahlungs- und einer Abstandsurkunde verkauft wurden, konnte wahrscheinlich erst, wenn der Mann freiwillig oder nach einem verlorenen Prozeß gezwungenermaßen eine Abstandsurkunde aufsetzte, von der Pfandgläubigerin tatsächlich auf den verpfändeten Besitz zugegriffen werden.

4.2.6.1.4 Griechische Verkaufsurkunden

Verkaufsurkunden sind belegt für Sklaven und Tiere, Gebäude und Land[875], aber auch für größere Mobilien wie z.B. Webstühle[876]. Verschiedene Urkundentypen konnten zur Dokumentation von Verkäufen verwendet werden: Belegt sind sowohl Agoranomenurkunden, Synchoreseis und selbständige Diagraphai als auch Sechszeugen-Urkunden, private Protokolle und Cheirographa. Umstritten ist die Deutung der vom Agoranomen ausgestellten Urkunden, die zwar den Kauf dokumentieren, oft aber den Empfang des Preises und das Eigentumsrecht des Käufers nicht nennen: Von Wolff werden sie als Katagraphe-Zertifikate bezeichnet, die nur die Anzeige eines wie auch immer beurkun-

---

870 SEIDL, Röm. Provinz, 85, hielt das Darlehen für einen gestundeten Kaufpreis. Dann müßte es jedoch vom „Verkäufer“ gegeben werden und nicht vom „Käufer“.

871 Einzige bislang bekannte Ausnahme: ***pBerlin P 8929***.

872 PESTMAN, Marriage, 41.

873 SEIDL, Einführung, 56. Ders., Ptol. Rechtsgeschichte, 176–177.

874 PESTMAN, Marriage, 41.

875 Für Bsp.vgl. MONTEVECCHI, in: Aegyptus 19, dies. in: Aegyptus 21, und dies., in: Aegyptus 23.

876 Für Beispiele vgl. LIPPERT/SCHENTULEIT, in: SAK 32, 297–298.

deten Verkaufs bei den Behörden dokumentieren, während andere in ihnen die eigentlichen Verkaufsurkunden sehen (s. S. 142f. o.).
Das Fehlen von gr. Verkaufsurkunden vor dem Ende des 3. Jh. v.Chr. wird meist auf die Unveräußerlichkeit der den Soldaten als Lehen zugewiesenen Kleroi und den Mangel an größeren Objekten in gr. Privatbesitz zu dieser Zeit zurückgeführt. Beim Verkauf von Sklaven und Immobilien war ab dem frühen 2. Jh. v.Chr. die Urkundenausstellung durch den Agoranomos verpflichtend.[877]
Im Gegensatz zu den äg. nennen gr. Verkaufsurkunden immer die Höhe des Preises, wie diese enthalten aber auch sie i.d.R. eine Gewährleistungsklausel (*βεβαίωσις*) gegen Ansprüche Dritter[878]. Es kamen in ptol. Zeit sowohl Urkunden vor, die vom Verkäufer ausgestellt wurden, als auch solche des Käufers. In röm. Zeit dagegen wurden gr. Verkaufsurkunden immer vom Verkäufer ausgestellt und enthielten grundsätzlich eine Quittierung des Preises, auf die dann meist die Erklärung erfolgt, der Käufer sei von nun an der Eigentümer.[879]
Da nach röm. Recht gr. Verkaufsurkunden zu den nicht formgerechten *nuda pacta* („nackten Abmachungen") zählten und damit keine einklagbaren Verpflichtungen schufen, wurde den Urkunden ab 221 n.Chr. die Formel *καὶ ἐπερωτηθεὶς ὁμολόγησα* „und gefragt habe ich zugestimmt" hinzugefügt, die sich auf die Stipulation, den röm. Verbalvertrag mit formalisierter Frage und Antwort, bezieht.[880]

4.2.6.1.5 – als Sicherung von Darlehen

Eine Sicherung von Darlehen durch *ὠνὴ ἐν πίστει* (Kauf auf Widerruf) ist belegt, doch ist keine Urkunde, die sich selbst so bezeichnet, erhalten. Das System könnte dem der dem. Sicherungsurkunden (s. S. 150f. o.) entsprochen haben. Pestman vermutet, daß es sich bei einigen von ihm untersuchten nicht abgeschlossenen Verkaufsurkunden, bei denen entweder der Text der Urkunde zunächst unvollständig blieb oder die Verkaufssteuer nicht sofort gezahlt wurde und die wohl von einem Urkundenhüter aufbewahrt wurden, um *συγγραφαὶ ὠνῆς ἐν πίστει* handelt.[881] Alle seine Beispiele sind Agoranomenurkunden, stammen aus der ptol. Zeit und aus Pathyris.

4.2.6.2 Abstandsurkunden

4.2.6.2.1 Ägyptische Abstandsurkunden mit und ohne Prozeß

Die ältesten Beispiele für prozessuale Abstandsurkunden sind noch kursivh. und stammen aus der 26. Dyn., sie unterscheiden sich im Formular aber kaum von den späteren. Bei gerichtlichen Auseinandersetzungen um Eigentumsrechte enthielt die Entscheidung der Richter immer die Auflage an den Prozeßverlierer, für den Gewinner eine Abstandsurkunde, dem. *sẖ n wꜣy*, gr. *συγγραφὴ ἀποστασίου* (***pBerlin P 13554***) auszustellen. In dieser mußte er erklären, daß er an der umstrittenen Sache keine Rechte hatte, d.h. daß er „entfernt" (*wꜣy*) von ihr war.
Oft wurde die Prozeßsituation kurz geschildert, z.B. durch die Formeln *tw=y ỉy.ṯ ỉ-r=k ḥr X* „Ich bin gegen dich (scil. vor Gericht) gekommen wegen X" (***pLouvre E 7861***;

---

877 SEIDL, Ptol. Rechtsgeschichte, 121. RUPPRECHT, Einführung, 116.
878 RUPPRECHT, Einführung, 115–116.
879 PRINGSHEIM, Law of Sale, 194–198.
880 MODRZEJEWSKI, in: ICP 12, 362. Vgl. auch LIEBS, Römisches Recht⁶, 256–257.
881 PESTMAN, in: Textes et études, 45–59.

pWien D 12003), *ỉr=y qnb.t ỉrm=k ḥr=w m-bꜣḥ nꜣ wpy.w* „Ich habe mit dir prozessiert deswegen vor den Richtern" (***pWien D 12003***) oder *ḏd=y/n qnb.t ỉrm=k ỉ.ỉr-ḥr nꜣ wpṱy.w* „Ich/Wir haben mit dir prozessiert vor den Richtern" (***pBerlin P 3113***; ***pBM 10446***). In den frühen Urkunden folgte manchmal eine Skizzierung des Ablaufes, z.B. die Aussage des Beklagten sowie die Beeidung der Aussage (***pLouvre E 7861***), manchmal wurde die Entscheidung der Richter genannt, wonach der Verlierer das vorliegende Dokument für den Gewinner ausstellen und beeiden mußte (***pWien D 12003***). Gelegentlich fehlte der prozessuale Rahmen auch ganz und die Urkunde begann mit *tw=y wꜣy r-r=k n (pꜣ hp n) x* „ich bin fern von dir in Bezug auf (den Rechtsanspruch auf) x" (z.B. ***Graffito Philae 54***). Es folgten Klauseln zur Sicherung gegen die Ansprüche Dritter und/oder das Anerkenntnis[882] des Unterlegenen, daß er und seine Angehörigen keine weitere Möglichkeit hatten, in dieser Sache nochmals zu klagen. Dies konnte unterschiedlich formuliert sein und auch durch einen Eid noch erweitert werden. Daher finden sich die prozessualen Abstandsurkunden manchmal auch unter der Bezeichnung „Prozeßverzichtserklärungen". Die gr. Übersetzung einer dem. prozessualen Abstandsurkunde (***pStraßburg WG 16***) liegt in ***P.Giss. 36+108*** vor und wird dort als *ἀντίγραφον συγχωρήσεως* bezeichnet. Abstandsurkunden konnten wohl auch ohne Prozeß freiwillig ausgestellt wurden, z.B. wenn jemand auf Rechte an einer Sache von sich aus verzichtete. Das ist vor allem bei den Urkunden ohne explizite Nennung eines Prozesses denkbar. Ursache konnte z.B. eine Verteilung der Erbmasse unter den Erben sein (z.B. ***pBM 10377***).

4.2.6.2.2 Griechische Prozeßvergleiche

Die gr. Prozeßvergleichsurkunde (*συγχώρησις*, vgl. zur Verwendung des Ausdruckes für einen alex. Urkundentyp S. 141 o.) entsprach vom Zweck den dem. prozessualen Abstandsurkunden, doch wurden sie zumeist von den Prozeßparteien gemeinsam für das Gericht verfaßt, das sie durch das Urteil für rechtsgültig erklärte (***P.Mert. II 59***).[883]

4.2.6.2.3 Ägyptische Abstandsurkunden zu Immobilienverkäufen

Seit der ptol. Zeit wurde Geldbezahlungsurkunden (s. S. 147ff. o.) zum Verkauf von Immobilien grundsätzlich eine Abstandsurkunde, dem. *sẖ n wꜣy*, gr. (*συγγραφὴ*) *ἀποστασίου* beigegeben, meist sogar auf demselben Papyrus (z.B. ***pBM 10830***), in der röm. Zeit wurde dies der Standard. In dieser Urkunde nahm der Verkäufer einen von ihm verlorenen Prozeß voraus; im Gegensatz zu einer prozessualen Abstandsurkunde fehlten allerdings die Formulierungen, die die Urkunde als Ergebnis einer tatsächlichen Prozeßsituation kennzeichneten. Streng betrachtet war die Abstandsschrift für die Gültigkeit des Verkaufs nicht notwendig, da bereits in der Geldbezahlungsschrift die alleinigen Rechte des Käufers an der verkauften Sache sowie das Fehlen von Ansprüchen Dritter dokumentiert wurden. Mobilien wurden selbst in ptol. und röm. Zeit weiterhin allein mit einer Geldbezahlungsurkunde verkauft. Allerdings führte die ptol. Konvention dazu, daß durch das Ausstellen einer Geldbezahlungsurkunde ohne Abstandsurkunde für eine Immobilie die Abhängigkeit des Eigentumsüberganges von bestimmten Konditionen signalisiert wurde, so daß eine Geldbezahlungsurkunde als Sicherung für Darle-

---

882 Der neutrische Begriff bezeichnet im juristischen Sprachgebrauch die Erklärung des Beklagten, daß der gegen ihn geltend gemachte Anspruch besteht.

883 SEIDL, Ptol. Rechtsgeschichte, 62.

hen oder Verpflichtungen aus einer *sꜥnḫ*-Urkunde genutzt werden konnte – die Abstandsurkunde kam dann erst hinzu, wenn die Sicherheit tatsächlich verfiel.
Das typische Formular einer ptol. Abstandsurkunde[884] begann mit der Abstandsklausel *tw=y wꜣy r-r=k (n) pꜣy=k X* „Ich bin fern von dir (in Bezug auf) dein X". Es folgten Übergabeklausel und Besitzklausel entsprechend der Geldbezahlungsurkunde. Die Geldempfangsklausel fehlte in den Abstandsurkunden. Die Klauseln über den Ausschluß eigener Ansprüche, die Sicherung gegen unberechtigte Ansprüche sowie die Klausel über die Urkunden und die Eidesklausel stimmten mit der Geldbezahlungsurkunde überein. Manchmal folgte darauf noch ein Schlußversprechen über die Erfüllung der Rechtsansprüche aus Geldbezahlungs- und Abstandsurkunde.
Die beiden angeblichen gr. Abstandsurkunden ***BGU III 998*** Kol. 2 und ***P.Adler gr. 14***[885] sind möglicherweise als Katagraphai (s. S. 142 u.) von demotischen Abstandsurkunden zu deuten, wie sich aus der Formulierung der Objektsbeschreibungen ergibt, die wörtliche Übersetzungen aus dem Demotischen wiedergeben könnten und von den üblichen Formulierungen selbständiger gr. Dokumente abweichen. Die Katagraphai für die zugehörigen Geldbezahlungsurkunden liegen in ***BGU III 998*** Kol. 1 und ***P.Adler gr. 12*** vor. Warum in diesen beiden Fällen nicht wie sonst nur eine Katagraphe für das gesamte Geschäft, sondern jeweils zwei für die beiden dem. Teildokumente aufgesetzt wurde, bleibt unklar.

4.2.6.2.4 Ägyptische Zufriedenheitserklärungen

Sie haben gewisse Ähnlichkeiten mit Abstandserklärungen, da sie auch die Phrase *tw=y wꜣy r-r=k* „Ich bin entfernt von dir" enthalten können. Im Unterschied zu diesen wurden sie jedoch nicht vom Verlierer eines Prozesses ausgestellt, sondern vom Gewinner, wenn der Verlierer ihm gegenüber seine Verpflichtungen erfüllt hat (***pMichigan 3523***; ***pBerlin P 13554***), oder auch ohne Prozeß von einem Gläubiger, dem gegenüber ein Schuldner Obligationen beglichen hat (***pLouvre AF 9761***). Die Urkunden werden auch als Streitverzichtserklärungen bezeichnet.

4.2.6.3 Teilungsurkunden

4.2.6.3.1 Ägyptische Teilungsurkunden

In kursivh. Urkunden kommt der Begriff *dp n pš* „Teilungsvereinbarung (o.ä.)" vor (***pWien D 12003***; ***pWien D 12004***), später hießen Teilungsurkunden *sẖ n dnỉ.t* (***Codex Hermupolis*** 8.39), *sẖ (n) pš* (***pBM 10227***) oder *sẖ dnỉ.t pš* (***pBM 10591 vso*** 5.1).
Zwei Arten von Teilungsurkunden können unterschieden werden[886]: In Teilungsurkunden des ersten Typs übereignete eine Person einen bestimmten Teil ihres Eigentums einer anderen Person. Das Formular orientiert sich dabei an dem von Schenkungen: Die Einleitung des Haupttextes lautete *dỉ=y n=k pꜣ 1/x* ... „Ich habe dir das 1/x von ... gegeben" (vgl. ***pWien D 10150***; ***pBM 10591 vso Kol. 5–7***), *mtw=k tꜣ pšy.t n* ... „Dir gehört die Hälfte von ..." (***pWien KHM dem. 3853***), *mtw=k pꜣ 1/x* ... „Dir gehört das 1/x von ..." (vgl. ***pBibl. nat. 216***) oder *wn mtw=k pꜣ 1/x* ... „Dir gehört das 1/x von ..." (vgl. ***pTurin 2127***). In den meisten Fällen dienten solche Urkunden zur Verteilung von Erbe, denn oft wurde in diesen Urkunden auch angegeben, wer die anderen Teile des Vermö-

[884] Vgl. ZAUZICH, Schreibertradition, 149–154.
[885] Vgl. WOLFF, in: Aegyptus 28, 44.
[886] Vgl. auch SEIDL, in: MDAIK 8, 198–200.

gens erhielt, wobei jedoch eine separate Urkunde für jeden einzelnen notwendig war (vgl. ***pBibl. nat. 216*** und ***pBibl. nat. 217***; ***pBM 10575*** und ***pBM 10591 vso Kol. 5–7***). Sie traten erst mit der Übergabe an den Begünstigten nach dem Tod des Ausstellers in Kraft, auch wenn davon i.d.R. nicht explizit die Rede ist (s. S. 17 o.). Solche Teilungsurkunden wurden meist von einem Elternteil für ein Kind ausgestellt; manchmal behielt sich der Aussteller vor, die Anteile weiterer, erst später geborener Kinder aus den Anteilen der schon erwähnten Kinder zu nehmen, d.h. statt z.B. einer hälftigen Teilung für zwei Kinder dann eine in Viertel für vier Kinder vorzunehmen (***pBibl. nat. 216***). Einem Kind konnte auch ein noch unbestimmter Anteil zugesagt werden, indem man die Größe seines Anteils von der Zahl der übrigen, künftigen Kinder abhängig machte: *mtw=t tꜣ ỉry(.t) pš n nꜣy(=y) ẖrd.w nty ms ḥnꜥ nꜣ nty ỉw=w ỉ ms.ṯ=w n=y n nty nb nty mtw(=y) ḥnꜥ nꜣ nty ỉw(=y) ỉ dỉ.t ḫpr=w ... mtw=t wꜥ.t dnỉ.t n-ỉm=w r ẖ.t n nꜣy(=y) ẖrd.w nty ỉw=w r ḫpr šꜥ ḏ.t* „Du bist die Teilungsgenossin meiner Kinder, die geboren sind und derer, die mir noch geboren werden, an allem, was ich besitze und dem, was ich erwerben werde ... Dir gehört ein Teil von ihnen entsprechend meinen Kindern, die entstehen werden, bis in Ewigkeit“ (***pBM 10120 B***). Neben Teilungen, in denen jedes Kind den gleichen Anteil bekam, sind auch solche bekannt, bei denen der älteste Sohn begünstigt wurde und die sich so an der gesetzlichen Erbfolge orientieren[887].

In anderen Fällen, v.a. wenn Aussteller und Begünstigter nicht im Eltern-Kind-Verhältnis zueinander stehen und nicht klar ist, ob durch weitere Teilungsurkunden auch das übrige Vermögen vergeben wurde, handelt es sich wohl um schon zu Lebzeiten in Kraft tretende Teilungen. Der Hintergrund könnte dann die urkundliche Festlegung gemeinsamer Besitzverhältnisse (aus Kauf oder Erbe) sein. Ein Beispiel dafür ist ***pTurin 2123***, worin ein Ehemann die Hälfte eines Grundstückes an die Ehefrau übereignete, die dafür die halben Baukosten tragen soll. In einigen Urkunden war der Aussteller der Bruder oder Halbbruder des Empfängers bzw. der Empfängerin: Übergeben wurden in ***pTurin 2127*** und ***pKairo CG 50058*** Anteile von Choachyten- bzw. Priestereinkommen sowie die zugehörigen Dienstverpflichtungen und in ***pWien KHM dem. 3853*** die Hälfte der Erbschaft von Vater und Mutter. In ***pTurin 2125*** wurden konkrete Hausteile (Hof oder großes Zimmer und Lagerraum?) übergeben, während das gemeinsame Eigentum an anderen Räumen sowie einer Treppe explizit weiterbestand. Wahrscheinlich lag in allen Fällen eine gemeinsame Erbschaft zugrunde.

In Teilungsurkunden des zweiten Typs legt eine Gruppe von Personen die jedem davon zukommenden ideellen Anteile ihres gemeinsamen Eigentums fest. Das Formular unterscheidet sich jedoch grundsätzlich von denen der ersten Gruppe, da hier die Partnerschaft zwischen Aussteller und Empfänger bereits in der ersten Klausel des Urkundenkörpers betont wird, weshalb diese Urkunden manchmal auch als Teilhaber- oder Genossenurkunden bezeichnet werden. Die frühdem. Urkunden formulieren dies als *mtw=k pꜣy=y ỉry n pš n ...* „Du bist mein Teilungspartner an ...“ (***pLouvre E 7843***, in ***pLoeb 41*** und ***pLoeb 47*** *ḫbr n pš* „Teilungsgenosse“ bzw. *ḫbr* „Genosse“), die Urkunden der ptol. und röm. Zeit als *pš=y ỉrm=k pš=k ỉrm=y ...* „Ich teile mit dir, du teilst mit mir ...“ (***pBM 10227***; ***pWien D 6937***).

---

[887] Vgl. SEIDL, Ptol. Rechtsgeschichte, 180 sowie S. 125ff. o.

4.2.6.3.2 Griechische Teilungsurkunden

Wie die dem. lassen sich auch bei den gr. Teilungsurkunden (*διαιρέσεις*) zwei Arten unterscheiden: einerseits solche, in denen eine Person ihr Eigentum an mehrere andere verteilt (***P.Lond. III 880***; ***BGU IV 1013***), diese Art wurde vor allem von Elternteilen für ihre Kinder zur Verteilung des Erbes ausgestellt, andererseits solche, in denen Personen ihren gemeinsamen Besitz untereinander aufteilten (***BGU I 234***), meist in Form gemeinsamer Homologien. Diese konnten auch gepachtetes Land betreffen (***P.Ryl. II 157***). Die meisten gr. Teilungsurkunden stammen erst aus röm. Zeit.[888]

4.2.6.4 Tauschurkunden

4.2.6.4.1 Ägyptische Tauschurkunden

Zwei Formen sind bekannt: In der einen wurden die beiden Objekte, die gegeneinander getauscht werden, genannt, z.B. *dỉ(=y) n=k pꜣy X n tꜣ šb(.t) n pꜣy=k Y* „Ich habe dir dieses X gegeben im Austausch für dein Y" (***pTurin 2128***; ***pWien D 10151***), in der anderen wird das Tauschobjekt ähnlich wie der Preis bei Geldbezahlungsurkunden nicht spezifiziert: *dỉ=k mtr ḥꜣ.ṱ=y (n) tꜣ šb.t pꜣy=y X* ... „Du hast mein Herz zufriedengestellt (mit) dem Tauschobjekt für mein X" (***pTurin 2124***). Weitere Ähnlichkeiten zur Geldbezahlungsurkunden zeigen sich auch in der übrigen Urkunde, die die Besitzklausel, die Klauseln zur Sicherung gegen unberechtigte Ansprüche, über den Ausschluß eigener Ansprüche und über Strafzahlungen enthielt. Seidls Behauptung, wonach Tauschurkunden eine Unterart der Teilungsurkunden seien[889], läßt sich daher nicht nachvollziehen. Bei einem Tausch stellten sich die beiden Partner wohl gegenseitig Urkunden aus.
Die meisten Beispiele stammen aus der 26.–27. Dyn., die jüngste bekannte Tauschurkunde ist ***pKairo CG 30630***.

4.2.6.4.2 Griechische Tauschurkunden

Gr. Tauschurkunden sind äußerst selten, belegt sind z.B. ein einseitiges Cheirographon über den Tausch zweier Eselinnen (***P.Wisc. I 15***) sowie ein gegenseitiges über den Tausch von Gütern aus einer Erbschaft (***P.Flor. I 47a***), beide aus dem 3. Jh. n.Chr. Ein Tausch von Grundstücken ist möglicherweise in einer lat. Urkunde aus der 2. Hälfte des 2. Jh. n.Chr. (***Ch.L.A. V 289***) dokumentiert.

4.2.6.5 Schenkungsurkunden

4.2.6.5.1 Ägyptische Schenkungsurkunden

Eine äg. Bezeichnung für diesen Urkundentyp ist nicht bekannt. Das Formular hat große Ähnlichkeit mit den Geldbezahlungsurkunden (s. S. 147ff. o.), nur fehlt die Erwähnung, daß für die Übereignung ein Preis gezahlt worden ist. Welcher Zweck hinter einer Schenkung stand, ist nur selten zu erkennen: ***pBM 10827***, eine Schenkungsurkunde über „Gräber" (= Choachyteneinkünften), stand offenbar im Zusammenhang mit einer Erbschaft, da die Beschenkte die Nichte war und die Objekte z.T. aus dem Vermögen ihres Großvaters stammten. In ***pRylands 2*** erhielt ein neu eingeführter Priester einen „Tempelplatz" (d.h. eine Wohnung innerhalb des Tempels, gr. *παστοφόριον*), was wohl unentgeltlich geschah, weil es sich um eine Zuweisung im Rahmen seines Berufes handelte. In einigen Fällen traten Schenkungsurkunden wohl erst beim Tod des Ausstellers in

---

888 Vgl. die Liste bei CALDERINI, in: Fs Arangio-Ruiz III, 276–279.

889 SEIDL, Saiten- und Perserzeit, 21.

Kraft und wirkten so zur Erbschaftsübertragung. Schenkungsurkunden konnten auch zur Realteilung bislang gemeinsam besessener Objekte verwendet werden (vgl. S. 94f. o.).

4.2.6.5.2 Griechische Schenkungsurkunden

Wie die dem. konnten auch gr. Schenkungsurkunden (*δόσις* / *συγγραφὴ δόσεως* / *χάρις*) im Todesfall zur Verteilung des Erbes dienen (s. S. 173 u.).[890] Reine Schenkungen unter Lebenden waren selten und sind offenbar erst ab dem 3. Jh. n.Chr. belegt.[891]

4.2.6.6 Stiftungsurkunden

4.2.6.6.1 Ägyptische Stiftungsurkunden

Stiftungen ähneln den Schenkungen, da kein Entgelt gezahlt wurde, dafür waren sie jedoch an einen Zweck gebunden. Der übliche Fall war die Übereignung von Land an eine Gottheit, zu Händen von Choachyten, damit diese Totenopferdienste versahen (***pTurin 2121***; ***pLouvre E 10935***; ***pLouvre E 3231a***). In der kursivh. Urkunde ***pTurin 2121*** wird für die Übereignung noch der Ausdruck *ḥnk* „schenken" verwendet, die dem. Urkunden benutzen statt dessen *dỉ.t n ḥtp n NN* „als Opfergut für NN (= den Verstorbenen) geben". Wie in Schenkungs- und Verkaufsurkunden folgen Klauseln zur Sicherung der Ansprüche. Dem. Stiftungsurkunden der ptol. Zeit fehlen bislang noch.

4.2.6.6.2 Griechische Stiftungsurkunden

Nur eine tatsächliche gr. Stiftungsurkunde ist erhalten (***BGU IV 1202***), die als subjektive Homologie des Stifters formuliert ist, dazu kommen jedoch noch Inschriften auf Stelen, die Stiftungen dokumentieren, wenngleich sie kein Urkundenformular aufweisen (z.B. ***OGIS I 177***). In allen Fällen geht es um regelmäßige und dauerhafte (***BGU IV 1202***: *εἰς τὸν ἀεὶ χρόνον* „für alle Zeit") Getreide-Zuwendungen an Heiligtümer.[892]

4.2.6.7 Pachturkunden

4.2.6.7.1 Ägyptische Pachturkunden

Äg. Pachturkunden (*sḥn*) waren überwiegend *sẖ*-Urkunden, seltener auch *šʿ.t*-Urkunden (***oStraßburg 1352***), bei Verpachtungen aus der öffentlichen Hand i.d.R. Pachtgesuche, oft als Königseide und damit Doppelurkunden. Sie konnten sowohl vom Pächter (Modellpachturkunde im ***Codex Hermupolis*** 2.28–3.1; ***pBM 10432***, kursivh.) als auch vom Verpächter (***pLouvre E 7837***; ***pLouvre E 7844***) ausgestellt werden. Meist waren Pachturkunden unilateral. Eine Ausnahme bilden solche, in denen die Gegenpartei eigenhändig (z.T. auf Gr.) unterzeichnete und die Bedingungen akzeptierte (***pReinach dem. I 5***) und, v. a. im Fayum, solche, in denen Stellungnahmen der Gegenpartei vom Notar am Schluß angefügt wurden (***pBM 10560***; ***pTebt.Frag. 14185+14442***). In ptol. Zeit stellten in Oberäg. regelmäßig die Pächter die Urkunden aus, im Fayum manchmal auch die Verpächter. Meist, aber nicht immer spricht diejenige Partei, die gegenüber der anderen die größeren Verpflichtungen hatte, in der 1. Person.[893] Da die meisten Urkunden Land-

---

[890] RUPPRECHT, Einführung, 111–112.

[891] RUPPRECHT, Einführung, 129. KRAMER/SHELTON, Nepheros, 110.

[892] Ausführlich zu Stiftungen: PRÉAUX, in: RIDA[3] 3, 145–172.

[893] HUGHES, Land Leases, 31, 75–76. FELBER, Ackerpachtverträge, 118. Ausnahmen in LIPPERT, P.Tebt. X (in Vorbereitung).

pacht betreffen, wird deren Formular hier ausführlich besprochen; Pachten über andere Objekte (vgl. S. 97 o.) entsprechen diesen *mutatis mutandis*.
Im Fall der Pächterurkunden lautete die einleitende Formel des Urkundenkörpers *sḥn=k n=ỉ X* ... „Du hast mir X verpachtet ..." (***pLouvre E 7836***; ***pLouvre E 7839***), im Fall der Verpächterurkunden *sḥn=ỉ n=k X* ... „Ich habe dir X verpachtet ..." (***pLouvre E 7837***) und in saitischer Zeit einmal auch: *ỉnk ỉ.ỉr ḏd ‹n›=tn ỉ.ỉr mḥ n nꜣ ꜣḥ.w* ... „Ich bin es, der zu euch gesagt hat: Baut Flachs an auf den Feldern ..." (***pLouvre E 7844***). Die Lage und Bezeichnung des verpachteten Landstückes wurde angegeben, allerdings erst in ptol. Zeit auch mit den in allen vier Himmelsrichtungen angrenzenden Grundstücken. Die Pachtdauer war in den vorptol. Urkunden nur schematisch unter Nennung der Regierungsjahre angegeben, erst in ptol. Zeit finden sich präzisere Daten, woraus sich ergibt, daß die Pachtdauer i.d.R. etwa neun Monate von der Überschwemmung bis zur Ernte betrug.[894]
Der Pachtzins wurde in der früheren Zeit meist als Anteil an der Ernte festgelegt, eingeleitet durch *ỉn-ỉw šmw ḫpr n ḥꜣ.t-sp x+1* „wenn die Ernte geschieht im Regierungsjahr x+1". Die Teilung von ⅓ der Ernte für den Verpächter und ⅔ für den Pächter war häufig (z.B. ***pLouvre E 7844***), andere Verhältnisse kamen jedoch ebenfalls vor (***pLouvre E 7836***: ½ zu ½; ***pBM 10432*** und ***pLouvre E 7845A***: ¼ zu ¾). Wenn der Verpächter auch die Arbeitstiere und/oder das Saatgut stellte, konnte er entsprechend mehr von der Ernte fordern (***pLouvre E 7833***; ***pLouvre E 7837***). Ein besonderer Fall ist die Pachturkunde ***pLouvre E 7839***, in der der Pächter überhaupt keinen Anteil der Ernte erhält; vielleicht zahlte er mit seiner Arbeit eine Schuld gegenüber dem Verpächter ab.
In der ptol. Zeit war es üblich, den Pachtzins als feste Summe schon in der Pachturkunde zu vereinbaren (so z.B. in thebanischen Urkunden: *mtw=y dỉ.t n=k/r-ḏr.t pꜣy=k rd n rn pꜣ ḥw-ꜥḥwṯ n pꜣy=k ꜣḥ nty ḥry rtb sw x* ... „Und ich habe dir/deinem Vertreter als Pachtzins für deinen obigen Acker x Artaben Weizen zu geben" [895]), in den fayumischen Urkunden wurde er manchmal sogar schon ganz oder teilweise im voraus bezahlt. Teilpacht, d.h. die Zahlung des Pachtzinses als Anteil der Ernte war seltener, die Quote betrug dann ⅕ (***pBM 10230***) oder ⅒ der Ernte (***pStraßburg 9***; ***pHeidelberg 711***). Gelegentlich gab der Verpächter die anzubauende Feldfrucht vor (z.B. ***pLouvre E 7844***: Flachs).
Nach den frühen Pachturkunden wurden die Erntesteuern an den Tempel entweder vom Pächter vor der Zahlung des Pachtzinses oder vom Verpächter aus dem ihm gezahlten Pachtzins gezahlt (***pLouvre E 7845A***; ***pLouvre E 7833***; ***pLouvre E 7837***: *mtw=y dỉ.t wy nꜣ sḫ.w pr ꜣImn r-r=k n pꜣy=w šmw pr ꜣImn* „Und ich werde die Schreiber der Amunsdomäne fern sein lassen von dir in Bezug auf ihre Erntesteuer der Amunsdomäne"), im Ausnahmefall auch einmal zwischen beiden Parteien aufgeteilt (***pLouvre E 7836***). In den ptol. Pachturkunden traten an ihre Stelle Steuern an den Staat. Sie wurden in Oberäg. i.d.R. vom Pächter abgeführt; die Standardklausel bestand aus der dreifachen Versicherung, die Erntesteuer vollständig im staatlichen Magazin abzuliefern, die Quittung darüber auf den Namen des Verpächters ausstellen zu lassen und somit diesen von seinen Verpflichtungen gegenüber dem Staat zu befreien.[896] Seltener zahlte der Verpächter die Steuer selbst aus dem Anteil, den er als Pachtzins vom Pächter erhielt. In Mitteläg.

---

894 FELBER, Ackerpachtverträge, 129.
895 FELBER, Ackerpachtverträge, 151.
896 FELBER, Ackerpachtverträge, 144.

und im Fayum dagegen beglich die Steuer meist der Verpächter und nur ausnahmsweise der Pächter.[897]
In einer saitischen Pachturkunde verpflichtete sich der Verpächter, dem Pächter eine Buße zu zahlen, falls er von der Pachturkunde wieder zurücktreten sollte (***pLouvre E 7837***). In ptol. Urkunden wurde manchmal der Rücktritt jeder der beiden Parteien in einer Klausel in Betracht gezogen; die zu leistende Vertragsstrafe bestand aus einer Zahlung an die andere Partei und in zwei Urkunden aus Gebelein zusätzlich aus einer an den Staat (*r nꜣ gll.w pr-ꜥꜣ* „für die Brandopfer des Pharao").[898]
In den vorptol. Urkunden behielt sich der Verpächter manchmal vor, seinen Acker von offizieller Stelle vermessen zu lassen und den Pächter, falls dabei *šwy nby n ꜥḥw.ty* „durch den Ackerbauern verschuldete Ertragsminderung (wörtlich: Leere)" festgestellt wurde, haftbar zu machen (***pLouvre E 7845A***; ***pLouvre E 7833***). In ptol. Zeit kam eine entsprechende Klausel vor allem in den Urkunden aus Gebelein vor, dort hieß es allerdings, da es sich um Pächterurkunden handelt, *mtw=k ḏd pꜣy=f lwḥ n wyꜥ pꜣy=f šwy nby ỉrm=y* „und du prozessierst mit mir (wegen) seiner (d.h. den Acker betreffenden) landwirtschaftlichen Verfehlungen und seiner verschuldeten Ertragsminderung." u.ä.[899].
In einigen ptol. Pächterurkunden wurde versichert, nur mit einer rechtsgültigen Quittung in der Hand könne der Pächter behaupten, er habe dem Verpächter alles gezahlt, was diesem an Geld, Getreide o.ä. zustand.[900] Nur wenn der Pächter sämtliche Verpflichtungen gegenüber dem Verpächter erfüllt hatte, erhielt er von diesem die Pachturkunde zurück und das Pachtverhältnis war beendet.[901]
In saitischen Urkunden gab es vereinzelt eine Klausel darüber, daß der Pächter nach Ablauf der Pacht das Land wieder verlassen mußte (***pLouvre E 7845A***: *mtw=k ꜥr n nꜣy(=y) ‹ꜣḥ.w› n ḥꜣ.t-sp x+1* „Und du wirst meine Felder verlassen im Regierungsjahr x+1"). In ptol. Urkunden ist dies häufiger belegt, die Klausel aber in zwei Teile gespalten: in den zum Verlassen des Ackers zu einem bestimmten Termin (z.B. *mtw=y ḫꜣꜥ pꜣ ꜣḥ nty ḥry ỉ.ỉr-ḥr=k* „und ich werde dir den obigen Acker wieder überlassen") und den zur Nichtverlängerbarkeit der Pachturkunde gegen den Willen des Verpächters (z.B. *bn-ỉw=y rḫ ḏd sḥn pꜣy r wtb=f rnp.t mtw=y ỉr n=k r-ẖ.t=f (n) sw nb* „Ich werde nicht sagen können: Das ist eine Pacht, die sich verschoben hat bezüglich des Jahres, und ich werde für dich dementsprechend handeln an jedem Tag").[902]
Die jüngste notariell registrierte dem. Pachturkunde ist ***pBotti-Calderini 1*** (4 n.Chr.), eine tempelinterne über Tempeltage (s. S. 91 o.) stammt sogar aus dem. 2. Jh. n.Chr. (***oStraßburg 1352***). Das sog. ***Late Demotic Gardening Agreement*** aus dem 3. Jh. n.Chr. ist wohl ein (semi)literarischer Text.
Wie bei den gr. Pachturkunden gab es speziell für die Pacht von Königsland auch dem. Pachtangebote, in denen sich ein Pächter um eine Pacht an einem bestimmten Objekt bewarb und dabei seine Verpflichtungen dokumentierte (***pKairo CG 30647***; ***pKairo CG 30781***). Die einleitende Formel war *wnm tꜣy=y md.t n šsp-ḏr.t* „Esset (= Nehmt an) meine Bürgschaft".[903] Pachtangebote nannten immer einen Bürgen.

---

897 FELBER, Ackerpachtverträge, 142. Vgl. dazu auch VANDORPE, in: AfP 46, 169–232.
898 FELBER, Ackerpachtverträge, 185–187.
899 FELBER, Ackerpachtverträge, 139–140.
900 FELBER, Ackerpachtverträge, 158–160.
901 FELBER, Ackerpachtverträge, 161.
902 FELBER, Ackerpachtverträge, 176–184.
903 SETHE, Bürgschaftsrecht, 8–9. Lesung korrigiert von FELBER, Ackerpachtverträge, 204–208.

4.2.6.7.2 Griechische Pachturkunden

Gr. Pachturkunden (*συγγραφὴ μισθώσεως*) der ptol. Zeit waren meist Sechszeugen-Urkunden, Agoranomenurkunden oder private Protokolle, später manchmal auch Cheirographa. In ihnen wurden, ähnlich den dem. Urkunden, die Dauer sowie der Beginn der Pacht, die nähere Beschreibung des Pachtobjektes, die Höhe des Pachtzinses, besondere Modalitäten und Strafen bei Nichtzahlung durch den Pächter sowie bei Hinauswurf durch den Verpächter genannt.[904]

In röm. Zeit verschwanden die Sechszeugen-Urkunden, dafür kamen vermehrt Urkunden in Form von Hypomnemata (s. S. 144f. o.) vor, die als Pachtgesuche formuliert waren. Charakteristisch ist die Einleitung des Urkundenkörpers mit *βούλομαι μισθώσασθαι* „ich möchte pachten", worauf Pachtobjekt und Bedingungen geschildert wurden, sowie die abschließende Wendung *ἐὰν φαίνεται μισθῶσαι* „wenn es recht erscheint, zu verpachten". Solche Pachtgesuche waren schon in der ptol. Zeit für staatliches Land, Monopole oder Ämter wie z.B. das des Dorfschreibers (*sẖ tmy*, *κωμογραμματεύς*) üblich gewesen (***P.Eleph. 20***). Der Verpächter nahm das Angebot durch Unterschrift bzw. den Vermerk *μεμίσθωκα ὡς πρόκειται* „Ich habe verpachtet, wie es vorliegt" an, der Pächter bestätigte manchmal ebenfalls durch Unterschrift bzw. Vermerk *μεμίσθωμαι ὡς πρόκειται* „Ich habe gepachtet, wie es vorliegt".[905]

Bei manchen Urkunden ist es schwer zu entscheiden, ob es in erster Linie um Pacht oder Arbeitsverpflichtung ging, so ***P.Oxy. XIV 1631***, worin detaillierte Angaben zur korrekten Ausführung der Arbeiten in einem Weingarten und Obsthain gemacht und sogar Lohnzahlungen vereinbart wurden.

4.2.6.8 Schuldscheine und Darlehensurkunden

4.2.6.8.1 Ägyptische Schuldscheine und Darlehensurkunden

Schuldscheine[906] wurden von einem Schuldner für den Gläubiger ausgestellt und dokumentierten mindestens die geschuldete Summe sowie das Datum der Fälligkeit, gelegentlich auch noch die Höhe von Strafzahlungen bei Nichteinhaltung der Frist. Wie es zu der Schuld kam, wurde dagegen nicht erwähnt – denkbar sind Darlehen, Kreditkäufe o.ä. Schuldscheine konnten *šᶜ.t*- oder *sẖ*-Urkunden (***pBM 10613***; ***pStraßburg 4***) sein, einige waren auch als Kaufpfandurkunden (s. S. 150f. o.) gestaltet. Mit den Formulierungen *ỉw pꜣy=w ḥw ẖn=w* „indem ihr Zuwachs (= Zinsen) darin ist" sowie *n ḏꜣḏꜣ ms* „als Kapital und Zinsen" wurde angegeben, daß die angegebene Summe die Zinsen bereits einschloß[907]. Echte Darlehensurkunden[908] dagegen enthielten den Hinweis auf ein Darlehen und nannten neben der Kapitalsumme den Zinssatz oder die bei Fälligkeit geschuldete Summe.

Das für Oberäg. typische Formular begann in der frühen Zeit mit *wn mtw=k X n-ḏr.ṱ=y* „Es gehört dir bei mir X (= ich schulde dir X)" (z.B. ***pStraßburg 4***), ab spätestens der ptol. Zeit mit *wn mtw=k X ỉ.ỉr-n=y* „Es gehört dir gegen mich X (= ich schulde dir X)"

---

904 HERRMANN, Bodenpacht, 16–20.

905 HERRMANN, Bodenpacht, 25–39.

906 Von SEIDL, Saiten- und Perserzeit, 64, als „abstrakter Verpflichtungsschein" bezeichnet.

907 PESTMAN, in: JJP 16–17, 12–13.

908 Von SEIDL, Saiten- und Perserzeit, 64, als „kausale Darlehensurkunden" bezeichnet.

(z.B. ***pBM 10613***). In Unteräg. und im Fayum dagegen findet sich die Formel *dỉ=k n=y x* ... „Du hast mir x gegeben ..." (***pKairo CG 50122***).[909]
Eine kursivh. Darlehensurkunde findet sich noch aus der 26. Dyn. (***pBM 10113***), sie entspricht im Formular weitgehend denen der 3. Zwzt (vgl. S. 74 o.), allerdings war das Darlehen bei fristgerechter Rückzahlung zinsfrei. Für den Fall der Terminüberschreitung wurden Strafzinsen von 3 ⅓ % pro Monat fällig, die kontinuierlich bis zur Abzahlung weiterliefen; die Formulierung unterschied sich jedoch etwas von der der 3. Zwzt (*ỉw(=y) tm dỉ.t-s n=k n ... ỉw=w ḫpr r ỉr msỉ Y n Z n pꜣ ỉbd* „Wenn ich es dir nicht gebe am ..., werden sie Zinsen tragen von Y je Z im Monat"). Neu ist die Klausel über die Sicherheiten, die der Gläubiger nehmen konnte, nämlich das gesamte Eigentum des Schuldners einschließlich seines Hauses, seiner Diener bzw. Sklaven und seiner Kinder, wobei unklar bleibt, ob sich dies auf eine vorübergehende Schuldknechtschaft oder dauerhafte Schuldsklaverei bezog (s. a. S. 110 o.).
Die frühdem. und ptol. Darlehensurkunden dagegen formulierten den Darlehenserhalt und die Klausel zur Rückzahlung anders: *dỉ=k n=ỉ X mtw=ỉ dỉ.t n=k Y* ... „Du hast mir X gegeben, und ich werde dir Y geben ...". Die Klausel über die Strafzinsen begann zwar wie in ***pBM 10113*** mit *ỉw(=ỉ) tm dỉ.t-s n=k n* ... „Wenn ich sie dir nicht gebe am ...", wurde dann aber unterschiedlich weitergeführt, da verschiedene Modelle der Strafzahlung vorkamen (z.B. ***pLoeb 48***: monatlich fällige kontinuierlich weiterlaufende Strafzinsen; ***pLouvre E 9293***: Strafzinsen bis zur Höhe des Kapitals; ***pLoeb 3***: einmalige Strafzahlung in Höhe des doppelten Kapitals, bei nochmaligem Versäumnis Zahlung in Geld).
Aus der röm. Zeit sind keine offiziellen dem. Darlehensurkunden mehr erhalten, die Funktion wurde ganz von den gr. übernommen. Nur noch einzelne *šᶜ.t*-Urkunden über tempelinterne Darlehen kommen vor (z.B. ***pWien D 6823***, in der Erstpublikation als Steuerquittung mißverstanden).

4.2.6.8.2 Griechische Darlehensurkunden

Die Darlehensurkunde wurde wie das Geschäft selbst als *δάνειον* bzw. als *χρῆσις* bezeichnet (s. S. 99 o.).[910] Belegt sind verschiedene Urkundentypen, so v.a. Doppelurkunden und Agoranomenurkunden, aber auch Cheirographa.[911] Die meisten Darlehensurkunden waren objektiv stilisiert. Ihr Textkörper umfaßte das Kreditieren bzw. Auszahlen des Kapitals (*δανείζειν*) durch den Gläubiger an den Schuldner, den Fälligkeitszeitpunkt sowie eventuelle Zinsen, bei nicht fristgemäßer Rückzahlung fällig werdende Strafzahlungen (meist 50% des Kapitals sowie Verzugszinsen) sowie das Recht des Gläubigers, zur Begleichung auf alles Eigentum des Schuldners und manchmal auch seine Person zuzugreifen (Vollstreckung, *πρᾶξις*). Dieses Formular änderte sich bis zum 2. Jh. n.Chr. kaum[912], in röm. Zeit wurde jedoch – grammatikalisch unglücklich – der Kapitalerhalt (*ἔχειν*) durch den Schuldner eingefügt (***pRylands 45***). Ab dem 1. Jh. v.Chr. kamen auch vom Darlehensnehmer aus formulierte Homologien vor.[913] Die Verzinsung wurde verschieden ausgedrückt: Der Begriff *ἔντοκος* bedeutet, daß bei der Rückzahlung zu dem genannten Darlehenskapital noch die üblichen Zinsen hinzuka-

---

909 PESTMAN, in: AfP 19, 166–167.
910 KÜHNERT, Kreditgeschäft, 12. RUPPRECHT, Darlehen, 5.
911 RUPPRECHT, Darlehen, 13–15.
912 KÜHNERT, Kreditgeschäft, 12–14.
913 KÜHNERT, Kreditgeschäft, 17.

men, während *σὺν ἡμιολίᾳ* angibt, daß die bei Naturaldarlehen üblichen 50% Zinsen in der angegebenen Summe schon enthalten waren, *ἄτοκος* hingegen meint, daß zu der genannten Summe keine Zinsen hinzukamen, sei es, weil sie bereits darin enthalten waren, weil das Darlehen zinslos war oder die Zinsen in anderer Weise entrichtet werden sollten.[914]

Eigenartig sind Darlehensurkunden in Gestalt von Doppelurkunden, bei denen entweder der Name des Gläubigers freigelassen wurde oder in Innen- und Außenschrift voneinander abwich; auch unterschiedliche Name des Schuldners finden sich einmal, vielleicht aus Versehen (***P.Mert. I 6***).[915] Bestimmte Arten von Urkunden waren so formuliert, daß dadurch der Vorlegende begünstigt wurde und nicht eine bestimmte namentlich genannte Person; sie entsprachen daher Wertpapieren.[916]

In röm. Zeit standen gr. Darlehensurkunden zusammen mit dem. Geldbezahlungs- und Abstandsurkunden zur Sicherung des Darlehens auf einem einzigen Papyrus (z.B. ***pRylands 45***).

4.2.6.9 Urkunden über die Verpflichtung zu bestimmtem Verhalten

4.2.6.9.1 Ägyptische Verpflichtungsurkunden

Klauseln zur Verpflichtung tauchen in vielen Urkundenarten auf, hier sind speziell die Urkunden gemeint, in denen es primär um die Verpflichtung zur Durchführung oder Unterlassung einer Tätigkeit geht. Im Gegensatz zu den gr. sind dem. Verpflichtungsurkunden selten. So erklärt sich wohl auch, weshalb manche Exemplare ein individuelles, zum Teil an gr. Vorbilder angelehntes Formular benutzen, obwohl es durchaus ein dem. Formular gab, das aber wohl nicht allen Schreibern geläufig war.

Die Verpflichtungsurkunden der traditionellen Form sind *sẖ*-Urkunden mit der Einleitungsformel *st mtw=k r-ʿ.wy=y* „es gehört dir zu meinen Lasten“, manchmal noch erweitert durch *tw=y ʿš r-ḥr=k* „und ich verspreche dir“, gefolgt vom Infinitiv der Tätigkeit, zu der man sich verpflichtet. Diesem Schema folgen ***pBM 10561*** über Balsamierung, ***pBM 10524*** und ***pBM 10500*** zu einer bestimmten Art der Bauausführung, ***pBM 10589*** über den Verzicht auf Behinderung von Baumaßnahmen (vgl. die Einspruchsmöglichkeiten gegen einen Hausbau in ***Codex Hermupolis*** 7.18–8.4) sowie der etwas unklare ***pBM 10528*** über die Verteilung von Rechten und Pflichten unter Vorlesepriestern. ***pBM 10561*** enthält zusätzlich noch einen Königseid.

Zu den irregulären Verpflichtungsurkunden gehört die einzige bislang bekannte dem. Ammenurkunde (***pKairo CG 30604***)[917], die zwar ebenfalls zum Typ der *sẖ*-Urkunden zählt, aber nach einer fast narrativen Einleitung die Verpflichtung durch unabhängige Konjunktive (*mtw=y* ...)[918] ausdrückt. Die gleiche grammatikalische Form verwendet die Doppelurkunde in *šʿ.t*-Stilisierung ***pBM 10077*** über Balsamierung, bei der allerdings zunächst der Empfang von Arbeitsmaterial quittiert wird. Ebenfalls eine Doppelurkunde, genauer ein Königseid (s. S. 176 u.), ist ***pZen.dem. 2*** über Ziegelproduktion; die Verpflichtung wurde hier durch Futur III (*ỉw=y r* ...) ausgedrückt. Singulär ist derzeit noch die Urkunde zur Erfüllung eines künftigen Gerichtsurteils ***pKairo CG 50066***, die

914 PESTMAN, in: JJP 16–17, 11–27.

915 SEIDL, Ptol. Rechtsgeschichte, 136.

916 SEIDL, Röm. Provinz, 146; 181.

917 ***pKairo CG 10262*** ist eine Eheurkunde, vgl. THISSEN, in: Fs Lüddeckens, 235 Anm. 3.

918 Vgl. LIPPERT, in: Proceedings Lecce, 150.

sich selbst als *wt* „Beschluß, Bestätigung“[919] bezeichnet und ebenfalls die Verpflichtung im Futur III ausdrückt. Unabhängig von der Form der Urkunde waren Vertragsstrafen und Sicherheiten für die Erfüllung der Verpflichtung üblich.

4.2.6.9.2 Griechische Verpflichtungsurkunden

Analog zu den dem. Verpflichtungsurkunden sollen hier die gr. Urkunden betrachtet werden, bei denen die Verpflichtung zu bestimmten Verhaltensweisen im Vordergrund des Geschäftes steht, wenngleich natürlich auch andere gr. Urkundenarten Verpflichtungen enthielten. In den gr. Urkunden dieser Art geht es immer um verschiedene Dienst- und Arbeitsverpflichtungen (zur Einordnung als *μίσθωσις* s. S. 99 o.)[920]: Bei den *παραμονή*-Urkunden diente die oft nicht näher spezifizierte Dienstverpflichtung der Zinsabgeltung (selten auch der Rückzahlung) einer im voraus als Darlehen gezahlten Summe, wobei die arbeitsleistende Person manchmal nicht der Schuldner selbst, sondern ein Kind oder ein Sklave war[921]. Dienstverträge betrafen nach Hengstl meist spezielle handwerkliche oder landwirtschaftliche Tätigkeiten, eine besondere Gruppe aber auch Unterhaltungskünstler; Werkverträge waren Verpflichtungen mit dem Ziel, bestimmte Gegenstände herzustellen oder zu bearbeiten oder genau umrissene Aufgaben innerhalb einer Frist zu erfüllen. Eine recht einheitliche Gruppe bildeten die Ammenurkunden (*ὁμολογίαι τροφίμου*, z.B. ***BGU IV 1106***; ***P.Amst. I 41*** Kol. 2–3); Gegenstand ist die Übergabe eines Säuglings zur Pflege und Ernährung.[922] Schließlich kamen auch Ausbildungsurkunden vor, in denen ein Meister sich verpflichtete, Kinder oder Jugendliche auszubilden (*διδασκαλικαί* bzw. *συγγραφαὶ διδασκαλικῆς*; Weber: ***P.Oxy. II 275***; ***P.Oxy. IV 725***. Stenograph: ***P.Oxy. IV 724***); Hengstl trennt dabei Lehrverträge, in denen der Auszubildende auch Arbeit leistete, und reine Unterrichtsverträge. Zu den verdeckten Arbeitsverhältnissen möchte Hengstl die Vertretung bei Liturgien (s. S. 90 o.) sowie die Teilpacht zählen, weil es dabei mehr um die Arbeitskraft des Pächters für den Verpächter als um dessen Nutzung des Pachtobjektes ginge. Dienstdauer und Entlohnung waren je nach Art des Dienstes unterschiedlich.
Als Urkunden zur Arbeitsverpflichtung begegnen Agoranomenurkunden und Königseide[923], aber auch einfache Cheirographa, so die als Quittung formulierte Verpflichtung zum Transport einer Mumie (***P.Hamb. I 74***).

4.2.6.10 Bürgschaftsurkunden

4.2.6.10.1 Ägyptische Bürgschaftsurkunden

Bürgschaften konnten Teil anderer Urkunden (z.B. Pachtgesuche, Arbeitsverpflichtungen) sein (s. S. 105f. o.). Für dem. Bürgschaften als separate Dokumente wurden *šꜥ.t*-Urkunden oder Doppelurkunden (***pZen.dem. 6***) verwendet.[924] Die wesentlichen Bestandteile sind die Einleitungsformel *ḏd A n B šsp=y ḏr.t n C (n) šsp-ḏr.t di͗.t ḥḏ x* „A sagt zu B: Ich bin Bürge für C in einer Bürgschaft über die Zahlung von x Geld“ bzw. *(n) šsp-ḏr.t r di͗.t i͗w ꜥḥꜥ=f* „in einer Bürgschaft, um ihn anwesend sein zu lassen“ sowie

---

919 Vgl. zu dem Begriff LIPPERT, Lehrbuch, 80–81.
920 Ausführlich dazu HENGSTL, Arbeitsverhältnisse.
921 Vgl. auch ADAMS, Paramoné.
922 Vgl. auch HERRMANN, in: ZSS 76, 490–499.
923 SEIDL, Ptol. Rechtsgeschichte, 146.
924 DEPAUW, Companion, 124. DE CENIVAL, Cautionnements, 151.

die Verpflichtungsformel *ỉw=s mtw=k r ᶜ.wy=y* ... „Es steht dir zu zu meinen Lasten, ... (= ich bin dir gegenüber verpflichtet, ...)". Dazu kamen meist weitere Formeln, in denen der Bürge seine Verpflichtungen genauer eingrenzte, Strafen für die Mißachtung anerkannte und sein gesamtes Vermögen als Sicherheit einsetzte.[925]

4.2.6.10.2 Griechische Bürgschaftsurkunden

Auch im gr. Recht wurden Bürgschaften oft durch Klauseln innerhalb anderer Urkunden (z.B. Darlehensurkunden) festgelegt. Daneben kommen selbständige Urkunden vor, v.a. Gestellungsbürgschaften für Liturgen und Gefangene sowie Zahlungsbürgschaften für Pächter von Staatsland und staatlichen Monopolen.[926] Sie sind i.d.R. als Doppelurkunden gestaltet (***SB III 6277+6301***), es kommen jedoch auch Cheirographa vor (***P.Gießen UB 261***).

4.2.6.11 Urkunden im Zusammenhang mit Sklaven

4.2.6.11.1 Ägyptische Sklavenurkunden

Diese Urkundenart, auch als „Selbstverkäufe in die Sklaverei" bezeichnet, ist nur für die 26. und 27. Dyn. belegt (z.B. ***pRylands 3***; ***pRylands 5***; ***pRylands 6***; ***Schale Louvre E 706***), erwähnt wird sie auch in dem Fragment des Gesetzescodex ***pCarlsberg 236***. Dem. wurden sie als *sẖ n bꜣk* bezeichnet. Ihr Formular wird charakterisiert durch den Satz *ỉnk pꜣy=k bꜣk* „Ich bin dein Sklave." Auch alle gegenwärtigen und zukünftigen Kinder sowie sämtliches Eigentum des Urkundenausstellers gingen in das Eigentum des Empfängers, seines Herrn, über. Die Urkunden wiesen im folgenden Text gewisse Ähnlichkeiten mit den Geldbezahlungsschriften auf, da u.a. Klauseln über die alleinigen Eigentumsrechte des Urkundenempfängers sowie den Ausschluß von Ansprüchen Dritter vorkamen. Die Zahlung einer Geldsumme durch den Urkundenempfänger wurde jedoch nur in einigen erwähnt (***pRylands 6***; ***Schale Louvre E 706***): *dỉ=k mtr ḥꜣ.ṱ=y n pꜣy=y ḥḏ n ỉr n=k bꜣk* „Du hast mein Herz zufriedengestellt mit meinem Geld des für dich Sklave-Seins". Obgleich die Urkunden von einer Dienstverpflichtung auf ewig sprechen, konnte Menu nachweisen, daß in der Realität zeitlich begrenzte Arbeitsverhältnisse zur Abzahlung einer Schuld hinter diesen Urkunden standen.[927] Diese Feststellung konnte noch nicht befriedigend mit der in ***Diod.*** I, 79.3, Bokchoris zugeschriebenen Abschaffung der Schuldsklaverei in Einklang gebracht werden. Möglicherweise dienten die Sklavenurkunden, in denen die Geldbezahlungsklausel fehlte, als Sicherheit für Schulden, während die anderen tatsächlich zur Anwendung kamen. Nicht damit zu verwechseln sind die aus ptol. Zeit erhaltenen Hierodulie-Urkunden (s.u.).
Etwas rätselhaft ist ***PSI V 549*** aus der späten ptol. Zeit, eine gr. Übersetzung einer dem. Urkunde, in der eine Frau ihre Dienste sowie ihren Besitz für 99 Jahre an eine andere Person verpachtet(?). Seidl deutet die Urkunde als Verschleierung eines zu dieser Zeit bereits verbotenen Selbstverkaufes.[928] Die Frist von 99 Jahren entspricht der oft in den ptol. Hierodulie-Urkunden genannten Zeitdauer.

---

925 Ausführlich zum Formular DE CENIVAL, Cautionnements, 151–179.
926 Allgemein dazu RUPPRECHT, Einführung, 131–132.
927 MENU, in: RHD[4] 55, 391–401.
928 SEIDL, Ptol. Rechtsgeschichte, 105.

In die Nähe der Sklavenurkunden gehört die einzige bekannte Urkunde über eine entgeltliche Adoption ***pLouvre E 7832***, bei der im Prinzip nur der Begriff „Sklave“ gegen „Sohn“ ausgetauscht wurde (s. S. 172 u.).

4.2.6.11.2 Ägyptische Hierodulie-Urkunden

In diesen Urkunden erklärte sich eine männliche oder weibliche Person, die als Freier (*nmḥ*), Diener/Sklave (*bꜣk*) oder als Tempelgeborener (*ms ẖn pr*) bezeichnet wird, durch *ỉnk pꜣy=k bꜣk* „Ich bin dein Diener“ für einen unbestimmten Zeitraum, „auf ewig“ oder für 99 Jahre zum Diener bzw. Sklaven eines Gottes; gelegentlich wurden auch die Kinder und der gesamte Besitz dem Gott übereignet. Anders als in den Sklavenurkunden erhielt der Aussteller dafür jedoch kein Geld, sondern verpflichtete sich selbst dazu, monatlich eine „Diener-Miete“ (*škr n bꜣk*) an den Gott bzw. Tempel zu zahlen. Daß bei einem Teil der Aussteller der Name des Vaters als unbekannt angegeben ist, führte zu der Vermutung, die Personen seien Kinder von Tempelprostituierten[929], doch gibt es für diese Einrichtung ansonsten aus Äg. keine Belege. Für Chauveau stand die Festlegung der monatlichen Zahlungen an den Tempel im Vordergrund der Transaktion[930], während Delekat darin eine Form von Pachturkunden zwischen Tempel und Bauern bzw. Hirten sah[931], da er sie mit der Bezeichnung „Beruf + *bꜣk* des Gottes NN“ (s. S. 112f. o.) in Verbindung brachte. Der eigentliche Zweck dieser Urkunden bestand aber wohl im Schutz vor Dämonen und Krankheiten, den man sich von der Gottheit erwartete[932]; während die frühen Beispiele dies geschickt über eine Variante der Klausel zur Sicherung gegen fremde Ansprüche ausdrückten (***pFreiburg 76 VIII [72]***: „Kein Dämon, böses Geschick, Geist, schädlicher Einfluß, ein Mensch in der Unterwelt oder irgendein Mensch auf Erden außer dir wird Macht haben können über mich von heute an.“), verwendeten die späteren Beispiele Aufforderungssätze (***pBM 10622***: „Du sollst mich schützen, du sollst mich retten, du sollst mich bewahren [etc.] vor jedem männlichen oder weiblichen Geist [etc.].“). Hierodulie-Urkunden sind bislang nur aus dem 2. Jh. v.Chr. und nur aus dem Fayum belegt[933], es handelte sich immer um *sẖ*-Urkunden.

4.2.6.11.3 Gr. Freilassungsurkunden

Die erhaltenen Exemplare stammen (wohl zufällig) alle aus röm. Zeit und überwiegend aus der Gegend von Oxyrhynchos.[934] Es handelt sich um Agoranomenurkunden (s. S. 141f. o.) oder objektive Homologien (s. S. 141 o.), in denen die Parteien genau beschrieben werden, um eine eindeutige Identifikation zu ermöglichen. Bemerkenswert ist, daß die aus dem alten gr. Recht übernommen religiöse Formel, die Freilassung geschähe *ὑπὸ Δία Γῆν Ἥλιον* „unter Zeus, Ge und Helios“ (d.h. den Göttern von Himmel, Erde und Sonne)“ u.ä. weiterhin verwendet wird. Der Freilassende verpflichtete sich bei Vertragsstrafe, den Freigelassenen künftig nicht mehr als Sklaven zu beanspruchen (***P.Freib. II 10***). Dokumentiert wurde i.d.R. auch die vorausgegangene Zahlung eines Lösegeldes (*λύτρα*) an den Herrn durch den Sklaven bzw. andere für ihn sowie einer Umsatzsteuer durch den Herrn, es handelt sich also um (Selbst-)Freikauf. Im Fayum

---

929 THOMPSON, in: JEA 26, 68–69.
930 CHAUVEAU, in: BIFAO 91, 120–121.
931 DELEKAT, Katoche, 94; 101–106.
932 Vgl. THOMPSON, in: JEA 26, 76–78.
933 THISSEN, in: Papyri Freiburg, 86, zu modifizieren nach CLARYSSE, in: Enchoria 16, 7–10.
934 Allgemein dazu MESSERI SAVORELLI, in: SIFC 50, 270–284.

war zusätzlich noch eine öffentliche Ausrufung durch den Herold, ebenfalls gegen Gebühr, üblich.

4.2.6.12 Urkunden im Zusammenhang mit Ehe

4.2.6.12.1 Ägyptische Ehe- und *sꜥnḫ*-Urkunden

Üblicherweise wurde die Eheurkunde vom Mann für den Brautvater oder die Braut selbst ausgestellt; Ausnahmen, in denen die Frau die Urkunde für den Mann ausstellt, existieren jedoch (***pLibbey***; ***pBerlin P 3078***). Für die Gültigkeit der Ehe war keine Urkunde notwendig, sie diente nur dazu, finanzielle Regelungen für den Unterhalt während der Ehe bzw. im Scheidungsfall sowie über die Erbberechtigung der Kinder zu treffen[935]. Entsprechend lassen sich einige Fälle anführen, in denen die Eheurkunde erst Jahre nach der Heirat aufgesetzt wurde, als das Ehepaar schon Kinder zusammen hatte[936].

Aus der 26. Dyn. sind noch kursivh. Eheurkunden belegt (***pLouvre E 7849***; ***pLouvre E 7846***), deren Formular dem der 22.–25. Dyn. entspricht (s. S. 75 o.). Die dem. Eheurkunden wurden von Pestman anhand des Formulars in drei Typen (A–C) unterschieden, wobei eine Zuordnung zur äg. Terminologie nur teilweise möglich ist, während die gr. Bezeichnung *συγγραφὴ τροφῖτις* „Unterhaltsurkunde“ sicher für die Typen B und C und vielleicht sogar für Typ A verwendet wurde.[937] Daneben kam in den röm. Grapheionsregistern aus Tebtynis ***P.Mich. II 121*** rto auch die Bezeichnung *ὁμολογία φερνῆς* vor, die entweder ebenfalls dem. Urkunden (Typ B und C?) oder vielleicht gr. Quittungen über die Mitgift bezeichnete[938].

Typ A[939] (*sẖ n ḥm.t*) knüpfte inhaltlich an die kursivh. Eheurkunden an, verwendete jedoch das für dem. *sẖ*-Urkunden übliche Formular. Der Urkundenkörper begann üblicherweise mit der Eheschließungsklausel *ỉr=y-ṯ=t n ḥm.t* „Ich habe dich zur Ehefrau gemacht“. Charakterisiert wird dieser Typ durch die Zahlung eines „Frauengeschenkes“ (*šp n s.ḥm.t*) durch den Mann; diese erfolgte allerdings in der ptol. Zeit nicht mehr immer real, sondern erst im Falle einer Scheidung[940]. Typisch ist auch die Auflistung und Bewertung der Besitztümer, die die Frau in die Ehe mitbrachte (*nkt.w n s.ḥm.t*, „Frauensachen“) und die oder deren gleichwertige Entsprechungen sie bei einer Scheidung wieder zurückbekam. Häufig wurde der Frau ein Drittel alles während der Ehe erworbenen Vermögens zugesprochen (z.B. ***pKairo CG 30650+30688+30800***), was an die bereits im NR vorkommende Teilung des Ehevermögens im Verhältnis ⅓ zu ⅔ erinnert. Dieser Typ ist vom 6. Jh. v.Chr. (***pBerlin P 13614***, 537/6 v.Chr.) bis ins 1. Jh. v.Chr. (***pRylands 30***, 89 v.Chr.) belegt.

In Typ B[941] dagegen, dem sich keine dem. Bezeichnung sicher zuweisen läßt, war der Erhalt einer von der Frau gezahlten Summe, die fast immer als „Geld, um (mir) Ehefrau zu werden“ (*ḥḏ n ỉr (n=y) ḥm.t*) bezeichnet wurde, durch den Ehemann das prominente Element. Häufig, aber nicht immer ging dem eine Eheschließungsklausel voraus. Daß das gezahlte Geld nicht in das Eigentum des Mannes überging, damit dieser daraus den

---

935 PESTMAN, Marriage, 30–31.

936 PESTMAN, Marriage, 28.

937 MONTEVECCHI, in: Aegyptus 16, 15. PESTMAN, Marriage, 48; 146; 216.

938 So MONTEVECCHI, in: Aegyptus 16, 17.

939 PESTMAN, Marriage, 21–32.

940 PESTMAN, Marriage, 15.

941 PESTMAN, Marriage, 32–37.

Unterhalt der Frau bestreiten konnte, sondern von ihm vollständig zurückgezahlt werden mußte, wenn die Frau das wollte, geht einerseits aus den Klauseln der Urkunde und andererseits auch aus der Bezeichnung als *δάνειον* „Darlehen" in der gr. Hypographe einer solchen Urkunde hervor[942]. Der Mann zahlte der Frau einen regelmäßigen Unterhalt, meist bestehend aus Getreide und Geld (*ḥḏ n ỉr hy* „Geld, um Ausgaben zu machen"), gelegentlich auch Öl, entweder während der Ehe und/oder im Falle der Scheidung.[943] Regelungen zum Erbanspruch der Kinder fehlten grundsätzlich.[944] Die früheste Urkunde dieser Art ist ***pBM 10120 A*** (517 v.Chr.), der Typ wurde noch in röm. Zeit weiterverwendet (z.B. ***pWien D 6950***).
Bemerkenswert ist, daß in den dem. Urkunden im Gegensatz zu den hier. und kursivh. die Scheidung wegen Ehebruchs der Frau nicht mehr als Grund für eine Entbindung des Mannes von seinen Obligationen erwähnt wurde. Man könnte daher meinen, daß in dieser Zeit Frauen auch in diesem Fall Anspruch auf Zahlungen des Mannes hatten. Dagegen spricht jedoch, daß aus ptol. Zeit eine ganze Reihe von Tempeleiden vorliegen, in denen eine Frau beschwören mußte, während ihrer Ehe keine Affären mit anderen Männern gehabt zu haben, und bei denen es offenbar darum geht, daß ein Mann die Zahlung nach der Scheidung umgehen wollte (z.B. ***oLouvre E 8112***; ***oBM 18733***). Daher ist anzunehmen, daß es in diesem Punkt ab der 26. Dyn. eine gesetzliche Grundlage gab, die eine Aufnahme der Klausel in die Urkunden unnötig machte.
Typ C[945] wurde äg. *sẖ n sꜥnẖ* genannt, was zu den Übersetzungen „Unterhaltsurkunde" bzw. „Alimenationsurkunde" geführt hat; *sꜥnẖ* bezeichnete jedoch nicht den vom Mann zu zahlenden Unterhalt, sondern den von der Frau bzw. einem Repräsentanten bei Aufsetzung der Urkunde zu zahlenden Betrag (entsprechend dem *ḥḏ n ỉr ḥm.t* des Typs B). Ein Musterformular für eine solche Urkunde, noch für den Vater der Frau ausgestellt, findet sich im ***Codex Hermupolis*** 4.6–9. Typ C war keine Eheurkunde im strengen Sinne, da sie zwar oft, aber nicht ausschließlich im Kontext einer Ehe vorkam und nie eine Eheschließungsklausel enthielt[946]. Die Einwände von Johnson dagegen[947] sind inzwischen entkräftet durch den Beleg, daß auch ein Sohn für seine Mutter eine *sꜥnẖ*-Urkunde aufsetzen konnte (***pBerlin P 23757 rto*** G Z. x+11). Im Gegenzug zur Zahlung des *sꜥnẖ* verpflichtete sich der Mann zur Zahlung eines Unterhaltes in Getreide und Geld. Die Frau konnte von sich aus den *sꜥnẖ* jederzeit zurückfordern, der Mann war jedoch nicht berechtigt, ihn von sich aus zurückzugeben und sich so seiner Unterhaltsverpflichtungen zu entledigen. Obligatorisch war die *ỉwꜣ.t*-Sicherung (s. S. 107 o.) für den *sꜥnẖ* durch das gesamte Eigentum des Mannes, die zumindest in einigen Fällen durch eine zusätzliche Geldbezahlungsurkunde gewährleistet wurde (vgl. ***pKairo CG 30609*** zu ***pKairo CG 30608***), die bei Nichtzahlung der Frau ausgehändigt wurde und sie so zur Eigentümerin machte (s. S. 151 o.). Seidl mißversteht dies als Überschreibung des Eigentums des Mannes an die Frau anläßlich der Ehe.[948] In den Fällen, in denen die *sꜥnẖ*-Urkunde für die Ehefrau ausgestellt wurde, konnte sie auch Regelungen zur Erbschaft der Kinder enthalten. Da die als *sꜥnẖ* gezahlte Summe häufig 21 Silberdeben

[942] PESTMAN, Marriage, 36.
[943] LIPPERT/SCHENTULEIT, in: Egyptology Prize 1, 338.
[944] PESTMAN, Marriage, 48.
[945] PESTMAN, Marriage, 37–48.
[946] PESTMAN, Marriage, 43; 46–47.
[947] JOHNSON, in: Gs Baer, 125.
[948] SEIDL, Einführung, 56. Ders., Ptol. Rechtsgeschichte, 176–177.

betrug, kam für diesen Urkundentyp auch die dem. Bezeichnung *sẖ ḥḏ 21 pr-ḥḏ Ptḥ (n) wtḥ* „Urkunde über 21 gegossene Silberstücke vom Schatzhaus des Ptah" (***pLoeb 62+pBerlin P 15558***) vor; man schloß aus der Verwendung dieser in ptol. Zeit längst veralteten Währungseinheit, daß die Zahlung häufig fiktiv war und wenn überhaupt erst im Scheidungsfalle in anderer Form geleistet wurde. Dasselbe wird auch für das *ḥḏ n ỉr ḥm.t* sowie das *šp n s.ḥm.t* angenommen.
Die älteste erhaltene *sᶜnḫ*-Urkunde stammt aus dem Jahr 365/4 v.Chr. (***pOIC 17481***), doch die Existenz einer Formularvorlage im ***Codex Hermupolis*** sowie die Erwähnung einer solchen Urkunde, die im 7. Jahr des Amasis ausgestellt wurde, in ***pKairo CG 50059*** zeigen, daß der Urkundentyp bereits in der 26. Dyn. existierte. Die jüngste *sᶜnḫ*-Urkunde ist ***P.Mich. V 347*** aus dem Jahr 21 n.Chr. Die letzten Hinweise auf diese Urkundenart könnten in ***P.Mich. II 121*** rto, einem gr. Notariatsregister von 42 n.Chr. aus Tebtynis, enthalten sein, wenn die dort erwähnten *συγγραφαὶ τροφίτιδες χρυσῶν 21* „Unterhaltsurkunden über 21 Goldstücke" (z.B. 1.6, 2.6, 3.1) mit den oben genannten dem. 21-Silberdeben-Urkunden gleichzusetzen sind. Allerdings kommen im gleichen Register, wenngleich seltener, auch *συγγραφαὶ τροφίτιδες* über 11, 41 und 51 Goldstücke vor.
Das Verständnis der dem. Ehe- und *sᶜnḫ*-Urkunden wurde lange durch die Annahme des Seidlschen „Prinzips der notwendigen Entgeltlichkeit"[949] behindert. Entgegen seiner Behauptung handelt es sich bei den Urkunden vom Typ B und C keineswegs um Geldbezahlungsschriften, in denen die Frau eine bestimmte Summe bezahlte und dafür als Gegenleistung den Anspruch auf Unterhalt erhielt – diese müßten im übrigen ein völlig anderes Formular haben. Vielmehr ging das „Geld um Ehefrau zu werden" bzw. der *sᶜnḫ* nie in das Eigentum des Mannes über, sondern konnte von der Frau jederzeit zurückgefordert werden, wenn sie sich scheiden lassen wollte.[950] Solange sie dies aber nicht tat, war er zur Zahlung von Unterhalt verpflichtet. Als Gegenwert für den Unterhalt könnten demnach aber höchstens die Erträge verstanden werden, die der Mann bei der Investition des Geldes erhält, was kaum eine Gleichwertigkeit darstellt. Die alte Auffassung, wonach Ehen mit *sᶜnḫ*-Urkunde „lose Ehen" oder „Probeehen" seien, weil das *sᶜnḫ* nur etwa zehn Jahren Unterhaltszahlung entsprach,[951] ist damit ebenso hinfällig wie Seidls Annahme, die *sᶜnḫ*-Urkunden seien die „vornehmsten" Eheurkunden gewesen, da in ihnen die Frau dem Mann bei der Eheschließung den vollen Gegenwert ihres Unterhaltes gezahlt habe[952].
Durch Eheurkunden des Typs A und *sᶜnḫ*-Urkunden konnte die Erbschaft für die Kinder schon vor ihrer Geburt geregelt werden. Normalerweise wurden entweder der älteste Sohn aus der Ehe oder die Kinder gemeinsam als Erben eingesetzt. Dies bezog sich jedoch immer nur auf das voreheliche Eigentum des Mannes (gelegentlich als *ỉḫ.t ỉṯ mw.t* „Vater- und Muttergut" bezeichnet) sowie i.d.R. ⅔ des während der Ehe, aus der die Kinder stammen, erworbenen Vermögens. Relevant ist dies vor allem bei Kindern aus verschiedenen Ehen des Mannes. Das übrige Drittel ist der Anteil der Frau, den sie ebenfalls an ihre Kinder vererben konnte. Seidl mißversteht diese futurischen Erbschaftsklauseln als sofort in Kraft tretende Übereignung des Vermögens an die Kinder

949 SEIDL, Einführung, 47. Ders., Saiten- und Perserzeit, 61.
950 PESTMAN, Marriage. 9, 43.
951 PESTMAN, Marriage, 42–43.
952 SEIDL, Ptol. Rechtsgeschichte, 171–172.

und muß daher ein absolutes Zugriffsrecht des Vaters auf das Vermögen der Kinder konstruieren, um zu erklären, wie dieser trotzdem weiterhin Geschäfte treiben konnte.[953] Die Tatsache, daß Kinder bei Geschäften des Vaters, die den Umfang ihres Erbes beeinträchtigen würden, zustimmen müssen, hängt jedoch mit ihrem zukünftigen Anspruch darauf zusammen (s. S. 120 o.). Wollte der Mann eine weitere Frau mit einer *sꜥnḫ*-Urkunde versehen, war dazu die Zustimmung der ersten Frau sowie ihres ältesten Sohnes notwendig (***pBM 10591 rto*** 10.7–9).
Im Gegensatz zu anderen Urkunden, die in das Archiv des Begünstigten kamen, solange sie galten, wurden Ehe- und *sꜥnḫ*-Urkunden wohl i.d.R. einem männlichen Verwandten der Frau übergeben[954], da die Frau selbst im Streitfall die Urkunde kaum gegen den Zugriff ihres Ehemannes, in dessen Haus sie lebte, hätte schützen können.
Zwei Urkunden werden als Belege für Probeehen gesehen: Bei ***oStraßburg 1845*** handelt es sich möglicherweise nur um einen Entwurf; ob die darin festgelegte Ehe auf Zeit (neun Monate) überhaupt je umgesetzt wurde, ist unklar. ***pLoeb 62 + pBerlin P 15558*** hingegen ist eine Abmachung vor einem Unparteiischen (*ꜥrbṯ*, s. S. 145 o.), wonach eine 21-Silberstücke-Urkunde (*sẖ n ḥḏ 21*, bezeichnet eine *sꜥnḫ*-Urkunde) als Sicherheit für die Rückzahlung eines Darlehens diente. Der Schuldner hatte sie für den Gläubiger auf den Namen von dessen Tochter ausgestellt und mußte sie erfüllen, wenn er das Darlehen nicht rechtzeitig zurückzahlte. Von Nims wird die Situation als geschickte Verschleierung einer Probeehe gedeutet: Wenn die Frau innerhalb der Probezeit ein Kind bekommt, durfte der Ehemann das Geld als Mitgift behalten, wenn nicht, gab er es mit Zinsen zurück und konnte sich dafür scheiden lassen.[955] Falls diese Deutung korrekt ist, war dies aber sicher nicht der einzige mögliche Scheidungsgrund, denn Kinder werden mit keinem Wort erwähnt. Aber auch ein wörtliches Verständnis ist durchaus möglich, da *sꜥnḫ*-Urkunden, wie oben gezeigt, keineswegs an eine Ehe gebunden waren, sondern auch anderweitig zur Versorgung von Frauen verwendet wurden.

4.2.6.12.2 Griechische Eheurkunden

Wie im äg. Recht war auch im gr. die Ausstellung einer Eheurkunde nicht notwendig für die Gültigkeit der Ehe, sondern diente nur der Festlegung bestimmter Umstände.[956]
Die früheste gr. Eheurkunde aus Äg. (***P.Eleph. 1***) bezeichnet sich selbst als *συγγραφὴ συνοικεσίου* und entspricht in ihrer Formulierung genau den zeitgleichen Urkunden des Mutterlandes. Spätere *συγγραφαὶ συνοικεσίου* aus Ägypten waren recht einheitlich in ihrer Formulierung, unabhängig davon, welchem Urkundentyp (z.B. Sechszeugen-Urkunde oder Agoranomenurkunde) sie angehörten.[957] Daneben kamen Urkunden vor, die sich als *συγγραφὴ ὁμολογίας (γάμου)* bezeichneten und in denen die spätere Anfertigung einer *συγγραφὴ συνοικεσίου* angekündigt wurde (***P.Paris 13***). Wolff sieht in der *συγγραφὴ συνοικεσίου* die eigentliche Eheurkunde, die mit der Übergabe (*ἔκδοσις*) der Braut an den Bräutigam durch Vater, *κύριος*, Mutter oder die Braut selbst (z.B. ***P.Giss. 2***) zusammenhing und die güterrechtliche Vereinbarungen und Regelungen zum Verhalten der Ehegatten enthalten konnte. Die *συγγραφὴ ὁμολογίας* war seiner Meinung nach

953 SEIDL, Saiten- und Perserzeit, 66–67. SEIDL, Ptol. Rechtsgeschichte, 178.
954 SEIDL, Ptol. Rechtsgeschichte, 54.
955 NIMS, in: Fs Erichsen, 275–276.
956 WOLFF, Marriages, 51. Vgl. auch ALLAM, in: JEA 67, 125, und HÄGE, Ehegüterrechtliche Verhältnisse, 32–33. YIFTACH-FIRANKO, Marriage, 259–268.
957 WOLFF, Marriages, 8; 12–13.

ursprünglich eine Quittung des Mannes für den Erhalt der Mitgift, die jedoch ab dem 2. Jh. v.Chr. auch Bestimmungen zur Ehe selbst einschloß und schließlich die *συγγραφὴ συνοικεσίου* ersetzen konnte.[958] Yiftach-Firanko dagegen deutet die *συγγραφὴ ὁμολογίας* als die private Urkunde, auf die zur besonderen Absicherung noch eine öffentliche, im Gauarchiv (*δημόσιον*) verwahrte *συγγραφὴ συνοικεσίου* folgen konnte[959].
Zu keiner dieser Urkundenarten gehört ***P.Oxy. II 267***, worin der Empfang von Geld und Schmuck durch einen Mann von einer Frau quittiert wird; beides sollte nach fünf Monaten zurückgegeben werden. Daß das Verhältnis zwischen den Parteien eine urkundenlose Ehe (wenngleich offenbar auf Probe) war, zeigt die Klausel, wonach der Mann bei einer Trennung innerhalb von fünf Monaten nur den Schmuck zurückzugeben hatte, sowie eine Regelung für den Fall einer Schwangerschaft.[960]
Das alex. Stadtrecht[961] der augusteischen Zeit kannte die Errichtung einer *συγχώρησις* vor „dem Vorsteher des Hofgerichtes" (*τῷ ἐπὶ τοῦ ἐν τῇ αὐλῇ κριτηρίου*, ***BGU IV 1098***). Sie enthielt die Erklärung der Eheleute, künftig zusammenleben zu wollen, sowie gegenseitige Rechte und Pflichten; der Mann bestätigte zudem, die Mitgift erhalten zu haben. Einige sahen außerdem vor, innerhalb von fünf Tagen auf Wunsch eines der Gatten eine *συγγραφὴ περὶ γάμου* (gelegentlich auch als *συγγραφὴ συνοικεσίου* bezeichnet) vor den *ἱεροθύται* (einer bestimmten Art von Priestern oder Beamten?) aufzusetzen (***BGU IV 1098***).[962] Entgegen Allams Annahme hat dies jedoch nichts mit der äg. Praxis, neben der eigentlichen Eheurkunde (eigentlich: *sʿnḫ*-Urkunde) noch eine Verkaufsurkunde (eigentlich: Sicherungsurkunde) auszustellen[963], zu tun, da sich die Urkunden keineswegs entsprechen. Auch eine Gleichsetzung von *συγχώρησις* und *συγγραφὴ ὁμολογίας* ist nicht zulässig.[964] Wolff nimmt an, durch die zweite Urkunde würde die Ehe nun auch nach religiösem Recht gültig und die Nachkommen erhielten einen höheren Status innerhalb der Polis, weshalb sie vielleicht erst dann aufgesetzt wurde, wenn Söhne existierten, die davon profitieren konnten[965], Yiftach-Firanko dagegen geht davon aus, die doppelte Beurkundung habe wie in der Chora der Absicherung durch öffentliche Archivierung gedient[966].
Als besondere Verhaltensvorschriften nannten manche gr. Eheurkunden das Verbot für den Mann, eine Konkubine zu haben oder seine Frau schlecht zu behandeln, während die Frau z.B. nicht ohne Wissen ihres Mannes das Haus verlassen durfte. Ungewöhnlich ist das Verbot von Liebeszauber (***PSI I 64***). Inwiefern solche Klauseln überhaupt eine praktische Bedeutung hatten, ist nicht ganz klar.[967] Üblicherweise ist die gemeinsame Verfügungsgewalt über das Ehevermögen festgehalten, dafür fehlen Bestimmungen zum Erbrecht der Kinder[968].

958 WOLFF, Marriages, 5; 15–21; 23–24.
959 YIFTACH-FIRANKO, Marriage, 55–72; 259–262.
960 Vgl. auch WOLFF, Marriages, 69–72.
961 Und vielleicht auch das von Ptolemais, vgl. WOLFF, Marriages, 45–46.
962 MONTEVECCHI, in: Aegyptus 16, 16. WOLFF, Marriages, 34–35.
963 ALLAM, in: CdE 65, 332.
964 WOLFF, Marriages, 35.
965 WOLFF, Marriages, 39–40; 44–45.
966 YIFTACH-FIRANKO, Marriage, 74–79.
967 RUPPRECHT, in: Fs Dimakis, 562–564.
968 SEIDL, Ptol. Rechtsgeschichte, 183.

4.2.6.13 Scheidungsurkunden

4.2.6.13.1 Ägyptische Scheidungsurkunden

Scheidungsurkunden[969] waren wohl kein obligatorischer Bestandteil der Scheidung. Da bislang alle bekannten Exemplare aus Oberäg. stammen, könnte es sich um eine lokale Tradition handeln. Sie wurden wohl als Sonderfall der Abstandsurkunden betrachtet[970], da in ***pBM 10079 B–C*** die Scheidungsurkunde ***pBM 10074*** als *pꜣ sẖ wy* bezeichnet wurde. Scheidungsurkunden sind von der 26. Dyn. (***pKairo CG 30665***, kursivh.) bis in die frühe 27. Dyn. (z.B. ***pBerlin P 3076***, ***pBerlin P 3079***) sowie in der ptol. Zeit von ca. 280 v.Chr. (***pPhiladelphia 11***) bis zum Beginn des 1. Jh. v.Chr. (***pHeidelberg 762+770A+ 773+774***) belegt.

Sie folgen dem Grundformular der *sẖ*-Urkunden, wobei der Aussteller immer der Ehemann ist. Der Urkundenkörper begann regelmäßig mit der Feststellung der vollzogenen Scheidung (*ẖꜣꜥ=y-ṯ=t n ḥm.t (n pꜣ hrw)* „Ich habe dich (heute) als Ehefrau entlassen."). Dann folgten in unterschiedlicher Reihenfolge die Klauseln zum Verzicht des Ehemannes auf Rechte an der Frau *tw=y wꜣy.k r-ḥr=t* „Ich bin entfernt von dir", in ptol. Zeit noch erweitert um *n pꜣ hp n ḥm.t* „in Bezug auf das Anrecht auf die Ehefrau", sowie zur Freiheit der Frau von Schulden bzw. Verpflichtungen gegenüber dem Mann (27. Dyn.: *mn mtw=y md.t nb pꜣ tꜣ r-ꜥ.wy=t* „Ich besitze keine Sache auf Erden zu deinen Lasten", ptol. Zeit: *mn mtw=y md.t nb n pꜣ tꜣ ỉ.ỉr-n=t n rn hp n ḥm.t* „Ich besitze keine Sache auf Erden gegen dich aus dem Anrecht auf die Ehefrau heraus"). Den Abschluß des Urkundentextes bildeten die Aufforderung zur Wiederverheiratung *ỉ.ỉr n=t hy* „Nimm dir einen Ehemann!", in ptol. Zeit durch die Einleitung *ỉnk pꜣ nty ḏd n=t* „Ich bin es, der zu dir sagt:" noch verstärkt, sowie der Verzicht auf eine Einmischung dabei *bn-ỉw=y rḫ ꜥḥꜥ r-ḥꜣ.ṯ=t n ꜥ.wy nb nty ỉ.ỉr=t šm r-r=w* „Ich werde dir nicht im Weg stehen können in jedem Haus, in das du gehen wirst", später erweitert um *r ỉr n=t hy n-ỉm=w* „um dir dort einen Ehemann zu nehmen". Einige spätere Scheidungsurkunden enthielten zusätzlich noch eine Klausel, in der der Ehemann sich verpflichtete, die Frau in Zukunft nicht mehr als seine Gattin zu bezeichnen (und damit zu beanspruchen): *ỉw=y gm.ṯ=t ỉrm rmṯ nb pꜣ tꜣ bn-ỉw=y rḫ ḏd n=t mtw=t tꜣy=y ḥm.t* „Wenn ich dich mit irgendeinem Mann auf Erden finde, werde ich nicht zu dir sagen können: ‚Du bist meine Ehefrau'."

4.2.6.13.2 Griechische Scheidungsurkunden

Wie die dem. wurde auch die gr. Scheidungsurkunde (*ἀντίγραφον περιλύσεως*) der ptol. Zeit nach der erfolgten Scheidung aufgesetzt und war optional; auch in der röm. Zeit setzte sie die Scheidung bereits voraus. Nach Seidl wurde das Ausstellen der Urkunde im 2. Jh. n. Chr. zum eigentlichen Scheidungsvorgang[971], nach Merklein ist selbst für die byzantinische Zeit fraglich, ob es sich um einen notwendigen Bestandteil handelte[972].

Als Scheidungsurkunden kommen sowohl die einseitige Erklärung (Homologie) des Ehemannes, die Kombination von zwei einseitigen Erklärungen von Mann und Frau (z.B. ***P.Oxy. II 266***) als auch, v.a. in röm. Zeit, gemeinsame Erklärungen beider Partei-

969 Allgemein dazu VON RECKLINGHAUSEN, Scheidungsurkunden (in Vorbereitung).
970 Vgl. auch SEIDL, Ptol. Rechtsgeschichte, 52.
971 SEIDL, Röm. Provinz, 219.
972 MERKLEIN, Ehescheidungsrecht, 61–64.

en (z.B. ***P.Kron. 52***) vor.[973] Sie dokumentierten die Auflösung der Ehe und enthielten die Verpflichtung des Ehemannes, eine Wiederverheiratung zu gestatten, die Mitgift zurückzugeben sowie manchmal Bestimmungen über das Schicksal der Kinder; der Scheidungsgrund dagegen wurde nie genannt.[974]

4.2.6.14 Adoptionsurkunden

Nur eine dem. Adoptionsurkunde ist bekannt (***pLouvre E 7832***). Der Aussteller war der Adoptierte; da er dafür ein „Geld, um Sohn zu werden" vom Adoptierenden erhielt, wird diese Urkunde auch „Selbsthingabe/Selbstverkauf an Sohnes Statt" genannt. Die von Seidl als unerläßlich für eine Adoption vermißte Initiative vom Adoptierenden aus[975] lag in der dokumentierten Zahlung des Entgelts durchaus vor. Das Formular entsprach *mutatis mutandis* dem der Sklavenurkunden, der genaue Zweck bleibt jedoch unklar.[976]

4.2.6.15 Urkunden zur Nachlaßregelung

4.2.6.15.1 Ägyptische Urkunden zur Nachlaßregelung

Noch auf der ***Adoptionsstele der Nitokris*** Z. 16 wird eine *ỉmy.t-pr*-Urkunde erwähnt, durch die die Gottesgemahlin ihren Besitz an die von ihr adoptierte Nachfolgerin vererbt. Später kam der Begriff nur noch in götterweltlichem Kontext vor (der König als Erbe erhielt eine *ỉmy.t-pr*-Urkunde von einem Gott), und den Zweck, nämlich die Regelung und Übertragung des Nachlasses auf den Erben, erfüllten andere Urkundenarten: Fiktive Geldbezahlungsurkunden ohne Abstandsurkunde[977] (s. S. 147ff. o.), Schenkungsurkunden (s. S. 156f. o.), Teilungsurkunden des ersten Typs (s. S. 154f. o.) und Eheurkunden des Typs A bzw. *sꜥnḫ*-Urkunden (s. S. 166ff. o.). Eine Kombination von Teilungsurkunde und Geldbezahlungsurkunde lag vor, wenn in der Geldbezahlungsurkunde die anderen Personen genannt wurden, die ebenfalls Teile des Vermögens erhalten sollten (z.B. ***pWien KHM dem. 9479***). Entsprechend der äg. Tradition wurde in all diesen Urkundenarten die Wirksamkeit erst im Todesfall i.d.R. nicht ausdrücklich festgehalten (Ausnahmen: ***pWien KHM dem. 9479***; ***pMoskau 123***), weshalb sich manche Rechtshistoriker gegen die Bezeichnung „Testament" sträuben (s. S. 16 o.). Die Formulierung im ***Codex Hermupolis*** 8.30–31 zeigt jedoch, daß auch bei der Ausstellung z.B. einer Teilungsschrift zu Lebzeiten noch kein Eigentumsübergang stattfand. Vielmehr ist, wie auch sonst bei dem. Urkunden, das Inkrafttreten mit dem Zeitpunkt der Aushändigung an den Begünstigten verknüpft[978], und dieser konnte vom Erblasser z.B. durch Verwahrung durch einen Urkundenhüter bis nach seinen Tod verschoben werden.

In der Geldbezahlungsurkunde ***pBM 10026*** wurde die Hälfte des Eigentums dem älteren Sohn als Gegenleistung für einen lebenslangen Unterhalt und die Verantwortung für die Bestattung „verkauft"; die Urkunde wurde also wohl noch zu Lebzeiten wirksam und ist daher keine Regelung des Nachlasses.

---

973 Für eine Liste von Scheidungsurkunden vgl. MONTEVECCHI, in: Aegyptus 16, 20.

974 RUPPRECHT, Einführung 108. MONTEVECCHI, in: Aegyptus 16, 21. Vgl. auch ERDMANN, in: ZSS 61, 44–57.

975 SEIDL, Saiten- und Perserzeit, 80.

976 ALLAM, in: Das Altertum 19, 10–12.

977 MARTIN, in: Legal Documents, 60.

978 So gegen SEIDL, Ptol. Rechtsgeschichte, 92–93.

4.2.6.15.2 Griechische Urkunden zur Nachlaßregelung

Gr. Testamente (*διαθῆκαι*)[979] sind Verfügungen über einzelne Vermögensbestandteile oder über das Gesamtvermögen im Todesfall. Neben der Einsetzung eines oder mehrerer Erben enthielten sie oft noch den ausdrücklichen Ausschluß anderer Familienmitglieder vom Erbe (***P.Lips. I 29***), Begründungen für die Aufteilung (***P.Kron. 50***) sowie weitere Anweisungen an die Erben (***P.Lips. I 29***: Eintreibung von Ausständen). Testamente wurden in ptol. Zeit i.d.R. öffentlich beurkundet, in röm. Zeit war dies Pflicht (***Gnomon*** § 7). Ältere Testamente mußten ausdrücklich widerrufen werden, da sie von jüngeren nicht automatisch aufgehoben wurden. Neben dem eigentlichen Testament gab es auch im gr. Recht noch andere Möglichkeiten, den Nachlaß zu verteilen: die elterliche Teilung (*διαίρεσις*, s. S. 156 o.) und die Schenkung (*δόσις* / *χάρις*, s. S. 157 o.) im Todesfall[980]. Bei letzterer wurde das Inkrafttreten nach dem Tod manchmal noch durch den expliziten Vorbehalt der vollen Verfügungsgewalt des Erblassers zu Lebzeiten verstärkt (***SB VIII 9642.1***).

4.2.6.16 Quittungen

4.2.6.16.1 Ägyptische Quittungen

Quittungen (dem. *ỉw*) wurden vom Empfänger einer Leistung für denjenigen, der sie geleistet hat, als Beleg ausgestellt. Dem. Quittungen waren gelegentlich *š*^c^*.t*-Dokumente, so die Tempelquittungen aus dem röm. Soknopaiu Nesos[981], oft aber auch ganz frei in ihrer Form, da kein einheitliches Formular existierte, sondern jede Quittungsart ihre eigenen Charakteristika entwickelte[982]. Den Vorausempfang von Lohn oder Werkzeug ließen sich Dienstherren in Doppelurkunden quittieren.[983]

Die Authentizität von Quittungen wurde durch die Hand- bzw. Unterschrift des Ausstellers oder gelegentlich auch durch Zeugenunterschriften gewährleistet. Neben Privatquittungen sind vor allem Steuerquittungen schon seit der 26. Dyn. bekannt (z.B. ***pLouvre E 7834***); diese gehören zu den häufigsten dem. Texten auf Ostraka.

Dem. Quittungen aus der Verwaltung des Soknopaios-Tempels sind noch aus dem 2. Jh. n.Chr. belegt. Dort lassen sich neben den Zahlungsquittungen auch Entlastungsquittungen für den Schreiber der Priester nachweisen, in denen diesem für einen bestimmten Zeitraum die korrekte Buchführung quittiert wurde.[984]

4.2.6.16.2 Griechische Quittungen

Gr. Quittungen (*ἀποχή*)[985] betrafen sowohl die Zahlung von Steuern als auch die Rückzahlung von Schulden aus Darlehen, Pacht- und Arbeitsverhältnissen sowie Scheidung. Erstere waren i.d.R. auf Ostraka geschrieben, und das Formular hatte lokal unterschiedliche Ausprägungen.[986] Die übrigen wurden als Protokolle, Synchoreseis und Agorano-

---

979 Zu einer Liste von Dokumenten: MONTEVECCHI, in: Aegyptus 15, 68–72. Allgemein: KRELLER, Erbrechtliche Untersuchungen, v.a. 207–303. Weitere Literatur: RUPPRECHT, Einführung, 112–113.

980 Vgl. die Liste bei MONTEVECCHI, in: Aegyptus 15, 73.

981 Vgl. LIPPERT/SCHENTULEIT, DDD II, 2–5.

982 Vgl. z.B. MATTHA, Demotic Ostraca, 14–31.

983 SEIDL, Ptol. Rechtsgeschichte, 146.

984 LIPPERT/SCHENTULEIT, DDD II, 187–237.

985 Umfassend dazu RUPPRECHT, Quittung.

986 Vgl. PACKMAN, Taxes, 52.

menurkunden sowie Bankdiagraphai, seltener auch Cheirographa ausgestellt. Zahlreiche zweisprachige Quittungen sind aus dem Zenon-Archiv erhalten.[987]

4.2.6.17 Abmachungen

Abmachungen waren Urkunden, in denen bestimmte Verhaltensweisen zwischen den Parteien vereinbart wurden; sie betrafen z.B. die Verteilung von Rechten und Pflichten zwischen gemeinschaftlichen Eigentümern (***pMichigan 4200***), die Verteilung von Erbe (***pBerlin P 3118***) oder Bedingungen eines Darlehens auf Hypothek. Dem. wurden sie als *šꜥ.t hn* „Abmachungs-Brief" oder *hn* „Abmachung" bezeichnet (***pMichigan 4526 B1***; ***pLoeb 62+pBerlin P 15558***). Üblicherweise wurden Abmachungen vor einem Unparteiischen (*ꜥrbṯ*) geschlossen und von diesem als Urkundenhüter verwahrt (s. S. 145 o.).[988]

Ein Sonderfall der Abmachungen waren Kultgenossenschaftsordnungen, die in Anlehnung an *sẖ*-Urkunden formuliert waren.[989] Aus röm. Zeit sind Abmachungen zwischen der Priesterschaft des Soknopaios-Tempels und Inhabern verschiedener Priesterämter sowie Handwerkern bekannt (z.B. ***pWien D 4852***); diese hatten keine Urkundenform und wurden nur gelegentlich von der einen Partei unterzeichnet.[990]

4.2.6.18 Urkunde über einen Orakelentscheid

Bislang einmalig ist eine kursivh. Urkunde der 26. Dyn., die eine Entscheidung eines Orakels des Amun-Re verzeichnet, in der einem Priester gestattet wurde, aus der Priesterschaft des Amun-Re in die des Month-Re-Harachte zu wechseln (***pBrooklyn 47.218.3***). Wie bei kursivh. Urkunden üblich, trägt das Dokument die Unterschriften und Teilabschriften des Urkundentextes durch die (hier insgesamt 50) Zeugen. Der Papyrus ist entsprechend von ungewöhnlicher Länge und hat darüber hinaus eine farbige Vignette, die die Orakelprozession darstellt; offensichtlich war der Wechsel der Tempelzugehörigkeit ein Akt, dessen juristische Bedeutung weit über das zu erwartende Maß einer tempelinternen Angelegenheit hinausging.

4.2.7 Urkunden für offizielle Stellen

4.2.7.1 Tempeleide

Tempeleide sind v.a. aus der Zeit vom 2. Jh. v.Chr. bis ins frühe 1. Jh. n.Chr. bekannt.[991] Die überwiegende Zahl war dem., nur zwei gr. Eide, die von Aufbau und Inhalt her den dem. Tempeleiden entsprechen, sind bislang bekannt (***M.Chr. 49***; ***W.Chr. 110a***). Sie wurden, wie der Name schon sagt, in einem Tempel, genauer oft im Dromos, Vorhof oder Hof, und bei den dort verehrten Gottheiten geleistet. Sie standen fast immer im Zusammenhang mit Prozessen (in Ausnahmen auch mit Geschäftsabschlüssen[992]), wobei ihre Anwendung zur Rechtsfindung durch Gesetze geregelt war und nicht dem Gutdünken der Richter überlassen blieb. Neben den Laokritengerichten (s. S. 180ff. u.) konnten wohl auch Vereinsgerichte (s. S. 119 o.) Eide auferlegen (***W.Chr.***

987 Vgl. SPIEGELBERG, P.Zenon, 23–34.
988 NIMS, in: JEA 24, 78–82.
989 Vgl. DE CENIVAL, Associations religieuses, passim.
990 LIPPERT, in: Proceedings Lecce, 145–155.
991 Umfassend dazu KAPLONY-HECKEL, Tempeleide.
992 KAPLONY-HECKEL, Tempeleide, 348–359; Nr. 216–221.

110a). Seidl nimmt an, daß die Parteien auch gegenseitig voneinander Tempeleide fordern konnten.[993] Dies geht allerdings aus den Eiden selbst nicht hervor. Ein Hinweis darauf könnte jedoch sein, daß in einigen Urkunden der Aussteller darauf verzichtet, vom Empfänger einen Eid außerhalb des Gerichtes zu fordern. Die Klausel *bn-ỉw=y rḫ dỉ.t ʿnḫ m-sꜣ=t pꜣ bnr n pꜣ ʿ.wy nty ỉw nꜣ wpṯy.w n-ỉm=f* „Ich werde dir keinen Eid auferlegen können außer in dem Haus, in dem die Richter sind" wurde allerdings von Seidl[994] so mißverstanden, daß derjenige, der einen Eid verlangte, den Schwurgott und den Tempel wählen konnte; das „Haus, in dem die Richter sind", war nach ihm ein Tempel oder ein Tempelteil, nicht ein Justizgebäude. Daß eine kgl. Verordnung der ptol. Zt. es Privatleuten, die ergebnislos von einem Monopolpächter nach schwarzgepreßtem Öl durchsucht worden waren, ausdrücklich gestattete, diesen einen Tempeleid darüber schwören zu lassen, daß er in bester Absicht gehandelt habe (***P.Revenue Laws*** Kol. 56), weist darauf hin, daß die Leistung von Tempeleiden sonst von Richtern anzuordnen war.

Die Tempeleide stellen aufgrund der nur spärlich erhaltenen Protokolle von Laokritenprozessen eine wertvolle Quelle zum Zuständigkeitsbereich der äg. Gerichte in der ptol. und frühröm. Zeit dar: Sie beziehen sich auf Ehescheidung (eheliche Treue und Haushaltsführung, Rückgabe der Mitgift), Erbschaft (Schulden des Erblassers, Eigentumsansprüche der Erben), Kauf (Bezahlung des Preises, Eigentumsansprüche des Käufers, Qualität der Ware), Eigentumsstreitigkeiten verschiedener Art, Verwahrung, Darlehen und Schuldrückzahlung, Bürgschaft, Verpfändung, Pacht (Ausführung der Feldarbeit, Zahlung des Pachtzinses), Arbeitsverpflichtung, Unterschlagung, Diebstahl, Sachbeschädigung, selten auch Körperverletzung.

Es kamen sowohl Eide der Streitparteien als auch seltener Zeugeneide vor. In vielen Fällen wurde das Urteil davon abhängig gemacht, ob eine der Prozeßparteien den ihr auferlegten Eid leistete oder nicht. Damit war jedoch der Fall nicht unbedingt abschließend entschieden, manchmal folgten weitere Schritte, z.B. mußte ein Beklagter, der seine Schuldlosigkeit nicht beschwören konnte, statt dessen offenlegen (*wnḥ* „enthüllen"), wie hoch z.B. noch ausstehende Zahlungen zu seinen Lasten waren. Das Gericht formulierte den Eid entsprechend den in der Gesetzessammlung dafür vorgesehenen Modellen vor (vgl. z.B. das Eidmodell über eine gestohlene Urkunde in der ***Zivilprozeßordnung*** 99–100, VIII und die Tempeleide ***oStraßburg 797*** und ***oZürich 1838***). Oft mußte zugleich ein naher Verwandter oder der Gatte als Eideshelfer die Wahrheit des Eides beschwören.

Die erhaltenen Tempeleide sind fast ausschließlich auf Ostraka niedergeschrieben und stellen demnach die Vorlage (*ḫ.t pꜣ ʿnḫ* „Wortlaut des Eides") für den Schwörenden dar, nach der die mündliche Eidesleistung erfolgen sollte. Entsprechend verzeichneten sie zunächst die Person, die den Eid leisten sollte, den Gegner, den Ort und das Datum (in unterschiedlicher Reihenfolge und nicht immer vollständig). Der eigentliche Eidestext setzte sich zusammen aus der Schwurformel mit Anrufung der Gottheit, vor der der Eid geleistet wird, und der zu beeidenden Aussage. Diese war oft sehr umfassend formuliert („ich habe es nicht getan, ich habe nicht veranlaßt, daß es getan wird, und ich weiß nichts darüber"), um zu verhindern, daß sich jemand sophistisch aufgrund der Wortwahl herausredete. Thebanische Tempeleide enthielten i.d.R. die Formel *mn md.t ʿḏ n pꜣ ʿnḫ*

993 SEIDL, Röm. Provinz, 122.

994 SEIDL, Saiten- und Perserzeit, 37–38.

„es ist nichts Falsches in dem Eid".[995] Anschließend war oft die Entscheidung des Gerichts vermerkt, die getroffen wurde, falls der Eid geleistet bzw. nicht geleistet wurde. Manchmal findet sich noch eine Nachschrift, z.B. darüber, ob der Eid tatsächlich geschworen wurde, oder eine Zufriedenheitserklärung des Klägers. Die Ausfertigungen für das Gericht bzw. die Parteien dagegen wurden auf Papyrus geschrieben (z.B. ***pRylands 36*** zu ***oStraßburg 137+268***).

Einige der Tempeleide enthielten als Entscheidung für den Fall, daß der Eid nicht geleistet wird, die Anordnung, die Person solle zu einem bestimmten Amtsträger kommen, entweder dem Epistates (***M.Chr. 49***), dem Strategen (***oAshmol. Mus. 13***), dem *rd* „Bevollmächtigten" (***oTTO D 32***) oder dem *šms(?)* „Gefolgsmann(?)" (***oLeiden o.Nr.***), die beiden letzteren vielleicht in Fällen, die vor dem Vereinsgericht verhandelt wurden. Während Kaplony-Heckel davon ausgeht, damit sei eine weitere Instanz gemeint, an die der Fall bei Eidesverweigerung von dem äg. Gericht überwiesen werde[996], glaubt Seidl, dies seien Fälle, die von Anfang an vor einem gr. Beamten verhandelt wurden[997], was jedoch eher unwahrscheinlich ist.

4.2.7.2 Königseide/Kaisereide

Als Vorläufer der ptol. Königseide (*ʿnḫ n pr-ʿꜣ, ὅρκος βασιλικός, χειρογραφία*) könnte man den seit dem NR belegten „Eid des Herrn" (*ʿnḫ n nb*) bzw. die aus der 3. Zwzt und Spzt bekannten Eide bei Amun und dem König und Eide bei der Gottesgemahlin des Amun (***pLouvre E 3228d***) oder dem Hohenpriester des Amun (***pBerlin P 3048 vso A***) sehen. Das feste Formular der dem. Königseide ist jedoch wohl von Ptolemaios II. eingeführt worden[998], in Anlehnung an das der gr. Königseide.

Im Gegensatz zum Tempeleid wurde der ptol. Königseid schriftlich geleistet oder nach der Leistung schriftlich niedergelegt.[999] Dem. Königseide waren i.d.R. Doppelurkunden (Ausnahme: ***pBerlin P 3080***).[1000] Wie die gr. Königseide bestanden sie aus den Elementen Datierung, Anrufung des Königs, Eidestext und Schlußformel, worin der Schwörende bei Eidbruch den Abscheu des Königs auf sich herabruft. Wilcken sieht den Unterschied zwischen Königs- und Tempeleid darin, daß ersterer ausschließlich im Interesse der Regierung geleistet worden wäre, während Privatleute untereinander Tempeleide schwörten.[1001] Tempeleide kamen außerhalb von Verhandlungen vor dem Laokritengericht oder Vereinsgerichten (s. S. 184 u.) kaum vor, während andererseits Königs- und Kaisereide auch als privatrechtliche Urkunden, z.B. für Pachtgesuche und Arbeitsverpflichtungen (***pZen.dem. 2***), verwendet wurden. Der Kaisereid der röm. Zeit konnte auch bei Geschäften unter Privatleuten vorkommen (***CPR I 224***).

4.2.7.3 Klageschriften und Klageerwiderungen (Schriftsätze)

Für den Prozeß vor dem Laokritengericht war die Einreichung einer Klageschrift notwendig, auf die dann der Beklagte ebenfalls in schriftlicher Form antwortete; da auch der Kläger das Recht hatte, darauf zu entgegnen, und ebenso wiederum der Beklagte,

---

995 KAPLONY-HECKEL, Tempeleide, 27.
996 KAPLONY-HECKEL, Tempeleide, 16.
997 SEIDL, in: Aegyptus 31, 314.
998 KAPLONY-HECKEL, in: LÄ I (s.v. Eid. demot.), Sp. 1200.
999 WILCKEN, in: ZÄS 48, 172.
1000 Eine Sammlung dem. und gr. Königseide findet sich bei MINAS-NERPEL, Ahnenreihen, 164–166.
1001 WILCKEN, in: ZÄS 48, 173.

lagen dem Gericht dann insgesamt vier Schriftsätze, äg. *ḫrw* „Stimme" genannt, vor. Ein vollständiges Ensemble ist in den Prozeßakten des Siut-Archives erhalten (***pBM 10591 rto***). Nach ***pBerlin P 23757 rto*** F 1.2–7 durften Schriftsätze nach ihrer Einreichung beim Gericht nicht mehr geändert werden. Als Klageschriften vor gr. und röm. Beamten dienten Hypomnemata, die dem. (***pBM 10599***) oder gr. abgefaßt sein konnten (s. u.).

4.2.7.4 Öffentliche Proteste

Die korrekte Methode, um gegen die Handlungsweise eines anderen Einspruch einzulegen, war im äg. Recht der öffentliche Protest (*šꜥr*), früher oft als „Streitschätzung" übersetzt[1002]. Drei Modellformulare dafür findet sich im ***Codex Hermupolis***: zwei gegen eine unberechtigte Inbesitznahme, wenn der Gegner nicht anwesend war (2.12–18) bzw. wenn er anwesend war (2.19–22), das dritte, framentarisch erhaltene, bei ausstehender Miet/Pachtzahlung (3.24–27). Wenn jemand in drei aufeinanderfolgenden Jahren jeweils einen öffentlichen Protest gegen eine Inbesitznahme einlegte und der Gegner nie darauf reagierte, konnte dieser den Besitz nicht weiterverkaufen, da er nicht als unbelastet galt. Nur sehr wenige Dokumente dieses Typs sind bislang bekannt (***pLouvre E 2434+2437***; ***pBrüssel E 6034***), dazu kommt noch die Erwähnung eines *šꜥr* in ***pBM 10591 rto*** 1.21. Seidls Annahme, die Urkunde sei im Archiv des Ausstellers verblieben, ist unwahrscheinlich, da für die Wirksamkeit eine Hinterlegung an offizieller Stelle (örtliches Notariat, Tempelarchiv o.ä.) nötig war.

4.2.7.5 Eingaben an Beamte bzw. den König

Eingaben konnten als Anzeigen, Petitionen oder Klageeinleitungen dienen; i.d.R. hatten sie Briefform. Aus der 27. Dyn. stammen Petitionen (bzw. Entwürfe dafür) an pers. Beamte (dem.: ***pBerlin P 13539***; ***pLoeb 1***; aram.: ***pBerlin P 13495***) sowie der lange ***pRylands 9***, bei dem es sich wohl um den Entwurf für eine Eingabe an den *snty* (Finanzminister, Vorläufer des ptol. *διοικητής*[1003]) handelte.
Seit der ptol. Zeit wurden Eingaben an die Verwaltung bzw. den König überwiegend auf Gr. verfaßt (z.B. ***P.Ent. 6***; ***P.Ent. 32***; ***P.Ent. 82***), aber auch dem. Eingaben an äg. und gr. Beamte der niederen Verwaltungsebene sind erhalten (***pBM 10598***; ***pBM 10599***; ***pBerlin P 13523***). ***pBerlin P 13532*** ist eine dem. Übersetzung aus dem Gr.
Die unterschiedlichen gr. Ausdrücke lassen sich nur schwer genau gegeneinander abgrenzen: Eine *ἔντευξις* war eigentlich eine Eingabe an den König, *de facto* allerdings wurde sie oft von niedereren Beamten bearbeitet. Üblich war die Einleitung *βασιλεῖ NN χαίρειν A* „Den König NN grüßt A.", nach der Schilderung des Falles folgte dann die Bitte um eine offizielle Reaktion *δέομαι οὖν σοῦ βασιλεῦ εἴ σοι δοκεῖ προστάξαι* ... „Ich bitte dich daher, o König, wenn es Dir recht ist, zu befehlen ...". Das Schreiben schloß oft mit *ἵνα δία σὲ βασιλεῦ τύχω τοῦ δικαίου* „damit mir durch dich, o König, Gerechtigkeit widerfahre" oder einer ähnlichen Formel. Neben juristischen Klagen, eingeleitet durch *ἀδικοῦμαι ὑπὸ B* ... „Mir wird Unrecht getan durch B ...", konnten Enteuxeis auch Bitten um Abriß und Neubau (***P.Ent. 6***) oder die offizielle Bestätigung eines Erbanspruches (***P.Ent. 17***) beinhalten.

1002 SEIDL, Ptol. Rechtsgeschichte, 53–54. Vgl. a. SEIDL, in: ZÄS 94, 131–134.
1003 Vgl. a. VITTMANN, P.Rylands 9, 296–298.

Ein *προσάγγελμα* war eine kurze Anzeige eines rechtswidrigen Tatbestandes an die Polizeibehörde oder den Dorfschreiber (*sẖ tmy*, *κωμογραμματεύς*), ein *ὑπόμνημα* ein Memorandum nach einer mündlichen Petition, wohl die Entsprechung des dem. *mkmk* „Erinnerung"[1004] (vgl. ***pFitzhugh D 1***. Meist hatten diese Eingaben die Form eines Briefes, die Einleitungsformel lautete gr. *ὑπόμνημα A παρὰ B*, dem. *wꜥ mkmk n A n-ḏr.t B*, „Eine Eingabe an A von B", manchmal auch wie in Briefen bzw. *šꜥ.t*-Urkunden.

[1004] SEIDL, Ptol. Rechtsgeschichte, 50; 66.

4.3 Gerichtsbarkeit

4.3.1 Der König/Kaiser als Richter

Wie im NR konnte in der Spzt der äg. König persönlich Recht sprechen. Für Psametich I. ist dies in ***pRylands 9***, 11.19 überliefert, und auch Psametich II. hätte nach ***pRylands 9***, 15.8 Gericht gehalten, wenn er nicht krank geworden wäre.

Der ptol. König war, wenngleich nur in gravierenden Fällen, die das Steuerwesen oder die Sicherheit des Staates betrafen, ebenfalls selbst als Richter tätig.[1005] In Diagrammata (s. S. 134f. o.) behielt er sich manchmal Entscheidungen vor, v.a. bei Straftaten.[1006] Für die Voruntersuchung solcher Verfahren war ein Beamter mit dem Titel *ὁ πρὸς ταῖς ἀνακρίσεσι* zuständig.[1007] Aber auch in anderen juristischen Angelegenheiten konnte man sich direkt mit einer Eingabe (*ἔντευξις*, s. S. 177 o.) an den König wenden; in späterer Zeit wurden diese Petitionen i.d.R. jedoch nicht an den König, sondern an den Strategen oder *διοικητής* geschickt und von diesen oder einem niederen Beamten bearbeitet bzw. an ein Gericht überwiesen.[1008] Die Bezeichnung des ptol. Königs in seiner richterlichen Funktion als Orakelgott[1009] geht sicherlich am zeitgenössischen Verständnis vorbei.

In röm. Zeit war der Kaiser nominell der oberste Richter, in der Praxis griff er jedoch nur selten selbst ein: Auf Antrag erließ er aufgrund der Angaben der Klagepartei eine vorläufige Entscheidung (Interdikt), die bestimmte Maßnahmen anordnete (z.B. die Rückgabe von gewaltsam weggenommenen Gütern) und als Reskript (s. S. 135 o.) in Alexandria ausgehängt wurde (***Apokrimata*** Z. 1, 21). Die Beweisaufnahme und die endgültige Entscheidung überließ er dem regulären Gerichtsverfahren. Auch um die Korrektur eines bereits erfolgten Urteils konnte der Kaiser gebeten werden (***BGU II 628 Ro***). Obwohl dieses Vorgehen erst ab Hadrian sicher bezeugt ist, gab es wohl schon unter Augustus Vorläufer. Im übrigen lag die oberste Judikative in der Hand seines Statthalters, des *praefectus Aegypti*.[1010]

4.3.2 Art und Zusammensetzung der Tribunale

4.3.2.1 Ägyptische Gerichte

Der Begriff *qnb.t* im Sinne von „Gericht" kommt nur noch in den kursivh. Urkunden vor (***pLouvre E 3228c***) und wird in den dem. durch *nꜣ wpṯy.w* „die Richter" ersetzt (***pRylands 1*** und ***2***). In Titeln der 26. Dyn. erscheint gelegentlich als Archaismus noch einmal das alte Wort *ḏꜣḏꜣ.t*.[1011] Eine hohe judikative Funktion könnte der *mr-sẖ-ḫnṱ-wr* (abgeleitet vom alten Titel *sẖ n ḫnr.t wr.t*, s. S. 45 o.) gehabt haben.[1012] Über die Tätigkeit von Gerichten in der 26.–30. Dyn. sind kaum äg. Quellen vorhanden; der ***pRylands 9*** beschreibt für die 26. Dyn. Verhandlungen vor dem König (11.19) sowie dem Wesir

[1005] WOLFF, Justizwesen, 5–6. TAUBENSCHLAG, Law², 479–480. SEIDL, Ptol. Rechtsgeschichte, 73–74.

[1006] SEIDL, Ptol. Rechtsgeschichte, 74.

[1007] WOLFF, Justizwesen, 6–7.

[1008] WOLFF, Justizwesen, 10. SEIDL, Ptol. Rechtsgeschichte, 74; 79.

[1009] So SEIDL, Saiten- und Perserzeit, 31.

[1010] SEIDL, Röm. Provinz, 94–95.

[1011] ALLAM, in: JEA 77, 115–119.

[1012] Vgl. dazu LIPPERT, in: ZÄS 130, 94 Fn. 55.

und Richtern (15.9) und für die 27. Dyn. vor verschiedenen Beamten – Gauvorsteher und General in Herakleopolis (19.21–20.19), *snty* (s. S. 177 o.) in Memphis (3.4) –, aber nicht vor regionalen Kollegialgerichten. Aus aram. Dokumenten der Perserzeit aus der Garnison von Elephantine geht hervor, daß der Satrap als Richter fungierte, daneben aber auch der Bezirksverwalter (*FRTRK*) sowie, für die Soldaten, der Garnisonsvorsteher (*RB ḤYLʾ*). Bresciani geht davon aus, daß für die Ägypter in der Perserzeit Gerichte aus pers. Beamten zuständig waren, die jedoch nach äg. Recht urteilten[1013], doch ist dies nicht sicher zu belegen. Denkbar wäre eher, daß es sich bei den in aram. Texten belegten regionalen Kollegialgerichten (*DYNY MDNTʾ* „Richter der Provinz", ***pKairo JE 43468*** Z. 7) um die Nachfolger der schon in der 26. Dyn. belegten *wpṱy.w* (s.o.) handelt, wenngleich vielleicht unter Aufsicht eines pers. Beamten. Die *DYNY MLKʾ*, „Richter des Königs" (***pBerlin P 13489*** Z. 3) könnten die Funktion der großen *qnb.wt* in den Residenzstädten übernommen haben, bei ihnen ist eine teilweise oder vollständige Besetzung mit persischen Beamten wahrscheinlicher.[1014]

Als Gerichtsort nennen kursivh. Urkunden das „Urkundenbüro" *ḫꜣ nꜣ sẖ.w* (***pLouvre E 3228c*** 1.24; ***pVatikan 2038 C***; ***pTurin 2118 rto = A*** Z. 33). In dem. Urkunden heißt es stattdessen *pꜣ ꜥ.wy wpy* „das Haus des Urteilens" oder *pꜣ ꜥ.wy nty ỉw nꜣ wpṱy.w n-ỉm=f* „das Haus, in dem die Richter sind". Der Begriff *ꜥ.t-ỉs.t*, der als „Gericht" übersetzt wird, ist bislang nur in religiösem Kontext als Ort eines Göttergerichtes belegt.[1015]

Ptolemaios II. wird die Neuorganisation des Rechtswesens zu Beginn der Ptolemäerzeit zugeschrieben.[1016] Das Nebeneinander von gr. und äg. Recht machte sich auch in der Gerichtsordnung bemerkbar. Seit der 1. Hälfte des 3. Jh. v.Chr. lassen sich in gr. Texten die *λαοκρίται* „Volksrichter" nachweisen, was den dem. *wpṱy.w* entspricht. Daß diese erst durch Ptolemaios II. als Institution eingerichtet worden sind, wie das von Papyrologen häufig angenommen wird[1017], ist unwahrscheinlich, da die *wpṱy.w* seit der 26. Dyn. belegt sind (s.o.). Wahrscheinlich legte die Neuordnung nur die kgl. Anerkennung für Dikasterien (s. S. 181 u.), Laokritengerichte und Koinodikion (s. S. 184 u.) sowie ihre Kompetenzen fest und führte vielleicht den neuen gr. Begriff *λαοκρίται* für die äg. Richter ein.

Das Laokriten-Kollegium bestand, soweit die Quellen dies angeben, jeweils aus drei Priestern des lokalen Haupttempels (z.B. Priester des Upuaut in Siut: ***pBM 10591 rto*** 1.1–5)[1018]. Funde juristischer Lehrbücher weisen auf eine Ausbildung der entsprechenden Personen im Tempel hin.[1019] Um das Richteramt zu erlangen, mußte, wie beim Aufstieg in einen höheren Priesterrang, eine bestimmte Gebühr gezahlt werden (***Zivilprozeßordnung vso***). Den Laokriten war als kgl. Beamter ein *εἰσαγωγεύς* („Einführer") beigegeben, was die staatliche Sanktionierung, aber auch Überwachung ihrer Richtertätigkeit zeigt. Er war für die Vorbereitung der Fälle, die Ladung des Beklagten, die Prüfung der Zulässigkeit von Urkunden als Beweismittel, die Ausfertigung von Gerichtsbeschlüssen und die Ausführung der Urteile zuständig.[1020] Die Laokriten waren zunächst –

1013 BRESCIANI, in: SCO 7, 157.
1014 Vgl. aber auch BRESCIANI, in: SCO 7, 155–156, sowie YARON, Introduction, 27.
1015 FAIRMAN, in: ZÄS 91, 5.
1016 WOLFF, Justizwesen, 56–58.
1017 Vgl. RUPPRECHT, Einführung, 143. So auch WOLFF, Justizwesen, 62.
1018 SEIDL, Ptol. Rechtsgeschichte, 71. ALLAM, in: JEA 77, 121.
1019 LIPPERT, Lehrbuch, 175.
1020 SEIDL, Ptol. Rechtsgeschichte, 77.

schon rein gewohnheitsmäßig – die Richter für die einheimische Bevölkerung, erst ab 118 v.Chr. (***P.Tebt. I 5***, 207–220) galt, daß nicht die (zu diesem Zeitpunkt kaum noch eindeutig feststellbare) Nationalität der Parteien, sondern die Sprache der Urkunde darüber entschied, ob ein Fall den Laokriten oder den Chrematisten (s. u.) vorgelegt wurde.[1021] Seidls Versuch, den äg. Richtern ihre Urteilskompetenz abzusprechen und sie zu bloßen „Rechtsweisern" zu machen, indem er den Begriff *κρίνειν* mit „schlichten" übersetzt und in Gegensatz zu *δικάζειν* „urteilen" stellt[1022], ist philologisch fragwürdig, da diese Bedeutungseinengung weder für das gr. Wort noch für das äg. *wpỉ* plausibel zu machen ist. Ein weiteres Indiz gegen seine These findet sich in mehreren Enteuxeis (z.B. ***P.Ent. 83***), in denen der Stratege die Anweisung gibt, die Parteien nach Möglichkeit durch Schlichtung zu versöhnen (*διαλύειν*) oder, falls dies keinen Erfolg hat, den Prozeß den Laokriten zu übergeben, und somit ein deutlicher Unterschied zwischen Schlichtung und Laokritenurteil gemacht wird.

Die Laokriten sind nur noch bis an das Ende des 2. Jh. v.Chr. direkt nachzuweisen, doch könnte dies auf Fundzufall beruhen, denn aus der gesamten ptol. Zeit sind bislang nur sehr wenige Protokolle über Prozesse vor den Laokriten bekannt (***pBM 10591 rto***; ***pMallawi 602/10***; ***pKöln 7676***). Obwohl ***BGU VIII 1827*** zeigt, daß 52/1 v.Chr. ein Prozeß aufgrund einer äg. *sꜥnḫ*-Urkunde vor den Chrematisten geführt wurde, stellen die noch bis ins frühe 1. Jh. n.Chr. belegten dem. Tempeleide (s. S. 174f. o.) ein Indiz für ein Weiterleben der Laokritengerichte dar, denn diese sind bislang nicht im Zusammenhang mit Chrematistenprozessen nachweisbar. Die Zuständigkeit der Laokriten scheint dann jedoch auf Bagatellsachen beschränkt zu sein. Ein Textbeleg für *wpṯy.w* „Richter" im 1. Jh. v.Chr.[1023] ist hingegen nicht relevant, da es sich um eine feste Urkundenformel handelt.

Unklar ist, auf welche Epoche sich die Beschreibung Diodors (***Diod.*** I, 75.3–4) bezieht, wonach je zehn Männer aus den Städten Memphis, Heliopolis und Theben als Richter fungierten und gemeinsam zu Gericht saßen, deren Vorsitzender ein Bildnis der Gerechtigkeit trug und die vor sich in acht Büchern die Gesetze des Landes liegen hatten. Die Situation erinnert einerseits an das „Dreißigergericht" (*mꜥbꜣy.t*) des MR und evt. NR, zum anderen an die in den Hauptstädten Memphis und/oder Heliopolis sowie Theben wirkenden *qnb.wt ꜥꜣ.wt* (s. S. 44 u. 77 o.). Sein Bericht erweckt außerdem den Eindruck, als gäbe es außer diesem zentralen keine anderen Gerichte in Äg. und als hätte dieses sämtliche Fälle verhandelt, was zu keiner Epoche wahrscheinlich ist.

4.3.2.2 Griechische Gerichte

Zumindest zu Beginn der ptol. Zeit hatte Alexandria nach dem Vorbild der athenischen Gerichtsverfassung *δικαστήρια*, *κριτήρια* (Schlichtungsstellen) und *διαιτηταί* (Schiedsrichter) (***P.Hal. 1*** Z. 26).[1024] Auch die beiden anderen gr. Poleis in Äg., Ptolemais und Naukratis, hatten wohl eigene Gerichtsordnungen, von denen jedoch nicht viel bekannt ist. Für die gr. sowie die nicht-äg. Bevölkerung in der Chora waren im 3. Jh. v.Chr. zunächst *δικαστήρια* mit Kollegien von meist zehn *δικασταί* (daher oft als „Zehnmännergericht" bezeichnet) in den größeren Städten vorhanden. Die *δικασταί* wurden nicht

---

1021 PESTMAN, in: BASP 22, 267–269.

1022 SEIDL, Saiten- und Perserzeit, 33. SEIDL, Ptol. Rechtsgeschichte, 70; 75.

1023 ALLAM, in: JEA 77, 126.

1024 SEIDL, Ptol. Rechtsgeschichte, 69.

vom König ernannt, sondern von dem ihnen zugewiesenen *εἰσαγωγεύς* (s.o.) aus einer größeren Zahl von Kandidaten, wohl den lokalen Honoratioren, für jeden Fall neu ausgelost.[1025]
Um auch die abgelegenen ländlichen Gebiete zu versorgen (***Aristeas-Brief*** § 111) oder, nach Wolff, um die kgl. Gerichtsbarkeit zu entlasten,[1026] richtete Ptolemaios II. die Chrematisten (*χρηματισταί*) ein, die sich aus der gr. Bevölkerung, vielleicht aus der Oberschicht Alexandrias, rekrutierten[1027]; es handelte sich dabei um juristische Laien. Nach Wolff waren sie ursprünglich vom König im Einzelfall mit Urteilsbefugnis ausgestattete und für gewisse Zeit ins Land geschickte Delegierte, also im Gegensatz zu Dikasterien und Laokritengerichten ein kgl. Gericht. Im 2. und 1. Jh. v.Chr. waren die Chrematisten ständige Behörden, die in einem oder mehreren Gauen fungierten und dort an verschiedenen Standorten tätig sein konnten. Die Deutung als Wandergerichtshof lehnt Wolff ab.[1028] Die Chrematisten bestanden aus je drei Richtern, denen ein *εἰσαγωγεύς* (s.o.) beigegeben war, hatten einen Schreiber (*γραμματεύς*) und einen Boten (*ὑπερητής*).[1029] Ihre Amtszeit war recht kurz, eventuell nur zwei Jahre.[1030] Sie wurden vom König bestallt, die Auswahl oblag wohl dem Archidikastes (s. S. 183 u.).[1031] Die Chrematisten waren wahrscheinlich dem *διοικητής* unterstellt.[1032] Seidl nimmt an, daß die Chrematistengerichte im 2. und 1. Jh. v.Chr. die Dikasterien und Laokritengerichte „verdrängten“, weil das Verfahren dort einfacher gewesen sei und sie bessere Möglichkeiten zur Durchsetzung von Urteilen gehabt hätten.[1033] Das läßt sich allerdings nicht belegen. Der einzige gesicherte Vorteil war, daß ein Diagramma es bei Geldstrafe verbot, eine bereits vom König oder den Chrematisten entschiedene Sache noch einmal vor ein anderes Gericht zu bringen (***O.Bodl. I 277***). Nach Wolff[1034] waren die Chrematisten für alle Bewohner Äg. gleichermaßen zugänglich. In der Tat wurden Prozesse unter Ägyptern auch vor die Chrematisten gebracht (vgl. ***P.Tor.Choach. 8***). Als Vertreter der kgl. Gerichtsbarkeit standen sie über gr. und äg. Recht und stellten damit keinen Gegensatz zu den Laokriten dar. Da die gr. Beamten nicht Dem. lesen konnten, mußte von dem. Urkunden, die diesen vorgelegt werden sollten, gr. Übersetzungen angefertigt werden (***P.Tor.Choach. 12***, 5.4). Die Chrematisten sind noch bis in die 2. Hälfte des 2. Jh. n.Chr. belegt (***BGU IV 1038***; ***BGU XV 2472***), doch hat sich ihr Aufgabenbereich offenbar verändert.[1035]
Eine judikative Funktion hatten auch die gr. Verwaltungsbeamten, an die der König Fälle delegierte. In ***pStraßburg WG 18*** werden als mögliche Stellen, vor denen geklagt werden könnte, *sḥn* (= Nomarch?), *wpe* „Richter“ (= Laokrit), *tygsts* (= *δικαστής*), *srtyqw[s]* (= *στρατηγός*), *ꜣpystts* (= *ἐπιστάτης*) und *rmṯ nb n pꜣ tꜣ nty hb n md.t pr-ꜥꜣ* „jeder Mensch auf Erden, der in einer staatlichen Angelegenheit/Steuersache entsandt

1025 WOLFF, Justizwesen, 31–32; 39–44.
1026 WOLFF, Justizwesen, 64.
1027 SEIDL, Ptol. Rechtsgeschichte, 75.
1028 WOLFF, Justizwesen, 14; 66–67; 71–72.
1029 SEIDL, Ptol. Rechtsgeschichte, 76.
1030 WOLFF, Justizwesen, 68.
1031 WOLFF, Justizwesen, 75.
1032 SEIDL, Ptol. Rechtsgeschichte, 76, mit Fn. 4.
1033 SEIDL, Ptol. Rechtsgeschichte, 76; 99.
1034 WOLFF, Justizwesen, 83–85.
1035 CALABI, in: Aegyptus 32, 419–420.

ist" aufgezählt.[1036] Die gr. Beamten waren wohl in ihrer Entscheidung über Rechtsansprüche freier als die Gerichte.[1037] Ihre Tendenz zur Schlichtung (*διάλυσις*) anstelle eines Urteils, für die die häufige Anweisung des Strategen *μάλιστα διάλυσον αὐτούς* „am besten versöhne sie" auf eingereichten Enteuxeis[1038] spricht, ist m.E. weniger rechtsphilosophisch motiviert als ein Versuch, sich selbst Mühe zu ersparen, denn die Anweisung richtet sich an einen Untergebenen. Zu Beginn der ptol. Zeit konnte der Nomarch noch selbständig als Richter auftreten, in einem Diagramma von 246–242 v.Chr. wurde die Mitwirkung des Strategen an der richterlichen Tätigkeit des Nomarchen zumindest in Pacht- und Kaufangelegenheiten befohlen (***P.Petr. III 26*** Z. 1–3).[1039] Prozesse vor dem Epistates sind häufiger belegt, so z.B. der Hermias-Prozeß (***P.Tor.Choach. 12***). Gemeint ist dabei der zivile Verwaltungsbeamte (Gauepistates), nicht der militärische Kommandant einer Truppe. Für Fälle, die staatliche Einnahmen betrafen, waren statt der Gerichte Finanzbeamte zuständig. Dies galt auch in röm. Zeit noch, weswegen der Nestnephis-Prozeß vor dem Idios-Logos-Beamten geführt wurde[1040]. Nicht ganz klar ist für die ptol. Zeit die Funktion des in Alexandria ansässigen Archidikastes, der in röm. Zeit mit vollem Titel „Erzrichter und Zuständiger für die Sorge für die Chrematisten und die übrigen Gerichte" (*ἀρχιδικαστὴς καὶ πρὸς τῇ ἐπιμελείᾳ τῶν χρηματιστῶν καὶ τῶν ἄλλων κριτηρίων*) genannt wird, was nach einem Obersten Richter oder Justizminister klingt[1041]; Wolff vermutet, daß er bereits im 3. Jh. v. Chr. für die Auswahl der Chrematisten verantwortlich war.[1042]

4.3.2.3 Römische Gerichte

Die oberste Gerichtsbarkeit lag in der röm. Zeit beim Präfekten in Alexandria als Vertreter des Kaisers, der sie auf jährlichen Konventen (*διαλογισμοί*) in ausgewählten Städten der Chora ausübte. Vor allem bei strafrechtlichen Fällen oder zivilrechtlichen mit hohem Streitwert oder solchen mit Bezug zum Steuerrecht oder Liturgien (s. S. 90 o.) entschied der Präfekt selbst, andere delegierte er vollständig oder zumindest in der Beweisaufnahme.[1043] Der Präfekt hatte, v.a. wenn er nicht selbst Jurist war, juristische Berater (*φίλοι, κριταί, νομικοί*), wohl aus Rom[1044]. Über seine Entscheidungen weiß man aus den Auszügen aus den Amtstagebüchern (*ὑπομνηματισμοί, commentarii*), die von Anwälten zur Anwendung als Präzedenzfall in anderen Prozessen angefertigt wurden.[1045]

Neben dem Präfekten wirkte der *iuridicus Alexandreae* (*δικαιοδότης*) als Richter, speziell für die freiwillige Gerichtsbarkeit und Erbschafts- und Konkursprozesse.[1046] Der zuständige Beamte für die kaiserliche Spezialkasse (*ἴδιος λόγος*) und später der *διοικητής* übernahmen Finanzangelegenheiten und solche der Priesterschaft. Auch der

---

1036 Vgl. auch SEIDL, Ptol. Rechtsgeschichte, 71–72.
1037 RUPPRECHT, Einführung, 143.
1038 Vgl. P.Ent. passim. S. a. DÜLL, Gütegedanke, 110–118.
1039 SEIDL, Ptol. Rechtsgeschichte, 72; 78.
1040 SWARNEY, Idios Logos, 41–49.
1041 SEIDL, Ptol. Rechtsgeschichte, 77. KOSCHAKER, in: ZSS 28, 256.
1042 WOLFF, Justizwesen, 75.
1043 Vgl. dazu HAENSCH, in: ICP 21, 320–391.
1044 SEIDL, Röm. Provinz, 96.
1045 SEIDL, Röm. Provinz, 233.
1046 KUPISZEWSKI, in: JJP 7–8, 187–204.

Archidikastes trat als Richter auf.[1047] Die Gerichtsbarkeit konnte aber auch auf andere Beamte (Epistratege, Gaustratege) übertragen werden, die dadurch zu *iudices pedanei* (in den Papyri *δικασταί* bzw. *κριταί* genannt) wurden. Über die Auswahl der vom Präfekten bestimmten Richter sowie über eine Möglichkeit der Parteien, sie abzulehnen, ist nichts bekannt.[1048]

4.3.2.4 Sondergerichte

Für Streitigkeiten zwischen Griechen und Ägyptern war zu Beginn der ptol. Zeit wohl das *κοινοδίκιον* zuständig, das vermutlich gemischt mit Ägyptern (wohl Laokriten) und Griechen besetzt war.[1049] Belegt ist es nur im 3. Jh. v.Chr., im 2. Jh. v.Chr. fanden Prozesse zwischen Ägyptern und Griechen (***P.Tor.Choach. 11***; ***P.Tor.Choach. 11bis***; ***P.Tor.Choach. 12***) bereits vor dem Epistates statt.

Eine eigene Gerichtsbarkeit hatten die Kultgenossenschaften (s. S. 118f. o.). Wie die Laokriten konnten die Vereinsgerichte auch Tempeleide auferlegen (***W.Chr. 110a***).

Für Soldaten war der Kommandant als Richter zuständig, die außerhalb ihrer Garnison tätigen Soldaten wurden von dem Polizeikommandanten (*ὁ ἐπὶ τῆς πόλεως*) von Alexandria gerichtet.[1050] Königsbauern und mit Monopolen und Steuern befaßte Personen unterstanden in ptol. und wohl auch noch röm. Zeit Sondergerichten (***P.Mich. III 159***).[1051]

4.3.3 Prozeßablauf

4.3.3.1 Ägyptische Gerichte

Der Ablauf von Prozessen vor dem äg. Gericht (in der ptol. Zeit dem Laokritengericht) ist v.a. aus den Gesetzen zum Verfahrensrecht bekannt (***Zivilprozeßordnung*** 96–100; ***pBerlin P 23757 rto*** A 2.7–15; F 1.1–7). Seidls Unterscheidung zwischen einer Art Urkundenprozeß, dessen Klagen er mit *ḏd qnb.t* umschrieben sieht, und einem gewöhnlichen Prozeß, bei dem das Klagen durch *smỉ* bezeichnet worden sei[1052], beruht auf einem Mißverständnis, denn der Unterschied der beiden Begriffe liegt allein im Bezug zwischen den Akteuren und folglich der Konstruktion: *ḏd qnb.t ỉrm* bedeutet „prozessieren mit" und gibt nicht an, wer der Kläger und wer der Beklagte ist (vgl. auch *ỉry-ḏd* „Prozeßgegner"), *smỉ r* dagegen bedeutet „klagen gegen". Daneben ist noch *ʿš m-sꜣ* „klagen gegen" zu nennen (z.B. ***pMallawi 602/10***), welches der Lehnübersetzung *καταβοεῖν* in der gr. Übersetzung der äg. Gesetzessammlung (***P.Oxy. XLVI 3285***) zugrunde liegt.

Prozeßakten aus der SpZt fehlen bislang, sie sind auch aus ptol. Zeit nicht häufig (***pBM 10591 rto***; ***pMallawi 602/10***; ***pKöln 7676***). Während die Einreichung der ersten Klageschrift durch den Kläger an das Gericht in der Spzt offenbar den Prozeß eröffnete, mußte die Anrufung in ptol. Zeit vielleicht durch eine Enteuxis (s. S. 177 o.) erfolgen, und der Fall wurde dann, eventuell nach einer Voruntersuchung vor Ort, vom Strategen an

[1047] CALABI, in: Aegyptus 32, 423–424. KOSCHAKER, in: ZSS 29, 21

[1048] SEIDL, Röm. Provinz, 100–105, 110. RUPPRECHT, Einführung, 144.

[1049] WOLFF, Justizwesen, 54–55.

[1050] SEIDL, Ptol. Rechtsgeschichte, 83.

[1051] Ausführlich dazu BERNEKER, Sondergerichtsbarkeit, 44–57, 58–186. S. a. SEIDL, Röm. Provinz, 102.

[1052] SEIDL, in: Fs Préaux, 718.

das zuständige Gericht überwiesen (z.B. ***P.Ent. 83***).[1053] Für die korrekte Einleitung, die Zulässigkeit von Beweismaterial sowie den korrekten Prozeßablauf sorgte seit Ptolemaios II. der *εἰσαγωγεύς* (s. S. 180 o.). Der Kläger reichte beim Gericht eine Klageschrift ein, über die der Beklagte informiert wurde. Der Beklagte verfaßte darauf eine Erwiderung, zu der der Kläger schriftlich Stellung nahm. Zuletzt konnte der Beklagte sich zu diesem zweiten Schriftsatz wiederum äußern, so daß dem Gericht zu Beginn der Verhandlung vier Schriftsätze (*ḫrw.w* „Stimmen" genannt) vorlagen (***pBM 10591 rto***). Dies stimmt weitgehend mit den Angaben von ***Diod.*** I, 75, überein. Seidl scheint daraus einen völlig stummen Prozeß der äg. Richter rekonstruiert zu haben[1054]. Wie die äg. Quellen zeigen, folgte auf die Einreichung der Schriftsätze die mündliche Verhandlung: Die Richter stellten Rückfragen an die Parteien, luden Zeugen zur Befragung vor, forderten Eide von Parteien und/oder Zeugen, ließen sich Urkunden vorlesen und nahmen sogar Ortsbesichtigungen (***Codex Hermupolis*** 8.16–18) vor. Seidls Annahme, die Richter hätten nur Material zur Urteilsfällung verwendet, das ihnen von den Parteien vorgelegt wurde und nicht selbst Nachforschungen angestellt[1055], ist daher für die Laokriten nicht korrekt. Die Vorgehensweise während des Prozesses ist den Richtern dabei gesetzlich vorgeschrieben. In diesem Sinne sind auch die Urkundenklauseln über die Notwendigkeit einer Quittung für den Beweis einer Zahlung bzw. die Gültigkeit einer Urkunde, solange sie sich im Besitz des Begünstigten befindet, nicht als willkürliche Einschränkungen der Beweiswürdigung der Richter durch den Urkundenaussteller zu sehen[1056], sondern als gesetzlich festgelegte, da die Klauseln wohl aus den Modellurkunden der Gesetzessammlung stammten.

Änderungen an bereits eingereichten Schriftsätzen und Hinzufügungen von neuen Fakten im zweiten Schriftsatz waren nicht gestattet; Urkunden, die nach dem Prozeßbeginn aufgesetzt wurden, wurden als Beweismittel nicht angenommen (***pBerlin P 23757 rto*** F 1.2–5). Der *εἰσαγωγεύς* achtete darüber hinaus darauf, daß nur ordnungsgemäß registrierte und damit besteuerte Urkunden als Beweismittel vorgelegt wurden.

Diod. I, 76, berichtet, Plädoyers von Anwälten seien vor dem äg. Gericht verboten gewesen. Anwälte lassen sich in Laokritenprozessen bislang tatsächlich nicht nachweisen, doch holten sich die Parteien beim Abfassen ihrer Schriftsätze juristischen Rat oder ließen Vertreter für sich reden (***pBM 10591 rto*** 6.11–12). Besonderes Gewicht hatte der Beweis über Urkunden. Ihre Echtheit wurde i.d.R. über die Ladung der Urkundenzeugen festgestellt, die (oder im Todesfall deren Kinder) darüber einen Eid leisten mußten (***pBerlin P 23757 rto*** A 2.7–15). Wenn die Rechtslage nicht durch einen Urkundenbeweis zu klären war, hing das Urteil normalerweise davon ab, ob eine der Parteien einen bestimmten Eid leistete (s. dazu auch S. 174f. o.). Die Entscheidung, wer den Eid schwören mußte und wie er formuliert wurde, oblag nicht den Prozeßparteien oder den Richtern, sondern war ebenfalls gesetzlich geregelt (vgl. ***Zivilprozeßordnung***; ***Codex Hermupolis***). Das Urteil wurde schriftlich niedergelegt und war erst nach dieser Aufzeichnung zu vollstrecken. Der Prozeßverlierer mußte dem Sieger eine Abstandsurkunde (*sẖ n wꜣy*) aufsetzen, in der er auf die Rechte an der umstrittenen Sache sowie weitere Klagen deswegen verzichtete. Dies hängt aber keineswegs mit einer mangelnden

---

[1053] HELLEBRAND, Prozeßzeugnis, 117–118. Vgl. auch BERNEKER, Prozeßeinleitung, 56.
[1054] SEIDL, Einführung, 39–40.
[1055] SEIDL, Ptol. Rechtsgeschichte, 85.
[1056] So SEIDL, Ptol. Rechtsgeschichte, 93.

Vollstreckungsgewalt äg. Gerichte zusammen, die zur Folge hätte, daß ein Urteil nur rechtskräftig sei, wenn der Unterlegene es auch anerkenne, wie Seidl behauptet[1057]. Vielmehr ist die Abstandsurkunde bereits Teil der Vollstreckung: Sollte der Unterlegene später noch einmal versuchen, diese Rechte für sich zu beanspruchen, konnte der Prozeßsieger sofort eine Urkunde zu seinen eigenen Gunsten vorlegen. In seltenen Fällen wurde das Versprechen, auf eine Berufung zu verzichten und das erste Urteil zu erfüllen, schon vor dem Prozeß urkundlich fixiert (***pKairo CG 50066***). Ob eine Wiederaufnahme eines Verfahrens vor einem anderen Laokritengericht möglich war, wie Seidl aufgrund von ***pBM 10591 vso Kol. 4*** annimmt[1058], ist unklar, da der Zusammenhang nicht eindeutig ist.

4.3.3.2 Griechische Gerichte und Beamte als Einzelrichter

Nachdem der Kläger eine Eingabe (*ἔντευξις*, s. S. 177 o.) an den König bzw. den Strategen geschickt hatte[1059], kam es zu einer Untersuchung durch meist untergeordnete Behörden, in der die Beweislage z.B. durch Augenschein, Gutachten, Zeugenbefragung etc. gesichert wurde. Dann erfolgte die Zuweisung an das zuständige Gericht. Einige Rechtshistoriker gehen davon aus, man habe im ptol. Recht immer zuerst eine gütliche Einigung (*διάλυσις*) angestrebt, deshalb sei eine vorherige Schlichtungsverhandlung vor Beamten (Stratege oder Epistates) für die Prozeßführung notwendig gewesen; eine Verhandlung vor dem Kollegialgericht sei nur bei mißlungener Schlichtung zustande gekommen und daher die Ausnahme gewesen.[1060] Nach Hengstl ist jedoch die Versöhnung durch Schiedsrichter in den Quellen aus Äg. eher selten[1061]. Aus ***P.Tor.Choach. 9***, einer vor dem Agoranomen ausgestellten Prozeßverzichtserklärung, die wohl notwendig war, weil der Kläger seine Enteuxis bereits eingereicht hatte, geht nicht hervor, ob es durch private Initiative oder amtliche Schlichter zur Einigung kam. Auch in ***P.Tebt. III.1 821*** hatte die Klägerin bereits eine Klage bei einem Beamten eingereicht, verzichtete nach einem von gemeinsam bestimmten Schiedsrichtern (*κοινοί*) gefällten Urteil zu ihren Gunsten aber auf einen Prozeß.

Der Prozeß vor dem gr. *δικαστήριον* wurde wohl eingeleitet durch die Zustellung eines Schriftsatzes (*ἔγκλημα*) vom Kläger an den Beklagten, wobei zwei Ladungszeugen (*κλήτορες*) zugegen sein mußten.[1062] Möglich war aber auch der Weg über das Gericht selbst, das eine Abschrift des vom Kläger beim Eisagogeus eingereichten Schriftsatzes dem Beklagten durch einen Praktor zustellte.[1063] Die Dikasterien Alexandrias verfügten über eine eigene Behörde (*ἀρχή*), die die Voruntersuchung durchführte.[1064] Erschien eine der beiden Parteien trotz Ladung nicht vor Gericht, wurde automatisch dem Gegner Recht gegeben (***P.Gurob 2***), anders als bei einem modernen Versäumnisurteil, bei dem, wenn nur der Kläger anwesend ist, seine Darstellung zunächst auf Plausibilität geprüft wird. Zeugenaussagen für das alex. Gericht sowie das Zehnmännergericht wurden be-

---

1057 SEIDL, Ptol. Rechtsgeschichte, 99.

1058 SEIDL, Ptol. Rechtsgeschichte, 99. SEIDL, in: RIDA^3 9, 240.

1059 SEIDL, Ptol. Rechtsgeschichte, 89. WILCKEN, UPZ II, 113. Ausführlich BERNEKER, Prozeßeinleitung.

1060 HELLEBRAND, Prozeßzeugnis, 115. SEIDL, Ptol. Rechtsgeschichte, 85, 89.

1061 HENGSTL, Griechische Papyri aus Ägypten, 130.

1062 WOLFF, Justizwesen, 37–38. SEIDL, Ptol. Rechtsgeschichte, 90.

1063 HELLEBRAND, Prozeßzeugnis, 125–126.

1064 HELLEBRAND, Prozeßzeugnis,130.

reits bei der Ladung schriftlich niedergelegt (laut Gesetz auf einem *πινάκιον* „Täfelchen"), dem Eisagogeus übergeben und im Prozeß dann nur noch anerkannt (***P.Petr. II 21 b–d***; ***P.Hal. 1*** Z. 222–228). Neben der amtlichen Ladung (s.o.) konnten die Parteien auch privat Zeugen laden.[1065] Im alex. Recht galten spezielle Vorschriften über die Form des Eides (***P.Hal. 1*** Z. 214–218). Verweigerte ein Zeuge die Aussage, mußte er seine Unwissenheit beschwören (*ἐξωμοσία*: ***P.Hal. 1*** Z. 228–233). Die Anfechtung einer Zeugenaussage mußte im alex. Recht direkt nach dem Prozeß in einer Anklage gegen den Zeugen erfolgen; eine Entscheidung, die aufgrund falscher Zeugenaussagen getroffen wurde, wurde nach erfolgreichem Prozeß gegen die Zeugen ungültig (***P.Hal. 1*** Z. 24–69). Hellebrand geht von einer freien Beweiswürdigung der gr. Gerichte aus, was Zeugenaussagen betrifft.[1066] Kam es zu einer Einigung der Parteien, wurde eine *συγχώρησις* ausgestellt und vom Gericht bestätigt. Wenn nicht, fällten die Kollegialrichter ihr Urteil, wobei Seidl zufolge vielleicht nach Mehrheit entschieden wurde.[1067] Die wesentlichen Punkte des Verhandlungsverlaufes wurden mitgeschrieben.[1068]
Die Anrufung der Chrematisten erfolgte ebenfalls durch eine Enteuxis, die zunächst tatsächlich, später nur noch formell an den König gerichtet war oder direkt in den *ἀγγεῖον* genannten Briefkasten des zuständigen Gerichts eingeworfen wurde, das daraufhin prüfte, ob ein Klage zulässig war.[1069] Für den eigentlichen Prozeß übernahmen die Beamten als Einzelrichter bzw. die Chrematisten die Ladung der Parteien. In der Enteuxis schilderte der Kläger bereits den Sachverhalt aus seiner Sicht und benannte eventuelle Zeugen, über deren Ladung dann das Gericht befand.[1070] Um zu garantieren, daß der Beklagte zum Gerichtstermin tatsächlich erschien, konnten Gestellungsbürgen verlangt oder Ortsfremde in Haft genommen werden.[1071] Im Gegensatz zu den Laokriten führten die gr. Beamten die Prozesse in erster Linie auf der Basis der mündlichen Plädoyers der Parteien. Vor gr. Gerichten und Beamten konnten beide Parteien als Redner geschulte und staatlich kontrollierte Anwälte (*συνήγοροι* oder *συγκατασταί*) engagieren (***P.Tor.Choach. 12***), allerdings war dafür eine Steuer (*συνηγορικόν*) fällig; verboten waren Anwälte dagegen in Prozessen, die die Interessen des Fiskus betrafen (Dekret von 259 v.Chr., zitiert in ***P.Amh. II 33***, 28–37).[1072] Nach einem in ***P.Gurob 2*** zitierten Diagramma galten als Grundlage der Rechtsprechung an erster Stelle kgl. Diagrammata. Fehlten diese, waren die jeweiligen *πολιτικοὶ νόμοι* maßgeblich, und falls keine Gesetzgebung zum Fall vorlag, folgte man der „gerechtesten Meinung" (*γνώμῃ τῇ δικαιοτάτῃ*) der Richter. Bei Prozessen vor gr. Beamten wurde manchmal auch äg. Recht herangezogen, so im Hermias-Prozeß (***P.Tor.Choach. 12***, 4.17–20; 7.9; 7.13–15). Ob die Beamten frei waren, sich für eines der Rechtssysteme zu entscheiden[1073], ist unklar. Wie im Laokritenprozeß waren auch vor den gr. Gerichten bzw. Einzelrichtern Urkunden und Eide der Parteien oder Zeugen die wichtigsten Beweismittel. Aufgrund eines Prostagmas galten nicht registrierte dem. Urkunden grundsätzlich als nicht beweisfähig

---

[1065] HELLEBRAND, Prozeßzeugnis, 74–75, 84–88.
[1066] HELLEBRAND, Prozeßzeugnis, 173–180.
[1067] SEIDL, Ptol. Rechtsgeschichte, 96.
[1068] Für eine Liste solcher Protokollen s. COLES, Reports of Proceedings 56–63.
[1069] WOLFF, Justizwesen, 73. HELLEBRAND, Prozeßzeugnis, 115–116, 122.
[1070] HELLEBRAND, Prozeßzeugnis, 6–10, 71.
[1071] SEIDL, Ptol. Rechtsgeschichte, 90.
[1072] SEIDL, Ptol. Rechtsgeschichte, 87–89.
[1073] So SEIDL, Ptol. Rechtsgeschichte, 2–3.

(***P.Tor.Choach. 12*** 4.11–15). Neben Urkunden im Besitz des Begünstigten waren auch offizielle Urkundenregister und Kataster als Beweismittel zugelassen. In Prozessen konnten die Richter aus diesen Akten Erkundigungen über aktuelle und frühere Eigentumsverhältnisse einholen lassen (***P.Tor.Choach. 12***, 4.5–9). Eine Neuverhandlung von Fällen, die bereits vom König oder den Chrematisten entschieden worden waren, verbot ein Diagramma unter Geldstrafe (***O.Bodl. I 277***).
Selbst nach gewonnenem Prozeß konnte ein Gläubiger nicht selbst die Schulden eintreiben, sondern mußte sich mit dem Urteil an den *πράκτωρ* (Vollstrecker) wenden und ihn durch den Strategen beauftragen lassen. Ursprünglich unterschieden sich Verfahren und Zuständigkeit wohl danach, ob ein Einheimischer (*πράκτωρ ἰδιοτικῶν*) oder ein Fremder betroffen war (*πράκτωρ ξενικῶν*). Seit dem 2. Jh. v.Chr. jedoch bezeichneten sich Schuldner in den Urkunden praktisch immer als *Πέρσαι τῆς ἐπιγονῆς*, selbst wenn sie z.B. Makedonen (***P.Ryl. IV 588***) waren, um der verschärften Haftung unter der Zuständigkeit des *πράκτωρ ξενικῶν* zu unterliegen. Die Praktoren pfändeten, versteigerten die gepfändeten Sachen und händigten den Erlös dann dem Gläubiger aus.[1074]

4.3.3.3 Gerichtsbarkeit in römischer Zeit

Prozesse wurden in röm. Zeit durch eine Petition an den Präfekten eingeleitet.[1075] Dies entspricht dem röm. Kognitionsverfahren, stellt aber auch eine Fortsetzung der ptol. Praxis dar. Wenn der Präfekt den Fall selbst verhandelte, wurde er auf die Tagesordnung des nächsten Konventes gesetzt, ansonsten weiterdelegiert. Der beklagten Partei wurde zunächst die Darstellung des Klägers bekanntgemacht (*editio actionis*). Wenn der Kläger dies selbst tat, mußte er Zeugen für diese Bekanntmachung haben (*μαρτυροποίημα*), aber auch das Gerichtsorgan konnte die Bekanntmachung übernehmen (*παραγγελία*). Beide Parteien erhielten dann eine Ladung. Später galt die Vorschrift, daß der Prozeß höchstens vier Monate nach der *editio actionis* beginnen müsse. Über das Erscheinen beim Gerichtstermin legte der Geladene eine Erklärung (*vadimonium*), meist als Kaisereid, ab (z.B. ***P.Oxy. II 260***). Wenn der Beklagte trotz Ladung auch beim dritten Termin innerhalb des Konventes nicht erschien, erging eine Art Versäumnisurteil und dem Kläger wurde Recht gegeben. Waren beide Parteien anwesend, durfte zuerst der Kläger seine Forderungen vorbringen, dann erhielt der Beklagte Gelegenheit zur Entgegnung. Je nach Fall konnte sich nun die Beweisaufnahme anschließen. Dazu gehörten gegebenenfalls der Urkundenbeweis, bei dem die Urkunden verlesen und zumindest teilweise ins Protokoll aufgenommen wurden. Dem. Urkunden mußten zur Vorlage ins Gr. übersetzt werden.[1076] Ein Edikt des Präfekten von 138 n.Chr. (***P.Oxy. II 237***, 8.13) legte fest, daß die Echtheit einer vor Gericht vorgelegten Urkunde sofort angegriffen werden müsse, da spätere Einwände wirkungslos seien. Zeugenbeweise wurden wohl in Gestalt eines Affidavit, d.h. einer im voraus niedergelegten und beeideten Zeugenaussage eingebracht, da Hinweise auf mündliche beeidete Zeugenaussagen im Prozeß fehlen. Auch Sachverständigengutachten, i.d.R. von Ärzten, kamen gelegentlich vor (***P.Oslo III 95***), wobei diese, wenn sie keine Amtspersonen waren, vereidigt wurden. Parteieide sind vor röm. Beamten kaum noch nachzuweisen; ein Stratege machte einmal das Urteil von einem Kaisereid oder einer schriftlichen Stellungnahme

---

1074 Vgl. dazu RUPPRECHT, Darlehen, 19; ders., Einführung, 148–151.
1075 Dazu allgemein SEIDL, Röm. Provinz, 93–128; RUPPRECHT, Einführung, 144–147.
1076 Vgl. SCHENTULEIT, in: Enchoria 27, 127.

abhängig (***P.Oxy. I 37***, 2.4). Die Inaugenscheinnahme des Richters ist selten (***P.Oxy. I 37***, 2.3: Identität eines Kindes), ein Ortstermin gar nicht belegt.
Wie die Richter der Dikasterien und die Chrematisten waren auch die Verwaltungsbeamten, die in ptol. und röm. Zeit die Gerichtsbarkeit innehatten, i.d.R. juristische Laien[1077]; neben dem Beweismaterial, z.B. Urkunden, mußten die Prozeßparteien bzw. ihre juristischen Beistände daher auch die Gesetze bzw. Präzedenzfälle aus offiziellen Prozeßberichten (*ὑπομνηματισμοί*), Dekrete der ptol. Könige bzw. röm. Präfekten oder Kaiser sowie die Meinung juristischer Experten (*νομικοί*) selbst vorlegen (vgl. ***P.Oxy. II 237***, 8.2–7).[1078] Der Beamte mußte sich aber nicht auf die Darstellung der Parteien verlassen, sondern konnte selbst z.B. ein äg. Gesetz überprüfen (***P.Oxy. II 237***, 7.33–38). Daher wurde noch im 2. Jh. n.Chr. die gr. Übersetzung der äg. Gesetzessammlung tradiert. Das alte äg. Recht und wohl auch das gr. Recht waren jedoch nicht mehr bindend. So entschied der Idios-Logos-Beamte im Nestnephis-Prozeß gegen das äg. Recht, wonach ein Dritter, der Ansprüche an einer verkauften Sache anmeldet, dies gegenüber dem Verkäufer tun muß (***Codex Hermupolis*** 2.12–22), und sprach den gutgläubigen Käufer der Aneignung herrenlosen Grundes schuldig.[1079]
Ein Anerkenntnis des Beklagten (*confessio*) machte ein Urteil offenbar überflüssig.[1080] Das Datum, der Name des Richters und die wesentlichen Schritte des Prozesses wurden protokolliert und in das Amtstagebuch des verhandelnden Beamten übertragen. Das Urteil (*sententia*) wurde wohl zumindest in der schriftlichen Fassung auch begründet, dies fehlt jedoch in den knappen Auszügen aus den Amtstagebüchern. Wenn Prozesse auf dem Konvent nicht gleich entschieden werden konnten, geschah dies später durch Aushang in Alexandria sowie ein Schreiben an den Wohnort des Klägers. Im Prinzip konnte gegen Urteile Berufung eingelegt werden (z.B. beim Kaiser), nicht jedoch, wenn der Verurteilte durch sein Verhalten bereits deutlich gemacht hat, daß er das Urteil als rechtskräftig akzeptieren würde. Gegen eine rechtswidrige Berufung wehrte sich der Sieger des ersten Prozesses mit einer Eingabe an den Präfekten (***P.Mert. III 104***).
Ein Verfahren ohne vollständigen Prozeß liegt in ***P.Oxy. II 237*** vor: Nachdem der Präfekt über den Strategen die in der Gegendarstellung der Beklagten angeführten Beweisurkunden hat prüfen lassen, entschied er ohne Vorladung der Parteien zu ihren Gunsten.

4.3.4 Orakelprozeß

Orakelprozesse sind in der Spzt nur noch spärlich und indirekt belegt[1081]. Die saitische Urkunde ***pBrooklyn 47.218.3*** dokumentiert ein tempelinternes und rein administratives Orakelverfahren (s. S. 174 o.). ***Hdt.*** II, 174 berichtet davon, daß König Amasis in seiner Jugend mehrfach zu Unrecht von manchen Orakelgöttern wegen Diebstahls freigesprochen worden sei und daher deren Orakel mit Geringschätzung betrachtete, die der anderen, die ihn verurteilt hatten, jedoch verehrte. Briefe an Götter, in denen wegen erlittenen Unrechts geklagt wird, kommen zwar bis in ptol. Zeit vor[1082]. Gegen Seidl, der diese allesamt als Schriftsätze im Orakelverfahren deutet, weil er die Briefeinleitung

1077 Vgl. auch PEACHIN, Iudex vice Caesaris,12–13.
1078 SEIDL, Ptol. Rechtsgeschichte, 85. ANAGNOSTOU-CANAS, in: Droit et Cultures, 47.
1079 SWARNEY, Idios Logos, 41–49. Vgl. auch SCHENTULEIT, in: CdE 82, 103–107.
1080 Vgl. SOHM, Institutionen[17], 55 und Fn. 2.
1081 Vgl. SEIDL, in: Fs Welles, 60.
1082 Vgl. MIGAHID, Demotische Briefe an Götter, 15–16.

ḫrw b3k NN „Stimme des Dieners NN" mit dem juristischen Fachterminus *ḫrw* „Schriftsatz" zusammenbringt [1083], sind diese Texte jedoch als Gebete um Schutz und Hilfe zu verstehen (z.B. ***pOIC 19422***; ***pKairo CG 31045***; ***pKairo CG 50072***). Dem. und gr. Orakelfragen, die juristische Sachverhalte betreffen, meist Betrug oder Diebstahl bei unbekanntem Täter[1084], kommen bis in die röm. Zeit vor, koptische sind noch bis ins 7. Jh. n.Chr. belegt, doch sind sie nicht mehr Teile eines echten Prozesses, sondern nur private Anfragen, z.B. im Vorfeld einer Anklage.[1085]

1083 Vgl. SEIDL, in: Fs Welles, 59–65, v.a. 62.

1084 ZAUZICH, in: CP 3, 1–25. S. a. VALBELLE/HUSSON, in: Gs Quaegebeur, 1063–1071.

1085 Vgl. auch ANAGNOSTOU-CANAS, in: RHD 76, 1–16.

5 Quellenverzeichnis

Abaton-Dekret	2. Jh. n.Chr.	Junker, Götterdekret. Leitz, Tempelinschriften, 44–50. ***132***.
Abusir-Dekrete	5./6. Dyn.	Posener-Krieger/de Cenival, HPBM 5, Taf. 1–2. Posener-Kriéger, in: Melanges Mokhtar II, 195–210. ***20***.
Adoptionsstele der Nitokris	26. Dyn. Psametich I. 9	= Kairo JE 36327. Caminos, in: JEA 50, 71–101. Der Manuelian, Living in the Past, 297–321. ***60, 124, 172***.
Ail.var.	E. 2. Jh. n.Chr.	Älian, Varia historia. ***7***.
Amarah-Stele	20. Dyn.	Fairman, in: JEA 24, Taf. 11.3. Théodoridès, in: RIDA^{3} 11, 45–80. ***61–62***.
Apokrimata	200 n.Chr.	P.Col. VI, v.a. 6–10, Nr. 123. SB VI, 350–352, Nr. 9526. ***101, 135, 179***.
Aristeas-Brief	2./1. Jh. v. Chr.	Meisner, in: JSHRZ 2, 35–88. ***87***, ***182***.
Autobiographie des Pepianch-heriib	6. Dyn.	Urk. I, 221–224. ***31***.
Autobiographie des Weni	6. Dyn.	Tresson, Inscription d'Ouni. Urk. I, 98–110. Simpson, Literature^{3}, 402–407. Hofmann, in: LingAeg 10, 225–237. El-Khadragy, in: GM 188, 61–72. ***28–29***.
Bannstele des Aspelta	E. 7. Jh. v.Chr. Aspelta 2	= Kairo JE 48865. Urk. III, 108–113. Schäfer, Klio 6, 287–296. Grimal, Quatre stèles, 36–39; Taf. 8–9. FHN I, 252–258, Nr. 38. ***67***.
Beredter Bauer	12. Dyn.?	Parkinson, Eloquent Peasant. Lichtheim, AEL I, 169–184. Simpson, Literature^{3}, 25–44. ***36***, ***45–46***.
Bestimmung aus Lischt	AR	Goedicke, Private Rechtsinschriften, 113–121; Taf. XII. ***24***.
BGU I 96	250–300 n.Chr.	BGU I, 115–116, Nr. 96. ***115***.
BGU I 140	119 n.Chr.	BGU I, 156–157, Nr. 140. M.Chr., 423–424, Nr. 373. SelPap II, 88–91, Nr. 213. ***123***.
BGU I 189	7 n. Chr.	BGU I, 198, Nr. 189. M.Chr., 246–247, Nr. 226. ***102***.
BGU I 234	142 n.Chr.	BGU I, 232, Nr. 234. ***156***.
BGU II 473	ca. 215 n.Chr.	BGU II, 129, Nr. 473. M.Chr., 425, Nr. 375. ***110***.
BGU II 628 Ro	E. 2.–A. 3. Jh. n.Chr.	BGU II, 289–290 Nr. 628 Ro. Ch.L.A. X, 28–31, Nr. 415. Schiller, Experience,179–198. ***179***.
BGU III 717	149 n.Chr.	BGU III, 22–24, Nr. 717. ***116***.
BGU III 729	144 n. Chr.	BGU III, 33, Nr. 729. M.Chr., 178–179, Nr. 167. ***120***.
BGU III 970	177 n.Chr.	BGU III, 291–293 Nr. 970. M.Chr., 272–273, Nr. 242. ***120***.
BGU III 998	101 v.Chr.	BGU III, 334–335, Nr. 998. M.Chr., 287–288, Nr. 252. JurPap, 117–120, Nr. 35. SelPap I, 86–89, Nr. 29. ***111, 154***.
BGU IV 1013	41–68 n.Chr.	BGU IV, 1–2, Nr. 234. ***156***.
BGU IV 1038	n. 144 n.Chr.	BGU IV, 42–43, Nr. 1038. M.Chr., 266–269, Nr. 240. ***182***.
BGU IV 1098	19–15 v.Chr.	BGU IV, 162–164 Nr. 1098. ***170***.
BGU IV 1106	13 v.Chr.	BGU IV, 175–177 Nr. 1106. C.Pap.Gr. I, 61–64, Nr. 5. Jördens, in: TUAT N.F. 1, 338–340. ***103, 114, 163***.
BGU IV 1147	14–13 v.Chr.	BGU IV, 261–262 Nr. 1147. M.Chr., 125, Nr. 103. ***106***.
BGU IV 1158	9 v.Chr.	BGU IV, 291–292, Nr. 1158. M.Chr., 258–259, Nr. 234. ***108***.
BGU IV 1171	10 v.Chr.	BGU IV, 315–316, Nr. 1171. ***102***.
BGU IV 1202	18 v.Chr.	BGU IV, 344, Nr. 1202. ***157***.
BGU VI 1214	185–165 v.Chr.	BGU VI, 12–13, Nr. 1214. ***145***.

BGU VI 1242	3.–2. Jh. v.Chr.	BGU VI, 40–41, Nr. 1242. ***97***.
BGU VI 1283	216/5 v.Chr.	BGU VI, 78–79, Nr. 1283. ***121***.
BGU VII 1663	3. Jh. n.Chr.	BGU VII, 186–187, Nr. 1663. ***103***.
BGU VIII 1811	47 v.Chr.	BGU VIII, 86, Nr. 1811. HENGSTL, Gr. Papyri, 139–140, Nr. 52. ***110***.
BGU VIII 1827	52/1 v.Chr.	BGU VIII, 105–109, Nr. 1827. ***181***.
BGU XI 2070	142–144 n.Chr.	BGU XI, 106–116, Nr. 2070. SB V, 18–19, Nr. 7516 (Auszüge). ***120***.
BGU XV 2472	160 n.Chr.	= BGU I 239 rto+P.Berlin 21883a+b. BGU I, 236, Nr. 239 rto. BGU XV, 32–38, Nr. 2472. ***182***.
Bryce-Tablet	18. Dyn. Amenoph. II. 5	GRIFFITH, in: PSBA 30, 272–275. Ders., in: PSBA 31, 42–43. ***51***, ***70***.
Buch vom Tempel	ptol.–röm. Zeit	unpubl. Vgl. die Übersicht über die Vorberichte von QUACK, in: Genealogie, 97 Fn. 1. ***132***.
Ch.L.A. V 289	150–200 n.Chr.	Ch.L.A. V, 25, Nr. 289. C.Pap.Lat., 337–338, Nr. 227. ***156***.
Ch.L.A. XII 521	n. 212 n.Chr.	Ch.L.A. XII, 12–13, Nr. 521. FIRA III, 31–33, Nr. 14. ***117***.
Chronik des Osorkon	22./23. Dyn.	CAMINOS, Osorkon. PEUST, in: TUAT N.F. 2, 272–278. ***49***, ***69***.
Codex Hermupolis	3. Jh. v.Chr.	MATTHA, Legal Code. STADLER, in: TUAT N.F. 1, 196–218. ***45***, ***49***, ***75***, ***85–86***, ***91–92***, ***95–98***, ***101***, ***107***, ***110***, ***120***, ***125***, ***129***, ***145***, ***147***, ***154***, ***157***, ***162***, ***167–168***, ***172***, ***177***, ***185***, ***189***.
Codex Iustinianus	529/534 n.Chr.	KRÜGER, Codex Iustinianus. ***92***, ***108***, ***116***, ***123***.
Constitutio Antoniniana	212/3 n.Chr.	KUHLMANN, Caracalla-Erlasse, 217–239. ***87–88***, ***112***, ***115***, ***117–118***, ***122***, ***126–127***, ***135***.
CPR I 18	124 n.Chr.	CPR I, 51–54, Nr. 18. SPP XX, 4–5, Nr. 4. JurPap, 303–306, Nr. 89. ***117***, ***125***.
CPR I 224	6 n. Chr.	CPR I, 254–255, Nr. 224. W.Chr., 141–142, Nr. 111. ***176***.
CPR XV 2	11 n.Chr.	= pWien G 19990+19983. CPR XV, 18–22, Nr. 2. ***136***.
CPR XV 8–10a	13–15 n.Chr.	CPR XV, 32–37, Nr. 8–10a. ***106***.
C.Ptol.Sklav. I 28	237 v.Chr.	C.Ptol.Sklav. I, 117–121 Nr. 28. P.Petr. ^{2}I, 87–120, Nr. 3, Z. 9–37. ***114–115***.
C.Ptol.Sklav. I 53	238/7 v.Chr.	C.Ptol.Sklav. I, 215–218, Nr. 53. P.Petr. ^{2}I, 163–168, Nr. 14. ***113***.
C.Ptol.Sklav. I 91	2./1. Jh. v. Chr.	C.Ptol.Sklav. I, 333–342, Nr. 91. SB III, 209–210, Nr. 7182. ***113***.
CT	MR	DE BUCK, CT. FAULKNER, AECT. CARRIER, Textes de Sarcophages. ***116***.
Dekret aus Dahschur	6. Dyn.	SETHE, Urk. I, 209–213. GOEDICKE, Kgl. Dok., 55–77. ***14***.
Dekret der Ahhotep	18. Dyn.	ARE II, 21–23, §§ 49–53. Urk. IV, 45–49. ***69***.
Dekret für Amenophis, Sohn des Hapu	21. Dyn.	= Stele BM 138. VARILLE, Inscriptions, 67–85. WILDUNG, Imhotep und Amenhotep, 281–282, §182. ***69***.
Dekret des Antef Nbw-ḫpr-R^{c}	17. Dyn.	= Stele Kairo CG 30770. PETRIE, Koptos, Taf. VIII. SETHE, Lesestücke, 98, Nr. 34. WENTE, Letters, 25–26, Nr. 13. ***37***, ***39***, ***46***.
Dekret des Apries	26. Dyn. Apries	GUNN, in: ASAE 27, 211–237. DER MANUELIAN, Living in the Past, 373–380. ***134***.
Dekret des Haremhab	18. Dyn.	HELCK, in: ZÄS 80, 109–136. KRUCHTEN, Décret d'Horemheb. ***47–48***, ***63***, ***65***, ***68–69***, ***77–78***.

Dekret für Henuttawy	21. Dyn.	WINAND, in: Cahiers de Karnak 11, 614–672; 698–706; Taf. 1–2. JANSEN-WINKELN, Inschriften I, 177–182, Nr. 9. ***69***.
Dekret Koptos B	6. Dyn.	SETHE, Urk. I, 280–283. GOEDICKE, Kgl. Dok., 87–116. THÉODORIDÈS, in: RIDA^3 29, 73–118. ***21***.
Dekret Koptos G	6. Dyn.	SETHE, Urk. I, 293–295. GOEDICKE, Kgl. Dok., 128–136. ***20***.
Dekret Koptos I	8. Dyn.	SETHE, Urk. I, 297–298 (A). GOEDICKE, Kgl. Dok., 172–177. ***20***.
Dekret Koptos R	9. Dyn.	SETHE, Urk. I, 304–306. GOEDICKE, Kgl. Dok., 214–225. ***20–21***, ***31***.
Dekret für Maatkare	21. Dyn. Psusennes II.	WINAND, in: Cahiers de Karnak 11, 672–690; 707; Taf. 3. JANSEN-WINKELN, Inschriften I, 182–183, Nr. 10. ***57***, ***69***.
Dekret des Mencheper-re	21. Dyn.	ES Temple of Khonsu II, 17–20; Taf. 133*. JANSEN-WINKELN, Inschriften I , 75–78, Nr. 6. ***50***, ***69***.
Dekret des Neferhotep	13. Dyn.	= Kairo JE 35256. LEAHY, in: JEA 75, 42–46. ***38–39***.
Dekret des Neferirkare	5. Dyn.	= Boston MFA 03.1896. Urk. I, 170–172. GOEDICKE, Kgl. Dok., 22–36. CAA Boston 2, 49–53. ***20–21***, ***28***, ***31***.
Dekrete für Neschons	21. Dyn.	= Holztafel Kairo JE 46891, pKairo CG 58032. GUNN, in: JEA 41, 83–95. EDWARDS, in: JEA 41, 96–105. JANSEN-WINKELN, Inschriften I, 122–141, Nr. 31–32. ***69***.
Dekret des NR aus Hermupolis	19. Dyn.	BRUNNER, in: MDAIK 8, 161–164. KRI I, 125–126, § 67. ***47***, ***65***.
Dekret Sesostris' III.	12. Dyn.	NAVILLE, Deir el-Bahari I, Taf. 24. ***38***.
Dekret Sethos' II. aus Karnak	19. Dyn.	HELCK, in: ZÄS 81, 82–86. KRI IV, 263–266, § 18. ***47***.
Dekret Sobekemsafs I.	17. Dyn.	HELCK, Hist.-biogr. Texte, 62. ***39***.
Dienstanweisung für den Wesir	18. Dyn.	Urk. IV, 1103–1117. VAN DEN BOORN, Duties. ***48***, ***64***, ***73***, ***77–81***, ***83***.
Diod.	M. 1. Jh. v.Chr.	DIODOROS SICULUS, *'Ιστωρικὴ Βιβλιοθήκη*. ***9***, ***44***, ***48–49***, ***52–53***, ***56***, ***80***, ***85***, ***100–101***, ***110***, ***114***, ***119***, ***123***, ***127–129***, ***131–133***, ***164***, ***181***, ***185***.
Elephantine-Dekret	19. Dyn.	GRIFFITH, in: JEA 13, 207-208. KRI V, 342–345, § 138A,B. ***69***.
Friedensvertrag	19. Dyn.	KESTMONT, in: OLP 12, 17–78. EDEL, Vertrag. ***76***.
Gnomon	150–200 n.Chr.	= „Gnomon des Idios Logos". BGU V 1210. RICCOBONO, Gnomon. ***88***, ***91***, ***94***, ***96***, ***100***, ***106***, ***110***, ***112–115***, ***118–119***, ***122–123***, ***125–126***, ***132–135***, ***146***, ***173***.
Grab III von Siut	9./10. Dyn.	EDEL, Siut-Gräber, 20–66. ***19***.
Grab des Amenmose (TT 19)	19. Dyn.	FOUCART, Dirâʿ Abû'n-Nága. KRI III, 390–396, §183:1. ***82***.
Grab des Anchtifi	9./10. Dyn.	VANDIER, Moʿalla, 1–264. SCHENKEL, MHT, 45–57, Nr. 37–38. BREYER, in: TUAT N.F. 2, 187–196. ***19***, ***29***, ***38***.
Grab des Itibi	9./10. Dyn.	BRUNNER, Gräber der Herakleopolitenzeit, 42–51. SCHENKEL, MHT, 74–82, Nr. 58–61. ***29***.
Grabräuberprozesse	20. Dyn.	PEET, Tomb Robberies. OHLHAFER, in: GM 135, 59–72. PEDEN, Historical Inscriptions, 225–276. vgl. auch *pAmherst 6*, *pBM 10052*, *pBM 1022*, *pBM 10383* und *pMayer A*. ***65***, ***80***.
Graffito Philae 54	30 n.Chr.	GRIFFITH, Graffiti Dodecaschoenus I, 53; II, Taf. 16. ***153***.
Große Dachlastele	22. Dyn.	= Ashmolean Mus. 1894.107a. SPIEGELBERG, in: RecTrav 21, 12–21. GARDINER, in: JEA 19, 19–30. ***49***, ***57***, ***84***.

Großes dem. Weisheitsbuch	1. Jh. v.Chr.	LEXA, Papyrus Insinger. VOLTEN, Weisheitsbuch. S.a. QUACK, Literatur III, 96–107. ***3, 116.***
Hdt.	5. Jh. v. Chr.	HERODOTOS, *Ἰστωρίαι*. ***49, 64, 119, 131.***
Heqaib-Stele Nr. 9	12. Dyn.	FRANKE, Heqaib, 154–175, Taf. 1. ***19.***
Inschrift des Achethetep	AR	HASSAN/ ISKANDER, Neb-Kaw-Ḥer, 38–41, Abb. 17; Taf. 28 c. ***28.***
Inschrift des Ahmose, Sohn der Ibana	18. Dyn.	Urk. IV, 1–11. POPKO, Geschichtsschreibung, 187–206. ***51, 55.***
Inschrift Chnumhoteps II.	12. Dyn.	NEWBERRY, Beni Hasan I, Taf. 25–26. DE BUCK, Readingbook^{2}, 67–72. LLOYD, in: Fs J. G. Griffiths, 21–36. ***32.***
Inschriften des Djefai-Hapi	12. Dyn.	PM IV, 260–261. GRIFFITH, Siûṭ and Dêr Rifeh, Taf. 6–8, Kol. 273–324. REISNER, in: JEA 5, 77–98. SPALINGER, in: JAOS 105, 7–20. DEVAUCHELLE, in: Égypte pharaonique, 159–175. ***6, 32, 34, 40.***
Inschrift des Djehutimose	21. Dyn.	KRUCHTEN, Djéhoutymose. KRUCHTEN, in: JEA 77, 182–184. ***82.***
Inschrift des Harchuf	6. Dyn.	Urk. I, 120–131. SIMPSON, Literature^{3}, 407–412. ***25.***
Inschriften des Kaemnofret	AR	Urk. I, 11–15. GOEDICKE, Private Rechtsinschriften, 44–67; Taf. V. MRSICH, Hausurkunde, 48–55. ***11, 14, 17, 21, 23, 25, 29.***
Inschrift von Kanais C	19. Dyn.	KRI I, 65–70, § 32. SCHOTT, Der Tempel Sethos I im Wadi Mia. NAWG 1961 Nr. 6, 148–159. HARARI, in: DE 7, 92–94. ***69, 73.***
Inschrift des Mes	19. Dyn.	GARDINER, Mes. GABALLA, Tomb Chapel, 22–27; Taf. 50–63. ALLAM, in: JEA 75, 103–112. KRI III, 424–434, §192:1. ***49, 51, 54, 57, 61–63, 65, 67, 77, 80.***
Inschrift des Metjen A	3./4. Dyn.	Urk. I, 1.14–2.14. GOEDICKE, in: MDAIK 21, 66–67 (Inschrift E). Ders., Priv. Rechtsinschr., 17 (Inschrift C). GÖDECKEN, Meten, 11 (Akte I und II). LOGAN, in: JARCE 37, 51. ***9–11, 14–15, 22, 25–26.***
Inschrift des Metjen B	3./4. Dyn.	Urk. I, 2.17–3.14. GOEDICKE, in: MDAIK 21, 65–66 (Inschrift D). GÖDECKEN, Meten, 12–13 (Akte IV Fortsetzung). LOGAN, in: JARCE 37, 51. ***26.***
Inschrift des Metjen C	3./4. Dyn.	Urk. I, 3.17–5.5. GOEDICKE, in: MDAIK 21, 64–65 (Inschrift C). GÖDECKEN Meten, 12 (Akte IV). LOGAN, in: JARCE 37, 51. ***10, 17, 26.***
Inschrift A des Nebkauhor	AR	GOEDICKE, Priv. Rechtsinschr., 82–94; Taf. IX. ***25–26.***
Inschrift B des Nebkauhor	AR	GOEDICKE, Priv. Rechtsinschr., 94–103; Taf. X. ***18.***
Inschrift des Nikaanch I	AR	Urk. I, 24–31. GOEDICKE, Priv. Rechtsinschr., 131–143; Taf. XIV. ***14, 26.***
Inschrift des Nikaanch II	AR	Urk. I, 162. GOEDICKE, Priv. Rechtsinschr., 144–148; Taf. XV. ***14.***
Inschriften des Nikaura	AR	Urk. I, 16–17. GOEDICKE, Priv. Rechtsinschr., 21–30; Taf. III. ***14, 23.***
Inschrift des Penmeru	AR	GOEDICKE, Priv. Rechtsinschr., 68–74; Taf. VI. ***17, 23.***
Inschrift der Pepi	AR	Urk. I, 35. GOEDICKE, Priv. Rechtsinschr., 108–112; Taf. XIb. ***23, 26.***
Inschrift des Senenuanch	AR	Urk. I, 36–37. GOEDICKE, Priv. Rechtsinschr., 75–80; Taf. VIII. MRSICH, Hausurkunde, 55–57. ***21, 24–25, 29, 31.***

Inschrift des Serefka(?)	AR	= Kairo JE 42787. SETHE, Urk. I, 157–158. MENU, in: Fs Vercoutter, 251–255. ***12***, ***22–24***, ***29***.
Inschrift Sesostris' I. aus et-Tod	12. Dyn.	BARBOTIN/CLÈRE, in: BIFAO 91, 1–33; Taf. 1–31. ***38***.
Inschrift des Tjenti	5. Dyn.	Urk. I, 163–165. GOEDICKE, Priv. Rechtsinschr., 122–130; Taf. XIII. ***16***.
Inschrift des Wepemnofret	AR	GOEDICKE, Priv. Rechtsinschr., 31–43; Taf. IV. ***14***, ***23***, ***26***.
Kanopus-Dekret	238 v.Chr.	KRALL, Lesestücke II, Taf. 1–9. SPIEGELBERG, Priesterdekrete. PFEIFFER, Kanopos. TIETZE et al., in: AfP 51.1, 1–29. ***134***.
Kleine Dachlastele	25. Dyn. Piye 24	= Ashmolean Mus. 1894.107b. SPIEGELBERG, in: RecTrav 25, 194–196. JANSSEN, in: JEA 54, 165–172. ***74***, ***84***.
Kuban-Stele	19. Dyn. Ramses II. 3	TRESSON, Stèle de Koubân. KRI II, 357–360, § 126. ***3***.
Late Demotic Gardening Agreement	3. Jh. n.Chr.	PARKER, in: JEA 26, 84–113. QUACK, Literatur III, 169–170. ***159***.
Lederhandschrift Berlin P 10470	13./17. Dyn.	SMITHER, in: JEA 34, 31–34; Taf. 7–8. VITTMANN, in: Elephantine Papyri, 35–40 (A2). ***32***, ***34***, ***44***, ***46***.
Lederhandschrift Louvre AF 1577	21. Dyn.	ČERNÝ, in: Mélanges Maspero I, 233–239. JANSEN-WINKELN, Inschriften I, 261–262, Nr. 164. ***64***.
Lehre des Amenemope	20. Dyn.	GRUMACH, Amenemope. SIMPSON, Literature[3], 223–243. ***69***.
Lehre des Anchscheschonqy	ptol. Zt.	GLANVILLE, ʿOnchsheshonqy. Weitere Literatur bei QUACK, Literatur III, 111, Fn. 191. ***60***.
Lehre für Merikare	11. Dyn.	HELCK, Merikare. QUACK, Merikare. SIMPSON, Literature[3], 152–165. ***9***, ***18***, ***32***.
Lehre des Ptahhotep	6. Dyn./1. Zwzt ?	ŽÁBA, Ptaḥḥotep. BURKARD/THISSEN, Literatur I[2], 85–98. JUNGE, Lehre Ptahhoteps. SIMPSON, Literature[3], 129–148. ***9***, ***16***, ***37***.
Loyalistische Lehre	12. Dyn.	POSENER, Enseignement loyaliste. BURKARD/THISSEN, Einführung I, 174–177. ***38***.
Mahnungen des Ipuwer	MR	GARDINER, Admonitions. HELCK, Admonitions. ENMARCH, Dialogue. ***32***, ***38***.
Mastaba des Kaiemanch	6. Dyn.	JUNKER, Gîza IV. ***16***.
Memphis-Dekret	186 v.Chr.	= Rosettana. SPIEGELBERG, Priesterdekrete. KAPLONY-HECKEL, in: TUAT 1, 236–246. QUIRKE/ANDREWS, Rosetta Stone. ***134***.
M.Chr. 49	134 v.Chr.	= oBerlin P 3983. M.Chr., 55, Nr. 49. WILCKEN, Ostraka II, 301–302, Nr. 1150. KAPLONY-HECKEL, in: AfP 50, 145, 149–150. ***174***, ***176***.
M.Chr. 68	15 n.Chr.	WESSELY, Spec. is., Taf. 8, Nr. 11. M.Chr., 76, Nr. 68. ***128***.
Naukratis-Stele	30. Dyn. Nektanebos I. 1	LICHTHEIM, in: Fs Hughes, 139–146. ***134***.
Nauri-Dekret	19. Dyn.	GRIFFITH, in: JEA 13, 193–206. DAVIES, Hist. Inscr. 19th Dyn., 277–308. KRI I, 45–58, § 24. ***65***, ***68–69***.
oAshmol. Mus. 13	119/8 v.Chr.	KAPLONY-HECKEL, Tempeleide, 239–240, Nr. 140. ***176***.
oAshmol. Mus. 1945.37+1945.33+ oMichaelides 90	19./20. Dyn.	ALLAM, HOP, 20–24, Nr. 3. KRI II, 380–383, § 134 C.I. ***77***.

oBerlin P 1121	20. Dyn. Ramses III. 28	Hier. Pap. Berlin III, Taf. 35. ALLAM, HOP, 26–27, Nr. 5. KRI V, 524–525, § 223 A.134. ***54***.
oBerlin P 10627	19. Dyn.	ERMAN, in: ZÄS 42, 100–102. WENTE, Letters, 149, Nr. 206. KRI VI, 155–156, § 88 A.105. ***60***.
oBerlin P 10629	19./20. Dyn.	ČERNÝ, in: BIFAO 27, 177. ALLAM, HOP, 27–29, Nr. 7. KRI V, 574, §231 A.237. ***82–83***.
oBerlin P 10655	20. Dyn. Ramses III. 29	Hier. Pap. Berlin III, Taf. 37. ALLAM, HOP, 30–32, Nr. 10. ***52***, ***54***.
oBerlin P 12630	20. Dyn.	ALLAM, HOP, 35, Nr. 14; Taf. 10. WENTE, Letters, 162, Nr. 256. KRI V, 594–595, §230 A.216. ***53***, ***79***.
oBerlin P 12654	20. Dyn. Ramses V. 2	ALLAM, HOP, 35–38, Nr. 15; Taf. 12–15. JANSSEN, in: Gleanings, 133–147. KRI VI, 344–345, §36. ***63***.
oBM 5624	20. Dyn. Ramses III. 21	BLACKMAN, in: JEA 12, 176–177; Taf. 34–35; 40. ALLAM, HOP, 43–45, Nr. 20. KRI V, 475–476, §218 A.60. ***61***, ***65***, ***83***.
oBM 5625	20. Dyn. Ramses V. 4	BLACKMAN, in: JEA 12, 181–184; Taf. 35–36. ALLAM, HOP, 46–47, Nr. 21. KRI VI, 252–253, §24 A.20. ***48***, ***52***, ***81***, ***83***.
oBM 5631	19. Dyn.	ČERNÝ /GARDINER, Hier. Ostr., Taf. 88. ALLAM, HOP, 48–49, Nr. 22. WENTE, Letters, 146, Nr. 196. ***55***, ***63***.
oBM 5637	20. Dyn. Ramses III.	BLACKMAN, in: JEA 12, 183–184; Taf. 37. ALLAM, HOP, 50–51, Nr. 23. KRI V, 577, §231 A.241. ***64***, ***82–83***.
oBM 12574	ptol. Zt.	KAPLONY-HECKEL, Tempeleide, 258–259, Nr. 154. ***101***.
oBM 18733	118/7 v.Chr.	KAPLONY-HECKEL, Tempeleide, 40–41, Nr. 6. ***129***, ***167***.
oBM 21344	ptol. Zt.	KAPLONY-HECKEL, Tempeleide, 339–340, Nr. 210. ***131–132***.
oBM 25665	ptol. Zt.	KAPLONY-HECKEL, Tempeleide, 171–172, Nr. 88. ***128***.
oBM 25669	ptol. Zt.	KAPLONY-HECKEL, Tempeleide, 92–94, Nr. 38. ***113***.
oBM 26206	M. 2. Jh. v.Chr.	KAPLONY-HECKEL, Tempeleide, 94–96, Nr. 39. ***113***.
oBM 30254	ptol. Zt.	KAPLONY-HECKEL, Tempeleide, 325–326, Nr. 199. ***117***.
oBM 31940	ptol. Zt.	KAPLONY-HECKEL, Tempeleide, 41–43, Nr. 7. ***124***.
oBM 65930	19. Dyn.	= oNash 1. ČERNÝ /GARDINER, Hier. Ostr., Taf. 46.2. ALLAM, HOP, 214–217, Nr. 217. KRI IV, 315–317, § 55 A.12. ***64***, ***67***, ***77***, ***80***.
oBM 65938	20. Dyn.	= oNash 5. ČERNÝ /GARDINER, Hier. Ostr., Taf. 53.2. ALLAM, HOP, 221–222, Nr. 221. KRI V, 471–472, § 217 A.53. ***66***.
oBM 65956	19. Dyn.	= oNash 2. ČERNÝ /GARDINER, Hier. Ostr., Taf. 47.1. ALLAM, HOP, 217–219, Nr. 218. KRI IV, 317–320, § 55 A.13. ***65***, ***67***.
O.Bodl. I 277	ca. 100 v.Chr.	O.Bodl. I, 46, Nr. 277. ***134***, ***182***, ***188***.
oBodl.Lib. 253	20. Dyn. Ramses III. 23	ČERNÝ /GARDINER, Hier. Ostr., Taf. 64.2. ALLAM, HOP, 40–42, Nr. 18. KRI V, 485, § 218 A.70. ***54***, ***60***.
oBodl.Lib. 271	102/1 v.Chr.	KAPLONY-HECKEL, Tempeleide, 307–308, Nr. 186. ***129***.
oBodl.Lib. 278	ptol. Zt.	KAPLONY-HECKEL, Tempeleide, 34–35, Nr. 2. ***124***.
oBodl.Lib. 538+679	103/2 v.Chr.	KAPLONY-HECKEL, Tempeleide, 226–227, Nr. 129. ***106***.
oBodl.Lib. 553	ptol. Zt.	KAPLONY-HECKEL, Tempeleide, 204–205, Nr. 112. ***129***.
oBodl.Lib. 601	ptol. Zt.	KAPLONY-HECKEL, Tempeleide, 35–36, Nr. 3. 120. ***124***, ***131***.
oBodl.Lib. 668	ptol. Zt.	KAPLONY-HECKEL, Tempeleide, 201–202, Nr. 109. ***128***.
oBodl.Lib. 784	50–1 v.Chr.	KAPLONY-HECKEL, Tempeleide, 278–279, Nr. 168. ***92***.
oBodl.Lib. 865	1/2 n.Chr.	KAPLONY-HECKEL, Tempeleide, 186–187, Nr. 98. ***101***.
oBodl.Lib. 1066+1067	1. Jh. v.Chr.	KAPLONY-HECKEL, Tempeleide, 211–212, Nr. 117B. ***130***.
oBodl.Lib. 1279	ptol. Zt.	KAPLONY-HECKEL, Tempeleide, 219–220, Nr. 123. ***129***.

oCambridge	ca. 100 v.Chr.	KAPLONY-HECKEL, Tempeleide, 65–66, Nr. 24. ***129***.
oDeM 49	19./20. Dyn.	ČERNÝ, Cat. ostr. DeM I, Taf. 42. ALLAM, HOP, 81, Nr. 45. KRI III, 554, A 67; VII, 195 A.67bis!. ***53***.
oDeM 58	19. Dyn.	ČERNÝ, Cat. ostr. DeM I, Taf. 46. ALLAM, HOP, 84, Nr. 49. KRI III, 546, § 232 A.53. ***54***.
oDeM 61	19. Dyn.	ČERNÝ, Cat. ostr. DeM I, Taf. 47. ALLAM, HOP, 85, Nr. 51. KRI III, 546, § 232 A.54. ***52***, ***54***.
oDeM 67	20. Dyn. Ramses III. 29	ČERNÝ, Cat. ostr. DeM I, Taf. 48. ALLAM, HOP, 87, Nr. 54. KRI V, 536, § 224 A.160. ***51***, ***80***.
oDeM 69	20. Dyn.	ČERNÝ, Cat. ostr. DeM I, Taf. 49. ALLAM, HOP, 87–88, Nr. 55. KRI VI, 374, § 53 A.21. ***51***.
oDeM 108	19. Dyn.	ČERNÝ, Cat. ostr. DeM I, Taf. 60. ALLAM, HOP, 89–91, Nr. 57. KRI I, 409, § 172:8. ***50***, ***73***.
oDeM 113	20. Dyn. Ramses IV. 1	ČERNÝ, Cat. ostr. DeM I, Taf. 62. ALLAM, HOP, 91, Nr. 58. KRI VI, 102–103, § 77 A.2. ***50***.
oDeM 118	19. Dyn.	ČERNÝ, Cat. ostr. DeM II, Taf. 4. ALLAM, HOP, 94–95, Nr. 62. WENTE, Letters, 158, Nr. 236. KRI III, 535, § 231 A.31. ***53***.
oDeM 125	19. Dyn.	ČERNÝ, Cat. ostr. DeM II, Taf. 6. ALLAM, HOP, 96, Nr. 65. WENTE, Letters, 156, Nr. 229. KRI III, 543, § 231 A.47. ***53***.
oDeM 126	19. Dyn. Ramses II. 39	ČERNÝ, Cat. ostr. DeM II, Taf. 7. ALLAM, HOP, 97, Nr. 66. WENTE, Letters, 143, Nr. 189. KRI III, 532, §230 A.27. ***67***.
oDeM 133	20. Dyn. Ramses V. 4	ČERNÝ, Cat. ostr. DeM II, Taf. 11. ALLAM, HOP, 100–101, Nr. 71. ***81***.
oDeM 195	19./20. Dyn.	ČERNÝ, Cat. ostr. DeM III, Taf. 2. ALLAM, HOP, 103, Nr. 74. KRI VI, 166, § 91 A.130. ***71***.
oDeM 223	20. Dyn.	ČERNÝ, Cat. ostr. DeM III, Taf. 15. ALLAM, HOP, 105, Nr. 77. KRI VI, 433, § 25 A.10. ***50***.
oDeM 235	20. Dyn. Ramses IV. 1	ČERNÝ, Cat. ostr. DeM III, Taf. 21. ALLAM, HOP, 108–109, Nr. 82. KRI VI, 105, § 77 A.8. ***59***.
oDeM 321	19. Dyn.	ČERNÝ, Cat. ostr. DeM IV, Taf. 25. ALLAM, HOP, 1116, Nr. 94. WENTE, Letters, 157–158, Nr. 235. KRI III, 544, §231 A.49. ***50***.
oDeM 399	19./20. Dyn.	ČERNÝ, Cat. ostr. DeM V, Taf. 16. ALLAM, HOP, 118, Nr. 99. KRI VI, 256, § 28 A.31. ***50***.
oDeM 410	20. Dyn. Ramses III. 26	ČERNÝ, Cat. ostr. DeM V, Taf. 18. ALLAM, HOP, 118–19, Nr. 100. KRI V, 507, § 221 A.109. ***71***.
oDeM 433	20. Dyn. Ramses IV. 2	ČERNÝ, Cat. ostr. DeM V, Taf. 24. ALLAM, HOP, 123–124, Nr. 109. KRI VI, 130–131, §80 A.35. ***50***, ***64***.
oDeM 557	20. Dyn. Ramses III.	SAUNERON, Cat. ostr. DeM, Taf. 5. ALLAM, HOP, 130–131, Nr. 120. KRI V, 570, § 231 A.231. ***51***.
oDeM 564	20. Dyn. Ramses III. 9	SAUNERON, Cat. ostr. DeM, Taf. 9. ALLAM, HOP, 133, Nr. 124. KRI V, 451, § 215 A.14. ***54***, ***64***.
oDeM 573	19./20. Dyn.	SAUNERON, Cat. ostr. DeM, Taf. 12. ALLAM, HOP, 135, Nr. 126. ***64***, ***83***.
oDeM 574	19./20. Dyn.	SAUNERON, Cat. ostr. DeM, Taf. 12. ALLAM, HOP, 135, Nr. 127. ***83***.
oDeM 587	19. Dyn.	SAUNERON, Cat. ostr. DeM, Taf. 20. ALLAM, HOP, 140–141, Nr. 133. Wente, Letters, 154, Nr. 219. ***53***.

oDeM 619	19./20. Dyn.	Sauneron, Cat. ostr. DeM, Taf. 30. Allam, HOP, 143, Nr. 137. ***51***.
oDeM 624	20. Dyn. Ramses V. 1	Černý, Cat. ostr. DeM VI, Taf. 1. Allam, HOP, 143–144, Nr. 138. ***51***.
oDeM 663	19./20. Dyn.	Černý, Cat. ostr. DeM VI, Taf. 17. Allam, HOP, 145–146, Nr. 140. ***58***.
oDeM 672	20. Dyn. Ramses III. 8	Černý, Cat. ostr. DeM VI, Taf. 19. Allam, HOP, 146, Nr. 141. KRI V, 449, § 215 A.12. ***80***, ***83***.
oFlorenz 2620	20. Dyn. Ramses III. 17	Allam, HOP, 147, Nr. 143; Taf. 34–35. KRI V, 467, §217 A.40. ***49***, ***79–80***.
oFlorenz 2621	20. Dyn. Ramses III. 21	Allam, HOP, 148–149, Nr. 144; Taf. 36–39. KRI V, 478–479, §218 A.62. ***65***.
oGardiner 3	19./20. Dyn.	Černý /Gardiner, Hier. Ostr., Taf. 22.2. Allam, HOP, 150–151, Nr. 146. KRI V, 584–585, § 233 A.255. ***50***, ***83***.
oGardiner 4	20. Dyn. Ramses IV. 5	Černý /Gardiner, Hier. Ostr., Taf. 27.3. Allam, HOP, 151–152, Nr. 147. KRI VI, 142, § 83 A.64. ***64***, ***83***.
oGardiner 53	20. Dyn. Ramses III. 21	Černý /Gardiner, Hier. Ostr., Taf. 49.1. Allam, HOP, 158–159, Nr. 155. KRI V, 484, § 218 A.67. ***64***, ***82***.
oGardiner 55	19./20. Dyn.	Černý /Gardiner, Hier. Ostr., Taf. 66.2 (verso); Taf. 115.1 (recto). Allam, HOP, 160–161, Nr. 157. ***57***, ***59***, ***62***.
oGardiner 90	20. Dyn. Ramses III.	Černý /Gardiner, Hier. Ostr., Taf. 51.2. Allam, HOP, 168–169, Nr. 165. KRI III, 683, § 257:7. ***55***, ***61***.
oGardiner 103	20. Dyn. Ramses III.	Černý /Gardiner, Hier. Ostr., Taf. 52.2. Allam, HOP, 169–171, Nr. 167. KRI V, 571–572; §231 A.234; 585–586, § 233 A.257. ***83***.
oGardiner 104	20. Dyn. Ramses III. 31	Černý /Gardiner, Hier. Ostr., Taf. 47. Allam, HOP, 171–172, Nr. 168. KRI V, 555, § 227 A.194. ***64***, ***75***.
oGardiner 105	19./20. Dyn.	Černý /Gardiner, Hier. Ostr., Taf. 53.1. Allam, HOP, 173, Nr. 169. ***50***.
oGardiner 106	20. Dyn. Ramses III. 27	Černý /Gardiner, Hier. Ostr., Taf. 61.1. Allam, HOP, 173–174, Nr. 170. KRI V, 515, § 222 A.120. ***53–54***.
oGardiner 109	19./20. Dyn.	Allam, HOP, 174–176, Nr. 171. Taf. 40–41. Leitz, Tagewählerei, 449–451. ***83***.
oGardiner 123	19. Dyn. Merenptah 3	Černý /Gardiner, Hier. Ostr., Taf. 54.1. Allam, HOP, 177, Nr. 174. KRI IV, 219–220, §23 A.5. ***51***, ***55***.
oGardiner 137	20. Dyn. Ramses V.(?) 3	Černý /Gardiner, Hier. Ostr., Taf. 56.3. Allam, HOP, 179–180, Nr. 178. KRI VI, 251, §23 A.18. ***52***, ***54***.
oGardiner 150	20. Dyn. Ramses III. 28	Černý /Gardiner, Hier. Ostr., Taf. 71.3. Allam, HOP, 181, Nr. 180. KRI V, 527, § 223 A.140. ***57***, ***78***.
oGardiner 196	20. Dyn. Ramses III. 25	Allam, HOP, 188, Nr. 188; Taf. 50. KRI V, 502, § 220 A.101. ***50***.
OGIS I 177	97/96 v.Chr.	OGIS I, 257–259, Nr. 177. SB V, 351, Nr. 8886. ***157***.
oIFAO 389	19./20. Dyn.	Černý /Gardiner, Hier. Ostr., Taf. 65.4. Allam, HOP, 196, Nr. 196. KRI V, 595, § 233 A.278. ***50***.
oIFAO 1277	19./20. Dyn.	Allam, HOP, 196, Nr. 197; Taf. 57. ***77–78***.
oKairo CG 25227	19./20. Dyn.	Allam, HOP, 55, Nr. 26; Taf. 28. KRI IV, 231–232, § 28 A.15. ***66***.
oKairo CG 25242	20. Dyn. Ramses III. 29	Černý, in: BIFAO 27, 179–183. Allam, HOP, 56–57, Nr. 27. KRI V, 531–532, § 224 A.153. ***50***, ***83***.

oKairo CG 25553	20. Dyn. Ramses III. 12	Černý, CG Ostraca hiératiques, 42*; Taf. 26. Allam, HOP, 57–58, Nr. 28. KRI V, 454, §216 A.18; 578, n.10a. ***80***.
oKairo CG 25555	20. Dyn. Ramses III. 13	Černý, CG Ostraca hiératiques, Taf. 27. Allam, HOP, 59–61, Nr. 29. KRI V, 456–457, § 216 A.22. ***52***, ***82***.
oKairo CG 25556	19. Dyn. Sethos II. 5	Černý, CG Ostraca hiératiques, 44*; Taf. 28. Allam, HOP, 61–63, Nr. 30. McDowell, in: Phoenix 33.2, 17–22. KRI IV, 302; § 53 A.4. ***63***, ***69***, ***80***.
oKairo CG 25590	19./20. Dyn.	Černý, CG Ostraca hiératiques, 55*; Taf. 47. Allam, HOP, 66, Nr. 33. KRI VI, 165, § 91 A.127. ***50***, ***53***.
oKairo CG 25725 + *oLouvre E 3259*	19./20. Dyn.	Černý, CG Ostraca hiératiques, 89*; Taf. 87. Allam, HOP, 68–9, Nr. 35. KRI IV, 417–418, § 57 A.33. ***53***.
oKairo MH 4249	ptol. Zt.	Kaplony-Heckel, Tempeleide, 151, Nr. 73. ***101***.
oLeiden o.Nr.	1. Jh. v.Chr.	Kaplony-Heckel, Tempeleide, 214, Nr. 119. Nur el-Din, DO, 227–228, Nr. 283; Taf. 20.***176***.
oLeipzig 2	20. Dyn. Ramses III. 17	Černý /Gardiner, Hier. Ostr., Taf. 34.4. Allam, HOP, 199–200, Nr. 201. KRI V, 467–477, § 217 A.41. ***65***.
oLouvre E 7939 bis	103/2 v.Chr.	Kaplony-Heckel, Tempeleide, 245–246, Nr. 145. ***98***.
oLouvre E 8112	1. Jh. v./n.Chr.	Kaplony-Heckel, Tempeleide, 32–34, Nr. 1. ***124***, ***167***.
oLouvre E 9048	1. Jh. v./n.Chr.	Kaplony-Heckel, Tempeleide, 302, Nr. 181. ***117***.
oLouvre E 13156	19./20. Dyn.	= oLouvre E 2425. Allam, HOP, 202–203, Nr. 205; Taf. 60–61. KRI III, 547–548, § 232 A.56. ***61***.
oManawir IFAO 5446	27. Dyn.	Chauveau, in: Fs Zauzich, 39–46. Winnicki, in: Ancient Society 36, 135–142. ***6***.
oMichaelides 14	19. Dyn. Sethos II. 5(?)	Goedicke/Wente, Ostraka Michaelides, Taf. 48/49. Allam, HOP, 211–211, Nr. 214. KRI IV, 328–329, § 59 A.20. ***50***, ***71***.
oMoskau Devauchelle	30. Dyn. Nektanebos I. 6	Devauchelle, in: Problèmes institutionnels, 153–156. ***147–148***.
oOIC 110	NR	Černý, in: JEA 23, 187–188. KRI VII, 319, § 283 BI.2:5. ***64***.
oOIC 12073	20. Dyn. Ramses III. 17	Černý /Gardiner, Hier. Ostr., Taf. 77. Allam, HOP, 73–76, Nr. 40. Manning et al., in: JNES 48, 117–124. ***53–55***, ***82***.
oPetrie 14	20. Dyn. Ramses III. 28	Černý /Gardiner, Hier. Ostr., Taf. 45.1. Allam, HOP, 230–231, Nr. 230. KRI V, 524, § 223 A.133. ***53***.
oPetrie 16	20. Dyn.	Černý /Gardiner, Hier. Ostr., Taf. 21.1. Allam, HOP, 231–233, Nr. 231. ***61***, ***82***.
oPetrie 18	20. Dyn. Ramses IV. 6	Černý /Gardiner, Hier. Ostr., Taf. 70.1. Allam, HOP, 234–235, Nr. 233. KRI VI, 430–431, § 23 A.8. ***62***.
oPetrie 21	20. Dyn. Ramses III. 27	Černý /Gardiner, Hier. Ostr., Taf. 16.4. Allam, HOP, 237–238, Nr. 236. KRI V, 518–519, § 222 A.126. ***49***, ***82***.
oPetrie 61	19./20. Dyn.	Černý /Gardiner, Hier. Ostr., Taf. 23.4. Allam, HOP, 242–243, Nr. 243. ***60***.
oStaring	19. Dyn.	Černý /Gardiner, Hier. Ostr., Taf. 69.3. Allam, HOP, 247, Nr. 250. Wente, Letters, 157, Nr. 233. KRI III, 541–542, § 231 A.43. ***79***.
oStraßburg137+268	91 v.Chr.	Kaplony-Heckel, Tempeleide, 284–290, Nr. 172B. ***176***.
oStraßburg 662	1. Jh. v.Chr.	Kaplony-Heckel, Tempeleide, 152–153, Nr. 74. ***101***.
oStraßburg 797	2./1. Jh. v.Chr.	Kaplony-Heckel, Tempeleide, 213, Nr. 118. ***175***.
oStraßburg 923	1. Jh. v.Chr.	Kaplony-Heckel, Tempeleide, 120–121, Nr. 53. ***103***.

oStraßburg 1181	8/7 v.Chr.	KAPLONY-HECKEL, Tempeleide, 362–363, Nr. 224. ***131***.
oStraßburg 1352	143 n.Chr.	SPIEGELBERG, in: ZÄS 49, 37–39, Nr. 2; Taf. 6. KAPLONY-HECKEL, in: Fs Zauzich, 307. ***97***, ***157***, ***159***.
oStraßburg 1544	ptol. Zt.	KAPLONY-HECKEL, Tempeleide, 320–321, Nr. 195.***129***.
oStraßburg 1832	1. Jh. v.–n.Chr.	KAPLONY-HECKEL, Tempeleide, 253–255, Nr. 151. ***101***.
oStraßburg 1845	1. Jh. v.Chr.	EDGERTON, Notes on Marriage, 10–18. LÜDDECKENS, Eheverträge, 138–139, Nr. 53. MALININE, in: OLZ 58, Sp. 565. ***121***, ***169***.
oStraßburg 1920	ptol. Zt.	KAPLONY-HECKEL, Tempeleide, 337–338, Nr. 209. ***129***.
oTTO D 32	50–1 v.Chr.	KAPLONY-HECKEL, Tempeleide, 247–248, Nr. 147. ***176***.
oTTO 104	1. Jh. v.Chr.	KAPLONY-HECKEL, Tempeleide, 211–212, Nr. 117A. ***130***.
oTurin CG 57001	20. Dyn. Ramses IV. 4	KRI VI, 68–69, § 54. ASSMANN, ÄHG^{2}, 538–539, Nr. 241. ***64***.
oTurin CG 57173	20. Dyn. Ramses III.(?) 14(?)	= suppl. 6672. ALLAM, HOP, 249–250, Nr. 252; Taf. 67. KRI V, 457–458, § 216 A.24. ***50***.
oTurin CG 57381	20. Dyn. Ramses III. 18	= suppl. 9611. ALLAM, HOP, 250–251, Nr. 253; Taf. 68–71. KRI V, 469–470, § 217 A.47; VII, 286–287, § 269 A.361. ***82***.
oTurin CG 57458	19./20. Dyn.	= suppl. 9754. ALLAM, HOP, 252, Nr. 255; Taf. 73. KRI V, 578, § 231 A.243. ***55***.
oTurin suppl. 12682	96/95 v.Chr.	KAPLONY-HECKEL, Tempeleide, 117–118, Nr. 51. ***128***.
oUniv. Coll. London o.Nr.	ptol. Zeit	KAPLONY-HECKEL, Tempeleide, 116–117, Nr. 50. ***130***.
oZürich 1838	ptol. Zt.	KAPLONY-HECKEL, Tempeleide, 222, Nr. 125. ***175***.
P.Adler dem. 13	98 v.Chr.	ADLER et al., Adler Papyri, 88–89, Nr. 13; Taf. 11. ***147***, ***150***.
P.Adler gr. 12	101 v.Chr.	ADLER et al., Adler Papyri, 30–31, Nr. G 12. ***154***.
P.Adler gr. 14	100 v.Chr.	ADLER et al., Adler Papyri, 34–35, Nr. G14. ***111***, ***154***.
pAmherst 6	20. Dyn.	PEET, Tomb Robberies, 45–51, Taf. 5. ***79***.
P.Amh. II 31	112 v.Chr.	P.Amh. II, 34–37, Nr. 31. SelPap II, 460–465, Nr. 367. ***90***, ***98***.
P.Amh. II 33	ca. 157 v.Chr.	P.Amh. II, 38–41, Nr. 33. SelPap II, 244–249, Nr. 273. HENGSTL, Gr. Papyri, 81–83, Nr. 27. ***134***, ***187***.
P.Amh. II 35	132 v.Chr.	P.Amh. II, 42–44, Nr. 35. W.Chr., 95–97, Nr. 68. SelPap II, 248–251, Nr. 274. ***132***.
pAmiens 2	138 v.Chr.	DEVAUCHELLE, in: Enchoria 14, 61–65. ***101–102***.
P.Amst. I 41	10 v.Chr.	P.Amst. I, 83–92, Nr. 41. SB XII, 257–261, Nr. 11248. ***97***, ***103***, ***114***, ***163***.
pAshmol. Mus. 1945.96	20. Dyn.	GARDINER, in: JEA 26, Taf. 5–7. ALLAM, HOP, 258–267, Nr. 261. CRUZ-URIBE, in: JEA 74, 220–223. EYRE, in: JEA 78, 207–221. KRI VI, 735–738, § 19. ***50***, ***55–59***, ***60***, ***62***.
pAshmol. Mus. 1945.97	20. Dyn. Ramses V. 3–4	ČERNÝ, in: JEA 31, 29–36; Taf. 8–9 (Dok. I). ALLAM, HOP, 268–274, Nr. 262. KRI VI, 236–240, § 20 A.1 [dort fälschlich als 1945.95]. ***57***, ***59***, ***61–63***, ***70***, ***79***.
P.Athen. 28	86 n.Chr.	P.Athen., 190–197, Nr. 28. ***98***.
pBerlin P 3047	19. Dyn.	HELCK, in: JARCE 2, 65–73. KRI II, 803–806, § 285. THÉODORIDÈS, in: RIDA^{3} 27, 11–46. ***51***, ***54***, ***57***, ***62***, ***65***, ***77–80***.
pBerlin P 3048 vso A	22. Dyn.	MÖLLER, Eheverträge. LÜDDECKENS, Eheverträge , 10–11, Nr. 1. MALININE, in: OLZ 58, Sp. 560. ***58***, ***60***, ***66***, ***75***, ***176***.

pBerlin P 3048 vso B	22. Dyn. Tak. II. 13 o. 23	MÖLLER, in: SPAW 15, 298–304. DONKER VAN HEEL, in: ICD 7, 141–143. ***50***, ***52***, ***70***, ***74***.
pBerlin P 3076	27. Dyn. Darius I. 9	SPIEGELBERG, DPB, 4, Taf. 2. VON RECKLINGHAUSEN, Scheidungsurkunden (in Vorbereitung), Nr. 2. ***171***.
pBerlin P 3078	27. Dyn. Darius I. 30	SPIEGELBERG, DPB, 4, Taf. 2. LÜDDECKENS, Eheverträge, 18–19, Nr. 7. MALININE, in: OLZ 58, Sp. 562. ***115***, ***166***.
pBerlin P 3079	27. Dyn. Darius I. 33	SPIEGELBERG, DPB, 5, Taf. 2–3. VON RECKLINGHAUSEN, Scheidungsurkunden (in Vorbereitung), Nr. 4. ***171***.
pBerlin P 3080	133 v.Chr.	SPIEGELBERG, DPB, 13–14, Taf. 28. SPIEGELBERG, in: RecTrav 36, 167–174. PESTMAN, Choachytes, 240, Nr. 83. ***176***.
pBerlin P 3110	27. Dyn. Darius I. 35	SPIEGELBERG, DPB, 4, Taf. 1. MALININE, Choix, 30–34, Nr. 5. Ders., Choix II, 11–13, Nr. 5. MENU, in: CRIPEL 1, 123. CRUZ-URIBE, Cattle Documents, 25–30, Nr. 13. ***97***.
pBerlin P 3113	141 v.Chr.	SPIEGELBERG, DPB, 11–12, Taf. 19–20. ERICHSEN, in: ZÄS 77, 92–100. PESTMAN, Choachytes, 80–84, Nr. 14. ***153***.
pBerlin P 3118	116 v.Chr.	SPIEGELBERG, DPB, 14, Taf. 29. PESTMAN, Choachytes, 166–169, Nr. 49. ***174***.
pBerlin P 6857 + 30039	45 n.Chr.	SPIEGELBERG, DPB, 23, Taf. 47. ZAUZICH, in: Enchoria 4, 71–82. SB XIV, 321–322, Nr. 11895. LIPPERT/ SCHENTULEIT, DDD III, Nr. 18 (in Vorbereitung). ***147***.
pBerlin P 7054	23–27 n.Chr.	SPIEGELBERG, DPB, 23–24, Taf. 48. LIPPERT/SCHENTULEIT, DDD III, Nr. 8 (in Vorbereitung). ***125***.
pBerlin P 8139	2 n.Chr.	ZAUZICH, in: Enchoria 7, 153–157. LIPPERT/SCHENTULEIT, DDD III, Nr. 43 (in Vorbereitung). ***147***.
pBerlin P 8523	21. Dyn.	ALLAM, HOP, 274–275, Nr. 263. Taf. 76–77. WENTE, Letters, 209, Nr. 339. JANSEN-WINKELN, Inschriften I, 215–216, Nr. 56. ***52***.
pBerlin P 8869	6. Dyn.	SMITHER, in: JEA 28, 16–19. MANASSA, in: ZÄS 133, 151–163. ***19***, ***31***.
pBerlin P 8929	70 n.Chr.	BGU III 910. LIPPERT/SCHENTULEIT, DDD III, Nr. 29 (in Vorbereitung). ***105***, ***139***, ***151***.
pBerlin P 9010	6. Dyn.	SETHE, in: ZÄS 61, 67–79. GOEDICKE, in: ZÄS 101, 90–95. ***14***, ***17***, ***28–30***.
pBerlin P 9784	18. Dyn.	GARDINER, in: ZÄS 43, 28–35. ***51***, ***55***, ***71***.
pBerlin P 9785	18. Dyn. Amenoph. IV. 4	GARDINER, in: ZÄS 43, 38–45. THÉODORIDÈS, in: RIDA^{3} 15, 39–104. ***50***, ***55***, ***80***.
pBerlin P 10001	12. Dyn.	KAPLONY-HECKEL, Ägyptische Handschriften 1, 1. ***32***.
pBerlin P 10487–10489	20. Dyn.	ERMAN, Fall abgekürzter Justiz. WENTE, Letters, 183–184, Nr. 301–303. JANSSEN, HPBM 6, Taf. 50–52. ***67***.
pBerlin P 10496	20. Dyn.	ČERNÝ, in: JEA 31, 29. ALLAM, HOP, 277, Nr. 265; Taf. 80–83. KRI V, 476–478, § 218 A.61. ***65***, ***70***, ***80***.
pBerlin P 13489	27. Dyn. Darius I. 27	= pCowley 1. PORTEN/YARDENI, TAD II, 118–119, Nr. B 5.1. ***111***, ***180***.
pBerlin P 13495	407 v.Chr.	= pCowley 30+31. PORTEN/YARDENI, TAD I, 68–75, Nr. A4.7+8. PORTEN, Elephantine Papyri, 139–147, Nr. B19+B20. ***177***.
pBerlin P 13523	223 v.Chr.	SPIEGELBERG, Papyri Elephantine, 14–16, Nr. 2–3; Taf. 5. SETHE/PARTSCH, Bürgschaftsrecht, 314–319, Nr. 13bis. ***177***.
pBerlin P 13528	225 v.Chr.	SPIEGELBERG, Papyri Elephantine,19–20, Nr. 6; Taf. 5. SETHE/ PARTSCH, Bürgschaftsrecht, 320–384, Nr. 14. ***105***.

pBerlin P 13532	223–222 v.Chr.	SPIEGELBERG, Papyri Elephantine, 10–14, Nr. 1; Taf. 1. SETHE/PARTSCH, Bürgschaftsrecht, 287–315, Nr. 13. ***177***.
pBerlin P 13535+ 23677	236 v.Chr.	SPIEGELBERG, Papyri Elephantine, 23–24, Nr. 11; Taf. 8. MARTIN, in: Elephantine Papyri, 363–365, Nr. C 32. ***119***.
pBerlin P 13539	27. Dyn. Darius I. 30	SPIEGELBERG, Pherendates, 10–13 [611–614]. HUGHES, in: Fs Lüddeckens, 84. MARTIN, in: Elephantine Papyri, 294–295, Nr. C3. CHAUVEAU, in: RdE 50, 296. ***177***.
pBerlin P 13540	27. Dyn. Darius I. 30	SPIEGELBERG, Pherendates, 4–10 [605–611]. HUGHES, in: Fs Lüddeckens, 77–84. MARTIN, in: Elephantine Papyri, 290–291, Nr. C1. ***132***.
pBerlin P 13554	245–244 v.Chr.	SPIEGELBERG, Papyri Elephantine, 24–26, Nr. 12; Taf. 9. SB I, 84, Nr. 995. ***152***, ***154***.
pBerlin P 13568	303 v.Chr.	ERICHSEN, in: MDAIK 15, 51–56. MARTIN, in: Elephantine Papyri, 298–299, Nr. C5. ***105***.
pBerlin P 13571	26. Dyn. Psam. I./II. 5	ERICHSEN, in: Studies Crum, 272–276; Taf. 4. CRUZ-URIBE, Cattle Documents, 3–5, Nr. 2. ***147–148***, ***150***.
pBerlin P 13572	27. Dyn. Darius I. 30	ZAUZICH, Elephantine-Papyri I. ***140***.
pBerlin P 13614	26. Dyn. Amasis 34 ?	ERICHSEN, in: Studies Crum, 276–279; Taf. 5. LÜDDECKENS, Eheverträge, 16–17, Nr. 5. MALININE, in: OLZ 50, Sp. 498. ***166***.
pBerlin P 23757 rto	3. Jh. v.Chr.	LIPPERT, Lehrbuch. QUACK, in: AfP 51.1, 171–174. ***75***, ***85***, ***90–91***, ***116–117***, ***133***, ***137***, ***167***, ***177***, ***184–185***.
pBerlin P 23779+30009	41 n.Chr.	LIPPERT/SCHENTULEIT, in: SAK 32, 287–299. ***138–139***, ***147***.
pBerlin P 23883	43 n. Chr.	LIPPERT/SCHENTULEIT, DDD III, Nr. 41 (in Vorbereitung). ***139***.
pBerlin P 23890 rto	1. Jh. v.Chr.	LIPPERT, in: Fs Zauzich, 389–403. ***49***, ***53***, ***85***, ***100***.
pBibl. nat. 198,II	20. Dyn. Ram. XI.	ČERNÝ, LRL, 67–68, Nr. 46. WENTE, LRL, 79–81, Nr. 46. WENTE, Letters, 173, Nr. 289. JANSSEN, HPBM 6, Taf. 82–83. ***60***.
pBibl. nat. 215	3. Jh. v.Chr.	SPIEGELBERG, Demotische Chronik. Nur rto: FELBER, in: Apokalyptik, 65–111. ***4***, ***85***, ***132–134***.
pBibl. nat. 216	27. Dyn. Darius I. 5	PESTMAN, Tsenhor I, 53–56, Nr. 5; II, Taf. 6. ***154–155***.
pBibl. nat. 217	27. Dyn. Darius I. 5	PESTMAN, Tsenhor I, 57–59, Nr. 6; II, Taf. 7. ***155***.
pBibl. nat. 219	316 v.Chr.	LÜDDECKENS, Eheverträge, 144–145, Nr. 2D. REYMOND, in: ZÄS 111, 18–24; Taf. 2. ***115***.
pBM 262	11 n.Chr.	REICH, in: Sphinx 14, 1–34. SCHENTULEIT, in: Enchoria 27, 127–154; Taf. 5–9. ***136***.
pBM 10026	265/4 v.Chr.	ANDREWS, Ptol. Legal Texts, 16–22, Nr. 1; Taf. 1–7, 10. ***138***, ***172***.
pBM 10052	20. Dyn.	PEET, Tomb Robberies, 142–169; Taf. 25–35. KRI VI, 767–803, § 25. ***54–55***, ***58***, ***63***, ***67***, ***80–81***.
pBM 10055	19. Dyn.	= pSalt 124. ČERNÝ, in: JEA 15, 243–258; Taf. 42–46. ALLAM, HOP, 281–287, Nr. 266. THÉODORIDÈS, in: RIDA^3 28, 11–79. KRI IV, 408–414, § 54 A.26. ***58***, ***65–67***, ***77***, ***80***.
pBM 10074	230 v.Chr.	REICH, Papyri BM, 43–51; Taf. 6–7; 9. VLEEMING, in: Fs Pestman, 155–170. VON RECKLINGHAUSEN, Scheidungsurkunden (in Vorbereitung), Nr. 7. ***171***.

pBM 10598	170 v.Chr.	THOMPSON, Family Archive, 77–78. ***98***, ***177***.
pBM 10599	169 v.Chr.	THOMPSON, Family Archive, 78–79. ***177***.
pBM 10613	160 v.Chr.	ANDREWS, Ptol. Legal Texts, 35–36, Nr. 7; Taf. 20–22. ***160–161***.
pBM 10622	137 v.Chr.	THOMPSON, in: JEA 26, 69–71, Taf. 12. ***165***.
pBM 10721+10727 +10679A	181 v.Chr.	ANDREWS, Ptol. Legal Texts, 37–41, Nr. 9; Taf. 23–27; 31. ***139***.
pBM 10800	21.–23. Dyn.	EDWARDS, in: JEA 57, 120–124. ***50***, ***72***.
pBM 10823	162 v.Chr.	= „pBM 1201" = pBrit.Lib. 1201. SPIEGELBERG, in: RecTrav 31, 92–95; Taf. 1–2. ZAUZICH, Schreibertradition, 41–42, Nr. 36. ***150***.
pBM 10827	270 v.Chr.	ANDREWS, Ptol. Legal Texts, 48–50, Nr. 14; Taf. 36, 39. ***156***.
pBM 10830	198 v.Chr.	ANDREWS, Ptol. Legal Texts, 25–28, Nr. 3; Taf. 8, 11–13. ***91***, ***153***.
pBM 10831	194 v.Chr.	ANDREWS, Ptol. Legal Texts, 57–59, Nr. 19; Taf. 46. ***140***.
pBologna 1086	19. Dyn.	WOLF, in: ZÄS 65, 89–97. WENTE, Letters, 124–126, Nr. 147. KRI IV, 78–81. ***54–56***.
pBoswinkel 1	54 n.Chr.	KRUIT/MUHS/WORP, in: Fs Zauzich, 339–368. LIPPERT/SCHENTULEIT, in: DDD III, Nr. 26 (in Vorbereitung) ***150–151***.
pBotti-Calderini 1	4 n.Chr.	BOTTI, in: Studi Calderini/Paribeni, 76–80. ***159***.
pBrooklyn 16.205	21. Dyn.	PARKER, Saite Oracle Papyrus, 49–52; Taf. 17–19. JANSEN-WINKELN, Inschriften I, 101–103, Nr. 33. ***50***, ***57***, ***83***.
pBrooklyn 35.1446 rto	13. Dyn.	HAYES, Late MK Papyrus, 19–64. MENU, in: BIFAO 81 Suppl., 57–76. QUIRKE, Administration, 127–154. ***32***, ***35***, ***38–39***, ***44***.
pBrooklyn 35.1446 vso Einschübe A–C	13. Dyn.	HAYES, Late MK Papyrus, 67–85; Taf. 4–6, THÉODORIDÈS, in: RIDA[3] 7, 55–145. WENTE, Letters, 24–25, Nr. 11–12, (Einschübe B und C). ***39***.
pBrooklyn 35.1446 vso Text B	13. Dyn.	HAYES, Late MK Papyrus, 114–123; Taf. 14. ***40***, ***43***, ***46***.
pBrooklyn 37.1796E	108 v.Chr.	PIERCE, Three Papyri Brooklyn, 25–99. PESTMAN et al., Recueil. I 50–57, II 58–65, III Taf. 9–10; Nr. 6. ***102***.
pBrooklyn 47.218.3	26. Dyn. Psametich I. 14	PARKER, Saite Oracle Papyrus. DE MEULENAERE, in: Fs Te Velde, 243–249. ***174***, ***189***.
pBrüssel E 6034	259/8 v.Chr.	SPIEGELBERG, Papyrus Musées Royaux, 15–19, Nr. 4; Taf. 6. ERICHSEN, Lesestücke II.1, 103. SETHE, Bürgschaftsrecht, 676–678, Fn. 3. ***177***.
pCarlsberg 13	2.–3. Jh. n.Chr.	VOLTEN, Traumdeutung, v.a. 80–92; Taf. 1–2. ***93***.
pCarlsberg 236	1. H. 3. Jh. v.Chr.	TAIT, in: Carlsberg Papyri I, 93–101. ***85***, ***113***, ***164***.
P.Cattaoui rto	2. Jh. n.Chr.	M.Chr., 418–423, Nr. 372. ***121***.
pChester Beatty I vso D	20. Dyn.	GARDINER, Chester Beatty, Taf. 27. ***71***.
P.Col. IV 83	245/244 v.Chr.	P.Col. IV, 75–86, Nr. 83. HENGSTL, Gr. Papyri, 114–116, Nr. 41. ***100***.
P.Columbia inv. 480	198/7 v.Chr.	WESTERMANN, Slavery. ***113–114***.
P.Corn. 2	250/249 v.Chr.	P.Corn., 26–33, Nr. 2. PESTMAN et al., Guide Zenon Archive, 129. ***102***.
P.Corn. 7	n. 126 n.Chr.	P.Corn., 48–50, Nr. 7. ***101***.

pDeM 26	20. Dyn. Ramses III. 15	ALLAM, HOP, 297–301, Nr. 271; Taf. 92–96. ***63, 66, 83.***
pDeM 27	19./20. Dyn.	ALLAM, HOP, 301–302, Nr. 272; Taf. 98–99. ***64, 66, 80, 82.***
pDodgson	ptol. Zeit	GRIFFITH, in: PSBA 31, 100–109, 289–291. MARTIN, in: ICD 5, 199–212. MARTIN, in: PORTEN, Elephantine Papyri, 339–345, C 26. ***133.***
pD'Orbiney	19. Dyn.	= pBM 10183 = Zweibrüdermärchen. MÖLLER, Lesestücke II, Taf. 1–20. LICHTHEIM, AEL II, 203–211. SIMPSON, Literature[3], 80–90. WETTENGEL, Erzählung. ***66.***
P.Eleph. 1	310 v.Chr.	P.Eleph., 18–22, Nr. 1. SelPap I, 2–5, Nr. 1. ROWLANDSON, Women, 165–166, Nr. 123. ***109, 143, 169.***
P.Eleph. 2	284 v.Chr.	P.Eleph., 22–26, Nr. 2. M.Chr., 354–356, Nr. 311. SelPap I, 236–239, Nr. 82 (nur Z. 1–18). HENGSTL, Gr. Papyri, 197–201, Nr. 78. ***143.***
P.Eleph. 20	223/2 v.Chr.	P.Eleph., 63–66, Nr. 20. ***160.***
P.Ent. 6	222 v.Chr.	P.Ent. I, 15–18, Nr. 6. ***177.***
P.Ent. 17	218 v.Chr.	P.Ent. I, 46–48, Nr. 17. ***177.***
P.Ent. 23	218 v.Chr.	P.Ent. I, 63–65, Nr. 23. C.Pap.Jud. I, 236–238, Nr. 128. ***87.***
P.Ent. 32	218 v.Chr.	P.Ent I, 86–89, Nr 32. ***108, 117, 177.***
P.Ent 46	221 v.Chr.	= P.Lille II 25. P.Ent I, 115–116, Nr. 46. ***101.***
P.Ent. 72	218 v.Chr.	P.Ent. II, 176–177, Nr. 72. ***131.***
P.Ent. 79	218 v.Chr.	P.Ent. II, 190–193, Nr. 79. LEWIS, Greeks, 61. ***130.***
P.Ent. 82	221 v.Chr.	P.Ent. II, 198–201, Nr. 82. M.Chr., 48, Nr. 39. SelPap II, 234–237, Nr. 269. ROWLANDSON, Women, 172–173, Nr. 130. ***130, 177.***
P.Ent. 83	221 v.Chr.	P.Ent. II, 201–204, Nr. 83. M.Chr., 6–7, Nr. 8. ***181, 185.***
P.Ent. 89	222 v.Chr.	P.Ent. II, 219–221, Nr. 89. LEWIS, Greeks, 63–64. ***104.***
pEremitage 5597	19./20. Dyn.	ALLAM, in: Fs Brunner-Traut, 33–41. ***78, 80.***
P.Fam.Tebt. 15	114–115 n.Chr.	VAN GRONINGEN, Family Archive Tebtunis, 46–62, Nr. 15. JOHNSON, Roman Egypt, 638, Nr. 389. ***130.***
P.Fam.Tebt. 17	n. 17 n.Chr.	VAN GRONINGEN, Family Archive Tebtunis, 64–65, Nr. 17. BURNET, Égypte ancienne, 128–129, Nr. 68. ***127.***
P.Fam.Tebt. 27	132 n.Chr.	VAN GRONINGEN, Family Archive Tebtunis, 112–113, Nr. 27. ***104.***
pFitzhugh D 1	3. Jh. v.Chr.	REYMOND, in: JEA 58, 255–261. ***178.***
P.Flor. I 1	153 n.Chr.	P.Flor. I , 1–4, Nr. 1. ***108.***
P.Flor. I 47a	217 n.Chr.	P.Flor. I , 78–80, Nr. 47a. M.Chr., 158–159, Nr. 146. ***156.***
P.Freib. II 10	196 n.Chr.	P.Freib. II, 35–38. SB III, 53–54, Nr. 6293. JurPap, 14–17, Nr. 7. ***114, 165.***
pFreiburg 76 VIII [72]	209/8 oder 192/1 v.Chr.	THISSEN, in: Papyri Freiburg, 80, Nr. 72. CLARYSSE, in: Enchoria 16, 7–10. ***165.***
pGebelein I vso	5.–6. Dyn.	POSENER-KRIÉGER, in: Fs Edel, 320–331. MENU, in: Fs Vercoutter, 257–259. ***22.***
P.Gen. ²I 21	2. Jh. v.Chr.	P.Gen. ²I, 94–98, Nr. 21. M.Chr., 318–319, Nr. 284. P.Münch. III, 29–32, Nr. 62. ***126.***
pGenf D 191	19./20. Dyn.	ALLAM, HOP, 303–307, Nr. 273; Taf. 100–101. ***65, 77.***
P. Gießen UB 261	128 n.Chr.	BOSWINKEL/PESTMAN, TGDB, 70–72, Nr. 9. ***164.***

pKairo CG 10262	232 v.Chr.	SPIEGELBERG, Dem. Denkmäler II (CG), 336–337; Taf. 146. UPZ I, 603, Nr. 3. ***162***.
pKairo CG 30604	232 v.Chr.	SPIEGELBERG, Dem. Denkmäler II (CG), 14–18; Taf. 9. UPZ I, 603, Nr. 2. THISSEN, in: Fs Lüddeckens, 235–244; Taf. 32–33. ***103***, ***111***, ***162***.
pKairo CG 30606	157 v.Chr.	DE CENIVAL, Associations Religieuses, 45–58; Taf. 4. ***109***, ***119***.
pKairo CG 30608	123 v.Chr.	SPIEGELBERG, Dem. Denkmäler II (CG), 32–34; Taf. 17, 19. LÜDDECKENS, Eheverträge, 162–165, Nr. 8D. ***167***.
pKairo CG 30609	123 v.Chr.	SPIEGELBERG, Dem. Denkmäler II (CG), 34–36; Taf. 18–19. LÜDDECKENS, Eheverträge, 164–167, Nr. 8Z. ***167***.
pKairo CG 30630	89 v.Chr.	SPIEGELBERG, Dem. Denkmäler II (CG), 83–85; Taf. 42. ***94***, ***156***.
pKairo CG 30631	85 v.Chr.	SPIEGELBERG, Dem. Denkmäler II (CG), 85–87; Taf. 43. ***138***.
pKairo CG 30647	204 v.Chr.	SPIEGELBERG, Dem. Denkmäler II (CG), 88–90; Taf. 48. SETHE/PARTSCH, Bürgschaftsrecht, 3–43, Nr. 1. ***96***, ***106***, ***159***.
pKairo CG 30650+30688+30800	150–145 v.Chr.	SPIEGELBERG, Dem. Denkmäler II (CG), 91–92, 110, 170–171; Taf. 92, 110, 170–171; Taf. 64. BRUNSCH, in: Orientalia 57, 76–83. ***166***.
pKairo CG 30659+31191	202 v.Chr.	SPIEGELBERG, Dem. Denkmäler II (CG), 96–97, 297–298; Taf. 49. SETHE/PARTSCH, Bürgschaftsrecht, 127–142, Nr. 7. ***105***.
pKairo CG 30665	26. Dyn. Amasis 27	SPIEGELBERG, Dem. Denkmäler II (CG), 100; Taf. 49. CRUZ-URIBE, in: Fs Lüddeckens, 41–43. VON RECKLINGHAUSEN, Scheidungsurkunden (in Vorbereitung), Nr. 1. ***171***.
pKairo CG 30697+30780	203 v.Chr.	SPIEGELBERG, Dem. Denkmäler II (CG), 116–117, 161; Taf. 55, 61. SETHE/PARTSCH, Bürgschaftsrecht, 48–60, Nr. 3. ***106***.
pKairo CG 30753	204 v.Chr.	SPIEGELBERG, Dem. Denkmäler II (CG), 143; Taf. 57. SETHE/PARTSCH, Bürgschaftsrecht, 102–126, Nr. 6. ***106***.
pKairo CG 30781	205–203 v.Chr.	SPIEGELBERG, Dem. Denkmäler II (CG), 161–162; Taf. 61. SETHE/PARTSCH, Bürgschaftsrecht, 89–102, Nr. 5. ***96***, ***159***.
pKairo CG 30907+30909	25. Dyn.	SPIEGELBERG, Dem. Denkmäler II (CG), Taf. 69. LÜDDECKENS, Eheverträge,12–13, Nr. 2. MALININE, in: OLZ 58, Sp. 560–561. ***66***, ***75***.
pKairo CG 31045	26./27. Dyn.	SPIEGELBERG, Dem. Denkmäler II (CG), 237; Taf. 80. MIGAHID, Briefe, 45–53, Nr. 3; Taf. 1. ***190***.
pKairo CG 31079	105 v.Chr.	SPIEGELBERG, Dem. Denkmäler II (CG), 254–257; Taf. 102. HUGHES, Land Leases, 32. ***96***, ***101***.
pKairo CG 50015	ptol. Zt.	SPIEGELBERG, Dem. Denkmäler II (CG), 332; Taf. 142. MIGAHID, Briefe an Götter, 74–88, Nr. 5; Taf. 6–7. ***129***.
pKairo CG 50058	26. Dyn. Amasis 28	SPIEGELBERG, Dem. Denkmäler III, 39–42; Taf. 17. MALININE, in: OLZ 50, Sp. 495–498. ***94***, ***155***.
pKairo CG 50059	27. Dyn. Kambyses 8	SPIEGELBERG, Dem. Denkmäler III (CG), 42–46; Taf. 18–20. JOHNSON, in: Gs Baer, 113–123. ***168***.
pKairo CG 50066	27.–31. Dyn.	SPIEGELBERG, Dem. Denkmäler III (CG), 55–56; Taf. 29. ***162***, ***186***.
pKairo CG 50072	5./4. Jh. v.Chr.	SPIEGELBERG, Demotische Denkmäler III, 60; Taf. 32. SEIDL, in: Fs Welles, 63–65 [mit Fehlern!]. ***190***.
pKairo CG 50122	64 v. Chr.?	SPIEGELBERG, Dem. Denkmäler III (CG), 85; Taf. 51. LÜDDECKENS, Hawara, 249–250, Nr. 24 d. ***161***.

pKairo CG 58043	6. Dyn.	= pBoulaq 8. Baer, in: ZÄS 93, 1–9.Wente, Letters, 56–57, Nr. 64. ***15***.
pKairo CG 58070	18. Dyn.	= pBoulaq 11. Peet, in: Mélanges Maspero I, 188–191. Megally, in: BIFAO 74, 161–169; Taf. 21–22. ***50***.
pKairo CG 58081	18. Dyn.	Megally, in: BIFAO 75, 165–181; Taf. 28. ***50***.
pKairo CG 58092	20. Dyn.	= pBoulaq 10. Mariette, Papyrus Boulaq II, Tf. 1. Allam, HOP, 289–293, Nr. 268. ***47***, ***50***, ***61***, ***63***, ***77***.
pKairo CG 65739	19. Dyn.	Gardiner, in: JEA 21, 140–146. Mrsich, in: Gs Barta, 291–310. ***50***, ***54–57***, ***65***, ***80***.
pKairo CG 91061	11. Dyn.	James, Ḥeḳanakhte Papers, 92–94, Taf. 26–27. Wente, Letters, 64 Nr. 73. ***32***.
pKairo JE 37112	27. Dyn. Artax. I. 25	= pCowley 14. Porten/Yardeni, TAD II, 38–39, Nr. B 2.8. ***109***.
pKairo JE 43468	27. Dyn. Artax. I 31	= pCowley 16. Porten/Yardeni, TAD I, 84–85, Nr. A 5.2. Porten, Elephantine Papyri, 188–190, Nr. B 30. ***180***.
pKöln 2411	138/7 v.Chr.	Kurth/Thissen/Weber, Kölner ägyptische Papyri, 54–60. ***150***.
pKöln 7676	115/4 v.Chr.	Thissen, in: ICDS 5, 283–287. ***86***, ***181***, ***184***.
P.Köln VII 313	186 v.Chr.	P.Köln VII, 63–78, Nr. 313. Jördens, in: TUAT N.F. 2, 374–375. ***134***.
P.Kron. 50	138 n.Chr.	P.Kron., 106–110, Nr. 50. Rowlandson, Women, 127–129, Nr. 101. ***173***.
P.Kron. 52	138 n.Chr.	P.Kron., 111–114, Nr. 52. Rowlandson, Women, 130–131, Nr. 102. ***123***, ***172***.
pLansing	20. Dyn.	= pBM 9994. Gardiner, LEM, 99–106. Lichtheim, AEL II, 168–175. ***63***, ***66***.
pLee	20. Dyn.	KRI V, 361–363. Baer, in: JEA 50, 179–180. Vernus, Affaires, 141–157, v.a. 151–152. ***54***, ***68***, ***79***.
pLeiden I 344 vso	19. Dyn.	Zandee, Amunshymnus. ***3***.
pLeiden I 352	NR	Leemans, Monumenten Leiden II, Taf. 168. Černý, in: JEA 23, 186–187. ***55***.
pLeiden I 368	19. Dyn.	Janssen, in: OMRO 41, 39 Fig. 11; 45–46; Taf. 14. Bakir, Epistolography, Taf. 16, XXII. KRI II, 894–895. ***63***.
pLeiden I 376	127 v.Chr.	Sethe/Partsch, Bürgschaftsrecht, 204–245, Nr. 10. Taf. 21–27. Pestman, Choachytes, 95–97, Nr. 20. ***106***, ***111***, ***115***.
pLeiden F 1942/5.15	25. Dyn. Piye 21?	Vleeming, in: OMRO 61, 1–17. Menu, in: RdE 36, 74–75, Nr. 1. ***50***, ***72***.
pLeopold	20. Dyn. Ramses IX. 16	Capart et al., in: JEA 22, 170–183. ***63***.
pLibbey	337 v.Chr.	Spiegelberg, P.Libbey. Lüddeckens, Eheverträge, 22–23 Nr. 9. Cruz-Uribe, in: Serapis 4, 3–9. ***115***, ***166***.
pLille 2	243 v.Chr.	Sottas, in: JA[11] 3, 157–173. Sottas, Papyrus Lille, 10–12. Sethe/Partsch, Bürgschaftsrecht, 478– 486, Nr. 23. ***105***, ***110***, ***140***, ***149***.
pLille 26	393–380 v.Chr.	Sottas, Papyrus Lille I, 52–54; Taf. XII–XIII. Malinine, in: RdE 7, 107–120; Taf. 19. Malinine/Pirenne, in: AHDO 5, 32–34. ***147***, ***149***.
pLille 29	223 v.Chr.	de Cenival, Associations Religieuses, 3–38; Taf. 1–2. ***111***, ***119***, ***130–131***.

pLille o.Nr.+pAmiens 1	136 v.Chr.	MENU, in: CRIPEL 6, 229–242. DEVAUCHELLE, in: Enchoria 14, 57–61. ***147***.
P.Lips. I 29	295 n.Chr.	M.Chr., 368–370, Nr. 318. ROWLANDSON, Women, 196–197, Nr. 145. ***116***, ***173***.
pLoeb 1	27. Dyn. Dar. I. 36	SPIEGELBERG, P.Loeb, Sp. 1–7; Taf. 1–2. HUGHES, in: Fs Lüddeckens, 85–86. MARTIN, in: Elephantine Papyri, 296–297, Nr. C4. ***177***.
pLoeb 3	306/305 v.Chr.	SPIEGELBERG, P.Loeb, Sp. 7–11; Taf. 4. ***100***, ***161***.
pLoeb 41	26. Dyn. Psametich I. 2	SPIEGELBERG, P.Loeb, Sp. 70–72; Taf. 24. VLEEMING, Gooseherds, 109–125, Nr. 7. ***90***, ***155***.
pLoeb 44+49	27. Dyn. Darius I.	SPIEGELBERG, P.Loeb, 75–76; 81–82; Taf. 24–25; 28. VLEEMING, Gooseherds, 94–108, Nr. 6. ***147***.
pLoeb 47	27. Dyn. Darius I. 34	SPIEGELBERG, P.Loeb, Sp. 79–80; Taf. 26. VLEEMING, Gooseherds, 19–30, Nr. 1. ***155***.
pLoeb 48	27. Dyn. Darius I. 35	SPIEGELBERG, P.Loeb, Sp. 80–81; Taf. 27. MALININE, Choix, 25–29, Nr. 4. Ders., Choix II, 9–10, Nr. 4. MENU, in: CRIPEL 1, 123. ***100***, ***161***.
pLoeb 62+pBerlin P 15558	175/4 v.Chr.	NIMS, in: Fs Erichsen, 266–276. ZAUZICH, in: Fs Äg. Museum Berlin, 335–340. ***121***, ***168–169***, ***174***.
P.Lond. inv. 1976	134 n.Chr.	SIJPESTEIJN/WORP, in: Fs Hans Ankum, 512–532. ***117***.
P.Lond. II 401	115–110 v.Chr.	P.Lond. II, 12–14, Nr. 401. P.Dryton, 259–264, Nr. 34. ***90***, ***113***.
P.Lond. III 880	113 v.Chr.	P.Lond. III, xlii, 8–9, Nr. 880. ***156***.
P.Lond. VI 1912	41 n.Chr.	P.Lond. VI, 1–37, Nr. 1912. C.Pap.Jud. II, 36–55, Nr. 153. BRAUND, Augustus to Nero, 201–204, Nr. 571. ***135***.
pLouvre AF 9761	27. Dyn. Darius I. 28	PESTMAN, Tsenhor I, 85–87, Nr. 15; II, Taf. 16. ***154***.
pLouvre E 2432	26. Dyn. Psametich I. 29	MALININE, Choix, 102–107, Nr. 15. DERS., Choix II, 48–50, Nr. 15. ***103***.
pLouvre E 2433	252 v.Chr.	LÜDDECKENS, Eheverträge, 30–33, Nr. 14. ***120***.
pLouvre E 2434 + 2437	274–3 v.Chr.	ERICHSEN, Lesestücke II.1, 99–102. PESTMAN, in: Fs Roca-Puig, 271–281. ***177***.
pLouvre E 2443	249 v.Chr.	ZAUZICH, Schreibertradition, 21–26, Nr. 14. ***120***.
pLouvre E 3168	25. Dyn. Taharqa? 16	MALININE/PIRENNE, in: AHDO 5, 54–55. MALININE, in: RdE 34, 98; Taf. 6. ***57***, ***91***, ***102–103***, ***115***.
pLouvre E 3228b	25. Dyn.	MALININE, Choix, 3–14, Nr. 1. Ders., Choix II, 1–5, Nr. 1; Taf. 1–2. ***52***, ***70***, ***74–75***, ***137***.
pLouvre E 3228c	25. Dyn.	MALININE, in: RdE 6, 157–178; Taf. 4–6. MENU, in: RdE 36, 78–79. KAPLONY-HECKEL, in: TUAT 1, 227–230. ***76***, ***78***, ***80***, ***179–180***.
pLouvre E 3228d	25. Dyn. Taharka 3	MALININE, Choix, 43–49, Nr. 7. Ders., Choix II, 17–20, Nr. 7; Taf. 6. ***72***, ***79***, ***137***, ***176***.
pLouvre E 3228e	25. Dyn. Schabaka 10	MALININE, Choix, 35–42, Nr. 6. Ders., Choix II, 14–17, Nr. 6; Taf. 5. MENU, in: RdE 36, 77–78. ***70***, ***72***, ***137***.
pLouvre E 3231a	27. Dyn. Darius I. 25	PESTMAN, Tsenhor I, 82–84, Nr. 14; II, Taf. 15. ***94***, ***157***.
pLouvre E 7128	27. Dyn. Darius I. 12	PESTMAN, Tsenhor I, 71–73, Nr. 10; II, Taf. 11. ***147***.
pLouvre E 7832	26. Dyn. Amasis 32	REVILLOUT, CPA I, Taf. 9 Nr. 8. DONKER VAN HEEL, Choachytes, 177–182, Nr. 13. ***118***, ***124***, ***165***, ***172***.

pLouvre E 7833	26. Dyn. Amasis 36	= pLouvre E 7833A. HUGHES, Land Leases, 51–67. DONKER VAN HEEL, Choachytes, 200–209, Nr. 19. ***158–159***.
pLouvre E 7834	26. Dyn. Amasis 35	REVILLOUT, CPA I, Taf. 13, Nr. 12. DONKER VAN HEEL, Choachytes, 189–191, Nr. 16. ***173***.
pLouvre E 7836	26. Dyn. Amasis 35	HUGHES, Land Leases, 45–50, Nr. IV. DONKER VAN HEEL, Choachytes, 192–196, Nr. 17. ***89***, ***158***.
pLouvre E 7837	26. Dyn. Amasis 36	= pLouvre E 7833B. HUGHES, Land Leases, 68–70. DONKER VAN HEEL, Choachytes, 210–215, Nr. 20. ***157–159***.
pLouvre E 7839	26. Dyn. Amasis 37	REVILLOUT, CPA I, Taf. 10, Nr. 9. DONKER VAN HEEL, Choachytes, 216–221, Nr. 21. ***138***, ***158***.
pLouvre E 7840 „bis“	26. Dyn. Amasis 29–33	DE CENIVAL, in: RdE 37, 13–29. DONKER VAN HEEL, Choachytes, 143–168, Nr. 11; Taf. 11–17. ***119***.
pLouvre E 7843	26. Dyn. Amasis 35	MALININE, Choix, 108–112, Nr. 16. Ders., Choix II, 51, Nr. 16; Taf. 15. DONKER VAN HEEL, Choachytes, 197–199. ***155***.
pLouvre E 7844	26. Dyn. Amasis 16	HUGHES, Land Leases, 18–27, Nr. II; Taf. 2. DONKER VAN HEEL, Choachytes, 101–106, Nr. 5. ***157–158***.
pLouvre E 7845A	26. Dyn. Amasis 17	HUGHES, Land Leases, 28–44, Nr. III; Taf. 3. DONKER VAN HEEL, Choachytes, 107–115, Nr. 6. ***96***, ***158–159***.
pLouvre E 7846	26. Dyn. Amasis 22	REVILLOUT, CPA I, Taf. 20, Nr. 19. DONKER VAN HEEL, Choachytes, 125–133, Nr. 9; Taf. 9. ***75***, ***137***, ***166***.
pLouvre E 7849	26. Dyn. Psametich II. 5	REVILLOUT, CPA I, Nr. 18; Taf. 19. LÜDDECKENS, Eheverträge, 12–15, Nr. 3. MALININE, in: OLZ 58, Sp. 559; 561. Naissance, 280, Nr. 232. ***75***, ***166***.
pLouvre E 7851 rto	25. Dyn.	DONKER VAN HEEL, in: RdE 50, 138–143; Taf. 13. ***52***, ***70***, ***74***.
pLouvre E 7851 vso	25. Dyn.	DONKER VAN HEEL, in: RdE 50, 143–144; Taf. 14. ***74***.
pLouvre E 7852	25. Dyn.	DONKER VAN HEEL, in: RdE 48, 81–93; Taf. 8. ***52***, ***74***.
pLouvre E 7856 rto	25. Dyn.	DONKER VAN HEEL, in: RdE 49, 99–102; Taf. 13. ***52***.
pLouvre E 7856 vso	25. Dyn.	DONKER VAN HEEL, in: RdE 49, 92–99; Taf. 12. ***52***.
pLouvre E 7861	26. Dyn. Amasis 3	REVILLOUT, CPA I, Taf. 18. MALININE, in: MDAIK 16, 221–229. DONKER VAN HEEL, Choachytes, 75–81, Nr. 1. ***152***.
pLouvre E 9293	27. Dyn. Darius I. 23	REVILLOUT, CPA I, Taf. 17. MALININE, Choix, 20–24, Nr. 3. Ders., Choix II, 7–8, Nr. 3; Taf. 3–4. LIPPERT, Lehrbuch, 53–54. ***99–100***, ***161***.
pLouvre E 9294	27. Dyn. Darius I. 31	= „pLouvre E 9204“. MALININE, Choix, 113-116, Nr. 17. Ders., Choix II, 52–53, Nr. 17; Taf. 16–17. CRUZ-URIBE, in: JEA 66, 120–126. ***147–148***.
pLouvre E 10935	26. Dyn. Amasis 15	PESTMAN, Tsenhor I, 35–42, Nr. 1; II Taf. 2. VITTMANN, in: Enchoria 25, 113–117. ***93***, ***124***, ***157***.
Plut.mor.	E. 1.–A. 2. Jh. n.Chr.	PLUTARCH, Moralia. ***7***.
pMallawi 602/10	117/5 v.Chr.	EL-AGUIZY, in: BIFAO 88, 51–62 [mit Fehlern]. ***181***, ***184***.
pMarseille 298+299	235/234 v.Chr.	VITTMANN, in: Enchoria 10, 127–139. ***91***, ***125***, ***148***.
pMayer A	20. Dyn. Ramses IX. 19=1	= pLiverpool M 11162. PEET, Mayer Papyri, 3–18. PEET, Tomb Robberies, Taf. 24. ***58***, ***63***.
P.Mert. I 6	77 v.Chr.	P.Mert. I, 30–34, Nr. 6. ZIEGLER, in: ZPE 125, 214. ***162***.
P.Mert. II 59	154/143 v.Chr.	P.Mert. II, 25–33, Nr. 59. C.Ptol.Sklav. I, 236–240, Nr. 59. BAGNALL/DEROW, Hellenistic Period, 225–227, Nr. 133. ***153***.
P.Mert. III 104	1–50 n.Chr.	P.Mert. III, 13–15, Nr. 104; Taf. 1. ***189***.

P.Mert. III 130	119–138 n.Chr.	P.Mert. III, Nr. 130. THOMAS, in: JEA 56, 173–176. ***122***.
pMichigan 3523	26. Dyn. Amasis 20	CRUZ-URIBE, Cattle Documents, 7–9, Nr. 4. ***154***.
pMichigan 4200	184 v.Chr.	NIMS, in: JEA 24, 79. ***174***.
pMichigan 4526 B1	ca. 184 v.Chr.	NIMS, in: JEA 24, 79–82. ***107***, ***174***.
P.Mich. II 121	42 n.Chr.	P.Mich. II, 7–80, Nr. 121. SB III, 262–265, Nr. 7260 [auszugsweise]. GRUBBS, Women, 125–126. ***166***, ***168***.
P.Mich. III 159	37–43 n.Chr.	P.Mich. III, 135–138, Nr. 159. CH.L.A. V, 10–11, Nr. 280. ***184***.
P.Mich. V 228	47 n.Chr.	P.Mich. V, 27–29, Nr. 228. ROWLANDSON, Women, 294–295, Nr. 229. ***128***.
P.Mich. V 253	30 n.Chr.	P.Mich. V, 135–138, Nr. 253. ROWLANDSON, Women, 252–253, Nr. 185. ***116***.
P.Mich. V 347	21 n.Chr.	P.Mich. V, 345–348, Nr. 347. LÜDDECKENS, Eheverträge, 180–183, Nr. 12D. ***168***.
P.Mich. X 587	24/25 n.Chr.	P.Mich. X, 39–45, Nr. 587. ***103***.
P.Mich. Zen. 35	254 v.Chr.	P.Mich.Zen., 102–103, Nr. 35. ***106***.
P.Mich. Zen. 70	237 v.Chr.	P.Mich.Zen., 147, Nr. 70. ***134***.
P.Mich. Zen. 79	ca. 250 v.Chr.	P.Mich.Zen., 157–158, Nr. 79. ***98***.
pMoskau 113	285 v.Chr.	STRUVE, in: Soviet Delegation, 51–61. ***100***, ***137***.
pMoskau 123	68 v.Chr.	MALININE, in: RdE 19, 67–85. ***172***.
pMünchen 809	18. Dyn. Thutmosis IV.	= pMook. SPIEGELBERG, in: ZÄS 63, 105–115. ***48***, ***68***, ***77***, ***80–82***.
pOIC 17481	30. Dyn. Nektanebos I. 17 365/4 v.Chr.	LÜDDECKENS, Eheverträge, 142–145, Nr. 1D. HUGHES/JASNOW, Hawara Papyri, 9–15, Nr. 1; Taf. 1–7. ***123***, ***138***, ***168***.
pOIC 19422	27. Dyn. Darius I. 20	HUGHES, in: JNES 17, 1–12; Taf. 1. MIGAHID, Briefe, 38–44, Nr. 2. ***129***, ***190***.
P.Oslo III 95	96 n.Chr.	P.Oslo III, 96–98, Nr. 95. HENGSTL, Gr. Papyri, 103–104, Nr. 37. ***188***.
pOxf. Griffith I 52	151 v.Chr.	BRESCIANI, Archivio, 69–70. ***97***.
P.Oxy. I 34 vso	127 n.Chr.	P.Oxy I, 68–74, Nr. 34 vso. M.Chr., 202–205, Nr.188. ***147***.
P.Oxy. I 37	49 n.Chr.	P.Oxy I, 79–81, Nr. 37. SelPap II, 194–197, Nr. 257. FIRA III, 521–523, Nr. 170. C.Pap.Gr. I, 115–118, Nr. 19. ***189***.
P.Oxy. I 94	83 n.Chr.	P.Oxy I, 155–156, Nr. 94. M.Chr., 392, Nr. 344. ***104***.
P.Oxy. II 237	n. 186 n.Chr.	P.Oxy II, 141–180, Nr. 237. ANAGNOSTOU-CANAS, in: Droit et Cultures 47, 49–51. SelPap II, 104–109, Nr. 219 (nur 8.27–43); 198–201, Nr. 258 (nur 7.19–129). ***88***, ***117***, ***120***, ***124***, ***188–189***.
P.Oxy. II 260	59 n.Chr.	P.Oxy II, 229–230, Nr. 260. M.Chr., 83, Nr. 74. ***188***.
P.Oxy. II 261	55 n.Chr.	P.Oxy II, 230–231, Nr. 261. M.Chr., 393–394, Nr. 346. SelPap I, 181, Nr. 60. HENGSTL, Gr. Papyri, 123–125, Nr. 43. ***104***.
P.Oxy. II 266	96 n.Chr.	P.Oxy II, 238–243, Nr. 266. M.Chr., 330–331, Nr. 292. SelPap I, 24–27, Nr. 7. ***171***.
P.Oxy. II 267	37 n.Chr.	P.Oxy II, 243–247, Nr. 267. M.Chr., 314–315, Nr. 281. ROWLANDSON, Women, 177–178, Nr. 132. ***170***.
P.Oxy. II 274	97 n.Chr.	P.Oxy II, 259–262, Nr. 274. FIRA III, 333–338, Nr. 104. ***108***.

pPhiladelphia 11	282/1 v.Chr.	= pKairo JE 89366. EL-AMIR, Family Archive, 50–51, Taf. 17. VON RECKLINGHAUSEN, Scheidungsurkunden (in Vorbereitung), Nr. 6. ***171***.
pPhiladelphia 12	277 v. Chr.	EL-AMIR, Family Archive, 53–55, Taf. 27. ***97***.
pPhiladelphia 24	227 v.Chr.	= pPhiladelphia, Univ. Mus. 29-86-519; 800 d; 884; Jar 2. EL-AMIR, Family Archive 110–113, Taf. 29. ***97***.
P.Polit. Iud. 1	135/134 v.Chr.	P.Polit. Iud., 35–39, Nr. 1. JÖRDENS, in: TUAT N.F. 1, 321. ***130***.
P.Polit. Iud. 4	134 v. Chr.	P.Polit. Iud., 56–71, Nr. 4. ***87***.
pReinach dem. I 3	108 v.Chr.	BOSWINKEL/PESTMAN, Dionysios, 95–100, Nr. 3; Taf. 4, 6. ***106***.
pReinach dem. I 4	108 v.Chr.	BOSWINKEL/PESTMAN, Dionysios, 101–107, Nr. 4; Taf. 5–6. ***97***.
pReinach dem. I 5	106 v.Chr.	BOSWINKEL/PESTMAN, Dionysios, 108–114, Nr. 5; Taf. 7, 10. ***157***.
pReinach gr. I 20	108 v.Chr.	BOSWINKEL/PESTMAN, Dionysios, 232–235, Nr. 17; Taf. 22, 29, 31. ***106***.
pReinach gr. I 30	116 v.Chr.	BOSWINKEL/PESTMAN, Dionysios, 289–291, Nr. 34; Taf. 39. ***102***.
pReinhardt	21. Dyn.	VLEEMING, P.Reinhardt. ***49***.
pReisner I	12. Dyn.	SIMPSON, Papyrus Reisner I. ***34***.
pReisner III	12. Dyn.	SIMPSON, Papyrus Reisner III. ***34***.
P.Revenue Laws	259/8 v.Chr.	BINGEN, P. Revenue Laws. BAGNALL/DEROW, GHD, 146–160, Nr. 95. ***134***, ***175***.
pRhind math.	2. Zwzt	PEET, Rhind Math. Pap. ROBINS/SHUTE, Rhind Math. Pap. ***33***.
pRochester	20. Dyn.	GOELET, in: JEA 82, 110–119. QUACK, in: SAK 29, 219–232. ***65***.
pRollin	20. Dyn.	GOEDICKE, in: JEA 49, 72–78. KRI V, 360–361. VERNUS, Affaires, 141–157, v.a. 151. POSENER, in: RdE 28, 147. ***68***, ***79***.
P.Ryl. II 125	28–29 n.Chr.	P.Ryl. II, 120–121, Nr. 125. HENGSTL, Gr. Papyri, 134–136, Nr. 49. ***128***.
P.Ryl. II 157	135 n.Chr.	P.Ryl. II, 165–168, Nr. 157. SelPap I, 156–161, Nr. 52. ***90***, ***156***.
P.Ryl. IV 572	2. Jh. v.Chr.	P.Ryl. IV, 19–22, Nr. 572. ***145***.
P.Ryl. IV 588	78 n.Chr.	P.Ryl. IV, 54–56, Nr. 588. ***188***.
pRylands 1	26. Dyn. Psametich I 21	GRIFFITH, Catalogue Rylands I, Taf. 1–8; III, 44–47. MALININE/PIRENNE, in: AHDO 5, 43–46. ***91***, ***111***, ***147***, ***179***.
pRylands 2	26. Dyn. Psametich I 21	GRIFFITH, Catalogue Rylands I, Taf. 9–14; III, 47–50. ***156***.
pRylands 3	26. Dyn. Amasis 2	GRIFFITH, Catalogue Rylands I, Taf. 15; III, 52. ***106***, ***164***.
pRylands 5	26. Dyn. Amasis 2	GRIFFITH, Catalogue Rylands I, Taf. 16, 22; III, 53–54. MALININE/PIRENNE, in: AHDO 5, 74–75. ***106***, ***164***.
pRylands 6	26. Dyn. Amasis 3	GRIFFITH, Catalogue Rylands I, Taf. 17–19, 22; III, 54–55. MALININE/PIRENNE, in: AHDO 5, 75–76. ***106***, ***164***.
pRylands 8	26. Dyn. Amasis 8	GRIFFITH, Catalogue Rylands I, Taf. 21–22; III, 59–60; 216–218. CRUZ-URIBE, Cattle Documents, 5–7, Nr. 3. ***147***, ***150***.

pRylands 9	27. Dyn.	Griffith, Catalogue Rylands I, Taf. 23–47. Vittmann, P. Rylands 9. ***93***, ***105***, ***128***, ***130–131***, ***177***, ***179***.
pRylands 30	89 v.Chr.	Griffith, Catalogue Rylands I, Taf. 75; III, 159; 286. Lüddeckens, Eheverträge, 130–133, Nr. 50. ***166***.
pRylands 36	90 v.Chr.	Griffith, Catalogue Rylands I, Taf. 77. Sethe/Partsch, Bürgschaftsrecht, 384–409, Nr. 15. Kaplony-Heckel, Tempeleide, 284–290, Nr. 172A. ***106***, ***176***.
pRylands 41	ptol. Zt.	Griffith, Catalogue Rylands I, Taf. 83; III, 166–167, 296–298. Hughes, in: JNES 32, 152. ***96***.
pRylands 44	29 n.Chr.	Griffith, Catalogue Rylands III, 169–172; 299–300; Taf. 84. Reymond, in: BJRL 49, 466–480. SB I, 476–477, Nr. 5108. Lippert/Schentuleit, DDD III, Nr. 11 (in Vorbereitung). ***94***, ***141***, ***147***.
pRylands 45	42 n.Chr.	Griffith, Catalogue Rylands III, 173–178; 301–303. Reymond, in: BJRL 49, 486–496. SB I, 477–478, Nr. 5109–5110. Lippert/Schentuleit, DDD III, Nr. 17 (in Vorbereitung). ***100***, ***109***, ***150***, ***161–162***.
PSI I 64	1. Jh. v.Chr.	PSI I, 133–136, Nr. 64; Taf. 12. Rowlandson, Women, 322–323, Nr. 255. ***170***.
PSI III 182	234 n.Chr.	PSI III, 38–39, Nr. 182. ***92***.
PSI IV 393	241 v.Chr.	PSI IV, 123–124, Nr. 393. Jördens, in: TUAT N.F. 1, 316–317. ***128***.
PSI IV 424	3. Jh. v.Chr.	PSI IV, 149, Nr. 424. Messeri Savorelli/Pintaudi, Zenon a Firenze, Taf. 21. Papadopoulos, in: AfP 46, 166–168. ***103***, ***113***.
PSI V 549	41 v.Chr.	PSI V, 137–139, Nr. 549. ***164***.
PSI VII 807	280 n.Chr.	PSI VII, 104–105, Nr. 807. Söllner, in: ZPE 107, 83. ***118***.
PSI IX 1057	32 n.Chr.	PSI IX, 93–94, Nr. 1057. Mitthof, in: ZPE 132, 224. ***98***.
pSorbonne 217a	196 v.Chr.	de Cenival, in: RdE 27, 56–61. ***140***, ***147***.
pStraßburg 4	27. Dyn. Darius I. 35	Spiegelberg, P. Straßburg, 17; Taf. 2. Malinine, in: Kêmi 11, 1–23. Vleeming, Gooseherds, 178–188, Nr. 13; Taf. 12. ***99***, ***160***.
pStraßburg 9	104 v.Chr.	Spiegelberg, P. Straßburg, 26–26; Taf. 7, 10. Felber, Ackerpachtverträge, 49–52. ***158***.
pStraßburg 32 + dem. gr. 1	55 n.Chr.	Spiegelberg, P. Straßburg, 44–47; Taf. 11, 16. Lippert/Schentuleit, DDD III, Nr. 28 (in Vorbereitung). ***139***.
pStraßburg 39	21. Dyn.	Spiegelberg, in: ZÄS 53, 20–21; Taf. 1. Allam, HOP, 307–308, Nr. 274; Taf. 104. Jansen-Winkeln, Inschriften I, 203–204, Nr. 36. ***54***, ***56***.
pStraßburg 44	95/4 v.Chr.	Spiegelberg, P. Straßburg, 30–32; Taf. 9, 14. Spiegelberg, in: RecTrav 31, 98–100. Zauzich, Schreibertradition, 61–62, Nr. 72. ***150***.
pStraßburg WG 16	135 v.Chr.	Gradenwitz et al., Erbstreit, 39–46; Taf. 2–3. ***153***.
pStraßburg WG 18	133 v.Chr.	Gradenwitz et al., Erbstreit, 49–57; Taf. 4. ***111***, ***182***.
P.Strasb. I 22	n. 217 n.Chr.	P.Strasb. I, 78–87, Nr. 22. ***95***.
P.Tebt. I 5	118 v.Chr.	P.Tebt. I, 17–58, Nr. 5; Taf. 3. SelPap II, 58–75, Nr. 210 (nur Z. 207–220). Pestman, in: BASP 22, 265–269. Jördens, in: TUAT N.F. 2, 377–382. ***86–87***, ***108***, ***110***, ***128***, ***134***, ***136***, ***181***.
P.Tebt. I 110	92 o. 59 v.Chr.	P.Tebt. I, 470–471, Nr. 110. SelPap I, 202–203, Nr. 68. ***111***.
P.Tebt. II 382	n. 31 v.Chr.	P.Tebt. II, 228–231, Nr. 382. Oates, in: ZPE 146, 174. ***143***.

pTurin 2124	27. Dyn. Darius I. 15	= Nr. 229. PESTMAN, Tsenhor I, 74–76, Nr. 11; II, Taf. 12. ***94***, ***156***.
pTurin 2125	27. Dyn. Darius I. 16	= Nr. 240. PESTMAN, Tsenhor I, 77–79, Nr. 12; II, Taf. 13. ***94***, ***155***.
pTurin 2127	27. Dyn. Darius I. 31	= Nr. 242. PESTMAN, Tsenhor I, 88–89, Nr. 16; II, Taf. 17. ***154–155***.
pTurin 2128	27. Dyn. Darius I. 35	= Nr. 230. PESTMAN, Tsenhor I, 90–92, Nr. 17; II, Taf. 18. ***94***, ***148***, ***156***.
pTurin Giornale	20. Dyn. Ramses IX.-XI.	BOTTI/PEET, Giornale, Taf. 42–43. ALLAM, HOP, 332–335, Nr. 284 B. ***49***.
pUC 32037	12. Dyn. Amenemhet III. 39	= Kahun VII.1.GRIFFITH, Kahun and Gurob, 29–31; Taf. 11. LOGAN, in: JARCE 37, 57–58. GANLEY, in: DE 55, 17–21. COLLIER/QUIRKE, Lahun Papyri II, 100–101. ***32–33***, ***36***, ***41***.
pUC 32055	12. Dyn.	= Kahun II.1. GRIFFITH, Kahun and Gurob, 36–38; Taf. 13. RAY, in: JEA 59, 222–223. LOGAN, in: JARCE 37, 59–60. GANLEY, in: DE 56, 37–40; 43 Fig. 3. COLLIER/QUIRKE, Lahun Papyri II, 102–103. ***33–34***, ***42***, ***44–45***.
pUC 32058	12. Dyn. Amenemhet III. 44	= Kahun I.1. GRIFFITH, Kahun and Gurob, 31–35; Taf. 12–13. LOGAN, in: JARCE 37, 58–59. GANLEY, in: DE 55, 21–27. COLLIER/QUIRKE, Lahun Papyri II, 104–105. ***34–36***, ***41***.
pUC 32167	12. Dyn. Amenemhet III. 29	= Kahun I.2. GRIFFITH, Kahun and Gurob, 35–36; Taf. 13. COLLIER/QUIRKE, Lahun Papyri II, 118–119. ***32***, ***34***, ***41***.
pUC 32209	12./13. Dyn.	= Kahun XII.1. GRIFFITH, Kahun and Gurob, 78–79; Taf. 34. COLLIER/QUIRKE, Lahun Papyri I, 128–131. ***34***.
pVatikan 2038 C	25. Dyn. Piye 22?	= pVatikan 10574. GRIFFITH, in: PSBA 32, Taf. 1. MALININE, in: RdE 5, 119–131. PARKER, in: ZÄS 93, 112. MENU, in: RdE 36, 75–76. ***72***, ***180***.
P.Vindob. Sal. 4	11 v. Chr.	P.Vindob.Sal., 37–46, Nr. 4. ***93***.
pWestcar	1. Zwzt	BLACKMAN, Kheops. SIMPSON, Literature[3], 13–24. ***19***.
pWien D 4852	95/96 n.Chr.	BRESCIANI, in: Fs Rainer, 181–184. ***174***.
pWien D 6823	4 n.Chr.	MIGAHID, in: BIFAO 103, 328–332. ***161***.
pWien D 6846	42 v.Chr.	SCHENTULEIT, in: Fs Zauzich, 535–549. ***91***.
pWien D 6933	47 n.Chr.	REYMOND, in: BJRL 52, 218–229. LIPPERT/SCHENTULEIT, DDD III, Nr. 21 (in Vorbereitung). ***94***, ***101***, ***105***, ***116***, ***150***.
pWien D 6937	21/22 n.Chr.	LIPPERT/SCHENTULEIT, DDD III, Nr. 38 (in Vorbereitung). ***123***, ***139***, ***155***.
pWien D 6950	15–22 n.Chr.	LIPPERT/SCHENTULEIT, in: Basel Egyptology Prize 1, 327–342. ***139***, ***167***.
pWien D 10150	27. Dyn. Darius I. 12	ERICHSEN, Schenkungsurkunde. ***138***, ***154***.
pWien D 10151	31. Dyn. Artax III. 5	LÜDDECKENS, in: NAWG 1965 Nr. 5, 103–120. LÜDDEKKENS, in: Enchoria 1, 73; Taf. 5–7. ***93–94***, ***137***, ***149***, ***156***.
pWien D 10152+10153 +o. Nr.	27. Dyn. Darius I. 12	ERICHSEN, Schenkungsurkunde. ***138***.
pWien D 12002	26. Dyn. Psametich I 25	MENU, in: Fs Leclant II, 293–304. VITTMANN, in: GM 154, 103–112. ***72***, ***147***.
pWien D 12003	26. Dyn. Psametich I. 17	MALININE, in: RdE 25, 192–208; Taf. 10–11. ***153–154***.

pWien D 12004	26. Dyn. Psametich I. 4	Malinine, in: RdE 25, 192–208; Taf. 12. ***137***, ***154***.
pWien KHM dem. 3853	26. Dyn. Amasis 40+x	Pestman, Tsenhor I, 43–45, Nr. 2; II, Taf. 3. ***154–155***.
pWien KHM dem. 9479	75 v.Chr.	Sethe/Partsch, Bürgschaftsrecht, 737–740, Nr. 9. UPZ I, 620, Nr. 136 [nur gr. Teil]. ***172***.
pWilbour	20. Dyn. Ramses V. 4	Gardiner, Wilbour Papyrus. Menu, Régime juridique. ***49***, ***55***.
P.Wisc. I 15	236 n.Chr.	P.Wisc. I, 60–62, Nr. 15. ***156***.
P.Würzb. 6	102 v.Chr.	P.Würzb., 44–49, Nr. 6. Ziegler, in: ZPE 125, 214. ***143***.
pZen.dem. 2	251 v.Chr.	= pFlorenz Bib. Med. Laur. PSI 1002. Spiegelberg, P.Zenon, 5–7, Nr. 2. ***162***, ***176***.
pZen.dem. 6	251 v.Chr.	= pKairo JE 51543. Spiegelberg, P.Zenon, 14–16, Nr. 6. ***103***, ***163***.
P.Zen. Pestm. 58	251 v.Chr.	= P.Iand. VI 91. P.Zen. Pestm., 213–215, Nr. 58. ***93***.
Rechtsbuch von Tebtynis	2. H. 1. Jh. v.Chr.	pCarlsberg 301: Chauveau, in: CP I, 103–127; Taf. 8–9. pFlorenz o. Nr.: Bresciani, in: EVO 4, 201–215. ***85***.
Satrapenstele	311/310 v.Chr.	= Kairo CG 22182. Kamal, CG Stèles, 168–171, Taf. 56. Simpson, Literature[3], 392–397, 579–580. ***134***.
SB III 6277+6301	227/226 v. Chr.	SB III, 46, Nr. 6277. SB III, 55–56, Nr. 6301. ***164***.
SB V 8444	68 n. Chr.	White/Oliver, Hibis II, 23–45, Nr. 3 und 4. SB V, Nr. 8444. ***110***.
SB VI 9225	3. Jh. v.Chr.	= P.Ibscher Inv.-Nr. 7. SB VI, 133, Nr. 9225. ***86***.
SB VIII 9642.1	ca. 112 n.Chr.	= P.Mich.Inv. 5589. Husselman, in: TAPA 88, 135–139. Rowlandson, Women, 198–200, Nr. 147. ***173***.
SB VIII 10044	90 n.Chr.	SB VIII, 211, Nr. 10044. Seidl, Röm. Provinz, 199–201. ***91***.
SB XVI 12519	2. Jh. v. Chr.	SB XVI, 188–189, Nr. 12519. Jördens, in: TUAT N.F. 2, 369–370. ***91***.
Schale Louvre E 706	26. Dyn. Psam. II. 4	Revillout, CPA I, Taf. 19, Nr. 18. Devauchelle, in: Voix, 43–45; 205 (Bibl.). ***148***, ***164***.
Schale Pitt-Rivers Museum	17./18. Dyn.?	Gardiner/Sethe, Letters to the Dead, 26–27; Taf. 9. Wente, Letters, 216, Nr. 351. ***36***.
Scheintür des Tefchai	6. Dyn.	Goedicke, Priv. Rechtsinschr., 182–185; Taf. XVIIb. ***13***, ***24***.
SEG IX 5	2./1. Jh. v.Chr.	SEG IX, 8–9, Nr. 5. ***134***.
Statue Kairo CG 42208	22. Dyn. Osorkon II./ Harsiese	Legrain, CG. Statues et statuettes III, 20–23. Théodoridès, in: CdE 60, 322–346. Jansen-Winkeln, Biographien I, 44–62; II, 453–461; Taf. 12–14. ***47***, ***51***, ***61***.
Statuette Louvre E 11673	18. Dyn.	de Linage, in: BIFAO 38, 217–234, Taf. 24–25. Urk. IV, 1369, Nr. 408. ***55–56***.
Stele der Ahmes-Nefertari	18. Dyn.	Gitton, in: BIFAO 76, 65–89; Taf. 14. ***71***, ***73***, ***84***.
Stele Berlin 13675	MR	Aeg. Inschr. Berlin I, 196. ***36***.
Stele Berlin 24032	1. Zwzt	Fischer, in: Kush 9, 44–56; Taf. 10. Schenkel, MHT, 61–62, Nr. 41. Lichtheim, AEL I, 90. ***11***, ***14***, ***32***.
Stele BM 572	12. Dyn. Ses. I. 39	Budge, Hieroglyphic Texts II, 8, Nr. 140; Taf. 22. Simpson, Terrace, 17, ANOC 5.1; Taf. 12. Lichtheim, AEA, 106–107, Nr. 45. ***37***.
Stele BM 1164	11. Dyn.	Budge, Hieroglyphic Texts I, 17, Nr. 134; Taf. 55. Schenkel, MHT, 234–235, Nr. 379. ***34***, ***40***.

Stele Florenz 1659 (2507)	26. Dyn.	Malinine, in: RdE 27, 164–168. ***136***, ***147***.
Stele Hannover 2927	12. Dyn.	Drenkhahn, Äg. Reliefs Hannover, 72–74, Nr. 21. ***37***.
Stele des Herihor	20. Dyn. Ramses XI.	ES Temple of Khonsu II, 14–17; Taf. 132. Peden, Historical Inscriptions, 181–186. ***82***.
Stèle Juridique	17. Dyn.	= Kairo JE 52453. Lacau, Stèle Juridique. Théodoridès, in: RIDA^3 4, 33–52. Seidl, in: Fs Arangio-Ruiz I, 47–56. Ganley, in: DE 58, 57–67. ***32–33***, ***36***, ***41–46***, ***70***.
Stele Kairo CG 20539	12. Dyn.	Lange/Schäfer, CG Grab- und Denksteine MR II, 150–158. Helck, Wirtschaftsgeschichte, 170–171. ***38***.
Stele Kairo CG 34016	18. Dyn.	Urk. IV, 1066–1070. Lacau, CG Stèles NE, 32–36; Taf. 10. Spalinger, in : Fs Westendorf I, 631–651. ***73***.
Stele Kairo JE 31882	22. Dyn.	= Stèle de l'apanage. Legrain, in: ZÄS 35, 12–16. Erman, in: ZÄS 35, 19–24. Jansen-Winkeln, in: CdE 67, 254–259. Menu, in: Fs P. Lévêque II. ***50***, ***61***, ***69***, ***73***, ***84***.
Stele Kairo JE 36159	22. Dyn.	Kuhlmann, in: Fs Kákosy, 367–372. ***83–84***.
Stele Kairo JE 37888	25. Dyn. Tanutamun 8	Legrain, in: ASAE 7, 226–227. Graefe, Gottesgemahlin, 161. ***72***.
Stele Kairo JE 43649	19. Dyn.	Legrain, in: ASAE 16, 161–170. Moret, in: CRAIBL, 157–165. KRI III, 464–465. ***82–83***.
Stele Kairo JE 52456	17. Dyn.	Gunn, in: ASAE 29, 5–14. Helck, Hist.-biogr. Texte, 79, Nr. 115. Vernus, in: DE 6, 79–86. ***32***, ***35***.
Stele Kairo JE 70218	21. Dyn.	= Stele St. Joseph. Munier, in: Recueil Champollion, 361–366. Pirenne/Van de Walle, in: AHDO 1, 41–43. Jansen-Winkeln, Inschriften I, 150–151, Nr. 43. ***50***, ***72***.
Stele Kairo JE 91927	20. Dyn.	Vernus, in: BIFAO 75, 103–110; Taf. 13. KRI VI, 282–283, § 10. ***82***.
Stele Leiden II 7	12. Dyn.	Boeser, Beschreibung Leiden II.1, Taf. VI. ***36***.
Stele Louvre C 16	12./13. Dyn.	Boreux, in: BIFAO 30, 45–48; Taf. 1. ***36***.
Stele Louvre C 17	12./13. Dyn.	Boreux, in: BIFAO 30, 45–48; Taf. 2. ***36***.
Stele Louvre C 18	12./13. Dyn.	Boreux, in: BIFAO 30, 45–48; Taf. 3. ***36***.
Stele Louvre C 34	MR	Sethe, Lesestücke, 96, Nr. 31. Simpson, Terrace, 19, ANOC 29.2; Taf. 43. ***40***.
Stele Louvre C 101	26. Dyn.	Malinine, in: RdE 27, 168–174. ***136***, ***147***.
Stele Louvre IM 3749	22. Dyn. Schesch. III. 28	Malinine/Posener/Vercoutter, Cat. Stèles Sérapéum I, 19–20, Nr. 21; Taf. 7. ***58***.
Stele Osorkons II.	22. Dyn.	Kaiser et al., in: MDAIK 38, 329–334. ***84***.
Stele des Scheschonq	21. Dyn.	= Kairo JE 66285. Blackman, in: JEA 27, 83–95. Jansen-Winkeln, Inschriften I, 159–162, Nr. 7. ***65***, ***79***, ***84***.
Stele des Tefnachte	24. Dyn.	Capart, Recueil II, Taf. 92. El-Sayed, Saïs, 37–53; Taf. 7. ***74***.
Stele der Verbannten	21. Dyn.	= Louvre C 256 = Stèle Maunier. von Beckerath, in: RdE 20, 7–36. Jansen-Winkeln, Inschriften I, 72–74, Nr. 1. ***67***, ***69***, ***84***.
Tac.ann.	E. 1.–A. 2. Jh. n.Chr.	Tacitus, Annales. ***112***.
Tafel MMA 35.3.318 rto	25. Dyn.	Černý/Parker, in: JEA 57, 127–131. ***74–75***.
TafelMMA 35.3.318 vso	25. Dyn.	Černý/Parker, in: JEA 57, 127–131. ***74***.

Tb	NR	LEPSIUS, Todtenbuch. HORNUNG, Totenbuch. ***4***, ***6***, ***67***, ***77***, ***116***.
unternub. Graffito 57	12. Dyn.	ŽÁBA, Rock Inscriptions of Lower Nubia, 81–84. ***37***.
UPZ I 108	99 v.Chr. u. später	= P.Leiden H; P.Anastasy 7A., J. 400. WILCKEN, UPZ I, 463–469, Nr. 108. LENGER, Ordonnances², 183–185, Nr. 63. ***135***.
UPZ I 114	150 v.Chr.	UPZ I, 523–536, Nr. 114. ***143***.
W.Chr. 110a	110 v.Chr.	= oLamer .WILCKEN, in: ZÄS 48, 168–174. W.Chr., 140–141, Nr. 110a. ***174***, ***184***.
Zenon-Archiv	3. Jh. v.Chr.	P.Zen. Pestm. PESTMAN et al., Guide Zenon Archive. ***89***, ***104***, ***174***.
Zivilprozeßordnung[1086]	3.–2. Jh. v.Chr.	SPIEGELBERG, Zivilprozeßordnung. SETHE/SPIEGELBERG, Zwei Beiträge. KAPLONY-HECKEL, KGPS 42. LIPPERT, in: JJP 33, 91–135. ***85***, ***90***, ***95***, ***129***, ***132***, ***138***, ***175***, ***184–185***.
Zivilprozeßordnung vso	3.–2. Jh. v.Chr.	SEIDL, in: KGPS 16, 3–10. ***180***.

[1086] Passagen zitiert nach Seitenzahl und ggf. Abschnitt in LIPPERT, in: JJP 33, 91–135.

6 Bibliographie

ADAMS, Paramoné = ADAMS, BERTRAND, Paramoné und verwandte Texte. Studien zum Dienstvertrag im Rechte der Papyri. Neue Kölner Rechtswissenschaftliche Abhandlungen, Heft 35 (Berlin 1964).

ADLER et al., Adler Papyri = ADLER, ELKAN NATHAN et al., The Adler Papyri (Oxford 1939).

Aeg. Inschr. Berlin I = Aegyptische Inschriften aus den Königlichen Museen zu Berlin. Herausgegeben von der Generalverwaltung I. Inschriften von der ältesten Zeit bis zum Ende der Hyksoszeit (Leipzig 1913).

EL-AGUIZY, in: BIFAO 88 = EL-AGUIZY, OLA, „A ptolemaic juridical document from *ḥwt-nsw*", in: BIFAO 88 (1988), 51–62; Tf. 5.

ALLAM, HOP = ALLAM, SCHAFIK, Hieratische Ostraka und Papyri aus der Ramessidenzeit. Urkunden zum Rechtsleben im Alten Ägypten 1 (Tübingen 1973).

ALLAM, in: CdE 65 = ALLAM, SCHAFIK, „Note sur le mariage par deux contrats dans l'Égypte gréco-romaine", in: CdE 65 (1990), 323–333.

ALLAM, in: Das Altertum 19 = ALLAM, SCHAFIK, „Zur Adoption im pharaonischen Ägypten", in: Das Altertum 19 (1973), 3–17.

ALLAM, in: DE 4 = ALLAM, SCHAFIK, „Sinuhe's Foreign Wife (Reconsidered)", in: DE 4 (1986), 15–16.

ALLAM, in: Fs Brunner-Traut = ALLAM, SCHAFIK, „Hieratischer Papyrus Ermitage 5597 (ein Gerichtsprotokoll)", in: GAMER-WALLERT, INGRID/HELCK, WOLFGANG (Hgg.), Gegengabe. Festschrift für Emma Brunner-Traut (Tübingen 1992), 33–41.

ALLAM, in: Fs Griffiths = ALLAM, SCHAFIK, „Legal Aspects in the 'Contendings of Horus and Seth'", in: LLOYD, ALAN B. (Hg.), Studies in Pharaonic Religion and Society for J. Gwyn Griffiths. EES Occasional Publications 8 (London 1992), 137–145.

ALLAM, in: Fs Mokhtar I = ALLAM, SCHAFIK, „Trois lettres d'affaires (P. Caire CG 58056, 58058, 58060)", in: Mélanges Gamal Eddin Mokhtar I. BdE 97.1 (Kairo 1985), 19–30.

ALLAM, in: Fs Westendorf I = ALLAM, SCHAFIK, „La problématique des quarante rouleaux de lois", in: JUNGE, FRIEDRICH (Hg.), Studien zu Sprache und Religion Altägyptens zu Ehren von W. Westendorf I (Göttingen 1984), 447–453.

ALLAM, in: Grund und Boden = ALLAM, SCHAFIK, „Publizität und Schutz im Rechtsverkehr", in: ALLAM, SCHAFIK (Hg.), Grund und Boden in Altägypten (rechtliche und sozio-ökonomische Verhältnisse). Akten des internationalen Symposions Tübingen 18.–20. Juni 1990. Untersuchungen zum Rechtsleben im Alten Ägypten 2 (Tübingen 1994), 31–43.

ALLAM, in: ICDS 5 = ALLAM, SCHAFIK, „The Agreement after Judgement", in: Acta Demotica. Acts of Fifth International Conference for Demotists, Pisa 4th–8th September 1993. Egitto e Vicino Oriente 17 (1994), 19–28.

ALLAM, in: ICE 1 = ALLAM, SCHAFIK, „Altägyptisches Recht (Forschungsstand – Perspektiven)", in: REINEKE, WALTER F. (Hg.), First International Congress of Egyptology Cairo October 2–10, 1976. Acts. Schriften zur Geschichte und Kultur des Alten Orients 14 (Berlin 1979), 61–65.

ALLAM, in: JEA 53 = ALLAM, SCHAFIK, „Eine Abstandsurkunde aus der Zeit des Neuen Reiches", in: JEA 53 (1967), 47–50.

ALLAM, in: JEA 64 = ALLAM, SCHAFIK, „Un droit pénal existait-il stricto sensu en Égypte pharaonique?", in: JEA 64 (1978), 65–68.

ALLAM, in: JEA 67 = ALLAM, SCHAFIK, „Quelques aspects du mariage dans l'Égypte ancienne", in: JEA 67 (1981), 116–135.

ALLAM, in: JEA 75 = ALLAM, SCHAFIK, „Some Remarks on the Trial of Mose", in: JEA 75 (1989), 103–112.

ALLAM, in: JEA 77 = ALLAM, SCHAFIK, „Egyptian Law Courts in Pharaonic and Hellenistic Times", in: JEA 77 (1991), 109–127.

ALLAM, in: JESHO 32 = ALLAM, SCHAFIK, „Women as Holders of Rights in Ancient Egypt (During the Late Period)", in: JESHO 32 (1990), 1–34.

ALLAM, in: JESHO 34 = ALLAM, SCHAFIK, „Sur l'ordalie en Égypte pharaonique", in: JESHO 34 (1991), 361–364.

ALLAM, in: LÄ I (s.v. Bevölkerungsklassen) = ALLAM, SCHAFIK, in: LÄ I (1975), Sp. 768–775, s.v. Bevölkerungsklassen.

ALLAM, in: LÄ V (s.v. Recht) = ALLAM, SCHAFIK, in: LÄ V (1984), Sp. 182–187, s.v. Recht.

ALLAM, in: LÄ VI (s.v. Zeuge) = ALLAM, SCHAFIK, in: LÄ VI (1986), Sp. 1398–1399, s.v. Zeuge.

ALLAM, in: RIDA^3 40 = ALLAM, SCHAFIK, „Traces de ‚codification' en Égypte ancienne (à la basse époque)", in: RIDA 3. série 40 (1993), 11–26.

ALLAM, in: RIDA^3 42 = ALLAM, SCHAFIK, „*Quenebete* et administration autonome en Égypte pharaonique", in: RIDA 3. série 42 (1995), 11–69.

ALLAM, Verfahrensrecht = ALLAM, SCHAFIK, Das Verfahrensrecht in der ägyptischen Arbeitersiedlung von Deir el-Medineh. Untersuchungen zum Rechtsleben im Alten Ägypten 1 (Tübingen 1973).

ALLEN, Heqanakhte Papyri = ALLEN, JAMES P., The Heqanakhte Papyri. PMMA 27 (New York 2002).

ALLEN, Middle Egyptian = ALLEN, JAMES P., Middle Egyptian. An Introduction to the Language and Culture of Hieroglyphs (Cambridge 2000).

ANAGNOSTOU-CANAS, in: Droit et Cultures 47 = ANAGNOSTOU-CANAS, BARBARA, „La valeur des précédents judicaires dans l'Égypte romaine. État de la question", in: Droit et Cultures 47 (2004/1), 47–66.

ANAGNOSTOU-CANAS, in: RHD 76 = ANAGNOSTOU-CANAS, BARBARA, „»Justice« oraculaire dans l'Égypte hellénistique et romaine", in: Revue Historique de Droit Français et Étranger 76 (1998), 1–16.

ANDRASSY, in: Grund und Boden = ANDRASSY, PETRA, „Überlegungen zum Bodeneigentum und zur Acker-Verwaltung im Alten Reich, in: ALLAM, SCHAFIK (Hg.), Grund und Boden in Altägypten (rechtliche und sozio-ökonomische Verhältnisse). Akten des internationalen Symposions Tübingen 18.–20. Juni 1990. Untersuchungen zum Rechtsleben im Alten Ägypten 2 (Tübingen 1994), 341–349.

ANDRASSY, in: ZÄS 118 = ANDRASSY, PETRA, „Zur Struktur der Verwaltung des Alten Reiches", in: ZÄS 118 (1991), 1–10.

ANDREWS, Ptol. Legal Texts = ANDREWS, CAROL A. R., Ptolemaic Legal Texts from the Theban Area. Catalogue of Demotic Papyri in the British Museum IV (London 1990).

ANTHES, in: JNES 13 = ANTHES, RUDOLF, „The Original Meaning of *mꜣꜥ ḫrw*", in: JNES 13 (1954), 21–51.

ARANGIO-RUIZ, in: JJP 11–12 = ARANGIO-RUIZ, VINCENZO, „La codification dans l'Égypte ancienne", in: JJP 11–12 (1957–58), 25–46.

ARE II = BREASTED, JAMES H., Ancient Records of Egypt. Historical Documents II The eighteenth Dynasty (Chicago 1906).

ARLT, in: Perspectives = ARLT, CAROLIN, „Scribal Offices and Scribal Families in Ptolemaic Thebes", in: BRYAN, BETSY/DORMAN, PETER F. (Hgg.), Perspectives on Ptolemaic Thebes. Occasional Papers of the Theban Workshop 2 (Chicago, im Druck).

ASP = American Studies in Papyrology.

ASSMANN, ÄHG^2 = ASSMANN, JAN, Ägyptische Hymnen und Gebete (^{2}Freiburg/Schweiz 1999).

ASSMANN, Herrschaft und Heil = ASSMANN, JAN, Herrschaft und Heil. Politische Theologie in Altägypten, Israel und Europa (München/Wien 2000).

ASSMANN, in: JEA 78 = ASSMANN, JAN, „When Justice Fails: Jurisdiction and Imprecation in Ancient Egypt and the Near East", in: JEA 78 (1992), 149–162.

ASSMANN, Ma'at = ASSMANN, JAN, Ma'at. Gerechtigkeit und Unsterblichkeit im Alten Ägypten (^{2}München 1995).

ASSMANN, Tod und Jenseits = ASSMANN, JAN, Tod und Jenseits im Alten Ägypten (München 2001).

AZZONI/LIPPERT, in: Enchoria 26 = AZZONI, ANNALISA/LIPPERT, SANDRA LUISA, „An Achaemenid Loanword in the Legal Manual of Hermupolis: *ꜣbykrm*", in: Enchoria 26 (2000), 20–30.

BAER, in: JEA 50 = BAER, KLAUS, „The oath *sḏfꜣ-tryt* in Papyrus Lee, 1, 1", in: JEA 50 (1964), 179–180.

BAER, in: ZÄS 93 = BAER, KLAUS, „A Deed of Endowment in a Letter of the Time of *Ppjj* I?", in: ZÄS 93 (1966), 1–9.

BAGNALL/DEROW, GHD = BAGNALL, ROGER/DEROW, PAUL, Greek Historical Documents: The Hellenistic Period. Sources of Biblical Study 16 (Chico 1981).

BAGNALL/DEROW, Hellenistic Period = BAGNALL, ROGER/DEROW, PAUL, The Hellenistic Period. Historical Sources in Translation (2003).

BAINES/EYRE, in: GM 61 = BAINES, JOHN/EYRE, CHRISTOPHER J., „Four notes on literacy", in: GM 61 (1983), 65–96.

BAKIR, Epistolography = BAKIR, ABD EL-MOHSEN, Egyptian Epistolography from the Eighteenth to the Twenty-first Dynasty. BdE 48 (Kairo 1970).

BAKIR, Slavery = BAKIR, ABD EL-MOHSEN, Slavery in Pharaonic Egypt. SASAE 18 (Kairo 1952).

BALDWIN, in: Aegyptus 43 = BALDWIN, BARRY, „Crime and Criminals in Graeco-Roman Egypt" in: Aegyptus 43 (1963), 256–263.

BARBOTIN/CLÈRE, in: BIFAO 91 = BARBOTIN, CHRISTOPHE/CLÈRE, JACQUES-J., „L'inscription de Sésostris Ier à Tod", in: BIFAO 91 (1991), 1–33.

BASP = Bulletin of the American Society of Papyrologists, New Haven.

BEAUX, in: BIFAO 91 = BEAUX, NATHALIE, „Ennemis étrangers et malfaiteurs égyptiens. La signification du châtiment au pilori", in: BIFAO 91 (1991), 33–53.

VON BECKERATH, in: RdE 20 = VON BECKERATH, JÜRGEN, „Die «Stele der Verbannten» im Museum des Louvre", in: RdE 20 (1968), 7–36.

BEDELL, Criminal Law = BEDELL, ELLEN D., Criminal Law in the Egyptian Ramesside Period (Ann Arbor 1979).

BERNEKER, Prozeßeinleitung = BERNEKER, ERICH, Zur Geschichte der Prozeßeinleitung im ptolemäischen Recht (Diss. München/Ansbach 1930).

BERNEKER, Sondergerichtsbarkeit = BERNEKER, ERICH, Die Sondergerichtsbarkeit im griechischen Recht Ägyptens. MBPR 22 (München 1935).

BGU I = Aegyptische Urkunden aus den Königlichen Museen zu Berlin, Griechische Urkunden I (Nr. 1–362) (Berlin 1895).

BGU II = Aegyptische Urkunden aus den Königlichen Museen zu Berlin, Griechische Urkunden II (Nr. 362–696) (Berlin 1898).

BGU III = Aegyptische Urkunden aus den Königlichen Museen zu Berlin, Griechische Urkunden III (Nr. 697–1012) (Berlin 1903).

BGU IV = Aegyptische Urkunden aus den Königlichen Museen zu Berlin, Griechische Urkunden IV (Nr. 1013–1209) (Berlin 1912).

BGU V = SECKEL, EMIL/SCHUBART, WILHELM, Ägyptische Urkunden aus den Staatlichen Museen zu Berlin. Griechische Urkunden V. Der Gnomon des Idios Logos I: Text. (Berlin 1919) II: Kommentar (Berlin 1934).

BGU VI = KÜHN, ERNST/SCHUBART, WILHELM, Ägyptische Urkunden aus den Staatlichen Museen zu Berlin. Griechische Urkunden VI. Papyri und Ostraka der Ptolemäerzeit (Berlin 1922).

BGU VII = VIERECK, PAUL/ZUCKER, FRIEDRICH, Ägyptische Urkunden aus den Staatlichen Museen zu Berlin. Griechische Urkunden VII. Papyri, Ostraka und Wachstafeln aus Philadelphia im Fayûm.

BGU VIII = SCHUBART, WILHELM/SCHÄFER, DIEDRICH, Ägyptische Urkunden aus den Staatlichen Museen zu Berlin. Griechische Urkunden VIII. Spätptolemäische Papyri aus amtlichen Büros des Herakleopolites (Berlin 1933).

BGU XI = MAEHLER, HERWIG, Ägyptische Urkunden aus den Staatlichen Museen zu Berlin. Griechische Urkunden XI. Urkunden römischer Zeit (Berlin 1966–1968).

BGU XV = NELSON, CARROLL A., Financial and Administrative Documents from Roman Egypt (Berlin 1983).

BICKERMAN, in: AHDO/RIDA 2 = BICKERMAN, ELIAS J., „Notes sur la chancellerie des Lagides" in: Archives d'Histoire du Droit oriental/RIDA 2 (1953), 251–267.

BIERBRIER, Tomb-Builders = BIERBRIER, MORRIS, The Tomb-Builders of the Pharaohs (London1982).

BIEŻUŃSKA-MAŁOWIST, L'esclavage = BIEŻUŃSKA-MAŁOWIST, IZA, L'esclavage dans l'Égypte grécoromaine. Première partie: période ptolémaïque (Wrocław etc. 1974).

BILABEL, in: Aegyptus 5 = BILABEL, FRIEDRICH, „Zur Doppelausfertigung ägyptischer Urkunden I", in: Aegyptus 5 (1924), 153–173.

BILABEL, in: Aegyptus 6 = BILABEL, FRIEDRICH, „Zur Doppelausfertigung ägyptischer Urkunden II", in: Aegyptus 6 (1925), 93–113.

BJRL = Bulletin of the John Rylands Library, Manchester.

BLACKMAN, in: JEA 11 = BLACKMAN, AYLWARD M., „Oracles in Ancient Egypt I", in: JEA 11 (1925), 249–255.

BLACKMAN, in: JEA 12 = BLACKMAN, AYLWARD M., „Oracles in Ancient Egypt II", in: JEA 12 (1926), 176–185.

BLACKMAN, in: JEA 27 = BLACKMAN, AYLWARD M., „The Stela of Shoshenḳ, Great Chief of the Meshwesh", in: JEA 27 (1941), 83–95.

BLACKMAN, Kheops = BLACKMAN, AYLWARD M., The Story of King Kheops and the Magicians (Whitstable 1988).

BOAK, P.Mich. II = BOAK, ARTHUR E. R., Papyri from Tebtunis I. University of Michigan Studies, Humanistic Series 28 (Ann Arbor 1933).

BOESER, Katalog Leiden II = BOESER, PIETER A. A., Beschreibung der aegyptischen Sammlung des niederländischen Reichsmuseums der Altertümer in Leiden. Band II. Die Denkmäler der Zeit zwischen dem Alten und Mittleren Reich und des Mittleren Reiches. Erste Abteilung Stelen (Den Haag 1909).

VON BOLLA-KOTEK, Tiermiete[2] = VON BOLLA-KOTEK, SIBYLLE, Untersuchungen zur Tiermiete und Viehpacht im Altertum. MBPR 30 ([2]München 1969).

BONTTY, Conflict Management = BONTTY, MÓNICA M., Conflict Management in Ancient Egypt: Law as a Social Phenomenon. UMI Nr. 9811442 (Diss. Los Angeles 1997).

BOOCHS, in: GM 109 = BOOCHS, WOLFGANG, „Das altägyptische Strafverfahren bei Straftaten von besonderem staatlichem Interesse", in: GM 109 (1989), 21–26.

BOOCHS, in: GM 129 = BOOCHS, WOLFGANG, „Strafgrund und -zweck im altägyptischen Recht", in: GM 129 (1992), 39–41.

BOOCHS, in: GM 49 = BOOCHS, WOLFGANG, „ als juristischer Terminus", in: GM 49 (1981), 19–24.

BOOCHS, in: LÄ VI (s.v. Strafen) = BOOCHS, WOLFGANG, in: LÄ VI (1986), Sp. 68–82, s.v. Strafen.

BOOCHS, in: VA 1.1 = BOOCHS, WOLFGANG, „Zur Funktion des *Śn ḏt*", in: VA 1.1 (August 1985), 3–9.

BOOCHS, in: VA 2.2 = BOOCHS, WOLFGANG, „Zur Bedeutung der *hpw*", in: VA 2.2 (1986), 87–92.

BOOCHS, Strafrechtl. Aspekte = BOOCHS, WOLFGANG, Strafrechtliche Aspekte im altägyptischen Recht (Sankt Augustin 1993).

BOOCHS, Zivilrecht = BOOCHS, WOLFGANG, Altägyptisches Zivilrecht (Sankt Augustin 1999).

VAN DEN BOORN, Duties of the Vizier = VAN DEN BOORN, GUIDO P. F., The Duties of the Vizier. Civil administration in the Early New Kingdom (London/New York 1988).

VAN DEN BOORN, in: JNES 44 = VAN DEN BOORN, GUIDO P. F., „*Wḏ*ᶜ*-ryt* and Justice at the Gate", in: JNES 44 (1985), 1–25.

VAN DEN BOORN, in: Or 51 = VAN DEN BOORN, GUIDO P. F., „On the Date of ‚The Duties of the Vizier'", in: Or 51 (1982), 369–381.

BOREUX, in: BIFAO 30 = BOREUX, CHARLES, „Pseudo-Stèles C.16, C.17 et C.18 du Musée du Louvre", in: BIFAO 30 (1931), 46–48.

BOSWINKEL/PESTMAN, Dionysios = BOSWINKEL, ERNST/PESTMAN, PIETER W., Les archives privées de Dionysios, fils de Kephalas. P.L.Bat. 22 (Leiden 1982).

BOSWINKEL/PESTMAN, TGDB = BOSWINKEL, ERNST/PESTMAN, PIETER W., Textes Grecs, Démotiques et Bilingues. P.L.Bat. 19 (Leiden 1978).

BOTTI, in: Fs Calderini/Paribeni II = BOTTI, GIUSEPPE, „Papiri demotici dell'epoca imperiale da Tebtynis", in: Studi in onore di Aristide Calderini e Roberto Paribeni vol. 2. Studi di papirologia e antichità orientale (Ceschina–Mailand 1957), 75–86.

BOTTI/PEET, Giornale = BOTTI, GIUSEPPE/PEET, THOMAS E., Il Giornale della Necropoli di Tebe (Turin 1928).

BRAUND, Augustus to Nero = BRAUND, DAVID C., Augustus to Nero. A Sourcebook on Roman History 31 BC – AD 68 (Sydney 1985).

BRESCIANI, Soknopaiu Nesos = BRESCIANI, EDDA, L'archivio demotico del tempio di Soknopaiu Nesos (Mailand 1975).

BRESCIANI, in: EVO 4 = BRESCIANI, EDDA, „Frammenti da un ‚prontuario legale' demotico da Tebtuni nell' istituto papirologico G. Vitelli di Firenze", in: Egitto e Vicino Oriente 4 (1981), 201 –215.

BRESCIANI, in: Fs Rainer = BRESCIANI, EDDA, „Un documento dell'anno 15 di Domiziano dall' archivio templare di Dime (P. Vindob. D 4852): Le condizioni previste per lo scriba e l'addetto alle spese dei sacerdoti", in: Festschrift zum 100-jährigen Bestehen der Papyrussammlung der österreichischen Nationalbibliothek Papyrus Erzherzog Rainer (P. Rainer Cent.) (Wien 1983), 181–184.

BRESCIANI, in: SCO 7 = BRESCIANI, EDDA, „La satrapia d'Egitto", in: Studi Classici e Orientali 7 (1958), 132–188.

BREYER, in: TUAT N.F. 2 = BREYER, FRANCIS, „Die Inschriften des Anchtifi aus Mo^{c}alla", in: JANOWSKI, BERND/WILHELM, GERNOT (Hgg.), Texte aus der Umwelt des Alten Testaments. Neue Folge Band 2: Staatsverträge, Herrscherinschriften und andere Dokumente zur politischen Geschichte, (Gütersloh 2005), 187–196.

BRUNNER, Herakleopolitenzeit = BRUNNER, HELLMUT, Die Texte aus den Gräbern der Herakleopolitenzeit von Siut. ÄF 5 (Glückstadt/Hamburg/New York 1937).

BRUNNER, in: MDAIK 8 = BRUNNER, HELLMUT, „Das Fragment eines Schutzdekretes aus dem Neuen Reich", in: MDAIK 8 (1939), 161–164.

BRUNSCH, in: Orientalia 56 = BRUNSCH, WOLFGANG, „Ein demotischer Ehevertrag aus Gebelen", in: Orientalia 56 (1987), 76–83.

DE BUCK, CT = DE BUCK, ADRIAAN, The Egyptian Coffin Texts I–VII (Chicago 1935–1961).

DE BUCK, in: JEA 23 = DE BUCK, ADRIAAN, „The Judicial Papyrus of Turin", in: JEA 23 (1937),152–164.

DE BUCK, Readingbook^{2} = DE BUCK, ADRIAAN, Egyptian Readingbook. Exercises and Middle Egyptian Texts (^{2}Leiden 1963), 67–72.

BURKARD, in: MDAIK 59 = BURKARD, GÜNTER, „„,Oh, diese Mauern Pharaos!" Zur Bewegungsfreiheit der Einwohner von Deir el Medine", in: MDAIK 59 (2003), 11–39.

BURNET, Égypte ancienne = BURNET, RÉGIS, L'Égypte ancienne à travers les Papyrus. Vie quotidienne (Paris 2003).

BURSTEIN, in: ICDS 4 = BURSTEIN, STANLEY M., „Hecataeus of Abdera's History of Egypt", in: JOHNSON, JANET H. (Hg.), Life in a Multi-Cultural Society: Egypt from Cambyses to Constantine and Beyond. Fourth International Congress of Demotists, the Oriental Institute, the University of Chicago, September 4–8, 1990. SAOC 51 (Chicago 1992), 45–49.

BUDGE, Hieroglyphic Texts I = BUDGE, ERNEST A. W., Hieroglyphic Texts from Egyptian Stelae etc. in the British Museum I (London 1911).

BUDGE, Hieroglyphic Texts II = BUDGE, ERNEST A. W., Hieroglyphic Texts from Egyptian Stelae etc. in the British Museum II (London 1912).

BURKARD/THISSEN, Literatur I^{2} = BURKARD, GÜNTER/THISSEN, HEINZ-J., Einführung in die altägyptische Literaturgeschichte I. Altes und Mittleres Reich. Einführungen und Quellentexte zur Ägyptologie I (2. Auflage Berlin 2007)

CAA Boston 2 = LEPROHON, RONALD J., Stelae I. The Early Dynastic Period to the Late Middle Kingdom. CAA Museum of Fine Arts, Boston. Fascicle 2 (Mainz 1985).

CALABI, in: Aegyptus 32 = CALABI, ANNA, „L'*ἀρχιδικαστής* nei primi tre secoli della dominazione romana", in: Aegyptus 32 (1952), 406–424.

CALDERINI, in: Fs Arangio-Ruiz III = CALDERINI, ARISTIDE, „Un papiro greco inedito con allusione ad una divisione di proprietà", in: Studi in onore di Vincenzo Arangio-Ruiz III (Neapel 1952), 273–279.

CAMINOS, in: JEA 50 = CAMINOS, RICARDO A., „The Nitocris Adoption Stela", in: JEA 50 (1964), 71–101.

CAMINOS, LEM = CAMINOS, RICARDO A., Late-Egyptian Miscellanies. Brown Egyptological Studies 1 (London 1954).

CAMINOS, Osorkon = CAMINOS, RICARDO A., The Chronicle of Prince Osorkon. AnOr 37 (Rom 1958).

CAPART et al., in: JEA 22 = CAPART, JEAN/GARDINER, ALAN H./VAN DER WALLE, BAUDOUIN, „New Light on the Ramesside Tomb-Robberies", in: JEA 22 (1936), 170–183.

CAPART, in: ZÄS 36 = CAPART, JEAN, „Note sur la décapitation en Égypte", in: ZÄS 36 (1898), 125–126.

CAPART, Recueil II = CAPART, JEAN, Recueil de Monuments Égyptiens II (Brüssel 1905).

CARRIER, Textes de Sarcophages = CARRIER, CLAUDE, Textes de Sarcophages du Moyen Empire Égyptien I–III (Monaco 2004).

DE CENIVAL, Associations = DE CENIVAL, FRANÇOISE, Les associations religieuses en Égypte d'après les documents démotiques. BdE 46 (Kairo 1972).

DE CENIVAL, Cautionnements = DE CENIVAL, FRANÇOISE, Cautionnements démotiques du début de l'époque ptolémaïque (P. dém. Lille 34 à 96) (Paris 1973).

DE CENIVAL, in: RdE 27 = DE CENIVAL, FRANÇOISE, „Acte de vente d'une ânesse, de l'an 9 de Ptolémée Épiphane (P. Inv. Sorbonne n° 217a)", in: RdE 27 (1975), 56–61.

DE CENIVAL, in: RdE 37 = DE CENIVAL, „Comptes d'une association religieuse thébaine datant des années 29 à 33 du roi Amasis (P.démot. Louvre E 7840 bis)", in: RdE 37 (1986), 13–29.

ČERNÝ, Cat. ostr. DeM I–VI = ČERNÝ, JAROSLAV, Catalogue des ostraca hiératiques non littéraires de Deir el-Medineh I–VI. DFIFAO 3–7; 14 (Kairo 1935–1970).

ČERNÝ, CG ostraca hiératiques = ČERNÝ, JAROSLAV, Catalogue Général des Antiquités Égyptiennes du Musée du Caire. Ostraca hiératiques (Kairo 1935).

ČERNÝ, in: BIFAO 27 = ČERNÝ, JAROSLAV, „Le culte d'Aménophis Ier chez les ouvriers de la nécropole thébaine", in: BIFAO 27 (1927), 159–197.

ČERNÝ, in: BIFAO 30 = ČERNÝ, JAROSLAV, „Une expression désignant la réponse négative d'un oracle", in: BIFAO 30 (1931), 491–496.

ČERNÝ, in: BIFAO 37 = ČERNÝ, JAROSLAV, „La constitution d'un avoir conjugal en Égypte", in: BIFAO 37 (1937), 41–48.

ČERNÝ, in: JEA 15 = ČERNÝ, JAROSLAV, „Papyrus Salt 124 (Brit. Mus. 10055)", in: JEA 15 (1929), 243–258; Taf. 42–46.

ČERNÝ, in: JEA 23 = ČERNÝ, JAROSLAV, „Restitution of, and Penalty Attaching to, Stolen Property in Ramesside Times", in: JEA 23 (1937), 186–189.

ČERNÝ, in: JEA 31 = ČERNÝ, JAROSLAV, „The will of Naunakhte and the Related Documents", in: JEA 31 (1945), 29–53, Taf. VIIIa–XII.

ČERNÝ, in: JEA 40 = ČERNÝ, JAROSLAV, „Consanguineous Marriages in Pharaonic Egypt", in: JEA 40 (1954), 23–29.

ČERNÝ, in: Mélanges Maspero I = ČERNÝ, JAROSLAV, „Parchemin du Louvre N° AF 1577", in: Mélanges Maspero I. Orient Ancien. MIFAO 66.1 (Kairo 1935–1938), 233–239.

ČERNÝ, LRL = ČERNÝ, JAROSLAV, Late Ramesside Letters. Bibliotheca Aegyptiaca 9 (Brüssel 1939).

ČERNÝ/GARDINER, Hier. Ostr. = ČERNÝ, JAROSLAV/GARDINER, ALAN H., Hieratic Ostraca (Oxford 1957).

ČERNÝ/PEET, in: JEA 13 = ČERNÝ, JAROSLAV/PEET, T. E., „A marriage settlement of the twentieth dynasty. An unpublished document from Turin", in: JEA 13 (1927), 30–39.

CHAUVEAU, in: BIFAO 91 = CHAUVEAU, MICHEL, „Un contrat de "hiérodule." Le P. dém. Fouad 2", in: BIFAO 91 (1991), 119–127.

CHAUVEAU, in: BSFE 137 = CHAUVEAU, MICHEL, „Les archives d'un temple des oasis au temps des Perses", in: BSFE 137 (Oktober 1996), 32–47.

CHAUVEAU, in: CP I = CHAUVEAU, MICHEL, „P. Carlsberg 301: Le manuel juridique de Tebtynis", in: FRANDSEN, PAUL J. (Hg.), The Carlsberg Papyri I – Demotic texts from the Collection. CNI Publications 15 (Kopenhagen 1991), 103–127.

CHAUVEAU, in: RdE 50 = CHAUVEAU, MICHEL, „La chronologie de la correspondance dite «de Phérendatès»", in: RdE 55 (1999), 296.

CHAUVEAU, in: Fs Zauzich = CHAUVEAU, MICHEL, „Inarôs, prince des rebelles", in: HOFFMANN, FRIEDHELM/THISSEN, HEINZ-J. (Hgg.), Res severa verum gaudium. Festschrift für Karl-Theodor Zauzich. SD 6 (Leiden 2004), 39–46.

CHAUVEAU, in: Storia della scienza 1 = CHAUVEAU, MICHEL, „La legge demotica", in: PETRUCCIOLI, SANDRO, (Hg.), Storia della scienza 1 (Rom 2001), 169–171.

Ch.L.A. V = BRUCKNER, ALBERT/MARICHAL, ROBERT, Chartae Latinae Antiquiores V. The United States of America I (Dietikon-Zürich 1975).

Ch.L.A. X = BRUCKNER, ALBERT/MARICHAL, ROBERT, Chartae Latinae Antiquiores X, Germany I, nos. 407—464. (Dietikon-Zürich 1979).

Ch.L.A. XII = BRUCKNER, ALBERT/MARICHAL, ROBERT, Chartae Latinae Antiquiores XII, Germany III (Dietikon-Zürich 1978).

CLARYSSE/VAN DER VEKEN, Eponymous Priests = CLARYSSE, WILLY/VAN DER VEKEN, GRIET, The Eponymous Priests of Ptolemaic Egypt. P.L.Bat. 24 (Leiden 1983).

CLARYSSE, in: Décret de Memphis = CLARYSSE, WILLY, „Ptolémées et temples", in: Le décret de Memphis. Colloque de la Fondation Singer-Polignac à l'occasion de la célébration du bicentenaire de la découverte de la Pierre de Rosette (Paris 1999), 41–65.

CLARYSSE, in: Enchoria 16 = CLARYSSE, WILLY, „A demotic self-dedication to Anubis", in: Enchoria 16 (1988), 7–10.

CLARYSSE, in: Legal Documents = CLARYSSE, WILLY, „Ptolemaic Wills", in: M. J. GELLER et al. (Hgg.), Legal Documents of the Hellenistic World. Papers from a Seminar (London 1995), 88–105.

COLES, Reports = COLES, R.A., Reports of Proceedings in Papyri (Brüssel 1966).

COLLIER/QUIRKE, Lahun Papyri I = COLLIER, MARK/QUIRKE, STEPHEN, The UCL Lahun Papyri: Letters. BAR International Series 1083 (Oxford 2002).

COLLIER/QUIRKE, Lahun Papyri II = COLLIER, MARK/QUIRKE, STEPHEN, The UCL Lahun Papyri: Religious, Literary, Legal, Mathematical and Medical. BAR International Series 1209 (Oxford 2004).

C.Pap.Jud. I = TCHERIKOVER, VICTOR A./FUKS, ALEXANDER, Corpus Papyrorum Judaicarum I (Cambridge, Massachusetts 1957).

C.Pap.Jud. II = TCHERIKOVER†, VICTOR A./FUKS, ALEXANDER, Corpus Papyrorum Judaicarum II (Cambridge, Massachusetts 1960).

C.Pap.Lat. = CAVENAILE, ROBERT, Corpus Papyrorum Latinarum (Wiesbaden 1958).

C.Pap.Gr. I = MASCIADRI, MARIADELE M./MONTEVECCHI, ORSOLINA, Corpora Papyrorum Graecarum I (Mailand 1984).

CPR XV = MESSERI SAVORELLI, GABRIELLA, Papiri Greci di Socnopaiu Nesos e dell' Arsinoites. Corpus Papyrorum Raineri XV. Griechische Texte XI (Wien 1990).

C.Ptol.Sklav. = SCHOLL, REINHOLD, Corpus der ptolemäischen Sklaventexte. Forschungen zur antiken Sklaverei, Beiheft 1 (Stuttgart 1990).

CRUM, WALTER E., A Coptic Dictionary (Oxford 1939).

CRUZ-URIBE, Cattle Documents = CRUZ-URIBE, EUGENE, Saite and Persian Demotic Cattle Documents. A Study in Legal Forms and Principles in Ancient Egypt. ASP 26 (Ohio 1985).

CRUZ-URIBE, in: Enchoria 17 = CRUZ-URIBE, EUGENE, „A Note on the Early Demotic Grain Formula", in: Enchoria 17 (1990), 55–68.

CRUZ-URIBE, in: Fs Lüddeckens = CRUZ-URIBE, EUGENE, „A Look at two Early Divorce Documents", in: THISSEN, HEINZ-J./ZAUZICH. KARL-TH. (Hgg.), Grammata Demotika – Festschrift für Erich Lüddeckens zum 15. Juni 1983 (Würzburg 1984), 41–46.

CRUZ-URIBE, in: JEA 66 = CRUZ-URIBE, EUGENE, „A Sale of Inherited Property from the Reign of Darius I", in: JEA 66 (1980), 120–126.

CRUZ-URIBE, in: JEA 74 = CRUZ-URIBE, EUGENE, „A New Look at the Adoption Papyrus", in: JEA 74 (1988), 220–223.

CRUZ-URIBE, in: Serapis 4 = CRUZ-URIBE, EUGENE, „Papyrus Libbey: a Re-examination", in: Serapis 4 (1977–1978), 3–9.

DARNELL, in: Enchoria 17 = DARNELL, JOHN C., „A Note on *ꜥrb.t* (and *ꜣrb*/ⲁⲣⲏⲃ)", in: Enchoria 17 (1990), 83–87.

DAVIES, Hist. Inscr. 19th Dyn. = DAVIES, BENEDICT G., Egyptian Historical Inscriptions of the Nineteenth Dynasty. Documenta Mundi Aegyptiaca 2 (Jonsered 1997).

DAVIES, Rekh-mi-Rē' = DAVIES, NORMAN DE G., The Tomb of Rekh-mi-Rē' at Thebes (Nachdruck New York 1973).

DAWSON, in: JEA 11 = DAWSON, WARREN R., „An Oracle Papyrus. B.M. 10335", in: JEA 11 (1925), 247–248.

DELEKAT, Katoche = DELEKAT, LIENHARD, Katoche, Hierodulie und Adoptionsfreilassung. MBPR 47 (München 1964).

DE LINAGE, in: BIFAO 38 = DE LINAGE, J., „L'acte d'établissement et le contrat de mariage d'un esclave sous Thoutmès III", in: BIFAO 38 (1939), 217–234; Taf. 24–25.

DE MEULENAERE, in: Fs Te Velde = DE MEULENARE, HERMAN, „Le papyrus oraculaire de Brooklyn, trente ans après“, in: VAN DIJK, JACOBUS (Hg.), Essays on ancient Egypt in honour of Herman te Velde. Egyptological Memoirs 1 (Groningen 1997), 243–249.

DEPAUW, Companion = DEPAUW, MARK, A Companion to Demotic Studies. Pap.Brux. 28 (Brüssel 1997).

DEPAUW, in: CdE 78 = DEPAUW, MARK, „Autograph Confirmation in Demotic Private Contracts“, in: CdE 78 (2003), 66–111.

DEPAUW, in: RdE 50 = DEPAUW, MARK, „Demotic Witness-Copy-Contracts“, in: RdE 50 (1999), 67–105.

DER MANUELIAN, Living in the Past = DER MANUELIAN, PETER, Living in the Past (London 1994).

DEVAUCHELLE, in: Enchoria 14 = DEVAUCHELLE, DIDIER, „Pap.dém. Amiens nos 1 et 2“, in: Enchoria 14 (1986), 57–65.

DEVAUCHELLE, in: Égypte pharaonique = DEVAUCHELLE, DIDIER, „Les contrats de Djéfaïhâpi“, in: B. MENU (Hg.), Égypte pharaonique: pouvoir, société. Mediterranées 6/7 (Paris 1996), 159–175.

DEVAUCHELLE, in: Problèmes institutionnels = DEVAUCHELLE, DIDIER, „Un contrat de vente de journées d'exploitation de l'eau d'un hydreuma (ostracon de musée de Moscou)“, in: MENU, BERNADETTE (Hg.), Les problèmes institutionnels de l'eau en Égypte ancienne et dans l'Antiquité méditerranéenne. Colloque Aidea Vogüé 1992. BdE 110 (Kairo 1994), 153–156.

DEVAUCHELLE, in: Voix = DEVAUCHELLE, DIDIER, „Contrat de servitude volontaire en démotique“, in: BARBOTIN, CHRISTOPHE (Hg.), La voix des hiéroglyphes. Promenade au département des antiquités égyptiennes du musée du Louvre (Paris 2005), 43–45.

DNP = CANCIK, HUBERT/SCHNEIDER, HELMUTH (Hgg.), Der Neue Pauly. Enzyklopädie der Antike (Stuttgart/Weimar 1996ff.).

DONKER VAN HEEL, Choachytes = DONKER VAN HEEL, KOENRAAD, Abnormal Hieratic and Early Demotic Texts Collected by the Theban Choachytes in the Reign of Amasis (Diss. Leiden 1995).

DONKER VAN HEEL, in: ICDS 5 = DONKER VAN HEEL, KOENRAAD, „The lost battle of Peteamonip son of Petehorresne“, in: Acta Demotica. Acts of Fifth International Conference for Demotists, Pisa 4th–8th September 1993. Egitto e Vicino Oriente 17 (1994), 115–124.

DONKER VAN HEEL, in: ICDS 7 = DONKER VAN HEEL, KOENRAAD, „The Scribbling-Pad of Djemontefankh Son of Aafenmut, Priest of Amonrasonter and Overseer of the King's Treasury“, in: RYHOLT, KIM (Hg.), Acts of the Seventh International Conference of Demotic Studies Copenhagen, 23–25 August 1999. CNI Publications 27 (Kopenhagen 2002), 139–147.

DONKER VAN HEEL, in: RdE 48 = DONKER VAN HEEL, KOENRAAD, „Papyrus Louvre E 7852. A Land Lease from the Reign of Taharka“, in: RdE 48 (1997), 81–93.

DONKER VAN HEEL, in: RdE 49 = DONKER VAN HEEL, KOENRAAD, „Papyrus Louvre E 7856 verso and recto: Leasing Land in the Reign of Taharka“, in: RdE 49 (1998), 91–105.

DONKER VAN HEEL, in: RdE 50 = DONKER VAN HEEL, KOENRAAD, „Papyrus Louvre E 7851 recto and verso: Two more Land Leases from the Reign of Taharka“, in: RdE 50 (1999), 135–147.

DONKER VAN HEEL, Legal Manual = DONKER VAN HEEL, KOENRAAD, The Legal Manual of Hermopolis [P. Mattha], Text and Translation. Uitgaven vanwege de Stichting “Het Leids Papyrologisch Instituut” 11 (Leiden 1990).

DRENKHAHN, Äg. Reliefs Hannover = DRENKHAHN, ROSEMARIE, Ägyptische Reliefs im Kestner-Museum Hannover. Sammlungskatalog 5 (Hannover 1989).

DRIOTON, in: BSFE 12 = DRIOTON, ETIENNE, „Un document sur la vie chère à Thêbes au début de la XVIIIe dynastie“, in: BSFE 12 (1953), 10–25.

DUELL, Mereruka I = DUELL, PRENTICE, The Mastaba of Mereruka I. Chambers A 1–10, Plates 1–103. OIP 31 (Chicago 1938).

DÜLL, Gütegedanke = DÜLL, RUDOLF, Der Gütegedanke. Ein Beitrag zur Lehre der Bedeutung von *arbiter*, *actiones arbitrariae*, Verfahren *in iure* und *exceptio* (München 1931).

EDEL, Siut-Gräber = EDEL, ELMAR, Die Inschriften der Grabfronten der Siut-Gräber in Mittelägypten aus der Herakleopolitenzeit (Opladen 1984).

EDEL, Vertrag = EDEL, ELMAR, Der Vertrag zwischen Ramses II. von Ägypten und Ḫattušili III. von Ḫatti (Berlin 1997).

EDGERTON, in: OLZ 38 = EDGERTON, WILLIAM F., „Review of *A Family Archive from Siut*, by Sir Herbert Thompson“, in: OLZ 38 (1935), 608–611.

EDGERTON, Notes on Marriage = EDGERTON, WILLIAM F., Notes on Egyptian Marriage chiefly in the Ptolemaic period. SAOC 1.1 (Chicago 1931).

EDWARDS, in: JEA 57 = EDWARDS, I. E. S., „Bill of Sale for a Set of Ushabtis“, in: JEA 57 (1971), 120–124.

EDWARDS, HPBM 4 = EDWARDS, IORWERTH E. S., Hieratic Papyri in the British Museum. Fourth Series. Oracular Amuletic Decrees of the Late New Kingdom (London 1960).

EDWARDS, in: JEA 41 = EDWARDS, IORWERTH E.S., „Appendix“, in: JEA 41 (1955), 96–105.

EGGEBRECHT, Altes Reich = EGGEBRECHT, ARNE, Das Alte Reich. Ägypten im Zeitalter der Pyramiden. Roemer- und Pelizaeus-Museum Hildesheim (Mainz 1986).

ENMARCH, Dialogue = ENMARCH, ROLAND, The Dialogue of Ipuwer and the lord of All (Oxford 2005).

ERDMANN, in: ZSS 61 = ERDMANN, WALTER, „Die Ehescheidung im Rechte der graeco-aegyptischen Papyri“, in: ZSS (rom. Abt.) 61 (1941), 44–57.

ERICHSEN, in: MDAIK 15 = ERICHSEN, WOLJA, „Ein demotischer Brief über eine Weinlieferung“, in: MDAIK 15 (1957), 51–56.

ERICHSEN, in: Studies Crum = ERICHSEN, WOLJA, „Zwei frühdemotische Urkunden aus Elephantine“, in: Coptic Studies in Honor of Walter Ewing Crum (Boston 1950), 271–286.

ERICHSEN, in: ZÄS 77 = ERICHSEN, WOLJA, „Ein demotischer Prozeßvertrag“, in: ZÄS 77 (1942), 92–100.

ERICHSEN, Lesestücke II.1 = ERICHSEN, WOLJA, Demotische Lesestücke II. Urkunden der Ptolemäerzeit 1. Heft Texte (Leipzig 1939).

ERICHSEN, Schenkungsurkunde = ERICHSEN, WOLJA, Eine demotische Schenkungsurkunde aus der Zeit des Darius. AAWLM 1962 Nr. 6.

ERMAN, Fall abgekürzter Justiz = ERMAN, ADOLF, Ein Fall abgekürzter Justiz in Ägypten. APAW 1913 Nr. 1.

ERMAN, in: ZÄS 35 = ERMAN, ADOLF, „Zu den Legrain'schen Inschriften“, in: ZÄS 35 (1897), 19–29.

ERMAN, in: ZÄS 42 = ERMAN, ADOLF, „Aus dem Volksleben des neuen Reiches“, in: ZÄS 42 (1905), 100–106.

ES Temple of Khonsu = EPIGRAPHIC SURVEY, The Temple of Khonsu – Volume 2 Plates 111–207. Scenes and Inscriptions in the Court and the First Hypostyle Hall. OIP 103 (Chicago 1981).

EYRE, in: JEA 70 = EYRE, CHRISTOPHER J., „Crime and Adultery in Ancient Egypt“, in: JEA 70 (1984), 92–105.

EYRE, in: JEA 78 = EYRE, CHRISTOPHER J., „The Adoption Papyrus in Social Context“, in: JEA 78 (1992), 207–221.

Eyre, in: JEA 93 = EYRE, CHRISTOPHER J., „The evil stepmother and the rights of a second wife“, in: JEA 93 (2007), 223–243.

EYRE, in: Labor = EYRE, CHRISTOPHER J., „Work and the Organisation of Work in the New Kingdom“, in: POWELL, MARVIN A., Labor in the Ancient Near East. AOS 68 (1987), 167–221.

FAIRMAN, in: JEA 24 = FAIRMAN, HERBERT W., „Preliminary Report on the Excavations at Sesebi (Sudla) and 'Amārah West, Anglo-Egyptian Sudan, 1937–8“, in: JEA 24 (1938), 151–156.

FAIRMAN, in: ZÄS 91 = FAIRMAN, HERBERT W., „Some unrecorded Ptolemaic words“, in: ZÄS 91 (1964), 4–11.

VON FALCK, in: Fs Graefe = VON FALCK, MARTIN, „Eine Landschenkungsstele des Königs Bokchoris“, in: BLÖBAUM, ANKE/KAHL, JOCHEM/SCHWEITZER, SIMON (Hgg.), Ägypten – Münster. Kulturwissenschaftliche Studien zu Ägypten, dem Vorderen Orient und verwandten Gebieten donum natalicium viro docentissimo Erharto Graefe sexagenario ab amicis collegis discipulis ex aedibus Schlaunstraße 2/Rosenstraße 9 oblatum (Wiesbaden 2003), 113–124.

FAULKNER, AECT = FAULKNER, RAYMOND O., The ancient Egyptian coffin texts: spells 1–1185 and indexes (Warminster 1973–1978). 3 Bd.

FELBER, Ackerpachtverträge = FELBER, HEINZ, Demotische Ackerpachtverträge der Ptolemäerzeit. ÄA 58 (Wiesbaden 1997).

FELBER, in: Apokalyptik = FELBER, HEINZ, „Die Demotische Chronik“, in: BLASIUS, ANDREAS/ SCHIPPER, BERND (Hgg.), Apokalyptik und Ägypten. Eine kritische Analyse der relevanten Texte aus dem griechisch-römischen Ägypten. OLA 107 (Leuven/Paris/Sterling 2002), 65–111.

FELBER, in: GM 123 = FELBER, HEINZ, „Augustus Ζεὺς ἐλεύθερος im Demotischen und die Etymologie von ⲣⲙϩⲉ“, in: GM 123 (1991), 27–36.

FHN I = EIDE, TORMOD (Hg.), Fontes Historiae Nubiorum. Textual Sources for the History of the Middle Nile Region between the Eighth Century BC and the Sixth Century AD I. From the Eighth to the Mid-fifth century BC (Bergen 1994).

FIRA III = ARANGIO-RUIZ, VINCENZO, Fontes Iuris Romani Antejustiniani, pars tertia, Negotia (^{2}Florenz 1943, Nachdruck mit Appendix Florenz 1969).

FISCHER, in: Kush 9 = FISCHER, HENRY G., „The Nubian Mercenaries of Gebelein during the First Intermediate Period“, in: Kush 9 (1961), 44–80.

FISCHER-ELFERT, in: GM 112 = FISCHER-ELFERT, HANS-W., „Der ehebrecherische Sohn (P. Deir el-Medineh 27, Stele UC 14.430 und P. Butler verso)“, in: GM 112 (1989), 23–26.

FOUCART, Dirâʿ Abû'n-Nága = FOUCART, GEORGE, Tombes thébaines. Nécropole de Dirâʿ Abû'n-Nága. MIFAO 57.2 (1932).

FREI, in: ZABR 1 = FREI, PETER, „Die persische Reichsautorisation. Ein Überblick“, in: ZABR 1 (1995), 1–35.

GABALLA, Mose = GABALLA, G. A., The Memphite Tomb-Chapel of Mose (Warminster 1977).

GANLEY, in: DE 53 = GANLEY, ANDREW H., „The Case of Sobekhotpe and Tjau – Principle, Practice and Legal Procedure in the Sixth Dynasty“, in: DE 53 (2002), 31–37.

GANLEY, in: DE 54 = GANLEY, ANDREW H., „Equity in Antiquity“, in: DE 54 (2002), 71–80.

GANLEY, in: DE 55 = GANLEY, ANDREW H., „The Legal Deeds of Transfer from ‚Kahun‘. Part One“, in: DE 55 (2003), 15–27.

GANLEY, in: DE 56 = GANLEY, ANDREW H., „The Legal Deeds of Transfer from ‚Kahun‘. Part Two“, in: DE 56 (2003), 37–44.

GANLEY, in: DE 58 = GANLEY, ANDREW H., „A Fresh Look at the Karnak Legal Stela“, in: DE 58 (2004), 57–67.

GARDINER, Admonitions = GARDINER, ALAN H., The Admonitions of an Egyptian Sage from a Hieratic Papyrus in Leiden *(I, 344)* (Leipzig 1909).

GARDINER, Chester Beatty = GARDINER, ALAN H., The Library of A. Chester Beatty. Description of a Hieratic Papyrus with a Mythological Story, Love-Songs, and other Miscellaneous Texts (London 1931).

GARDINER, in: JEA 19 = GARDINER, ALAN H., „The Dakhleh Stela“, in: JEA 19 (1933), 19–30.

GARDINER, in: JEA 21 = GARDINER, ALAN H., „A lawsuit arising from the purchase of two slaves“, in: JEA 21 (1935), 140–146.

GARDINER, in: JEA 26 = GARDINER, ALAN H., „Adoption Extraordinary“, in: JEA 26 (1940), 23–29.

GARDINER, in: JEA 38 = GARDINER, ALAN H., „Some Reflections on the Nauri Decree“, in: JEA 38 (1952), 24–33.

GARDINER, in: ZÄS 43 = GARDINER, ALAN H., „Four Papyri of the 18th Dynastiy from Kahun“, in: ZÄS 43 (1906), 27–47.

GARDINER, LEM = GARDINER, ALAN H., Late Egyptian Miscellanies. Bibliotheca Aegyptiaca VII (Brüssel 1937).

GARDINER, Mes = GARDINER, ALAN H., The Inscription of Mes. A Contribution to the Study of Egyptian Judicial Procedure. UGAÄ 4 (1903–1905), 89–140.

GARDINER, RAD = GARDINER, ALAN H., Ramesside Administrative Documents (London 1948).

GARDINER, Wilbour Papyrus = GARDINER, ALAN H., The Wilbour Papyrus (London 1948).

GARDINER/SETHE, Letters to the Dead = GARDINER, ALAN H./SETHE, KURT, Egyptian Letters to the Dead mainly from the Old and Middle Kingdom (London 1928).

GASSE, in: BIFAO 88 = GASSE, ANNIE, „Amény un porte-parole sous le règne de Sésostris Ier“, in: BIFAO 88 (1988), 83–93.

GITTON, in: BIFAO 76 = GITTON, MICHEL, „La résiliation d'une fonction religieuse: Nouvelle interprétation de la stèle de donation d'Ahmès Néfertary“, in: BIFAO 76 (1976), 65–89, Taf. 14.

GLANVILLE, ´Onchsheshonqy = GLANVILLE, STEPHEN R. K., The instructions of ´Onchsheshonqy (British Museum papyrus 10508). Catalogue of Demotic Papyri in the British Museum 2 (London 1955).

GLANVILLE, Theban Archive = GLANVILLE, STEPHEN R. K., A Theban Archive of the Reign of Ptolemy I, Soter. Catalogue of Demotic Papyri in the British Museum 1 (London 1939).

GÖDECKEN, in: LÄ III (s.v. Imet-per) = GÖDECKEN, KARIN B., in: LÄ III (1980), Sp. 141–145, s.v. Imet-per.

GÖDECKEN, Meten = GÖDECKEN, KARIN B., Die Inschriften des Meten. ÄA 29 (1976).

GOEBS, in: JEA 89 = GOEBS, KATJA, „*ḫftj nṯr* as Euphemism – the Case of the Antef Decree", in: JEA 89 (2003), 27–37.

GOEDICKE, Hekanakhte Papers = GOEDICKE, HANS, Studies in the Hekanakhte Papers (Baltimore 1984).

GOEDICKE, in: DE 5 = GOEDICKE, HANS, „Bilateral Business in the Old Kingdom", in: DE 5 (1986), 73–101.

GOEDICKE, in: DE 6 = GOEDICKE, HANS, „Appendix to article in DE 5, pp. 73–101. The expression *ini r isw*", in: DE 6 (1986), 67–78.

GOEDICKE, in: JAOS 74 = GOEDICKE, HANS, „An Approximate Date for the Harem Investigation under Pepy I", in: JAOS 74 (1954), 88–89.

GOEDICKE, in: JARCE 3 = GOEDICKE, HANS, „Diplomatic Studies in the Old Kingdom", in: JARCE 3 (1969), 31–50.

GOEDICKE, in: JEA 49 = GOEDICKE, HANS, „Was Magic used in the Harem Conspiracy against Ramesses III?", in: JEA 49 (1963), 71–92.

GOEDICKE, in: MDAIK 21 = GOEDICKE, HANS, „Die Laufbahn des *Mṯn*", in: MDAIK 21 (1966), 1–71.

GOEDICKE, in: ZÄS 101 = GOEDICKE, HANS, „Zum Papyrus Berlin 9010", in: ZÄS 101 (1974), 90–95.

GOEDICKE, Kgl. Dok. = GOEDICKE, HANS, Königliche Dokumente aus dem Alten Reich. ÄA 14 (1967).

GOEDICKE, Priv. Rechtsinschr. = GOEDICKE, HANS, Die privaten Rechtsinschriften aus dem Alten Reich. Beihefte WZKM 5 (Wien 1970).

GOELET, in: JEA 82 = GOELET, OGDEN, „A New ‚Robbery' Papyrus: Rochester MAG 51.346.1", in: JEA 82 (1996), 107–127.

GRADENWITZ et al., Erbstreit = GRADENWITZ, OTTO/PREISGKE, FRIEDRICH/SPIEGELBERG, WILHELM, Ein Erbstreit aus dem ptolemäischen Ägypten. Griechische und demotische Papyri der Wissenschaftlichen Gesellschaft zu Straßburg i. Els. Schriften der Wissenschaftlichen Gesellschaft in Straßburg 13. Heft (Straßburg 1912).

GRAEFE, Gottesgemahlin = GRAEFE, ERHART, Untersuchungen zur Verwaltung und Geschichte der Institution der Gottesgemahlin des Amun vom Beginn des Neuen Reiches bis zur Spätzeit. ÄA 37 (Wiesbaden 1981).

GRALLERT, Bauen = GRALLERT, SILKE, Bauen – Stiften – Weihen. Ägyptische Bau- und Restaurierungsinschriften von den Anfängen bis zur 30. Dynastie. ADAIK 18 (Berlin 2001).

GREEN, in: GM 39 = GREEN, MICHAEL, „A Means of Discouraging Perjury", in: GM 39 (1980), 33–39.

GRIESHAMMER, Jenseitsgericht = GRIESHAMMER, REINHARD, Das Jenseitsgericht in den Sargtexten. ÄA 20 (Wiesbaden 1970).

GRIFFITH, Catalogue Rylands I = GRIFFITH, FRANCIS LL., Catalogue of the Demotic Papyri in the John Rylands Library Manchester with Facsimiles and Complete Translations I: Atlas of Facsimiles (Manchester/London 1909, Nachdruck Hildesheim/New York 1972).

GRIFFITH, Catalogue Rylands III = GRIFFITH, FRANCIS LL., Catalogue of the Demotic Papyri in the John Rylands Library Manchester with Facsimiles and Complete Translations III: Key-Lists, Translations, Commentaries and Indices (Manchester/London 1909, Nachdruck Hildesheim/New York 1972).

GRIFFITH, Graffiti Dodecaschoenus = GRIFFITH, FRANCIS LL., Catalogue of the Demotic Graffiti of the Dodecaschoenus. Les Temples immergés de la Nubie (Oxford 1937).

GRIFFITH, in: JEA 13 = GRIFFITH, FRANCIS LL., „The Abydos Decree of Seti I at Nauri", in: JEA 13 (1927), 193–208.

GRIFFITH, in: PSBA 30 = GRIFFITH, FRANCIS LL., „A Contract of the Fifth Year of Amenhotp IV.“, in: PSBA 30 (1908), 272–275.

GRIFFITH, in: PSBA 31 = GRIFFITH, FRANCIS LL., „The Length of the Reign of Amenhotp II“, in: PSBA 31 (1909), 43–44.

GRIFFITH, in: PSBA 32 = GRIFFITH, FRANCIS LL., „An early contract papyrus in the Vatican“ in: PSBA 32 (1910). 5–10.

GRIFFITH, Kahun and Gurob = GRIFFITH, FRANCIS LL., Hieratic Papyri from Kahun and Gurob (principally of the Middle Kingdom), The Petrie Papyri (London 1898).

GRIFFITH, Siûṭ and Dêr Rifeh = GRIFFITH, FRANCIS LL., The Inscriptions of Siûṭ and Dêr Rifeh (London 1889).

GRIFFITHS, Conflict = GRIFFITHS, JOHN GW., The Conflict of Horus and Seth from Egyptian and Classical Sources. A Study in Ancient Mythology (Liverpool 1960).

GRIMAL, Quatre stèles = GRIMAL, NICOLAS-C., Quatre stèles napatéennes au Musée du Caire JE 48863–48866, textes et indices. MIFAO 106.2 (Kairo 1981).

GRUBBS, Women = GRUBBS, JUDITH E., Women and Law in the Roman Empire. A Sourcebook on Marriage, Divorce and Widowhood. (London/New York 2002).

GRUMACH, Amenemope = GRUMACH, IRENE, Untersuchungen zur Lebenslehre des Amenemope. MÄS 23 (München 1972).

GRUNERT, in: Grund und Boden = GRUNERT, STEFAN, „Zur Frage eines Ersitzungs-Rechtes im ptolemäischen Ägypten“, in: ALLAM, SCHAFIK (Hg.), Grund und Boden in Altägypten (rechtliche und sozio-ökonomische Verhältnisse). Akten des internationalen Symposions Tübingen 18.–20. Juni 1990. Untersuchungen zum Rechtsleben im Alten Ägypten 2 (Tübingen 1994), 319–327.

GRUNERT, in: ZÄS 105 = GRUNERT, STEFAN, „Zum Eherecht im ptolemäischen Ägypten nach den demotischen Papyri“, in: ZÄS 105 (1978), 114–122.

GUNN, in: ASAE 27 = GUNN, BATTISCOMBE, „The Stela of Apries at Mîtrahîna“, in: ASAE 27 (1927), 211–237.

GUNN, in: ASAE 29 = GUNN, BATTISCOMBE, „A Middle Kingdom Stela from Edfu“, in: ASAE 29 (1929), 5–14.

GUNN, in: JEA 41 = GUNN, BATTISCOMBE, „The Decree of Amonrasonthēr for Neskhons“, in: JEA 41 (1955), 83–95.

HAENSCH, in: ICP 21 = HAENSCH, RUDOLF, „Zur Konventordnung in Aegyptus und den übrigen Provinzen des römischen Reiches“, in: KRAMER, BÄRBEL et al. (Hgg.), Akten des 21. internationalen Papyrologenkongresses Berlin, 13.– 19. 8. 1995. AfP Beiheft 3 (1995), 320–391.

HAFEMANN, in: AoF 12.2 = HAFEMANN, INGELORE, „Zum Problem der staatlichen Arbeitspflicht im alten Ägypten. II“, in: AoF 12.2 (1985), 179–215.

HÄGE, Ehegüterrechtliche Verhältnisse = HÄGE, GÜNTHER, Ehegüterrechtliche Verhältnisse in den griechischen Papyri Ägyptens bis Diokletian. Graezistische Abhandlungen 3 (Köln/Graz 1968).

HANNIG, AÄWb = HANNIG, RAINER, Ägyptisches Wörterbuch I. Altes Reich und Erste Zwischenzeit. Hannig-Lexica 4 = Kulturgeschichte der antiken Welt 98 (Mainz 2003).

HARADA, in: ZSS 58 = HARADA, K., „Der Verzicht auf den Patronat und das Gesetz Justinians in C. 6, 4, 3“ in: ZSS (rom. Abt.) 58 (1938), 136–160.

HARARI, in: DE 7 = HARARI, IBRAM, „Les dispositions juridiques prises par Séti Ier à KANAIS“, in: DE 7 (1987), 87–104.

HARARI, Procédure judiciaire = HARARI, ABY IBRAHIM [=HARARI, IBRAM], Contribution à l'étude de la procédure judiciaire dans l'Ancien Empire égyptien (Kairo 1950).

HARARI, in: ASAE 56 = HARARY, IBRAHIM [=HARARI, IBRAM], „Nature de la Stèle de donation de fonction du Roi Ahmosis à la Reine Ahmès-Nefertari“, in: ASAE 56 (1959), 139–201.

HASEBROEK, Signalement = HASEBROEK, JOHANNES, Das Signalement in den Papyrusurkunden, Papyrusinstitut Heidelberg, Schrift 3 (1921).

HASSAN/ ISKANDER, Neb-Kaw-Ḥer = HASSAN, SELIM/ISKANDER, ZAKY, Excavations at Saqqara 1937–1938 I. The Mastaba of Neb-Kaw-Ḥer (Kairo 1975).

HÄSSLER, Kyriaklausel = HÄSSLER, MANFRED, Die Bedeutung der Kyriaklausel in den Papyrusurkunden (Berlin 1960).

HAYES, Late MK Papyrus = HAYES, WILLIAM C., A papyrus of the Late Middle Kingdom in the Brooklyn Museum (Brooklyn 1955).

HAYS, in: GM 176 = HAYS, HAROLD M., „*wḏ*: The Context of command in the Old Kingdom", in: GM 176 (2000), 63–76.

HEINEN, in: Das ptolemäische Ägypten = HEINEN, HEINZ, „Ägyptische und griechische Traditionen der Sklaverei im ptolemäischen Ägypten", in: MAEHLER, HERWIG/STROCKA, VOLKER M. (Hgg.), Das ptolemäische Ägypten. Akten des internationalen Symposions 27.–29. September 1976 in Berlin (Mainz 1978), 227–237.

HELCK, Admonitions = HELCK, WOLFGANG, Die „Admonitions": Pap. Leiden I 344 recto. KÄT 11 (Wiesbaden 1995).

HELCK, Aktenkunde = HELCK, WOLFGANG, Altägyptische Aktenkunde des 3. und 2. Jahrtausends v. Chr. MÄS 31 (München 1974).

HELCK, Beamtentitel = HELCK, WOLFGANG, Untersuchungen zu den Beamtentiteln des ägyptischen Alten Reiches. ÄF 18 (Glückstadt/Hamburg/New York 1954).

HELCK, Grund und Boden = HELCK, WOLFGANG, „Wege zum Eigentum an Grund und Boden im Alten Reich", in: ALLAM, SCHAFIK (Hg.), Grund und Boden in Altägypten (rechtliche und sozio-ökonomische Verhältnisse). Akten des internationalen Symposions Tübingen 18.–20. Juni 1990. Untersuchungen zum Rechtsleben im Alten Ägypten 2 (Tübingen 1994), 9–13.

HELCK, Hist.-biogr. Texte = HELCK, WOLFGANG, Historisch-biographische Texte der 2. Zwischenzeit und neue Texte der 18. Dynastie. Kleine ägyptische Texte 6.2 (Wiesbaden 1975).

HELCK, in: JARCE 2 = HELCK, WOLFGANG, „Der Papyrus Berlin P 3047", in: JARCE 2 (1963), 65–73.

HELCK, in: LÄ I (s.v. Akten I.) = HELCK, WOLFGANG, in: LÄ I (1975), Sp. 118–126, s.v. Akten I.

HELCK, in: LÄ I (s.v. Darlehn) = HELCK, WOLFGANG, in: LÄ I (1975), Sp. 993, s.v. Darlehn.

HELCK, in: LÄ I (s.v. Dienstanweisung für den Wesir) = HELCK, WOLFGANG, in: LÄ I (1975), Sp. 1084, s.v. Dienstanweisung für den Wesir.

HELCK, in: LÄ II (s.v. Gesetze) = HELCK, WOLFGANG, in: LÄ II (1977), Sp. 570–571, s.v. Gesetze.

HELCK, in: LÄ III (s.v. Maße und Gewichte) = HELCK, WOLFGANG, in: LÄ III (1980), Sp. 1199–1209, s.v. Maße und Gewichte.

HELCK, in: LÄ V (s.v. Scheidung) = HELCK, WOLFGANG, in: LÄ V (1984), Sp. 559–560, s.v. Scheidung.

HELCK, in: ZÄS 80 = HELCK, WOLFGANG, „Das Dekret des Königs Haremhab", in: ZÄS 80 (1955), 109–136.

HELCK, in: ZÄS 81 = HELCK, WOLFGANG, „Zwei thebanische Urkunden aus der Zeit Sethos' II.", in: ZÄS 81 (1956), 82–87.

HELCK, in: ZÄS 115 = HELCK, WOLFGANG, „Perg. Berlin P.Berlin 10470", in: ZÄS 115 (1988), 35–39.

HELCK, Merikare = HELCK, WOLFGANG, Die Lehre für König Merikare. KÄT 5 (Wiesbaden 1977).

HELCK, Ostraka = HELCK, WOLFGANG, Die datierten und datierbaren Ostraka, Papyri und Graffiti von Deir el-Medineh. Bearbeitet von Adelheid Schlott. ÄA 63 (Wiesbaden 2002).

HELCK, Wirtschaftsgeschichte = HELCK, WOLFGANG, Wirtschaftsgeschichte des Alten Ägypten im 3. und 2. Jahrtausend vor Chr. HdO I 1.5 (Leiden/Köln 1975).

HELLEBRAND, Prozeßzeugnis = HELLEBRAND, WALTER, Das Prozeßzeugnis im Rechte der gräko-ägyptischen Papyri. Erster Teil: Die Funktion der Zeugen im ptolemäischen Verfahrensrecht. MBPR 18 (München 1934).

HENGSTL, Gr. Papyri = HENGSTL, JOACHIM, Griechische Papyri aus Ägypten als Zeugnisse des öffentlichen und privaten Lebens (München 1978).

HENGSTL, in: DNP 10 (s.v. Rechtskodifikation) = HENGSTL, JOACHIM, in: DNP 10, 813–814, s.v. Rechtskodifikation.

HENGSTL, Arbeitsverhältnisse = HENGSTL, JOACHIM, Private Arbeitsverhältnisse freier Personen in den hellenistischen Papyri bis Diokletian (Bonn 1972).

HERRMANN, Bodenpacht = HERRMANN, JOHANNES, Studien zur Bodenpacht im Recht der graeco-aegyptischen Papyri. MBPR 41 (München 1958).

Herrmann, in: ICP 13 = Herrmann, Johannes, „Interpretation von Vollmachtsurkunden“, in: Kießling, Emil/Rupprecht, Hans-A.., Akten des XIII. Internationalen Papyrologenkongresses, Marburg/Lahn, 2.–6. August 1971. MBPR 66 (München 1974), 159–167.

Herrmann, in: ZSS 76 = Herrmann, Johannes, „Die Ammenverträge in den gräko-ägyptischen Papyri“, in: ZSS (rom. Abt.) 76 (1959), 490–499.

HGV = Heidelberger Gesamtverzeichnis. http://www.rzuser.uni-heidelberg.de/~gv0/gvz.html

Hoch, Semitic Words = Hoch, James E., Semitic Words in Egyptian Texts of the New Kingdom and Third Intermediate Period (Princeton 1994).

Hoch/Orel, in: Death and Taxes = Hoch, James E./Orel, Sara E., „Murder in Ancient Egypt“, in: Orel, Sara E. (Hg.), Death and Taxes in the Ancient Near East (New York 1992), 87–128.

Hofmann, Diener = Hofmann, Tobias, Zur sozialen Bedeutung zweier Begriffe für «Diener»: *bꜣk* und *ḥm*. AH 18 (Basel 2005).

Hofmann, in: LingAeg 10 = Hofmann, Tobias, „Die Autobiographie des Uni () von Abydos“, in: Lingua Aegyptia 10 (2002), 225–237.

Hofmann, Königsnovelle = Hofmann, Beate, Die Königsnovelle: „Strukturanalyse am Einzelwerk“. ÄUAT 62 (Wiesbaden 2004).

Homoth-Kuhs, Phylakes = Homoth-Kuhs, Clemens, Phylakes und Phylakon-Steuer im griechisch-römischen Ägypten. Ein Beitrag zur Geschichte des antiken Sicherheitswesens. AfP Beiheft 17 (München/Leipzig 2005).

Hopkins, in: CSSH 22/23 = Hopkins, Keith, „Brother-Sister Marriages in Roman Egypt“, in: Comparative Studies in Society and History 22/23 (1980), 303 ff.

Hornung, Totenbuch = Hornung, Erik, Das Totenbuch der Ägypter (Zürich 1979).

Hovestreydt, in: LingAeg 5 = Hovestreydt, Willem, „A Letter to the King Relating to the Foundation of a Statue (P. Turin 1879 vso.)“, in: LingAeg 5 (1997), 107–121.

Hübsch, Personalangaben = Hübsch, Gerbert, Die Personalangaben als Identifizierungsvermerke im Recht der gräko-ägyptischen Papyri. Berliner Juristische Abhandlungen 20 (1968).

Hughes, in: Fs Lüddeckens = Hughes, Georges R., „The So-called Pherendates Correspondence“, in: Thissen, Heinz-J./Zauzich, Karl-Th. (Hgg.), Grammata Demotika – Festschrift für Erich Lüddeckens zum 15. Juni 1983 (Würzburg 1984), 75–86.

Hughes, in: JNES 17 = Hughes, George R., „A Demotic Letter to Thoth“, in: JNES 17 (1958), 1–12.

Hughes, in: JNES 32 = Hughes, George R., „Notes on Demotic Egyptian Leases of Property“, in: JNES 32 (1973), 152–160.

Hughes, Land Leases = Hughes, George R., Saite Demotic Land Leases. SAOC 28 (Chicago 1952).

Hughes/Jasnow, Hawara Papyri = Hughes, George R./Jasnow, Richard, Oriental Institute Hawara Papyri. Demotic and greek Texts from an Egyptian family Archive in the Fayum (Forth to Third Century B.C.). OIP 113 (Chicago 1997).

Hughes/Nims, in: AJSL 57 = Hughes, George R./Nims, Charles F., „Some Observations on the British Museum Demotic Theban Archive“, in: AJSL 57 (1940), 244–261.

Huß, in: ZPE 88 = Huß, Werner, „Die in ptolemäischer Zeit verfaßten Synodal-Dekrete der ägyptischen Priester“, in: ZPE 88 (1991), 189–208.

Husselman, in: TAPA 88 = Husselman, Elinor M., „Donationes mortis causa from Tebtunis“, in: Transactions of the American Philological Association 88 (1957), 135–154.

Husson/Valbelle, L’État = Husson, Geneviève/Valbelle, Dominique, L’état et les institutions en Égypte des premiers pharaons aux empereurs romains (Paris 1992).

ICP = International Congress of Papyrologists.

ICDS = International Conference of Demotic Studies.

Jager/Reinsma, in: Stud.Pap.Var. = Jager, Marga/Reinsma, Marijke, „Ein mißverstandenes Gesetz aus ptolemäischer Zeit“, in: Boswinkel, Ernst/Pestman, Pieter W./Sijpesteijn, Pieter J., Studia Papyrologica Varia. P.L.Bat. 14 (Leiden 1965), 114–115.

James, Ḥeḳanakhte Papers = James, Thomas G. H., The Ḥeḳanakhte Papers and Other Early Middle Kingdom Documents. PMMA 19 (New York 1962).

Jansen-Winkeln, in: CdE 67 = Jansen-Winkeln, Karl, „Zu einigen religiösen und historischen Inschriften“, in: CdE 67 (1992), 240–259.

JANSEN-WINKELN, Biographien = JANSEN-WINKELN, KARL, Ägyptische Autobiographien der 22. und 23. Dynastie. ÄUAT 8 (Wiesbaden 1985).

JANSEN-WINKELN, Inschriften I = JANSEN-WINKELN, KARL, Inschriften der Spätzeit. Teil 1: Die 21. Dynastie (Wiesbaden 2007).

JANSSEN, Commodity Prices = JANSSEN, JAC. J., Commodity Prices from the Ramesside Period. An Economic Study of the Village of Necropolis Workmen at Thebes (Leiden 1975).

JANSSEN, HPBM 6 = JANSSEN, JAC. J., Hieratic Papyri in the British Museum. Sixth Series: Late Ramesside letters and communications (London 1991).

JANSSEN, in: Gleanings = JANSSEN, JAC. J., „The Mission of the Scribe Pesiur (O. Berlin 12654)", in: DEMARÉE, ROBERT (Hg.), Gleanings from Deir el-Medîna. Egyptologische Uitgaven 1 (Leiden 1982), 133–147.

JANSSEN, in: JEA 54 = JANSSEN, JAC. J., „The Smaller Dâkhla Stela (Ashmolean Museum no. 1894. 107 b)", in: JEA 54 (1968), 165–172.

JANSSEN/PESTMAN, in: JESHO 11 = JANSSEN, JAC. J./PESTMAN, PIETER W., „Burial and Inheritance in the Community of the Necropolis Workmen at Thebes (Pap. Bulaq X and O. Petrie 16)", in: JESHO 11 (1968), 137–170.

JANSSEN, in: OMRO 41 = JANSSEN, JAC. J. „Nine Letters from the Time of Ramses II", in: OMRO 41 (1960), 31–47.

JASNOW, in: History ANE Law I = JASNOW, RICHARD, „Old Kingdom and First Intermediate Period Egypt" (93–140), „Middle Kingdom and Second Intermediate Period" (255–288), „New Kingdom" (289–359), in: WESTBROOK, RAYMOND (Hg.), A History of Ancient Near Eastern Law. HdO 72.1 (Leiden/Boston 2003).

JASNOW, in: History ANE Law II = JASNOW, RICHARD, „Third Intermediate Period", in: WESTBROOK, RAYMOND (Hg.), A History of Ancient Near Eastern Law. HdO 72.2 (Leiden/Boston 2003), 777–818.

JIN, in: DE 48 = JIN, SHOUFU, „Bemerkungen zum pMünchen 809. Zum Verständnis des Begriffes *hp*", in: DE 48 (2000), 89–94.

JJP = The Journal for Juristic Papyrology, Warschau.

JOHNSON, in: Achaemenid History 8 = JOHNSON, JANET H., „The Persians and the Continuity of Egyptian Culture", in: Continuity and Change. Achaemenid History 8 (Leiden 1994), 149–159.

JOHNSON, in: Gs Baer = JOHNSON, JANET H., „'Annuity contracts' and marriage", in: SILVERMAN, DAVID P. (Hg.), For his Ka – Essays offered in memory of Klaus Baer. SAOC 55 (Chicago 1994), 113–132.

JOHNSON, in: Gs Quaegebeur II = JOHNSON, JANET H., „Women, Wealth and Work in Egyptian Society of the Ptolemaic Period", in: CLARYSSE, WILLY/SCHOORS, ANTON/WILLEMS, HARCO (Hgg.), Egyptian Religion. The Last Thousand Years. Studies Dedicated to the Memory of Jan Quaegebeur. Part II. OLA 85 (Leuven 1998), 1393–1421.

JOHNSON, in: JSSEA 13 = JOHNSON, JANET H., „The Demotic Chronicle as a Statement of a Theory of Kingship", in: JSSEA 13 (1983), 61–72.

JOHNSON, in: Mistress of the House = JOHNSON, JANET H., „The Legal Status of Women in Ancient Egypt", in: CAPEL, ANN K./MARKOE, GLENN E. (Hgg.), Mistress of the House, Mistress of Heaven. Cincinnati Art Museum, Cincinnati, Ohio, October 20, 1996, through January 5, 1997 (New York 1996), 175–186.

JOHNSON, Roman Egypt = JOHNSON, ALLAN C., Roman Egypt to the Reign of Diocletian. An economic survey of ancient Rome 2 (Baltimore 1936).

JONES, Index = JONES, DILWYN, An Index of Ancient Egyptian Titles, Epithets and Phrases of the Old Kingdom. BAR International Series 866 (Oxford 2000).

JÖRDENS, in: Tebtynis und Soknopaiu Nesos = JÖRDENS, ANDREA, „Griechische Papyri in Soknopaiu Nesos", in: LIPPERT, SANDRA L./SCHENTULEIT, M. (Hgg.), Tebtynis und Soknopaiu Nesos – Leben im römerzeitlichen Fajum. Akten des internationalen Symposions vom 11.–13. Dezember 2003 in Sommerhausen bei Würzburg (Wiesbaden 2005), 41–56.

JÖRDENS, in: TUAT N.F. 1 = JÖRDENS, ANDREA, „Griechische Texte aus Ägypten", in: JANOWSKI, BERND/WILHELM, GERNOT (Hgg.), Texte aus der Umwelt des Alten Testaments. Neue Folge Band 1: Texte zum Rechts- und Wirtschaftsleben (Gütersloh 2004), 313–354.

JÖRDENS, in: TUAT N.F. 2 = JÖRDENS, ANDREA, „Griechische Texte aus Ägypten“, in: JANOWSKI, BERND/WILHELM, GERNOT (Hgg.), Texte aus der Umwelt des Alten Testaments. Neue Folge Band 2: Staatsverträge, Herrscherinschriften und andere Dokumente zur politischen Geschichte (Gütersloh 2005), 369–389.

JUNG, in: ANRW II 14 = JUNG, JOST H., „Das Eherecht der römischen Soldaten“, in: TEMPORINI, HILDEGARD, Aufstieg und Niedergang der römischen Welt. Geschichte und Kultur Roms im Spiegel der neueren Forschung. II Principat. 14 Recht (Materien [Forts.]) (Berli/New York 1982), 302–346.

JUNGE, Ptahhotep = JUNGE, FRIEDRICH, Die Lehre Ptahhoteps und die Tugenden der ägyptischen Welt. OBO 193 (2003).

JUNKER, Gîza IV = JUNKER, HERMANN, Gîza IV. Bericht über die von der Akademie der Wissenschaften in Wien auf gemeinsame Kosten mit Dr. Wilhelm Pelizaeus † unternommenen Grabungen auf dem Friedhof des Alten Reiches bei den Pyramiden von Gîza Band IV. Die Mastaba des *K3jmᶜnḫ* (Kai-em-anch). Akademie der Wissenschaften in Wien. Philosophisch-historische Klasse Denkschriften, 71. Band, 1. Abhandlung (Wien/Leipzig 1940).

JUNKER, Götterdekret = JUNKER, HERMANN, Das Götterdekret über das Abaton. Denkschriften der kaiserlichen Akademie der Wissenschaften in Wien. Philosophisch-historische Klasse 56 (Wien 1913).

JurPap = MEYER, PAUL M., Juristische Papyri. Erklärung von Urkunden zur Einführung in die juristische Papyruskunde (Berlin 1920).

KAISER et al., in: MDAIK 38 = KAISER, WERNER, et al., „Stadt und Tempel von Elephantine. Neunter/Zehnter Grabungsbericht“, in: MDAIK 38 (1982), 271–345.

KAMAL, CG Stèles = KAMAL, AHMED BEY, Catalogue général des antiquités égyptiennes du Musée du Caire. Stèles ptolémaiques et romaines (Kairo 1905).

KANAWATI, in: SAK 4 = KANAWATI, NAGUIB, „Polygamy in the Old Kingdom of Egypt?“, in: SAK 4 (1976), 149–160.

KAPLONY-HECKEL, Ägyptische Handschriften 1 = KAPLONY-HECKEL, URSULA, Verzeichnis der orientalischen Handschriften in Deutschland. Band XIX, 1 Ägyptische Handschriften Teil 1 (Wiesbaden 1971).

KAPLONY-HECKEL, Gebelen-Urkunden = KAPLONY-HECKEL, URSULA, Die demotischen Gebelen-Urkunden der Heidelberger Papyrus-Sammlung. Veröffentlichungen aus der Heidelberger Papyrus-Sammlung. Neue Folge Nr. 4. (Heidelberg 1964).

KAPLONY-HECKEL, in: AfP 50 = KAPLONY-HECKEL, URSULA, „Das bilingue Archiv des Herakleides, S. d. Hermokles“, in: AfP 50 (2004), 138–150.

KAPLONY-HECKEL, in: Fs Zauzich = KAPLONY-HECKEL, URSULA, „Rund um die thebanischen Tempel (Demotische Ostraka zur Pfründen-Wirtschaft)“, in: HOFFMANN, FRIEDHELM/THISSEN, HEINZ-J. (Hgg.), Res severa verum gaudium. Festschrift für Karl-Theodor Zauzich. SD 6 (Leiden 2004), 283–337.

KAPLONY-HECKEL, in: ICP 13 = KAPLONY-HECKEL, URSULA, „Streitigkeiten zwischen Nachbarn – Lexikalische Beobachtungen am Rechtsbuch von Hermopolis“, in: Akten des XIII. Internationalen Papyrologenkongresses, Marburg / Lahn, 2.–6. August 1971. MBPR 66 (München 1974), 199–205.

KAPLONY-HECKEL, in: LÄ I (s.v. Eid. demot.) = KAPLONY-HECKEL, URSULA, in: LÄ I (1975), Sp. 1200–1204, s.v. Eid. demot.

KAPLONY-HECKEL, in: OLZ 82 = KAPLONY-HECKEL, URSULA, in: OLZ 82 (1987), 134–137 (Rezensionsartikel zu Grunert, Kodex Hermopolis).

KAPLONY-HECKEL, in: TUAT 1 = KAPLONY-HECKEL, URSULA, „Ägyptische Dokumente“, in: KAISER, OTTO (Hg.), Texte aus dem Umfeld des Alten Testaments 1: Rechts- und Wirtschaftsurkunden. Historisch-chronologische Texte (Gütersloh 1982–1985), 220–246.

KAPLONY-HECKEL, KGPS 42 = KAPLONY-HECKEL, URSULA, Die Giessener hieroglyphischen und demotischen Texte. Kurzberichte aus den Gießener Papyrus-Sammlungen 42 (1986).

KAPLONY-HECKEL, Tempeleide = KAPLONY-HECKEL, URSULA, Die demotischen Tempeleide. ÄA 6 (Wiesbaden 1963).

KASER, Röm. Privatrecht ²I = KASER, MAX, Das römische Privatrecht. Erster Abschnitt: Das altrömische, das vorklassische und klassische Recht (²München 1971)

KEMP, in: Ancient Egypt = KEMP, BARRY J., „Old Kingdom, Middle Kingdom and Second Intermediate Period *c.* 2686–1552 BC", in: TRIGGER, BRUCE G. et al., Ancient Egypt. A Social History (Cambridge etc. 1983), 71–182.

KESTEMONT, in: OLP 12 = KESTEMONT, GUY, „Accords internationaux relatifs aux ligues hittites (1600–1200 av. J.C.). Dossier C: Le dossier égyptien", in: OLP 12 (1981), 15–78.

EL-KHADRAGY, in: GM 188 = EL-KHADRAGY, MAHMOUD, „Some palaeographic features of Weni's biography", in: GM 188 (2002), 61–72.

KITCHEN, in: Fs Schaeffer = KITCHEN, KENNETH A., „Egypt, Ugarit, Qatna and Covenant", in: Festschrift für Claude F. A. Schaeffer zum 80. Geburtstag am 6. März 1979. Ugarit-Forschungen 11 (1979), 453–464.

KLEBS, Reliefs AR = KLEBS, LUISE, Die Reliefs des Alten Reiches (2980–2475 v.Chr.) (Heidelberg 1915).

KLÍMA, in: ArOr 34 = KLÍMA, JOSEF, „Zum Rechtscharakter der demotischen Gesetzesfragmente von Hermopolis", in: ArOr 34 (1966), 417–420.

KOENEN, in: AfP 17 = KOENEN, LUDWIG, „Die ‚demotische Zivilprozessordnung' und die Philanthropa vom 9. Okt. 186 vor Chr.", in: AfP 17 (1960), 11–16.

KOENIG, in: BIFAO 101 = KOENIG, YVAN, „À propos de la conspiration du harem", in: BIFAO 101 (2001), 293–314.

KOSCHAKER, in: ZSS 28 = PAUL KOSCHAKER, „Der Archidikastes. Beiträge zur Geschichte des Urkunden- und Archivwesens im römischen Ägypten", in: ZSS (rom. Abt.) 28 (1907), 254–304.

KOSCHAKER, in: ZSS 29 = PAUL KOSCHAKER, „Der Archidikastes. Beiträge zur Geschichte des Urkunden- und Archivwesens im römischen Ägypten. Schluß", in: ZSS (rom. Abt.) 29 (1908), 1–47.

KRALL, Lesestücke II = KRALL, JAKOB, Demotische Lesestücke II (Leipzig 1903).

KRAMER/SHELTON, Nepheros = KRAMER, BÄRBEL/SHELTON, JOHN C., Das Archiv des Nepheros und verwandte Texte. AegTrev 4 (Mainz 1987).

KRAUS, Ἀναγραφή = KRAUS, HEINZ W., Ἀναγραφή und ἀναγράφειν im Ägypten der Ptolemäer und Römer (Diss. Köln 1967).

KRELLER, Erbrechtliche Untersuchungen = KRELLER, HANS, Erbrechtliche Untersuchungen aufgrund der graeco-aegyptischen Papyrusurkunden (Leipzig/Berlin 1919).

KRI I–KRI VII = KITCHEN, KENNETH A., Ramesside Inscriptions. Historical and Biographical I–VII (Oxford 1975–1989). [vgl. jeweils auch die entsprechenden Übersetzungsbände Ramesside inscriptions: translated and annotated]

KRUCHTEN, Décret d'Horemheb = KRUCHTEN, JEAN-M., Le décret d'Horemheb (Brüssel 1981).

KRUCHTEN, Djéhoutymose = KRUCHTEN, JEAN-M., Le grand texte oraculaire de Djéhoutymose, intendant du domaine d'Amon sous le pontificat de Pinedjem II (Brüssel 1986).

KRUCHTEN, in: Fs Théodoridès = KRUCHTEN, JEAN-M., „Une tentative de limiter le recours à l'oracle dans les *Duties of the Vizier*?", in: CANNUYER, CHRISTIAN/KRUCHTEN, JEAN-M. (Hgg.), Individu, société et spiritualité. Mélanges égyptologiques offerts au Professeur Aristide Théodoridès (Ath – Brüssel – Mons 1993), 139–146.

KRUCHTEN, in: JEA 77 = KRUCHTEN, JEAN-M., „L'année où la fête d'Opet n'eut pas lieu en Paophi", in: JEA 77 (1991), 182–184.

KRÜGER, Codex Iustinianus = KRÜGER, PAUL, Codex Iustinianus (Berlin 1877).

KRUIT et al., in: Fs Zauzich = KRUIT, NICO/MUHS, BRIAN/WORP, KLAAS, „A Bilingual Sale of a House and Loan of Money from Soknopaiou Nesos (P. Boswinkel 1)", in: HOFFMANN, FRIEDHELM/THISSEN, HEINZ-J. (Hgg.), Res severa verum gaudium. Festschrift für Karl-Theodor Zauzich. SD 6 (Leiden 2004), 339–368.

KUHLMANN, in: Fs Kákosy = KUHLMANN, KLAUS P., „Ein eigentümliches Orakelverfahren aus der 22. Dynastie. Zur Schenkungsstele Kairo JdE 36159", in: LUFT, ULRICH (Hg.), The Intellectual Heritage of Egypt. Studies presented to László Kákosy by Friends and Colleagues on the Occasion of his 60th Birthday (Budapest 1992), 367–372; Taf. 22.

KUHLMANN, Caracalla-Erlasse = KUHLMANN, PETER A., Die Gießener literarischen Papyri und die Caracalla-Erlasse – Edition, Übersetzung und Kommentar. Berichte und Arbeiten aus der Universitätsbibliothek Gießen 46 (Gießen 1994).

KÜHNERT, Kreditgeschäft = KÜHNERT, HANNO, Zum Kreditgeschäft in den hellenistischen Papyri Ägyptens bis Diokletian (Freiburg 1965).

KUNKEL, ZSS 51 = KUNKEL, WOLFGANG, „Griechische und ägyptische Elemente im Eidesrecht der Ptolemäerzeit", in: ZSS (rom. Abt.) 51 (1931), 229–276.

KUPISZEWSKI, in: JJP 7–8 = KUPISZEWSKI, HENRYK, „The Iuridicus Alexandreae", in: JJP 7–8 (1953–1954), 187–204.

KURTH et al., P. Köln Ägypt. I = KURTH, DIETER/THISSEN, HEINZ-J./WEBER, MANFRED, Kölner ägyptische Papyri (P. Köln Ägypt.). Band I. Abhandlungen der Rheinisch-Westfälischen Akademie der Wissenschaften. Sonderreihe Papyrologica Coloniensia 9 (Wiesbaden 1980).

LACAU, CG Stèles NE = LACAU, PIERRE, Catalogue général des Antiquités égyptiennes du Musée du Caire. Stèles du Nouvel Empire (Kairo 1926).

LACAU, Stéle Juridique = LACAU, PIERRE, Une Stéle Juridique de Karnak. SASAE 13 (Kairo 1949).

LA'DA, Foreign ethnics = LA'DA, CSABA A., Foreign Ethnics in Hellenistic Egypt. Prosopographia Ptolemaica X. Studia Hellenistica 38 (Leuven/Paris/Dudley, MA 2002).

LANGE, in: SPAW 1914 = LANGE, HANS O., „Eine neue Inschrift aus Hermonthis", in: Sitzungen der preußischen Akademie der Wissenschaften 1914, 991–1004.

LANGE/SCHÄFER, CG Grab- und Denksteine MR II = LANGE, HANS O./SCHÄFER, HEINRICH, Catalogue général des Antiquités égyptiennes du Musée du Caire. Grab- und Denksteine des Mittleren Reiches II (Berlin 1908).

LEAHY, in: JEA 75 = LEAHY, ANTHONY, „A Protective Measure at Abydos in the Thirteenth Dynasty", in: JEA 75 (1989), 42–46.

LEAHY, in: JESHO 27 = LEAHY, ANTHONY, „Death by Fire in Ancient Egypt", in: JESHO 27 (1984), 199–206.

LEEMANS, Monumenten Leiden II = LEEMANS, CONRADUS, Aegyptische Monumenten van het Nederlandsche Museum van oudheden te Leyden 2. Monumenten behoorende tot het burgerlijke leven (Leiden 1846).

LEGRAIN, CG Statues et statuettes III = LEGRAIN, GEORGES, Catalogue Général des Antiquités Égyptiennes du Musée du Caire. Statues et statuettes de rois et de particuliers III (Kairo 1914).

LEGRAIN, in: ASAE 16 = LEGRAIN, GEORGES, „Un miracle d'Ahmès Ier à Abydos sous le règne de Ramsès II", in: ASAE 16 (1916), 161–170.

LEGRAIN, in: ASAE 7 = LEGRAIN, GEORGES, „Deux stèles inédites", in: ASAE 7 (1906), 226–227.

LEGRAIN, in: ZÄS 35 = LEGRAIN, GEORGES, „Deux stèles trouvées à Karnak en février 1897", in: ZÄS 35 (1897), 12–19.

LEITZ, Tagewählerei = LEITZ, CHRISTIAN, Tagewählerei. Das Buch *ḥ3t nḥḥ pḥ.wy dt* und verwandte Texte. ÄA 55 (Wiesbaden 1994).

LEITZ, Tempelinschriften = LEITZ, CHRISTIAN, Die Tempelinschriften der griechisch-römischen Zeit. Quellentexte zur ägyptischen Religion I. Einführungen und Quellentexte zur Ägyptologie 2 ([2]Berlin 2006).

LENGER, in: CdE 19 = LENGER, MARIE-TH., „Les lois et ordonnances des Lagides", in: CdE 19 (1944), 108–146.

LENGER, in: CdE 27 = LENGER, MARIE-TH., „Contribution à un Corpus de la législation ptolémaïque. Réédition commentée de P. Petrie III, 20 recto, col. 4 – verso (W. Chrest. 450)", in: CdE 27 (1952), 218–246.

LENGER, in: RIDA 1 = LENGER, MARIE-TH., „Les prostagmata des rois Lagides", in: RIDA 1 (1948), 119–132.

LENGER, Ordonnances[2] = LENGER, MARIE-TH., Corpus des ordonnances des Ptolemées (C.Ord.Ptol). Réimpression de l'édition princeps (1964) corrigée et mise à jour. Académie Royale Belgique. Mémoires de la Classe des Lettres, 2e série, 64.2 (Brüssel 1980).

LENGER, Ordonnances Bilan = LENGER, MARIE-TH., Corpus des ordonnances des Ptolemées. Bilan des additions et corrections (1964–1988). Compléments à la bibliographie. Pap.Brux. 24. Documenta et Opuscula 11 (Brüssel 1990).

LEPSIUS, Todtenbuch = LEPSIUS, RICHARD, Das Todtenbuch der Aegypter nach dem hieroglyphischen Papyrus Turin (Berlin 1842).

LESKO, Women's Records = LESKO, BARBARA S. (Hg.), Women's Earliest Records from Ancient Egypt and Western Asia. Proceedings of the Conference on Women in the Ancient Near East. Brown University, Providence Rhode Island November 5–7, 1987 (Atlanta 1989)

LEWIS, Greeks = LEWIS, NAPHTALI, Greeks in Ptolemaic Egypt. Case Studies in the Social History of the Hellenistic World (Oxford 1986).

LEWIS, Public Services = LEWIS, NAPHTALI, The Compulsory Public Services of Roman Egypt. Pap.Flor. 28 (^{2}Florenz 1997).

LEXA, Papyrus Insinger = LEXA, FRANÇOIS, Papyrus Insinger. Les enseignements moraux d'un scribe égyptien du premier siècle après J.-C. (Paris 1926).

LICHTHEIM, AEA = LICHTHEIM, MIRIAM, Ancient Egyptian Autobiographies. OBO 84 (Freiburg, Schweiz/Göttingen 1988).

LICHTHEIM, AEL I = LICHTHEIM, MIRIAM, Ancient Egyptian Literature I. The Old and Middle Kingdoms (Berkeley/Los Angeles/London 1973).

LICHTHEIM, AEL II = LICHTHEIM, MIRIAM, Ancient Egyptian Literature II. The New Kingdom (Berkeley/Los Angeles/London 1976).

LICHTHEIM, in: Fs Hughes = LICHTHEIM, MIRIAM, „The Naucratis Stela once again", in: Studies in Honor of George R. Hughes. SAOC 39 (Chicago 1976), 139–146.

LICHTHEIM, Maat = LICHTHEIM, MIRIAM, Maat in Egyptian Autobiographies and Related Studies. OBO 120 (Freiburg, Schweiz/Göttingen 1992).

LICHTHEIM, Wisdom Literature = LICHTHEIM, MIRIAM, Late Egyptian Wisdom Literature in the International Context. A Study of Demotic Instructions. OBO 52 (Freiburg Schweiz/Göttingen 1983).

LIEBS, Römisches Recht^6 = LIEBS, DETLEF, Römisches Recht. Ein Studienbuch (^{6}Göttingen 2004).

LingAeg = lingua Aegyptia, Göttingen.

LIPPERT, in: Proceedings Lecce = LIPPERT, SANDRA L., „Die Abmachungen der Priester-Einblicke in das Leben und Arbeiten in Soknopaiou Nesos", in: DAVOLI, PAOLA/CAPASSO, MARIO, New archeological and papyrological researches on the Fayyum. Proceedings of the International Meeting of Egyptology and Papyrology, Lecce, June 8th–10th 2005. Papyrologica Lupiensia 14 (Lecce 2005), 145–155.

LIPPERT, in: Fs Zauzich = LIPPERT, SANDRA L., „Fragmente demotischer juristischer Bücher (pBerlin 23890 a–b, d–g rto und pCarlsberg 628)", in: HOFFMANN, FRIEDHELM/THISSEN, HEINZ-J. (Hgg.), Res severa verum gaudium. Festschrift für Karl-Theodor Zauzich. SD 6 (Leiden 2004), 389–405.

LIPPERT, in: JJP 33 = LIPPERT, SANDRA LUISA, „Die sogenannte *Zivilprozeßordnung*: Weitere Fragmente der ägyptischen Gesetzessammlung", in: JJP 33 (2003), 91–135.

LIPPERT, in: DNP 16 = LIPPERT, SANDRA LUISA, „A.II. Ägypten: Gesetze, Rechtsbücher und Erlasse", in: DNP 16, 290–299.

LIPPERT, in: ZÄS 130 = LIPPERT, SANDRA L., „*ṯ3ty* statt *tb-m-mš^c* – Neues zum Wesir im Demotischen", in: ZÄS 130 (2003), 88–97.

LIPPERT, Lehrbuch = LIPPERT, SANDRA L., Ein demotisches juristisches Lehrbuch. Untersuchungen zu Papyrus Berlin P 23575 rto. ÄA 66 (Wiesbaden 2004).

LIPPERT/SCHENTULEIT, DDD II = LIPPERT, SANDRA L./SCHENTULEIT, MAREN, Demotische Dokumente aus Dime II. Quittungen (Wiesbaden 2006).

LIPPERT/SCHENTULEIT, DDD III = LIPPERT, SANDRA L./SCHENTULEIT, MAREN, Demotische Dokumente aus Dime III. Urkunden (Wiesbaden, in Vorbereitung).

LIPPERT/SCHENTULEIT, in: Egyptology Prize 1 = LIPPERT, SANDRA L./SCHENTULEIT, MAREN, „P. Wien D 6950 – eine unpublizierte Ehefrauenschrift aus römischer Zeit", in: BICKEL, SUSANNE/LOPRIENO, ANTONIO (Hgg.), Basel Egyptology Prize 1. Junior Research in Egyptian History, Archaeology, and Philology. AH 17 (Basel 2003), 327–342.

LIPPERT/SCHENTULEIT, in: SAK 32 = LIPPERT, SANDRA L./SCHENTULEIT, MAREN, „Ein Webstuhl mit Zubehör. P. Berlin P 23779+30009", in: SAK 32 (2004), 287–299.

LLEWELYN, New Documents 7 = LLEWELYN, STEPHEN R., New Documents illustrating Early Christianity 7 (Macquarie University 1994).

LLOYD, in: Fs Griffiths = LLOYD, ALAN B., „The Great Inscription of Khnumḥotpe II at Beni Hasan", in: LLOYD, ALAN B. (Hg.), Studies in Pharaonic Religion and Society for Gwyn Griffiths. EES Occasional Publications 8 (London 1992), 21–36.

LOGAN, in: JARCE 37 = LOGAN, TOM, „The *Jmyt-pr* Document: Form, Function, and Significance", in: JARCE 37 (2000), 49–73.

LOPRIENO, in: Fs Simpson II = LOPRIENO, ANTONIO, „Loyalty to the King, to God, to oneself", in: DER MANUELIAN, PETER (Hg.), Studies in Honor of William Kelly Simpson II (Boston 1996), 533–552.

LORTON, in: Fs Goedicke = LORTON, DAVID, „Sections 7 to 10 of ‚The Duties of the Vizier'", in: BRYAN, Betsy M./LORTON, DAVID (Hgg.), Essays in Egyptology in Honor of Hans Goedicke (San Antonio 1994), 147–155.

LORTON, in: JESHO 20 = LORTON, DAVID, „The Treatment of Criminals in Ancient Egypt through the New Kingdom", in: JESHO 20 (1977), 2–64.

LORTON, in: VA 2 = LORTON, DAVID, „The King and the Law", in: VA 2 (1986), 53–62.

LÜDDECKENS, Eheverträge = LÜDDECKENS, ERICH, Ägyptische Eheverträge. ÄA 1 (Wiesbaden 1960).

LÜDDECKENS, HAWARA = LÜDDECKENS, ERICH, Demotische Urkunden aus Hawara. Umschrift, Übersetzung und Kommentar. Verzeichnis der Orientalischen Handschriften in Deutschland, Supplementband 28 (Stuttgart 1998).

LÜDDECKENS, in: Enchoria 1 = LÜDDECKENS, ERICH, „Nachtrag zum P. Wien D 10151", in: Enchoria 1 (1971), 73, Taf. 5–7.

LÜDDECKENS, in: NAWG 1965 Nr. 5 = LÜDDECKENS, ERICH, „P. Wien D 10151, eine neue Urkunde zum ägyptischen Pfründenhandel in der Perserzeit", in: NAWG 1965 Nr. 5, 103–120.

LURJE, Studien = LURJE, ISIDOR M., Studien zum altägyptischen Recht des 16.–10. Jahrhunderts v.u.Z. Forschungen zum römischen Recht 30 (Weimar 1971).

MALININE, Choix I = MALININE, MICHEL, Choix de textes juridiques en hiératique «anormal» et en démotique (XXVe–XXVIIe dynasties) I (Paris 1953).

MALININE, Choix II = MALININE, MICHEL, Choix de textes juridiques en hiératique «anormal» et en démotique (XXVe–XXVIIe dynasties) II. RAPH 18 (Kairo 1983).

MALININE, in: BIFAO 46 = MALININE, MICHEL, „Notes juridiques (à propos de l'ouvrage de E. Seidl)", in: BIFAO 46 (1947), 93–123.

MALININE, in: JEA 54 = MALININE, MICHEL, „Une livraison d'oies au domaine d'Amon (Pap. dém. Strasbourg N° 2)", in: JEA 54 (1968), 188–192.

MALININE, in: Kêmi 11 = MALININE, MICHEL, „Un prêt de céréales à l'époque de Darius I", in: Kêmi 11 (1950), 1–23.

MALININE, in: OLZ 50 = MALININE, MICHEL, „Une chrestomathie des textes démotiques anciens", in: OLZ 50 (1955), Sp. 491–501.

MALININE, in: OLZ 58 = MALININE, MICHEL, in: OLZ 58 (1963), Sp. 558–566 [Rezension zu Lüddeckens, Eheverträge].

MALININE, in: RdE 5 = MALININE, MICHEL, „Une vente d'esclave à l'époque de Psammétique Ier", in: RdE 5 (1946), 119–131.

MALININE, in: RdE 6 = MALININE, MICHEL, „Un jugement rendu à Thèbes sous la XXVe Dynastie", in: RdE 6 (1951), 157–178; Taf. 4–6.

MALININE, in: RdE 7 = MALININE, MICHEL, „Un contrat de vente d'emplacements à construire de l'époque du roi Achoris", in: RdE 7 (1952), 107–120; Taf. 19.

MALININE, in: RdE 10 = MALININE, MICHEL, Rezension zu Hughes, Saite Demotic Land Leases, in: RdE 10 (1955), 105–107.

MALININE, in: RdE 19 = MALININE, MICHEL, „Partage testamentaire d'une propriété familiale (Pap. Moscou N° 123)", in: RdE 19 (1967), 67–85.

MALININE, in: RdE 25 = MALININE, MICHEL, „Une affaire concernant un partage", in: RdE 25 (1973), 192–208.

MALININE, in: RdE 26 = MALININE, MICHEL, „Une vente de prébendes sous la XXXe dynastie (Pap. Moscou N° 135)", in: RdE 26 (1974), 34–51.

MALININE, in: RdE 27 = MALININE, MICHEL, „Vente de tombes à l'époque saïte", in: RdE 27 (1975), 164–174.

MALININE, in: RdE 34 = MALININE, MICHEL, „Transcriptions hiéroglyphiques de quatre textes du Musée du Louvre écrits en hiératique anormal", in: RdE 34 (1981), 95–100.

MALININE/PIRENNE, in: AHDO 5 = MALININE, MICHEL/PIRENNE, JACQUES, „Documents juridiques égyptiens (Deuxième série)", in: Archives d'Histoire du Droit oriental 5 (1950), 11–91.

MALININE/POSENER/VERCOUTTER, Cat. Stèles Sérapéum I = MALININE, MICHEL/POSENER, GEORGES/ VERCOUTTER, JEAN, Catalogue des stèles du Sérapéum de Memphis I (Paris 1968).

MANASSA, in: ZÄS 133 = MANASSA, COLLEEN, „The Crimes of Count Sabni", in: ZÄS 133 (2006), 151–163; Taf. 34–36.

MANNING et al., in: JNES 48 = MANNING, JOSEPH G./ GREIG, GARY/ UCHIDA, SUGIHIKO, „Chicago Oriental Institute Ostracon 12073 once again", in: JNES 48 (1989), 117–124.

MANNING, in: Grund und Boden = MANNING, JOSEPH G., „Land and Status in Ptolemaic Egypt: The Status Designation »Occupation Title + *B3k* + Divine Name«", in: ALLAM, SCHAFIK (Hg.), Grund und Boden in Altägypten (rechtliche und sozio-ökonomische Verhältnisse). Akten des internationalen Symposions Tübingen 18.–20. Juni 1990. Untersuchungen zum Rechtsleben im Alten Ägypten 2 (Tübingen 1994), 147–175.

MANNING, in: History ANE Law II = MANNING, JOSEPH G., „Demotic Law", in: WESTBROOK, RAYMOND (Hg), A History of Ancient Near Eastern Law. HdO 72.2 (Leiden/Boston 2003), 819–862.

MANNING, Land and Power = MANNING, JOSEPH G., Land and Power in Ptolemaic Egypt. The Structure of Land Tenure (Cambridge 2003).

MANNING, P.Hauswaldt = MANNING, JOSEPH G., The Hauswaldt Papyri. A Third Century B.C. Family Dossier from Edfu. Dem.Stud. 12 (Sommerhausen 1997).

MARESCH, in: AfP 48 = MARESCH, KLAUS, „Die Bibliotheke Enkteseon im römischen Ägypten. Überlegungen zur Funktion zentraler Besitzarchive", in: AfP 48 (2002), 233–246.

MARIETTE, P.Boulaq II = MARIETTE, AUGUSTE, Les papyrus égyptiens du Musée de Boulaq II (Paris 1872).

MARTIN, in: Elephantine-Papyri = MARTIN, CARY R., „Demotic Texts", in: PORTEN, BEZALEL (Hg.), The Elephantine Papyri in English. Three Millennia of Cross-Cultural Continuity and Change. Documenta et monumenta Orientis antiqui 22 (Leiden/New York/Köln 1996), 277–385.

MARTIN, in: Fs Smith = MARTIN, CARY R., „A Twenty-seventh Dynasty ‚Marriage Contract' from Saqqara", in: LEAHY, ANTHONY/TAIT, JOHN (Hgg.), Studies on Ancient Egypt in honour of H. S. Smith. EES/OP 13 (London 1999), 193–199.

MARTIN, in: ICDS 5 = MARTIN, CARY R., „The Child Born in Elephantine: Papyrus Dodgson Revisited", in: Acta Demotica. Acts of Fifth International Conference for Demotists, Pisa 4th–8th September 1993. Egitto e Vicino Oriente 17 (1994), 199–212.

MARTIN, in: JEA 72 = MARTIN, CARY R., „A Demotic Land Lease from Philadelphia", in: JEA 72 (1986), 159–173.

MARTIN, in: Legal Documents = MARTIN, CARY R., „Marriage and the Family in Ancient Egypt: II. Marriages, Wills and Leases of Land: Some Notes on the Formulae of Demotic Contracts", in: GELLER, MARKHAM J. et al. (Hgg.), Legal Documents of the Hellenistic World. Papers from a Seminar (London 1995), 58–78.

MARTIN-PARDEY, in: Fs Goedicke = MARTIN-PARDEY, EVA, „Richten im Alten Reich und die *sr*-Beamten", in: BRYAN, BETSY M./LORTON, DAVID (Hgg.), Essays in Egyptology in Honor of Hans Goedicke (San Antonio 1994), 157–167.

MATTHA, Legal Code = MATTHA, GIRGIS, The Demotic Legal Code of Hermopolis West, mit Preface, Additional Notes and Glossary von G. R. Hughes. BdE 45 (Kairo 1975).

MCDOWELL, Jurisdiction = MCDOWELL, ANDREA, Jurisdiction in the Workmen's Community of Deir el-Medîna. Egyptologische Uitgaven 5 (Leiden 1990).

MCDOWELL, in: Phoenix 33.2 = MCDOWELL, ANDREA, „Een schijnproces in het Egyptische strafrecht?", in: Phoenix 33.2 (1988), 17–22.

M.Chr. = MITTEIS, LUDWIG, Grundzüge und Chrestomathie der Papyruskunde. 2. Bd. Juristischer Teil. 2. Hälfte: Chrestomathie (Leipzig 1912, Nachdruck Hildesheim 1963).

MEEKS, in: Fs Altenmüller = MEEKS, DIMITRI, „À propos du prêt de céréales en période de disette", in: KLOTH, NICOLE/MARTIN, KARL/PARDEY, EVA (Hgg.), Es werde niedergelegt als Schriftstück. Festschrift für Hartwig Altenmüller zum 65. Geburtstag. SAK Beihefte 9 (Hamburg 2003), 275–280.

MEEKS, in: State and Temple II = MEEKS, DIMITRI, „Les donations aux temples dans l'Égypte du 1er millénaire avant J.-C.", in: LIPIŃSKI, EDWARD (Hg.), State and Temple Economy in the Ancient Near East II. Proceedings of the International Conference organized by the Katholieke Universiteit Leuven from the 10th to the 14th of April 1978. OLA 6 (Leuven 1979), 605–687.

MEGALLY, in: BIFAO 74 = MEGALLY, MOUNIR, „À propos du papyrus CGC 58070 (Papyrus Boulaq XI)“, in: BIFAO 74 (1974), 161–169; Taf. 21–22.

MEGALLY, in: BIFAO 75 = MEGALLY, MOUNIR, „Le papyrus CGC 58081 suite du papyrus CGC 58070 (papyrus Boulaq XI)“, in: BIFAO 75 (1975), 165–181.

MEISNER, in: JSHRZ 2 = MEISNER, NORBERT, „Aristeasbrief“, in: KÜMMEL, WERNER G./LICHTENBERGER, HERMANN (Hgg.), Jüdische Schriften aus hellenistisch-römischer Zeit 2 (Gütersloh 1973), 35–88.

MENU, in: BIFAO 77 = MENU, BERNADETTE, „La «stèle» d'Ahmès Nefertary dans son contexte historique et juridique“, in: BIFAO 77 (1977), 89–100.

MENU, in: BIFAO 81 Supplement = MENU, BERNADETTE, „Considérations sur le droit pénal au Moyen Empire égyptien dans le P. Brooklyn 35.1446 (texte pricipal du recto): responsables et dépendants“, in: Bulletin du centenaire. BIFAO 81 Supplement (1981), 57–76 [= MENU, Recherches, 141–167].

MENU, in: BSEG 9–10 = MENU, BERNADETTE, „Quelques réflexions sur les dotations funéraires privées“, in: BSEG 9–10 (1984–85), 191–198 [= MENU, Recherches II (= BdE 122), 155–159].

MENU, in: CRIPEL 1 = MENU, BERNADETTE, „Le prêt en droit égyptien. Nouvel Empire et Basse Epoque“, in: CRIPEL 1 (1973), 59–141 [= MENU, Recherches, 217–300].

MENU, in: CRIPEL 6 = MENU, BERNADETTE, „Vente d'une vache de labour sous Ptolémée VIII Evergète II“, in: CRIPEL 6 (1981), 229–240 [= MENU, Recherches II (= BdE 122), 357–368].

MENU, in: Enchoria 13 = MENU, BERNADETTE, „Clause de garde dans un bail servant à purger l'antichrèse (sur la col. 2 du "Code" d'Hermoupolis)“, in: Enchoria 13 (1985), 79–82.

MENU, in: Fs Leclant II = MENU, BERNADETTE, „Un document juridique «kouchite». Le P. Vienne D 12002“, in: Hommages à J. Leclant II. BdE 106.2 (Kairo 1993), 293–304 [= MENU, Recherches II (= BdE 122), 331–343].

MENU, in: Fs Lévêque II = MENU, BERNADETTE, „La stèle dite de l'apanage“, in: Mélanges Pierre Lévêque II (Besançon 1989) [= MENU, Recherches II (= BdE 122), 183–207].

MENU, in: Fs Vercoutter = MENU, BERNADETTE, „Vente de maisons sous l'ancien empire égyptien“, in: Mélanges offerts à Jean Vercoutter (Paris 1985), 249–262. [= MENU, Recherches II (= BdE 122), 271–287].

MENU, in: Grund und Boden = MENU, BERNADETTE, „Questions relatives à la détention des terres au premier millénaire av. JC“, in: ALLAM, SCHAFIK (Hg.), Grund und Boden in Altägypten (rechtliche und sozio-ökonomische Verhältnisse). Akten des internationalen Symposions Tübingen 18.–20. Juni 1990. Untersuchungen zum Rechtsleben im Alten Ägypten 2 (Tübingen 1994), 135–145.

MENU, in: ICE 6 I = MENU, BERNADETTE, „Les échanges portant dur du bétail (XXVIe–XXXe dynastie)“, in: Atti. Sesto Congresso Internazionale di Egittologia, Turin, 1991 I, 459–463. [= MENU, Recherches II (= BdE 122), 325–330].

MENU, in: ICP 15 = MENU, BERNADETTE, „La colonne 2 du «Code d'Hermopolis»“, in: Actes du XVe congrès international de papyrologie. Quatrième partie. Papyrologie documentaire. Pap.Brux. 19 (Brüssel 1979), 214–221 [= MENU, Recherches, 331–341].

MENU, in: JEA 74 = MENU, BERNADETTE, „Les actes de vente en Égypte ancienne particulièrement sous les rois kouchites et saïtes“, in: JEA 74 (1988), 165–181. [= MENU, Recherches II (= BdE 122), 305–323].

MENU, in: RdE 22 = MENU, BERNADETTE, „La gestion du «patrimoine» foncier d'Hekanakhte“, in: RdE 22 (1970), 111–129 [= MENU, Recherches, 74–100].

MENU, in: RdE 23 = MENU, BERNADETTE, „Quelques Remarques à propos de l'étude comparée de la Stèle Juridique de Karnak et de la ‚Stèle' d'Ahmès-Nefertari“, in: RdE 23 (1971), 155–163 [= MENU, Recherches, 200–215].

MENU, in: RdE 36 = MENU, BERNADETTE, „Cessions de service et engagements pour dette sous les rois kouchites et saïtes“, in: RdE 36 (1985), 73–87.

MENU, in: RdE 46 = MENU, BERNADETTE, „À propos des «Stèles de Donation»“, in: RdE 46 (1995), 213–214 [= MENU, Recherches II (= BdE 122), 205–207].

MENU, in: RHD 55[4] = MENU, BERNADETTE, „Les rapports de dépendance en Égypte à l'époque saïte et perse“, in: Revue Historique du Droit Français et Étranger 55, série 4 (1977), 391–401 [= MENU, Recherches, 184–199].

MENU, in: Women's Records = MENU, BERNADETTE, „Women and Business Life in the First Millennium B.C.“, in: LESKO, BARBARA S. (Hg.), Women's Earliest Records from Ancient Egypt and Western Asia. Proceedings of the Conference on Women in the Ancient Near East. Brown University, Providence Rhode Island November 5–7, 1987 (Atlanta 1989), 193–205.

MENU, Recherches = MENU, BERNADETTE, Recherches sur l'histoire juridique, économique et sociale de l'ancienne Egypte (Versailles 1982).

MENU, Recherches II = MENU, BERNADETTE, Recherches sur l'histoire juridique, économique et sociale de l'ancienne Égypte. II. BdE 122 (Kairo 1998).

MENU, Régime juridique = MENU, BERNADETTE, Le régime juridique des terres et du personnel attaché à la terre dans le papyrus Wilbour (Lille 1970).

MERKLEIN, Ehescheidungsrecht = MERKLEIN, ANDREAS, Das Ehescheidungsrecht nach den Papyri der byzantischen Zeit (Diss. Erlangen 1967).

MESSERI SAVORELLI, in: SIFC 50 = MESSERI SAVORELLI, GABRIELLA, „Note sugli atti di affrancamento di tipo greco nei papiri“, in Studi italiani di filologia classica 50 (1978), 270–284.

MESSERI SAVORELLI/PINTAUDI, Zenon a Firenze = MESSERI SAVORELLI, GABRIELLA /PINTAUDI, ROSARIO, I Papiri dell'Archivio di Zenon a Firenze. Mostra documentaria. Papyrologica Florentina 24 (Florenz 1993).

MEYER, in: SAK 11 = MEYER, CHRISTINE, „Zum Titel „*ḥmt njswt*“ bei den Töchtern Amenophis' III. und IV. und Ramses' II.“, in: SAK 11 (1984), 253–263.

MIGAHID, Briefe = MIGAHID, ABDEL GAWAD, Demotische Briefe an Götter von d. Spät- bis zur Römerzeit. Ein Beitrag zur Kenntnis des religiösen Brauchtums im alten Ägypten (Diss. Würzburg 1986).

MIGAHID, in: BIFAO 103 = MIGAHID, ABDEL GAWAB, „Zwei spätdemotische Zahlungsquittungen aus Soknopaiu Nesos“, in: BIFAO 103 (2003), 327–339.

MINAS-NERPEL, Ahnenreihen = MINAS-NERPEL, MARTINA, Die hieroglyphischen Ahnenreihen der ptolemäischen Könige. Ein Vergleich mit den Titeln der eponymen Priester in den demotischen und griechischen Papyri. AegTrev 9 (Mainz 2000).

MITTEIS, Grundzüge = MITTEIS, LUDWIG, Grundzüge und Chrestomathie der Papyruskunde. Zweiter Band, Juristischer Teil. Erste Hälfte: Grundzüge (Leipzig 1912, Nachdruck Hildesheim 1963).

MITTEIS, Reichsrecht = MITTEIS, LUDWIG, Reichsrecht und Volksrecht in den östlichen Provinzen des römischen Kaiserreiches (Leipzig 1891).

MITTHOF, in: ZPE 132 = MITTHOF, FRITZ, „Bemerkungen zur Datierung von Urkunden“, in: ZPE 132 (2000), 223–224.

MODRZEJEWSKI, in: Fs Kunderewicz = MÉLÈZE-MODRZEJEWSKI, JOSEPH, „Livres sacrés et justice lagide“, in: KODREBSKI, JAN (Hg.), Symbolae C. Kunderewicz Dedicatae. Acta Universitatis Lodziensis. Folia Iuridica 21 (Lodz 1986), 11–44.

MODRZEJEWSKI, in: Fs Préaux = MÉLÈZE-MODRZEJEWSKI, JOSEPH, „Chrématistes et Laocrites“, in: BINGEN, JEAN/CAMBIER, GUY/NACHTERGAEL, GEORGES (Hgg.), Le monde grec – pensée littérature histoire documents. Hommages à Claire Préaux (Brüssel 1975), 699–708.

MODRZEJEWSKI, in: ICP 12 = MODRZEJEWSKI, JOSEPH, „La règle de droit dans l'Égypte romaine“, in: SAMUEL, DOROTHY H. (Hg.), Proceedings of the Twelfth International Congress of Papyrology. ASP 7 (Toronto 1970), 317–377.

MODRZEJEWSKI, in: ICP 18 = MÉLÈZE-MODRZEJEWSKI, JOSEPH, „La loi des Égyptiens: le droit grec dans l'Égypte romaine“, in: MANDILARAS, BASIL G. (Hg.), Proceedings of the XVIIIth International Congress of Papyrology (Athens, 25–31 May 1986) II (Athen 1988), 383–399 [= Ders., Droit impérial et traditions locales dans l'Égypte Romaine (Brookfield 1990), Kap. IX].

MODRZEJEWSKI, in: JJP 5 = MODRZEJEWSKI, JOSEPH, „The Prostagms in the Papyri“, in: JJP 5 (1951), 187–206.

MODRZEJEWSKI, in: Legal Documents = MÉLÈZE-MODRZEJEWSKI, JOSEPH, „Law and Justice in Ptolemaic Egypt“, in: GELLER, MARKHAM J. et al. (Hgg.), Legal Documents of the Hellenistic World. Papers from a Seminar (London 1995), 1–19.

MODRZEJEWSKI, in: RechPap 2 = MODRZEJEWSKI, JOSEPH, „Servitude pour dettes ou legs de créance (note sur CPJud. 126)“, in: Recherches de Papyrologie 2 (1962), 75–98.

MODRZEJEWSKI, in: ZSS 81 = MODRZEJEWSKI, JOSEPH, „Die Geschwisterehe in der hellenistischen Praxis und nach römischem Recht“, in: ZSS (rom. Abt.) 81 (1964), 52–82.

MÖLLER, Eheverträge = MÖLLER, GEORG, Zwei ägyptische Eheverträge aus vorsaïtischer Zeit. Abhandlungen der Königl. Preuss. Akademie der Wissenschaften Jahrgang 1918. phil-hist. Klasse Nr. 3 (Berlin 1918).

MÖLLER, in: SPAW 15 = MÖLLER, GEORG, „Ein ägyptischer Schuldschein der zweiundzwanzigsten Dynastie“, in: SPAW 15 (1921), 298–304.

MÖLLER, Lesestücke II = MÖLLER, GEORG, Hieratische Lesestücke für den Akademischen Gebrauch II. Lietrarische Texte des Neuen Reiches (Berlin 1927, Nachdruck 1961).

MÖLLER, Lesestücke III = MÖLLER, GEORG, Hieratische Lesestücke für den Akademischen Gebrauch III. Musterbriefe und geschäftliche Texte des Neuen Reiches (Berlin 1927, Nachdruck 1961).

MONSON, in: Ancient Society 36 = MONSON, ANDREW, „The Ethics and Economics of Ptolemaic Religious Associations“, in: Ancient Society 36 (2006), 221–238.

MONSON, in: Tebtynis und Soknopaiu Nesos = MONSON, ANDREW, „Sacred Land in Ptolemaic and Roman Tebtunis“, in: LIPPERT, SANDRA L./SCHENTULEIT, MAREN (Hgg.), Tebtynis und Soknopaiu Nesos – Leben im römerzeitlichen Fajum. Akten des internationalen Symposions vom 11.–13. Dezember 2003 in Sommerhausen bei Würzburg (Wiesbaden 2005), 79–91.

MONTEVECCHI, in: Aegyptus 15 = MONTEVECCHI, ORSOLINA, „Ricerche di sociologia nei documenti dell' Egitto greco-romano I. I testamenti“, in: Aegyptus 15 (1935), 67–121.

MONTEVECCHI, in: Aegyptus 16 = MONTEVECCHI, ORSOLINA, „Ricerche di sociologia nei documenti dell' Egitto greco-romano II. I contratti di matrimonio e gli atti di divorzio“, in: Aegyptus 16 (1936), 3–83.

MONTEVECCHI, in: Aegyptus 19 = MONTEVECCHI, ORSOLINA, „Ricerche di sociologia nei documenti dell' Egitto greco-romano III. I contratti di compra-vendita a) Compra-vendita di schiavi e di animali“, in: Aegyptus 19 (1939), 11–53.

MONTEVECCHI, in: Aegyptus 21 = MONTEVECCHI, ORSOLINA, „Ricerche di sociologia nei documenti dell' Egitto greco-romano III. I contratti di compra-vendita b) Compra-vendita di edifici“, in: Aegyptus 21 (1941), 93–151.

MONTEVECCHI, in: Aegyptus 23 = MONTEVECCHI, ORSOLINA, „Ricerche di sociologia nei documenti dell' Egitto greco-romano III. I contratti di compra-vendita c) Compra-vendita di terreni“, in: Aegyptus 23 (1943), 11–89.

MORENO GARCÍA, in: RdE 51 = MORENO GARCÍA, JUAN CARLOS, „Acquisition de serfs durant la première période intermédiaire: Une étude d'histoire sociale dans l'Égypte du IIIe millénaire“, in: RdE 51 (2000), 123–139.

MORENO GARCÍA, in: ZÄS 124 = MORENO GARCÍA, JUAN CARLOS, „Administration territoriale et organisation de l'espace en Egypte au troisième millénaire avant J.-C. (II): *swnw*“, in: ZÄS 124 (1997), 116–130.

MORENZ, in: BN 91 = MORENZ, LUDWIG D., „Söhne und Frauen“, in: Biblische Notizen 91 (1998), 7–11.

MORET, in: CRAIBL 1917 = MORET, ALEXANDRE, „Un jugement de dieu au cours d'un procès sous Ramsès II“, in: CRAIBL 1917, 157–165.

MORSCHAUSER, Threat-Formulae = MORSCHAUSER, SCOTT, Threat-Formulae in Ancient Egypt. A Study of the History, Structure and Use of Threats and Curses in Ancient Egypt (Baltimore 1991).

MRSICH, Ackerverpachtung = MRSICH, TYCHO Q., Rechtsgeschichtliches zur Ackerverpachtung auf Tempelland nach demotischem Formular (Wien 2003).

MRSICH, Fragen = MRSICH, TYCHO Q., Fragen zum altägyptischen Recht der Isolationsperiode vor dem Neuen Reich. Ein Forschungsbericht aus dem Arbeitskreis Historiogenese von Rechtsnormen (München 2005).

MRSICH, Hausurkunde = MRSICH, TYCHO Q., Untersuchungen zur Hausurkunde des Alten Reiches. Ein Beitrag zum altägyptischen Stiftungsrecht. MÄS 13 (1968).

MRSICH, in: Grund und Boden = MRSICH, TYCHO Q., „Zum unbeurkundeten Verpachtungsgeschäft griechisch-römischer Zeit“, in: ALLAM, SCHAFIK (Hg.), Grund und Boden in Altägypten (rechtliche und sozio-ökonomische Verhältnisse). Akten des internationalen Symposions Tübingen 18.–20. Juni 1990. Untersuchungen zum Rechtsleben im Alten Ägypten 2 (Tübingen 1994), 177–187.

MRSICH, in: Gs Barta = MRSICH, TYCHO Q., „Erenofres Verteidigung“, in: KESSLER, DIETER/SCHULZ, REGINE (Hgg.), Gedenkschrift für Winfried Barta. *ḥtp dj n ḥzj*. MÄU 4 (Frankfurt 1995), 291–310.

MRSICH, in: Gs Kunkel = MRSICH, TYCHO Q., „Eine Zwischenbilanz zum ‚zivilprozessualen‘ Abschnitt des demotischen Rechtsbuches ‚S‘ (P. Berl. 13621 Rc. Col. II)“, in: NÖRR, DIETER/SIMON, DIETER (Hgg.), Gedächtnisschrift für Wolfgang Kunkel (Frankfurt am Main 1984), 205–282.

MUHS, in: JESHO 44 = MUHS, BRIAN, „Membership in Private Associations in Ptolemaic Tebtunis“, in: JESHO 44 (2001), 1–21.

MUHS, in: Tebtynis und Soknopaiu Nesos = MUHS, BRIAN, „The Grapheion and the Disappearance of Demotic Contracts in Early Roman Tebtynis and Soknopaiou Nesos“, in: LIPPERT, SANDRA L./SCHENTULEIT, MAREN (Hgg.), Tebtynis und Soknopaiu Nesos. Leben im römerzeitlichen Fajum. Akten des Internationalen Symposiums vom 11. bis 13. Dezember 2003 in Sommerhausen bei Würzburg (Wiesbaden 2005), 93–104.

MÜLLER, in: TUAT N.F. 1 = MÜLLER, MATTHIAS, „Der Turiner Streikpapyrus (pTurin 1880)“, in: JANOWSKI, BERND/WILHELM, GERNOT (Hgg.), Texte aus der Umwelt des Alten Testaments. Neue Folge Band 1: Texte zum Rechts- und Wirtschaftsleben (Gütersloh 2004), 165–184.

MÜLLER, Μίσθωσις = MÜLLER, HANSGÜNTER, Untersuchungen zur μίσθωσις von Gebäuden im Recht der gräko-ägyptischen Papyri

MÜLLER-WOLLERMANN, in: ICE 9 = MÜLLER-WOLLERMANN, RENATE, „Ägypten auf dem Weg zur Geldwirtschaft“, in: GOYON, JEAN-C./CARDIN, CHRISTINE (Hgg.), Proceedings of the Ninth International Congress of Egyptologists Grenoble, 6–12 septembre 2004 II. OLA 150 (Leuven/Paris/ Sterling 2007), 1351–1359.

MÜLLER-WOLLERMANN, Vergehen und Strafen = MÜLLER-WOLLERMANN, RENATE, Vergehen und Strafen. Zur Sanktionierung abweichenden Verhaltens im alten Ägypten (Leiden/Boston 2004).

MUNIER, in: Recueil Champollion = MUNIER, HENRI, „Un achat de terrains au temps du roi Si-Amon“, in: Recueil d'études égyptologiques dédiées à la mémoire de Jean-François Champollion (Paris 1922), 361–366.

MURRAY, Saqqara Mastabas I = MURRAY, MARGARET A., Saqqara Mastabas I. BSAE 10 (London 1905).

MUSZYNSKI, in: Droit = MUSZYNSKI, MICHEL, „Le droit égyptien à travers la documentation grecque“, in: A. THÉODORIDÈS (Hg.), Le droit égyptien ancien. Colloque organisé par l'institut des Hautes Études de Belgique, 18 et 19 mars 1974 (Brüssel 1976), 163–179.

Naissance = Naissance de l'écriture cuneiformes et hiéroglyphes. Galeries Nationales du Grand Palais, 7 mai–9 août 1982 (Paris 1982).

NAVAILLES/NEVEU, in: RdE 40 = NAVAILLES, ROBERT/NEVEU, FRANÇOIS, „Qu'entendait-on par «journée d'esclave» au Nouvel Empire? (*hrw m ḥm(t), hrw n bꜣk*“, in: RdE 40 (1989), 119–120.

NAVILLE, Deir el-Bahari I = NAVILLE, EDOUARD, The XIth Dynasty Temple at Deir el-Bahari I. EES 28 (London 1907).

Neues Bibel-Lexikon = GÖRG, MANFRED/LANG, BERNHARD (Hgg.), Neues Bibel-Lexikon (Zürich/Düsseldorf 1995).

NEWBERRY, Beni Hasan I = NEWBERRY, PERCY E., Beni Hasan Part I. ASE 1 (London 1893).

NIMS, in: Fs Erichsen = NIMS, CHARLES F., „Demotic Papyrus Loeb 62: A Reconstruction“, in: W. Erichsen septuagenario dicata. Acta Orientalia 25.3–4 (1960), 266–276.

NIMS, in: JEA 24 = NIMS, CHARLES F., „Notes on University of Michigan Demotic Papyri from Philadelphia“, in: JEA 24 (1938), 73–82.

NIMS, in: JNES 7 = NIMS, CHARLES F., „The term *hp* ‚Law, Right‘ in Demotic“, in: JNES 7 (1948), 243–260.

NIMS, in: MDAIK 16 = NIMS, CHARLES F., „A Demotic 'Document of Endowment' from the Time of Nectanebo I“, in: MDAIK 16 (1958), 237–246.

NUR EL-DIN, DO = NUR EL-DIN, MOHAMED A. A., The Demotic Ostraca in the National Museum of Antiquities at Leiden (Leiden 1974).

OATES, in: ZPE 146 = OATES, JOHN F., „Two Notes: I. Thèbes à Syène 190 and P.Tebt. II 382“, in: ZPE 146 (2004), 173–174.

O.Bodl. I = TAIT, JOHN, Greek Ostraca in the Bodleian Library at Oxford and Various Other Collections I (London 1930).

OERTEL, Liturgie = OERTEL, FRIEDRICH, Die Liturgie. Studien zur ptolemäischen und kaiserlichen Verwaltung Ägyptens (Leipzig 1917).

OGIS I = DITTENBERGER, WILHELM, Orientis Graeci Inscriptiones Selectae I (Leipzig 1903).

OHLHAFER, in: GM 135 = OHLHAFER, KLAUS, „Zum Thronbesteigungsdatum Ramses' XI. und zur Abfolge der Grabräuberpapyri aus Jahr 1 und 2 *wḥm-msw.t*", in: GM 135 (1993), 59–72.

OTTO, in: MDAIK 14 = OTTO, EBERHARD, „Prolegomena zur Frage der Gesetzgebung und Rechtssprechung in Ägypten", in: MDAIK 14 (1956), 150–159.

PACKMAN, Taxes = PACKMAN, ZOLA M., The Taxes in Grain in Ptolemaic Egypt. Granary Receipts from Diospolis magna 164–88 B.C. ASP 4 (New Haven/Toronto 1968).

P.Amh. II = GRENFELL, BERNARD P./HUNT, ARTHUR S., The Amherst Papyri II. New Classical Fragments and Other Greek and Latin Papyri (Oxford 1897).

P.Amst. I = SALOMONS, ROBERT P./SIJPESTEIJN, PIETER J./WORP, KLAAS A., Die Amsterdamer Papyri I (Zutphen 1980).

PAPADOPOULOS, in: AfP 46 = PAPADOPOULOS, FOTI, „Some remarks on PSI IV 424", in: AfP 46 (2000), 166–168.

PARANT, in: Droit = PARANT, ROBERT, „Recherches sur le droit pénal égyptien – intention coupable et responsalité pénale dans l'Égypte du IIe millénaire", in: THÉODORIDÈS, ARISTIDE (Hg.), Le droit égyptien ancien. Colloque organisé par l'institut des Hautes Études de Belgique, 18 et 19 mars 1974 (Brüssel 1976), 25–55.

PARKER, in: ZÄS 93 = PARKER, RICHARD A., „King *Py*, a Historical Problem", in: ZÄS 93 (1966), 111–114.

PARKER, Saite Oracle Papyrus = PARKER, RICHARD A., A Saite Oracle Papyrus from Thebes in the Brooklyn Museum [Papyrus Brooklyn 47.218.3] (Providence 1962).

PARKINSON, Eloquent Peasant = PARKINSON, RICHARD, The Tale of the Eloquent Peasant (Oxford 1991).

P.Athen. = PETROPOULOS, G. A., Papyri Societatis Archaeologicae Atheniensis. Πραγματεία τῆς Ἀκαδεμίας Ἀθηνῶν 10 (Athen 1939).

P.Cair. Zen. III = EDGAR, CAMPBELL C., Zenon Papyri III, Catalogue général des antiquités égyptiennes du Musée du Caire (Cairo 1928).

P.Col. IV = WESTERMANN, WILLIAM L./KEYES, CLINTON W./LIEBESNY, HERBERT, Columbia Papyri IV (P.Col. Zen. II) (New York 1940).

P.Col. VI = WESTERMANN, WILLIAM L./SCHILLER, A. ARTHUR., Apokrimata. Decisions of Septimius Severus on Legal Matters (New York 1954).

P.Corn. = WESTERMANN, WILLIAM L./KRAEMER JR., CASPER J, Greek Papyri in the Library of Cornell University (New York 1926).

P.Dryton = VANDORPE, KATELIJN, The Bilinigual Family Archive of Dryton, His Wife Apollonia and Their Daughter Senmouthis (P.Dryton). Collectanea Hellenistica IV (Brüssel 2002).

PEACHIN, Iudex vice Caesaris = PEACHIN, MICHEAL, Iudex vice Caesaris. Deputy Emperors and the Administration of Justice during the Principate (Stuttgart 1996).

PEDEN, Historical Inscriptions = PEDEN, ALEXANDER J., Egyptian Historical Inscriptions of the Twentieth Dynasty. Documenta Mundi: Aegyptiaca 3 (Jonsered 1994).

PEET, in: Fs Griffith = PEET, T. ERIC, „The Egyptian Words for ‚Money', ‚Buy', and ‚Sell'", in: Studies Presented to F. Ll. Griffith (London 1932), 122–127.

PEET, in: JEA 10 = PEET, T. ERIC, „A Historical Document of Ramesside Age", in: JEA 10 (1924), 116–127.

PEET, in: Mélanges Maspero I = PEET, T. ERIC, „The Unit of Value *šꜥty* in Papyrus Bulaq 11", in: Mélanges Maspero I. Orient Ancien. MIFAO 66.1 (Kairo 1935–1938), 185–199.

PEET, Mayer Papyri = PEET, T. ERIC, The Mayer Papyri A. and B., Nos. M. 11162 and M. 11186 of the Free Public Museums (Liverpool 1920).

PEET, Rhind Math. Pap. = PEET, T. ERIC, The Rhind Mathematical Papyrus BM 10057 and 10058 (London 1923).

PEET, Tomb Robberies = PEET, T. ERIC, The Great Tomb Robberies of the Twentieth Egyptian Dynasty (London 1930).

P.Eleph. = RUBENSOHN, OTTO, Aegyptische Urkunden aus den Königlichen Museen in Berlin: Griechische Urkunden, Sonderheft. Elephantine-Papyri (Berlin 1907).

P.Ent. = GUÉRAUD, OCTAVE, ENTEYΞIΣ: Requêtes et plaintes adressées au Roi d'Égypte au IIIe siècle avant J.-C., (Kairo 1931).

PEREMANS, in: Fs Naster II = PEREMANS, W., „Sur le bilinguisme dans l'Égypte des Lagides", in: QUAEGEBEUR, JAN (Hg.), Studia Paulo Naster Oblata II Orientalia Antiqua. OLA 13 (Leuven 1982), 143–154.

PEREPELKIN, Privateigentum = PEREPELKIN, JURIJ J., Privateigentum in der Vorstellung der Ägypter des Alten Reichs. Herausgegeben und übersetzt von RENATE MÜLLER-WOLLERMANN (Tübingen 1986).

PERNIGOTTI, in: BIFAO 75 = PERNIGOTTI, SERGIO, „Un nuovo testo giuridico in ieratico «anormale»", in: BIFAO 75 (1975), 73–95; Taf. 11–12.

PESTMAN et al., Recueil = PESTMAN, PIETER W./QUAEGEBEUR, JAN/VOS, RENE L., Recueil de Textes Démotiques et Bilingues (Leiden 1977).

PESTMAN, Choachytes = PESTMAN, PIETER W., The Archive of the Theban Choachytes (Second Century B.C.). A survey of the demotic and Greek papyri contained in the archive. SD 2 (Leuven 1993).

PESTMAN, Guide Zenon Archive = PESTMAN, PIETER W. (Hg.), A Guide to the Zenon Archive. P.L.Bat. 21 (Leiden 1981).

PESTMAN, in: AfP 19 = PESTMAN, PIETER W., „Contrat démotique relatif à un prêt d'orge", in: AfP 19 (1969), 166–168.

PESTMAN, in: BASP 22 = PESTMAN, PIETER W., „The Competence of Greek and Egyptian Tribunals according to the Decree of 118 B.C.", in: BASP 22 (1985), 265–269.

PESTMAN, in: Essays Succession = PESTMAN, PIETER W., „The Law of Succession in Ancient Egypt", in: Essays on Oriental Laws of Succession. Studia et documenta ad iuris orientis antiqui pertinentia 9 (1969), 58–77.

PESTMAN, in: Fs David = PESTMAN, PIETER W., „Eine demotische Doppelurkunde", in: BOSWINKEL, ERNST/VAN GRONINGEN, BERNHARD A./PESTMAN, PIETER W. (Hgg.), Antidoron Martino David oblatum. Miscellanea Papyrologica. P.L.Bat. 17 (1968), 98–111.

PESTMAN, in: Fs Feenstra = PESTMAN, PIETER W., „Registration of Demotic Contracts in Egypt", in: ANKUM, JOHANNES (HANS) A./SPRUIT, JOHANNES E./WUBBE, FELIX B. J. (Hgg.), Satura Roberto Feenstra sexagesimum quintum annum aetatis complenti ab alumnis collegis amicis oblata (Freiburg/Schweiz 1985), 17–25.

PESTMAN, in: Fs Roca-Puig = PESTMAN, PIETER W., „‚Public protest' in the Demotic family archive of Pchorchonsis", in: JANERAS, SEBASTIÀ (Hg.), Miscel·lània papirològica Ramon Roca-Puig en el seu vuitantè aniversari (Barcelona 1987), 271–281.

PESTMAN, in: JESHO 26 = PESTMAN, PIETER W., „L'origine et l'extension d'un manuel de droit égyptien. Quelques réflexions à propos du soi-disant Code de Hermopolis", in: JESHO 26 (1983), 14–21.

PESTMAN, in: JJP 16–17 = PESTMAN, PIETER W., „Loans Bearing No Interest?", in: JJP 16–17 (1971), 7–29.

PESTMAN, in: Legal Documents = PESTMAN, PIETER W., „Appearance and Reality in Written Contracts: Evidence from Bilingual Family Archives", in: GELLER, MARKHAM J. et al. (Hgg.), Legal Documents of the Hellenistic World: Papers from a Seminar (London 1995), 79–87.

PESTMAN, Marriage = PESTMAN, PIETER W., Marriage and Matrimonial Property in Ancient Egypt. A Contribution to Establishing the Legal Position of the Woman. P.L.Bat. 9 (Leiden 1961).

PESTMAN, in: OMRO 44 = PESTMAN, PIETER W., „Les documents juridiques des ‚chanceliers du dieu' de Memphis à l'époque ptolémaïque", in: OMRO 44 (1963), 8–23.

PESTMAN, in: Textes et études [45–59], PESTMAN, PIETER W., „Ventes provisoires de biens pour sûreté de dettes", in: P. W. PESTMAN (Hg.), Textes et études de papyrologie grecque, démotique et copte. P. L. Bat. 23 (Leiden 1985), 45–59.

PESTMAN, in: Textes et études [116–143] = PESTMAN, PIETER W., „Le manuel de droit égyptien de Hermoupolis. Les passages transmis en démotique et en grec", in: PESTMAN, PIETER W. (Hg.), Textes et études de papyrologie grecque, démotique et copte. P.L.Bat. 23 (Leiden 1985), 116–143.

PESTMAN, Tsenhor = PESTMAN, PIETER W., Les papyrus démotiques de Tsenhor (P. Tsenhor). Les archives privées d'une femme égyptienne du temps de Darius Ier. SD 4 (Leuven 1994).

PETRIE, Koptos = PETRIE, WILLIAM F., Koptos (London 1896).

PEUST, in: TUAT N.F. 2 = PEUST, CARSTEN, „Aus der Chronik des Prinzen und Hohepriesters Osorkon (Jahr 11 Takeloths II.)", in: JANOWSKI, BERND/WILHELM, GERNOT (Hgg.), Texte aus der Umwelt des Alten Testaments. Neue Folge Band 2: Staatsverträge, Herrscherinschriften und andere Dokumente zur politischen Geschichte (Gütersloh 2005), 272–278.

P.Fam. Tebt. = VAN GRONINGEN, BERNHARD A., A Family Archive from Tebtunis. P.L.Bat. 6 (Leiden 1950).

PFEIFFER, Kanopos = PFEIFFER, STEFAN, Das Dekret von Kanopos (238 v.Chr.). Kommentar und historische Auswertung eines dreisprachigen Synodaldekretes der ägyptischen Priester zu Ehren Ptolemaios' III. und seiner Familie. AfP Beiheft 18 (Leipzig 2004).

P.Flor. I = VITELLI, GIROLAMO, Papiri greco-egizii, Papiri Fiorentini I: Documenti pubblici e privati dell'età romana e bizantina. Supplementi Filologico-Storici ai Monumenti Antichi (Mailand 1960).

P.Freib. II = PARTSCH, JOSEF, Mitteilungen aus der Freiburger Papyrussammlung 2. Juristische Texte der römischen Zeit. Sitzungsberichte der Heidelberger Akademie der Wissenschaften. Philosophisch-historische Klasse Jahrgang 1916 10. Abhandlung.

P.Gen. ^{2}I = SCHUBERT, P./JORNOT, I., Les Papyrus de Genève I, 2. Auflage (Genf 2002).

P.Giss. = EGER, OTTO/KORNEMANN, ERNST/MEYER, PAUL M., Griechische Papyri im Museum des oberhessischen Geschichtsvereins zu Giessen I–III (Leipzig/Berlin 1910–1912).

P.Grenf. I = GRENFELL, BERNARD P., An Alexandrian Erotic Fragment and other Greek Papyri chiefly Ptolemaic (Oxford 1896).

P.Grenf. II = GRENFELL, BERNARD P./HUNT, ARTHURS., New Classical Fragments and Other Greek and Latin Papyri (Oxford 1897).

P.Gurob = SMYLY, J. GILBART, Greek Papyri from Gurob. Cunningham Memoirs 12 (Dublin 1921).

P.Hal. = GRAECA HALENSIS, Dikaiomata. Auszüge aus alexandrinischen Gesetzen und Verordnungen in einem Papyrus des philologischen Seminars der Universität Halle (Pap. Hal. 1) (Berlin 1913).

P.Hamb. I = MEYER, PAUL M., Griechische Papyrusurkunden der Hamburger Staats- und Universitätsbibliothek I (Leipzig/Berlin 1911–1924).

P.Hib. I = GRENFELL, BERNARD P. /HUNT, ARTHUR S. The Hibeh Papyri I. Egypt Exploration Society, Graeco-Roman Memoirs 7 (London 1906).

PHILIP-STÉPHAN, in: Droit et Cultures 47 = PHILIP-STÉPHAN, ALEXANDRA, „Juger sous l'Ancien Empire égyptien", in: Droit et Cultures 47 (2004/1), 139–152.

PIERCE, in: Aegyptus 44 = PIERCE, RICHARD H., „A Note on Some Alleged Certificates of Registration from Ptolemaic Egypt" in: Aegyptus 44 (1964), 170–173.

PIRENNE, Histoire = PIRENNE, JACQUES, Histoire des Institutions et du Droit Privé de l'Ancienne Égypte I–III (Brüssel 1932–1935).

PIRENNE/STRACMANS, in: AHDO/RIDA 2 = PIRENNE, JACQUES/STRACMANS, MAURICE, „La portée historique et juridique de la stèle des Karnak datée du règne de Souadj-en-Râ", in: Archives d'Histoire du Droit oriental/RIDA 2 (1953), 25–44.

PIRENNE/VAN DE WALLE, in: AHDO 1 = PIRENNE, JACQUES/VAN DE WALLE, BAUDOUIN, „Documents juridiques égyptiens. 1. Vente et louage de services", in: Archives d'Histoire du Droit oriental 1 (1937), 3–86.

P.Köln VII = GRONEWALD, MICHAEL/MARESCH, KLAUS, Kölner Papyri VII. Papyrologica Coloniensia VII/7 (Opladen 1991).

P.Kron. = FORABOSCHI, DANIELE, L'archivio di Kronion (Mailand 1971).

P.L. Bat. = Papyrologica Lugduno-Batava, Leiden.

PLEYTE/ROSSI, Papyrus de Turin = PLEYTE, WILLEM/ROSSI, FRANCESCO, Papyrus de Turin (Leiden 1869–76, Nachdruck Wiesbaden 1981).

P.Lond. II = KENYON, FREDERIC G., Greek Papyri in the British Museum II (London 1898).

P.Lond. III = KENYON, FREDERIC G./BELL, HAROLD I., Greek Papyri in the British Museum III (London 1907).

P.Lond. VI = BELL, HAROLD I./CRUM, WALTER E., Jews and Christians in Egypt; The Jewish Troubles in Alexandria and the Athanasian Controversy (London 1924).

PM IV = PORTER, BERTHA/MOSS, ROSALIND, Topographical Bibliography of Ancient Egyptian Hieroglyphic Texts, Reliefs, and Paintings IV. Lower and Middle Egypt. (Delta and Cairo to Asyût) (Oxford 1934).

P.Mert. II = REES, B. R./BELL, HAROLD I./BARNS, JOHN W. B., A Descriptive Catalogue of the Greek Papyri in the Collection of Wilfred Merton II (Dublin 1959).

P.Mert. III = THOMAS, J. DAVID, A Descriptive Catalogue of the Greek Papyri in the Collection of Wilfred Merton III (London 1967).

P.Mich. II = BOAK, ARTHUR E. R, Papyri from Tebtunis I. University of Michigan Studies, Humanistic Series 28 (Ann Arbor 1933).

P.Mich. III = WINTER, JOHN G., et al., Miscellaneous Papyri. University of Michigan Studies, Humanistic Series 40 (Ann Arbor 1936).

P.Mich. V = HUSSELMAN, ELINOR M./BOAK, ARTHUR E. R./EDGERTON, WILLIAM F., Papyri from Tebtunis II. University of Michigan Studies, Humanistic Series 29 (Ann Arbor 1944).

P.Mich. X = BROWNE, GERALD M., Documentary Papyri from the Michigan Collection. ASP 6 (Toronto 1970).

P.Mich. Zen. = EDGAR, CAMPBELL C., Zenon Papyri in the University of Michigan Collection. University of Michigan Studies, Humanistic Series 24 (Ann Arbor 1931). [= P.Mich. I]

POLÁČEK, in: CdE 37 = POLÁČEK, VOJTĚCH, „Quelques Remarques sur les «Procès Secrets» en Ancienne Égypte“, in: CdE 37 Nr. 73 (1962), 23–30.

POLÁČEK, in: Droit = POLÁČEK, ADALBERT, „Le décret d'Horemheb à Karnak: Essai d'analyse socio-juridique“, in: A. THÉODORIDÈS (Hg.), Le droit égyptien ancien. Colloque organisé par l'Institut des Hautes Études de Belgique 18 et 19 mars 1974 (Brüssel 1976), 87–111.

POPKO, Geschichtsschreibung = POPKO, LUTZ, Untersuchungen zur Geschichtsschreibung der Ahmosiden- und Thutmosidenzeit. Wahrnehmungen und Spuren Altägyptens 2 (Würzburg 2006).

PORTEN, Elephantine Papyri = PORTEN, BEZALEL (Hg.), The Elephantine Papyri in English. Three Millennia of Cross-Cultural Continuity and Change. Documenta et monumenta Orientis antiqui 22 (Leiden/New York/ Köln 1996).

PORTEN, in: ICDS 4 = PORTEN, BEZALEL, „Aramaic-Demotic Equivalents: Who is the Borrower and Who the Lender?“, in: JOHNSON, JANET H. (Hg.), Life in a Multi-Cultural Society: Egypt from Cambyses to Constantine and Beyond. Fourth International Congress of Demotists, the Oriental Institute, the University of Chicago, September 4–8, 1990. SAOC 51 (Chicago 1992), 259–264.

PORTEN/YARDENI, TAD I = PORTEN, BEZALEL/YARDENI, ADA, Textbook of Aramaic Documents from Ancient Egypt. I Letters (Winona Lake 1986).

PORTEN/YARDENI, TAD II = PORTEN, BEZALEL/YARDENI, ADA, Textbook of Aramaic Documents from Ancient Egypt. II Contracts (Winona Lake 1989).

POSENER, Enseignement loyaliste = POSENER, GEORGES, L'enseignement loyaliste. Sagesse égyptienne du Moyen Empire (Genf 1976).

POSENER, in: GM 25 = POSENER, GEORGES, „Les quarante rouleaux de lois“, in: GM 25 (1977), 63–66.

POSENER, in: RdE 28 = POSENER, GEORGES, „Notes de transcription“, in: RdE 28 (1976), 146–148.

POSENER-KRIÉGER/DE CENIVAL, HPBM 5 = POSENER-KRIÉGER, PAULE/DE CENIVAL, FRANÇOISE, Hieratic Papyri in the British Museum. Fifth Series: The Abu Sir Papyri (London 1968).

POSENER-KRIÉGER, in: Fs Edel = POSENER-KRIÉGER, PAULE, „Le prix des étoffes“, in: M. GÖRG/K.-J. SEYFRIED (Hgg.), Festschrift Elmar Edel 12. März 1979 (Bamberg 1979), 318–331.

POSENER-KRIÉGER, in: Mélanges Mokhtar II = POSENER-KRIÉGER, PAULE, „Décrets envoyés au temple funéraire de Rênefref“, in: POSENER-KRIÉGER, PAULE (Hg.), Mélanges Gamal Eddin Mokhtar II. BdE 97 (Kairo 1985), 195–210.

P.Oslo II = EITREM, SAMSON/AMUNDSEN, LEIV, Papyri Osloenses II (Oslo 1931).

P.Oslo III = EITREM, SAMSON/AMUNDSEN, LEIV, Papyri Osloenses III (Oslo 1936).

P.Oxy I = GRENFELL, BERNARD P./HUNT, ARTHUR S., The Oxyrhynchus Papyri I. EEF, Graeco-Roman Branch (London 1898).

P.Oxy II = GRENFELL, BERNARD P./HUNT, ARTHUR S., The Oxyrhynchus Papyri II. EEF, Graeco-Roman Branch (London 1899).

P.Oxy III = GRENFELL, BERNARD P./HUNT, ARTHUR S., The Oxyrhynchus Papyri III. EEF, Graeco-Roman Branch (London 1903).

P.Oxy IV = GRENFELL, BERNARD P./HUNT, ARTHUR S., The Oxyrhynchus Papyri IV. EEF, Graeco-Roman Branch (London 1904).

P.Oxy IX = HUNT, ARTHUR S., The Oxyrhynchus Papyri IX. EEF, Graeco-Roman Branch (London 1912).

P.Oxy XIV = GRENFELL, BERNARD P./HUNT, ARTHUR S., The Oxyrhynchus Papyri XIV. EEF, Graeco-Roman Branch (London 1920).

P.Oxy XVI = GRENFELL, BERNARD P./HUNT, ARTHUR S., The Oxyrhynchus Papyri XVI. EEF, Graeco-Roman Branch (London 1924).

P.Oxy XXII = LOBEL, EDGAR/ROBERTS, COLIN H., The Oxyrhynchus Papyri XXII. EES, Graeco-Roman Memoirs No. 31 (London 1954).

P.Oxy XXXIII = PARSONS, PETER/REA, JOHN/TURNER, ERIC G., The Oxyrhynchus Papyri XXXIII. EES, Graeco-Roman Memoirs No. 48 (London 1968).

P.Oxy XXXVI = COLES, REVEL A., et al., The Oxyrhynchus Papyri XXXVI. EES, Graeco-Roman Memoirs 51 (London 1970).

P.Oxy XLVI = REA, JOHN R., The Oxyrhynchus Papyri XLVI. EES, Graeco-Roman Memoires Nr. 65 (London 1978).

P.Oxy LXIV = HANDLEY, ERIC W., et al., The Oxyrhynchus Papyri LXIV. EES, Graeco-Roman Memoirs No. 84 (London 1997).

P.Paris = LETRONNE, ANTOINE JEAN/BRUNET DE PRESLE, WLADIMIR/ EGGER, EMILE, Notices et textes des papyrus du Musée du Louvre et de la Bibliothèque Impériale (Paris 1865).

P.Petr. ^{2}I = CLARYSSE, WILLY, The Petrie Papyri, Second Edition 1, The Wills. Coll.Hellen. II (Brüssel 1991).

P.Petr. II = MAHAFFY, JOHN P., The Flinders Petrie Papyri II. Cunningham Memoirs 8 (Dublin 1891).

P.Petr. III = MAHAFFY, JOHN P./SMYLY, J. GILBART, The Flinders Petrie Papyri III. Cunningham Memoirs 11 (Dublin 1905).

P.Polit. Iud. = MARESCH, KLAUS/COWEY, JAMES M. S., Urkunden des Politeuma der Juden von Herakleopolis (144/3, 133/2 v. Chr.). Pap. Colon. XXIX (Wiesbaden 2001).

PRÉAUX, IN: RIDA^{3} 3 = PRÉAUX, CLAIRE, „Sur les ‚fondations' dans l'Egypte gréco-romaine", in: RIDA 3. série 3 (1956), 145–172.

PRINGSHEIM, in: Ges. Abhandlungen II = PRINGSHEIM, FRITZ, „Der griechische Versteigerungskauf", in: Ders., Gesammelte Abhandlungen II (Heidelberg 1961), 262–329.

PRINGSHEIM, Law of Sale = PRINGSHEIM, FRITZ, The Greek Law of Sale (Weimar 1950).

P.Ryl. II = JOHNSON, J. DE M./MARTIN, VICTOR/HUNT, ARTHUR S., Catalogue of the Greek and Latin Papyri in the John Rylands Library, Manchester II. Documents of the Ptolemaic and Roman Periods 1915.

P.Ryl. IV = ROBERTS, COLIN H./TURNER, ERIC G., Catalogue of the Greek and Latin Papyri in the John Rylands Library Manchester IV. Documents of the Ptolemaic, Roman, and Byzantine Periods (Manchester 1952).

PSI I = VITELLI, GIROLAMO, et al., Papiri greci e latini I. Pubblicazioni della Società Italiana per la ricerca dei papiri greci e latini in Egitto (Florenz 1912).

PSI III = VITELLI, GIROLAMO, et al., Papiri greci e latini III. Pubblicazioni della Società Italiana per la ricerca dei papiri greci e latini in Egitto (Florenz 1914).

PSI IV = VITELLI, GIROLAMO, et al., Papiri greci e latini VI. Pubblicazioni della Società Italiana per la ricerca dei papiri greci e latini in Egitto (Florenz 1917).

PSI V = VITELLI, GIROLAMO, et al., Papiri greci e latini V. Pubblicazioni della Società Italiana per la ricerca dei papiri greci e latini in Egitto (Florenz 1917).

PSI VII = VITELLI, GIROLAMO, et al., Papiri greci e latini VII. Pubblicazioni della Società Italiana per la ricerca dei papiri greci e latini in Egitto (Florenz 1925).

PSI IX = VITELLI, GIROLAMO et al., Papiri greci e latini IX. Pubblicazioni della Società Italiana per la ricerca dei papiri greci e latini in Egitto (Florenz 1929).

P.Strasb. I = PREISIGKE, FRIEDRICH, Griechische Papyrus der Kaiserlichen Universitäts- und Landesbibliothek zu Strassburg I (Leipzig 1912).

P.Tebt I = GRENFELL, BERNARD P./HUNT, ARTHUR S./SMYLY, J. GILBART, The Tebtunis Papyri Part I (London 1902).

P.Tebt II = GRENFELL, BERNARD P./HUNT, ARTHUR S./GOODSPEED, E. J., The Tebtunis Papyri Part II (London 1907).

P.Tebt. VI = HICKEY, TODD/MASTRONARDE, DONALD, The Tebtunis Papyri VI (in Vorbereitung).

P.Tebt. X = ARLT, CAROLIN/LIPPERT, SANDRA L., Documents from Oxyrhyncha. The Tebtunis Papyri X (in Vorbereitung).

P.Tor.Choach. = PESTMAN, PIETER W., Il processo di Hermias e altri documenti dell'archivio dei choachiti (P. Tor. Choachiti) (Turin 1992).

P.Vindob. Sal. = SALOMONS, ROBERT P. (Hg.), Einige Wiener Papyri. Studia Amstelodamensia ad epigraphicam, ius antiquum et papyrologicam pertinentia 4 (Amsterdam 1976).

P.Wisc. I = SIJPESTEIJN, PIETER J., The Wisconsin Papyri I. P.L.Bat. 16 (Leiden 1967).

P.Würzb. = WILCKEN, ULRICH, Mitteilungen aus der Würzburger Papyrussammlung. Abhandlungen der preußischen Akademie der Wissenschaften Jg. 1933, Nr. 6 (Berlin 1934, Nachdruck in U. WILCKEN, Berliner Akademieschriften zur Alten Geschichte und Papyruskunde II [Leipzig 1970], 43–164).

P.Yale I = OATES, JOHN F./SAMUEL, ALAN E./WELLES, C. BRADFORD, Yale Papyri in the Beinecke Rare Book and Manuscript Library I. Am.Stud.Pap. II (New Haven and Toronto 1967).

P.Zen. Pestm. = PESTMAN, PIETER W., Greek and Demotic Texts from the Zenon Archive. P.L.Bat. 20 (Leiden 1980).

QUACK, Ani = QUACK, JOACHIM F., Die Lehren des Ani. OBO 141 (Freiburg/Schweiz 1994).

QUACK, in: AfP 51.1 = QUACK, JOACHIM F., „Rezension zu S. L. Lippert, Ein demotisches juristisches Lehrbuch. Untersuchungen zu Papyrus Berlin P 23575 rto. ÄA 66 (Wiesbaden 2004)", in: AfP 51.1 (2005), 171–174.

QUACK, in: Genealogie = QUACK, JOACHIM F., „Ämtererblichkeit und Abstammungsvorschriften bei Priestern nach dem Buch vom Tempel", in: FITZENREITER, MARTIN (Hg.), Genealogie. Realität und Fiktion von Identität. Workshop am 04. und 05. Juni 2004 in Berlin. Internet-Beiträge zur Ägyptologie und Sudanarchäologie 5 (Berlin 2005), 87–102.

QUACK, in: SAK 28 = QUACK, JOACHIM F., „Eine Revision im Tempel von Karnak (Neuanalyse von Papyrus Rochester MAG 51.346.1", in: SAK 28 (2000), 219–232.

QUACK, in: Tierkulte = QUACK, JOACHIM F., „Die Rolle des heiligen Tieres im Buch vom Tempel", in: FITZENREITER, MARTIN (Hg.), Tierkulte im pharaonischen Ägypten und im Kulturvergleich. Beiträge zum Workshop am 07. und 08. Juni 2002. Internet-Beiträge zur Ägyptologie und Sudanarchäologie 4 (Berlin 2003), 111–123.

QUACK, Literatur III = QUACK, JOACHIM F., Einführung in die altägyptische Literaturgeschichte III. Die demotische und gräko-ägyptische Literatur. Einführungen und Quellentexte zur Ägyptologie 3 (Münster 2005).

QUACK, Merikare = QUACK, JOACHIM F., Studien zur Lehre für Merikare. GOF IV.23 (Wiesbaden 1992).

QUAEGEBEUR, in: Anc.Soc. 11/12 = QUAEGEBEUR, JAN, „Sur la «loi sacrée» dans l'Égypte Gréco-romaine", in: Anc.Soc. 11/12 (1980/81), 227–240.

QUAEGEBEUR, in: Fs Théodoridès = QUAEGEBEUR, JAN, „La justice à la porte des temples et le toponyme Premit", in: CANNUYER, CHRISTIAN/KRUCHTEN, JEAN-M. (Hgg.), Individu, société et spiritualité. Mélanges égyptologiques offerts au Professeur Aristide Théodoridès (Ath/Brüssel/Mons 1993), 201–220.

QUIRKE, Administration = QUIRKE, STEPHEN, The Administration of Egypt in the Late Middle Kingdom. The Hieratic Documents (Whitstable 1990).

QUIRKE, in: RdE 39 = QUIRKE, STEPHEN, „State and labour in the Middle Kingdom. A reconsideration of the term *ḫnr.t*", in: RdE 39 (1988), 83–106.

QUIRKE/ANDREWS, Rosetta Stone = QUIRKE, STEPHEN/ANDREWS, CAROL, The Rosetta Stone. Facsimile Drawing with an Introduction and Translations (London 1988).

RABINOWITZ in: JNES 17 = RABINOWITZ, JACOB J., „Semitic Elements in the Egyptian Adoption Papyrus published by Gardiner", in: JNES 17 (1958), 145–146.

RAY, in: JEA 59 = RAY, JOHN D., „A Consideration of Papyrus Kahun 13", in: JEA 59 (1973), 222-223.

VON RECKLINGHAUSEN, Scheidungsurkunden = VON RECKLINGHAUSEN, DANIEL, Demotische Scheidungsurkunden (in Vorbereitung).

REICH, in: Mizraim 9 = REICH, NATHANIEL J., „The Greek Deposit-Notes of the Record-Office on the Demotic Contracts of the Papyrus-Archive in the University Museum“, in: Mizraim 9 (1938), 19–32.

REICH, in: Sphinx 14 = REICH, NATHANIEL J., „Ein demotisch-griechischer Kontrakt eines Hauskaufes“, in: Sphinx 14 (1910–11), 1–34.

REICH, in: Mizraim 3 = REICH, NATHANIEL J., „Barter for Annuity and Perpetual Provision of the Body“, in: Mizraim 3 (1936), 9–17; Taf. 1–2.

REICH, Papyri BM = REICH, NATHANIEL J., Papyri juristischen Inhalts in hieratischer und demotischer Schrift aus dem British Museum. DAWW 55, 3 (Wien 1914).

REISNER, in: JEA 5 = REISNER, GEORGE A., „The Tomb of Hepzefa, Nomarch of Siûṭ“, in: JEA 5 (1918), 79–98.

REVILLOUT, CPA I = REVILLOUT, EUGÈNE, Papyrus démotiques du Louvre. Corpus Papyrorum Aegypti I (Paris 1885).

REVILLOUT, in: Rev.Eg. 2 = REVILLOUT, EUGÈNE, „Une quasi-mariage après concubinat“, in: Rev.Eg. 2 (1881), 98–95.

REVILLOUT, Précis du droit = REVILLOUT, EUGÈNE, Précis du droit égyptien (Paris 1903).

REYMOND, in: BJRL 49 = REYMOND, EVA A. E., „Studies in the Late Egyptian Documents Preserved in the John Rylands Library III. Dimê and its Papyri: Demotic Contracts of the 1st Century A.D.“, in: BJRL 49 (1969–70), 464–496.

REYMOND, in: BJRL 52 = REYMOND, EVA A. E., „Studies in the Late Egyptian Documents Preserved in the John Rylands Library IV. Dimê and its Papyri: Demotic Contracts of the 1st Century A.D.“, in: BJRL 52 (1966–67), 218–229.

REYMOND, in: JEA 58 = REYMOND, EVA A. E., „Two Demotic Memoranda“, in: JEA 58 (1972), 254–267.

REYMOND, in: ZÄS 111 = REYMOND, EVA A. E., „Papyrus no. 219 de la Bibliothèque Nationale de Paris“, in: ZÄS 111 (1984), 18–24.

RICCOBONO, Gnomon = RICCOBONO JR, SALVATORE, Il Gnomon dell' Idios Logos (Palermo 1950).

RICHTER, in: OLZ 96 = RICHTER, TONIO S., „Rezension zu J. G. Manning, The Hauswaldt Papyri. A Third Century B.C: Family Dossier from Edfu, Demotische Studien 12, Sommershausen 1997“, in: OLZ 96 (2001), 492–503.

RITNER, in: GM 164 = RITNER, ROBERT K., „Fictive Adoptions or Celibate Priestesses?“, in: GM 164 (1998), 85–90.

RITNER, in: ICDS 7 = RITNER, ROBERT K., „Third Intermediate Period Antecedents of Demotic Legal Terminology“, in: RYHOLT, KIM (Hg.), Acts of the Seventh International Conference of Demotic Studies Copenhagen, 23–25 August 1999. CNI Publications 27 (Kopenhagen 2002), 343–359.

ROBINS/SHUTE, Rhind Math. Pap. = ROBINS, GAY/SHUTE, CHARLES, The Rhind Mathematical Papyrus: an Ancient Egyptian Text (London 1987).

RÖMER, Gottes- und Priesterherrschaft = RÖMER, MALTE, Gottes- und Priesterherrschaft in Ägypten am Ende des Neuen Reiches. Ein religionsgeschichtliches Phänomen und seine sozialen Grundlagen. ÄUAT 21 (Wiesbaden 1994).

RÖMER, in: SAK 19 = RÖMER, MALTE, „Der Handel und die Kaufleute im Alten Ägypten“, in: SAK 19 (1992), 257–284.

ROWLANDSON, Women = ROWLANDSON, JANE, Women and Society in Greek and Roman Egypt. A Sourcebook (Cambridge 1998).

RUPPRECHT, Darlehen = RUPPRECHT, HANS-A., Untersuchungen zum Darlehen im Recht der gräkoägyptischen Papyri der Ptolemäerzeit. MBPR 51 (München1967).

RUPPRECHT, Einführung = RUPPRECHT, HANS-A., Kleine Einführung in die Papyruskunde (Darmstadt 1994).

RUPPRECHT, in: Aegyptus 75 = RUPPRECHT, HANS-A., „Sechszeugenurkunde und Registrierung“, in: Aegyptus 75 (1995), 37–53.

RUPPRECHT, in: Fs Ankum II = RUPPRECHT, HANS-A., „Die dinglichen Sicherungsrechte nach der Praxis der Papyri“, in: FEENSTRA, ROBERT, et al. (Hgg.), Collatio Iuris Romani. Études dédiées à Hans Ankum à l'occasion de son 65e anniversaire II (Amsterdam 1995), 425–436.

RUPPRECHT, in: Fs Dimakis = RUPPRECHT, HANS-A., „Ehevertragliche Regelungen und urkundliche Praxis“, in: Mélanges en l' honneur Panayotis D. Dimakis. Droits antiques et société (Athen 2002), 543–564.

RUPPRECHT, in: Fs Kaufmann = RUPPRECHT, HANS-A., „Hybris. Anmerkungen zu einem Delikt in den Papyri der ptolemäischen und römischen Zeit“, in: BUCHHOLZ, STEPHAN et al. (Hgg.), Überlieferung, Bewahrung und Gestaltung in der rechtsgeschichtlichen Forschung. Ekkehard Kaufmann zum 70. Geburtstag. Rechts- und Staatswissenschaftliche Veröffentlichungen der Görres-Gesellschaft. Neue Folge 69 (Paderborn/München 1993), 269–275.

RUPPRECHT, in: Fs Werkmüller = RUPPRECHT, HANS-A., „Urkundsformular und Wirklichkeit. Bemerkungen zur praktischen Bedeutung einer Urkundsklausel“, in: BUCHHOLZ, STEPHAN/LÜCK, HEINER (Hgg.), Worte des Rechts – Wörter zur Rechtsgeschichte. Festschrift für Dieter Werkmüller zum 70. Geburtstag (Berlin 2007), 283–296.

RUPPRECHT, in: Fs Wolf = RUPPRECHT, HANS-A., „Rechtsmittel gegen die Bestellung zu Liturgien nach den Papyri“, in: BICKEL, DIETRICH et al. (Hgg.), Recht und Rechtserkenntnis. Festschrift für Ernst Wolf zum 70. Geburtstag (Köln 1985), 581–594.

RUPPRECHT, in: ICP 19 = RUPPRECHT, HANS-A., „Zur Antichrese in den griechischen Papyri bis Diokletian“, in: EL-MOSALLAMY, A. H. S., Proceedings of the XIX International Congress of Papyrology, Cairo 2—9 September 1989 II (Kairo 1992), 271–289.

RUPPRECHT, in: Symposion 1990 = RUPPRECHT, HANS-A., „Straftaten und Rechtsschutz nach den griechischen Papyri der ptolemäischen Zeit“, in: GAGARIN, MICHAEL (Hg.), Symposion 1990. Vorträge zur griechischen und hellenistischen Rechtsgeschichte (Pacific Grove, California, 24.–26. September 1990) (Köln/Weimar/Wien 1991), 139–148.

RUPPRECHT, Quittung = RUPPRECHT, HANS-A., Studien zur Quittung im Recht der graeco-ägyptischen Papyri. MBPR 57 (München 1971).

RÜTERSWÖRDEN, in: ZABR 1 = RÜTERSWÖRDEN, UDO, „Die persische Reichsautorisation der Thora: Fact or fiction?“, in: ZABR 1 (1995), 47–61.

SAN NICOLÒ, Vereinswesen = SAN NICOLÒ, MARIANO, Ägyptisches Vereinswesen zur Zeit der Ptolemäer und Römer. MBPR 2.1–2 ([2]München 1972).

SAUNERON, Cat. ostr. DeM = SAUNERON, GEORGES, Catalogue des ostraca non-littéraires de Deir el-Médineh. DFIFAO 13 (Kairo 1959).

SÄVE-SÖDERBERG, in: JEA 35 = SÄVE-SÖDERBERG, TORGNY, „A Buhen Stela from the Second Intermediate Period (Kharṭūm No. 18)“, in: JEA 35 (1949), 50–58.

EL-SAYED, Saïs = EL-SAYED, RAMADAN, Documents relatifs à Saïs et ses divinités. BdE 69 (Kairo 1975).

SB = Sammelbuch griechischer Urkunden aus Ägypten.

SCHÄFER, in: Klio 6 = SCHÄFER, HEINRICH, „Die sogenannte „Stèle de l'excommunication“ aus Napata“, in: Klio 6 (1906), 287–296.

SCHENKEL, MHT = SCHENKEL, WOLFGANG, Memphis, Herakleopolis, Theben. Die epigraphischen Zeugnisse der 7.–11. Dynastie Ägyptens. ÄA 12 (Wiesbaden 1965).

SCHENTULEIT, in: CdE 82 = SCHENTULEIT, MAREN, „Satabus aus Soknopaiu Nesos: Aus dem Leben eines Priesters am Beginn der römischen Kaiserzeit“, in: CdE 82 (2007), 101–125.

SCHENTULEIT, in: Enchoria 27 = SCHENTULEIT, MAREN, „Die spätdemotische Hausverkaufsurkunde P. BM 262: Ein bilingues Dokument aus Soknopaiu Nesos mit griechischen Übersetzungen“, in: Enchoria 27 (2001), 127–154.

SCHENTULEIT, in: Fs Zauzich = SCHENTULEIT, MAREN, „Tempel zu verkaufen? P. Wien D 6846“, in: HOFFMANN, FRIEDHELM/THISSEN, HEINZ-J. (Hgg.), Res severa verum gaudium. Festschrift für Karl-Theodor Zauzich. SD 6 (Leuven 2004), 535–549.

SCHILLER, Experience = SCHILLER, A. ARTHUR, An American experience in Roman law. Writings from Publications in the United States (Göttingen 1971).

SCHOLL, in: Historia 34 = SCHOLL, REINHOLD, „Ἱερόδουλος im griechisch-römischen Ägypten“, in: Historia 34 (1985), 466–492.

SCHOTT, Kanais = SCHOTT, SIEGFRIED, Kanais. Der Tempel Sethos I. im Wadi Mia. NAWG 1961 Nr. 6 (Göttingen 1961).

SCHWARZ, Hypothek und Hypallagma = SCHWARZ, ANDREAS B., Hypothek und Hypallagma. Beitrag zum Pfand- und Vollstreckungsrecht der griechischen Papyri (Leipzig 1911).

SCHWARZ, in: Aegyptus 17 = SCHWARZ, ANDREAS B., „Sicherungsübereignung und Zwangsvollstreckung in den Papyri", in: Aegyptus 17 (1937), 241–282.

SD = Studia Demotica, Leuven.

SDHI = Studia et Documenta Historiae et Iuris, Rom.

SEG IX = Supplementum Epigraphicum Graecum IX (Leiden 1944).

SEIDL, Altägyptisches Recht = SEIDL, ERWIN, Altägyptisches Recht. HdO 1, I. Abt., Erg.band III (Leiden 1964), 1–48.

SEIDL, Eid = SEIDL, ERWIN, Der Eid im ptolemäischen Recht (München 1929).

SEIDL, Einführung = SEIDL, ERWIN, Einführung in die ägyptische Rechtsgeschichte bis zum Ende des Neuen Reiches I. Juristischer Teil. ÄF 10 (^{2}Glückstadt/Hamburg/New York 1951).

SEIDL, in: Aegyptus 31 = SEIDL, ERWIN, „Neue Studien zum Eid im ptolemäischen Recht", in: Aegyptus 31 (1951), 311–323.

SEIDL, in: CdE 7 = SEIDL, ERWIN, „Die demotische *Zivilprozeßordnung* und die griechischen Rechtsurkunden", in: CdE 7 (1932), 210–226.

SEIDL, in: Fs Arangio-Ruiz I = SEIDL, ERWIN, „Eine neue Urkunde aus Ägypten zum Prinzip der notwendigen Entgeltlichkeit", in: *Studi in onore di Vincenzo Arangio-Ruiz nel XLV anno del suo insegnamento* (Neapel 1952), 47–56.

SEIDL, in: Fs Daube = SEIDL, ERWIN, „Das Getreidedarlehen nach den demotischen Papyri", in: WATSON, ALAN (Hg.), Daube Noster – Essays in Legal History for D. Daube (Oxford 1974), 301–303.

SEIDL, in: Fs David = SEIDL, ERWIN, „Eine ptolemäische Eheurkunde der Kölner Sammlung" in: BOSWINKEL, ERNST/VAN GRONINGEN, BERNHARD A./PESTMAN, PIETER W. (Hgg.), Antidoron Martino David oblatum. P.L.Bat. 17 (Leiden 1968), 122–125.

SEIDL, in: Fs Kaser = SEIDL, ERWIN, „Zur Vorgeschichte der exceptio non numeratae dotis", in: MEDICUS, DIETER/SEILER, HANS H. (Hgg.), Festschrift für Max Kaser zum 70. Geburtstag (München 1976), 609–614.

SEIDL, in: Fs Lüddeckens = SEIDL, ERWIN, „Das private Verbot eines Baues nach dem Rechtsbuch von Hermopolis", in: THISSEN, HEINZ-J./ZAUZICH. KARL-TH. (Hgg.), Grammata Demotika – Festschrift für Erich Lüddeckens zum 15. Juni 1983 (Würzburg 1984), 189–192.

SEIDL, in: Fs Macqueron = SEIDL, ERWIN, „Nachträge zu «La preuve dans l'Antiquité»", in: Etudes offertes à J. Macqueron (Aix-en-Provence 1970), 599–603.

SEIDL, in: Fs Préaux = SEIDL, ERWIN, „Die Quittung in den demotischen Texten", in: BINGEN, JEAN/CAMBIER, GUY/NACHTERGAEL, GEORGES (Hgg.), Le monde grec – pensée littérature histoire documents. Hommages à Claire Préaux (Brüssel 1975), 716–722.

SEIDL, in: Fs Welles = SEIDL, ERWIN, „Die Gottesentscheidungen der Saiten- und Perserzeit", in: Essays in Honor of C. Bradford Welles. ASP 1 (New Haven 1966), 59–65.

SEIDL, in: ICP 11 = SEIDL, ERWIN, „Die Unterhaltspflicht der Töchter und die Kaufehe in den Papyrusurkunden", in: Atti dell'XI Congresso Internazionale di Papirologia Milano 2–8 Settembre 1965 (Mailand 1966), 149–155.

SEIDL, in: KGPS 16 = SEIDL, ERWIN, Das Gießener Fragment einer demotischen Zivilprozeßordnung (P. bibl. univ. Giss. Inv. Nr. 101). Kurzberichte aus den Gießener Papyrus-Sammlungen 16 (1963), 3–10.

SEIDL, in: La preuve = SEIDL, ERWIN, „La preuve d'après les documents démotique", in: La preuve. Première partie: Antiquité. Recueils de la société Jean Bodin pour l'histoire comparative des institutions 16 (Brüssel 1964), 43–59.

SEIDL, in: MDAIK 8 = SEIDL, ERWIN, „Die Teilungsschrift", in: MDAIK 8 (1938), 198–200.

SEIDL, in: RIDA^3 9 = SEIDL, ERWIN, „Das juristische Gutachten im ptolemäischen Prozess", in: RIDA 3. série 9 (1962), 239–258.

SEIDL, in: SDHI 39 = SEIDL, ERWIN, „Zur Vorgeschichte der Ersitzung", in: SDHI 39 (1973), 47–52.

SEIDL, in: ZÄS 94 = SEIDL, ERWIN, „*šꜥr*, der öffentliche Protest, im ägyptischen Recht", in: ZÄS 94 (1967), 131–134.

SEIDL, in: ZDMG 107 NF 32 = SEIDL, ERWIN, „Vom Erbrecht der alten Ägypter", in: ZDMG 107 Neue Folge Bd. 32 (1957), 270–281.

SEIDL, in: ZSS 96 = SEIDL, ERWIN, „Eine demotische Juristenarbeit", in: ZSS (rom. Abt.) 96 (1979), 17–30.

SEIDL, in: ZVR 69 = SEIDL, ERWIN, „Der Prozess Chrateanch gegen Tefhape im Jahre 170 v. Chr.", in: Zeitschrift für vergleichende Rechtswissenschaft einschl. der ethnologischen Rechtsforschung 69 (1968), 96–117.

SEIDL, Ptol. Rechtsgeschichte = SEIDL, ERWIN, Ptolemäische Rechtsgeschichte. ÄF 22 (Glückstadt/Hamburg/New York 1962).

SEIDL, Röm. Provinz = SEIDL, ERWIN, Rechtsgeschichte Ägyptens als römischer Provinz (Die Behauptung des ägyptischen Rechts neben den römischen) (Sankt Augustin 1973).

SEIDL, Saiten- und Perserzeit = SEIDL, ERWIN, Rechtsgeschichte der Saiten- und Perserzeit. ÄF 20 ([2]Glückstadt 1968).

SelPap I = EDGAR, CAMPBELL C./HUNT, ARTHUR S., Select Papyri with an English Translation I. Private Affairs (London/New York 1932).

SelPap II = EDGAR, CAMPBELL C./HUNT, ARTHUR S., Select Papyri with an English Translation II. Non-Literary Papyri Public Documents (London/New York 1934).

SETHE, in: ZÄS 61 = SETHE, KURT, „Ein Prozeßurteil aus dem Alten Reich", in: ZÄS 61 (1926), 67–79.

SETHE/PARTSCH, Bürgschaftsrecht = SETHE, KURT/PARTSCH, JOSEPH, Demotische Urkunden zum aegyptischen Bürgschaftsrechte vorzüglich der Ptolemäerzeit. Abhandlungen der philologisch-historischen Klasse der sächsischen Akademie der Wissenschaften, 32. Band (Leipzig 1920).

SETHE/SPIEGELBERG, Zwei Beiträge = SETHE, KURT/SPIEGELBERG, WILHELM, Zwei Beiträge zu dem Bruchstück einer ägyptischen Zivilprozeßordnung in demotischer Schrift. Abhandlungen der Bayerischen Akademie der Wissenschaften, Philosophisch-historische Abteilung, Neue Folge 4 (München 1929).

SHORE, in: Fs Edwards = SHORE, A. F., „Swapping Property at Asyut in the Persian Period", in: BAINES, JOHN, et al. (Hgg.), Pyramid Studies and Other Essays Presented to I. E. S. Edwards. EES/OP 7 (London 1988), 200–206.

SHORE/SMITH, in: Fs Erichsen = SHORE, ARTHUR F./SMITH, HARRY S., „A Demotic Embalmers' Agreement", in: W. Erichsen septuagenario dicata. AcOr 25.3–4 (1960), 277–295.

SHORE/SMITH, in: JEA 45 = SHORE, ARTHUR F./ SMITH, HARRY S., „Two Unpublished Demotic Documents from Asyūṭ", in: JEA 45 (1959), 53–60.

SHUPAK, in: JNES 51 = SHUPAK, NILI, „A New Source for the Study of the Judiciary and Law of Ancient Egypt: ‚The Tale of the Eloquent Peasant'", in: JNES 51 (1992), 1–18.

SIJPESTEIJN/WORP, in: Fs Ankum II = SIJPESTEIJN, PIETER J./WORP, KLAAS A., „Ein Hausverkauf aus Soknopaiu Nesos", in: FEENSTRA, ROBERT C., et al. (Hgg.), Collatio Iuris Romani. Études dédiées à Hans Ankum à l'occasion de son 65e anniversaire II (Amsterdam 1995), 512–532.

SIMPSON, in: JEA 60 = SIMPSON, WILLIAM K., „Polygamy in Egypt in the Middle Kingdom?", in: JEA 60 (1974), 100–105.

SIMPSON, Literature[3] = SIMPSON, WILLIAM K. (Hg.), The Literature of Ancient Egypt. An Anthology of Stories, instructions, Stelae, Autobiographies, and Poetry ([3]New Haven/London 2003).

SIMPSON, Papyrus Reisner I = SIMPSON, WILLIAM K., Papyrus Reisner I. Transcription and Commentary (Boston 1963).

SIMPSON, Papyrus Reisner III = SIMPSON, WILLIAM K., Papyrus Reisner III. Transcription and Commentary (Boston 1969).

SIMPSON, Terrace = SIMPSON, WILLIAM K., The Terrace of the Great God at Abydos. PPYE 5 (New Haven 1974).

SMITH, in: Legal Documents = SMITH, HARRY S., „Marriage and the Family in Ancient Egypt: I. Marriage and Family Law", in: GELLER, MARKHAM J., et al. (Hgg.), Legal Documents of the Hellenistic World (London 1995), 46–57.

SMITHER, in: JEA 28 = SMITHER, PAUL C., „An Old Kingdom Letter Concerning the Crimes of Count Sabni", in: JEA 28 (1942), 16–19.

SMITHER, in: JEA 34 = SMITHER, PAUL C., „The Report concerning the Slave-Girl Senbet", in: JEA 34 (1948), 31–34; pl. 7–8.

VAN SOEST, ΕΓΓΥΗ = VAN SOEST, HENDRIK W., De civielrechtelijke ΕΓΓΥΗ (garantieovereenkomst) in de Griekse papyri uit het Ptolemaeische tijdvak (Leiden 1963).

SOHM, Institutionen[17] = SOHM, RUDOLPH, Institutionen. Geschichte und System des römischen Privatrechts. Bearb. von LUDWIG MITTEIS. Hrsg. von LEOPOLD WENGER ([17]München 1931).

SÖLLNER, in: ZPE 107 = SÖLLNER, MARIA A., „Bemerkungen zur Datierung verschiedener Papyri", in: ZPE 107 (1995), 81–84.

SOTTAS, Papyrus Lille I = SOTTAS, HENRI, Papyrus démotiques de Lille. Tôme Ier (Paris 1921).

SOTTAS, in: JA[11] 3 = SOTTAS, HENRI, „Etudes sur deux papyrus démotiques inédits de Lille", in: JA, sér. 11, 3 (Janv.–Juin 1914), 141–174.

SPALINGER, in: JAOS 105 = SPALINGER, ANTHONY J., „A Redistributive Pattern at Assiut", in: JAOS 105 (1985), 7–20.

SPALINGER, in: JARCE 28 = SPALINGER, ANTHONY J., „Some Revisions of Temple Endowments in the New Kingdom", in: JARCE 28 (1991), 21–39.

SPALINGER, in: Fs Westendorf I = SPALINGER, ANTHONY J., „The Will of Senimose", in: Studien zu Sprache und Religion Ägyptens. Band I: Sprache. Zu Ehren von Wolfhart Westendorf überreicht von seinen Freunden und Schülern (Göttingen 1984), 631–651.

SPIEGELBERG, Dem. Chronik = SPIEGELBERG, WILHELM, Die sogenannte demotische Chronik des Pap. 215 der Bibliothèque Nationale zu Paris. Dem.Stud. 7 (Leipzig 1914).

SPIEGELBERG, Dem. Denkmäler II (CG) = SPIEGELBERG, WILHELM, Die demotischen Denkmäler (30601–31270; 50001–50022) II. Die demotischen Papyrus. Catalogue général des antiquités égyptiennes du Musée du Caire (Straßburg 1906).

SPIEGELBERG, Dem. Denkmäler III (CG) = SPIEGELBERG, WILHELM, Die demotischen Denkmäler (50023–50165) III. Demotische Inschriften und Papyri (Fortsetzung). Catalogue général des antiquités égyptiennes du Musée du Caire (Berlin 1932).

SPIEGELBERG, DPB = SPIEGELBERG, WILHELM, Demotische Papyrus aus den königlichen Museen zu Berlin (Leipzig-Berlin 1902).

SPIEGELBERG, in: RecTrav 21 = SPIEGELBERG, WILHELM, „Eine Stele aus der Oase Dachel", in: RecTrav 21 (1899), 12–21.

SPIEGELBERG, in: RecTrav 25 [10–12] = SPIEGELBERG, WILHELM, „Demotische Miszellen. XVI. Zur Personalbeschreibung in demotischen Kontrakten", in: RecTrav 25 (1903), 10–12.

SPIEGELBERG, in: RecTrav 25 [190–198] = SPIEGELBERG, WILHELM, „Die Tefnachthosstele des Museums von Athen", in: RecTrav 25 (1903), 190–198.

SPIEGELBERG, in: RecTrav 31 = SPIEGELBERG, WILHELM, „Demotische Kaufpfandverträge", in: RecTrav 31 (1909), 91–106.

SPIEGELBERG, in: RecTrav 36 = SPIEGELBERG, WILHELM, „Der Königseid des demotischen Papyrus Berlin 3080", in: RecTrav 36 (1914), 167–174.

SPIEGELBERG, in: ZÄS 49 = SPIEGELBERG, WILHELM, „Aus der Straßburger Sammlung demotischer Ostraka", in: ZÄS 49 (1911), 33–41.

SPIEGELBERG, in: ZÄS 53 = SPIEGELBERG, WILHELM, „Briefe der 21. Dyn. aus El-Hibe", in: ZÄS 53 (1917), 1–30.

SPIEGELBERG, in: ZÄS 54 = SPIEGELBERG, WILHELM, „Demotische Kleinigkeiten", in: ZÄS 54 (1918), 111–128.

SPIEGELBERG, in: ZÄS 63 = SPIEGELBERG, WILHELM, „Ein Gerichtsprotokoll aus der Zeit Thutmosis' IV.", in: ZÄS 63 (1928), 105–115.

SPIEGELBERG, Papyrus Musées Royaux = WILHELM, Die demotischen Papyrus der Musées Royaux du Cinquantenaire (Brüssel 1909).

SPIEGELBERG, P. Hauswaldt = SPIEGELBERG, WILHELM, Die demotischen Papyri Hauswaldt. Verträge der ersten Hälfte der Ptolemäerzeit (Ptolemaios II–IV) aus Apollinopolis (Edfu) (Leipzig 1913).

SPIEGELBERG, Pherendates = SPIEGELBERG, WILHELM, Drei Demotische Schreiben aus der Korrespondenz des Pherendates des Satrapen Darius' I., mit den Chnum-Priestern von Elephantine, SPAW 1928.30 (Berlin 1928).

SPIEGELBERG, P. Libbey = SPIEGELBERG, WILHELM, Der Papyrus Libbey. Ein ägyptischer Heiratsvertrag. Schriften der Wissenschaftlichen Gesellschaft in Straßburg 1 (Straßburg 1907).

SPIEGELBERG, P. Loeb = SPIEGELBERG, WILHELM, Die demotischen Papyri Loeb (München 1931).

SPIEGELBERG, Priesterdekrete = SPIEGELBERG, WILHELM, Der demotische Text der Priesterdekrete von Kanopus und Memphis (Rosettana) mit den hieroglyphischen und griechischen Fassungen und deutscher Übersetzung nebst demotischem Glossar (Heidelberg 1922).

SPIEGELBERG, P. Straßburg = SPIEGELBERG, WILHELM, Die demotischen Papyrus der Strassburger Bibliothek (Straßburg 1902).

SPIEGELBERG, Studien und Materialien zum Rechtswesen = SPIEGELBERG, WILHELM, Studien und Materialien zum Rechtswesen des Pharaonenreiches der Dynastien XVIII–XXI (Hannover 1892).

SPIEGELBERG, Zivilprozeßordnung = SPIEGELBERG, WILHELM, Aus einer ägyptischen Zivilprozeßordnung der Ptolemäerzeit (3.–2. vorchristl. Jahrh.) (Pap. demot. Berlin 13621). Abhandlungen der Bayerischen Akademie der Wissenschaften, Philosophisch-historische Abteilung, Neue Folge 1 (München 1929).

SPP XX = WESSELY, CARL, Catalogus Papyrorum Raineri. Series Graeca. Pars 1. textus Graeci papyrorum qui in libro „Papyrus Erzherzog Rainer – Führer durch die Ausstellung Wien 1894" descripti sunt. Studien zur Palaeographie und Papyruskunde XX (1921).

STADLER, in: TUAT N.F. 1 = STADLER, MARTIN A., „Rechtskodex von Hermupolis (P. Kairo JE 89.127–30+89.137–43)", in: JANOWSKI, BERND/WILHELM, GERNOT (Hgg.), Texte aus der Umwelt des Alten Testaments. Neue Folge Band 1: Texte zum Rechts- und Wirtschaftsleben (Gütersloh 2004), 185–207.

STRAUS, Achat et vente = STRAUS, JEAN A., L'achat et la vente des esclaves dans l'Égypte romaine (Leipzig 2004).

STRUDWICK, Administration = STRUDWICK, NIGEL, The Administration of Egypt in the Old Kingdom. The Highest Titles and Their Holders (London 1985).

STRUVE, in: Soviet Delegation = STRUVE, V. V., „Three Demotic Papyri of the Pushkin Museum of Fine Arts in Moscow. In connection with Documents of a Theban Priestly Family at the End of the 4th and Beginning of the 3rd Centuries B.C.", in: Papers presented by the Soviet Delegation at the XXIII International Congress of Orientalists. Egyptology, 1954 (Moskau 1954), 51–61.

SWARNEY, Idios Logos = SWARNEY, PAUL R., The Ptolemaic and Roman Idios Logos. ASP 8 (Toronto 1970).

TAIT, IN: CP 1 = TAIT, JOHN, „P. Carlsberg 236: Another Fragment of a Demotic Legal Manual", in: P. J. Frandsen (Hg.), Demotic Texts from the Collection. The Carlsberg Papyri 1. CNI Publications 15 (Kopenhagen 1991), 93–101.

TANNER, in: FuF 41 = TANNER, ROLF, „Zur Rechtsideologie im pharaonischen Ägypten", in: FuF 41 (1967), 247–250.

TAUBENSCHLAG, in: JJP 5 = TAUBENSCHLAG, RAPHAEL, „The roman authorities and the local law in Egypt before and after the C.A.", in: JJP 5 (1951), 121–141.

TAUBENSCHLAG, Law^2 = TAUBENSCHLAG, RAPHAEL, The Law of Greco-Roman Egypt in the Light of the Papyri. 332 B.C.–640 A.D. (^{2}Warschau 1955).

TAUBENSCHLAG, Strafrecht = TAUBENSCHLAG, RAPHAEL, Das Strafrecht im Rechte der Papyri (Leipzig 1912, Nachdruck Aalen 1972).

TEETER, in: Fs Wente = TEETER, EMILY, „Celibacy and Adoption among God's Wives of Amun and Singers in the Temple of Amun: A Re-Examination of the Evidence", in: TEETER, EMILY/LARSON, JOHN A. (Hgg.), Gold of Praise. Studies on Ancient Egypt in Honor of Edward F. Wente. SAOC 58 (Chicago 1999), 405–414.

THÉODORIDÈS, in: CdE 60 = THÉODORIDÈS, ARISTIDE, „L'acte de disposition de la statue stéléphore Caire CG 42.208 et son exécution", in: CdE 60, Nos. 119–120 (1985), 322–346.

THÉODORIDÈS, in: Fs Naster = THÉODORIDES, ARISTIDE, „De la "grâce" vizirale", in: QUAEGEBEUR, JAN (Hg.), Studia Paulo Naster Oblata II. Orientalia Antiqua. OLA 13 (Leuven 1982), 231–243.

THÉODORIDÈS, in: RIDA^3 4 = THÉODORIDÈS, ARISTIDE, „Le «Procès» dans la Stèle Juridique de Karnak", in: RIDA 3. série 4 (1957), 33–52.

THÉODORIDÈS, in: RIDA^3 7 = THÉODORIDÈS, ARISTIDE, „Du rapport entre les parties du Pap. Brooklyn 35.1446", in: RIDA 3. série 7 (1960), 55–145.

THÉODORIDÈS, in: RIDA^3 11 = THÉODORIDÈS, ARISTIDE, „La stèle juridique d'Amarah", in: RIDA 3. série 11 (1964), 45–80. [= THÉODORIDÈS, in: THÉODORIDÈS, Vivre de Maât II, 559–598]

THÉODORIDÈS, in: RIDA³ 15 = THÉODORIDÈS, ARISTIDE, „Procès relatif à une vente qui devait être acquittée par la livraison d'un travail servile (Papyrus Berlin 9785)“, in: RIDA 3. série 15 (1968), 39–104.

THÉODORIDÈS, in: RIDA³ 27 = THÉODORIDÈS, ARISTIDE, „Le jugement en cause Neferabet contre Tyia (Pap. Berlin 3047)“, in: RIDA 3. série 27 (1980), 11–46.

THÉODORIDÈS, in: RIDA³ 28 = THÉODORIDES, ARISTIDE, „Dénonciation de malversations ou Requête en destitution? (Papyrus Salt 124 = Pap. Brit.Mus. 10055)“, in: RIDA 3. série 28 (1981), 11–79.

THÉODORIDÈS, in: RIDA³ 29 = THÉODORIDES, ARISTIDE, „Une «Charte d'Immunité» d'Ancien Empire (24e s. av. J.C.)“, in: RIDA 3. série 29 (1982), 73–118. [= THÉODORIDÈS, in: THÉODORIDÈS, Vivre de Maât II, 667–714]

THÉODORIDÈS, Vivre de Maât = THÉODORIDÈS, ARISTIDE, Vivre de Maât. Travaux sur le droit égyptien ancien. I–II. Acta Orientalia Belgica. Subsidia, 1–2 (Brüssel/Louvain-la-Neuve/Leuven 1995).

THISSEN, in: Fs Lüddeckens = THISSEN, HEINZ-J., „Der demotische Ammenvertrag aus Tebtynis“, in: THISSEN, HEINZ-J./ZAUZICH. KARL-TH. (Hgg.), Grammata Demotika – Festschrift für Erich Lüddeckens zum 15. Juni 1983 (Würzburg 1984), 235–244.

THISSEN, in: ICDS 5 = THISSEN, HEINZ-J., „Zwei demotische Prozeßprotokolle“, in: Acta Demotica. Acts of Fifth International Conference for Demotists, Pisa 4th–8th September 1993. Egitto e Vicino Oriente 17 (1994), 283–288.

THISSEN, in: Papyri Freiburg = THISSEN, HEINZ-J., „Demotische Urkunden“, in: DANIEL, ROBERT W./GRONEWALD, MICHAEL/HISSEN, HEINZ-J., Griechische und demotische Papyri der Universitätsbibliohtek Freiburg. Mitteilungen aus der Freiburger Papyrussammlung IV (Bonn 1986), 79–97.

THOMAS, in: JEA 56 = THOMAS, J. DAVID, „Unedited Merton Papyri I“, in: JEA 56 (1970), 172–178.

THOMPSON, Family Archive = THOMPSON, HERBERT, A Family Archive from Siut from Papyri in the British Museum (Oxford 1934).

THOMPSON, in: JEA 26 = THOMPSON, HERBERT, „Two Demotic Self-Dedications“, in: JEA 26 (1940), 68–78.

TIETZE et al., in: AfP 51.1 = TIETZE, CHRISTIAN/LANGE, EVA R./HALLOF, KLAUS, „Ein neues Exemplar des Kanopus-Dekrets aus Bubastis“, in: AfP 51.1 (2005), 1–29.

TRAPANI, in: ZÄS 129 = TRAPANI, MARCELLA, „Une nouvelle enquête sur la stèle d'Ahmès-Néfertari“, in: ZÄS 129 (2002), 152–165.

TREGGIARI, Marriage = TREGGIARI, SUSAN, Roman Marriage. *Iusti Coniuges* from the Time of Cicero to the Time of Ulpian (Oxford 1991).

TRESSON, Inscription d'Ouni = TRESSON, PAUL, L'Inscription d'Ouni. BdE 8 (Kairo 1919).

TRESSON, Stèle de Koubân = TRESSON, PAUL, La stèle de Koubân. BdE 9 (Kairo 1922).

TYLDESLEY, Judgement = TYLDESLEY, JOYCE, Judgement of the Pharaoh. Crime and Punishment in Ancient Egypt (London 2000).

UEBEL, Kleruchen = UEBEL, FRITZ, Die Kleruchen Ägyptens unter den ersten sechs Ptolemäern (Berlin 1968).

UPZ I = WILCKEN, ULRICH, Urkunden der Ptolemäerzeit I: Papyri aus Unterägypten (Berlin/Leipzig 1927).

UPZ II = WILCKEN, ULRICH, Urkunden der Ptolemäerzeit II: Papyri aus Oberägypten (Berlin/Leipzig 1957).

Urk. I = SETHE, KURT, Urkunden des Alten Reiches (Leipzig 1933).

Urk. III = SCHÄFER, HEINRICH, Urkunden der älteren Äthiopenkönige (Leipzig 1905).

Urk. IV = SETHE, KURT, Urkunden der 18. Dynastie (Leipzig 1927/1930).

VALBELLE/HUSSON, in: Gs Quaegebeur II = VALBELLE, DOMINIQUE/HUSSON, GENEVIEVE, „Les questions oraculaires d'Égypte: Histoire de la recherche, nouveautés et perspectives“, in: CLARYSSE, WILLY/SCHOORS, ANTON/WILLEMS, HARCO (Hgg.), Egyptian Religion: The last Thousand Years. Studies Dedicated to the Memory of Jan Quaegebeur II. OLA 85 (Leuven 1998), 1055–1071.

VANDIER, Moᶜalla = VANDIER, JACQUES, Moᶜalla. La tombe d'Ankhtifi et la tombe de Sébekhotep. BdE 18 (Kairo 1950).

VANDORPE, in: AfP 46 = VANDORPE, KATELIJN, „The Ptolemaic epigraphe or harvest tax (shemu)“, in: AfP 46 (2000), 169–232.

VARILLE, Inscriptions = VARILLE, ALEXANDRE, Inscriptions concernant l'architecte Amenhotep fils de Hapou. BdE 44 (Kairo 1968).

VERNUS, in: BIFAO 75 = VERNUS, PASCAL, „Un texte oraculaire de Ramsès VI", in: BIFAO 75 (1975), 103–110.

VERNUS, Affaires = VERNUS, PASCAL, Affaires et scandales sous les Ramsès (Paris 1993).

VERNUS, in: Cahiers de Karnak 6 = VERNUS, PASCAL, „Inscriptions de la Troisième Période Intermédiaire (IV). Le Texte Oraculaire réemployé dans le passage axial du IIIe Pylône dans le Temple de Karnak", in: Cahiers de Karnak 6 (1973–1977), 215–233; Taf. 53.

VERNUS, in: DE 6 = VERNUS, PASCAL, „Allusion au partage des acquets dans une autobiographie de la deuxième periode intermédiaire", in: DE 6 (1986), 79–86.

VERNUS, in: ICE 4 = VERNUS, PASCAL, „Les ‚décrets' royaux (*wḏ-nsw*): l'énonce d'auctoritas comme genre", in: SCHOSKE, SYLVIA (Hg.), Akten des Vierten Internationalen Ägyptologenkongresses München 1985. SAK Beiheft 4 (Hamburg 1991), 239–246.

DE VISSCHER, in: AC 14 = DE VISSCHER, FERNAND, „Le statut juridique des nouveaux citoyens romains et l'inscription de Rhosos, II", in: L'Antiquité Classique 14 (1945), 29–59.

VITTMANN, Ägypten und die Fremden = VITTMANN, GÜNTER, Ägypten und die Fremden im ersten vorchristlichen Jahrtausend. Kulturgeschichte der antiken Welt 97 (Mainz 2003).

VITTMANN, in: Elephantine Papyri = VITTMANN, GÜNTER, „Hieratic Texts", in: PORTEN, BEZALEL (Hg.), The Elephantine Papyri in English. Three Millennia of Cross-Cultural Continuity and Change. Documenta et monumenta Orientis antiqui 22 (Leiden/New York/Köln 1996), 30–73.

VITTMANN, in: Enchoria 10 = VITTMANN, GÜNTER, „Ein thebanischer Verpfründungsvertrag aus der Zeit Ptolemaios' III. Euergetes P. Marseille 298+299", in: Enchoria 10 (1980), 127–139.

VITTMANN, in: Enchoria 15 = VITTMANN, GÜNTER, „Drei thebanische Urkunden aus dem Jahre 175 v. Chr. (Papyri Louvre E 3440 A + B und Berlin P 3112)", in: Enchoria 15 (1985), 97–146.

VITTMANN, in: Enchoria 25 = VITTMANN, GÜNTER, „Kursivhieratische und frühdemotische Miszellen", in: Enchoria 25 (1999), 111–127.

VITTMANN, in: GM 154 = VITTMANN, GÜNTER, „Nochmals der kursivhieratische Papyrus Wien D 12002", in: GM 154 (1996), 103–112.

VITTMANN, P.Rylands 9 = VITTMANN, GÜNTER, Der demotische Papyrus Rylands 9. ÄUAT 38 (Wiesbaden 1998).

VLEEMING, Gooseherds = VLEEMING, SVEN P., The Gooseherds of Hou (Pap. Hou). SD 3 (Leuven 1991).

VLEEMING, in: Fs Pestman = VLEEMING, SVEN P., „A Demotic Doppelurkunde", in: VERHOOGT, ARTHUR M. F. W. (Hg.), The two faces of Graeco-Roman Egypt. Greek and Demotic and Greek-Demotic texts and studies presented to P. W. Pestman. P.L.Bat. 30 (Leiden 1998), 155–170.

VLEEMING, in: OMRO 61 = VLEEMING, SVEN P., „The Sale of a Slave in the Time of Pharaoh *Py*", in: OMRO 61 (1980), 1–17.

VLEEMING, P. Reinhardt = VLEEMING, SVEN P., P. Reinhardt. An Egyptian Land List from the Tenth Century B.C. (Berlin 1993).

VOLTEN, Traumdeutung = VOLTEN, AKSEL, Demotische Traumdeutung (Pap. Carlsberg XIII und XIV verso). AnAe 3 (Kopenhagen 1942).

VOLTEN, Weisheitsbuch = VOLTEN, AKSEL, Das demotische Weisheitsbuch. AnAe 2 (Kopenhagen 1941).

WARD, East Mediterranean World = WARD, WILLIAM A., Egypt and the East Mediterranean World 2200–1900 B.C. Studies in Egyptian Foreign Relations During the First Intermediate Period (Beirut 1971).

WARD, in: SAK 9 = WARD, WILLIAM A., „Lexicographical Miscellanies II", in: SAK 9 (1981), 359–373.

WARD, Index = WARD, WILLIAM A., Index of Egyptian Administrative and Religious Titles of the Middle Kingdom (Beirut 1982).

W.Chr. = WILCKEN, ULRICH, Grundzüge und Chrestomathie der Papyruskunde. 1. Bd. Historischer Teil, 2. Hälfte: Chrestomathie (Leipzig-Berlin 1912, Nachdruck Hildesheim 1963).

WENTE, Letters = WENTE, EDWARD, Letters from Ancient Egypt (Atlanta 1990).

WENTE, LRL = WENTE, EDWARD, Late Ramesside Letters. SAOC 33 (Chicago 1967).

WERNING, in: LingAeg 12 = WERNING, DANIEL R., „The sound values of the signs Gardiner D1 (Head) and T 8 (Dagger)“, in: LingAeg 12 (2004), 183–204.

WESSELY, Spec. is. = WESSELY, CARL, Papyrorum scripturae graecae specimina isagogica (Leipzig 1900).

WESTERMANN, Slavery = WESTERMANN, WILLIAM LINN, Upon Slavery in Ptolemaic Egypt (New York 1929).

WETTENGEL, Erzählung = WETTENGEL, W., Die Erzählung von den beiden Brüdern. Der Papyrus d'Orbiney und die Königsideologie der Ramessidenzeit. OBO 195 (Freiburg/Schweiz 2003).

WHITE/OLIVER, HIBIS II = WHITE, H.G. EVELYN/OLIVER, JAMES H., The Temple of Hibis in El Khārgeh Oasis II. The Greek Inscriptions. Publications of the Metropolitan Museum of Art Egyptian Expedition 14 (NewYork 1938).

WILCKEN, Ostraka = WILCKEN, ULRICH, Griechische Ostraka aus Ägypten und Nubien (Leipzig 1899).

WILCKEN, in: AfP 6 = WILCKEN, ULRICH, „Papyrus-Urkunden“, in: AfP 6 (1920), 361–447.

WILCKEN, in: ZÄS 48 = WILCKEN, ULRICH, „Ein Schwur im Chons-Tempel von Karnak“, in: ZÄS 48 (1910), 168–174.

WILDUNG, Imhotep und Amenhotep = WILDUNG, DIETRICH, Imhotep und Amenhotep. Gottwerdung im alten Ägypten. MÄS 36 (München 1977).

WILLEMS, in: JEA 76 = WILLEMS, „Crime, Cult and Capital Punishment (Moᶜalla Inscription 8)“, in: JEA 76 (1990), 27–54

WINAND, in: Cahiers de Karnak 11 = WINAND, JEAN, „Les décrets oraculaires pris en l'honneur d'Henouttaouy et de Maâtkarê (Xᵉ et VIIᵉ pylônes)“, in: Cahiers de Karnak 11.2 (2003), 603–707.

WINNICKI, in: Ancient Society 36 = WINNICKI, JAN K., „Der libysche Stamm der Bakaler im pharaonischen, persischen und ptolemäischen Ägypten“, in: Ancient Society 36 (2006), 135–142.

WOLF, in: ZÄS 65 = WOLF, WALTHER, „Papyrus Bologna 1086. Ein Beitrag zur Kulturgeschichte des Neuen Reiches“, in: ZÄS 65 (1930), 89–97.

WOLFF, in: Aegyptus 28 = WOLFF, HANS J., „Registration of Conveyances in Ptolemaic Egypt“, in: Aegyptus 28 (1948), 17–96.

WOLFF, in: ICP 13 = WOLFF, HANS J., „Zur Geschichte der Sechszeugen-Doppelurkunde“, in: KIEßLING, EMIL/RUPPRECHT, HANS-A., Akten des XIII. Internationalen Papyrologenkongresses, Marburg/Lahn, 2.–6. August 1971. MBPR 66 (München 1974), 469–479.

WOLFF, in: ZSS 70 = WOLFF, HANS J., „Faktoren der Rechtsbildung im hellenistisch-römischen Ägypten“, in: ZSS (rom. Abt.) 70 (1953), 20–57.

WOLFF, in: ZSS 83 = WOLFF, HANS J., „Neue juristische Urkunden III. Beaufsichtigung des Sklavenhandels im römischen Ägypten: Die Anakrisis“, in: ZSS (rom. Abt.) 83 (1966), 340–349.

WOLFF, in: ZSS 96 = WOLFF, HANS J., „Neue juristische Urkunden VI. Νόμος τῆς χώρας, νόμος τῶν Αἰγυπτίων“, in: ZSS (rom. Abt.) 96 (1979) 268–271.

WOLFF, Justizwesen = WOLFF, HANS J., Das Justizwesen der Ptolemäer. MBPR 44 (München 1962).

WOLFF, RECHT I = WOLFF, HANS J., Das Recht der griechischen Papyri Ägyptens in der Zeit der Ptolemaeer und des Prinzipats I. Bedingungen und Triebkräfte der Rechtsentwicklung. Handbuch der Altertumswissenschaft X, 5.1 (München 2002).

WOLFF, RECHT II = WOLFF, HANS J., Das Recht der griechischen Papyri Ägyptens in der Zeit der Ptolemaeer und des Prinzipats II. Organisation und Kontrolle des privaten Rechtsverkehrs. Handbuch der Altertumswissenschaft X, 5.2 (München 1978).

WOLFF, Marriages = WOLFF, HANS J., Written and Unwritten Marriages in Hellenistic and Postclassical Roman Law. American Philological Association Monographs 9 (Lancester Pa. 1939).

YARON, Introduction = YARON, REUVEN, Introduction to the Law of the Aramaic Papyri (Oxford 1961).

YIFTACH-FIRANKO, Marriage = YIFTACH-FIRANKO, URI, Marriage and Marital Arrangements. A History of the Greek Marriage Document in Egypt. 4th century BCE - 4th century CE. MBPR 93 (München 2003).

YOUTIE, in: Fs Préaux = YOUTIE, HERBERT C., „Απατορες: Law vs. Custom in Roman Egypt“, in: BINGEN, JEAN/CAMBIER, GUY/NACHTERGAEL, GEORGES (Hgg.), Le monde grec – pensée littérature histoire documents. Hommages à Claire Préaux (Brüssel 1975), 723–740.

YOYOTTE, in: CRAIBL 1961 = YOYOTTE, JEAN, „Les vierges consacrées d'Amon thébain", in: CRAIBL 1961, 43–52.

ŽÁBA, Ptaḥḥotep = ŽÁBA, ZBYNĚK, Les maximes de Ptaḥḥotep (Prag 1956).

ŽÁBA, Rock Inscriptions = ŽÁBA, ZBYNĚK, The Rock Inscriptions of Lower Nubia (Prag 1974).

ZABR = Zeitschrift für Altorientalische und Biblische Rechtsgeschichte.

ZANDEE, Amunshymnus = ZANDEE, JAN, Der Amunshymnus des Papyrus Leiden I 344, Verso (Leiden 1992) [3 Bände].

ZAUZICH, Elephantine-Papyri I = ZAUZICH, KARL-TH., Demotische Papyri aus den staatlichen Museen zu Berlin. Lieferung 1: Papyri von der Insel Elephantine (Berlin 1978).

ZAUZICH, in: CP 3 = ZAUZICH, KARL-TH., „Die demotischen Orakelfragen – eine Zwischenbilanz", in: FRANDSEN, PAUL J./RYHOLT, KIM (Hgg.), A Miscellany of Demotic Texts and Studies. The Carlsberg Papyri 3 (Kopenhagen 2000), 1–25.

ZAUZICH, in: Enchoria 1 = ZAUZICH, KARL-TH., „*ꜥjš n pr-ꜥꜣ*", in: Enchoria 1 (1971), 79–82.

ZAUZICH, in: Enchoria 4 = ZAUZICH, KARL-TH., „Spätdemotische Papyrusurkunden III", in: Enchoria 4 (1974), 71–82.

ZAUZICH, in: Enchoria 7 = ZAUZICH, KARL-TH., „Spätdemotische Papyrusurkunden IV", in: Enchoria 7 (1977), 151–180.

ZAUZICH, in: Enchoria 21 = ZAUZICH, KARL-TH., „Notizen zu P. Rio ‚A'", in: Enchoria 21 (1994), 148.

ZAUZICH, in: Fs Berliner Ägyptisches Museum = ZAUZICH, KARL-TH., „Die Bestätigung einer Rekonstruktion (P. Loeb 62 + P Berlin 15558)", in: Festschrift zum 150jährigen Bestehen des Berliner Ägyptischen Museums. Mitteilungen aus der Ägyptischen Sammlung 8 (Berlin 1974), 335–340.

ZAUZICH, in: MDAIK 25 = ZAUZICH, KARL-TH., „Ein Kaufvertrag aus der Zeit des Nektanebos", in: MDAIK 25 (1969), 223–229.

ZAUZICH, in: Textes et Langages = ZAUZICH, KARL-TH., in: Textes et langages de l'Égypte pharaonique. Cent cinquante années de recherches 1822–1972. Hommage à Jean-François Champollion. BdE 64.3 (Kairo 1972), 93–110.

ZAUZICH, Schreibertradition = ZAUZICH, KARL-TH., Die ägyptische Schreibertradition in Aufbau, Sprache und Schrift der demotischen Kaufverträge aus ptolemäischer Zeit. ÄA 19 (Wiesbaden 1968).

ZIEGLER, in: ZPE 125 = ZIEGLER, RENATE, „Bemerkungen zur Datierung von Urkunden", in: ZPE 125 (1999), 211–214.

ZSS = Zeitschrift der Savigny-Stiftung für Rechtsgeschichte, Wiesbaden

7 Indizes

7.1 Ägyptischer Wortindex

7.2 Griechischer Wortindex

7.3 Lateinischer Wortindex

7.4 Aramäischer Wortindex

7.5 Stichwortindex

Günter Burkard; Heinz J. Thissen
Einführung in die altägyptische Literaturgeschichte II
Neues Reich
Die vorliegende Einführung in die Literatur des Neuen Reiches hat denselben Zweck wie ihre Vorgängerin: sie stellt die meisten literarischen Werke des Neuen Reiches inhaltlich und in Textauszügen vor und führt die wichtigste Sekundärliteratur zu diesen Werken an. Damit soll den Studierenden der Ägyptologie angesichts der B.A.- und M.A.-Studiengänge der Zugang zur Literatur erleichtert und eigenständige Beschäftigung angeregt werden; gleichzeitig haben Angehörige der Nachbardisziplinen sowie alle an altägyptischer Literatur Interessierten die Möglichkeit schneller Orientierung.
Bd. 6, 2008, 208 S., 19,90 €, br., ISBN 978-3-8258-0987-4

LIT Verlag Berlin – Hamburg – London – Münster – Wien – Zürich
Fresnostr. 2 48159 Münster
Tel.: 0251 / 620 32 22 – Fax: 0251 / 922 60 99
e-Mail: vertrieb@lit-verlag.de – http://www.lit-verlag.de